◎ 当代管理学系列丛书

人力资源管理:理论与实务

刘　芳　主　编

孙玉弢　副主编

合肥工業大學出版社

图书在版编目(CIP)数据

人力资源管理:理论与实务/刘芳主编.—合肥:合肥工业大学出版社,2010.12
ISBN 978-7-5650-0314-1

Ⅰ.①人… Ⅱ.①刘… Ⅲ.①劳动力资源—资源管理 Ⅳ.①F241

中国版本图书馆CIP数据核字(2010)第226994号

人力资源管理:理论与实务

主编 刘 芳 责任编辑 朱移山 郭娟娟 霍俊橦

出 版	合肥工业大学出版社	版 次	2010年12月第1版
地 址	合肥市屯溪路193号	印 次	2011年1月第1次印刷
邮 编	230009	开 本	710毫米×1000毫米 1/16
电 话	总编室:0551-2903038	印 张	32
	发行部:0551-2903198	字 数	573千字
网 址	www.hfutpress.com.cn	印 刷	合肥现代印务有限公司
E-mail	press@hfutpress.com.cn	发 行	全国新华书店

ISBN 978-7-5650-0314-1 定价:45.00元

序　　言

即将实施的国家“十二五”发展规划为中国特色社会主义建设事业的发展指明了一条光辉的前进道路。站在“十二五”规划开局之年的门槛前，我们信心满怀地憧憬着美好的明天，而托起这个美好希望的正是数以千万计的优秀人才。正所谓“致天下之治者在人才，成天下之才者在教化”，人才的培养是关键。为了更好地适应“十二五”发展规划的基本要求，推动各项社会事业的全面发展与进步，国家制定了从2010年至2020年的中长期人才发展规划纲要，着力突出了对各类人才特别是应用型和创新型人才的重点培养，例如在纲要中提及的几项重大人才工程：创新人才推进计划、青年英才开发计划、企业经营管理人才素质提升工程、专业技术人才知识更新工程、国家高技能人才振兴计划、现代农业人才支撑计划等，与以往的人才培养重点相比，更强调了人才的实用价值，即培养大批不仅理论知识扎实，而且动手实践能力强的新型应用型人才。

在这份寄托着未来希望的国家中长期人才发展规划纲要中，对于经营管理类人才的培养提出了基本要求：着眼于提高我国企业现代化经营管理水平和国际竞争力，到2020年，培养一批具有世界眼光、战略思维、创新精神和经营能力的企业家；培养1万名精通战略规划、资本运作、人力资源管理、财会、法律等专业知识的企业经营管理人才。其中，大力培养人力资源管理专业应用型人才也首次被写入国家的重要人才工程规划纲要中，这是因为人力资源对全面实施国家“十二五”战略发展规划的重要意义，可以这样说，在“十二五”规划全面实施的新形势下，人力资源作为促进经济繁荣、推动社会进步的决定性力量，必将对未来的发展产生深远影响。尤其是在当前日趋复杂、多变的国际新形势下，谁掌握了更多的优秀人才并能进行深入而有效地管理开发，谁就能在未来的激烈竞争中脱颖而出。对一个国家是如此，对一个企业来说也莫不如是。近年来，人力资源管理研究的理论成果层出不穷，人力资源管理学科也逐渐成为当下最炙手可热的新兴学科，整个学科研究呈现出方兴未艾、蓬勃发展的良好态势。

人力资源管理是一项强调基本理论知识和实践操作技能并重的基础性管理工作，对从业人员的全面素质要求很高，鉴于此，培养人力资源管理的专业人才不仅要注重基本理论知识的灌输，更要关注对专业操作技能的训练，即培养理论联系实际、“宽基础、会实干”的实用性人才。从总体上来看，人力资源管理专业的人才培养应本着“打基础、创实效”的基本思路，构建出具备多层次职业能力素质（包括专业基础理论知识、专业实践操作能力、专业前沿领域研究和创新能力）的专业人才队伍。具体来说，就是具备人力资源管理的专业理论知识、掌握人力资源管理各实践环节的基本工作流程和方法、能够及时跟进人力资源管理领域的最新研究成果并在现实中加以应用以提高工作效率。这些能力素质要求在当前的人力资源管理师资格认证考试和人力资源管理师职业素质描述方案中有明确的反映。

本书的编写工作正是基于国家“十二五”发展规划与中长期人才发展纲要即将实施的大背景展开，主要面向我国全日制普通高等院校经管类专业的本科生、研究生和企业管理工作人员，可以作为他们的教学、自学用书，对人力资源管理有兴趣的社会工作者也可从本书中获得参考借鉴。全书的编写本着“博采众长、融合提炼、自成一家”的基本原则，体系完整、内容丰富、重点突出、细致深入，注重培养学生的专业理论能力和实践操作能力，并在具体的体例编排上突出对“十二五”发展规划所提出的人力资源管理应用型人才的基本素质的全面培养。具体来说，本书的特色体现在以下几点：

第一，体系完备，内容充实，充分体现了科学性和专业性。本书各章节内容都是按照本科人力资源管理专业学生的培养目标和基本要求，经过认真讨论和慎重筛选的，内容丰富全面又不失层次感，书中的知识技术、理论观点都是在研究或实践中已被证明了是科学可行的。

第二，形式活泼、通俗易懂、可读性强。全书每章开篇的真知灼见用简练的至理名言提炼了本章的核心思想；穿插于文中的插图、表格和补充阅读材料等专栏不仅一扫纯文字带来的枯燥感，增添了形式的鲜活性和直观性，还使得学生对知识点的理解更深入透彻，有效实现了理论与实践的结合，增添了教材内容的可读性。

第三，知识点突出、案例丰富、思考练习、学以致用。每章开头提出对本章知识点的基本要求，便于学生掌握本章内容的重点、难点，除了正文中穿插的小案例以外，每章结束部分还配以综合性案例分析并提出问题，供学生思考练习使用，也可作为教师授课中组织课堂讨论的阅读材料，起到学以致用的作用，也更突出了对专业实用技能的训练。同时，在每章结尾处还设置了推荐阅读书目，便于读者在使用本教材的过程中开拓思路、拓宽知识面，进一步学习人力资源管理领域的前沿理论和方法。

第四，内容新颖、更新及时。本书在编排上注意实践性的同时，也注意了内容的新颖性，及时引入了人力资源管理领域一些前瞻性地研究内容和成果，并注重及时跟进国家最新的相关政策。例如人力资源管理发展新趋势一章中，全面引入高绩效团队、人力资源审计、新生代员工管理等新颖内容；在劳动关系管理一章中立足于新出台的《劳动合同法》背景，并适时引入介绍了国家2010年7月出台的《国务院关于进一步加强企业安全生产工作的通知》，将最新政策介绍给专业学生等。

全书共12章，分为人力资源管理基础篇、人力资源管理职能模块篇和人力资源管理趋势篇三大部分。基础篇涉及全书的第1至4章，主要是从人力资源管理的基本内涵入手，梳理了人力资源管理的发展脉络，并以战略性人力资源管理的全局视角作为基点，沿着人力资源管理实践系统展开，分别介绍了人力资源规划、工作分析等人力资源管理的基础性工作。职能模块篇涉及全书的第5至10章，主要介绍了员工招聘、绩效管理、培训与开发、职业生涯管理、薪酬管理、劳动关系管理等基本的职能内容模块。趋势篇涉及全书的第11、12章，主要针对跨国人力资源管理以及人力资源管理的最新发展趋势做了前瞻性地介绍。

为了帮助教师更好地使用本教材，本书建议在课时分配上采取如下安排：人力资源管理导论（6课时）、战略性人力资源管理（4课时）、人力资源规划（4课时）、工作分析（4课时）、员工招聘（6课时）、员工培训与开发（6课时）、职业生涯管理（6课时）、绩效管理（8课时）、薪酬管理（8课时）、劳动关系管理（4课时）、跨国人力资源管理（4课时）、人力资源管理发展新趋势（4课时）。总计64课时。

本书由安徽工业大学管理学院硕士生导师刘芳教授担任主编，负责确定全书的整体框架并对所有内容进行最终审核。参与本书编写的人员均为安徽工业大学管理学院教师，具体分工如下：李向前（第1章、第3章）、贾慧敏（第2章）、范义华（第4章、第8章）、孙玉弢（第5章、第10章）、姜秀萍（第6章、第7章）、黄存权（第9章）、黄磊（第11章、第12章）。全书最终统稿由孙玉弢、濮珍贞完成。本书在编写过程中还得到了安徽工业大学管理学院各位老师和合肥工业大学出版社各位同仁的大力支持和帮助，在此一并表示衷心的感谢。

由于编写人员水平有限，书中欠缺及错误之处在所难免，恳请广大读者在使用过程中对本书提出宝贵的批评和改进建议。

编著者

2010年10月

目录 ▶MULU

第一章　人力资源管理导论 ……………………………… (001)

第一节　人力资源概述 ……………………………… (002)

一、人力资源的涵义 ……………………………… (002)

二、人力资源的数量与质量 ……………………………… (002)

三、人力资源的特征 ……………………………… (005)

第二节　人力资源管理的涵义 ……………………………… (006)

一、人力资源管理的概念 ……………………………… (006)

二、人力资源管理的职能 ……………………………… (007)

三、人力资源管理活动的内容 ……………………………… (009)

四、人力资源管理主体的职责 ……………………………… (011)

第三节　人力资源管理的演变与发展 ……………………………… (014)

一、雇佣管理阶段 ……………………………… (014)

二、人事管理阶段 ……………………………… (015)

三、人力资源管理阶段 ……………………………… (017)

四、当代人力资源管理——战略人力资源管理和国际人力资源管理 ……………………………… (020)

第四节　不同国度人力资源管理模式 ……………………………… (023)

一、美、日人力资源管理模式 ……………………………… (023)

二、人力资源管理在中国的发展 ……………………………… (027)

第二章　战略性人力资源管理 ……………………………… (037)

第一节　战略性人力资源管理概述 ……………………………… (038)

一、战略性人力资源管理的内涵 ……………………………… (038)

二、战略性人力资源管理的特征 ……………………………… (039)

三、战略性人力资源管理的作用 ……………………………… (040)

四、战略性人力资源管理与传统人事管理的区别 ……………………………… (041)

五、战略性人力资源管理与企业战略的关系 …… (042)

第二节　战略性人力资源管理的环境 ……………………………… (043)

一、外部环境的影响 …………………………… (043)
二、内部环境的影响 …………………………… (045)
第三节 战略性人力资源管理体系 ……………… (048)
一、构建战略性人力资源管理体系的意义 ……… (048)
二、战略性人力资源管理体系构成 ……………… (048)
第四节 战略性人力资源管理面临的挑战 ……… (052)
一、环境的作用和动态性 ……………………… (052)
二、战略性组织变革 …………………………… (053)
三、战略性人力资源管理工作的评价 …………… (053)
四、战略性人力资源管理与组织绩效的关系 …… (054)
第三章 人力资源规划 ……………………………… (060)
第一节 人力资源规划基础 ……………………… (061)
一、人力资源规划涵义 ………………………… (061)
二、人力资源规划的重要性 …………………… (062)
三、人力资源规划的内容 ……………………… (063)
第二节 人力资源规划的程序 …………………… (065)
一、准备阶段 …………………………………… (066)
二、预测阶段 …………………………………… (066)
三、制订规划阶段 ……………………………… (067)
四、实施和控制阶段：执行规划和实施监控、
评估与反馈等 …………………………… (068)
第三节 人力资源的供需分析 …………………… (069)
一、人力资源需求分析 ………………………… (069)
二、人力资源供给分析 ………………………… (074)
第四节 人力资源的供需平衡 …………………… (077)
一、人力资源供需平衡分析 …………………… (077)
二、人力资源的供需平衡调整 ………………… (079)
第四章 工作分析 …………………………………… (085)
第一节 工作分析概述 …………………………… (086)
一、工作分析的相关概念 ……………………… (086)
二、工作分析的作用 …………………………… (089)
第二节 工作分析的流程 ………………………… (092)
一、工作分析的必要前提条件 ………………… (092)
二、工作分析的步骤 …………………………… (094)
三、工作分析的基本原则 ……………………… (099)
第三节 工作分析的方法体系 …………………… (099)
一、工作分析方法体系的基本内容 …………… (099)
二、工作分析方法的选择 ……………………… (106)

第四节　工作分析的结果及其运用 …………………… (108)
一、工作说明书 ………………………………………… (108)
二、工作设计 …………………………………………… (112)
三、工作评价 …………………………………………… (116)
第五章　员工招聘 …………………………………… (125)
第一节　员工招聘概述 ………………………………… (126)
一、员工招聘的概念 …………………………………… (126)
二、员工招聘的意义 …………………………………… (127)
三、员工招聘的目的与作用 …………………………… (130)
四、员工招聘的原则 …………………………………… (131)
第二节　员工招聘的基本流程 ………………………… (133)
一、确定招聘需求 ……………………………………… (133)
二、明确招聘策略 ……………………………………… (135)
三、制订招聘计划 ……………………………………… (137)
四、准备招聘信息 ……………………………………… (139)
五、组织实施招募活动 ………………………………… (140)
六、人员的测评与甄选 ………………………………… (141)
七、员工的录用与配置 ………………………………… (142)
八、招聘效果的评估 …………………………………… (142)
第三节　员工招募 ……………………………………… (143)
一、员工招募的含义 …………………………………… (143)
二、员工招募的渠道 …………………………………… (143)
第四节　人员甄选 ……………………………………… (160)
一、人员甄选的概念 …………………………………… (160)
二、人员甄选的意义 …………………………………… (160)
三、人员甄选的基本原则 ……………………………… (161)
四、人员甄选的常用方法 ……………………………… (163)
第五节　员工录用配置与招聘评估 …………………… (180)
一、员工的录用 ………………………………………… (180)
二、员工的配置 ………………………………………… (182)
三、招聘评估 …………………………………………… (183)
第六章　员工培训与开发 …………………………… (189)
第一节　员工培训与开发概述 ………………………… (190)
一、员工培训与开发的概念 …………………………… (190)
二、员工培训与开发的作用 …………………………… (191)
三、员工培训与开发的原则 …………………………… (192)
第二节　员工培训的分类与方法 ……………………… (193)
一、员工培训的分类 …………………………………… (193)

二、员工培训的方法 …………………………………… (196)
第三节　员工培训系统模型 ……………………………… (201)
一、员工培训需求分析 ………………………………… (201)
二、员工培训目标设置 ………………………………… (206)
三、员工培训计划制订 ………………………………… (207)
四、员工培训的实施 …………………………………… (210)
五、培训成果转移 ……………………………………… (211)
六、员工培训效果评估 ………………………………… (212)
第四节　新员工入职培训 ………………………………… (214)
一、新员工入职培训的概念 …………………………… (214)
二、新员工入职培训的内容 …………………………… (214)
三、以职业化为导向的新员工入职培训模型 ……… (216)
第七章　职业生涯管理 ……………………………………… (225)
第一节　职业生涯管理概述 ……………………………… (226)
一、职业生涯 …………………………………………… (226)
二、职业生涯规划 ……………………………………… (227)
三、职业生涯管理 ……………………………………… (227)
第二节　职业生涯管理的相关理论 ……………………… (232)
一、职业锚理论 ………………………………………… (232)
二、职业生涯选择理论 ………………………………… (234)
三、职业生涯发展阶段论 ……………………………… (236)
第三节　个人职业生涯管理 ……………………………… (243)
一、个人职业生涯规划的内涵 ………………………… (243)
二、个人职业生涯的影响因素 ………………………… (244)
三、个人职业生涯规划的步骤 ………………………… (249)
第四节　组织职业生涯管理 ……………………………… (256)
一、组织职业生涯管理的内涵 ………………………… (256)
二、组织职业生涯规划与管理步骤 …………………… (256)
三、组织职业生涯规划与管理的主体 ………………… (258)
第八章　绩效管理 …………………………………………… (265)
第一节　绩效管理概述 …………………………………… (266)
一、绩效 ………………………………………………… (266)
二、绩效管理 …………………………………………… (270)
三、绩效管理系统 ……………………………………… (273)
第二节　绩效管理的流程 ………………………………… (277)
一、绩效管理的基础 …………………………………… (277)
二、绩效管理的基本流程 ……………………………… (279)
三、绩效管理过程中的重点活动 ……………………… (285)

第三节 绩效考核的实施 …………………………………………… (287)
一、绩效考核的实施原则 ……………………………………… (287)
二、绩效考核体系设计 ………………………………………… (288)
三、考核者误差及其防范 ……………………………………… (298)
第四节 绩效管理方法体系 ………………………………………… (301)
一、绩效管理方法体系 ………………………………………… (301)
二、常见的绩效管理与绩效考核方法 ………………………… (302)
第九章 薪酬管理 ……………………………………………………… (322)
第一节 薪酬与薪酬管理 …………………………………………… (323)
一、薪酬 ……………………………………………………………… (323)
二、薪酬管理 ………………………………………………………… (326)
第二节 基本薪酬设计 ……………………………………………… (330)
一、薪酬调查和薪酬结构设计 ………………………………… (331)
二、职位薪酬体系和技能（能力）薪酬体系 …… (335)
第三节 激励薪酬计划 ……………………………………………… (339)
一、激励薪酬计划的优缺点 …………………………………… (339)
二、激励薪酬计划的形式 ……………………………………… (340)
第四节 福利管理 …………………………………………………… (344)
一、福利概述 ……………………………………………………… (344)
二、福利管理 ……………………………………………………… (347)
三、弹性福利计划 ………………………………………………… (349)
第十章 劳动关系管理 ……………………………………………… (356)
第一节 劳动关系管理概述 ………………………………………… (357)
一、劳动关系与劳动法律关系 ………………………………… (358)
二、劳动法律关系的三要素 …………………………………… (362)
三、劳动关系管理的内容及意义 ……………………………… (370)
四、我国劳动关系的历史和现状 ……………………………… (372)
第二节 劳动人事合同管理 ………………………………………… (375)
一、劳动合同的含义及特征 …………………………………… (376)
二、劳动合同的作用 ……………………………………………… (378)
三、劳动合同的管理 ……………………………………………… (379)
四、集体合同 ……………………………………………………… (392)
第三节 职业安全与卫生 …………………………………………… (395)
一、职业安全与卫生的内涵 …………………………………… (395)
二、职业伤害的涵盖范围和成因 ……………………………… (396)
三、健全职业安全与卫生管理的制度举措 ………… (398)
第四节 劳动争议及处理 …………………………………………… (404)
一、劳动争议的内涵 ……………………………………………… (404)

二、劳动争议的特征 …………………………… (404)
三、劳动争议的种类 …………………………… (405)
四、劳动争议的处理 …………………………… (407)

第十一章 跨国人力资源管理 …………………………… (414)

第一节 经济全球化背景下的组织 ……………………… (415)
一、经济全球化的特点 ………………………… (415)
二、全球化组织的特征 ………………………… (416)
三、全球化组织的发展模型：
基于人力资源管理的视角 …………………… (420)
第二节 影响跨国人力资源管理的主要因素 ………… (423)
一、文化的影响 ………………………………… (423)
二、教育和技能水平的影响 …………………… (426)
三、政治及法律体系的影响 …………………… (428)
第三节 跨国人力资源管理的主要职能 ……………… (431)
一、全球化背景下的人力资源规划 …………… (431)
二、跨国公司外派员工的甄选 ………………… (432)
三、跨国公司人力资源开发与培训 …………… (436)
第四节 跨国公司人力资源管理发展的新趋势 ……… (438)
一、人力资源部成为战略性部门 ……………… (438)
二、人力资源管理趋向柔性管理 ……………… (440)
三、人力资源管理趋向敏捷作业 ……………… (441)
四、人力资源管理趋向人性化管理 …………… (443)
五、人力资源管理趋向全员参与管理 ………… (445)

第十二章 人力资源管理发展新趋势 ………………… (452)

第一节 高绩效团队 ……………………………… (453)
一、高绩效团队的内涵 ………………………… (453)
二、高绩效团队内部的知识共享 ……………… (456)
三、高绩效团队内部的领导—成员交换 ……… (463)
第二节 人力资源审计 ……………………………… (470)
一、人力资源审计的涵义及发展历程 ………… (471)
二、人力资源审计的构成及功能 ……………… (475)
三、人力资源审计的应用模式 ………………… (479)
四、人力资源审计的分类和范围 ……………… (481)
五、人力资源审计的程序 ……………………… (483)
第三节 新生代员工的管理 ………………………… (484)
一、新生代员工的成长背景 …………………… (484)
二、新生代员工的特点 ………………………… (484)
三、新生代员工的多元化激励措施 …………… (486)

第一章 人力资源管理导论

引言：真知灼见

优秀公司所以优秀是因为他们能把普通人组织起来做出不普通的事业。

——（美）汤姆·彼得斯 小罗伯特·沃特曼

你可以接管我的工厂，烧掉我的厂房，但只要留下我的那些人，我就可以重建 IBM 公司。

——（美）IBM 公司创建人沃森

我最大的成就是发现人才，发现一大批人才。他们比绝大多数的首席执行官都要优秀。这些一流的人物在 GE 如鱼得水。

——（美）通用电气公司 CEO 杰克·韦尔奇

本章学习目标

人力资源是一切资源中唯一具有能动性的，它是生产活动中最活跃的因素，被经济学家称为第一资源。人力资源管理，是对企业最活跃的要素——人进行管理，需要做到人尽其才，事得其人，人事相宜，从而实现组织目标。本章主要是从人力资源的概念和特征，人力资源管理的概念、主体、职能、活动内容，人力资源管理的发展这几个方面进行全面介绍。

通过本章的学习，你应该能够：

★ 掌握人力资源的内涵，了解其特征
★ 掌握人力资源管理内涵
★ 明确人力资源管理的职能，以及各项职能间的关系
★ 了解人力资源管理的活动内容体系，以及管理主体的职责
★ 了解人力资源管理的发展历程
★ 了解美日人力资源管理模式的特征

第一节　人力资源概述

一、人力资源的涵义

资源是“资财的来源”（《辞海》）。经济学把为了创造物质财富而投入生产活动中的一切要素通称为资源，包括人力资源、物力资源、财力资源、信息资源、时间资源等。其中人力资源是一切资源中最宝贵的资源，它是生产活动中最活跃的因素，被经济学家称为第一资源。

对人力资源的理解，存在下列几种观点：

第一种观点：数量观，即人力资源是指在一定范围内能够作为生产要素投入社会经济活动的全部劳动人口的总和。

第二种观点：能力观，即人力资源是指能够推动整个经济和社会发展的劳动者的能力，即处于劳动年龄的已直接投入建设和尚未投入建设的人口的能力。

第三种观点：综合观，即人力资源是指在一定时间、一定空间地域内的人口总体所具有的劳动能力的总和（一个国家或地区有劳动能力的人口的总和）。

我们认为，人力资源是指能够推动国民经济和社会发展的、具有智力劳动和体力劳动能力的人们的总和，包括数量和质量两个方面。企业人力资源是指能够推动整个企业发展的劳动者的能力的总和，它同样包括数量和质量两个方面。

二、人力资源的数量与质量

（一）人力资源的数量

人力资源的数量是构成人力资源的基础，没有人力资源的数量，也就谈不上人力资源的质量。人力资源的数量可以用绝对数量和相对数量两种指标来表示。

1. 人力资源的绝对数量

人力资源绝对量的构成，从宏观上看，指的是一个国家或地区中具有劳动能力、从事社会劳动的人口总数，它是一个国家或地区劳动适龄人口以及劳动适龄人口之外的一些具有劳动能力、正在从事社会劳动的人口，反映了一个国家或地区人力资源绝对量的水平。由此，一个国家或地区人力资源包括下述八个部分（如图1－1所示）：

（1）处在劳动年龄之内，正在从事社会劳动的人口，又称为“劳动适龄就业人口”；

（2）尚未达到劳动年龄，而实际已经从事社会劳动的人口，又称为“未成年就业人口”；

（3）已经超过了劳动年龄，实际上仍在从事社会劳动的人口，又称为“老年就业人口”；

（4）处于劳动年龄之内，有能力、有愿望参加社会劳动，但实际并未参加社会劳动的人口，又称为“求业人口”（通常称为“待业”人口）；

（5）处于劳动年龄之内的就学人口（各种大、中专在校学生）；

（6）处于劳动年龄之内的在军队服役的人口（现役军人）；

（7）处于劳动年龄之内的家务劳动人口；

（8）处于劳动年龄之内的其他人口。

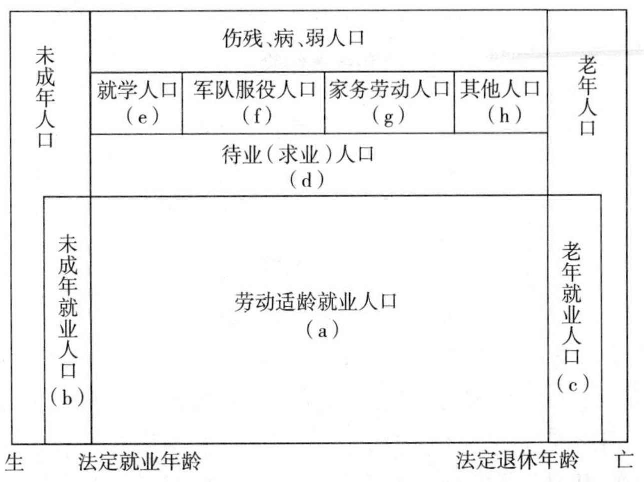

图1－1　人力资源的构成

其中a、b、c三部分，构成人力资源的主体，又称为就业人口；求业人口加上就业人口，国际上通称为“经济活动人口”或“现实人力资源”；e、f、g、h四部分人口，并未构成现实社会劳动力供给，因此称为潜在人力资源。一个国家的人力资源，就是现实人力资源与潜在人力资源之和，又称为人力资源的绝对数量。

2. 人力资源的相对数量

人力资源的相对数量可以用人力资源率来表示，公式如下：

$$人力资源率=\frac{被考察范围内人力资源人口}{被考察范围内的总人口}\times 100\%$$

一个国家人力资源的相对数量，反映了该国人力资源的实际比率。它可以作为一种相对国力的表示，用来同其他国家进行比较，反映出一个国家的发展程度及更深层次的社会经济特征。

（二）人力资源的质量

人力资源质量反映了人力资源在质上的规定性，它是一定范围内（国家、地区、企业）人力资源所具有的体质、智力、知识、技能和劳动意愿，它一般体现在劳动者的体质水平、文化水平、专业技术水平和劳动的积极性上。常常用健康状况、受教育状况、劳动者技术等级状况，以及劳动态度等指标来进行衡量。人力资源质量是由劳动者的身体素质、智能素质和心理素质（劳动态度）构成，在这三者组合作用下，劳动者在劳动中表现出的体力、知识、智力和技能水平，反映了人力资源的质量状况，如图1－2所示。

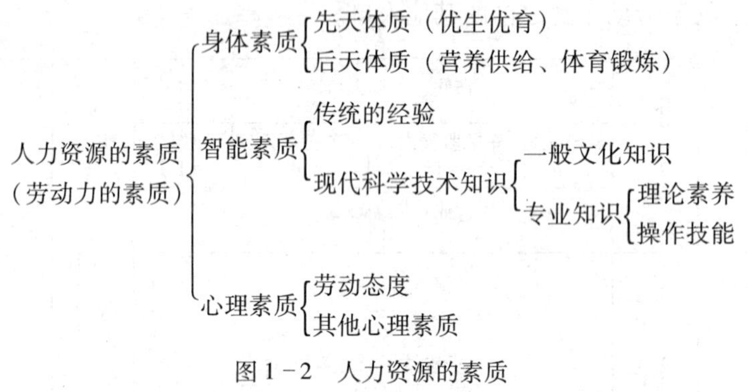

图1－2　人力资源的素质

劳动者的身体素质是决定劳动者质量的自然基础。智能的形成除了要有自然基础之外，还要有后天的培育开发。随着时代发展，人力资源中智能因素的作用逐渐提高，体质因素的作用逐渐相对降低；智能因素中，现代专业科学知识和技术能力的作用不断上升，传统经验和劳动技能的作用不断下降。

（三）人力资源数量与质量的统一

一个国家和地区人力资源丰富程度不仅要用数量来计量，而且要用质量来评价。人力资源开发中的数量和质量是相互统一的，数量是基础，质量是核心。人力资源质量的提高是人力资源开发的核心和关键所在。特别是在社会生产力从延续了千百年的体力化阶段向第一次产业革命的智能化阶段过渡之时开始，劳动者的智力开发因素的重要作用表现得特别明显。国内外学者认为，人力资源的质量及其培训，是新技术革命条件下最迫切的问题，也是当代面临的最严峻的挑战。

三、人力资源的特征

人力资源是一种特殊资源，同其他资源相比有以下特征：

（一）人力资源的能动性

人力资源是劳动资料、劳动对象和劳动者三个生产要素中唯一具有主动性的生产要素。与其他资源相比较，人力资源具有目的性、主观能动性、社会意识性和可激励性。自然资源在被开发的过程中，完全处于被动的地位，如森林、矿藏、土地、水利等。人力资源则不同，在被开发过程中，具有能动性，即人类具有自我调控的功能。人类在从事经济和社会活动时，总是处在发起、操纵、控制其他资源的位置上，也就是说，人类能够根据外部的可能性和自身的条件、愿望，有目的地确定经济活动的方向，并根据这一方向，具体选择、运用外部资源或主动适应外部资源。所以，人力资源与其他被动生产要素相比较，是最积极、最活跃的生产要素，居于主导地位。

（二）人力资源的可再生性

人力资源是“活”的资源。一方面，通过人口的繁衍，人力资源不断地再生产，世世代代延续下去；另一方面，人的体能在一个生产过程中消耗之后，又可以通过休息和补充能量得以恢复。进一步而言，如果人的知识技能陈旧了、过时了，也可以通过培训和学习等手段得到更新和补充。因此，人本身、人的体能与知识技能，都是可以再生的。保证这种再生过程的顺利进行，将有利于人力资源的开发与利用。

（三）人力资源的时效性

自然资源，例如矿藏、森林、石油等一般都可以长期储存，储而不用，品位不会降低，数量也不会减少。但人力资源则不同，长期储而不用，就会荒废、退化、过时。人力资源的形成、开发、配置、使用和培训均与人的生命周期有关。首先，人的一生中都存在着人力资源的积累过程，但开发而被利用则仅是一生的中间阶段。其次，在这一阶段中，由于劳动者类型、层次不同，其发挥作用的最佳年龄段也不同。即使同为高级人才，社科类人才与技术类人才发挥作用的最佳时期也不同，更进一步即使同为技术型人才，IT行业人才与生物医学人才的最佳期也不尽一致。再次，人力资源只有在使用中才能发挥其作用，它不能像物质财富那样储存起来。如果是体力型的人力资源，不能使用不仅会造成浪费还要消耗其他资源来维持它。作为智力型的人力资源，如果长期得不到开发使用，不仅会造成浪费，还可能因跟不上时代步伐而贬值。此外，一个人在一天中的不同时段，其特点也不一样，因而要求我们合理使用，使人的不同阶段的潜能得到最大限度发挥。最后，人力资源的时效性也与其他管理手段有关，有效的管理能够长期使人力资源发挥最佳功效，无效的管理则会导致人力资源的浪费和流失。就是对于同一个人，不同时期不同的激励方式也可能带来不同的效益。

（四）人力资源的持续性

自然资源、物质资源一般只有一次开发或二次开发，一旦形成产品使用之后，就不存在继续开发的问题了。例如：铁矿石被开发炼成铁或钢，制成产品后铁矿石就不存在了；煤燃烧后，也就不存在了；森林的树木被开发制成产品后，也就不存在开发的问题了等。

人力资源则不同，人力资源的使用过程同时也是开发过程，而且这种开发过程具有持续性。人力资源的使用过程本身，就是一个不断开发的过程。有两种理论说明了这个问题，即“干电池理论”和“蓄电池理论”。所谓“干电池理论”就是把人生分成两段，前半段主要是学习，就是做“干电池”，学校毕业就相当于“干电池”做完了，然后参加工作，即“干电池”放电发亮。但是，“干电池”里的电量毕竟有限，很快就会用完。于是，新的理论——“蓄电池理论”应运而生。“蓄电池理论”认为，人的一生是不断学习，不断充电的一生，而且，释放与储存成正比，若要更多地释放，必须更多地储存。

第二节　人力资源管理的涵义

一、人力资源管理的概念

人力资源管理（Human Resource Management，HRM），是研究如何最有效、最合理地管理和使用企业所拥有的最宝贵的资源——其员工们的才能与热情，从而实现企业的既定目标，使其经济效益和社会效益最大化。对于它的含义，国内外的学者们也给出了诸多的解释，综合起来，可以将这些概念归纳为五类。

第一类是目的观，从人力资源管理的目的出发来解释它的含义。认为它是借助对人力资源的管理来实现组织的目标，即人力资源管理就是通过各种技术与方法，有效地运用人力资源来达成组织目标的活动。

第二类是过程观，从人力资源管理的过程或承担的职能出发来进行解释，把人力资源管理看成是一个活动过程。即人力资源管理是负责组织人员的招聘、甄选、训练及报酬等功能的活动，以达成个人与组织的目标的全过程管理。

第三类是实践体系观，认为人力资源管理就是与人有关的制度和政策等。即人力资源管理是对人力资源进行有效开发、合理配置、充分利用和科学管理的制度、法令、程序和方法的总和。

第四类是主体观，主要是从人力资源管理的主体出发解释其含义，认为它是人力资源部门或人力资源管理的工作，即人力资源管理指那些专门的人力资源管理职能部门中的专门人员所做的工作。

第五类是综合观，是从目的、过程等方面出发综合地进行解释。即认为人力资源管理是指运用现代化的科学方法，对与一定物力相结合的人力进行合理的培训、组织与调配，使人力、物力经常保持最佳比例，同时对人的思想、心理和行为进行恰当的诱导、控制和协调，充分发挥人的主观能动性，使人尽其才、事得其人、人事相宜，以实现组织目标。

大多数学者是从综合的角度来解释人力资源管理的含义的，这样更有助于揭示它的含义，在此我们也给出相应的定义：

人力资源管理，是指为实现组织目标，运用现代化的科学方法，对人力资源进行合理培训、组织和调配，同时对人的心理和行为进行恰当的引导、激励和控制，充分发挥人的主观能动性，以保障人尽其才，事得其人，人事相宜等。

根据这一定义，可以进一步从下面两个方面来理解人力资源管理：

第一方面，人力资源外在要素——量的管理。

对人力资源进行量的管理，就是根据人力和物力及其变化，对人力进行合理培训、组织和调配，使二者经常保持最佳比例和有机的结合，使人和物都充分发挥出最佳效应。

第二方面，对人力资源内在要素——质的管理。

对人力资源进行质的管理，主要是采用现代化的科学方法，对人的心理和行为进行有效的开发与管理，充分发挥人的主观能动性，以实现组织目标。

二、人力资源管理的职能

人力资源管理作为企业的基本管理职能之一，为企业提供了人力保障，使企业在市场竞争中得以生存和发展。就人力资源管理自身目的而言，是“吸引、保留、激励与开发”企业所需的人力资源。具体说来，即把企业所需的人力资源吸引到企业中来，将他们保留在企业内，调动他们的工作积极性，并开发他们的潜能，充分发挥他们的积极作用，为本企业服务。从上述人力资源管理的基本目的可演绎出人力资源管理五项基本职能，如图1-3所示。

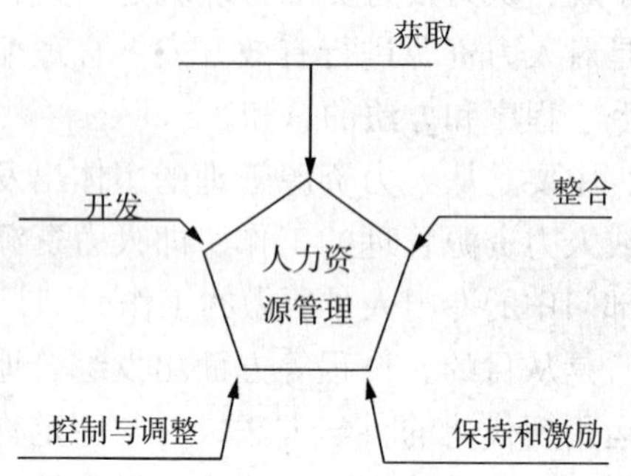

图1-3　人力资源管理五项基本职能

（一）获取

获取是指组织为了发展的需要，根据人力资源规划和工作分析的要求，寻找、吸引那些有能力又有兴趣到本组织任职，并从中挑选出适宜人员予以录用的过程。包括招募、审核、选拔与委派。

（二）整合

整合是指依据组织战略与组织的发展，引导组织内各成员的目标与组织目标朝同一方面靠近，对人力资源的使用达到最优配置，提高组织绩效的过程。可以通过培训、企业文化建设等方式，使被招收的员工了解企业的宗旨与价值观，使之内化为员工的价值观，从而建立和加强他们对组织的认同感与责任感。

（三）保持和激励

保持和激励是指向员工提供各种适当的奖酬，这些奖酬应建立在公平基础之上，并与员工及其团队绩效相匹配，以增加其归属感和满意感，使其安心并积极工作。

（四）控制与调整

控制与调整是指依据组织的目标，评估员工的素质，考核其行为与绩效等，并做出相应的调整，这些调整包括：奖惩、升迁、离退和解雇等。

（五）开发

开发是指组织在现有的人力资源基础上，依据战略目标、组织结构变化，组织提供给员工的一个教育或学习的计划来帮助员工提高技能，并改变他们的态度和行为，并提供给他们发展机会，指导他们认清自己的长处与短处，以及今后的发展方向和道路。在这个过程中，个人和组织都将得到提升。

上述五项基本职能的关系是相辅相成、彼此配合的。如激励使员工对工作满意、对组织依恋，从而有利于整合的开展；开发使员工看到自己在本企业的前程，从而更加积极和安心。

三、人力资源管理活动的内容

人力资源管理是从人力资源的角度确保企业战略的实现，通过对人及与人相关的事的管理活动来提高企业的绩效。人力资源管理活动，包括组织中人及与人相关的事，是一个很宽的范畴，所以人力资源管理工作的范围很广、内容很庞杂，包括：人力资源战略与规划、工作分析、招聘和选拔、培训与开发、绩效管理、薪酬管理、员工关系管理等（图1-4）。任何一个环节的缺失或失误，都会影响到人力资源系统功能的发挥甚至系统的正常运转，从而影响企业战略的实现，并最终影响企业的绩效。

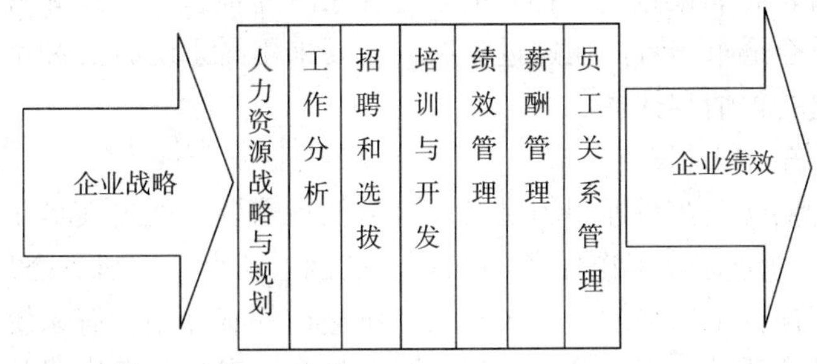

图1-4　人力资源管理的内容

人力资源管理活动具体包括以下内容：

（一）人力资源战略与规划

人力资源的战略与规划是企业人力资源管理其他职能的基础。人力资源战略是指，在企业总体战略指导下，分析自己的经营环境变化对人力资源的供给和需求的影响及状况，制定的企业人力资源发展的战略，包括企业人力资源的使命和价值观，人力资源发展的目标、方向、方针与政策等。人力资源规划是指，在人力资源战略基础上，利用科学的方法，对企业未来人才的需要、供给，培养与选拔方式进行科学、整体的预测，并制定必要的政策和措施，以确保自身在需要的时间和需要的岗位上获得各种所需的人力资源（包括数量和质量两个方面），并使公司和员工个体得到长期的利益。

（二）工作分析

工作分析又称职位分析、岗位分析或职务分析，是指确定完成各项工作所需技能、责任和知识的系统过程，是人力资源管理工作的基础，其分析质量对其他人力资源管理模块具有举足轻重的影响。工作分析是通过对工作输入、工作转换过程、工作输出、工作的关联特征、工作资源、工作环境背景等的分析，进行系统全面的情报收集，形成工作分析的结果——职务规范（也称作工作说明书），职务规范包括工作识别信息、工作概要、工作职责和责任，以及任职资格的标准信息，为其他人力资源管理职能的使用提供方便，以便组织进行改善管理效率。工作分析的信息被用来规划和协调几乎所有的人力资源活动。如决定员工的挑选标准；选择最适当的挑选技术；制订培训方案；确定绩效评估标准；确定薪金水平等。

（三）招聘与选拔

根据人力资源的规划以及相应的职务规范，而开展的招聘与选拔、录用与配置等工作是人力资源管理的重要活动之一。要完成组织的目标，公司用招聘来定位和吸引申请具体职位的人，可能从内部（即晋升或变换工作）或从外部招聘候选人。招聘的目标在于迅速地、合法地和有效地找到公司需要的合适求职者。在这过程中，需要采用科学的方法和手段对所需要的人员进行评估和选择。

（四）培训与开发

企业为实现企业目标和满足员工个人发展需要，通过使员工学习，获得、改进有利于完成工作任务的知识、技能、观点、动机、态度、行为，以提高员工岗位工作绩效和个人素质，所进行的有计划、有系统的战略性人力资本投资活动过程。员工培训与开发是教导雇员如何完成目前或未来的有计划的学习，为将来工作做好准备。培训重在目前的工作技能，而开发则是对员工未来的工作技能，以及员工职业开发。

（五）绩效管理

绩效管理，是指组织通过衡量其员工的工作绩效，并合理应用评价结果以提升组织综合绩效的过程。这一过程中，管理者和员工共同参与绩效计划制定、绩效辅导沟通、绩效考核评价、绩效结果应用和绩效目标提升，绩效管理的目的是持续提升个人、部门和组织的绩效。绩效评价结果可以给管理部门提供有关决策的依据，如：晋级、降级、解职和提薪等。

（六）薪酬管理

薪酬管理，是在组织发展战略指导下，对员工薪酬支付原则、薪酬策略、薪酬水平、薪酬结构、薪酬构成进行确定、分配和调整，以保有和激励员工的动态管理过程。薪酬是指员工向其所在单位提供所需要的劳动而获得的各种形式的补偿，是单位支付给员工的劳动报酬，包括经济性薪酬和非经济性薪酬两大类，经济性薪酬分为直接经济性薪酬和间接经济性薪酬。薪酬形式包括工资和福利及奖金等。工资是员工所得的薪水；津贴是提供给员工的、在工资以外的某种报酬形式，如健康保险等；奖金是奖励员工恰当工作行为与超出劳动定额以外的工作结果。

（七）员工关系管理

员工关系管理是通过协调员工与管理者、员工与员工之间的关系，引导建立积极向上的工作环境，从而提高员工满意度，支持组织其他管理目标的实现。员工关系管理主要包含：劳动关系管理（指传统的签合同、解决劳动纠纷等内容）、法律问题及投诉、员工的活动和协调、心理咨询服务、员工的冲突管理、员工的内部沟通管理、工作丰富化、晋升、员工的信息管理、员工的奖惩管理、员工的纪律管理、辞退、裁员及临时解聘、工作扩大化、岗位轮换等。

四、人力资源管理主体的职责

随着人力资源管理工作的职能化与专业化，一般来说，公司都设有专门处理人力资源管理工作的部门。人力资源管理专业人员一般包括：高级人力资源管理人员、中级人力资源管理人员和初级人力资源管理人员。企业的高级人力资源管理人员，他们的职责主要是配合企业总体战略制定，确立企业的人力资源战略和发展目标，同时要协调中级人力资源管理人员的工作，为企业的存在与发展提供人力资源上的保证。企业的中级人力资源管理人员，其任务是连接高级人力资源管理人员和初级人力资源管理人员的工作，主要职责在于把高级人力资源管理人员制定的人力资源战略规划，转变为可执行的人力资源管理方案，同时协调初级人力资源管理人员的活动。企业的初级人力资源管理人员负责人力资源管理方案的实施，即把中级人力资源管理人员制定的人力资源管理方案，细化为具体的计划并执行。人力资源专业人员在公司计划和决策中日益发挥作用，这也是反映了公司高层领导越来越意识到，人力资源管理对公司成功所起的重要作用。

然而，人力资源管理部门并非承担全部人力资源职能性的活动与责任。人力资源方面的工作，是由人力资源管理专业人员与直线经理共同完成和承担，即所有的管理者都参与日常性的人力资源管理实践。一些成功的公司往往十分善于把直线经理的经验与人力资源专家的专长结合起来，共同开发并发挥员工的最大潜能。在这一过程中，人力资源管理部门和管理者都应具备相应的技能，履行相应的职责并相互配合。

（一）人力资源管理专业人员的职责

人力资源管理专业人员在企业人力资源管理中主要负责的典型职责包括如下方面：

1. 制定政策与实施

人力资源管理专业人员通常要根据自身的专业技能，建议并草拟人力资源管理的新制度与方法，或修订原有的制度与方法，来解决重复发生的问题或预防新的问题的发生。通常，这些制度或规定要呈报给公司的高层决策人员，由他们最后依据企业发展战略进行确立后并签发。在这一过程中，人力资源管理专业人员应和直线经理以及其他职能部门联系，征询他们的意见，了解有关问题，以便让既定的人力资源政策、程序和做法与实际相适合，并与直线管理人员达成一致。

2. 建议与参谋

人力资源管理专业人员通常要从专业角度，对公司各级营运活动的决策做出支持。因此，他们经常作为公司经理、高级行政人员和主管的公司内部参谋。作为公司内部的参谋，人力资源管理专业人员必须了解公司经理和主管人员的运营目标。反过来，部门经理们也应意识到，人力资源部门的人是来帮助他们提高生产力，而不是为他们设置障碍的。这就需要人力资源管理专业人员，熟悉公司内部人力资源管理业务（如政策、劳动合同、以往惯例以及员工的需要等）和外部劳动市场及政府法规的变化趋势（如经济和就业形势、法律等），并且，人力资源部门专业人员要有善于从直线经理和主管人员的角度分析问题的能力，还要具备和他们沟通的能力。

3. 服务与咨询

人力资源管理专业人员主持或参与所有与人力资源有关的活动，如招聘、挑选、测试，设计实施培训项目，以及听取员工的要求和抱怨等，这一系列过程中，人力资源管理专业人员需向直线经理和员工提供相应的服务和咨询支持。人力资源管理专业人员应用所掌握的人力资源管理领域的专业理论与知识，在诸如法律、怎样选拔和录用员工、怎样做一次员工面谈、怎样评估员工绩效或怎样有效激励员工等问题上，提供实施计划的方案、方法以及策略来协助。在处理与人力资源管理有关的特殊事情上，如怎样处理某个“工作有问题的员工”等，人力资源专业人员也可以给一线经理们提供相应的咨询和建议。

4. 维护员工利益

人力资源管理专业人员的一项重要的职责就是维护员工的利益，倾听员工的要求并反映给经理们，在公司建立有效的沟通渠道，建立良好的员工关系。良好的劳资关系是在公司遭遇突然变故时的一个有力的支撑。人力资源管理专业人员在发挥作用时，必须清楚地知道自己的基础职责和扮演的角色是什么。

（二）直线经理的人力资源管理职责

在日常的经营管理活动中，直线经理需要引领、指挥和指导员工，以顺利完成组织任务。从人力资源管理角度看，直线经理们即是负责贯彻人力资源管理实践活动的主要人员，也是支持人力资源专职人员进行人力资源管理实践开发的力量。由人力资源专职人员设计的人力资源管理程序与方法，需要直线经理们执行和实践。对面试求职者进行专业衡量，为员工提供在职培训、指导，实施员工的绩效评价，提薪建议，执行惩戒程序，调查事故，解决投诉员工等工作，都需要直线经理们参与并完成。在人力资源管理程序与方法的制定过程中，直线经理也经常参与，并提供支持性的实践信息和线索。如人力资源专职人员在进行工作分析时，直线经理们需要提供相应的工作信息，并且评阅最后的书面结果，反馈意见。当人力资源专职人员在进行培训需求分析时，经理们需要提出培训对象、培训内容、培训类型等等的建议。表1－1描述了直线经理与人力资源管理专业人员的分工情况。

表1－1　直线经理与人力资源管理专业人员的分工

工作活动	直线经理的活动与责任	人力资源管理专业人员的活动与责任
战略与规划	执行人力资源计划与组织战略	人力资源战略与规划的制定、协调
工作分析	提供工作分析的有关信息，以及反馈	提供专业指导、编写工作说明书
招聘与录用	直接参加面试；决定人员的录用	招聘流程控制、参与选拔工作、提供咨询
培训与开发	组织员工培训；向下属反馈工作相关信息；帮助员工设计个人发展计划	制订员工培训计划；为员工培训提供支持；帮助员工进行职业生涯规划；对管理者进行管理理论与方法的培训等
绩效管理	负责员工绩效评估、绩效反馈与改进指导工作	绩效管理制度的制定；制度的宣传；绩效考核人员的培训

（续表）

工作活动	直线经理的活动与责任	人力资源管理专业人员的活动与责任
薪酬管理	工资、奖励制度及其他激励措施实施	薪酬体系与制度的制定；薪酬制度的执行与监督；提供员工福利及其他特殊需要的服务支持
员工关系	员工沟通；冲突管理；信息的收集与反馈；劳动纪律的监督执行；员工解雇、提升、调动、辞退的决策	沟通制度的制定；沟通渠道的畅通保障；部门间的协调；信息的处理；员工管理制度的制定；为直线经理提供支持；为员工提供咨询和服务

第三节　人力资源管理的演变与发展

随着人类经济社会的发展，人们越来越认识到人这种要素在企业中的地位，对人的管理也从次要职能逐渐演变成核心职能。纵观历史和现实，人力资源管理的演变与发展可以划分为四个阶段：雇佣管理阶段、传统劳动人事管理阶段、人力资源管理阶段、当代的战略人力资源管理和国际人力资源管理阶段。①②

一、雇佣管理阶段

人力资源管理的实践可追溯到16世纪西方国家的早期工业。作坊式的工场生产和家长式的管理体制在培训、工作分配等方面为人力资源管理积累了一些经验。人力资源管理的雇佣管理阶段是从19世纪后半期资本主义工厂制度建立到资本主义自由竞争阶段结束为止，经历了一百多年的历史。之所以把这一阶段命名为雇佣管理在于劳资双方的关系是以商品（劳动力）、货币（工资）交换关系为基础。这一阶段的主要特征有：

① 左仁淑．试论人力资源管理理论发展的阶段性［J］．软科学 1999（3）

② 李佑颐，赵曙明，刘洪．人力资源管理研究述评［J］．南京大学学报（哲学．人文科学．社会科学版），2001（4）

1. 管理观念上的“商品人”观念

第一次技术革命促进了资本主义经济的早期发展和大规模的资本密集的经济组织的出现，企业管理重视资金和技术而不重视人力的价值。在管理观念上，视人力如一般的商品，在管理者利润最大化的目标函数里，劳动力与其他生产要素一样，在取得时追求廉价，并充分利用，一旦用不着了，就会弃之如敝履。劳动者受雇佣的主要目的在于糊口谋生，他们较少有与雇主讨价还价的资格和权利，所以劳资双方是典型对抗的主仆关系。

2. 管理方式上是随心所欲、独断专行、非系统化的管理方式

企业的人事部门和规章制度都不存在。在绝大多数工厂里，最高管理者把所有人事管理权诸如招工、解雇、定薪、提职和分配工作等统统下放给负责车间或部门工作的工头。工头的任务是用最少的单位成本生产产品，他们凭自己的经验，采用高压驱动手段、无时无刻不紧盯着工人劳作。工人凭自己的经验操作，工人和管理人员的培养靠师傅带徒弟的方式。这种非系统化的管理方式常常带来管理者随心所欲和独断专行，例如工头在招工时任人唯亲、在解雇时又公报私仇，同工不同酬，工厂没有一套适当的申诉渠道和管理机制等。这种方式大大挫伤了工人的劳动积极性，工人磨洋工现象严重。

3. 管理效果上因管理机制是非科学性的，引起工人和资本家之间的矛盾日益加深，严重影响了劳动生产率的提高

生产过程中的极度浪费和低效率与工人就业无保障、低工资和危险的工作环境成为劳资冲突的主要表现。但是当传统的管理方式还有效时，雇主们不大愿意主动寻求和采用新的管理方式。19 世纪英国空想社会主义者罗伯特·欧文是人事管理的先驱者，他的重视人的因素的管理理想与当时的生产力水平和生产关系状况不相适应，其改革劳资关系的实践也因这种空想性而失败。19 世纪末，资本主义经济进一步发展，生产技术越来越复杂，劳动分工更细，加上劳动市场上的周期性失业潮引起货币工资下调和工作条件的不断恶化，劳资冲突引起社会对立的加剧，改革雇佣关系的呼声就越来越高。

二、人事管理阶段

人事管理阶段是从 19 世纪末期到 20 世纪 30 年代为止的时间。这一阶段产生了人事管理学派，追求“事”与“人”的配合是这一阶段的显著特点。这一阶段的主要特征有：

1. 管理观念上的“经济人”观念

资本主义自由竞争向垄断发展，工业化带来专业化、劳动生产率的提

高；被马克斯·韦伯称为“新教伦理”的资本主义精神，以及自由伦理、市场伦理等社会化环境因素共同作用于资本主义企业，产生了对“人”观念上的变革。“经济人”人性假设代替了“商品人”人性假设。人事管理的倡导者和实践者认为员工所需要的是金钱物质的激励，要实现人与其工作完善地结合在一起。人事管理的功能只要重视员工物质福利即可达到激励员工的目标。

2. 管理理论上诞生了人事管理学派

这一阶段，为了解决“磨洋工”现象，泰勒分析了当时存在的实际情况，他认为劳资冲突产生于工作场所不当的组织方式和不当的生产与分配手段。他从工场开始研究如何利用机械方法，以提高人力体能运用的价值并提出了一些调节劳资关系的理论。例如，标准化实现科学的劳动定额和标准化的工人培训；有差别的刺激性的计件工资制激励工人最大化工作；挑选“第一流工人”，工人的“选拔和培训”应遵循的能级原则；消除劳资对立应进行“精神革命”等等。同时代的法约尔在其管理十四条原则中也涉及了人事管理的原则，如公平、秩序、公正、稳定、首创精神和集体精神等。这些理论为现代企业人事管理奠定了理论基础。二战期间以改善雇员的家庭和工作生活为目的的工业福利运动流行起来，科学管理运动与工业福利运动的融合产生了人事管理学派。

3. 管理实践上有了专职人事部门承担人事管理职能

人事管理学派认为传统的雇佣管理是违反人性的，要解决劳资冲突就必须从工头手里拿走人事管理权，将其赋予专职的人事管理部门。在他们的倡导下，从那时起对劳动力的管理成为现代经营活动的重要一环，人事管理部门的职能在于开发一套通过雇佣记录和能力笔试进行选拔的正式程序以及承担福利代表的职责，人事管理学派对于招聘、选拔、培训、报酬、激励以及与雇主交流等方面研究的原理原则也运用到了人事管理实践中。

人事管理阶段由于改变了雇佣的观念，促使衡量劳动量的各种定额和标准的出现，并提出了劳资双方的合作是双方利益之所在，调节了生产力和生产关系的矛盾，使劳动生产率大为提高。但是人事管理学派的根本缺陷在于：“经济人”假设忽视了雇员的社会和心理需要。泰勒制企图把人改造得适合工作，专精一道工序和一个动作，使工人丧失了创造性和技能，有人批评：“泰勒制只是把劳动的商品概念，换成了机器概念。”战后，工人进一步认识到泰勒制变成了雇主用于加快工作进度的剥削工具。20 年代末、30 年代初资本主义世界经济萧条和特大经济危机的冲击进一步促使社会矛盾特别是劳资矛盾激化。工人用更多的罢工和怠工等形式进行斗争，劳动生产率大幅度下降，这说明人事管理理论开始失灵，客观上需要新的理论来指导实践。

三、人力资源管理阶段

（一）人力资源管理的提出

20 世纪 50 年代以前，人事管理理论的研究对象和人事管理活动的实施对象都是建立在“经济人”，而不是“社会人”的基础上。当我们进入后工业化社会以后，组织中员工的素质和需求发生了变化，具有相当基础知识和技能的员工大量出现，经济需求不再成为人们的唯一需求，员工在组织中的人性地位发生了变化，曾经作为组织生产资料的劳动力即组织的员工开始成为组织的一种资源。因此，人事管理也就开始向人力资源管理转变，但是这种转变经历了一个相当长的时间，并且现在仍然在进行之中。

“人力资源”一词是由当代著名的管理学家彼得·德鲁克（Peter Druck）于 1954 年在《管理的实践》一书中提出的。在这部学术著作里，德鲁克提出了管理的 3 个更广泛的职能：管理企业、管理经理人员以及管理员工和他们的工作。在讨论员工及其工作的管理时，德鲁克引入了“人力资源”（即员工）这一概念，他指出，“和其他所有资源相比较而言，唯一的区别就是它是人”，并且是经理们必须考虑的具有“特殊资产”的资源。德鲁克认为人力资源拥有当前其他资源所没有的素质，即：“协调能力、融合能力、判断力和想象力。”经理们可以利用其他资源，但是人力资源只能自我利用，“人对自己是否工作绝对拥有完全的自主权”。

正因为如此，德鲁克要求管理人员在设计工作时要考虑到人的精神和社会需求，要采取积极的行动来增进员工激励，为员工创造具有挑战性的工作以及对员工进行开发。他指出了当时人事管理中的 3 个基本的错误观念：①认为员工不想工作的假设；②忽视对员工及其工作的管理，把人事管理作为专业人员的工作而不是经理的工作；③把人事管理活动看成是“救火队的工作”，是“消除麻烦的工作”，而不是积极的和建设性的活动。

彼得·德鲁克关于“人力资源”概念的提出以及人事管理理论和实践与后工业化时代中员工管理的不相适应使人事管理开始向人力资源管理转变。这种转变正如彼得·德鲁克所说：“传统的人事管理正在成为过去，一场新的以人力资源开发为主调的人事革命正在到来。”

（二）人力资源管理的阶段特征

人力资源管理阶段是把人力看作一种具有能动性、高增值性的特殊资源，工作的设计与划分，务必以加强人员才能为目的，是这一阶段的显著特点。这一阶段的主要特征有：

1. 管理观念上的“社会人”观念

20 年代，梅奥和他的同事们以霍桑实验结果否定了“经济人”假设，提出了人是“社会人”的概念。这种观念转换为最终抛弃压力驱动机制，并为采取积极的雇佣手段提供了理论依据。梅奥作为行为科学早期代表人物认为要缓解组织和个人冲突，管理人员必须摆脱先前的偏见，深刻理解人在组织中的社会、心理方面的影响，影响生产效率的第一因素不是工作条件、休息时间和待遇的变化，而是工人的士气、工人之间的关系。

2. 管理理论上人事管理学派发展为人力资源学派

从20 年代起，一些西方学者把社会学、心理学等学科引入管理研究领域，人事管理学派也极力主张将行为科学引入人事管理理论、从行为主义的观点出发去研究人事管理和各种问题。人事管理从社会学、心理学那里汲取了大部分科学营养，形成了激励理论、需要层次理论、团体行为理论和领导行为理论、组织发展与变革等诸多理论学派。二战后，人事管理学派发展为人力资源学派。

3. 人力资源管理方法有了新的突破

这一阶段，管理从以事为中心，追求“人”与“事”的配合，以完成目前工作或任务为目标转向以人为中心，以充分发挥人的才能和潜能来提高劳动生产率。工业心理学引入人力资源管理，在工作分析、测试，人员的甄选、考核、调配和工作分配等方面提供了科学的方法。这一时期工会组织的开始发展壮大，工作场所的规章制度受到重视，仲裁作为劳资谈判的新内容成为促进工业正常发展的专门手段，人事管理部门越来越重视员工福利。

人力资源管理阶段通过对人的本性和需要的重视，通过对职工满意度的提高来激励工人，一定程度上调节了生产关系，缓和了劳资矛盾，调动了工人的积极性，促进了资本主义生产力的发展。但是，过分强调以人为中心，往往抹杀了对人、对事、对物的管理有机结合。人力资源管理把重点放在雇主一方，不能从总体上把握企业人力资源管理，单一的原理和原则，不能与纷繁复杂的人事管理活动相适应，特别是60 年代以后，技术革命和产业结构的调整；生产社会化程度加深；产品生产周期大大缩短；国际化市场竞争更加激烈；人们教育程度普遍提高，要求参与管理与拥有管理自主权等等。这些内外环境的剧烈变化，使企业转向更适应潮流的管理系统，人力资源管理理论便向更高阶段推进。

（三）人力资源管理理论的发展

从 60 年代初到 80 年代末，人力资源管理基本上实现了招聘录用、考核评估、报酬分配及人力资源开发管理这四个部分的有机结合，从而实现了人力资源的系统化管理。这一时期人力资源管理理论与实践得到极大的发展，主要体现有：

1. 管理观念上对人性假设具有多样性

如西蒙的“管理人”假设、洛希和莫尔斯的“超Y理论”假设。西蒙在决策理论中阐述新的人性假设，他提出管理就是决策的新思想，并认为组织中不同层级的员工都在做决策，所以都是“管理人”。杰伊·洛希与约翰·莫尔斯合作发表的著名的《超Y理论》文章，在企业人力资源管理领域，发展并丰富了权变管理思想。他们认为人是抱着各种各样的愿望和需要加入企业组织的，人是“复杂人”，应按组织目标工作的性质、职工的素质等不同情况采取灵活的管理方式和方法。

2. 人力资源管理理论呈多样化

一方面，人力资源管理理论更多地吸收社会科学和自然科学中有关学科的研究成果，不断丰富完善其内容；另一方面，人力资源管理也从以往侧重于原理原则的探讨发展到经验实证研究。经验主义学派代表人物德鲁克提出的“目标管理”，是综合了以工作为中心和以人为中心的管理制度，其实质是尊重雇员的参与意识和自我管理能力，使其在工作中得到满足自我实现的需要。人力资源发展也是这一阶段理论的新发展。为了获得竞争优势，管理者必须将企业内每一个人的潜力充分发挥出来，使职工在工作上提高警觉，进行研究、创新、改进。美国训练发展协会把人力资源发展定义为：“综合运用训练发展、生涯发展与组织发展来提升个人与组织的效率。”关于人力资源开发理论主要有：Mclagan认为人力资源开发旨在培养有能力的工作人员，Carnevale认为人力资源开发就是开发人力资本，RonJacobs认为人力资源旨在改变人的行为绩效，Nadler认为人力资源开发类似于成人教育等。

3. 经济学人力资本理论的发展

人力资本是为提高人的能力而投入的一种资本，是西方教育经济学中的一个基本概念。经济学家早就知道，人是国家财富的一个重要部分。现代经济学将资本分成物质资本和人力资本两种形式。所谓人力资本就是体现在劳动者身上、以劳动者的数量和质量表示的资本，它对经济起着生产性的作用，能使国民收入增加。人力资本和物质资本可以互相补充、互相代替。当代世界经济竞争日益激烈，而经济竞争的实质是科学技术的竞争，说到底是人才的竞争，因此人才的培养是教育与经济发展中的重要战略。

人力资本作为一种理论是20世纪50年代从经济学中分化出来的。舒尔茨于1979年获诺贝尔经济学奖，是人力资本理论的代表人物。舒尔茨的《人力资本投资》、《教育的经济价值》等一系列论著，使人力资本理论系统化、理论化。按照舒尔茨的解释，人力资本是与物质资本相对应的。他认为，资本有两种形式，即物质资本和人力资本。物质资本是体现于物质产品上的；人力资本是体现在劳动者身上的。由于各劳动者的素质、工作能力、技术水平、熟练程度各异，故受教育和训练之后，各劳动者的能力、智力、技术水平等提高的程度也不相同。因此，人力资本是以劳动者的质量或其技术知识、工作能力表现出来的资本。

4. 人力资源发展理论的研究成果广泛地在企业中实施

尤其是目标管理理论的“参与管理”至今仍被许多企业采用。60年代，人员测评技术提出来后在企业中得到了迅速发展，企业人力资源开发手段也呈立体、多维化发展。除了继续采用培训、职位晋升等传统手段以外，还辅之以建设性的人力资源管理机制，在改善职业生涯方面采用工作丰富化、弹性工作的时间制、工人参与管理等精神激励手段，使员工感到工作更富挑战性，培养员工革新与创新精神，帮助员工适应变化的环境。美国式的参与管理的典型做法是给予员工一定比例的本企业的股票期权，这种具有长期性的报酬制度促使员工关注企业的长远利益，从而达到雇主雇员双方利益的整合和冲突的消除，这是西方人力资源管理学派追求的最高境界。这一时期人力资源管理侧重于甄选、人员测评、员工培训、健康和安全、发展人才库等方面，实现了人力资源的系统化管理，人力资源管理理论也有了较为成熟的框架。80年代以来，以信息技术为标志的当代生产力迅速发展，全球化、多角化经营使企业经营观念转向可持续发展，高学识、高科技、高素质的人才资源成为企业最重要最稀缺的资源。如何保证人才的短期及长期利益和事业的发展空间，以加强持久发展的团体意识，成为人力资源管理部门和人力资源管理学者关注的焦点。

四、当代人力资源管理——战略人力资源管理和国际人力资源管理

在20世纪的最后10年中，人力资源管理中一个最重要的变化是把人力资源看成组织的战略贡献者。当今人力资源管理已经从行政管理、事务管理向战略管理方向发展，它在组织战略管理中的作用正在取代原有的行政性和事务性管理的作用。人力资源管理正在逐步向战略人力资源管理过渡，从某种程度上讲，人力资源管理已经变成为战略人力资源管理。对于“战略”的解释而言，一直没有一个可以为大多数人接受的概念。在许多文献中，战略的定义多种多样，一些学者认为战略是一种“关系”，即人

力资源管理实践和系统与组织绩效之间的关系，这种关系就是“战略”；还有一些学者认为，战略就是“适应性”，即人力资源管理实践和系统与组织竞争战略之间的适应性。查德微克（Chadwick）和凯培利（Cappelli）在1999年把战略人力资源管理中的战略定义为“人力资源管理实践和政策与组织输出之间的关系”。

在对战略人力资源管理进行研究的方法中，有三种较为普遍的研究方法。第一种方法是把战略简单地和人力资源管理对组织财务绩效的贡献联系起来加以考虑。第二种方法是在管理组织的竞争环境中考虑组织的战略选择以及这些选择的方式对组织人力资源管理系统的影响。第三种方法是通过调查确定组织战略和人力资源管理实践和政策之间的“适应”程度，这种适应性包括“外部适应性”（如战略的适应性）和“内部适应性”（实践中的一致性和相似性），主要是考虑这些适应性对组织输出的影响。

在这三种战略人力资源管理的研究方法中，第一种方法为许多学者所接受。这种方法是假定组织存在“最好”的非常成功的人力资源管理实践，它对组织在财务方面的贡献不断增加以致无需考虑组织的战略目标。但是在对“最好”的人力资源管理实践体系中应包括哪些实践活动的问题上，几乎没有获得任何研究成果，没有能取得较为一致的意见。

尽管有许多杰出的学者对战略人力资源管理进行了深入的研究，但是在上述所提到的三种主要的研究方法中，都存在着相同的局限性。在查德微克和凯培利等人的著作中，对于人力资源管理实践的准确范围没有给出一致的定义，同时在是否存在一个有效的“理想型”的人力资源管理系统以及是否依赖于企业的战略等问题上也未达成共识。

随着世界的竞争性、不确定性和不稳定性的加剧，为了取得成功，许多企业必须参与全球性的竞争。在面临这种巨大的挑战和机遇中，跨国公司如何才能有效地参与这种竞争呢？对战略国际人力资源管理的研究可以很好地回答这个问题。按照舒勒的定义，战略国际人力资源管理是指跨国公司的战略活动所产生的人力资源管理的问题、作用、政策和实践以及它们对这些公司国际战略目标的影响。跨国公司的战略组成以及它们之间的关系对国际战略人力资源管理的影响日益增加。根据亨那特（Hennart）和法塔克（Phatak）的理论，跨国公司的战略组成中有两个主要的部分对战略人力资源管理具有影响，这就是内部单位的联系和内部运作。

内部单位联系是指由于跨国公司主要考虑的是在不同国家的有效运作，所以，他们更加关心的是如何管理它们的不同运作单位，具体讲就是这些单位有多大程度的差异，如何使这些单位成为一个整体并加以控制和协调。实际上，对于战略国际人力资源管理来讲，跨国公司内部单位的差异性和整体性问题就是对战略国际人力资源管理的问题、作用、政策以及实践的影响。内部运作是指除了解决内部单位之间联系的问题以外，跨国公司也注意到了战略问题，并注重考虑这些单位的内部运作问题。每一个单位必须在当地环境、法律、政策、文化以及社会环境约束下运作，同时还必须尽可能结合公司和单位的竞争战略而更有效地运作。所以，对于跨国公司来讲，单位内部运作的考虑也同样具有战略性，并且在某种程度上，它们可能还会对跨国公司和战略国际人力资源管理产生重要的影响。

经济全球化和管理国际化也同样使众多管理学者将研究方向从国内和地区的人力资源管理研究转向国际人力资源管理研究。在国际环境下的人力资源管理尤其是在跨国组织中的人力资源管理问题已经引起了研究人员越来越大的兴趣。近10年来，国际人力资源管理理论和实践的研究有了很大的发展。在这些研究和实践中，研究人员和实际工作者一直徘徊在“趋同”和“趋异”的研究方法中。许多学者认为在国际人力资源管理中主要是采取“趋同”的方法，即把那些在美国取得成功的理论应用到国际环境中去。这种想法正在被“趋异”的方法所代替，即承认各个地区、国家在人力资源管理问题上的差异性，认识到在国际环境的人力资源管理中，巨大的文化差异所造成的影响以及由不同文化所引起的不同看法和需求。瑞克斯（Ricks）、托勒（Toyne）和马丁奈兹（Martinez）等人在1990年就指出在国际人力资源管理中必须考虑和国内人力资源管理不尽相同的方面，这些方面是：不同文化形式和社会价值之间的相互作用，从一种文化到另一种文化的管理适应性问题，现存的法律和经济差异以及由于社会文化差异产生的不同的学习风格和应变方式。

近年来，国际人力资源管理的理论和实践研究主要集中在三个领域：（1）外派员工（由母公司派往国外的员工）、内派员工（国外员工到母公司工作的员工）以及他们的职业生涯问题。（2）国际人力资源管理的职能。对这个问题的研究主要是围绕着甄选、培训、评估以及外派人员薪酬等方面的问题而展开的。（3）国际人力资源管理流程的统一模式开发问题。舒勒和奈皮尔等人通过研究都曾经希望在跨国公司总体战略计划的范围内建立一个统一的国际人力资源管理流程。

第四节 不同国度人力资源管理模式

人力资源管理没有一成不变的模式，在不同的企业、行业，不同的国家，甚至不同的时代，对人力资源管理的要求都有所不同，因此有必要对不同的人力资源的管理模式进行研究。美国和日本的人力资源管理模式截然不同，属于两个极端，比较具有代表性，而其他国家的管理模式大多处于二者之间。比如英国的人力资源管理模式比较接近美国的模式，而欧洲大陆其他国家的模式与日本模式有很多相似之处。

一、美、日人力资源管理模式

美国和日本的人力资源管理模式是社会化大生产发展的不同阶段的典型代表，由于文化背景不同，两国的人力资源模式各有本国鲜明的特点。20 世纪 70 年代以前，由于美国企业在世界上的霸主地位，美国模式也成为企业成功的象征，许多企业包括日本企业都纷纷学习该模式；70 年代中期以后，日本企业的管理方式逐渐显示出强大的竞争力，特别是在制造业方面对美国同行构成了强烈的冲击，日本模式随之成为各国企业效仿的对象。而到了 90 年代初，美日两国企业在国际市场上的竞争形势又发生了逆转，受泡沫经济和经济危机的困扰，日本的大中型企业尤其是金融服务业的经营绩效大幅度下滑，相反，美国高科技企业则在国际舞台上高奏凯歌。这又迫使日本企业对其模式进行反思，他们又回过头来重新学习美国模式，试图建立一个更高效率的管理模式。而美国企业有了前车之鉴后，也在不断地深化、扩大该模式所获取的成果。随着时代的发展，进入 21 世纪以来，美日这两种极端的模式也产生了逐步交融的趋势。

（一）美国人力资源管理模式

随着经济的发展，越来越多的美国企业已经开始对传统的人力资源管理模式进行必要的修改，但历史上所形成的特点仍然继续存在。

1. 人力资源的市场化配置

劳动力市场是美国人力资源管理模式的最显著特征，美国政府除反对工资歧视、种族歧视、性别歧视和宗教歧视行为外，对人力资源配置基本上不加限制。各类用人机构特别是企业通常采用向社会劳动力市场公布人员需求信息，进而以市场化的公开、公平和完全双向选择的方式进行各类员工的招聘和录用。而几乎所有的准劳动力从高中阶段起特别是在选择大学专业时，就十分重视分析劳动力市场的需求信息和变化动向，以使自己的所学既符合自己的兴趣特长和能力倾向，又与劳动力市场的需求变化及未来的就业价值有机结合。通过劳动力市场实现正式就业以后，如果对自己的兴趣特长或能力倾向有新的认识，或发现劳动力市场可以提供新的更理想的职业机会，人们便可以通过劳动力市场实现职业流动或工作转换，市场化机制给予实现职业流动或工作转换的员工充分的尊重和肯定。通过这种双向的选择流动，实现了全社会范围内的个人/岗位最优化配置。

在这种以短期市场买卖关系为核心的就业关系下，员工的流动性很大，美国企业员工队伍的稳定性相对较差。

2. 以详细职务分工为基础的制度化管理

美国企业在管理上的最大特点是职务分工极为细腻。分工细腻的基础是详细的职务分析。明确和详细的职务分工对企业招聘新员工，客观地评估员工的工作绩效，有依据地制定员工工资水平，有目标地发放奖金，合理的职务提升，评级提级等打下了坚实的基础。在这种制度化的管理下，企业内部实行垂直领导，等级关系明确，上级对问题进行决策，下级按照上级的指示执行。

3. 强化培训

美国公司对员工培训工作极为重视，尤其是专业知识方面的培训，其主要方式有：公司内部短期培训，企业外培，在职学习，公司还会不遗余力地送有潜力的经理攻读高级经理商学班等。但总的来说，美国企业还较为重视高层经理人员的短期培训，大公司每年花费在这种培训上的费用比例都相当高。

4. 强烈物质刺激为基础的工资制度

美国公司内部工资制定的基础是职务分工，不同级别的工作，不同专业的工种，不同性质的岗位，有着不同的工资水准。美国人力资源管理中比较偏重于以个人为中心，强调个人的价值，主要是以个人为激励对象。因此，公司在制定政策时重点考虑的是工作的内涵及该工作对公司经营效率所做出的贡献，基本目标是激励员工的工作积极性。而且在奖励制度方面名目繁多，尤其突出的是对高层经理的奖励制度。一个企业的总裁的年收入甚至可以是普通员工工资的几百倍。这些奖金计划对激励中高层领导实现自我价值，积极努力工作，不断增加公司的收入和价值起到了较大的作用。

然而，这种刚性的工资制度是建立在员工与企业之间纯理性的基础上，两者的关系完全是一种契约关系，这势必造成劳资关系的对抗性。

总的说来，美国公司是一个典型的职能经济机构。美国人仅把工作和劳动看作一种买卖关系，强调的是制度管人，缺乏一个以人为中心的劳动价值观，其管理模式的主流仍属于管理技术型。

（二）日本人力资源管理模式

日本企业的人力资源管理模式是在第二次世界大战以后，随着经济的恢复、发展逐步建立和完善起来的，并为日本的经济腾飞作出了突出的贡献。

1. 终身雇佣制

所谓终身雇佣制是指“公司从大学毕业生或其他年轻人中雇用其核心员工，规划员工的持续培训和发展计划，在公司集团内部核心员工直到55岁或60岁。除非发生极其特殊的情况，一般不解雇员工。”

日本的终身雇佣制是日本企业管理中最突出也是最有争议的政策。这对于采用全面质量管理的制造业来说，有着特殊的意义：第一，有助于公司对员工的长期培训；第二，有利于企业文化的发展；第三，可以减少不必要的人员流动，提高员工对企业的忠诚；第四，也有利于贯彻执行企业的生产营销战略。直到今天，大部分制造企业仍然保持着稳定的就业政策，但是这种稳定的就业政策随着日本经济的衰退，企业利润的下降而受到了严重的挑战。

2. 年功序列制

年功序列制是指员工的工资随着年龄的增长和在同一个企业里连续工作时间的延长而逐年增加。同时，连续工龄还是职务晋升的重要依据。

日本企业中有新的工作需要时，会尽量通过重新培训已有的员工，通过内部调节来满足需要。同样，由于特殊人力资本的原因，在日本企业中，外部招聘来的管理人员，无论其能力多强，没有一段相当长的时间熟悉企业内部的制度与体系以及和上下左右建立起密切的工作和个人关系，是很难有效地开展工作的。因此，在日本企业中，员工的使用上有“有限入口”和“按部就班，内部提拔”的特点。所谓“有限入口”，就是员工要从基层进入企业，然后在按部就班提拔的过程中熟悉情况，和上下左右建立起工作和个人关系，为以后从事管理工作创造条件。

年功序列制的管理方式对于人才的长期培养有很大的好处。老员工的丰富经验为企业在职培训提供了巨大的知识财富，这种体系也有益于企业文化的传播。日本人还认为，以论资排辈的原则评估员工的工作成就可以去掉许多评估中的不客观的因素。但这种方式却不利于以白领阶层为主的高新技术、金融服务等行业，论资排辈的管理方式打击了专业人才工作的积极性。

3. 重视通才的培养

日本企业重视通才，分工粗犷。日本经营者认为，过细分工只能增长员工小团队意识，因此，日本员工往往接受多方面的知识，特别是在制造业工作的蓝领阶层，须进行系统的全方位的公司文化、统计知识、生产体系及质量管理的培训。这种培训的过程是工人接收“人力资本投资”的过程，也被学者们称为“蓝领工人白领化”。通才管理模式的优点是能够发挥全部员工在企业中的创造力和凝聚力作用，使企业整体发挥出更大的利益。

4. 注重在职培训

由于日本企业在人才使用上重通才、轻专才，因此企业在聘用员工时，不看重个人的具体技能，而强调基本素质。其基本思想是，高素质的员工，可以通过企业自己的培训，胜任所有的工作。因此在培训新员工上要花更多的精力。招聘高素质员工的初衷就是希望员工能胜任不同工作需要，员工在培训中，不仅要学习技术方面的“硬技能”，还要学习很多“软知识”和“软技能”。日本大、中、小企业在员工特殊人力资本上的投资，分别是美国相应企业的3.6倍、4.3倍和3.2倍。

由于重视在职培训，工人在漫长的岁月中积累了丰富的与工作十分密切的技术知识，促进了对企业的忠诚，生产力大大提高，这对增进企业内部的凝聚力、增加企业的效率，提高产品的质量都起到了积极的作用。

5. 注重精神激励

由于日本企业重视长期的增长，而不是以短期利润为主，加上日本文化传统中平均主义的历史背景以及日本民族中地少人多的现实，日本企业的工资政策最重视公平和合理，不强调人与人之间的差异，也不把奖励个人放在首位。企业的福利政策也与此相对照，日本企业管理者采取一种“安全性”大于“刺激性”的精神激励方式。他们通过合理的报酬，舒适的工作环境和提供适当的闲暇，来满足员工的生理需求，以终身雇佣制、年功序列制和企业内福利，来满足员工的安全要求，以家庭、村庄式的株式会社与和谐的社团内部的人际关系来满足员工的归属和爱情方面的需求，以缓慢的评价、升级制度和各种奖励制度，来满足员工希望得到社会承认的需要；通过赋予有意义的工作，强调对社会、对国家的贡献和责任，通过参与管理和建议制度，来满足员工实现自我的需求。

由以上特性可以看到，日本企业实际上更多地强调企业组织的文化。在日本，工作就是社会，社会就是工作，这与日本的传统文化相吻合，充分调动和发挥了人的潜力，体现了人文关怀。可以这么说，日本企业走的是管理技术加企业组织文化的模式。①

二、人力资源管理在中国的发展

改革开放30年来，人力资源管理在我国的发展是和我国经济体制改革和企业改革的推进密切相关的。总结来说人力资源管理改革在中国大概经历了三个阶段。

（一）第一阶段：1978—1991年，国企改革困境下的劳动人事管理改革

1978年之前，中国实行的是高度集中的计划经济体制。企业的职工是按照政府的劳动用工指标招收并终生就业企业管理人员有行政级别，属于国家的干部序列，要根据国家有关部门的干部指标设置岗位，并根据级别高低由政府任命或者批准任命，在工资方面，物质奖励遭到了彻底否定，通过奖金来刺激职工生产积极性的做法被认为是走资本主义道路。在这种体制下，中国只有国家层面的以“统包就业”、“固定用工制度”、工资分配“大锅饭”等为特征的劳动人事工资计划管理体制，并不存在组织层面的人力资源管理。那时，即使是我们所用的“人事管理”一词，也和西方语境中的人事管理不是一个概念，我们的人事管理是指干部身份管理，而劳动管理是指对普通工人的管理。

自1978年实施改革开放到上世纪90年代初，国企改革是探索性、渐进式的无论是放权让利、经济责任制，还是利改税、承包制，这些改革的核心都是在不触及经济体制改革的前提下，扩大企业自主权以及正确处理国家和企业之间的利益关系。因此，放权让利是这一阶段国企改革的主线。与之相适应，这一阶段的劳动人事制度的改革是局部性零散的，改革的主线就是把劳动、人事工资等方面的相关权力试图从政府逐渐分离出来，作为扩大企业自主权的内容。

从改革开放到90年代初，与国企改革进程相适应，企业的劳动人事体制开始进行一些探索性的变革，包括恢复奖金制度，试行符合企业生产特点的工资分配形式，探索改革国家统包统配的就业制度，扩大企业对职工和管理人员的用人权等。但是，在国企改革的第一阶段，劳动人事管理体制并不是改革的重点。监管三项制度改革实际上在80年代中期就开始推动，但是，这项工作多年来收效甚微。因此，在改革开放后相当长的一段时间内，国企的干部人事、劳动用工和分配制度还是维持了计划经济时代所谓的“三铁”，即铁饭碗、铁交椅和铁工资。

① 兰兴志．美日企业人力资源管理模式比较［J］．中国人力资源开发．2001（10）

（二）第二阶段：1992 年到 2000 年，市场经济转型期的人力资源管理改革

1992 年 1 月，邓小平同志发表“南方重要谈话”。1992 年 10 月，党的十四大报告正式提出，我国经济体制改革的目标是要建立社会主义市场经济体制。这些标志着我国经济体制改革和国有企业改革的市场化方向开始得到明确。与之相适应，国企人力资源管理改革的市场化进程开始明显提速。

1992 年 1 月，劳动部、国务院生产办公室、国家体改委、人事部、全国总工会联合发出《关于深化企业劳动人事、工资分配、社会保险制度改革的意见》。意见指出，深化企业劳动人事、工资分配和社会保险制度改革，在企业内部真正形成“干部能上能下、职工能进能出、工资能升能降”的机制，成为当前转换企业经营机制的重要任务。同年 7 月，国务院颁布的《全民所有制工业企业转换经营机制条例》再次强调了打破“三铁”的重要性。因此，在 1992 年，全国掀起了轰轰烈烈的“破三铁”活动。

1993 年 11 月，中共中央召开了具有历史意义的十四届三中全会，审议并通过了《中共中央关于建立社会主义市场经济体制若干问题的决定》，把产权明晰、权责明确、政企分开、管理科学的现代企业制度作为国有企业改革的方向，对股份制给予了更加明确的肯定。

1994 年 11 月中央政府出台了《关于选择一批大中型企业进行现代企业制度试点的方案》。其中，提到了要改革企业劳动人事工资制度：取消企业管理人员的国家干部身份，打破不同所有制职工之间的身份界限，建立企业与职工双向选择的用人制度。经理、副经理等高级管理人员与董事会签订聘用合同，其他员工与企业签订劳动合同，全体职工与企业签订集体合同。政府对企业工资总量实行间接控制，制定最低工资标准，对企业工资水平的确定情况进行监督、核算。企业自主确定本企业的工资水平和内部分配方式，实行个人收费货币化和规范化。1994 年出台、1995 年 1 月开始执行的《劳动法》，又明确了企业实行劳动合同制度，从制度上保证了国有企业的用人自主权。

1995 年，党的十四届五中全会首次提出对国有企业实施战略性改组，1997 党的十五届一中全会提出了国有企业改革攻坚和扭亏脱困的三年计划，再次强调要从战略性调整国有经济布局和改组国有企业。

随着国有经济布局的战略性调整和国有企业的战略性改组，出现了国企职工的大面积下岗，下岗工人的再就业成为政府的首要工作。1998 年 2 月，劳动部印发《“三年千万”再就业培训计划》对下岗职工实施再就业

培训。1998年6月，中共中央、国务院发出《关于切实做好国有企业下岗职工基本生活保障和再就业工作的通知》。通知指出，在当前和今后一个时期，要把解决国有企业下岗职工的基本生活保障和再就业问题作为首要任务。争取用五年时间，初步建立适应社会主义市场经济体制要求的社会保障体系和就业机制。

总结而言，第二阶段的企业人力资源管理改革出现了明显的市场化导向，尽管三项制度改革实际上从20世纪80年代就已经开始了，但是过去的劳动人事制度的改革只是局部的，所涉及的职工是有限的，分配制度改革其实也只是增量调整，对职工并未产生太大的冲击。但是，在第二阶段，尤其是随着国有企业战略性改组和减员增效的提出，广大职工的下岗成为现实，“三铁”被逐步打破。

（三）第三阶段，2001年到2008年，多元格局下的人力资源管理改革

随着社会主义市场经济体制的确立，多种经济成分得到蓬勃发展。上世纪90年代开始，外资和私营经济就已经开始在中国得到快速发展。2000年以后，外资和私营经济在中国国民经济成分中的比重显著上升，已经不再是“补充”的角色。2002年以后，私营企业新增从业人数几乎是每年1000万人。国民经济成分和从业人员的变化意味着我们必须开始重视非公有经济组织的人力资源管理，国有企业的人力资源管理模式很难代表中国企业的人力资源管理，中国的人力资源管理开始出现了多元化的格局。

2002年党的十六大之后，改制迅速在国有企业中蔓延，很多国有大型企业也迅速加入改制的浪潮之中。很多企业通过一定的经济补偿手段实现了国有企业职工的身份置换，职工从企业人变为社会人，企业的劳动用工制度、人事制度、分配制度均发生了根本性的变化，基本上适应了市场竞争的要求。与此同时，没有改制的国有企业，人事制度改革仍然沿着既定轨道前进。时至今日，以“管理人员能上能下、职工能进能出、收入能增能减”为目标的三项制度改革仍然是这些国有企业劳动人事制度改革的核心，尽管这时候距离最早提出三项制度改革时过去了20年。这也从另一个方面说明了在体制内进行企业劳动人事制度改革的艰巨性。

2000年以后，中国企业人力资源管理改革另一个显著的变化就是受到了全球化的影响。经济全球化浪潮开始进一步推动中国企业人力资源管理的国际化。特别是在中国加入WTO以后，诸多大型跨国公司不仅给中国带来了投资和产品，也带来了先进的管理理念和管理技术。而近年来从跨国公司回流到国内企业的管理人才，也为中国企业人力资源管理的国际化进程作出了贡献。国际性的管理咨询公司也纷纷进入中国市场，为中国企业提供人力资源管理建设提供技术支持和咨询服务。因此，在这一阶段，

中国企业吸收了很多来自外资企业的人力资源管理经验，显著推动了企业人力资源管理改革的深化。①

本章精要

人力资源是指能够推动国民经济和社会发展的、具有智力劳动和体力劳动能力的人们的总和，它包括数量和质量两个方面。人力资源是一种特殊资源，同其他资源相比较具有能动性、再生性、时效性、可持续性的特征。

人力资源管理，是指为实现组织目标，运用现代化的科学方法，对人力资源进行合理培训、组织和调配，同时对人的心理和行为进行恰当的引导、激励和控制，充分发挥人的主观能动性，以保障人尽其才，事得其人，人事相宜等。人力资源管理自身目的是“吸引、保留、激励与开发”企业所需的人力资源，可演绎出人力资源管理五项基本职能：获取、整合、保持和激励、控制与调整、开发。人力资源管理的活动，包括人力资源战略与规划、工作分析、招聘和选拔、培训与开发、绩效管理、薪酬管理、员工关系管理等。人力资源方面的工作，是由人力资源专业人员与直线经理共同承担和完成。

人力资源管理的演变与发展可以划分为四个阶段：雇佣管理阶段、传统劳动人事管理阶段、人力资源管理阶段、当代的战略人力资源管理和国际人力资源管理阶段。

本章思考与讨论

1. 人力资源的概念和特征是什么？
2. 什么是人力资源管理？
3. 人力资源管理的目标和任务是什么？
4. 人力资源管理的演变经历了哪些阶段？

推荐阅读材料

1. ［美］罗森柏斯（Rosenbluth，H. F.），彼得斯（Peters，D. M.）著．张庆等译．全美最佳公司人力资源管理实践［M］．北京：中国经济出版社，2003

2. 赵光忠主编．人力资源管理模板与操作流程——流程·方法·模式·案例［M］．北京：机械工业出版社，2004

① 曾湘泉．改革开放30年回顾——人力资源管理在中国的探索、发展和展望［J］．中国人才．2009. 3

3. 齐善鸿等编著．第一次做人力资源经理［M］．北京：中国经济出版社，2003

✎ 案例分析

“赛马不相马”——海尔人力资源开发

1995 年，海尔人力资源开发中心丁主任的办公桌上放着职工汪华为的辞职申请书。

汪华为是刚进集团工作不久的大学生。在集团下属的冰箱厂工作时，他表现突出，提出了一些有创造性的工作意见，被评为“揭榜明星”。集团领导看到了他的发展潜力，于是将其提升为电冰箱总厂财务部干部。这既是对汪华为既有成绩的肯定，也为其进一步磨炼提供了一个更广阔的舞台。汪华为作为年轻的大学生，在海尔集团有着良好的发展前途，缘何要中途辞职？丁主任大惑不解。

经了解，汪华为接受了另一家用人单位的月工资高出上千元的承诺，他正准备跳槽。仅仅是因为更好的物质待遇吗？事情恐怕并非如此简单。

虽然汪华为在海尔的努力工作得到了及时肯定，上级赋予他更大的权力和责任，但他仍认为一流大学的文凭应是一张王牌和优势至上的通行证，理所当然，他可以进厂就担任要职，驾驭别人而非别人驾驭他。而海尔提出的“赛马不相马”的用人机制更注重实际能力和工作努力后的市场效果，人人都有平等竞争的机会，“能者上，庸者下”；岗位轮流制更让人觉得“仕途漫漫”。作为刚步入社会的大学生，汪华为颇有些心理不平衡。另外，海尔有着严格的内部管理，员工不准在厂内或上班时间吸烟，违反者重罚；员工不准在上班时间看报纸；《海尔报》开辟了“工作研究”专栏，员工工作稍一疏忽就可能在上面亮相；每月一次的干部例会，当众批评或表扬，没有业绩也没犯错误的平庸之辈也被归入批评之列，海豚式升迁、能上能下的用人机制更让人感到一种无处不在的压力。当另一家用人单位口头承诺重用汪华为时，他便递上了辞职申请书。

刚上任的丁主任认为这件事情非常重大，因为任何事情都能以小见大，不能一叶障目，忽略了海尔人力资源开发中比较重大的隐患，这或许是一个更好地完善现有的人力开发思路的契机。

丁主任望着办公大楼的外面，今年新招进的一批大学生正在参加上岗前的军训，与草地浑然一色的橄榄绿让人真正感受到了这些年轻人的活力和朝气，究竟企业应如何为刚走出校门的大学生提供一个施展才华的空间？企业如何才能争取人才、留住人才，并保持合理的人员流动性？丁主任很想找汪华为谈谈，或者找这群刚入集团的大学生聊聊，充分了解他们的想法，也许沟通的不足是问题的症结所在。丁主任不禁反反复复地思索起海尔人力开发的各项政策和思路来。

↳海尔的用人理念

企业管理主要管四样东西：管人、管物、管财、管信息。后三者又都由人去管理和操作，人是行为的主体，可以说，人的管理是企业管理的核心。因此，现代的企业总是把人力资源开发放在相当重要的位置，每个企业都有自己的一套用人理念。海尔当然也不例外。

古语云："用人不疑，疑人不用"，韩愈曰："世有伯乐，然后有千里马"。而作为中国家电行业排头兵的海尔集团在市场经济形式下，却明确提出：所谓"用人不疑，疑人不用"是对市场经济的反对，主张"人人是人才，赛马不相马"，即为海尔人提供公平竞争的机会和环境，尽量避免"伯乐"相马过程中的主观局限性和片面性。

针对干部必须接受监督制约，海尔总裁张瑞敏指出：所谓"用人不疑，疑人不用"在市场经济条件下是一种反动理论，是导致干部放纵自己的理论温床。

《海尔报》上也曾撰写专文讨论此问题。该文指出，通过赛马赛出了人才就用，但用了的人不等于不需要监督。封建社会靠道德力量约束人，如忠义、士为知己者死；市场经济则靠法制力量来约束人，目前法制还不健全，需要强化监督。市场是变的，人也会变。必要的监督、制约制度对于干部来说，是一种真正的爱护与关心，因为道德的力量是软弱的，不能把干部的健康成长完全放在他个人的修炼上。"无法不可以治国，有章才可方圆"，在市场经济条件下，权力在失去监督的情况下，就意味着腐败。所谓的道德约束、自身修养、素质，往往在利益面前低头三尺。"将能而君不御"，但权力的下放并不等于监督制约的放弃。越是有成材苗头的干部、越是贡献突出的干部、越是委以重任的干部，越要加强监督。总之，只要他们手中有权、有钱，就必须建立监督制约机制。

海尔集团总裁张瑞敏认为，企业领导者的主要任务不是去发现人才，而是去建立一个可以出人才的机制，并维持这个机制健康持久的运行。这种人才机制应该给每个人相同的竞争机会，把静态变为动态，把相马变为赛马，充分挖掘每个人的潜质；并且每个层次的人才都应接受监督，压力与动力并存，方能适应市场的需要。

在以上人力思路的指导下，海尔建立了系列的赛马规则，包括在位监控制度；届满轮流制度；海豚式升迁制度；三工并存、动态转换制度；竞争上岗制度和较完善的激励机制等。

张瑞敏的领导风格

张瑞敏，一个和新中国同龄的山东莱州人，1984年接管青岛电冰箱总厂，引进了德国利勃海尔公司的冰箱技术，幸运地搭上了当时轻工部定点冰箱厂的末班车。经过近15年的发展，今天的海尔集团已成为中国民族企业的优秀代表，张瑞敏也获得了许多殊荣。1985年，为了提高质量，张瑞敏带领工人亲手砸毁了76台质量不合格的冰箱；1989年，张瑞敏逆市而行，在同行业都降价的情况下，宣布产品涨价10%……这些都在家电史上被传为佳话。张瑞敏给许多采访记者的印象是，他有着丰富的哲学思维，很有点在谈笑间让对手灰飞烟灭的现代儒商风范。关于人力资源开发方面，张瑞敏曾说：

"给你比赛的场地，帮你明确比赛的目标，比赛的规则公开化，谁能跑在前面，就看你自己了。"

"兵随将转，无不可用之人。作为企业领导，你的任务不是去发现人才，而是建立一个出人才的机制，给每个人相同的竞争机会。作为企业领导，你可以不知道下属的短处，但不能不知道他的长处。"

"每个人都可以参加预赛、半决赛、决赛，但进入新的领域时必须重新参加该领域的预赛。"

海尔的系列赛马规则

1. 在位监控

对于在位监控，海尔集团提出两个内容：一是干部主观上要能够自我控制、自我约束，有自律意识；二是作为集团要建立控制体系，控制工作方向、工作目标，避免犯方向性错误；控制财务，避免违法违纪。

海尔集团建立了较为严格的监督控制机制，任何在职人员都要接受三种监督，即自检（自我约束和监督）、互检（所在团队或班组内互相约束和监督）、专检（业绩考核部门的监督）。干部的考核指标分为五项，一是自清管理，二是创新意识及发现、解决问题的能力，三是市场的美誉度，四是个人的财务控制能力，五是所负责企业的经营状况。对这五项指标赋予不同的权数，最后得出评价分数，分为三个等级。每月考评，工作没有失误但也没有起色的干部也被归入批评之列，这使在职的干部随时都有压力。《海尔报》上引用过一句名言："没有危机感，其实就有了危机；有了危机感，才能没有危机；在危机感中，反而避免了危机。"戈风钰同志担任海尔运输公司的总经理，1997年初运输公司一直成为员工抱怨和投诉的对象。1997年1月8日《海尔报》登出文章：《对员工说不的运输公司赶紧刹车》；4月2日"工作研究"栏目里又是批评运输公司的文章：《运输公司：切莫再吃这等家常便饭》；5月14日点名批评总经理：《戈风钰：真不好意思再说你》。这种严格的监控制度使运输公司不得不重新调整工作，包括设立职工意见箱、投诉电话和便民服务车等。

在严格的监控机制下，海尔的员工无时不感受到一种巨大的压力，许多刚踏入社会的大学生可能一下子还受不了这种约束。

2. 届满轮流

海尔集团的另一特色性的人力开发思路就是届满轮流。集团的经营在逐步跨领域发展，从白色家电涉足黑色家电，产品系列越来越大。但是海尔集团内部的发展并不平衡，企业与企业之间不仅有差距，有的差距还很大；而且集团整体高速的发展并不等于每个局部都是健康的发展。那些不发展的企业的干部没有目标，看不到自己的现状与竞争对手之间的差距，头脑跟不上市场的变化，于是就原地踏步。市场规则是不进则退。随着集团的逐步壮大，越来越需要一批具有长远眼光、能把握全局、对多个领域了如指掌的优秀人才。针对这种情况，海尔集团提出“届满要轮流”的人员管理思路，即在一定岗位上任期满后，由集团根据总体目标并结合个人发展需要，调到其他岗位上任职。届满轮流培养了一批多面手，但同时也让许多年轻人认为是“青云直上”的一种客观障碍。

3. 三工并存、动态转换

海尔集团实行“三工并存、动态转换”制度。三工，即在全员合同制基础上把员工的身份分为优秀员工、合格员工、试用员工（临时工）三种，根据工作态度和效果，三种身份之间可以进行动态转化。“今天工作不努力，明天努力找工作”。三工转换与物质待遇挂钩，在这种用工制度下，工作努力的员工可及时地被转换为合格员工或优秀员工，同时也意味着有的员工只要一天工作不努力，就可能得用十天、百天甚至更长的时间来弥补过失，就会由优秀员工被转换为合格员工或试用员工，甚至丢掉岗位。

另外，海尔内部采用竞争上岗制度，空缺的职务都在公告栏统一贴出来，任何员工都可以参加应聘。海尔建立了一套较为完善的激励机制，包括责任激励、目标激励、荣誉激励、物质激励等，这对于处处感到压力的海尔员工来说，无疑是一种心理调节器。

海尔的用人机制可以概括为“人人是人才，赛马不相马。”海尔管理层的最大特色是年轻，平均年龄仅26岁，其中海尔冰箱公司和空调公司的总经理都才31岁。松下电器公司到海尔参观时，曾戏称此为“毛头小子战略”。《青岛日报》、《中国消费者报》、《经济日报》、《中国商报》等许多报纸都对海尔的人力资源开发思路作了报道。丁主任的办公桌上正放着公司编辑的长篇文章：《赛马不相马及海豚升迁》，全面介绍海尔集团的人力资源管理。

“正步走!”场上教官的声音打断了丁主任的思路。望着那群斗志昂扬、对明天满怀憧憬的年轻人，丁主任不禁又拿起了那份让人感觉沉甸甸的辞职申请。虽然汪华为可能是一时受了蝇头小利的诱惑，但丁主任深知，这件事非同小可。许多问题摆在了丁主任的面前：是否海尔的管理过严？怎样培养职工尤其是刚进入社会的大学生的“市场无情”意识？如何完善现有的人才机制，特别是激励机制？如何在放权与监控机制之间找到一个最佳的结合点？如何使各层次的人才责、权、利有机地相结合？

（案例来源：厉以宁，曹凤岐．中国企业管理教学案例．北京：北京大学出版社，1999，第355～360页）

根据上述案例材料思考以下问题：

1.“你要想搞垮一个企业很容易，只要往那里派一个具有40年管理经验的主管就行了。”结合海尔的实践，谈谈你的看法。

2. 对于刚刚进入社会的大学生而言，需要实现哪些从学校到社会的心理转化和角色转换？从人力资源的角度应该如何为他们创造和提供充分的个人发展的机会和空间？具体到本案例来说，如果你是海尔的人力资源部开发中心的丁主任，面对汪华为的辞职，你会如何处理？

3. 在市场经济条件下，“用人不疑，疑人不用”真的是一种反动理论吗？这违背干部必须接受监督制约吗？我们应该如何理解“用人不疑，疑人不用”和制度的监督与制约的关系？

4. 海尔主张“人人是人才，赛马不相马”，要为海尔人提供公平竞争的机会和环境，尽量避免“伯乐”相马过程中的主观局限性和片面性，你怎么看？“千里马”真的不需要“伯乐”吗？或者说领导干部真的不需要承担“伯乐”的责任吗？请对“伯乐相马”的利弊进行分析，并讨论如何在发挥“伯乐相马”的作用的同时防止“伯乐相马”带来的弊端。

5. 严格管理会不会成为人才流失的根源？

6.“届满轮流”制度可以防止形成小圈子和出现惰性，但是也可能会导致在位者没有长远的目光、政策没有连续性和延续性。你怎么看？

参考文献

1. 郑远强编著．人力资源管理实际操作技能［M］．北京：光明日报出版社，2005

2. 国际人力资源管理研究院（IHRI）编委会编著．人力资源经理胜任素质模型［M］．北京：机械工业出版社，2005

3. 余凯成等编著．人力资源管理［M］．大连：大连理工大学出版社，2002

4. 劳动和社会保障部职业技能鉴定中心企业人力资源管理师项目办公室编．企业人力资源管理人员［M］．北京：中国劳动社会保障出版社，2004

5. 李小勇编著．100 个成功的人力资源管理［M］．北京：机械工业出版社，2004

6. 陈维政等编著．人力资源管理［M］．北京：高度教育出版社，2004

7. 彭剑锋主编．人力资源管理概论［M］．上海：复旦大学出版社，2006

8. 谢晋宇主编．人力资源开发概论［M］．北京：清华大学出版社，2005

9. 董克用．人力资源管理概论［M］．北京：中国人民大学出版社，2007

10. 彭剑峰．人力资源管理概论［M］．上海：复旦大学出版社，2008

11. 郑晓明．人力资源管理导论［M］．北京：机械工业出版社，2005

12. 王继承著．谁能胜任［M］．北京：中国财政经济出版社，2004

13. Stephen P. Robbins，Mary Coulter. Management. 7th ed. Pearson Education，2004

14. David D. Dubois，William J. Rothwell. Competency - based Human Resource Management. Davies-Black Pubishing，2004

15. J. David Hunger，Thomas L. Wheelen. Essentials of Strategic Management，3rd ed，2004

16. Hap Brakeley，Peter Cheese，David Clinton. The High - Performance Workforce Study. Accenture，2004

第二章　战略性人力资源管理

引言：真知灼见

我并不喜欢戴着有色眼镜看人，但必须承认，如果你的战略和员工的技能能够匹配起来，那可是一件大好事。

战略不过是制定基本的规划，确立大致的方向，把合适的人放到合适的位置上，然后以不屈不挠的态度改进和执行而已。

——杰克·韦尔奇、苏茜·韦尔奇：《赢》

智力、想象力及知识，都是我们必要的资源。但是资源本身是有一定局限性的，只有通过管理者卓有成效的工作，才能将这些资源转化为成果。

——彼得·德鲁克

本章学习目标

通过本章的学习，你应该能够：

★ 理解和掌握战略性人力资源管理的内涵、特征和作用及其和企业战略的关系
★ 了解影响战略性人力资源管理的内外部环境
★ 掌握战略性人力资源管理系统的构成
★ 了解当前战略性人力资源管理面临的挑战

第一节 战略性人力资源管理概述

战略性人力资源管理的理念，首先由美国人提出。但在20世纪80年代以前，日本的企业实际上已经开始实践战略性人力资源管理。日本人力资源管理实践的精髓在于其人本主义理念，在这一理念指导下，日本企业将其管理重心集中在对“人的管理”之上，实行了一系列充分体现其人本主义思想的人力资源管理制度。但在20世纪80年代以后，日本人力资源管理的弊端日益地暴露出来。很多学者在其著作中指出，在日本企业中，人力资源管理在更大程度上陷入一般事务性职能，对人力资源的战略性、战略人力资源的工作绩效激励，核心雇员的配置等方面缺乏充分的界定、使用和激励，这使得日本企业“核心人力资源”的“战略性”受到极大削弱和限制。

一、战略性人力资源管理的内涵

许多学者认为人力资源的价值创造过程使企业获得可持续竞争优势，这种观点促进了从竞争力角度研究人力资源的战略管理，产生了战略性人力资源管理的概念。战略性人力资源管理是企业人力资源战略的理论升华和实践体现，作为一种新思想，产生于20世纪80年代初期，同人力资源管理思想同步产生，近一二十年来发展迅速，已成为21世纪人力资源研究领域中的重要组成部分。相对于传统人力资源管理而言，战略性人力资源管理定位于在支持企业的战略中人力资源管理的活动、作用和职能。

战略性人力资源管理虽然把人力资源管理提升到战略的地位来研究，但是对于“战略”的理解有许多不同的观点。例如有的学者把人力资源实践与组织绩效的关系看成是战略性的，有的学者则从人力资源实践与企业战略的适应性来研究人力资源管理，这两种不同的战略观导致该领域的研究结果存在差异性。

战略性人力资源管理在本质上是指企业为了实现战略目标，对人力资源各种部署和活动进行规划的模式。① 战略性人力资源管理的基本任务，

① 马新建等．人力资源管理与开发［M］．北京：北京师范大学出版社，2008

就是通过人力资源管理来获得和保持企业在市场竞争中的战略优势。

目前，对于战略性人力资源管理还没有一个权威和公认的定义。金蝶认为战略性人力资源管理就是将支持企业战略实现的组织能力贯穿到人力资源管理中，建立基于战略发展的有计划的人力资源管理模式，确保组织与公司的战略方向协调一致，并通过改善员工治理，提升员工能力，牵引员工思维来构建企业高效的组织能力，支持企业战略目标的实现。通俗地说，就是帮助企业快速、高效走到预期的目的地。[①] 学术理论界一般采用 Wright & Mcmanhan 的定义，即为企业能够实现目标所进行和所采取的一系列有计划、具有战略性意义的人力资源部署和管理行为。

二、战略性人力资源管理的特征

战略性人力资源管理除了具备传统人力资源管理的一般属性和特征外，还具备以下显著特征：

（一）人力资源的战略性

企业拥有这些人力资源是企业获得竞争优势的源泉。战略性人力资源是指在企业的人力资源系统中，具有某些或某种特别知识，或者拥有某些核心知识或关键知识，处于企业经营管理系统的重要或关键岗位上的那些人力资源。相对于传统人力资源而言，这些被称为战略性的人力资源具有某种程度的专用性和不可替代性，是决定组织成败的关键因素。

（二）人力资源管理的系统性

企业为了获得可持续竞争优势而部署的人力资源管理政策、实践以及方法、手段等构成一种战略系统，以发挥人力资源管理活动的整体协同效应。

（三）人力资源管理的战略性

战略性人力资源管理偏重于战略层次的决策规划与实践活动，因此，人力资源管理必须与企业的发展战略契合，直接融入企业战略的形成和执行过程中，成为企业战略的关键参与者及执行者。而且整个人力资源管理系统各组成部分或要素相互之间要契合和匹配。

（四）人力资源管理的目标导向性

战略性人力资源管理更加关注组织绩效的获取，通过组织建构，将人力资源管理置于组织经营系统，将人力资源部门的绩效和组织绩效整合成一个整体，促进组织绩效最大化。

---

① 金蝶．中国人力资源开发网 www. chinahrd. net

三、战略性人力资源管理的作用

人力资源作为企业的战略贡献者，它的作用是其在企业管理中战略作用的具体体现，马托森从三个方面论述这种“战略贡献者”的作用：扩展人力资本，提高企业的资本运营绩效，保证有效的成本系统。另外，战略性人力资源管理作为企业战略管理的有机组成部分，其所有的实践活动都会有助于企业获得持续的竞争优势。

（一）扩展企业的人力资本

人力资本是企业人力资源的全部价值，是由企业中的人以及他们所拥有的并能用之于他们工作中的能力所构成。扩展人力资本的主要途径就是充分利用企业内部人员的能力，同时吸引企业外部的优秀人才。作为战略的贡献者，人力资源管理工作必须满足企业各个工作岗位所需的人员供应，以及为适应工作岗位的要求所应具备的能力。

战略性人力资源管理作为企业战略管理的一部分，其工作就是要提高企业人力资源的质量，开发企业未来发展所需要的能力。通过战略性人力资源管理活动，缩短甚至消除企业发展所需技能和员工现有技能之间的差距，并促使员工获得在企业内部进一步发展的能力和知识，并增强企业人力资本的竞争力，最终达到企业扩展人力资本的目的。

（二）提高企业的经营绩效

企业的绩效是通过员工有效地为顾客提供产品和服务来体现的。战略性人力资源管理根据企业的目标和内外环境的变化，不断完善其策略与方法，以提高企业员工素质和工作绩效，进而促进企业绩效的提高。

传统的人力资源管理以人事管理为主，是以活动为导向和宗旨的，很少考虑人力资源投入成本和收益。战略性人力资源管理则通过各项职能活动来发挥其作为战略贡献者的作用，实施对实现组织战略目标具有最大效果的实践活动，并把活动产生的绩效作为企业的经营成果。

（三）保证有效的成本系统

企业的人力资源工作存在着投入成本与产生价值之间的矛盾。许多企业的人力资源管理投入成本集中在行政和事务管理上，但是这类活动只能产生有限的价值，而人力资源管理战略所需投入的人力资源成本较少，却能产生最大的价值。

另外，在近几十年里，许多国家制定了大量有关人力资源管理的法律法规，这导致企业的人力资源管理人员必须花费很多的时间和精力来保证其工作不违背这些法律法规，保证企业的经理和员工了解这些法律法规，以减少法律责任和投诉，即减少法律问题而导致的成本开支。作为企业战略贡献者，人力资源管理必须用合法、有效的成本方式提供人力资源服务和活动。

（四）获取企业持续竞争优势

战略性人力资源管理着眼于企业人力资源的未来，通过每项具体的实践活动来实现企业的战略目标，从而获取企业持续竞争优势。竞争优势的取得在于其难于模仿性，人力资源战略的难于模仿性是企业获取竞争优势的基础。因为每个企业的人力资源战略是竞争对手很难深入接触到的，因此很难模仿。此外，因为每个企业的人力资源战略都要和企业战略的其他部分相互配合，与企业的员工状况相吻合才能取得成功，即使竞争对手模仿利用这些实践活动，而不考虑企业的具体情况，也未必能够产生相同的效果。所以，战略性人力资源管理能帮助企业获取持续竞争优势。

四、战略性人力资源管理与传统人事管理的区别

（一）管理理念的区别

战略性人力资源管理以“人”为中心，认为人力资源是企业的核心资源，对其的管理是动态的调节和开发，属于“服务中心”，管理的出发点着眼于人，达到人与事的系统优化、使企业取得最佳的经济和社会效益的目的。

传统的人事管理以“事”为中心，把人当作一种“工具”，对其的管理也只是强调对“事”的单一方面的静态控制和管理，属“权力中心”，其管理的形式和目的是“控制人”。

（二）管理方式的区别

战略性人力资源管理极其重视人力资源的开发，要求人力资源管理者站在企业战略的高度，主动分析和诊断企业现有人力资源状况，为决策者准确、及时地提供各种有价值的人力资源相关数据，并协助其制定具体的人力资源计划，支持企业战略目标的执行和实现。

传统的人事管理则重视人力资源的使用，轻视人力资源的开发，只能站在部门的角度，考虑人事事务等相关工作的规范性，最多也只是传达决策者所制定的战略目标等信息。

（三）管理地位的区别

战略性人力资源管理部门作为企业的核心部门，是企业战略的重要组成部分和决策层，人力资源管理职能直接融入企业战略的形成和执行过程中，主要通过企业文化整合战略、组织和系统，保证企业战略的执行和实现、推动企业长期稳定地成长，以实现对企业经营战略的贡献。

传统的人事管理只是企业的执行层和辅助部门，对企业经营业绩没有

直接贡献，主要的工作是负责员工的考勤、档案及合同管理等事务性工作，技术含量低，无需特殊专长。

（四）管理内容的区别

战略性人力资源管理是通过提升员工个人能力和组织绩效来体现其价值的，而提升员工能力与组织绩效要结合企业战略与人力资源战略，因此战略性人力资源管理需要重点思考如何提炼和塑造优秀的企业文化、制定个性化的员工职业生涯规划等，特别关注对企业人力资源的深入开发。

传统的人事管理价值主要是通过规范性及严格性来体现，即是否将各项事务打理得井井有条、是否看得住和控制住企业员工等，绝大部分工作还只停留在事物的表层，如档案管理、工资发放以及一些简单的行政性事务。

五、战略性人力资源管理与企业战略的关系

在现代社会，人力资源是组织中最有能动性的资源，如何吸引到优秀人才，如何使组织现有人力资源发挥更大的效用，支持组织战略目标的实现，是每一个领导者都必须认真考虑的问题，这也正是为什么企业的最高领导越来越多地来源于人力资源领域的一个原因。战略性人力资源管理认为人力资源是组织战略不可或缺的有机组成部分，包括了公司通过人来达到组织目标的各个方面。如图 2－1 所示。

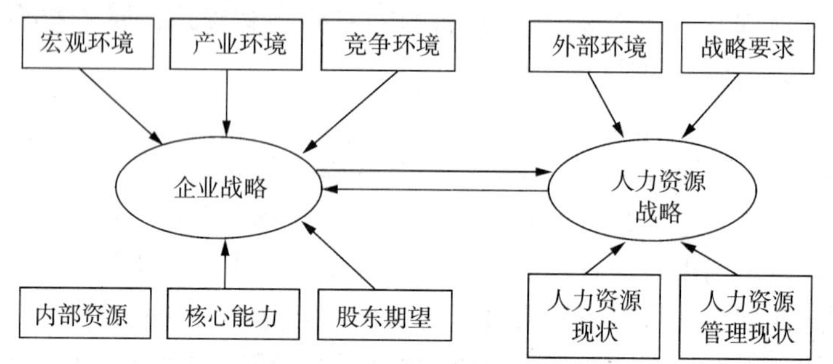

图 2－1　人力资源战略与企业战略的关系

一方面，企业战略的关键在于确定好自己的客户，经营好自己的客户，实现客户满意和建立顾客忠诚，从而实现企业的可持续发展，但是让客户满意需要企业有优良的产品和服务给客户创造价值和利益，而高质量的产品和服务，需要企业员工的努力。所以，人力资源是企业获取竞争优势的首要资源，而竞争优势正是企业战略得以实现的保证。另一方面，企业要获取战略上成功的各种要素，如研发能力、营销能力、生产能力、财务管理能力等等，最终都要落实到人力资源，因此，在整个战略的实现过

程中人力资源的位置是最重要的。

战略性人力资源管理强调通过人力资源的规划、政策及管理实践达到获得竞争优势的人力资源配置的目的，强调人力资源与组织战略的匹配，强调通过人力资源管理活动实现组织战略的灵活性，强调人力资源管理活动的目的是实现组织目标，战略性是把人力资源管理提升到战略的地位，就是系统地将人与组织联系起来，建立统一性和适应性相结合的人力资源管理。

但是，随着人力资源理论与实践的发展，人力资源战略作用的发挥不仅在于实现战略匹配，更重要的是获得战略弹性。[①] 也就是说战略性人力资源应更多地关注企业如何适应快速变化的环境，即人力资源战略弹性。

1998 年莱特和斯奈尔提出人力资源战略弹性的模型。该模型强调战略匹配与战略弹性的互补性，并且认为人力资源战略弹性是基于企业员工技能与行为的多种组合，从而使得企业在竞争性环境中追求不同的战略选择，而且，人力资源战略弹性还是基于企业开发这些技能与行为的人力资源管理实践，从而使企业能够快速地进行战略调整。

第二节 战略性人力资源管理的环境

环境的变化将改变人们的工作目标和态度，人力资源战略也需要不断地调整。因此制定和实施人力资源战略，首先应该仔细分析企业内部与外部环境，在此基础上，结合企业战略，进行战略性人力资源管理的各项实践活动。影响战略性人力资源管理的内外部环境主要有以下几个方面。

一、外部环境的影响

企业的人力资源和企业的其他资源一样，随着企业的不断发展，也会受到其外部环境和内部条件的制约和影响。近年来，由于社会的不断发展和变化，人力资源管理的外部环境也在不断地变化，使人力资源管理面临着前所未有的挑战。

---

① 马新建等．人力资源管理与开发［M］．北京：北京师范大学出版社，2008

（一）全球化的影响

经济全球化和一体化使得国与国之间的界限开始变得越来越模糊，一个国家甚至一个地区的经济和社会动荡很快会波及全球，影响到其他国家的安定与发展。2008 年底由于美国次贷危机引发的全球金融危机就说明了这个问题。世界经济格局的改变对劳动力市场、人力资源的供需规划、企业战略等产生了重大影响。经济全球化要求企业各部门的管理者和人力资源从业者，重新思考人力资源的角色和价值增值问题。另外，全球化的结果是更多跨国公司的产生以及人才流动的国际化，组织的管理者将更加关注不同文化背景下的员工管理问题，尤其是怎样吸引、留住、开发、激励一流人才的问题。

（二）经济和技术变化

经济和技术的变化使职业聘用和就业方式发生了变化。技术进步在提高企业竞争力的同时也改变了工作性质，传统行业逐渐被服务业和信息业所代替，这一转变使组织在员工数量和素质方面都有了更高的要求，一些企业不得不削减员工的数量，同时吸引和留住那些拥有特殊技能和高素质的人才。企业为了应对来自全球的竞争压力，不得不通过各种有效措施来增加自己的竞争力，知识成为企业竞争优势的来源，企业将更加注重员工技能与知识的培养。

技术进步对组织功能的各个层次产生重大影响，人力资源管理工作将面临以下问题：工作和组织结构的重新设计、职位说明书的重新编写、薪酬计划的重新修订、员工的甄选、评价和培训考核计划的改变等。

（三）法律和法规的完善

在实施人力资源管理的各项实践活动时，必须权衡法律法规的影响。这些法律法规体现在人力资源管理活动的各个方面，诸如反就业歧视法、薪酬法、福利法、工人补偿和安全法、劳动合同法等，全面保障员工的利益，规范人力资源管理工作。近年来，随着员工保障意识的增强，越来越多的劳动立法相继出台，并不断完善。企业为了应对这些法律法规的限制，只能不断地根据政策法规来相应调整人力资源管理。

（四）劳动力市场的变化

劳动力市场是企业人力资源管理的大环境，劳动力市场的供求状况直接影响着人力资源管理的方式和效果。

经济增长和技术进步，导致高质量劳动力的短缺，即结构性短缺。劳动力市场的结构性问题意味着在有些情况下并非缺乏就业机会，而是缺乏合格的劳动者。新兴的产业要求高素质和高技能的员工，而现有员工的知识和技能与之差距越来越大。“就业难”和“招工难”的矛盾在不同地区出现，虽属局部现象，但短期内难以消除。这使人力资源管理工作面临着更大的压力。

我国在经历就业迅速扩大和遭遇劳动力市场冲击的同时，就业形式和就业增长方式发生了巨大的变化。我国劳动年龄人口处在上升期，但增长速度在减缓，这并不意味着就业压力会同时减轻，学校教育尤其是高中和大学教育的普及使劳动年龄人口增长减缓对就业的影响要滞后3~7年左右时间。2010年之前我国的就业压力仍然比较大。根据各级各类学校的毕业生推算，每年新进入劳动力市场的人数依次为：2006年为1734万，2007年为1752万，2008年为1724万，2009为1744万，2010年为1835万。① 这意味着“十一五”时期我国仍然面临着扩大就业的巨大压力。

随着中国人口转变的快速完成，劳动力供给压力将会逐渐减小，而劳动力需求将随着经济迅速增长和结构改善不断增加。虽然中国劳动力资源数量优势不会在短期内消失，而且，随着资源在全球范围内的优化配置，劳动力资源这一优势必将进一步转化为经济优势，从而继续为中国经济的持续增长奠定稳定的基础，但劳动力供给压力的减缓必将成为推动劳动力成本上升的动力，过去看似无限的劳动力供给形势将发生根本性的转变，劳动力的无限供给正在远离中国，即“刘易斯转折点”即将到来。

另外，劳动力的年龄和性别结构已经发生了巨大变化。劳动力老龄化已经不只是欧美地区的特有问题，诸如中国等发展中国家在未来一段时间内也面临着人口老龄化问题。另一方面的变化就是妇女就业比例逐渐提高，特别是近年来，许多女性已经成为高层管理者，发挥着重要作用。劳动力性别和年龄结构的巨大变化，使组织的人力资源管理工作同样面临着重要的挑战。

二、内部环境的影响

（一）企业内部资源

“知己知彼，百战不殆”，其中“知己”的基本做法就是分析企业内部资源和能力。企业资源大致可以分为三类，即有形资源、无形资源和人力资源。有形资源是指企业的物资和资金，包括生产设备、原材料、财务资源、不动产和计算机系统等。无形资源通常包括品牌、商誉、组织文化、技术、专利、商标以及累积的组织经验等。人力资源是人们根据其技能、知识以及推理和决策制定能力向企业提供的生产性服务。企业要对每种资源进行分析和评估，特别是与人力资源有关的内部能力，比如企业人力资

① 张车伟. 劳动力供求变化的新趋势与新特点［N］. 中国劳动保障报，2006-05-27

源现状、各类专门人才的需求情况、人员素质结构、员工岗位适合度等，以确定企业的优势，制定人力资源战略目标。

（二）组织文化

企业文化指在企业中长期形成的并为全体员工认同的价值观念和行为准则。它表现为一种具有企业个性的信念和行为方式。每个企业在长期经营过程中都会形成自己独特的企业文化。美国的昆恩（Quinn）教授按照企业对内外环境的认知及其在组织管理上的行为特点，将企业文化分为四种类型，如图 2－2 所示。

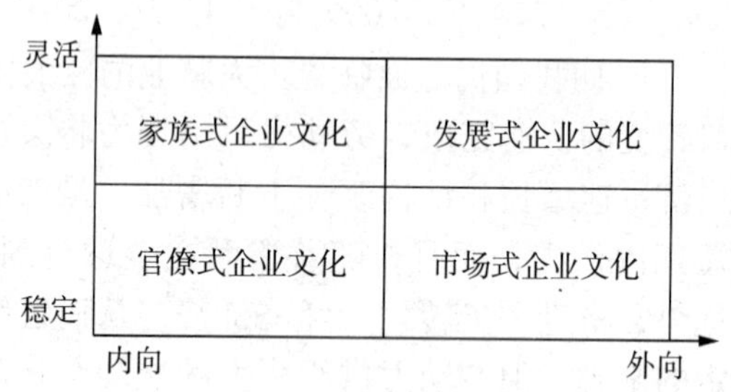

图 2－2 按环境认知和管理行为特点划分的企业文化四种类型

资料来源：马新建等主编．人力资源管理与开发［M］．北京：北京师范大学出版社，2008

这四种企业文化分别有不同的特点。其中，家族式企业文化强调人际关系，发展式企业文化强调创新和创业，市场式企业文化强调市场导向，以产品为中心，官僚式企业文化强调规章制度。这些不同类型的企业文化对企业的人力资源战略产生不同的影响，企业必须据此制定相应的人力资源战略。具体来说，企业经营战略的选择、人力资源战略的确定与企业文化的适配性如表 2－1 所示。

表 2－1 企业经营战略、企业文化和人力资源战略的相互关系

企业经营战略	企业文化	人力资源战略
成本领先经营战略	官僚式+市场式	吸引式人力资源战略
创新产品经营战略	发展式+市场式	投资式人力资源战略
优质产品经营战略	家族式+市场式	参与式人力资源战略

资料来源：安鸿章．现代企业人力资源管理［M］．北京：中国劳动社会保障出版社，2003

实行成本领先战略的企业，通常生产技术和市场都比较成熟稳定，企业主要考虑员工的稳定性和持久性，因此要通过严格的规章制度保证员工能够在指定的工作范围内有稳定一致的表现，减少因缺勤或表现差异而导致的生产成本上升，并且要通过各种激励诱因激发员工的积极性。

实行创新产品经营战略的企业主要依靠创新性和独特性产品与竞争对手进行竞争，不断地创新是企业成长的基石，员工的创造性是企业维持竞争力的基础，因此企业更加注重营造宽松的组织环境，鼓励和发挥员工的创造性，培养员工创新工作的能力，并且为员工的创造性工作提供必要的支撑。企业将员工作为投资的主要对象，以获得技术与产品创新的竞争优势。

实行优质产品经营战略的企业依赖于全体员工的积极共同参与，从根本上保证全面质量管理得到有效的贯彻执行，以保证优质产品，因此企业更加强调团队内人际关系建设，注重培养员工的归属感和团队合作精神，鼓励员工参与决策或自主决策。

企业文化是企业战略目标的内化，其改变的方向应与企业的战略始终保持一致。人力资源战略作为企业战略的重要组成部分，为企业的战略目标服务，也是根据企业文化的发展方向制定的，因此企业人力资源管理各项实践活动将会随着企业文化的不同而相应改变。

（三）企业生命周期

企业生命周期理论是关于企业成长、消亡阶段性和循环的理论。企业所处的生命周期阶段会对其人力资源战略产生很大的影响。针对不同的周期应采取不同的战略，作为企业战略有机组成部分的人力资源战略也应随之变化。

处在婴儿期的企业，敢于冒险，但由于资金和实力的限制，创业者往往通过招聘已具备公司发展所需技能的人员，来解决创业时期的困难，推动公司的发展，而培训和员工发展不是该时期人力资源管理的主要任务，只在必要时才进行。处在成长期的企业，市场不断扩大，需要增加人力资源来满足市场对其产品和服务的需求，这就要加大对人力资本的投资。为了获取所需人才，使企业的人力资源政策更具竞争力，留住优秀员工并为企业员工创造发展机会，必要的人力资源规划和薪酬体系的设计是该时期人力资源管理工作的重点。处在成熟期的企业，组织发展和组织文化逐渐稳定，组织环境不断完善，人力资源管理活动也不断丰富。该时期企业是否拥有完善的薪酬体系以及员工培训和发展计划成为人力资源管理工作的主要焦点。处在衰退期的企业，组织往往通过各种各样的员工退出机制来压缩用工成本，其中主要就是以提前退休激励、关闭工厂等方式历来大幅裁员，以伺机重新进入新的行业。

（四）员工期望

随着经济全球化、技术的信息化和企业资源知识化的发展，人力资源愈来愈成为企业的战略资源。组织必须在无边界的人才流动中确保核心员工的忠诚和承诺，保证一支稳定的员工队伍，以实现人力资源战略的长远性目标，也是战略性人力资源管理的基础。这就要求企业在制定人力资源战略时必须要充分考虑员工的心理期望和理想，当其能够得到满足或很大程度上有可能得到满足时，员工才会选择继续留在组织中，这样也才能保持员工队伍的稳定发展，有利于战略性人力资源管理。

第三节　战略性人力资源管理体系

战略性人力资源管理体系是指企业为了实现组织战略目标而构建的人力资源管理体系。它是一个有机的体系，由战略人力资源管理理念、战略性人力资源规划、战略性人力资源管理核心职能和战略性人力资源管理平台四部分组成。战略性人力资源管理就是通过这四部分的实施来达到获得竞争优势的人力资源配置目的，使人力资源与组织战略相匹配，把人力资源管理提升到战略地位，将人与组织联系起来，通过人力资源管理活动实现组织目标。

一、构建战略性人力资源体系的意义

企业经营的成功和战略目标的实现，取决于企业的品牌管理能力、产品研发能力、市场营销能力、客户服务能力、业务成本控制能力、生产制造能力、财务管理能力、信息技术能力以及资源获取和整合能力等多种因素，但这些能力的获得和形成最终都是由人力资源能力来支撑和实现的。因此，企业经营的成功和企业战略目标的实现，首先是人力资源管理的成功。企业人力资源能力是其持续发展的核心竞争力，因此，构建战略性的人力资源管理体系是保证企业战略目标实现的前提和基础，是企业人力资源核心竞争力形成的必要条件。

二、战略性人力资源管理体系构成

战略性人力资源管理的四个组成部分中，战略性人力资源管理理念是灵魂，企业以此来指导整个人力资源管理体系的建设；战略性人力资源规划是航标，指明人力资源管理体系构建的方向，战略性人力资源管理体系是通过人力资源战略规划来实现人力资源与企业战略的匹配；战略性人力

资源核心职能是手段，通过人力资源核心职能的建设来打造实现组织战略所需要的核心人才团队，并依此确保理念和规划在人力资源管理工作中得以实现；战略性人力资源管理平台是基础，在此基础之上才能构建和完善战略性人力资源管理职能，保证战略性人力资源管理体系运行的持续改进与完善。

（一）战略性人力资源管理理念

战略性人力资源管理理念视人力为资源，认为人力资源是一切资源中最宝贵的资源。认为企业的发展与员工的职业能力的发展是相互依赖的，企业鼓励员工不断的提高职业能力以增强企业的核心竞争力，而重视人的职业能力必须先重视人本身，把人力提升到了资本的高度，一方面通过投资人力资本形成企业的核心竞争力，同时，人力作为资本要素参与企业价值的分配。

战略性人力资源管理认为开发人力资源可以为企业创造价值，企业应该为员工提供一个有利于价值发挥的公平环境，给员工提供必要的资源，赋予员工责任的同时进行相应的授权，保证员工在充分的授权内开展自己的工作，并通过制定科学有效的激励机制来调动员工的积极性，在对员工能力、行为特征和绩效进行公平评价的基础上给予相应的物质激励和精神激励，激发员工在实现自我价值的基础上为企业创造价值。

（二）战略性人力资源规划

传统的人力资源规划是对企业人员流动进行动态预测和决策的过程，任务是预测企业发展中人力资源供给与需求状况，并制定出相应措施，确保企业在需要的时间和需要的岗位上获得所需的合格人员，以实现企业发展战略，完成生产经营目标。在规划过程中，重点放在人力资源规划的度量上，也会适当注重人力资源规划和其他规划的一致性和偕同性。

战略性人力资源规划，吸取了现代企业战略管理研究和战略管理实践的重要成果，遵循战略管理的理论框架，高度关注战略层面的内容。一方面把传统意义上聚焦于人员供给和需求的人力资源规划融入其中，同时更加强调人力资源规划和企业的发展战略相一致。在对企业内外部环境和现状理性分析的基础上，明确企业人力资源管理所面临的挑战以及现有人力资源管理体系的不足，清晰勾勒出符合企业战略目标的人力资源远景目标、人力资源管理目标以及与企业未来发展相匹配的人力资源管理机制，并制定出能把目标转化为行动的可行措施以及对措施执行情况的评价和监控体系，从而形成一个完整的人力资源战略系统。① 战略性人力资源规划

---

① 林彬．中国人力资源开发网 www. chinahrd. net

是构建战略性人力资源管理体系的纲领和行动指南，因此制定科学的战略性人力资源规划是非常关键和重要的。

（三）战略性人力资源管理核心职能

战略性人力资源管理核心职能包括人力资源配置、人力资源开发、人力资源评价和人力资源激励四方面职能，从而构建科学有效的“招人、育人、用人和留人”的人力资源管理机制。

1. 战略性人力资源配置

战略性人力资源配置的核心任务就是要基于公司的战略目标来配置所需的人力资源，以组织的职位分析、任职资格体系和素质模型为基础，系统地建立了人力资源的进入、配置以及内部再配置的动态运行机制。通过机制的有效运行，引进满足战略要求的人力资源，对现有人员进行职位调整和职位优化，建立有效的人员进入和退出机制，通过人力资源配置实现人力资源的合理流动。这就需要建立战略性的人才获取与储备体系，依据战略要求进行人才招聘、甄选和储备，建立科学的人才甄选标准和流程，并对人员进行有效的人力资源调整与配置，形成优势互补，结构合理的高绩效人才队伍。

战略性的人力资源配置要符合企业整体战略和共同愿景并且要与企业外部环境相适应，包括适应现在环境的变化以及未来环境的发展变化和趋势，使企业人力资源配置与行业关键能力相匹配。通过科学的人力资源配置为企业战略的实施提供人才保障和支撑。

2. 战略性人力资源开发

战略性人力资源开发的核心任务就是对企业现有人力资源进行以战略与核心能力为导向的开发和培养，保证满足企业战略的需要和维持企业竞争优势。战略性人力资源培训和开发培养员工技能和能力的同时，通过制定领导者继任计划和员工职业生涯规划来保证员工和公司的同步成长。

战略性人力资源开发应该通过创建学习型组织，搭建全方位的培训开发体系和人才梯队建设体系，对员工进行培训和开发，并依据企业发展现状及现有人员能力现状，制定各类员工的职业生涯规划，设计相应的培训体系，同时在实施中进行动态调整，满足各类人员在职业生涯不同发展阶段的成长需要，以提升人才队伍能力，促进企业战略目标的实现。

人力资源对企业核心能力和竞争优势的支撑，从根本上取决于员工为客户创造价值的核心专长与技能。战略性人力资源开发的使命是培养和提升员工的核心专长与技能，同时推动组织发展和企业管理水平的提升。①

① 赵炜．战略性人力资源管理体系构建．中国价值网 http：//www. chinavalue. net

3. 战略性人力资源评价

战略性人力资源评价的核心任务是指根据一定的目的、程序，并采取一定的方法对企业员工的素质能力和绩效表现进行客观的评价。评价一方面保证企业的战略目标与员工个人绩效得到有效结合，另一方面为企业对员工激励和职业发展提供可靠的决策依据。战略性人力资源评价是有效实施人力资源开发与管理，以及有效实施激励制度的基础和依据。

4. 战略性人力资源激励

战略性人力资源激励的核心任务是依据企业战略需要和员工的绩效结果对员工进行激励，通过制定科学的薪酬体系和长期激励措施来激发员工充分发挥其潜能，在为企业创造价值的同时实现自己的价值。战略性人力资源激励能提高员工的工作积极性及其对企业的认同感和满意度，又能充分挖掘员工的潜力，提高员工的工作效率，确立并保持企业的核心竞争力。

人力资源激励的依据是价值评价，激励的手段是价值分配，而激励的目的在于使企业价值的创造者发挥主动性和创造力，从而为企业创造更多的价值。因此，企业只有建立起科学的价值评估体系和价值分配体系，才能形成有效的激励机制和沟通机制，从而推动企业各层级员工为企业创造更多的价值。

（四）战略性人力资源管理平台

战略性人力资源管理职能的有效发挥需要组织为人力资源管理提供一个必要的平台，这个平台包括人力资源专业队伍、人力资源组织环境、人力资源专业化建设和人力资源基础建设四个方面，为构建战略性人力资源管理体系提供相应的组织保证和专业能力。

1. 人力资源专业队伍

人力资源专业队伍是构建战略性人力资源管理体系的重要保障。战略性人力资源管理对人力资源专业队伍有着较高的要求，对人力资源部门进行合理的定位，明确界定人力资源部门的职责和职权，对人力资源专业人员的能力和素质有着严格的要求，同时对直线经理参与和配合人力资源管理也做出明确的要求，从各个方面保证人力资源专业队伍能成为构建战略性人力资源管理的人力基础，为有效实施人力资源管理职能奠定专业基础。

2. 人力资源组织环境

组织是战略性人力资源管理体系运行的基础，合理的组织环境是构建战略性人力资源管理体系的重要外部条件。因此，它的持续有效运行要求从公司战略出发，设计出一套适合公司战略需要的组织结构，并细化每个职位的设置和人员设置，根据公司外部环境进行优化，为公司构建战略性人力资源体系提供相应的组织环境和保证。

3. 人力资源专业化建设

人力资源专业化建设是构建战略性人力资源管理系统体系的专业保障。战略性人力资源管理通过专业化建设为有效实施人力资源管理的职能奠定专业基础，人力资源的专业化建设内容包括：组织系统的岗位分析以明确每个岗位的工作职责、工作职权、工作条件和任职资格；根据公司业务和职位特征设定相应的定员标准；组织系统的岗位评价，作为制定薪酬的重要依据；根据公司战略需要和岗位类别开发出相应的素质和能力模型。

4. 人力资源基础建设

人力资源基础建设是战略性人力资源管理体系正常运行的基本保障。战略性人力资源管理是一个庞大的系统，要保证这个系统能够得到正常运行还需要建立一个与之相适应的基础管理体系，包括通过建立人力资源管理信息系统，高效地为各项人力资源管理活动提供客观的信息，开展日常的事务性工作，保证人力资源管理系统体系的有效运行。

战略性人力资源管理体系是实现企业战略目标的重要保证。通过战略性人力资源管理体系四个有机构成部分的协同运作，支持和推动企业战略目标的实现，为企业的可持续发展创造人力资源竞争优势。

第四节　战略性人力资源管理面临的挑战

许多学者认为人力资源是企业获取持续竞争优势的核心资源，但是人力资源的价值创造过程具有很大的不确定性，因此这一观点促进了从提高企业竞争力角度来研究人力资源管理，最终导致了战略性人力资源管理的兴起。如前所述，正因为对“战略”的理解不同，导致在该领域的研究结果存在差异性，但是无论哪种研究方法和观点都存在局限性。战略性人力资源管理领域在未来一段时期所面临的主要挑战如下：

一、环境的作用和动态性

虽然战略性人力资源管理受到组织内外环境的影响，但是，环境因素是否限制了人力资源管理系统的实用性，以及这些限制因素是如何影响个体和组织的，这些问题在该研究领域尚未得到重视。

工作群体在变化的环境中或多或少会受到个体和组织的影响，并且在给定的限制条件下，某些工作是完全不可行的，另外，组织结构本身限制了人力资源管理实践活动。所以说人力资源管理系统相关限制因素的潜在影响作用是未来该领域一个值得研究的课题。

组织环境的动态变化以及企业如何应对动态环境带来的挑战成为战略性人力资源研究领域的热点。组织为持续发展，就必须持续适应快速变化的环境，因此，要不断地寻求适应各种战略目标的人力资源管理系统。

二、战略性组织变革

为了使人力资源管理系统能为企业提供快速适应环境的能力，战略性人力资源管理要求组织要进行适时的变革，以适应动态变化的组织战略。

组织变革是组织保持活力的一种重要手段。在组织为开放有机体的前提下，组织必须随着内在及外在的环境变化，进行调适与改变，对内调整目标为改善组织成员态度与行为、提升组织文化；对外调整目标则是使内部组织优势更加发挥于外部环境机会，提升组织绩效，实现组织战略。

战略性组织变革的目的是为了使企业的组织设计更切合企业战略实现的需要，使组织为战略服务。因此实施战略性的组织变革不但要考虑企业战略的调整同时要考虑企业核心业务流程的优化、市场行业环境的变化、内部管理体系的变化及组织运营效率等，试图突破旧体制束缚，使组织架构更加扁平化、专业化和柔性化，全力避免可预见的潜在危机，保证企业战略的实现，推动组织绩效管理。

三、战略性人力资源管理工作的评价

战略性人力资源管理工作的重点主要集中体现在以下几方面：人力资源管理如何体现战略性？人力资源管理战略如何与企业战略相适应？人力资源管理者的战略职能和角色、人力资源管理专业人员在推动变革时的作用等。人力资源管理部门作为战略管理部门，从理论上承担着推进组织变革的任务，人力资源管理主管作为高层管理者，参与制定企业的发展战略，并在人力资源方面予以保证。人力资源管理政策以开发、吸引、留住人才为目的，通过制度的引导，在组织内形成学习和知识共享的文化氛围。

因此，对战略性人力资源管理工作的评价需要建立权威的评价指标体系，以提供更加丰富的信息来反映不同的人力资源管理系统工作的绩效，并对其是否能够适应组织目标的变化做出较为准确的判断。

四、战略性人力资源管理与组织绩效的关系

战略性人力资源管理贯穿于组织管理的每一个环节，绩效研究的目的在于通过有效管理的实践，为保证组织的发展和培育核心竞争力的战略制定，提供机制和导向。从企业整体目标考察，战略性人力资源管理的核心在于保证和增进组织绩效。

战略性人力资源管理的绩效研究包括战略性人力资源管理本身的管理绩效或实践绩效，也包括其对于组织的贡献绩效。前者涉及的内容主要是对组织人力资源管理的政策和办法实施效果的评价和分析，通过具体的人力资源投资、开发和利用的计划与规划，不断提高人力资源生产率或工作业绩；后者则是通过对组织状况、环境与特点的分析，力求组织人力资源管理能够成为或实现组织"战略贡献者"的职能。两者相互联系、相互制约。

米切尔·谢帕克等人提出了一个关于战略性人力资源管理与组织绩效关系的概念模型。他们认为，组织绩效的提高是企业的环境、经营战略、人力资源管理实践和人力资源管理的支持因素等四个基本变量相互联系、相互作用的复杂系统行为的结果。人力资源管理不能单独对企业的绩效产生作用，必须与其他三个变量相互配合并形成一定的关系模式。

为获得并保证人力资源管理的管理绩效，与之相关的一个问题是"绩效是关于什么的"？是企业财务收益，或是股东收益，或是顾客满意。许多学者认为现行的人力资源管理绩效评价办法未能深刻揭示人力资源管理与企业绩效之间的关系。菲里斯提出人力资源管理与组织绩效之间关系的"社会背景理论"，这一理论将人力资源管理放在一个更加广泛的背景中，通过引入多因素调查、中介联结和约束条件，建立了两者之间的动态关系模型。

必须指出的是，为了充分实现战略性人力资源管理的绩效，还需进行人力资源绩效的定量分析研究。这方面的工作目前已经取得了一定的进展，发展了一系列的定量分析和定量研究的模型和办法，这些定量研究和分析对于提高人力资源管理绩效、发挥人力资源管理的战略性职能具有重要意义。

本章精要

外部市场环境以及内部组织环境的变化要求企业人力资源管理必须与企业战略联系起来。不同的企业战略需要不同行为和技能的员工，因而企业要采取不同的人力资源政策来管理员工。

战略性人力资源管理是一个有机的体系，由战略人力资源管理理念、战略性人力资源规划、战略性人力资源管理核心职能和战略性人力资源管理基础平台四部分组成，它的有效运行需要各部分的协同运作。战略性人力资源管理体系是保证企业战略目标实现的前提和基础，是企业人力资源核心竞争力形成的必要条件。

战略性人力资源管理是一个新兴的领域，该领域的研究还存在着很多的分歧和局限性，但是该领域目前有待解决的主要问题对其发展有着重要意义。

本章思考与讨论

1. 简述战略性人力资源管理的概念和内涵。
2. 试比较战略性人力资源管理与传统的人事管理之间的区别和联系。
3. 试分析人力资源战略与企业战略之间的关系。
4. 战略性人力资源管理是如何实现组织绩效的?
5. 试分析企业文化对人力资源战略的作用与影响。

推荐阅读材料

1. 石磊．战略性人力资源管理：系统思考及观念创新［M］．成都：四川大学出版社，2008

2. 王建民．战略人力资源管理学［M］．北京：北京大学出版社，2009

3. 孙秀梅．浅析战略人力资源管理的内容及其影响因素［J］．财经界（下旬刊），2007（4）

4. 张晓萍，何昌邑等译．战略化人力资源方法［M］．北京：华夏出版社，2004

5. 德斯斯，曾湘泉．人力资源管理（第10版，中国版）［M］．北京：中国人民大学出版社．2007

6. 诺伊等著．刘昕译．人力资源管理：赢得竞争优势（第5版）［M］．北京：中国人民大学出版社，2005

7. 方振邦，徐东华．战略性人力资源管理［M］．北京：中国人民大学出版社，2010

案例分析

西南航空公司的战略性人力资源管理

1. 西南航空经营模式：无法复制的成功经验

许多成功公司的共同点是：建立一套“以人为先”的企业价值，激发员工潜在的能力，使其成为竞争者无法模仿的优势。美国西南航空公司（SouthWest Airlines）就是一个很好的例子。30 年来，西南航空最为媒体与企业界人士称颂的是，它从初期仅有 3 架飞机的地方性小公司，发展至目前美国第五大航空公司的地位，总资产达 40 亿美元，员工超过 29000 人。西南航空不仅击败了联合航空（United）与大陆航空（Continental）等两家短程航空市场中的劲敌，目前还进一步向 Delta 与 USAir 挑战。更令人称奇的是，在这个竞争激烈、每个竞争对手都对对方的经营策略、营运成本了如指掌的市场中，西南航空却能将其成本维持在业界最低水准，并创下 26 年连续获利的纪录。而追求低成本的同时，西南航空也没有降低服务的品质，无论从航班是否准点起降还是从托运行李遗失率和旅客抱怨申诉情况评比结果来看，西南航空的服务品质均居领先地位。

西南航空公司是一家国内航空公司，专门往返于遍布西南、南部和中南地区的大中型城市。该公司原先只飞短程航线（平均航线长度小于 372 英里），1997 年 6 月，又增加了一些远距离航线（平均飞行距离超过 700 英里），远程航线占全部运送能力的 10%，西南航空公司提供的服务非常好，但是并不需要什么特别技巧。例如，因为西南航空公司主要提供短程航线服务，所以它不提供飞机上的膳食而仅仅提供“只有花生豆的零食”，结果可以给旅客节约一些费用。他还不指定座位，这样可以降低成本。该公司低廉的费用吸引来许多旅客，例如，选择乘坐飞机而不是自己驾车的商业人士。它的价格低的惊人（平均单程不超过 100 美元），结果每趟航班几乎都是满员。

在 2000 年，西南航空公司提供飞往 56 个机场的空中运输服务，它提供非常高兴的运营保持了低廉飞收费。由 295 架飞机组成的机队在旅客登机前几分钟内到达目的地，并且重新起飞所用的时间也非常短，通常是 15 ~20 分钟，这与该行业的平均 60 分钟的水平形成鲜明的对比。西南航空公司的每架飞机每天可以达到很高的飞行旅程。每架飞机每天完成十趟航班，是该行业平均水平的两倍以上。西南航空公司通过使用较少的飞机和雇员比其他航空公司节省了更多的费用。西南航空公司的飞机都是 737 客机（另外一种节省成本的策略）平均使用 8.4 年。而且西南航空公司使用不太拥挤的“二流机场”，例如达拉斯的爱田机场和芝加哥的中央机场等。行李准确地按照规定路线发送，并且旅客一到机场他们的行李已经在包裹认领处等候了。在 1999 年，就旅客运送人次来说，西南航空公司以 5200 万人次名列全美第五大航空公司。

2. 差异源自人

西南航空公司与其他航空公司的一个最值得关注的差别与人力资源有

关。绝大多数分析家认为西南航空公司的员工创造了这一差别。西南航空公司使用人格测试对应聘者进行分级，而且每年90000名工作申请者中只有4%被录用。这些雇员一旦被录用，他们要通过严格的“人际技巧”培训课程，这些课程由位于达拉斯的西南航空公司培训中心——关于人的大学——提供。

西南航空公司的航班服务员和驾驶员都非常可爱而且机智诙谐。该公司的副总裁兼首席财务官加里．凯利将公司的成功归结于它的强烈的“我们很在乎你”的文化，这一文化提倡利润分享和工作的安全性。该公司“根据雇员的态度来雇用员工，并且因材施教”。“家庭”是在西南航空公司经常被使用的一个词汇。该公司通过它的文化委员会来讲这种情感注入这个家庭中去。这个委员会由科琳．巴雷特领导，她是航空业职位最高的女性，担任执行副总裁兼客户和企业总监，该委员会有超过100名成员，分别来自于西南航空公司的各级工作岗位。来自于“赫伯和科琳”的私人生日祝福和公司对员工所用的人生大事所给予的祝贺给员工留下深刻的印象。7月份举办的圣诞聚会、低飞机比赛、红番椒烹饪比赛，以及等等其他特殊的活动都激励了员工的士气，并且是西南航空公司的价值观在员工中传播。西南航空促进公司文化发展的努力增强了员工的忠诚度，而且，因为公司在外界环境中良好的声誉帮助其吸引到那些愿意成为西南航空公司团队的一分子的新雇员，所以公司的这种文化可以不断地延续下去。问题是“西南航空公司能够在不损害现在的特殊的文化条件下继续以当前的速度发展吗?”在2000年该公司有29000名员工，加利．凯利相信正是这种文化带来了公司的发展，而且会带来许多新的面孔和更多的热情。

3. 战略性人力资源问题

西南航空10年前，就将传统所谓的“人力资源部”更名为“人民部”，并网罗具有营销背景的人员担任部门员工。更名主要是为了摆脱老式的人力资源部门予人“治安警察”的印象，而引进有营销经验的人员，则是要摆脱一般人力资源部门人员没有魄力、缺乏决策勇气、暮气沉沉的状况。在主事者大力变革的领导下，西南航空的人民部摇身一变成了“火炬的看守者”，主要任务就是要营造一个符合公司企业价值的工作环境，让员工能够愉快地为公司效力，为顾客提供高品质的服务。

基于这个理念和定位，西南航空的人民部确实也规划出一套符合西南强调“以人为先”精神的工作环境与管理规章。例如在招聘人员方面，为了找到公司真正需要的人，他们采取同行招聘的方式。飞行员面试飞行员，行李处理人员面试行李处理人员，让西南的员工自己挑选可以愉快合作的工作伙伴。同时，西南航空也非常重视人员的训练。公司员工每年都要参加一次训练课程，除了强调如何把工作做得更好、更快、成本更低外，公司也利用此机会增加部门间彼此的了解，当然也会再次宣扬公司的价值文化，并借机收集员工对公司的建言。西南航空的训练课程，主要在于协助员工学会如何让每天的工作做得更好，而不是要大家整天心系着美国航空或 Delta 航空又如何如何。激励方面，西南航空所设计的薪资与奖金制度并不复杂，但与其他着重个人表现公司不同的是，西南偏向采取集体奖励的方式，来维护并提升团队精神。西南航空的飞行员与空服员是按航次计薪的，而这也反映出执行长凯勒赫经常提到的理念——飞机停在停机坪，是赚不了钱的。另外，西南航空对于工作一年以上的员工实施分红制度，并要求员工投资 1/4 的红利所得于公司的股票上。目前 90% 的西南员工持有公司的股票，约占西南航空流通在外股数的 10%。

西南航空的成功，并不在于它掌握了特殊的关键技术，或是网罗了管理、营销的高手。其实西南航空是一个平凡的公司，它能有今日的卓越表现，完全要归功于其“以人为先”的企业价值，并落实公司的管理规章，营造出可以激发每位员工潜力的工作环境，进而达到公司的经营目标。从诸多类似西南航空的个案研究中，我们会发现：传统上先设定企业最高经营策略，然后设定各部门策略目标，找出执行计划成败的关键因素，并据此设计公司人员的招聘与奖励办法，由管理者监督执行的“公司利益优先”程序，似乎并非成功企业所采取的决策过程；恰恰相反，以“以人为先”的企业价值为基础设定的经营战略与组织体系，才是可持久的成功企业。这类企业决策程序的特色，在于先把一个企业的价值信念找出来，并设计一个能够彰显此价值理念的管理体系，继而建构并培育出企业的核心能力与竞争优势，然后再据此设定经营策略，应付瞬息万变的市场状况。管理者在这个过程中，主要扮演的是公司价值与文化的维护者，而非传统模式中对每位员工进行控管的监督者角色。

企业成功的途径只有一个，那就是所有人员与各项营运条件都能相互配合。西南航空就是一个从平凡中成功的例证。这个案例告诉我们，一个公司的人力资源战略和实践对它的整体成功作出巨大的贡献。或许，对一个眼光长远的企业而言，如何激发员工的隐藏价值并加以利用，可能要比想尽办法高薪挖角来得更为重要。

（案例来源：马新建等主编．人力资源管理与开发．北京：北京师范大学出版社，2008）

根据上述案例材料思考以下问题：

1. 从西南航空公司的成功经验中，你领悟到人力资源战略的核心理念是什么？

2. 西南航空公司的人力资源战略是如何与公司经营战略很好地结合在

一起并成功获取市场竞争优势的?

3. 西南航空公司的人力资源管理实践在其他公司中会同样有效吗?为什么?

参考文献

1. 赵曙明. 人力资源管理研究[M]. 北京:中国人民大学出版社,2001

2. 赵曙明. 人力资源管理与开发[M]. 北京:北京师范大学出版社,2007

3. 马新建,时巨涛,孙虹,李庆华. 人力资源管理与开发[M]. 北京:北京师范大学出版社,2008

4. 安鸿章. 现代企业人力资源管理[M]. 北京:中国劳动社会保障出版社,2003

5. 孙海法. 现代企业人力资源管理[M]. 广东:中山大学出版社,2002

6. 范海滨译. 人力资源管理——从战略合作的角度[M]. 北京:清华大学出版社,2005

7. 王建民. 战略人力资源管理学[M]. 北京:北京大学出版社,2009

8. 张晓萍,何昌邑等译. 战略化人力资源基础[M]. 北京:华夏出版社,2004

9. 蔡昉. 中国的劳动力市场发育与就业变化[J]. 中国职业技术教育,2008(8):10-17

8. 陆铭,蒋仕卿. 重构"铁三角":中国的劳动力市场改革、收入分配和经济增长[J]. 管理世界,2007(6):14-22

10. 蔡都阳. "十一五"期间劳动力供求关系及相关政策[J]. 宏观经济研究,2005(8):21-23

11. 赵炜. 战略性人力资源管理体系构建. 中国价值网 http://www.chinavalue.net

12. 中国人力资源开发网 http://www.chinahrd.net

第三章　人力资源规划

引言：真知灼见

你用于计划的时间越长，你完成工作所需要的时间就越短。

——（美）比尔．盖茨

首先要做正确的事，再是正确地做事。

——（中）马云

做出规划。今天所做的事情是为了我们有更好的明天。未来属于那些在今天做出艰难决策的人们。

——伊顿公司

本章学习目标

人力资源规划为人力资源管理工作提供一个系统的指导性方案，它为其他人力资源管理工作提供了依据和参考。人力资源规划即与组织战略紧密联系，又为下一步整个人力资源管理活动制定了目标、原则和方法。企业人力资源规划直接关系着人力资源管理工作整体的成败，制定好企业人力资源规划是企业人力资源管理部门的一项非常重要和有意义的工作。本章主要是从人力资源规划基础、人力资源规划程序、人力资源供需分析、人力资源的供需平衡四个方面进行全面介绍。

通过本章的学习，你应该能够：

★ 掌握人力资源规划的概念，了解其重要意义
★ 明确人力资源规划的内容
★ 掌握人力资源规划的程序
★ 明确人力资源需求、供给以及供需平衡的内涵和关系
★ 了解人力资源需求预测方法
★ 了解人力资源供给预测方法
★ 了解人力资源供需平衡的内涵、方法

第一节 人力资源规划基础

一、人力资源规划涵义

（一）人力资源规划的概念

关于人力资源规划的定义和概念，已有不少的观点，例如：

1. 人力资源规划也可称为是人力资源计划，是指根据企业的发展规划，通过企业未来的人力资源的需要和供给状况的分析及估计，并制定必要的政策和措施以满足这些要求。

2. 人力资源规划就是要在组织和员工的目标达到最大一致的情况下，使人力资源的供给和需求达到最佳的平衡。

3. 人力资源规划以企业发展战略为指导，以全面核查现有人力资源、分析企业内外部条件为基础，以预测组织对人员的未来供需为切入点，对人力资源的各项管理工作进行规划。

综合起来，人力资源规划就是一个组织应用科学的预测方法和技术，分析自己所处环境下的人力资源的供给和需求状况，制定必要的方针、政策、计划和措施方案，以确保组织在需要的时间和需要的岗位上获得各种所需要的人才（包括数量和质量两个方面），并使组织和个体得到长期的发展。

（二）人力资源规划的内涵

由定义可以看出，人力资源规划需要对组织内部员工的数量、素质和结构进行相应的规划和安排。

1. 数量规划

人力资源数量规划是根据企业战略，对未来业务规模、地域分布、商业模式、业务流程和组织结构等因素进行考量，确定未来企业各级组织人力资源数量及各职类职种人员配比关系或比例，并在此基础上制定企业未来人力资源需求计划和供给计划。

2. 素质规划

人力资源素质规划是依据企业战略、业务模式、业务流程和组织结构等，并以各岗位的任职资格要求为基础，规划未来一定期间内，企业各级组织人员的素质要求，以及变动安排等等。人力资源素质规划是企业开展选人、用人、育人和留人活动的基础与前提条件。

3. 结构规划

人力资源结构规划是依据行业特点、企业规模、未来战略重点发育的业务及业务模式等，对组织人力资源进行分层分类，同时设计和定义企业的职类职种职层功能、职责及权限等，理顺各职类职种职层人员在企业发展中的地位、作用和相互关系。

二、人力资源规划的重要性

在人力资源管理职能中，企业人力资源规划最具战略性和积极的应变性。组织发展战略及目标、任务、计划的制订与人力资源战略及计划的制订紧密相连。人力资源规划处于整个人力资源管理活动的统筹阶段，它为下一步整个人力资源管理活动制订了目标、原则和方法。企业人力资源规划的可靠性直接关系着人力资源管理工作整体的成败，制定好企业人力资源规划是企业人力资源管理部门的一项非常重要和有意义的工作。具体地说，人力资源规划的重要性主要表现在以下几个方面：

（一）保障组织人力资源的需要

组织的生存和发展与人力资源的结构密切相关，人力资源的数量、质量和结构均随着组织的发展而不断发生变化。对于一个动态的组织来说，人力资源的需求和供给的平衡不可能自动实现。因此，就要分析供求的差异，并采取适当的手段调整差异。由此可见，预测供求差异并调整差异，就是人力规划的基本职能。

（二）控制人力成本的需要

人力资源规划对预测中、长期的人工成本有重要的作用。人工成本更多地表现为薪酬待遇，这在很大程度上取决于组织中的人员分布状况。人员分布状况是随着组织发展变化而不断变化的，因此，需要相应的人力资源规划，分析未来的人工成本变化，并结合组织的财务战略，有计划地逐步调整人员的分布状况，把人工成本控制在合理而有效的支付范围内。

（三）制定人事决策的需要

人力资源规划的信息往往是人事决策的基础，例如采取什么样的晋升政策、制定什么样的报酬分配政策等。为了避免人事决策的失误，准确的信息是至关重要的。例如：一个企业在未来某一时间缺乏某类有经验的员工，而这种经验的培养又不可能在短时间内实现。如果从外部招聘，有可能找不到完全合适的人员，或者成本高些；如果自己培养，就需提前培养，同时还要考虑培训过程中人员流失的可能性等。显然，在没有确切信息的情况下，决策是难以客观的，而且可能根本考虑不到这方面的问题。

（四）调动员工积极性的需要

人力资源规划对调动员工的积极性也很重要。许多企业面临着源源不断的员工跳槽，表面上看来这是因为企业无法给员工提供优厚的待遇或者晋升渠道，其实是显示了企业人力资源规划的空白或不足。因为并不是每个企业都能提供有诱惑力的薪金和福利来吸引人才，许多缺乏资金、处于发展初期的中小企业照样可以吸引到优秀人才并迅速成长。他们的成功之处不外乎立足企业自身情况，营造企业与员工共同成长的组织氛围，充分发挥团队精神，规划企业的宏伟前景，让员工对未来充满信心和希望，同企业共同发展，为有远大志向的优秀人才提供其施展才华、实现自我超越的广阔空间。只有在人力资源规划的条件下，员工可以根据自己的工作实际，看到自己发展的前景，从而去积极地努力争取。

三、人力资源规划的内容

人力资源规划是预测未来的组织任务和环境对组织的要求，以及为了完成这些任务和满足这些要求而设计的提供人力资源的过程。人力资源规划可以分为战略计划和战术计划两个方面。

（一）人力资源的战略计划

战略计划主要是根据公司内部的经营方向和经营目标，以及公司外部的社会和法律环境对人力资源的影响，来制订出一套跨年度计划。在制订战略计划的过程中，必须注意以下几个方面因素：

1. 国家及地方人力资源政策环境的变化

包括国家对于人力资源的法律法规的制定，对于人才的各种措施。国家各种经济法规的实施，国内外经营环境的变化，国家以及地方对于人力资源和人才的各种政策规定等，这些外部环境的变化影响着公司内部的整体经营环境，也影响着企业战略和计划发生变化，从而使公司内部的人力资源政策也应该随着有所变动。

2. 公司内部的经营环境的变化

公司的人力资源政策的制定必须遵从公司的管理状况、组织状况、经营状况变化和经营目标的变化。由此，公司的人力资源管理必须以公司的稳定发展为前提和基础，以公司的生命力和可持续增长、并保持公司的永远发展潜力为目的，根据公司内部的经营环境的变化而变化。

3. 企业文化的整合

公司文化的核心就是培育公司的价值观，培育一种创新向上、符合实际的公司文化。在公司的人力资源规划中必须充分注意与公司文化的融合与渗透，保障公司经营的特色，以及公司经营的战略的实现，和组织行为的约束力，只有这样，才能使公司的人力资源具有延续性，具有自己的符合公司的人力资源特色。

（二）人力资源的战术计划

制定了公司的人力资源战略计划后，需要进一步制定公司人力资源战术计划。人力资源的战术计划主要包括人员招聘计划、使用计划、培训与开发计划、绩效管理计划、薪酬调整计划等等。专项业务计划是总体规划的展开和具体化，以保证企业人力资源总体规划目标的实现。每一专项业务计划也都由目标、任务、政策、步骤及预算等部分组成。

1. 招聘计划

人力资源规划中的招聘计划，是针对企业整体招聘与选拔工作进行的计划与制度，即制定出相应人才的招聘计划，一般为一个年度为一个段落。招聘计划的内容包括：计算本年度所需人才，并计划考察出可有内部晋升调配的人才，确定各年度必须向外招聘的人才数量，确定招聘方式，寻找招聘来源；对所聘人才如何安排工作职位，并防止人才流失。

企业通过需求分析、供给（分析）预测与使用计划三方面的综合分析，能够清晰的了解企业在规划期限内需要招聘人才的数量与质量，通过深入调研确定各部门的时间要求，能够对企业阶段的招聘活动进行总体计划。

2. 使用计划

使用计划是在需求分析与人力资源评估的基础上，对企业现有人才岗位任职者进行调配、使用的计划。具体内容包括晋升、调岗（转换）、降职、继任者计划、岗位轮换计划与职业开发计划。一般情况下，员工素质随着工作历练或自我学习会发生变化，岗位职责变动对任职者的要求会产生变化，组织变革或流程再造更会对任职者的素质提出新的要求等等，这些变化要求人力资源部门必须在岗位与员工之间重新配置。使用计划需要做到：对成长迅速的员工进行晋升；将不适合岗位要求的员工调整到能够发挥长处的岗位；对明显不胜任现有岗位的任职者进行调整；为关键岗位确定储备人选；将相近或相似的岗位的任职者进行岗位轮换以丰富其工作内容，激发任职者对工作的兴趣；考虑员工的职业发展问题，让员工能够根据自身的兴趣与企业需要提升自身职业能力等等。

3. 培训与开发计划

培训与开发计划是人力资源规划中的重要组成部分，是对企业员工培训与开发工作的整体计划。人员培训与开发计划应按照公司的业务需要和公司的战略目标，以及公司的培训能力，分别确定下列培训与开发计划：

专业人员培训与开发计划；部门培训计划；一般人员培训与开发计划；选送进修计划等。培训计划是满足员工胜任现有岗位的需要，开发计划是让员工具备未来岗位所需要的素质，培训计划是满足当前的需要，而开发计划是满足未来的需要。培训计划需要对企业决策层、管理层与操作层的所有员工的培训目标、培训内容、培训方法进行规定，开发计划是针对特定范围的员工制定的素质提升计划，内容包括开发目标、开发周期、具体措施等，但开发计划必须以培训计划的形式表现出来。在培训与开发计划制定过程中，需要区分考察的是，企业战略与竞争战略、职能战略的要求不同，不同层面、不同职能员工的培训目标不同。

4. 绩效管理调整计划

绩效管理是人力资源管理的核心任务之一。企业战略、组织结构与员工岗位都是影响绩效管理调整计划的因素。企业战略、竞争战略与职能战略决定着每个岗位的绩效指标。战略目标的调整也会带动绩效指标的变化，绩效指标对员工的工作行为发挥导向作用。企业在不同阶段竞争战略不同、职能战略不同，相应岗位的绩效指标也不同。内部因为分工的不同，对于人员的考核方法也不同，在提高、公平、发展的原则下，应该根据员工对于公司所作出的贡献作为考核的依据。企业需要不断调整相关岗位的绩效指标，以保证能够引导员工的努力方向与企业战略、部门目标方向一致。

5. 薪酬调整计划

薪酬政策决定着企业能否留住发展所需要的人才，薪酬调整计划也是人力资源规划中的重点。根据薪酬管理的公平性与竞争性原则，企业必须在薪酬调查的基础上动态调整企业的工资、奖金与福利的标准，以适应地区、行业薪酬水平的变化。薪酬调整计划就是薪酬制度动态调整的具体体现。具体内容包括：薪酬结构变化；工资、奖金与福利基准或标准变化等；另外还需要考虑因法律变化而导致的薪酬变化的因素。

第二节　人力资源规划的程序

人力资源规划的程序即人力资源规划的过程，一般可分为以下四个步骤：准备阶段——内外部环境信息收集；预测阶段——预测人力资源的需求和供给；制定规划阶段——确定企业人员的净需求，起草计划匹配供需；实施和控制阶段——执行规划和实施监控、评估与反馈等。

一、准备阶段

准备阶段是指内外部环境信息。收集内外部环境信息收集是后面各阶段的基础，是人力资源规划的第一个过程。调查、收集和整理涉及企业战略决策和经营环境的各种信息。主要包括外部环境信息和内部环境信息。组织内部信息主要包括企业的战略计划、战术计划、行动方案、本企业各部门的计划、人力资源现状等。组织外部环境信息主要包括宏观经济形势和行业经济形势、技术的发展情况、行业的竞争性、人力资源市场、人口和社会发展趋势、政府的有关政策等。根据企业或部门实际确定人力资源规划的期限、范围和性质，建立企业人力资源信息系统，为预测工作准备精确而翔实的资料。

组织内部信息中有一项关键内容是核查现有人力资源。现有人力资源情况包括人力资源的数量、质量、结构及分布状况。这一部分工作需要结合人力资源管理信息系统和职务分析的有关信息来进行。人力资源信息应包括以下几个方面：个人自然情况、录用资料、教育资料、工资资料、工作执行评价、工作经历、服务与离职资料、工作态度、安全与事故资料、工作或职务情况、工作环境情况、工作或职务的历史资料等等。

这一阶段必须获取和参考的另一项重要的信息，是职务分析的有关信息情况。职务分析是人力资源管理其他工作的基础。职位分析明确地指出了每个职位应有的职务、责任、权力，以及履行这些职、责、权所需的资格条件。

二、预测阶段

预测阶段包括预测人力资源的需求和供给，这一阶段是在分析人力资源供给和需求影响因素的基础上，采用以定量为主，结合定性分析的各种科学预测方法对企业未来人力资源供求进行预测。

（一）人力资源需求预测

这一步工作可与人力资源核查可同时进行，主要是根据企业的发展战略规划和本企业的内外部条件选择预测技术，然后对人力需求的结构和数量、质量进行预测。人力资源需求预测包括短期预测和长期预测，总量预测和各个岗位需求预测。

人力资源需求预测的典型步骤如下：现实人力资源需求预测；未来人力资源需求预测；未来人力资源流失情况预测；得出人力资源需求预测

结果。

在预测人员需求时，应充分考虑以下因素对人员需求的数量上和质量上以及构成上的影响：市场需求、产品或服务质量升级或决定进入新的市场；产品和服务的要求；人力稳定性，如计划内更替（辞职和辞退的结果）、人员流失（跳槽）；培训和教育（与公司变化的需求相关）；为提高生产率而进行的技术和组织管理革新；工作时间；预测活动的变化；各部门可用的财务预算。

在预测过程中，预测者及其管理判断能力与预测的准确与否关系重大。一般来说，商业因素是影响员工需要类型、数量的重要变量，预测者通过分离这些因素，并且收集历史资料去做预测的基础。

（二）人力资源供给预测

人员供给预测也称为人员拥有量预测，是人力预测的又一个关键环节，只有进行人员拥有量预测并把它与人员需求量相对比之后，才能制定各种具体的规划。人力资源供给预测包括组织内部供给预测和外部供给预测。内部拥有量预测，即是根据现有人力资源即其未来变动情况，预测出规划各时间点上的人员拥有量；外部人力资源供给量预测，即确定在规划各时间点上的各类人员的可供量。

人力资源供给预测的典型步骤如下：内部人力资源供给预测；外部人力资源供给预测；将组织内部人力资源供给预测数据和组织外部人力资源供给预测数据汇总，得出组织人力资源供给总体数据。

三、制订规划阶段

制订规划阶段，主要是指确定企业人员的净需求，起草计划匹配供需。需要将人力资源需求和内部供给的预测值加以比较，以确定人员的净需求，进而制订人力资源供求平衡的总计划和各项业务计划，通过具体的业务计划使未来组织对人力资源的需求得到满足。

（一）确定人力资源净需求

这步主要是把预测到的各规划时间点上的供给与需求进行比较，确定人员在质量、数量、结构及分布不一致之处，从比较分析中可测算出各类人员的净需求数。这里所说的“净需求”既包括人员数量，又包括人员的质量、结构，即既要确定“需要多少人”，又要确定“需要什么人”，数量和质量要对应起来。这样就可以有针对性地进行招聘或培训，就为组织制定有关人力资源的政策和措施提供了依据。

（二）编制人力资源规划

这步实际是制定各种具体的规划和行动方案，保证需求与供给在规划各时间点上的匹配。即根据组织战略目标及本组织员工的净需求量，编制人力资源规划，包括总体规划和各项业务计划，包括晋升规划、补充规划、培训开发现划、配备规划等。同时要注意总体规划和各项业务计划及各项业务计划之间的衔接和平衡，提出调整供给和需求的具体政策和措施。一个典型的人力资源规划应包括：

第一，规划时间段。确定规划时间的长短，即具体列出从何时开始，到何时结束。长期人力资源规划，可以长达5年以上；中期人力资源规划时间段为2～3年；短期人力资源规划，如年度人力资源规划，则为1年。

第二，规划达到的目标。确定达到的目标要与组织的目标紧密联系起来。

第三，情景分析。包括目前情景分析和未来情景分析。目前情景分析：主要是在收集信息的基础上，分析组织目前人力资源的供需状况，进一步指出制订该计划的依据。未来情景分析：在收集信息的基础上，在计划的时间段内，预测组织未来的人力资源供需状况，进一步指出制订该计划的依据。

第四，具体内容。这是人力资源规划的核心部分，主要包括以下几个方面：项目内容、执行时间、负责人、检查人、检查日期、预算等。

第五，规划制订者。规划制定者可以是一个人，也可以是一个部门。

第六，规划制订时间。主要指该规划正式确定的日期。

四、实施和控制阶段：执行规划和实施监控、评估与反馈等

最后一步具体实施规划，并评估其有效性同时反馈、优化。包括执行规划和实施监控、评估人力资源规划、人力资源规划的反馈与修正。

（一）人力资源规划的执行与监控

首先是执行确定的行动计划。在各分类规划的指导下，确定企业如何具体实施规划，是这一步的主要内容。一般来说，在技术上或操作上没有什么困难，但实际操作过程中，要注意协调好各部门、各环节之间的关系，在实施过程中需要注意以下几点：必须要有专人负责既定方案的实施，要赋予负责人拥有保证人力资源规划方案实现的权利和资源；要确保不折不扣地按规划执行；在实施前要做好准备；实施时要全力以赴；要有关于实施进展状况的定期报告，以确保规划能够与环境、组织的目标保持一致。

然后是实施监控。实施监控的目的在于为总体规划和具体规划的修订或调整提供可靠信息，强调监控的重要性。在预测中，由于不可控因素很多，常会发生令人意想不到的变化或问题，如若不对规划进行动态的监

控、调整，人力规划最后就可能成为一纸空文，失去了指导意义。

（二）人力资源规划的评估与反馈

虽然人力需求的结果只有过了预测期限才能得到最终检验，但为了给企业人力规划提供正确决策的可靠依据，有必要事先对预测结果进行初步评估。由专家、用户及有关部门主管人员组成评估组来完成评估工作。评估要客观、公正和准确；同时要进行成本—效益分析以及审核规划的有效性；在评估时一定要征求部门经理和基层领导人的意见，因为他们是规划的直接受益者，最有发言权。

评估主要考察三个方面：是否忠实执行了本规划；人力资源规划本身是否合理；将实施的结果与人力资源规划进行比较，通过发现规划与现实之间的差距来指导以后的人力资源规划活动。

最后还有人力资源规划的反馈与修正，这一步是人力资源规划过程中不可缺少的步骤。评估结果出来后，应进行及时的反馈，进而对原规划的内容进行适时的修正，使其更符合实际，更好地促进组织目标的实现。

第三节　人力资源的供需分析

人力资源规划是建立需求人员供需平衡分析基础之上的，所以人力资源的供给与需求分析对人力资源规划是非常重要的一环。人员审核、招聘、晋升、调动、培训等一系列的规划，都建立在人力资源的供需分析基础之上。

一、人力资源需求分析

人力资源的需求预测需要对影响人力资源需求的因素进行分析，选择预测方法和技术。

（一）对影响人力资源需求的因素进行分析

影响人力资源需求的因素很多，概括起来主要包括企业外部和内部的因素：

1. 企业外部的因素

影响人力资源需求的外部因素，需要考虑到宏观的社会、经济、政治、文化、技术因素，中观的市场、行业竞争状况，以及微观的运营环境等。

(1) 宏观社会、经济、政治环境。宏观环境为企业的生存发展提供了空间，也给出了或硬或软的约束和限制。如政府的各种法令和产业政策、财政金融以及市场需求、供给状况等都会影响到企业的投资和发展决策，从而影响到企业对人力资源的需求。

(2) 技术的发展状况。技术的替代效应等将很大程度的影响人力资源需求状况。如自动控制技术的广泛应用和电脑的普及，会促使一些企业的劳动率大幅度提高，导致企业对人员需求特别是对第一线的生产工人需求的大幅度减少。

(3) 市场竞争状况。由于市场竞争激烈化，要求企业不断提高劳动生产率，降低成本，同时还要提高质量，开发新产品，以便在竞争中处于有利地位。所有这些，都会影响到企业对人力资源的需求。

2. 企业内部因素

影响人力资源需求的外部因素，需要考虑到企业的发展目标、战略定位、实现路径以及现有人力结构状况。

(1) 企业的发展。企业的发展目标、战略定位、实现路径，直接限定了企业人力资源需求的方向、时序变更状况等。由于企业的发展需要增加员工或提高现有员工的素质。而企业的发展或规模的扩大一般会反映在企业的综合经营计划上（包括长期的计划和年度的计划），所以我们可以根据企业的综合计划来预测企业对员工数量、结构和技能等方面的需求。

(2) 现有人力结构状况。企业现有的人力结构状况，是企业人力资源发展的基石，这直接影响到企业对人力资源的需求状况。因此，应对企业现有人员的数量、类别、素质和年龄结构进行分析。对人员数量的分析，主要是分析现有人员数量是否与企业现有的工作量或业务量相适应。对人员类别的分析，主要是分析企业各类不同人员的构成是否合理，需要作何调整。人员素质分析，就是分析现有人员的年龄结构是否合理，是否需要补充新人等。

（二）选择需求预测的方法

可供选择的人力资源需求预测的方法很多，包括定性和定量方法。如德尔斐法、名义分组技术和管理人员判断法，属于常用的判断性预测的方法。定量方法有：一元回归和多元回归分析法、生产率比率法、人员比率法、时间序列分析法、随机分析法等等。

各种组织的规模和所处环境不尽一致，人力资源需求预测方法也有差异。企业选择预测方法时，需要考虑其适用性，主要取决于时间长短、组织类型、组织规模和分散程度、可得信息的准确性和确定性。如制订短期规划可以选择一些较为简单的方法，而制订中、长期计划则可以选择一些较为复杂的方法。

（三）人力资源需求分析方法

人力资源需求预测方法分定性方法和定量方法两大类。

1. 定性方法

（1）现状预测法

人力资源现状规划法是一种最简单的预测方法，较易操作，适用于短期的预测。它是假定企业保持原有的生产和生产技术不变，则企业的人资源也应处于相对稳定状态，即企业目前各种人员的配备比例和人员的总数将完全能适应预测规划期内人力资源的需要。在此预测方法中，人力资源规划人员所要做的工作是测算出在规划期内有哪些岗位上的人员将得到晋升、降职、退休或调出本组织，再准备调动人员去弥补就行了。

（2）经验预测法

经验预测法就是企业根据以往的经验对人力资源进行预测的方法，简便易行。采用经验预测法是根据以往的经验业进行预测，预测的效果受经验的影响较大。因此，保持历史的档案，并采用多人集合的经验，可减少误差。现在不少企业采用这种方法来预测本组织对将来某段时期内人力资源的需求。企业在有人员流动的情况下，如晋升、降职、退休或调出等等，可以采用与人力资源现状规划结合的方法来制定规划。例如，组织认为部门里一个管理者（如主管）管理 5 个员工最佳，因此依据将来基层员工增加数就可以预测管理者（如主管）的需求量。又例如，依照经验，一个员工每天可以加工 20 件零件，则若要扩大生产规模即可按产量（如零件件数）计算出员工的需求量。运用这种方法，还可以计算出有关方面的预报数。

（3）微观集成法

组织的各个部门可根据自己单位、部门的需要预测将来某时期内对各种人员的需求量，人力资源管理的规划人员就可以把各部门的预测综合起来，形成总体预测方案。这种方法由上而下布置预测工作，再由下而上逐级进行预测和汇总。它属管理人员评估法中的一种，叫由下而上预测法，适用于短期预测和组织的生产/服务比较稳定的情况。

类似如管理人员评估法中的由上而下预测法。它是指上级管理人员先拟出预测计划，并逐级传达到下级，开展讨论和进行修改，上级听取并集中大家的意见后进行修改总的预测和计划。这种方法适用于短期预测，在组织作总体调整和变化时尤其方便。

（4）德尔菲法（Delphi）

这种方法也叫专家会议预测法、专家评估法，是20世纪40年代末在美国兰德公司的“思想库”中发展出来的一种主观预测方法。一般采用问卷调查或小组面谈的形式，听取专家们对未来有关因素趋向的分析意见和应采取的措施。德尔菲法分几轮进行，第一轮要求专家以书面形式提出各自对企业人力资源需求的预测结果。在预测过程中，专家之间不能互相讨论或交换意见；第二轮，将专家的观测结果聚起来进行综合，再将综合的结果通知各位专家，以进行下一轮的预测。反复几次直至得出大家都认可的。通过这种方法得出的是专家们对某一问题的看法达成一致的结果。这种方法适用于长期预测，调查对象既可以是个人或面对面专家小组，也可以是背靠背的专家小组。面对面的方式，专家之间可能相互启发；背靠背的形式可以免除某一权威专家对其他专家影响，而使每位专家独立发表看法。

（5）描述法

描述法是人力资源规划人员可以通过对本企业组织在未来某一时期的有关因素的变化进行描述或假设，并从描述、假设、分析和综合中对将来人力资源的需求进行预测规划。由于这是假定性的描述，因此人力资源需求就有几种备择方案，目的是适应和应付环境因素的变化。

2. 定量方法

（1）趋势预测法

趋势预测法是一种基于统计资料的定量预测方法，一般是利用过去5年左右的时间里的员工雇用数据。具体又分为简单模型法、简单的单变量预测模型法、复杂的单变量预测模型法。

简单模型法假设人力需求与企业产出水平（可用产量或劳动价值表示）成比例关系，使用此模型的前提是产出水平同人员需求量的比例已定。

简单的单变量预测模型（一元线性回归分析），仅考虑人力资源需求本身的发展情况，不考虑其他因素对人力资源需求量的影响，它以时间或产量等单个因素作为自变量，以人力资源量为因变量，且假设过去人力资源的增减趋势保持不变，一切内外影响因素保持不变。使用此模型的前提是产出水平同人员需求量的比例不一定。

复杂的单变量预测模型，这一模型是在人力需求当前值和以往值及产出水平的变化值的基础上，考虑劳动生产率变量而建立的。由于考虑了劳动生产率的变化，所以更具实用性。劳动生产率的变化一般与技术水平有关，因此实际上考虑的是技术水平变动情况下的人力资源需求变化。

（2）多元回归预测法

多元回归预测法同样是一种建立在统计技术上的人力资源需求预测法。与趋势预测法不同的提，它不只考虑时间或产出等单个因素，还考虑了两个或两个以上因素对人力资源需求的影响。多元回归预测法不是单纯地依靠拟合方程、延长趋势线来进行预测，更重视变量之间的因果关系。它运用事物之间的各种因果关系，根据多个自变量的变化来推测各变量的变化，而推测的有效性可通过一些指标来加以控制。

人力资源需求的变化总是与某个或几个因素有关，通常都是通过考察这些因素来预测人力资源需求情况。首先应找出与人力资源需求量有关的因素作为变量，如销售量、生产水平、人力资源流动比率等，然后找出历史资料中的有关数据以及历史上的人力资源需求量，要求至少 20 个样本，以保证有效性。对这些因素利用 EXCEL、SPSS 等统计工具中的多元素回归计算来拟合出方程，利用方程进行预测。在多元回归计算比较复杂，手工计算耗时多，易出错，使用计算机可避免这些因素对准确性的影响。

（3）趋势外推法

趋势外推法又称时间序列预测法。它是按已知的时间序列，用一定方法向外延伸，以得到现象未来发展趋势。具体又分为直接延伸法、滑动平均法两种。

直线延伸法是企业人力资源需求量，在时间上表现出的明显均等延伸趋势的情况下才运用。可由需求线直接延伸得出未来某一时点的企业人力资源需求量。

滑动平均法一般是在企业人力资源需求量的时间序列呈不规则，发展趋势不明确时，采用滑动平均数进行修匀的一种趋势外推法。它假定现象的发展情况与较近一段时间情况有关，而与较远时间的无关，以近期内现象的已知值的平均值作为后一期的预测值。主要适用于短期预测。

（4）计算机模拟法

这是人力资源需求预测中最为复杂的一种方法。这是指在计算机中运用数学模型按描述法中假定的几种情况对人力资源需求进行模拟测试，并通过这种模拟测试确定人力资源需求的预测方案。当然，也可以使用这种方法对某一种情况的几种备择方案进行模拟测试，以选择一种最佳方案。后一种应用带有评估和择优的意思，也就是说，可以用于评估人力资源政策和项目。

（5）劳动生产率分析法

这是一种通过分析和预测劳动生产率，进而根据目标生产/服务量预测人力资源需求量的方法。因此，这种方法的关键部分是如何预测劳动生产率。如果劳动生产率的增长比较稳定，那么预测就比较方便，使用效果也较佳。劳动生产率预测，可直接用外推预测法；也可以对劳动生产率的增长率使用外推预测。这种方法适用于短期预测。

(6) 劳动定额法

劳动定额法，是对劳动者在单位时间内应完成工作量的规定，在已知企业计划任务总量及制订了劳动定额的基础上，运用劳动定额法能较准确的预测企业人力资源需求量。

(7) 人员比例法

这是根据已确定的各类人员之间、人员与设备之间、人员与产量之间的各种科学的比例关系来预测人力资源需求的一种方法。

以上所介绍的定量方法，需要注意的是，使用定量方法时自变量选择要正确，量化过程要正确，预测后要检验其可信度。①

二、人力资源供给分析

公司员工的供给预测就是为满足公司对员工的需求，而对将来某个时期内，公司从其内部和外部所能得到的员工的数量和质量进行预测。

(一) 预测内容

员工供给预测一般包括以下几方面的内容：分析公司目前的员工状况，如公司员工的部门分布、技术知识水平、工种、年龄构成等；分析目前公司员工流动的情况及其原因，预测将来员工流动的态势；掌握公司员工提拔和内部调动的情况，保证工作和职务的连续性；分析工作条件的改变和出勤率的变动对员工供给的影响；掌握公司员工的供给来源和渠道。

(二) 影响预测的因素

预测人力资源供应所面对的因素很多，如技术改进，消费模式及消费者行为、喜好、态度改变，本地及国际市场的变化，经济环境及社会结构的转变，政府法规政策的修订等。从区域角度考察可以分为两大类：

地区性因素：公司所在地和附近地区的人口密度；公司当地的科技文化教育水平；公司当地的就业水平、就业观念；公司所在地对人们的吸引力；公司本身对人们的吸引力；公司当地临时工人的供给状况；公司当地的住房、交通、生活条件；其他公司对人力资源的需求状况等等。

全国性因素：全国劳动人口的增长趋势；全国对各类人员的需求程度；各类学校的毕业生规模与结构；教育制度变革而产生的影响，如延长学制、改革教学内容等对员工供给的影响；国家就业法规、政策的影响

① 仇莉娜．人力资源需求预测方法探讨［J］．商业研究，2005（4）

等等。

（三）人力资源供应来源

人力资源的供应来源主要是外部的人力资源市场和企业内部现有员工。

1. 企业外部的人力资源供应源

外部人力资源的供给，受到整个社会经济及人口结构因素、政府的教育政策和劳动、人事政策的影响。国家和地方统计局提供社会整体就业情况、整体劳动、人事政策及增加人力资源的数量及素质等情况。要分析整体人力资源供应数量是否足够，先要考虑人力资源结构、年龄分布、性别、教育水平、就业情况及各行业的独特性等等。

2. 企业内部的人力资源供应源

分析内部人力资源供给时首先从现有员工着手，从人员配置、减少和流动性的情况分析，来探讨人力供给的情况。主要是分析在职员工的年龄分布，离职及退休人数，企业内部的人力的移动，例如提升、转职等，现有人力资源是否已充分运用等等。一般人力资源供给除了受社会人力资源市场供需情况的影响，还需考虑其他企业的竞争。为了避免人力流失或损耗，管理人员必须对造成员工损耗的因素加以分析，这些因素可分为员工受到企业外部的吸引力所引起的“拉力”和企业内部所引起的“推力”。“拉力”包括：跳槽谋求发展的机会；员工家庭、身体和心理的需要，如员工已届退休年龄、已婚妇女怀孕或因结婚而不外出工作等。“推力”包括：企业自身问题，如欠缺周详的人力资源规划，造成人力政策不稳，裁减员工等；员工自身的问题，如员工对工作认识不够深入、工作压力大、人际关系的冲突、工作性质的改变，或工作标准的改变等等。

（四）人力资源供给预测方法

人力资源供给分析方法方面，国内外共同认同的方法有替换单法、马尔柯夫模型、目标规划法和德尔菲（Delphi）法等。

1. 德尔菲法（Delphi）

在人力资源规划中，通常将德尔菲法用于人力资源需求预测方面。但作为一种方法而言，它同样适用于人力资源供给预测。具体做法是：

首先将要咨询的内容写成若干条意义明确的问题寄给专家，由他们以书面形式予以回答。其次，由一中间人集中归纳汇总专家意见，并将意见反馈给各位专家，在此基础上要求专家重新考虑其预测，并说明修改的原因。再次，将以往所要求的资料清单总汇列齐，并与前一阶段里各个估计值的差距一并发给专家。最后，专家传阅在前一阶段各个估计值的差距，据此做出最后的估计并说明估计的经过和理由。

2. 替换单法

此方法是在对人力资源彻底调查和现有人力资源潜力评估的基础上，指出公司中每一个职位的内部供应源。

具体而言，即根据在现有人员分布状况及绩效评估的资料，在未来理想人员分布和流失率已知的条件下，对各个职位尤其是管理阶层的接班人预做安排，并且记录各职位的接班人预计可以晋升的时间，作为内部人力供给的参考。经过这一规划，由待补充职位空缺所要求的晋升量和人员补充量即可知道人力资源供给量。

3. 马尔柯夫模型

这种方法目前广泛应用于企业人力资源供给预测上，其基本思想是找出过去人力资源变动的规律，来推测未来人力资源变动的趋势。模型前提为：（1）马尔柯夫性假定，即 t+1 时刻的员工状态只依赖于 t 时刻的状态，而与 t-1、t-2 时刻状态无关。（2）转移概率稳定性假定，即不受任何外部因素的影响。

马尔柯夫模型的基本表达式为：

$$Ni(t) = \Sigma Ni(t-1)Pji + Vi(t)$$

$$(i, j=1, 2, 3\cdots\cdots, kt=1, 2, 3\cdots\cdots n)$$

式中：k——职位类数；

Ni（t）——时刻 t 时 I 类人员数；

Pji——人员从 j 类向 I 类转移的转移率；

Vi（t）——在时间（t-1，t）内 I 类所补充的人员数。

某类人员的转移率（P）= 转移出本类人员的数量/本类人员原有总量

4. 目标规划法

一种结合马尔柯夫分析和线性规划的综合方法，指出员工在预定目标下为最大化其所得，是如何进行分配的。目标规划是一种多目标规划技术，其基本思想源于 simon 的目标满意概念，即每一个目标都有一个要达到的标靶或目标值，然后使距离这些目标的偏差最小化。当类似的目标同时存在时，决策者可确定一个应被采用的优先顺序。

四种预测方法中，德尔菲法和替换单法作为一种定性研究方法，因预测结果具有强烈的主观性和模糊性，无法为企业制定准确的人力资源规划政策提供详细可靠的数据信息，精确性较差。但在实施性和完整性方面，德尔菲法因为主要是各方专家依据其经验进行分析预测，在预测时可综合考虑社会环境、企业战略和人员流动三大因素对企业人力资源规划的影响，替换单法则依据员工置换图，实施起来简单易行，因而得分较高。在通用性方面，因不同的企业，置换图也不可能相同，因而其得分较德尔菲法低。

马尔柯夫模型和目标规划法虽然可以为企业提供精确的数据信息，有利于企业做出有效决策。特别是目标规划法，“它是一种容易理解的、具有高度适应性的预测方法，但为了体会它的优越性，我们必须调配广泛的资源，以找到公式所需的全部参数——比如说，相对一般的应用需要超过1200个变量和1100多个限制条件”（德拉佩和梅尔坎特），因而模型的实施性较差。

上述四种人力资源供给预测方法在四条准则的满足方面各有优劣，在实际应用中，企业可以依据自身规模的大小、周围环境的条件以及规划预测重点的不同，对四个评价方面予以不同的权重，选择最适用自己的一种预测方法，亦可将几种预测方法建立一个组合系统进行预测。①

第四节 人力资源的供需平衡

一、人力资源供需平衡分析

在企业人力资源供需预测之后，接下来的工作就是要进行人力资源的综合平衡，这是企业人力资源计划工作的核心和目的所在。企业人力资源的综合平衡主要包括三个方面：人力供给与人力需求平衡、人力资源规划内部各专项计划之间的平衡和组织需要与个人需要之间的平衡。

（一）人力供给与人力需求的平衡

在企业的运营过程中，企业一般都处于人力资源的供需失衡状态。企业人力资源供给与需求的不平衡一般表现为三种形式，即人力资源不足、人力资源过剩和两者兼而有之的结构性不平衡。从企业的生命周期来看，一般企业的扩张期间往往伴随着人力资源不足，衰败期会表现出人力资源过剩，稳定期间往往伴随着人力资源的结构性失衡。但也存在各种特殊的情况，这需要具体情况具体分析，并采用针对性的解决方案和措施。

---

① 李晓梅．人力资源供给预测方法比较研究．中人网 http：//www. chinahrd. net/knowledge/info/75489

人力资源的供给不足，一般出现在企业的经营规模扩张和新的经营领域的开拓时期，还有就是出现在正常运营期间。扩张和开拓期间，需要增加新的人员进行补充，属于人员净补充阶段，这个阶段也是企业人力资源结构调整的最好时机。企业在保持原有的经营规模和经营领域过程中，出现了人力资源不足，比如人员的大量流失，这是一种不正常的现象，表明企业的人力资源管理政策或者日常管理，出现了重大问题。补充的途径有外部招聘、内部晋升、人员接任计划、技术培训计划等。

绝对的人力资源过剩状况，一般出现在企业经营萎缩时期。在企业衰败时期，人力资源需求不足，企业人力资源总量过剩，这时过剩人员的处置是否得当，成为企业能否度过萧条期的关键因素之一。一般的平衡办法有退休、辞退、工作分享。辞退是最为有效的办法，但会产生劳资双方的敌对行为，也会带来众多的社会问题，需要有一个完善的社会保障体系为后盾；工作分享要以降低薪资水平为前提，才能有所作为；提前退休是一种较易为各方面所接受的妥协方案。

结构性失衡是企业人力资源供需中较为普遍的一种现象，在企业的稳定发展状态中表现得尤为突出。在企业稳定时期，企业人力资源在表面上可能会达到稳定，但企业局部仍然同时存在着退休、离职、晋升、降职、补充空缺、不胜任岗位、职务调整等情况，企业处于结构性失衡状态。平衡的办法一般有技术培训计划、人员接任计划、晋升和外部补充计划。其中外部补充主要是为了抵消退休和流失人员空缺。

（二）专项人力资源规划的平衡

企业的专项人力资源规划包括人员补充计划、培训计划、使用计划、晋升计划、薪资计划等，这些专项人力资源规划之间有着密切的内在联系，在人力资源规划中必须充分注意它们之间的平衡与协调。如通过人员的培训计划，受训人员的素质与技能得到提高后，必须与人员使用计划衔接，将他们安置到适当的岗位；人员的晋升与调整使用后，因其承担的责任和所发挥的作用与以前不一样，必须配合相应的薪资调整。这样，在实现企业目标的同时，能够让企业员工保持应有的积极性，各专项人力资源规划才能得以实现。

（三）组织需要与个人需要的平衡

组织的需要和组织成员的个人需要是不尽相同的，解决这对矛盾是企业人力资源规划的一个重要目的。企业强调组织的功能和组织的效率，企业员工则注重个人的物质需求和精神需求的满足。企业人力资源规划中的各专项人力资源计划，需要提供解决这一矛盾的手段和措施，包括工作设计、培训计划、职业生涯计划、生产率计划、劳动关系计划、考核计划等等。例如，通过培训计划的设置，平衡企业的人员精简和员工的工作保障需要的矛盾；通过工作设计，平衡企业的专业化和员工的工作丰富化需要之间的矛盾。通过组织需要与个人需要的平衡，使得企业在员工积极性充分发挥的基础上达成企业的发展目标；在企业目标中使员工的各类需求得到最大限度地满足。

二、人力资源的供需平衡调整

在整个企业的发展过程中，企业的人力资源状况始终不可能自然地处于平衡状态。人力资源部门的重要工作之一就是不断的调整人力资源结构，使企业的人力资源始终处于供需平衡状态。企业的人力资源供需调整方法分为人力缺乏调整和人力过剩调整两部分。

（一）人力缺乏调整方法

1. 外部招聘

外部招聘是最常用的人力缺乏调整方法，当人力资源总量缺乏时，采用此种方法比较有效。外部招聘就是组织根据制定的标准和程序，从组织外部选拔符合空缺职位要求的员工。外部招聘具有以下优势：具备难得的"外部竞争优势"；有利于平息并缓和内部竞争者之间的紧张关系；能够为组织输送新鲜血液。外部招聘也会有很多的局限性，主要表现在：外聘者对组织缺乏深入了解；组织对外聘者缺乏了解；对内部员工积极性造成打击等等。

2. 内部招聘

内部招聘是指当企业出现职务空缺时，优先由企业内部员工调整到该职务的方法。它的优点在于有利于调动员工的工作积极性；有利于吸引外部人才；有利于保证选聘工作的正确性；有利于被聘者迅速开展工作。当然，也可能会带来如下一些弊端：可能会导致组织内部"近亲繁殖"现象的发生；可能会引起同事之间的矛盾等。利用"内部招聘"的方式可以有效地实施内部调整计划。在人力资源部发布招聘需求时，先在企业内部发布，欢迎企业内部员工积极应聘，任职资格要求和选择程序和外部招聘相同。当企业内部员工应聘成功后，对员工的职务进行正式调整，员工空出的岗位还可以继续进行内部招聘。当内部招聘无任能胜任时，进行外部招聘。

3. 继任计划

继任计划是指发现并追踪具有高潜质的雇员的过程，这一方法在国外比较流行。。它是为首席执行官（CEO）、副总裁、职能部门和业务部门的高层经理等职位，寻找并确认具有胜任能力的人员，是为组织储备核心的人力资本。具体做法是，人力资源部门对企业的每位管理人员进行详细的调查，并与决策组确定哪些人有权利升迁到更高层次的位置。然后制定相应的"职业计划储备组织评价图"，列出岗位可以替换的人选。当然上述的所有内容均属于企业的机密。

4. 技能培训

对公司现有员工进行必要的技能培训，使之不仅能适应当前的工作，还能适应更高层次的工作。这样，就为内部晋升政策的有效实施提供了保障。如果企业即将出现经营转型，企业应该及时向员工培训新的工作知识和工作技能，以保证企业在转型后，原有的员工能够符合职务任职资格的要求。这样做的最大好处是防止了企业的冗员现象。

（二）人力过剩调整方法

1. 人员压缩

人员压缩可以使得一个企业的人力资源规模逐渐减小。人员压缩的方法包括自然减员、提前退休和暂时解雇等。

（1）自然减员

当企业不再雇佣新员工时，那些辞职、死亡和退休的人员未被新的员工接替时，就产生了自然减员。这种减员方法使得无人被解雇，但剩下的员工却须在人员减少的情况下承担同样的工作负荷。不过，除非人员流动通常较大，否则自然减员对较少员工数量的作用通常比较有限。因此，企业往往采取其他许多方法更有效的办法。

（2）暂时解雇

暂时解雇指企业使部分员工处于没有报酬的离职下岗状态，如果企业的经营有了改善，那么员工就可以重新回企业工作。当企业暂时处于不景气状态时，暂时解雇不失为一个适当的减员策略。不过，对减员解雇也必须进行细致的规划。在这方面，经理人员必须考虑下列问题解雇人选及其标准、召回方案、被解雇的员工的福利问题等等。

（3）提前退休赎买

提前退休赎买是企业促进年龄比较大的员工早些离开企业的一种手段，也是多方更易接受的减员方法。为提供刺激、企业给予这类员工额外的报酬、以使他们在养老金和社会保险生效之前，不致在经济上损失太大。这种自愿性终止就业措施，或者说赎买，是用金钱上的刺激来引导员工的。企业和员工的普遍的认为，在企业不欲或难以采取暂时解雇和正式裁员的情况下，赎买方法不失为企业人员压缩的有效措施之一。

2. 新职介绍服务

新职介绍服务是企业为解雇员工提供支持和帮助的一系列服务。这些服务主要提供给那些因工厂关闭或部门撤销而失去工作的员工。新职介绍服务通常包括有针对性的职业咨询、简历的准备和打印服务、面试安排、介绍和推荐等。

3. 增加无薪假期

当企业出现短期人力过剩的情况时，采取增加无薪假期的方法比较适合。比如规定员工有一个月的无薪假期，在这一个月没有薪水，但下个月可以照常上班。无薪假期既为企业节省数额不菲的补偿金，又能一定程度上保障员工权益，起到稳定员工的作用，所以现在越来越多的企业开始采用这种方法。

本章精要

人力资源规划就是一个组织应用科学的预测方法和技术，分析自己所处环境下的人力资源的供给和需求状况，制定必要的方针、政策、计划和措施方案，以确保组织在需要的时间和需要的岗位上获得各种所需要的人才（包括数量和质量两个方面），并使组织和个体得到长期的发展。人力资源规划分为战略计划和战术计划两个方面。人员招聘计划、使用计划、培训与开发计划、绩效管理计划、薪酬调整计划等等。

人力资源规划的程序即人力资源规划的过程，一般可分为以下四个步骤：准备阶段——内外部环境信息收集；预测阶段——预测人力资源的需求和供给；制定规划阶段——确定企业人员的净需求，起草计划匹配供需；实施和控制阶段——执行规划和实施监控、评估与反馈等。

人力资源需求预测方法很多，分定性方法和定量方法两大类。常用的有：现状预测法、经验预测法、微观集成法、德尔菲法、描述法、趋势预测法、多元回归预测法、趋势外推法、计算机模拟法、劳动生产率分析法、劳动定额法、人员比例法等等。企业人力资源供给预测的方法常用的有德尔菲法、替换单法、马尔柯夫模型、目标规划法等。

企业人力资源的综合平衡主要从三个方面来进行，即人力供给与人力需求平衡、人力资源规划内部各专项计划之间的平衡、组织需要与个人需要之间的平衡。企业的人力资源供需调整分为人力缺乏调整和人力过剩调整两部分。

本章思考与讨论

1. 人力资源规划的概念和特征是什么？
2. 人力资源规划与其他人力资源管理活动之间是什么关系？
3. 人力资源规划的程序是什么？
4. 人力资源供需预测方法的实质是什么？
5. 人力资源供需失衡情况下有哪些应对方法？

推荐阅读材料

1. 肖彬，周佳楷编著．人力资源规范化管理文案［M］．北京：经济科学出版社，2004

2. 周景民，闫引利主编．世界顶级企业人力资源管理经典模式［M］．北京：经济科学出版社，2004

3. 赵光忠主编．人力资源管理模板与操作流程——流程·方法·模式·案例［M］．北京：机械工业出版社，2004

案例分析

苏澳玻璃公司的人力资源规划

近年来苏澳公司常为人员空缺所困惑，特别是经理层次人员的空缺常使得公司陷入被动的局面。苏澳公司最近进行了公司人力资源规划。公司首先由四名人事部的管理人员负责收集和分析目前公司对生产部、市场与销售部、财务部、人事部四个职能部门的管理人员和专业人员的需求情况以及人力资源市场的供给情况，并估计在预测年度，各职能部门内部可能出现的关键职位空缺数量。

上述结果用来作为公司人力资源规划的基础，同时也作为直线管理人员制定行动方案的基础。但是在这四个职能部门里制定和实施行动方案的过程（如决定技术培训方案、实行工作轮换等）是比较复杂的，因为这一过程会涉及不同的部门，需要各部门的通力合作。例如，生产部经理为制定将本部门 A 员工的工作轮换到市场与销售部的方案，则需要市场与销售部提供合适的职位，人事部作好相应的人事服务（如财务结算、资金调拨等）。职能部门制定和实施行动方案过程的复杂性给人事部门进行人力资源规划也增添了难度，这是因为，有些因素（如职能部门间的合作的可能性与程度）是不可预测的，它们将直接影响预测结果的准确性。

苏澳公司的四名人事管理人员克服种种困难，对经理层的管理人员的职位空缺作出了较准确的预测，制订详细的人力资源规划，使得该层次上人员空缺减少了 50%，跨地区的人员调动也大大减少。另外，从内部选选拔工作任职者人选的时间也减少了 50%，并且保证了人选的质量，合格人员的漏选率大大降低，使人员配备过程得到了改进。人力资源规划还使得公司的招聘、培训、员工职业生涯计划与发展等各项业务得到改进，节约了人力成本。

苏澳公司取得上述进步，不仅仅是得利于人力资源规划的制订，还得利于公司对人力资源规划的实施与评价。在每个季度，高层管理人员会同人事咨询专家共同对上述四名人事管理人员的工作进行检查评价。这一过程按照标准方式进行，即这四名人事管理人员均要在以下14个方面作出书面报告：各职能部门现有人员；人员状况；主要职位空缺及候选人；其他职位空缺及候选人；多余人员的数量；自然减员；人员调入；人员调出；内部变动率；招聘人数；人力资源其他来源；工作中的问题与难点；组织问题及其他方面（如预算情况、职业生涯考察、方针政策的贯彻执行等）。同时、他们必须指出上述14个方面与预测（规划）的差距，并讨论可能的纠正措施。通过检查，一般能够对下季度在各职能部门应采取的措施达成一致意见。

在检查结束后，这四名人事管理人员则对他们分管的职能部门进行检查。在此过程中，直线经理重新检查重点工作，并根据需要与人事管理人员共同制定行动方案。当直线经理与人事管理人员发生意见分歧时，往往可通过协商解决。行动方案上报上级主管审批。

根据上述案例材料思考以下问题：

1. 苏澳公司的人力资源规划程序是如何进行的，又有哪些人员参与了？

2. 苏澳公司的人力资源规划成功的关键点有哪些？

参考文献

1. 郑远强编著．人力资源管理实际操作技能［M］．北京：光明日报出版社，2005

2. ［美］约翰．伊万诺维奇，［中］赵曙明著．人力资源管理［M］．北京：机械工业出版社，2005

3. 韦恩．卡肖著，王重鸣译．人力资源管理［M］．北京：机械工业出版社，2006

4. ［美］查尔斯．A奥雷理，杰弗瑞·普费福著．平凡的员工非凡的业绩［M］．北京：清华大学出版社，2005

5. 赵曙明，彼得·J·道林，丹尼斯·E·韦尔奇合著．跨国公司人力资源管理［M］．北京：中国人民大学出版社，2001

6. ［美］劳埃德·拜厄斯，莱斯利·鲁著．李业昆等译．人力资源管理（第7版）［M］．北京：人民邮电出版社，2004

7. 林忠，金延平．人力资源管理［M］．大连：东北财经大学出版社，2006

8. 查尔斯．R. 格里尔著．孙非等译．战略人力资源管理［M］．北京：机械工业出版社，2004

9. 布莱恩·贝克，马克·休斯理德，迪夫·乌里奇著．郑晓明译．人力资源记分卡［M］．北京：机械工业出版社，2005

10. 帕斯蒂芬·P·罗宾斯著．孙健敏等译．管理学［M］．北京：中国人民大学出版社，2004

11. 詹姆斯·W·沃克著．人力资源战略［M］．北京：中国人民大学出版社．2001 年

12. 石金涛等编著．培训与开发［M］．北京：中国人民大学出版社，2003

13. 顾英伟，杨春晖主编．人力资源培训与开发［M］．北京：电子工业出版社，2007

14. ［美］苏珊·E. 杰克逊，兰德尔·S. 舒勒．管理人力资源：合作伙伴的责任、定位与分工［M］．北京：中信出版社，2006

15. 达．霍尔比契著．转型：与企业战略匹配的人力资源管理［M］．北京：中国财政经济出版社，2004

16. ［美］亚瑟·W·小舍曼等著．张文贤主译．人力资源管理（第 11 版）［M］．大连：东北财经大学出版社，2001

17. 张德．人力资源开发与管理（第 3 版）［M］．北京：清华大学出版社，2007

第四章 工作分析

引言：真知灼见

工作分析乃一种定义工作内容与执行该工作所需能力的评估过程。

——Robbins

本章学习目标

工作分析是现代人力资源管理所有职能的基础和前提，开展工作分析有助于全面地了解各类工作职务的特征、工作行为的模式、工作的程序和方法，其结果可以运用到人员招聘、员工培训、绩效考核和薪酬管理等各个方面。本章主要是从工作分析概述、工作分析的基本流程、工作分析的方法体系、工作分析的结果及其运用四个方面进行全面介绍。

通过本章的学习，你应该能够：

★ 熟练掌握工作分析的概念，理解与工作分析相关的术语

★ 掌握工作分析在组织管理体系以及人力资源管理体系中的重要性

★ 了解开展工作分析的基础，掌握工作分析的基本流程

★ 了解工作分析过程需要遵循的基本原则

★ 熟练掌握工作分析信息收集的基本方法，并能够根据具体情况进行选择

★ 了解工作分析信息量化的方法

★ 熟练掌握工作说明书的概念，能够编写工作说明书

★ 了解工作设计的相关知识，掌握工作评价的概念、作用和方法

第一节　工作分析概述

一、工作分析的相关概念

（一）工作分析

关于工作分析的思想由来已久，最早可以追溯到公元前5世纪的古希腊时期。著名的思想家苏格拉底在对理想社会的设想中就指出，社会的需求是多种多样的，不同工作岗位的要求也存在差异性，只有让每个人从事他们最适合的工作，才能取得最高效率，这个思想为后来工作分析思想发展奠定了基础。19世纪末到20世纪初，美国开展了一场“提高效率的运用”，即现代常说的“科学管理运动”，泰罗在他著名的科学管理试验中的时间动作研究被认为是工作分析的开始。近代随着工业心理学的蓬勃发展，人员配置表和《职位名称词典》编制和广泛使用，工作分析作为一种基础的人力资源管理工具在企业界得到了广泛的运用。

案例评点

招聘启事

本公司因业务发展需要，急需聘任营销主管两名。

条件：具有很强的独立工作能力、较好的外语水平和计算机操作能力、丰富的大中型企业经营管理经验，大学学历，35周岁以下，男女不限。

＊＊公司人力资源管理部

点评　不同的工作对于其从业者有着不同的要求，而这份招聘启事各项要求过于宽泛，可能会为该公司吸引无数名应聘者，一方面增加了公司招聘成本，另一方面公司可能会招徕并不符合工作要求的员工。

启示　工作分析可以帮助组织了解工作的要求。

关于工作分析，在近一个世纪的时间内，国外学者随着工作分析的发展给了许多定义。Tiffin & McCormick（1965）：“从广义上说，是针对某种目的，通过某种手段来收集和分析与工作相关的各种信息的过程”；Chorpade & Atchison（1980）：“工作分析是组织的一项管理活动，它旨在通过收集、分析、综合整理有关工作方面的信息，为组织计划、组织设计、人力资源管理和其他管理职能提供基础性服务”；Gary Dessler（1996）：“工作分析就是与此相关的一道程序，通过这一程序，我们可以确定某一工作的任务和性质是什么，以及哪些类型的人（从技能和经验的角度）适合被雇佣来从事这一工作。”

国内学者在此基础上对工作分析也给出了定义：付亚和和孙健敏（1995）：“工作分析实质上是全面了解工作并提取有关工作全面信息的基础性管理活动。”萧鸣政（1997）：“所谓工作分析即分析者采用科学的手段与技术，对每个同类职位工作的结构因素及其相互关系，进行分解、比较与综合，确定该职位的工作要素特点、性质与要求的过程。”

总之，工作分析是采用科学的方法或技术全面了解一项工作或提取关于一项工作的全面信息的活动。从定义中可以看出工作分析首先为一项技术，它包含一系列的方法和程序，其次工作分析的实施是一个过程，这个过程主要用于编制工作说明书，即为后期管理工作提供一定的依据，并不能直接产生效益。

关于工作分析有以下问题需要强调：

1. 工作分析的主体

工作分析分析的主体分为三个层次：工作分析小组（专家组）、工作分析对象的直接领导和工作任职者。其中工作任职者是工作分析最关键的主体，因为他们对其所从事的岗位是最了解的、最有发言权的，在整个工作分析的过程中他们应该积极参与和帮助专家组获取与工作相关的信息。工作分析小组在整个工作分析过程中提供指导、规划，设计工作分析的程序、步骤，安排工作分析的时间，提供所需要的各种表格、规范等，他们扮演的是指导者和培训师的角色。工作任职者的直接主管是工作分析能够正常顺利进行的关键，他们主要的工作是协助专家组收集工作的相关信息，并对相关资料进行确认。在进行工作分析之前，一定要先明确每个工作分析主体的权限和职责，才能使工作分析更有成效，才不至于出现相互推诿扯皮现象。

2. 工作分析的客体

工作分析的客体即工作。它是多个任务的集合体，具体包括与一个岗位相关的所有内容，主要有工作的职责权限、工作联系、工作中使用的工具设备、考核指标和标砖、监督及考核机构、任职资格和条件等等。只有明确了这些内容，工作分析才能够做到实处。

3. 工作分析的内容

工作分析的内容是工作分析人员进行工作分析的依据，具体来说是工作分析的各项指标，即与工作相关的各方面的信息，具体包括工作的基本资料（如工作名称、工作代码、工作地点、所属部门、上下级关系等）、工作内容（如工作任务、工作责任、工作标准等）、工作关系（如监督指导关系、职位升迁、工作联系）、工作环境（如工作的物理环境、安全环境、社会环境等）和任职条件（如教育背景、必备知识、经验、素质要求等）等。工作分析实际上就是根据需要来收集这些相关信息，并在此基础上上形成相关的工作分析文件。

4. 工作分析的目的

工作分析的有形结果表现在工作说明书的形成。实际上表现在对于具体工作以下几个方面的确认：工作的输出特征（即该工作的最终产出是什么？它与组织内部其他工作的输出有什么区别?）、工作的输入特征（即该工作需要什么样的工作者、设备、材料和采用什么方法?）、工作的转换特征（该工作室如何从输入转化成输出的？需要什么样转换的程序、方法和技术?）、工作的关联性特征（该工作在组织中的位置是什么样的？适用于什么法律和规章制度?）、工作的动态特征（即在考虑时间、情景、人员这三个可变因素的前提下前四项特征的改变）。

（二）工作分析中其他术语

在工作分析的过程中，涉及许多与之相关的基础术语，下面先对这些术语进行简单介绍：

1. 工作要素

工作要素是指工作轰动中不便再继续分解的最小单位，是工作中不能再进行分析的最小动作。动作要素是形成职责的信息来源和分析基础，不直接体现在工作说明书中。例如泰罗在搬铁块试验中记载的搬铁块工人的搬起铁块、运输铁块、放置铁块等动作。

2. 任务

任务是指未达到某一特定目的所进行的一系列活动，它可由一个或多个工作要素组成，是工作活动中达到某一工作目的的要素集合。例如为了完成搬铁块的任务，工人必须在A处蹲下身来搬起铁块、从A处到B处运输铁块、在B处放置铁块三个动作。在一定时间内需要由一名员工承担一系列相同或相近的任务时，一个工作岗位便产生了。

3. 职位（岗位）

职位是指某一时间内某个人所担负的一项或多项相互联系的任务和职责的集合体。职位是组织的基本构成单位，职位与任职者是一一对应的。对于组织的任何一个具体职位，必须将职责和职权相对应。其中职责是职务和责任的统一，是员工在工作岗位上需要完成的主要任务或大部分任务。职权是指依法赋予的完成特定任务所需要的权力，职权与职责密切相关。

4. 工作

工作是一个经常运用的词汇，其含义较为复杂。最广义的工作是个人在组织中全部角色的总和；最狭义的工作则是指在一段时间内为达到某一目的所进行的活动（任务）。而在工作分析中工作是个人所从事的一系列专门任务的综合，与职务的内涵比较接近。职务是组织中承担相同或相似职责或功能工作内容的若干职位的总和。职务是组织中工作责任的总分类，组织中每个职务都是唯一的，但是可以由一个或者多个员工拥有该职务，即一个职务可以只有一个职位，例如企业的法律顾问往往就只有一个职位；也可以由多个职位，例如组织中可以同时有20个员工都属于秘书职务。

5. 职级与职位簇

组织中各类职位结合组织结构，构成了一个完整的职位体系。从横向上来，组织中由于工作责任大小、工作复杂性与难度，以及对任职者的能力水平要求近似而被划分成为同一组的职位被称为职级。从纵向上来看，组织中由于工作内容、任职资格或者对组织贡献的相似性而划分为同一组的职位被称为职位簇。其中职级往往与管理层级相联系，比如部门副经理就是一个职级。而职位簇往往建立在职位分类的基础上，例如管理职位簇、研发职位簇等。

二、工作分析的作用

案例评点

大多数发展快速的企业都会遇到一个问题：随着市场开拓的深入、市场占有率的提高，公司的规模不断扩大，公司的员工人数不断增长，员工的工作责任心却在减弱，总是坐等上级布置工作，这导致上级都忙得团团转，可公司依然会有很多应该完成的事情没有人做，甚至上级明确安排的事情也不能按时完成。

员工其实也不是故意的，公司在快速发展时期总是将精力集中在外部市场，而没有对内部进行合理安排，以前规模小的时候，总是按照上级安排做事情，逐渐形成了习惯。现在公司规模大了，岗位越来越多，分工逐渐模糊，职责界定不清，与其担心自己做了别人的工作，让别人觉得自己“管得太宽”，引发矛盾，那还不如等上级安排。

点评 这种情况产生的主要原因是因为公司部门职责、工作岗位职责不清造成的，其本质在于工作分析职能的缺失。

启示 工作分析是组织人力资源管理工作的起点，但其对于组织的作用，却不仅仅限于其在人力资源管理中的发挥。

现代企业人力资源管理的发展一方面强调人力资源管理的战略导向，另一方面强调人力资源管理各个功能模块的系统整合。而工作分析在这两个方面都扮演着关键性的角色（见下图）。对于前者，工作分析是从战略、组织、流程向人力资源管理职能过渡的桥梁；对于后者，工作分析是对人力资源管理系统内在各功能模块进行整合的基础和前提。

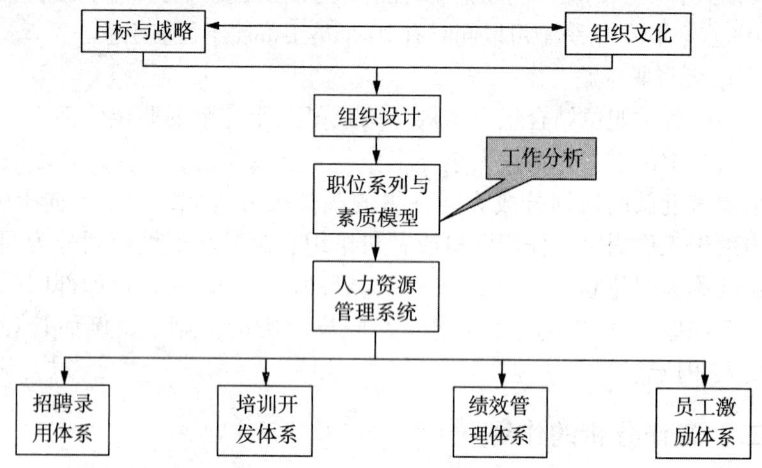

图4－1　工作分析与人力资源管理系统的关系

资料来源：周亚新．工作分析的理论、方法及其运用［M］．上海：上海财经大学出版社．2007. 3. P48

在企业管理过程中，几乎各个方面都会涉及工作分析取得的成果，这些作用可从以下四个方面展开分析：

表4－1　工作分析的结果应用方向

组织决策	人力资源管理	工作和设备设计	其他方面
组织结构设计 组织计划设计 组织政策制定	人员的聘用、选拔和安置 培训和人员开发 绩效测量和评定 职务系统分类 工资管理 劳动关系管理	工作设计 方法设计 职务设计 安全设计	制定教育课程计划 职业咨询

下面，主要来介绍工作分析与其他人力资源管理工作的关系：

（一）工作分析与人力资源规划

每个组织对于本单位内部的人员配备和工作安排时，都必须有一个合理的规划，即制定出相应的职位空缺计划，并决定通过何种途径找到合适的人来填补这些职位空缺。对于组织来说，之所以聘用员工，本质上是因为其生产经营过程需要一定的人力资源，因此“因事设人”是最基本的用工原则。而工作分析旨在确定某项工作的任务和性质是什么，以及应寻找具备何种资格条件的人来承担这一工作。因此通过工作分析信息可以帮助组织来确定其未来的工作需求以及完成这些工作的人员需求，能够让组织切实根据自身生产经营的需要来选择适合适量、素质和结构的人员，是人力资源规划的基础。

（二）工作分析与员工招聘

招聘是一个能及时、足够多地吸引具备资格的个人加入组织中工作的过程，它包括两个基本环节：制定需求计划和从申请人中挑选合格人选。作为招聘者必须了解胜任某项工作所必需的资格条件、掌握适时的岗位变化、并及时预测组织中潜在人员过剩或者人力不足。明确翔实的工作说明书能够减少招聘工作的盲目性，避免对应聘人员的条件高低进行把握时出现随意性，帮助招聘人员寻找并发现适合工作岗位，也能真正为组织做出贡献的人。另一方面依据工作分析做出的招聘广告逻辑清楚、表达准确、信息丰富、方向感强，能够增加应聘者对于工作的了解，清晰地决定是否前来应聘，从而帮助招聘者免于面临候选人过多或不足的尴尬局面，达到节省双方时间、降低招聘成本和应聘成本等多方面的好处。

（三）工作分析与员工培训

员工培训的目的在于提高员工素质，使之符合工作岗位的要求，从而提升员工绩效。通过工作分析能够了解与绩效问题有关的工作详细内容、标准以及胜任工作所应具备的知识和技能，是确定组织培训需求的基础，指引组织培训方向，编制出强调以完成工作岗位的工作任务和员工需要为核心、真正符合组织需要的培训课程。在此基础上通过工作要求的确定来明确组织整体培训需求的先后顺序，从而在组织内形成整体的培训体系，并可通过工作时间和工作环境特征的分析来制定有效的培训计划，有利于培训内容、培训时间的确定和培训人员的甄选等工作。并可在培训结束后，通过工作任务的完成和绩效的提高为标准来衡量培训效果，不断地改进培训。

（四）工作分析与薪酬

薪酬是组织给予员工为组织做出贡献的报酬，因此必须具有相对的公平性，即从事越重要的工作人们获得的报酬越高，同样重要的工作报酬应该相同。而工作的职责、所需要技能、教育水平、工作环境等都将影响到某项工作在组织中的相对重要程度。工作分析通过对组织中各项工作进行分析，在此基础上帮助组织正确判断各个工作岗位的相对重要性，并通过量化的形式来帮助组织确定每个职位的报酬水平，从而实现组织内部报酬的相对公平性。这一过程直接体现在工作评价中。

（五）工作分析与绩效管理

绩效管理是对员工绩效也就是工作中的表现进行管理的过程，它包括绩效计划、绩效实施与管理、绩效考核和绩效反馈及改进几个过程。在这些过程中，管理者与被管理者之间就绩效期望问题上达成共识是至关重要的，而这种共识是基于工作职责而言的，工作职责是一个职位比较稳定的核心行为特征，其来源就是工作说明书或者其他基于工作分析的基础上的相关资料。在工作职责指导下制定的绩效指标和绩效标准能够提高绩效考核的客观性，做到有理有据。在工作说明书中工作关系的指导下来确定绩效考核者能够提高绩效考核的效果，减少绩效考核成本。因此工作分析是组织构建绩效管理体系的基础。

由此可见，工作分析是整个人力资源开发和管理的奠基过程，在人力资源开发和管理过程中，具有十分重要的作用和意义。没有工作分析，就无法进行清晰的岗位描述和任职者资格说明；没有清晰的岗位描述，就无法比较和描述岗位的价值；没有清晰的岗位描述，就无法确定岗位的关键职责和行为要项，进而无法提取恰当、准确的绩效考评指标；缺乏绩效考评，就无法确定薪酬中的弹性、激励部分；没有工作分析就难以进行工作评价，无法确定基本的薪酬结构；没有工作评价和绩效管理，就无法让员工明确职业发展的通道以及个人在绩效上的差距。

第二节　工作分析的流程

一、工作分析的必要前提条件

工作分析虽然是组织内一项基础工作，但是在开展工作分析之前，组织必须具备一定的基础条件，才能够保证工作分析顺利开展。工作分析的前提条件主要从以下几个方面来分析：

（一）组织架构分析

任何一个岗位都存在于组织当中，没有游离于组织之外的岗位。岗位的职责与权限与其所在的组织有着密不可分的联系。工作分析是在组织和岗位系统比较健全的基础上进行的。只有明确了每个组织的结构、职责以及组织之间的关系等方面的内容，才能更加明确组织中各个岗位之间的关系和每个岗位职责。因此在工作分析之间应该首先对组织架构进行分析和探讨。

组织架构分析是对组织内部的各个组织的职责、权限及组织间的关系进行界定和描述的过程。因此它并不仅仅是分析组织的构成，还要包括组织的发展战略、发展历程、组织结构、组织职责和权限、组织关系等方面。组织架构的分析结果要从组织结构说明书和组织职责说明书中反映出来，其中组织结构图式表示的是部门或职位之间的一种静态联系，而组织职责说明书则规定了组织中个部门的职责和使命，通过工作关系图来表明部门或职位之间的动态联系。只有明确了这些内容，工作分析才有方向和参照，盲目地进行工作分析，对组织没有太大的指导意义。因此工作分析活动开展之前，首先应该进行组织架构分析，完成或重新修订组织结构图和组织职责书，作为后期工作分析的指导文件。

（二）组织流程分析

组织流程的合理与否将直接关系到组织的生产与发展。现代组织强调管理要面向业务流程，根据业务流程管理与协调的要求来设立部门，通过在流程中建立控制程序来尽量压缩管理层次，最大限度地发挥每个人的工作潜能和责任感，而流程间则强调了人与人之间的合作精神。因此流程分析强调的是整体全局最优而不是单个环节或作业任务最优。

组织流程的分析是组织流程重组的基础工作，通过对组织工作流程内各项活动的分析，经过清除、简化、整合和自动化，改进流程、减少无价值的活动，调整核心增值活动，从而提高整个工作流程的效率和效益。部门和岗位都是流程的执行单位，而流程重组往往会带来组织部门、岗位的重新调整和设计，例如职能的统一和集中、合并、转化，甚至部分职能社会化，这些都使组织内部的岗位体系发生改变。因此组织在进行工作分析之前，应该对组织现有流程进行分析，如果需要进行组织工作流程的重新设计和优化，应该在完成组织工作流程的调整之后再开展工作分析相关活动。

（三）组织岗位体系分析

岗位是组织生产经营、管理运转的细胞，是组织基本构成单位，也是工作分析的客体。工作分析一定要在岗位已经明确的前提下才能做，工作分析之前应该了解组织岗位体系的构成，研究每个岗位在组织中所发挥的作用。如果组织结构比较混乱或者处理机构改革过程中的组织，许多岗位还未完全确定就进行工作分析，其所得到的信息对组织几乎没有任何价值。

组织岗位体系分析主要包括两大块内容：首先是岗位构成要素分析，主要包括岗位工作、岗位主持人、职责、环境、激励和约束机制五要素。组织中任何一个岗位任务的完成，都是这五个要素共同作用的结果，同时工作分析和工作说明书的内容也涵盖在这五个要素之间。其次从组织整体出发来考察组织岗位体系的合理性，主要根据系统原则、整体优化原则、最低岗位数量原则、能级原则、统一命令原则五条原则来综合考虑组织中岗位的价值与合理性。如果岗位设置本身不合理，或岗位本身对企业发展没有实际价值，那么对其进行工作分析就会浪费大量的人力、财力、物力和时间。

组织架构、业务流程和岗位体系三者之间本身是一个统一的整体，相互依赖，互为基础，它们是不同侧面对组织进行分析的着眼点。它们是工作分析的始点也是工作分析的受益方，通过对这三者的分析和调整，一方面对工作分析做好铺垫，另一方面也为工作分析提供相关信息和数据。因此工作分析必须从流程、组织和岗位三方面综合考虑，缺哪一个环节都会影响要工作分析的成功率。

二、工作分析的步骤

案例评点

B公司新上任的人力资源管理部经理H决定通过开展工作分析来完善组织人力资源管理体系，可是没有想到的是在开始之初就困难重重。员工抱怨填写工作分析问卷和参与访谈占用了工作时间，而且担心会因为工作分析而使自己的工作职位发生变动甚至会被公司淘汰，抵触情绪日甚。另一方面，公司高层认为工作分析没有什么用，H完全是在浪费时间，因此要求他在10个工作日完成全公司60个职位的工作分析，编写出工作说明书。

无奈之下，H只好放弃问卷和访谈调查法，改从公司现有规章制度中寻找各职位之间的工作联系，并凭借自己的经验和理解来编制出一套流行板式的工作说明书，随后也没有和每一职位的员工进行沟通确认，只是向总经理做了简单工作汇报。

这套工作说明书编写完成后，并没有的到实际应用，公司各项工作依然照常进行。半年后，公司要求H制定公司研发人员、销售人员和管理人员的绩效考核标准以修订相应的薪酬方案。H有苦难言。

——案例来源：董临萍. 工作分析与设计. 华东理工大学出版社

点评 B公司的工作分析失败告终，表面上看是因为H未获得相关人员的支持，实际上是因为H在没有做好各种准备时就开始了工作分析的信息收集的核心阶段。

启示 工作分析应该依据一定的程序和步骤，才能保证其效果。

工作分析的整个过程其实从本质上来讲是一个信息的流动过程，从输入到分析再到输出，把关于工作分析的复杂信息加工成为有序的工作分析结果信息。为此，工作分析的过程主要包括准备阶段、实施阶段和应用阶段三个阶段。具体包括以下步骤：

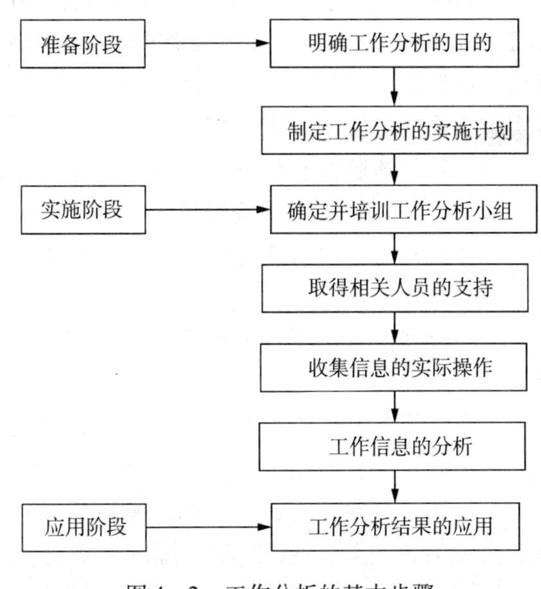

图4－2　工作分析的基本步骤

（一）工作分析的准备阶段

1. 确定工作分析目的

明确工作分析的目的是工作分析首先应该注意的问题，也是工作分析过程必不可少的一个环节。有了明确的目的，才能正确确定的分析范围、对象和内容，规定分析的方式方法，并弄清应当收集什么资料、到哪里去收集、用什么方法收集。在一个已成立的组织中，工作分析的目的不同，其侧重点也有所不同，其操作过程也不同。在现有组织中，常见的工作分析目以及相应的侧重点如下表所示：

表4－2 常见的工作分析目的及相关侧重点

工作分析的目的	工作分析的侧重点
招聘员工	该职位的工作职责以及对任职者的要求
培训与开发	每项工作的职责和流行该职责所需的员工能力
确定绩效考核的标准	衡量工作任务的标准（时间、质量、数量等标准）
确定薪酬体系	通过量化评估确定职位相对价值

2. 制订工作分析的实施计划

明确了工作分析的目的后，必须制订一份详细的工作分析实施计划，以便有步骤、有条理地进行。一份详细的工作分析实施计划应包括：（1）工作分析的目的与意义；（2）工作分析所欲收集的信息；（3）工作分析项目的实施者；（4）工作分析的程序；（5）工作分析的时间；（6）工作分析方法的选择；（7）工作分析的参与者；（8）工作分析提供的结果；（9）工作分析结果的审核与评价者。

在工作分析实施的操作过程中，应该列出具体精确的时间表，具体到每一个时间段每一个人的具体职责和任务是什么。对于接受访谈或调研的人，也应事先制定时间表，以便访谈对象安排手头的工作或事务，这一具体的实际操作计划，在执行的过程可能还会有一定的调整，一旦计划发生变化，应及时通知有关人员。

在制订工作分析的计划中有一项重要内容，即是制订未来需要收集信息以及收集信息的方法选择：

在工作分析中需要收集的信息分为两大类：一部分是某些现存的背景资料，这些资料虽然不需要去实地收集，但是对组织的工作分析也非常重要，不容忽视，主要包括组织现有资料（组织结构图、流程图、部门职能说明书以及现有工作说明资料等）和国家/国际的职业分类标准。另一部分是需要实地去收集的数据，这部分数据的类型和范围取决于工作分析的目的、工作分析的时间约束和预算约束等因素，主要包括工作活动、工作条件和对任职者的要求三大类，具体来说包括工作范围、工作职责；胜任工作所需知识和技能、心理品质；工作要求的灵巧与正确程度；工作要求具备的工作经验；与工作设备有关的操作技能；必要的年龄限制；所需的受教育程度；技能的培训要求；学徒（见习期）要求；作业身体姿态；作业环境；工作关系。

收集工作信息的方法多种多样：有定性的方法，也有定量的方法；有以考察工作为中心的方法，也有以考虑任职者特征为中心的方法。在进行工作分析时，首先应该考虑各种收集信息的方法有其独特之处，也有其适合的场所，也有其优缺点，并不存在一种普遍适用的方法，应根据工作分析的目的以及实际情况进行有针对性的选择；其次在进行工作分析时，工作分析者往往选用几种方法加以综合运用，从而最有效地发挥各种方法的优点，使得所收集的信息尽量全面客观。

（二）工作分析的实施阶段

1. 确定并培训工作分析小组

收集工作分析资料的人往往有三种类型：工作分析专家、主管和工作的任职者。利用这三种人员来收集工作分析相关信息各自都有自己的优缺点，在组建工作分析小组时应该充分注意这一点。在成立专门的工作分析小组同时，应该明确小组成员各自的职责，以避免在工作时出现相互推诿的现象，以保证工作分析的质量和效率。一般而言，专门的工作分析小组成员包括进行策划和提供技术支持的工作分析专家、实施操作的专业人员和负责联络协调的人员。

在确定了工作分析小组成员之后，应当对其进行培训，其培训内容主要分为广泛层面的理念培训和操作层面的技能培训两大部分。前者主要包括工作分析的理论知识、必要性、迫切性的培训，后者主要是关于工作分析过程、工作分析方法、工作分析信息收集的内容等方面的培训。这种培训一方面增强了工作分析小组对工作分析的理解和了解，消除各种误解和抵触情绪；另一方面帮助他们掌握工作分析的操作技能，保证工作分析的有效性。

2. 取得相关人员的支持

工作分析需要深入每个具体的工作职位上，对每个职位都有全面而准确的了解，以便形成一份精确的工作说明书。因此在进行工作分析过程中，除了工作分析小组成员以外，大量的工作任职者和管理者都将参与进来，因此赢得他们的理解和支持是非常必要和重要的。

在工作分析开始之前，需要与所涉及的人员进行沟通。这种沟通往往是通过召开员工会议的形式进行的，在会上由工作分析小组对有关人员进行功能宣讲，围绕员工心理，以消除员工的恐惧感为目的而进行。除此之外，通过沟通还能够与有关人员关于工作分析的步骤、时间、方法和参与方式达成一致，从而提高工作分析的效率。

3. 收集工作信息

工作分析人员按照既定的程序分发问卷和表格，与有关人员进行面谈，有计划、分步骤地收集与工作有关的各种信息或者通过实地观察获取信息。然后工作分析人员根据一定的标准，对所有收集的与工作有关的信息进行分类、整理，形成一个有条理的文字资料。

对于收集的工作信息进行加工而形成的文字资料，必须让工作任职者和任职者的上级主管进行审查、核对和确认。这样一来，一方面可以修正初步收集来的信息中的不准确之处，使工作信息更加准确和完善；另一方面，由于工作任职者和任职者的上级主管是工作分析结果的主要使用者，由他们来进行审查和确认这些信息有助于获取他们对工作分析结果的理解和认可，为今后的使用奠定基础。另外，让工作任职者和任职者的上级主管共同对工作信息提出意见，也有利于发现他们对工作的一些不一致的看法，使他们有一次沟通机会，以便今后能够更好地开展工作。

4. 工作信息的分析

这一阶段是工作分析过程的核心阶段，主要是按照既定的标准和方法对已经确认的与工作有关的信息进行描述、分类、归纳和整理，提出与工作有段的信息，剔除不相关的信息，并使之形成书面文字。

对工作信息的分析主要包括：职位名称分析、工作内容分析、工作环境分析、工作任职者必备条件分析。在此基础上形成工作说明书的初稿。这份初稿应该返回与工作分析相关工作任职者及其主管手中，并根据他们的反馈意见进一步修改工作说明书初稿，从而形成工作说明书的正式文本。

（三）工作分析的应用阶段

工作说明书在组织运行过程中有着广泛的用途，它一方面帮助实际从事该项工作的人明确其职位职责，从而指导其开展工作，另一方面为人力资源管理工作者提供支持。因此当完成工作说明书的工作之后，首先要对相关人员进行使用培训，一方面让使用者了解工作说明书的意义及内容，理解工作说明书中各个部分的含义；另一方面要让使用者了解如何在工作中如何运用工作说明书。

工作说明书形成之后就要运用到现实当中，而一旦运用到现实中，可能会暴露出来各种各样的问题。因此对于工作说明书应该正确地给予评价。因此在工作分析的应用阶段，应不断对工作分析的效果进行评价，主要包括工作分析的目的是否实现、是否解决了人力资源管理的所需要解决的问题，工作分析带来的效益以及对应的成本等相关内容。

在工作说明书的使用过程中，随着组织和环境发生变化，一些原有的工作任务会消亡，一些的新的工作任务会产生，某些工作的性质、内涵和外延都会发生变化。因此工作说明书的反馈和调整将始终贯穿于组织的经营和管理活动之中，应及时根据实际工作的变化对工作说明书进行调整和修订，使之越来越适应实际工作的需要。

三、工作分析的基本原则

为了提高工作分析的科学性与合理性，在工作分析的流程中，应当遵循一些基本原则。除了管理活动常常要遵守的经济性原则、系统性原则、动态性原则和目的性原则等基本原则以外，工作分析应当遵循以下原则：

（一）职位性原则

工作分析的对象是职位而不是从事某一职位的人，它从职位出发，分析该职位的内容、性质、关系、环境以及人员胜任特征，因此工作分析应该尽量避免受在职者的工作内容、工作状况、身份特征等方面的影响。否则会产生社会赞许行为与防御心理等不利于工作分析结果的问题。

（二）事实性原则

工作分析是对职位实际状况的客观描述，工作分析人员应该以现有的某项工作为出发点，对现有工作内容进行分析，判断哪些作业是必需的，哪些作业可以归入其他工作，而不仅仅是罗列现有的工作内容。这种分析应该是基于事实的，应当尽量避免主观推断。

（三）参与性原则

工作分析虽然是由人力资源部门主持开展的工作，但是它需要各级管理人员和广大员工的广泛参与，尤其要高层管理人员加以重视，业务部门大力配合才能得以成功。

（四）应用性原则

工作分析的结果（工作描述和工作规范等）一旦形成工作说明书后，管理者就应该把它应用于组织管理的各个方面，无论是人员招聘、选拔培训还是绩效考核等，都要严格地按照工作说明书的要求。

第三节　工作分析的方法体系

一、工作分析方法体系的基本内容

工作分析是人力资源开发与管理的基础与平台，是整个人力资源管理职能工作的参考和依据。在整个工作分析的过程中涉及的工作分析方法有很多，依照不同的分类标准可以划分成为不同形式。考虑到工作分析实际上是信息分析与处理的过程，因此在整个工作分析的工作过程中涉及的方法可以分为两大类：

第一类是工作分析信息采集的方法。这类方法主要用于对具体工作相关的信息、资料的掌握和了解，是实施工作分析的基础工具，是企业中最常用的方法。当组织工作分析的基本目的在于编写工作说明书、招聘等应用时，采用这类方法就可达到基本目的。

第二类是工作分析信息量化的方法。这类方法主要围绕着工作分析收集来的数据统计、分析而展开的关于标准的规范化的科学问卷设计、使用、和计算的全过程。当工作分析的目的是决定组织内部的薪酬水平和薪酬关系时，就必须对采集的信息进行量化处理来区分各项工作。这类方法又可进一步细分为以工作为导向的方法和以工作者为导向的方法。

工作分析方法的具体构成如下图所示：

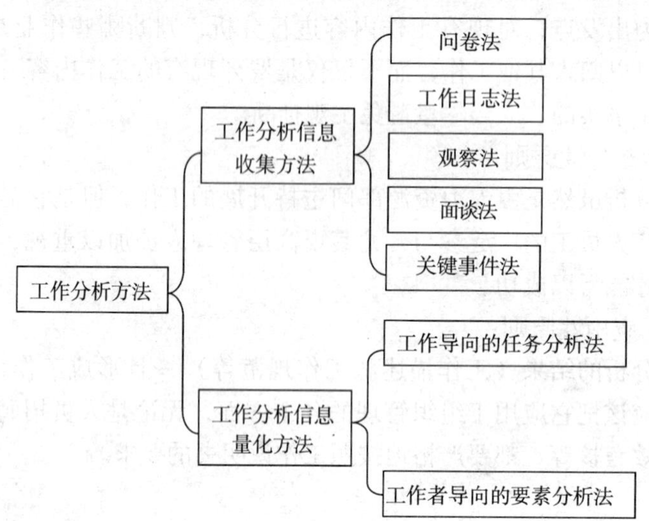

图 4－3　工作分析方法

（一）工作分析信息收集方法

工作分析信息收集方法主要用于工作分析过程中可能需要信息的收集，即常见的信息收集方法，这类方法在管理过程中有着广泛的运用，下面主要介绍一些传统而行之有效的方法：问卷法、面谈法、观察法、工作日志法等各种方法。

1. 问卷法

问卷法是一种应用非常普遍的职务分析方法。其基本过程是首先设计并分发问卷给选定的职工，要求在一定的期间内填写，以获取有关的信息。问卷表主要有两种：一种的内容具有普遍性，适合于各种职务内容；

另一种是专门为特定的工作职务设计的。问卷表还可以分成职务定向和人员定向两种。职务定向问卷比较强调工作本身的条件和结果；人员定向问卷则集中于了解职工的工作行为。

问卷法通常是比较节省职务分析人员的时间与经费的一种方法，也是可用于数目较大的被调查这种获得信息的方法。问卷法的成败至少取决于三个方面：一是问卷的设计能否包括一切问题；二是各个问题设计是否适当、贴切，从而使回答者可以在要求的范围内正确的给予相当标准化的答案；三是如果答卷无强制性，则问卷会不会因太详尽而影响回收率。

一个在理论上十分完备、实际上又可行的问卷设计乃是问卷法中最重要环节。在一定程度上，一份周详的问卷可以将回答者所可能造成的无意误差减至最小。但是由于没有问卷设计者在身边解释，这种误差仍不能避免。其好处则是没有心理压力，所得的某些答案有时又较面谈法理想。此法也不能避免人为地有意误差，而且答案的准确性又取决于回答者的耐心、文化水平、表达能力及所掌握的资料等因素，同时由于陈述与表达的方式不同，职务分析者整理起来也比较麻烦。

2. 面谈法

面谈法是由分析人员分别访问工作人员本人或其主管人员，以了解工作说明中原来填写的各项目的正确性，或对原填写事项有所疑问，以面谈方式加以澄清的方法。因此，面谈的作用一是对于观察所不能获得的资料，可由此获得；二是对已获得的资料加以证实。该方法也是美国企业界使用最广的方法之一。面谈法具有问卷调查不可替代的作用。面谈的形式可分为个人面谈、集体面谈和管理人员面谈三种。由于有些工作可能主管与现职人员的说明不同，分析人员必须把双方的资料合并在一起，予以独立的观察与证实的权衡。这不仅需要运用科学的方法，还需要有可被人接受的人际关系技能。因此，应该把这三种方式加以综合运用，这样才能对工作分析真正做到透彻了解。

利用面谈法可以获得标准和非标准的资料，也可获得体力和脑力劳动的资料。由于工作者本身也是自己行为的观察者，往往可以提供常常不易观察到的情况。总之，工作者可以提供从任何其他来源都无法获得的资料。但是工作者可能出于自身利益的考虑，采取不合作的态度或有意无意地夸大自己所从事工作的重要性、复杂性，导致工作信息失真。若分析人员和被调查者相互不信任，应用该方法具有一定的危险性。因此，面谈法不能单独作为信息收集的方法，只适合与其他方法一起使用。

3. 观察法

观察法是工作分析人员到现场实地去查看员工的实际操作情况，并予以记录、分析、归纳，并整理为适用的文字资料的方法。在分析过程中，应经常携带员工手册、分析工作指南，以使参考运用。分析人员观察工作时，必须注意员工在做什么，员工如何做，员工为何要做，以及原工作的技能好不好？而对于可以改进、简化的工作事项，也应予以记录说明。当观察完某工作场所人员如何执行某工作后，最好再在其他两三处工作场地再予观察，以证实其工作内容，避免因所观察工人个人习惯所产生的小缺点。分析人员应注意的是，研究的目的是工作而不是个人的特性。

观察法通过对工作的直接观察和工作者介绍，使分析人员更多、更深刻的了解工作要求，从而使所获得的信息比较客观和正确。但是另一方面也要求观察者要有一定的实际操作经验。但是即使观察者有足够的操作经验，对于某些偏心理活动或脑力活动的工作依然无能为力，同时由于观察者的参与，可能会干扰工作正常行为或工作者心智行为，另外观察法不易观察紧急而又偶然的工作，例如处理紧急情况，也无法获得有关任职者的资格要求等相关信息。

目前观察法在从事动作研究的时候，虽常为工业工程师所运用，但在工作分析，如果仅运用此方法，所获得资料往往不足以供撰写职务说明或职务规范之用。所以实际上，观察法多应用与了解工作条件、危险性或所使用的工具及设备等项目方面。

4. 工作日志法

工作日志法是由工作者本人按照工作日志的形式，详细地记录自己在一定的工作周期内（通常是一个工作日）的工作内容、消耗的时间，以及责任、权利、人际关系、工作负荷、感受等，然后在此基础上进行综合分析，以实现工作分析目的的一种方法。

这类方法的使用有一个基本假设：工作者本人对所从事的工作的情况、要求最为了解。因此对那些高水平和高复杂性的工作进行分析尤其经济有效，同时将工作分析与工作者日常工作紧密结合，有助于收集到最详尽的数据，信息可靠性比较高，成本较低，适合用于确定工作职责、工作内容、工作关系、劳动强度等方面的信息。但是填写工作日志对员工来说可能造成了工作以外的负担，干扰了员工的工作，员工也不乐意接受，可能会出现夸张或隐瞒某些活动或掩藏其他行为的不良现象，这些都要求事后对记录和分析结果进行必要的检查，比较费时。

5. 关键事件法

由 J. C. Flannagan 在 1954 年发展起来的，其主要原则是认定员工与职务有关的行为，并选择其中最重要、最关键的部分来评定其结果。它首先从领导、员工或其他熟悉职务的人那里收集一系列职务行为的事件，然后，描述“特别好”或“特别坏”的职务绩效。这种方法考虑了职务的动态特点和静态特点。在大量收集这些关键事件以后，可以对他们做出分类，并总结出职务的关键特征和行为要求。关键事件法既能获得有关职务的静态信息，也可以了解职务的动态特点。

由于关键事件法将研究的焦点集中在可观察的、可测量的职务行为上，能够直接描述人们在工作中的具体活动，可以解释工作的动态性，所以这类方法广泛地适用大多数工作分析。但是关键事件法需要花大量的时间去搜集那些关键事件，并加以概括和分类，因此比较费时，同时由于关键事件的定义是显著的对工作绩效有效或无效的事件，但是，这就遗漏了平均绩效水平。而对工作来说，最重要的一点就是要描述“平均”的职务绩效。利用关键事件法，对中等绩效的员工就难以涉及，因而全面的职务分析工作就不能完成。

由于以上各种信息收集方法的特点，这导致其结果在人力资源管理活动的运用效果是有区别的。下表给出了几种常用的信息收集方法与各种人力资源管理活动之间的关系：

表 4－3　信息收集方法与人力资源管理活动之间的关系

	工作说明	考核	面试	工作评价	培训方案设计	职业生涯规划
工作日志法	√	√	√		√	
关键事件法	√	√	√		√	
观察法		√	√			
访谈法	√	√	√		√	
问卷调查法	√	√	√	√	√	√

（二）工作分析信息量化的方法

当组织想利用工作分析的结果决定组织内部的薪酬水平和薪酬关系时，仅仅收集工作的相关信息是远远不够的，因此必须进一步对这些信息进行量化处理，由于这类方法大多数具有规范的问卷设计、严格的使用程序和精确的计算过程，因此有些教材又称之为“结构性的工作分析方法”。这类方法根据使用的问卷特点，可进一步细分为工作导向和工作者导向的方法，前者主要针对工作本身的要素进行分析和评价，侧重分析工作所涉及的技术，而后者则主要针对工作者的工作行为作为概况，侧重于描述如何完成该项工作。

1. 工作导向的任务分析法

任务分析法是工作分析综合分析方法之一。它侧重于对工作内容结构的揭示。由于组织中的任何工作都有着其具体的任务，每项任务的完成都将有一定的标准，而工作者要完成某项工作任务，就必须具备一些通用技能和特定技能，以及适应其工作环境的能力来满足工作中的需求。工作导向分析法即站在工作的角度，针对工作的每项任务的要求，分析工作者在承担这些任务的过程中应当承担的责任以及应当具备的技能要求。

任务分析法通常采用人力资源管理、工业心理或工业工程方面的专家领导的工作分析小组，对工作系统中必须要完成的所有操作以及符合该系统所规定的条件、技术要求、安全标准和其他一些限制性标准按执行顺序进行描述，并对其任务进行说明和分析。在说明的过程中，将主要任务按照预先准备的书面程序转化成为任务分析工作表，并检验其精确性、连贯性和完整性。最后形成一个或几个有序的任务分析记录表，这些记录主要描述了完成任务过程中所采用的动作、使用的物体、任务特点、所需条件及其他信息。

作为一种传统的工作分析方法，工作定向的任务分析室收集完成某项特定工作所需要的不同任务的特定信息的系统活动，它依赖于能明确阐明工作任务的每一步顺序的员工和主管以及能够以员工和主管所理解的方式描述行为的审核人员。其常用的工具有任务清单分析（TIA）、职能性工作分析量表（FJA）、职位分析调查（OAI）、HAY 计划、关键事件法等。这些工具由于在具体设计过程中考虑了不同因素，各自具备不同特点，但作为工作导向的任务分析法，它们都具备以下相同的特点：

首先它们都是以工作为导向，以工作任务为主要研究对象，研究对象比较固定，因此信息可靠性较大，适用于确定相关工作职责、工作内容、工作关系和劳动强度等方面的信息。

其次由于这类方法获得的主要结果是对完成任务过程中的动作、使用工具、所需条件等方面的描述，并以此得出完成该任务所需要具备的技能要求和承担的技能要求。因此常常用于正规培训需求的调查和确认。

但是这类方法对于调查者要求较高，尤其对于某些特殊工艺背景的企业，专家必须具备相关技术背景，人力成本较高。同时在使用过程中有大量问卷、量表等文字工作，整理信息的工作量比较大，比较费时。因此往往只有在进行特别重要的培训项目设计时才采用。

2. 工作者（人员）导向的要素分析法

要素分析法侧重于对工作者的工作行为做出描述，它认为在纷繁复杂的工作中，只有人的行为是共通的，即从普遍的员工行为要求来描述工作是如何完成的，它可应用于多种职位类型。要素分析法认为工作就其本质来看就是组成该工作的各种要素或者成功完成该工作所具有的人员特征，即所谓的工作要素。这部分工作要素的内容非常广泛，包括知识、技术、能力、愿望、兴趣和个性等方面。因此人员导向的工作分析方法即是站在工作者的角度，分析的不是某一具体的工作岗位，而是某些具备相似特征的工作，即某些需要共同要素才能完成的工作，通过对这些要素分析来确定与这类工作相适应的若干个性化要求，并对此进行描述、界定和评估。

工作要素法通常由专家级任职者或者任职者上级组成的主题专家组采用头脑风暴法来列举完成目标工作所需要的知识、技能、能力和个人特征等工作要素，并对这些工作要素进行反复推敲，既能保证这些要素与目标工作的相关性，又能保证这些要素能够完全覆盖目标工作的要求。然后采用类属分析法将具有相同或相似含义的工作要素归为同一类别，根据这一类别所包含的工作要素的内容和特点对该类别进行明确的界定和解释，从而得到工作分析要素类属清单，并进一步通过归类和筛选形成初步的工作分析维度和子维度。最后对已确定的维度和子维度选择相关指标进行评估，从而确定完成特定立于工作所具有的行为及其特征要求。

以工作者为导向的要素分析法涉及的方法有很多，包括职务分析问卷（PAQ）、要素分析法（JEM）、管理人员职务分析问卷（MPAQ）、临界特质分析系统（TTAS）。这些方法的主要区别体现在分析了目标工作所具备的不同性质的工作要素，但是作为以工作者为导向工作分析方法，它们体现出以下相同的特征：

首先，它们为收集职位诸多方面的量化资料提供了一种标准化的工具，这样有利于确保不同职位以相似的方式进行评估，从而让它们之间有了相互比较的基础。同时考虑到其操作过程和操作方法均具备一定的标准化过程，操作性较强，由于体现出人员倾向性特点，其使用面比较广泛，在人员招聘过程中的人员甄选及其确定培训需求等方面具有高度应用价值。

但是由于在确定目标工作的工作要素时，由于过分依赖工作分析人员对工作要素的总结，而工作小组在对工作要素进行评价时，多数进行的是主观判断，而不是依据客观标准，往往会偏向肯定回答，这导致工作分析过程中会出现大量的工作要素，对这些要素的分析和剔除工作往往会占用大量的时间和精力。

另外由于要素分析法评价的是基本工作要素，而不是具体的工作任务，不能精确地区分不同工作，同时考虑到其不涉及具体任务活动的分析，对于某些特定工作分析目的则无法保证圆满完成。

二、工作分析方法的选择

案例评点

某咨询公司为江苏某民营企业进行工作分析时，按照惯例采用省时省力的小组座谈方式来进行调查，结果由于该企业是一个典型的武断家长式组织，在座谈时干部和员工要不一言不发，要不不着边际地乱侃。尽管安排多次座谈会，并制定了详细的座谈计划，但收获甚微。后来只好调整策略，设计了针对性较强的调查问卷，并辅助以现场观摩等手段，才掌握了大量的一手资料。虽然相对于座谈法花费了更多的时间和精力，但是保证了后期咨询工作得以有序展开。

点评 理论上说座谈会（小组面谈法）比问卷法和观察法省时省力，但是考虑在这个企业中运用起来比较困难。

启示 工作分析方法的选择不能仅仅考虑方法本身，还需要参考组织特征、所分析工作的特征来综合分析。

工作分析方法的多样性为工作分析人员提供了多种选择的同时也增加了选择难度。普遍的结论是没有一种最好的也没有最差的分析方法，这些分析方法各有千秋，在各自适用的领域能够有最大的效用。在选择工作分析方法时，关键是考虑方法和目的的匹配性，成本可行性以及该方法对所研究的情况的适用性。主要从以下几个方面考虑：

（一）基于组织整体角度

1. 组织架构

组织机构和技术对工作分析方法的选择有一定程度的影响。在组织结构复杂的企业中，应综合利用多种方法，还需系统地采用定义清楚的要素。而对一个只有单个车间的小企业而言采用任务分析方法或许就够了。如果企业中体力和非体力工作之间界线分明，需要同时选用不同的方法，一个用来分析体力工作，另一个用来分析非体力工作。

2. 组织技术

技术因素也不容忽视，例如，在研究实验部门和工厂采用的方法也应有所不同。不仅要考虑现在的技术情况，也考虑本产业技术进步的步伐和方向，因为这些不断更新的技术运用会迅速改变工作职位内容。

3. 劳资关系

企业的劳资关系中第一重要的是经营者和员工代表的关系——是否存在正常的相互信任的气氛。缺乏这种气氛，要让员工接受工作分析方法将会格外困难。如果员工们（或者部分员工）对分析抱怀疑态度，并且把它作为一种管理游戏，就几乎不能解决任何问题。实际上就有许多分析方法仅仅由于他们的结果遭到员工代表的反对就被迫放弃的例子。因此，企业须让员工参与工作分析方法的选择，以取得良好的效果。

4. 管理方式

企业内部的管理方式也是影响选择及运用工作分析方法的一个因素。领导者的行为可以分为专制型和民主型两种，民主型的管理方式倾向于整个企业中采用综合型的工作分析方法，因为他鼓励员工关心总体的组织结构。专制型的管理方式主要体现在以领导者意义为主要考虑因素，这种管理方式的领导更喜欢运用非量化的工作分析方法，一般认为管理方式对应用工作分析方法的主要影响是在多大规模上允许员工参与方案的设计和应用。

（二）基于所分析工作的角度

第一，所分析的工作的特点：进行工作分析时，要依据企业组织中的每一工作它自身的特点，选择适合它的工作分析工具。

第二，企业业务流程：作为流程衔接与传递的节点，任何职位都必须在流程中找到自身存在的价值和理由，在进行工作分析选择恰当的工作分析方法时，要求工作分析必须与流程相呼应，能有效梳理企业流程，明确当前对职位的要求以及每个职位在整个流程中作用与定位，强调在公司关键流程中每个职位意义与职责，以有效避免职责重叠与重新界定问题；通过和企业业务流程相结合的工作分析帮助企业对组织的内在各要素，包括部门、流程和职位进行全面系统的梳理，帮助企业提高组织及流程设计与职位设置的合理性。

（三）基于工作分析方法的角度

1. 工作分析方法的应用性

工作分析是组织管理中的一项基础工作，它的分析结果可以应用到人力资源的各个领域。而不同的工作分析方法由于组织形式不同在不同的运用领域中都表现出不同的价值，因此组织在进行工作分析时首先应该确定其目的，然后根据工作分析的目的结合工作分析方法不同的应用性进行选择。

2. 工作分析方法的实用性

即运用某种工作分析方法进行工作分析的可行性和难易程度，往往可以通过以下几个方面来综合考察：职业适用的广泛性、被调查者的难易程度、工作分析人员学习使用该方法所需要的培训、可操作性、所需要样本的规模、成本及时间花费。企业应结合企业实际情况来综合考虑进行工作分析方法的决策。

3. 工作分析方法的信度与效度

工作者导向的工作分析方法和工作导向的工作分析方法，因其标准化、结构化的性质，已被用户证实起收集的信息是可靠的是可接受的，具有较好的客观性。而非结构化的方法因其主观色彩相对来说较结构化的客观性稍微差些。

工作分析方法各有利弊，组织的很多方面都会对其起到影响作用，通常工作分析人员在实践中综合考虑各方面因素，也不仅仅只用一种方法，而是将各种方法结合起来使用，这样的效果更好。比如在分析生产性工作时，可能采用面谈法和广泛的观察法来获得必要的信息。由于工作的性质不断变化，对工作者的知识技能提出了更高的要求，因此，未来工作分析方法的发展趋势是综合权衡考虑影响工作的诸多因素，实现多种方法的有机结合。

第四节　工作分析的结果及其运用

一、工作说明书

（一）工作说明书的概念及其作用

工作说明书是对有关工作职责、工作活动、工作条件等工作特性方面信息进行描述，以及规定工作对从业人员的品质、特点、技能和工作背景等方面要求的书面文件。前一部分被称为工作描述，主要解决本工作主要干什么的问题；后一部分是被称为工作规范和任职资格，主要解决由谁来干的问题。简单地说，工作说明书就是一份对某项职位的工作内容加以叙述的文件。

案例评点

“王总，你们究竟要什么样的会计，我们为你们招聘了 3 名会计了，怎么还不行啊”

“我需要能够直接上岗的会计”

“那是什么样的，我们招聘的会计都有会计资格证和会计电算化知识”

“我们需要懂 ERP 的会计，我们企业去年就上了 ERP 系统，而会计在整个 ERP 系统运作过程中起着核心作用，没有 ERP 知识，就像以前的老会计不会打算盘一样”

“那你怎么不明说啊，我们人力资源部门只是按照工作说明书来招聘的”

“我以为你们都知道的，当初公司上 ERP 系统就提过这个问题了。再说那个工作说明书是 5 年前制定的，现在情况变了，你们是不是该考虑进行修改修改了？”

点评 人力资源部根据工作说明书来招聘，会计部根据工作岗位的需要用人，双方都没有问题，关键是工作说明书没有如实反映工作岗位的真正要求。

启示 工作说明书是组织开展工作的基础指导文件，在组织工作环境发生变化时，应该及时进行修改。

工作说明书是工作分析的主要成果，它的质量影响了未来从业人员的工作情况。它表明了组织期望员工做些什么、员工应该做些什么、应该怎样做和在什么情况下履行职责的汇总。就像组织的大多数机器设备都有使用说明书一样，工作说明书就类似于该岗位的“使用说明书”，指导处于该岗位的员工应该如何开展工作，帮助组织对员工进行管理。因此工作说明书是企业日常管理中的重要文件之一。尤其是在人力资源管理过程中更是广泛使用，有着非常重要的作用，主要体现在以下几个方面：

1. 员工目标管理的依据

一份好的工作说明书可以使员工了解组织的目标、自己在组织的作用、相应的责任和职权。由于工作说明书清晰地列出了员工的职责范围，员工根据自己的工作说明书就可以大致了解自己的工作目标，进行自我管理；其次，工作说明书囊括了岗位所需要的能力，员工可以自行比较，从而确定自身未来的能力发展计划。

2. 组织绩效管理的基础

工作说明书在编写的过程中按照该岗位应当履行的各种职责进行了重要性排序，并进一步列举了相应的考核方法。组织在进行绩效管理时，尤其是在设计员工绩效考核体系时，需要根据工作说明书中的内容设计绩效考核指标体系以及绩效考核主体，并根据工作说明书中来确定相应的绩效标准。因此工作说明书是组织进行绩效管理的基础。

3. 确定薪酬的前提

组织确定不同职位的薪酬范围往往根据该职位的职责范围大小、工作难易程度、劳动强度、劳动条件等要素。而这些信息的来源就是工作分析和说明书。如果没有工作说明书就无法进行工作评价，从而无法科学制定组织薪酬政策。

4. 组织人力资源的相关决策依据

人力资源部门在发布招聘启事、甄选面试、确定培训内容、设计员工职位升迁路线时，都必须以工作说明书中职位任职资格为基础来进行，才能保证其决策的合理性和可行性。

（二）工作说明书的主要内容

1. 基本信息：职位名称、所在部门、层级等。要求尽量与业界一致，便于比较和交流；坚持名实相符，保持内部层序清晰；对外如市场销售等职位可灵活一些。

2. 职位目的：该职位存在的主要目的和价值。用于表达清晰表达本职位在什么条件下，要做什么，以及职位为什么要存在。

3. 主要应负责任：职位的关键责任和产出成果，最多不超过 10 项。

4. 职位工作权限：所谓职位工作权限是指为了充分达成职位目的，职位所应享有的权限范围。根据职位应负的责任，赋予该职位相应的权利。

5. 最低任职资格：担任该职位需要的最低资格和基本素质要求。

6. 工作关系：该职位在组织中的位置，通常用图、表形式表现。

工作说明书的编写没有统一的规范，也没有统一的格式，可以根据具体情况或繁或简，常用的格式有一栏式和两栏式两种。前者把工作描述和工作规范放在一个统一的文件里，而后者把工作描述和工作规范作为两个独立的文件，通常把工作描述放在正面，而把工作规范放在背面。

下面以某公司“人力资源管理经理”为例说明一栏式工作说明书：

<table>
<tr><td colspan="6">人力资源管理经理工作说明书</td></tr>
<tr><td>岗位名称</td><td>人力资源管理经理</td><td>所属部门</td><td>人力资源管理部</td><td>岗位编号</td><td>030201</td></tr>
<tr><td>直接工作上级</td><td>行政副总经理</td><td colspan="2">工资等级</td><td colspan="2"></td></tr>
<tr><td colspan="6">工作目的：全面负责公司的人力资源管理工作</td></tr>
<tr><td colspan="6">工作要求：工作细致、服务意识强</td></tr>
<tr><td colspan="6">工作责任：
编写、执行公司人力资源管理规划
招聘：负责招聘程序、组织社会和学校招聘、安全面试与综合素质测试
绩效考评：负责制定考评政策、考评文件、考评沟通，并负责辞退不合格员工
激励和报酬：负责制定薪酬、晋升政策、组织提薪与晋升评审
福利：负责制定福利政策、办理社会保障与福利
人事关系：办理员工各种人事关系转移、办理职称评定手续
培训：组织员工进行岗前培训，协助办理培训进行手续
与员工积极沟通，理解员工工作、生活情况</td></tr>
<tr><td colspan="6">衡量标准：
1. 公司报告的完整性
2. 公司其他员工对人力资源管理部工作的反馈意见</td></tr>
<tr><td colspan="6">工作难点：如何更好地为员工服务</td></tr>
<tr><td colspan="6">工作禁忌：服务意识差、行动迟缓</td></tr>
<tr><td colspan="6">职业发展道路：
可转换职位：行政部经理　可升迁职位：行政副总经理</td></tr>
<tr><td colspan="6">任职资格：
1. 工作经验：5 年以上管理类工作经验
2. 专业背景要求：从事人力资源管理工作 2 年以上
3. 学历要求：大专以上
4. 年龄要求：30 岁以上
5. 个人素质：积极热情、善于交往、待人公允</td></tr>
</table>

（三）编写工作说明书应该注意的问题

工作说明书一般包括以上几个方面的因素，但是它的详尽程度或者项目多少却可以视工作说明书的使用目的而定。如果工作说明书是用于指导人员如何工作，则对于工作内容必须详加说明；如果是用于工作评价，则应当看重工作的繁简及责任的轻重；如果是用于招聘，则应当突出任职资格。为了使工作说明书更加符合组织的需要，以下各项值得注意：

第一，根据使用目的，在反映基本内容的基础上突出重点。

第二，工作职责的描述应当包罗无遗，避免职责重复和遗漏。

第三，工作说明书应该采用统一的格式。为了便于管理和使用，一般采用表格格式而极少采用叙述形式。

第四，文字叙述应简洁、准确、明确、清晰，避免出现如“执行需要完成的其他任务”等笼统的描述。

第五，所涉及的等级（如职级、薪级等）应该依据实际情况而确定，并能够反映工作的技术水平和职责高低等方面的差异。

二、工作设计

（一）工作设计的内涵

1. 工作设计的定义

工作设计是人力资源管理的一项基础型活动，它以工作分析为依据，利用工作分析的成果进行具体岗位的设计。具体的来说，它是指根据组织需要，并兼顾个人的需要，规定每个岗位的任务、责任、权力以及组织中与其他岗位关系的过程。它是把工作的内容、工作的资格条件和报酬结合起来，目的是满足员工和组织的需要。在现实工作中，生产工艺和生产方法总是日益更新，而影响劳动者工作效率和工作积极性的因素也十分复杂，为适应这些变化而提高劳动效率，进行工作再设计也十分重要。所谓工作再设计是指改变某种已有工作中的任务或者改变工作完成方式的过程。鉴于此，我们所说的工作设计即包括工作设计和工作再设计两大类，从目前组织运行情况来看，工作再设计的重要性都要高于工作设计。

案例评点

流水线自从诞生就受到了广泛的争议：大多数人认为随着流水线的高度自动化，会扼杀工人的积极性，使其对工作产生很深的厌倦情绪，对工人的身心也会造成影响。但是不能否认的是流水线对于生产效率的提高却有着不容忽视的作用。为了避免流水线带来的不良影响，很多企业开展了工作丰富化：

瑞典沃尔沃汽车公司把传统的汽车装配线组织改成 16 ~ 27 人的装配小组，分工负责一种零配件或一道工序，包括所有物资供应、产量和质量。

美国德克萨斯仪器公司把 70% 以上的生产工人、50% 的非生产工人按照工作丰富化原则编成小组，由他们自行安排和组织自身工作。

美国通用食品公司托彼卡工厂也根据工作丰富化的要求建立了基层小组，该小组可以布置工作、规定工间休息，甚至决定成员的工资调整。

这三家公司进行工作丰富化以后，工人情绪都有了极大改善，产量上升、浪费减少、缺勤和流动性都有所下降。

点评 现实生活中，生产工艺和生产方法并非一成不变的，为了适用这些变化提高劳动效率，进行工作再设计十分必要。

启示 工作分析是站在假定工作已经被最好的方式组织起来的角度进行的，但现实中通过工作分析往往发现存在着更好的组织形式，这就要求对工作进行重新设计。

在21世纪，激励越来越受到管理者的重视，因为它是对员工从事劳动的内在动机的了解和促进，从而使员工在最有效率、最富有创造力的状态下工作。工作设计直接决定了人在其所从事的工作中干什么、怎么干，有无机动性，能否发挥其主动性、创造性，有没有可能形成良好的人际关系等。优良的工作设计能保证员工从工作本身寻得有意义与价值，可以使员工体验到工作的重要性和自己所负的责任，及时了解工作的结果，从而产生高度的内在激励作用，形成高质量的工作绩效及对工作高度的满足感，达到最佳激励水平，为充分发挥员工的主动性和积极性创造条件，组织才能形成具有持续发展的竞争力。

2. 工作设计的主要内容

工作设计为组织的人力资源管理提供了依据，保证事（岗位）得其人，人尽其才，人事相宜；优化了人力资源配置，为员工创造更加能够发挥自身能力的岗位条件，提高了工作效率，提供有效管理的环境保障。工作设计的主要内容包括以下几个方面：

（1）工作任务要考虑工作是简单重复的，还是复杂多样的，工作要求的自主性程度怎样，以及工作的整体性如何。

（2）工作职能指每项工作的基本要求和方法，包括工作责任、工作权限、工作方法以及协作要求。

（3）工作关系指个人在工作中所发生的人与人之间的联系，谁是他的上级，谁是他的下级，他应与哪些人进行信息沟通等。

（4）工作结果主要指工作的成绩与效果，包括工作绩效和工作者的反应。

（5）对工作结果的反馈主要指工作本身的直接反馈（如能否在工作中体验到自己的工作成果）和来自别人对所做工作的间接反馈（如能否及时得到同级、上级、下属人员的反馈意见）。

（6）任职者的反应。这主要是指任职者对工作本身以及组织对工作结果奖惩的态度，包括工作满意度、出勤率和离职率等。

（7）人员特性主要包括对人员的需要、兴趣、能力、个性方面的了解，以及相应工作对人的特性要求等。

（8）工作环境主要包括工作活动所处的环境特点、最佳环境条件及环境安排等。

一个好的工作设计可以减少单调重复性工作的不良效应，充分调动劳动者的工作积极性，也有利于建设整体性的工作系统。

（二）工作设计的实施

1. 工作设计的基本方法

（1）工作专业化。工作专业化通过动作和时间研究，把工作分解为许多很小的单一化、标准化和专业化的操作内容和操作程序，并对工人进行培训和激励，使工作保持高效率，这种方法在流水线生产上运用最为广泛。

（2）工作轮换。工作轮换是属于工作设计的内容之一，指在组织的不同部门或在某一部门内部调动雇员的工作。目的在于让员工积累更多的工作经验。

（3）工作扩大化。其做法是扩展一项工作包括的任务和职责，但是这些工作与员工以前承担的工作内容非常相似，只是一种工作内容在水平方向上的扩展，不需要员工具备新的技能，所以，并没有改变员工工作的枯燥和单调。

（4）工作丰富化。工作丰富化是指在工作中赋予员工更多的责任、自主权和控制权。工作丰富化与工作扩大化、工作轮调都不同，它不是水平地增加员工工作的内容，而是垂直地增加工作内容。这样员工会承担更多重的任务、更大的责任，员工有更大的自主权和更高程度的自我管理，还有对工作绩效的反馈。

（5）工作团队。当工作室围绕小组而不是围绕个人来进行设计室，结果就形成了工作团队，它是目前日益流行的一种设计方法。目前工作团队有综合性和自我管理性两种类型。工作团队能够有效提升团队的合作精神，共同完成单凭个人很难甚至无法完成的任务。

以上是目前常见的工作设计的方法，除此之外还有工作时间选择、企业流程再造等方法，这些方法各有自己的优缺点，组织在使用的过程中应该根据自身特点慎重选择。

2. 工作设计的基本过程

为了提高工作设计的效果，在进行工作设计时应按以下几个步骤来进行：

（1）需求分析。工作设计的第一步就是对原有工作状况进行调查诊断，以决定是否应进行工作设计，应着重在哪些方面进行改进。一般来说，出现员工工作满意度下降和积极性较低、工作情绪消沉等情况，都是需要进行工作设计的现象。

（2）可行性分析。在确认工作设计之后，还应进行可行性分析。首先应考虑该项工作是否能够通过工作设计改善工作特征；从经济效益、社会效益上看，是否值得投资。其次应该考虑员工是否具备从事新工作的心理与技能准备，如有必要，可先进行相应的培训学习。

（3）评估工作特征。在可行性分析的基础上，正式成立工作设计小组负责工作设计，小组成员应包括工作设计专家、管理人员和一线员工，由工作设计小组负责调查、诊断和评估原有工作的基本特征，分析比较，提出需要改进的方面。

（4）制定工作设计方案。根据工作调查和评估的结果，由工作设计小组提出可供选择的工作设计方案，工作设计方案中包括工作特征的改进对策以及新工作体系的工作职责、工作规程与工作方式等方面的内容。在方案确定后，可选择适当部门与人员进行试点，检验效果。

（5）评价与推广。根据试点情况及进行研究工作设计的效果进行评价。评价主要集中于3个方面：员工的态度和反应、员工的工作绩效、企业的投资成本和效益。如果工作设计效果良好，应及时在同类型工作中进行推广应用，在更大范围内进行工作设计。

3. 影响工作设计的相关因素

一个成功有效的工作设计，必须综合考虑各种因素，即需要对工作进行周密的有目的的计划安排，并考虑到员工的具体素质、能力及各个方面的因素，也要考虑到本单位的管理方式、劳动条件、工作环境、政策机制等因素。具体进行工作设计时，必须考虑以下几方面的因素：

（1）员工的因素

人是组织活动中最基本的要素，员工需求的变化是工作设计不断更新的一个重要因素。工作设计的一个主要内容就是使员工在工作中得到最大的满足，随着文化教育和经济发展水平的提高，人们的需求层次提高了，除了一定的经济收益外，他们希望在自己的工作中得到锻炼和发展，对工作质量的要求也更高了。

只有重视员工的要求并开发和引导其兴趣，给他们的成长和发展创造有利条件和环境，才能激发员工的工作热情，增强组织吸引力，留住人才。否则随着员工的不满意程度的增加，带来的是员工的冷漠和生产低效，以致人才流失。因此工作设计时要尽可能地使工作特征与要求适合员工个人特征，使员工能在工作中发挥最大的潜力。

（2）组织的因素

工作设计最基本的目的是为了提高组织效率，增加产出。工作设计离不开组织对工作的要求，具体进行设计时，应注意：

1）工作设计的内容应包含组织所有的生产经营活动，以保证组织生产经营总目标的顺利有效实现。

2）全部岗位构成的责任体系应该能够保证组织总目标的实现。

3）工作设计应该能够助于发挥员工的个人能力，提高组织效率。这就要求工作设计时全面权衡经济效率原则和员工的职业生涯和心理上的需要，找到最佳平衡点，保证每个人满负荷工作，使组织获得组织的生产效益和员工个人满意度及安宁两方面的收益。

（3）环境的因素

环境的因素包括人力供给和社会期望两方面。

1）工作设计必须从现实情况出发，不能仅仅凭主观愿望，而要考虑与人力资源的实际水平相一致。例如：在我国目前人力资源素质不高的情况下，工作内容的设计应相对简单，在技术的引进上也应结合人力资源的情况，否则引进的技术没有合适的人使用，造成资源的浪费，影响组织的生产。

2）社会期望是指人们希望通过工作满足些什么。不同的员工其需求层次是不同的，这就要求在工作设计时考虑一些人性方面的东西。

三、工作评价

（一）工作评价的内涵与作用

1. 工作评价的内涵

案例评点

上海益康公司是一家中外合资公司，经历了几年的高速成长之后，目前进入了低增长阶段，各种问题日益增多。一家管理咨询公司在调查后发现：部门经理的流动率比较高，其原因是他们的工作职责虽然很清楚，但是与其他同类企业相比，部门经理的工资水平明显偏低；更重要的是，部门经理之间、部门经理与员工之间的薪酬差别并不能反映工作职责的差异。公司针对薪酬内外部差异，已经于年初进行了调整，但是内部差异，目前公司还找不到可行的办法。

——案例来源：周亚新．工作分析的理论、方法及运用．上海财经大学出版社

点评 员工要求公平的薪酬，主要是个人薪酬与个人价值之间的公平。

启示 员工个人价值与其承担的工作分不开，但工作分析仅仅从工作内容说明了工作之间的差别，要明确工作在价值上的差异，还需要在工作分析的基础上进行工作评价。

工作评价是通过一些方法来确定企业内部工作与工作之间的相对价值。具体来说，工作评价是在工作说明书的基础上，综合运用现代数学、工时研究、劳动心理、生理卫生、人机工程和环境监测等现代理论和方法，按照一定的客观标准，从工作的劳动环境、劳动强度、工作任务以及所需的资格条件出发，对工作进行系统衡量、评比和估价的过程。

从定义上来看，有以下几个问题需要说明：

（1）工作评价是介于工作分析与薪酬制度设计之间的环节，以工作分析的结果作为评价的事实依据，而其结果又是科学薪酬制度设计的理论依据。

（2）工作评价的根本目的：决定企业中各个岗位的相对价值。它反映的只是相对价值，而不是职位的绝对价值。

（3）工作评价的对象：职位，而非任职者，即常说的“对岗不对人”。工作评价的中心是“事”，而不是“人”。工作评价虽然也会涉及员工，但是它是以工作为对象，即以岗位所担负的工作任务为对象进行的客观评价和估计，相对于具体的劳动者具有一定的稳定性。由于职位的工作都是由劳动者来承担的，因此虽然工作评价是以“事”为中心，但在研究中又离不开对劳动者的总体考察和分析。

2. 工作评价的作用

工作评价以工作分析的结果为基础，进行岗位相对价值的分析，对于组织有非常明显的作用：

（1）确定职位级别的手段：工作评价作为确定薪资结构的一个有效的支持性工具，可以清楚地衡量职位间的相对价值。工作评价是在职位分析的基础上，按照一定的客观衡量标准，对职位的责任、能力要求、努力程度与工作环境等方面进行系统的、定量的评价。

（2）建立薪酬内部公平性的基础：工作评价的结果将直接应用在薪酬体系建立中，是划分薪酬等级的依据，是确定职位薪酬等级的依据，是建立内部公平合理的薪酬结构的基础和关键环节。

（3）建立职业发展和晋升路径的参照系。工作评价依据公司的战略规划、经营状况、管理思想和企业文化等因素，按照职位的行业和专业的不同，将现有职位分为几大职位族（或称职位序列）。然后根据职位所在的公司和行业，以及对公司的贡献程度、重要性和能力要求，合理公正地对职位进行评估定级，确定职位的相对价值。在以上两方面的基础上，形成各职位族的层级矩阵。员工在企业内部跨部门流动或晋升时，也需要参考各职位等级。透明化的工作评价标准，便于员工理解企业的价值标准是什么，员工该怎样努力才能获得更高的职位。

（二）工作评价的实施

1. 工作评价的基本内容

一个职位在企业内部价值的评价是建立在三个基础因素上的，实际知识、解决问题和工作责任。可考虑从以下几个方面进行工作评价：

（1）实际知识。为了合格执行一个职位所需的所有技能总和，实际知识有三个维度：技术知识；管理知识；人际交往能力。

（2）解决问题。实际知识的应用需求在工作中被表现出来的百分比，解决问题有两个维度：在企业组织结构中参与解决问题的范围；解决问题的困难程度和需要解决问题的数量。

（3）工作责任。员工对工作中的行为和结果所承担的责任，工作责任有三个维度：工作中行为和做决定的权限；对企业或部门的结果产生的直接影响；一个职位预期中对部门所能产生影响的范围和数量。

2. 工作评价方法

（1）因素点数法

因素点数法也称评分法，是目前大多数国家最常用的方法，指对职位的各要素打分，用分数评估职位相对价值，并据以定出工资等级的一种技术方法。这种方法预先选定若干因素，并采用一定分值表示某一因素。然后按事先规定的衡量标准，对现有岗位的每个因素逐一评比、估价、求得分值，经过加权求和，最后得到各个岗位的总分值。

在具体运用过程中，点数法可供选择的因素比较多，评定人员只需要按照工作说明书中的因素进行分析，因此适用性比较强。同时可靠性和稳定性都较高。但是由于其必须对每个工作深入研究，工作相当复杂，成本较高。在因素选择、等级确定等方面不可避免地带有一定主观性。

（2）因素比较法

因素比较法是按决定的评价因素对选定的标准岗位进行评分定级，制定出标准岗位分级表，把非标准岗位与标准岗位分级表对比并评价相对位置的方法。因素比较法体现了评分法的一些原则，但两者的主要区别在于因素的配分形式和工作等级转换成工资结构的方法不同。从某种程度上讲，这种方法是一种混合方法，兼有排列法和评分法的特征。

因素比较法各种岗位评定时只需要去定标准岗位的等级即可，具体评定选择因素较少，所以快捷便利，成本较低。评价结果也具备一定的公正性。但是由于各影响因素的相对价值的确定仅仅通过考评人员的直观评价，评定精确度不高，而且很难对工人解释清楚。

（3）排序法

排列法是指在创造过程中，对事物的特性一一列举，然后进行排列，分清主次，引起联想设计，是进企业诊断，理清思路的好方法。排列法可分为：特性排列法，缺点排列法和希望点排列法。它采用非分析和非定量的方法，由评定人员凭着自己判断，不将工作内容分解为组成要素，而只是根据工作岗位的相对价值按高低次序进行排列，从而确定一个工作岗位与其他工作岗位的关系。排列法是一种最为简单、最易操作的岗位评价方法，也是较早使用的非分析方法之一。

排序法能够能尽快确立新的工作岗位等级，有时也被作为鉴别不合理工资差异的初步措施。但是由于大企业岗位分布呈金字塔形，需要定级的工作岗位数量多并且不相近，评定结果最终又必须依靠评定人员的判断。一方面由于这种方法完全是凭借评定人员的知识和经验主观的进行评价，缺乏严格的、科学的评判标准，主观性较强；另一方面对评定人员要求比较高。由于缺乏比较，该方法显得相对简单粗糙，它只适用生产单一、岗位较少的中小企业。

（4）分类法

分类法又称归级法，它是在工作分析的基础上采用一定科学的方法，按岗位的工作性质、特征、繁简、难易程度、工作责任大小和人员必须依据的资格条件，对企业全部的岗位进行多层次的划分，即先确定等级结构，然后再根据工作内容对工作岗位进行归类。这种方法的关键是确定等级标准。

由于等级标准的制定参考了一定的制定因素，使其结果具有一定的准确客观性，当出现新工作或变动时，也能够很容易确定其等级，运用起来比较灵活，适应性，相对于其他方法比较简单，所需经费、人员和时间也相对较少。但是该方法在确定等级标准上具有一定苦难，且往往是知道分类结果才能被确定，评价结果的准确性受到了较大的影响。

3. 工作评价的程序

在工作评价的过程中，由于采用了不同的工作评价方法，会导致工作评价过程中有不同步骤，但是工作评价可以采用以下基本程序来进行：

（1）按照工作性质，将组织的全部工作分为若干大类。

（2）收集汇总有关岗位的信息与资料。工作评价的大部分信息都是有工作分析提供的，其需要收集的信息主要有：岗位名称、编码、所在单位的职能、同一岗位的总人数、岗位的主要任务和职责、本岗位的上下级关系、岗位任职条件、劳动时间和能量代谢、劳动定额情况、劳动环境和条件、体力和劳动负荷、专业技术等等。以上信息有的可以通过现有人事文件获取，有的则需要在现场组织工作调查。

（3）建立专门的组织，配备专门的人员，系统掌握工作评价的基本理论和实施方法。工作评价是一项专业性很强的工作，参与人员应该熟悉现代人力资源管理的基本理论以及工作分析和工作研究的理论和操作方法。其评估班子一般4~5个人，不要过多。为了提高工作评价的专业性，应当工作评价之前进行一周左右的培训，让评价人员理解工作评价指标和标准，以及学会如何打分，掌握标准等。

（4）在广泛收集资料的基础上，找出与岗位有直接联系或密切联系的各种因素。这些因素能够较全面科学地反映岗位的劳动消耗和不同岗位之间的劳动差别，为了便于在实际工作中对这些因素进行测定或评定，可以根据组织中实际情况和管理状况，将这些因素进一步分解，形成工作评价指标。这些指标是指标名称和指标数量的统一，其中指标名称概括了事物的性质，而数值则反映了事物的数量特征。

（5）规定统一的评价指标和衡量标准，设计各类问卷和表格，进行打分评估。工作评价指标的确定方法主要有CRG法和ABC分类权重法。在选择评价指标后，应按照标准化的要求执行各项标准，满足客观性、可行性和实用性等多方面要求。在对评价指标进行打分时，应该采用统一规定的方法进行测定和评定，按照规定的方法分级并做出评价。只有实现了评价方法的科学化和规范化，才能保证评价数据的科学性和准确性。

（6）对工作评价得分进行整理和排序，得出各个职位的相对价值得分，以便进行综合分析。至此工作评价活动基本结束，可将评价结果移交给负责薪酬设计的部门作为基础资料。值得指出的是工作评价的结果并非一成不变的，当组织感觉到内部薪酬分配失衡时，或是经过一段时间迅速发展及新工作产生时，或者在经历过大范围的工作职能重组以后，或者在职业职责发生大面积调整时，就应该重新进行工作评价。

本章精要

工作分析是采用科学的方法或技术全面了解一项工作或提取关于一项工作的全面信息的活动。通过工作分析一方面能够将人力资源管理系统与其他管理系统结合起来，另一方面能够将人力资源管理内部各职能模块结合起来，从而保证人力资源管理的战略导向。

组织在进行工作分析之前首先应该进行组织架构分析、组织流程分析和组织岗位体系分析。工作分析的整个过程其实从本质上来讲是一个信息的流动过程，从输入到分析再到输出，把关于工作分析的复杂信息加工成为有序的工作分析结果信息它主要包括准备阶段、实施阶段和应用阶段三个阶段。在整个工作分析过程中应该遵循职位性原则、事实性原则、参与性原则、应用性原则。

在工作分析过程中涉及两大类方法：工作分析信息采集的方法工作分析信息量化的方法。其中工作分析信息收集方法主要用于工作分析过程中可能需要信息的收集，即常见的信息收集方法，主要包括问卷法、面谈法、观察法、工作日志法。工作分析信息量化的方法主要用于对收集的工作信息进一步量化，从而保证工作分析的结果能够决定组织内部的薪酬水平和薪酬关系，它根据工作分析过程中使用的问卷特点，可进一步细分为工作导向和工作者导向的方法，前者主要针对工作本身的要素进行分析和评价，侧重分析工作所涉及的技术，而后者则主要针对工作者的工作行为作为概况，侧重于描述如何完成该项工作。

工作分析的结果在现代组织中有着广泛的运用，其主要包括工作说明书、工作设计和工作评价。

本章思考与讨论

1. 如何理解工作分析的概念以及其在人力资源管理系统中的地位？
2. 工作分析的有关专业术语有哪些？应该怎样理解它们之间的关系？
3. 组织在进行工作分析时应该做好哪些准备？为什么？
4. 工作分析主要包括哪些阶段？这些阶段中有哪些主要活动？
5. 工作分析过程中应该遵循哪些原则？为什么？
6. 工作分析信息收集的常用方法有哪些？各有什么优缺点？
7. 工作分析信息量化的方法有哪些？各有什么优缺点？
8. 你认为应该如何选择和运用这些工作分析方法？
9. 工作说明书在组织中有什么样的作用？
10. 组织为什么进行工作分析之后还要进行工作评价？

推荐阅读材料

1. ［美］泰勒著．马风才译．科学管理原理［M］．北京：机械工业出版社，2007

2. ［美］克雷曼著．吴培冠译．人力资源管理获取竞争优势的工具［M］．北京：机械工业出版社，2009

3. 王青著．工作分析：理论与应用［M］．北京：清华大学出版社，2009

案例分析

A公司工作分析案例

A公司是我国中部省份的一家房地产开发公司。近年来，随着当地经济的迅速增长，房产需求强劲，公司有了飞速的发展，规模持续扩大，逐步发展为一家中型房地产开发公司。随着公司的发展和壮大，员工人数大量增加，众多的组织和人力资源治理问题逐渐突显出来。

公司现有的组织机构，是基于创业时的公司规划，随着业务扩张的需要逐渐扩充而形成的，在运行的过程中，组织与业务上的矛盾已经逐渐凸显出来。部门之间、职位之间的职责与权限缺乏明确的界定，扯皮推诿的现象不断发生；有的部门抱怨事情太多，人手不够，任务不能按时、按质、按量完成；有的部门又觉得人员冗杂，人浮于事，效率低下。

公司的人员招聘方面，用人部门给出的招聘标准往往含糊，招聘主管往往无法准确地加以理解，使得招来的人大多差强人意。同时目前的许多岗位不能做到人事匹配，员工的能力不能得以充分发挥，严重挫伤了士气，并影响了工作的效果。公司员工的晋升以前由总经理直接做出。现在公司规模大了，总经理已经几乎没有时间来与基层员工和部门主管打交道，基层员工和部门主管的晋升只能根据部门经理的意见来做出。而在晋升中，上级和下属之间的私人感情成为了决定性的因素，有才干的人往往却并不能获得提升。因此，许多优秀的员工由于看不到自己未来的前途，而另寻高就。在激励机制方面，公司缺乏科学的绩效考核和薪酬制度，考核中的主观性和随意性非常严重，员工的报酬不能体现其价值与能力，人力资源部经常可以听到大家对薪酬的抱怨和不满，这也是人才流失的重要原因。

面对这样严重的形势，人力资源部开始着手进行人力资源治理的变革，变革首先从进行职位分析、确定职位价值开始。职位分析、职位评价究竟如何开展、如何抓住职位分析、职位评价过程中的要害点，为公司本次组织变革提供有效的信息支持和基础保证，是摆在A公司面前的重要课题。

首先，他们开始寻找进行职位分析的工具与技术。在阅读了国内目前流行的基本职位分析书籍之后，他们从其中选取了一份职位分析问卷，来作为收集职位信息的工具。然后，人力资源部将问卷发放到了各个部门经理手中，同时他们还在公司的内部网上也上发了一份关于开展问卷调查的通知，要求各部门配合人力资源部的问卷调查。

据反映，问卷在下发到各部门之后，却一直搁置在各部门经理手中，而没有发下去。很多部门是直到人力部开始催收时才把问卷发放到每个人手中。同时，由于大家都很忙，很多人在拿到问卷之后，都没有时间仔细思考，草草填写完事。还有很多人在外地出差，或者任务缠身，自己无法填写，而由同事代笔。此外，据一些较为重视这次调查的员工反映，大家都不了解这次问卷调查的意图，也不理解问卷中那些生疏的治理术语，何为职责、何为工作目的，许多人对此并不理解。很多人想就疑难问题向人力资源部进行询问，可是也不知道具体该找谁。因此，在回答问卷时只能凭借自己个人的理解来进行填写，无法把握填写的规范和标准。

一个星期之后，人力资源部收回了问卷。但他们发现，问卷填写的效果不太理想，有一部分问卷填写不全，一部分问卷答非所问，还有一部分问卷根本没有收上来。辛劳调查的结果却没有发挥它应有的价值。

与此同时，人力资源部也着手选取一些职位进行访谈。但在试着谈了几个职位之后，发现访谈的效果也不好。因为，在人力资源部，能够对部门经理访谈的人只有人力资源部经理一人，主管和一般员工都无法与其他部门经理进行沟通。同时，由于经理们都很忙，能够把双方凑在一块，实在不轻易。因此，两个星期时间过去之后，只访谈了两个部门经理。

人力资源部的几位主管负责对经理级以下的人员进行访谈，但在访谈中，出现的情况却出乎意料。大部分时间都是被访谈的人在发牢骚，指责公司的治理问题，抱怨自己的待遇不公等。而在谈到与职位分析相关的内容时，被访谈人往往又言辞闪烁，顾左右而言他，似乎对人力资源部这次访谈不太信任。访谈结束之后，访谈人都反映对该职位的熟悉还是停留在模糊的阶段。这样持续了两个星期，访谈了大概1/3的职位。王经理认为时间不能拖延下去了，因此决定开始进入项目的下一个阶段——撰写职位说明书。

可这时，各职位的信息收集却还不完全。怎么办呢？人力资源部在无奈之中，不得不另觅他途。于是，他们通过各种途径从其他公司中收集了许多职位说明书，试图以此作为参照，结合问卷和访谈收集到一些信息来撰写职位说明书。

在撰写阶段，人力资源部还成立了几个小组、每个小组专门负责起草某一部门的职位说明，并且还要求各组在两个星期内完成任务。在起草职位说明书的过程中，人力资源部的员工都颇感为难，一方面不了解别的部门的工作，问卷和访谈提供的信息又不准确；另一方面，大家又缺乏写职位说明书的经验，因此，写起来都感觉很费劲。规定的时间快到了，很多人为了交稿，不得不急急忙忙，东拼西凑了一些材料，再结合自己的判定，最后成稿。

最后，职位说明书终于出台了。然后，人力资源部将成稿的职位说明书下发到了各部门，同时，还下发了一份文件，要求各部门按照新的职位说明书来界定工作范围，并按照其中规定的任职条件来进行人员的招聘、选拔和任用。但这却引起了其他部门的强烈反对，很多直线部门的治理人员甚至公开指责人力资源部，说人力资源部的职位说明书是一堆垃圾文件，完全不符合实际情况。

于是，人力资源部专门与相关部门召开了一次会议来推动职位说明书的应用。人力资源部经理本来想通过这次会议来说服各部门支持这次项目。但结果却恰恰相反，在会上，人力资源部遭到了各部门的一致批评。同时，人力资源部由于对其他部门不了解，对于其他部门所提的很多问题，也无法进行解释和反驳，因此，会议的最终结论是，让人力资源部重新编写职位说明书。后来，经过多次重写与修改，职位说明书始终无法令人满足。最后，职位分析项目不了了之。

人力资源部的员工在经历了这次失败的项目后，对职位分析彻底丧失了信心。他们开始认为，职位分析只不过是"雾里看花，水中望月"的东西，说起来挺好，实际上却没有什么大用，而且认为职位分析只能针对西方国家那些治理先进的大公司，拿到中国的企业来，根本就行不通。原来雄心勃勃的人力资源部经理也变得灰心丧气，但他却一直对这次失败耿耿于怀，对项目失败的原因也是百思不得其解。

那么，职位分析真的是他们认为的"雾里看花，水中望月"吗？该公司的职位分析项目为什么会失败呢？

（案例来源：董临萍．工作分析与设计．上海：华东理工大学出版社．2008.12）

根据上述案例材料思考以下问题：

1. 该公司为什么决定从工作分析入手来实施变革，这样的决定正确吗？为什么？

2. 在职位分析项目的整个组织与实施过程中，该公司存在着哪些问题？

3. 该公司所采用的职位分析工具和方法主要存在着哪些问题？

4. 如果你是人力资源部新任的主管，让你重新负责该公司的职位分析，你要如何去开展？

参考文献

1. 周亚新，龚尚猛．工作分析的理论方法及运用［M］．上海：上海财经大学出版社，2007

2. 董临萍．工作分析与设计［M］．上海：华东理工大学出版社，2008

3. 陈庆．岗位分析与岗位评价［M］．北京：机械工业出版社，2008

第五章　员工招聘

引言：真知灼见

没办法，因为有些专业知识，无论怎么补课，就是到不了那个级别。指望你的提高去迎合公司发展的风险太大，所以一定要请人来替换你的功能。

——马化腾

一曰问之以是非而观其志；二曰穷之以辞辨而观其变；三曰咨之以计谋而观其实；四曰告之以祸难而观其勇；五曰醉之以酒而观其性；六曰临之以利而观其廉；七曰期之以事而观其信。

——诸葛亮《心书·知人性》

倘若可以小心甄选员工，则纪律的问题便可以忽略。

——Johnson & Johnson 公司员工关系手册（1932）

本章学习目标

员工招聘旨在解决一个组织中人力资源从无到有的问题，其在整个人力资源管理工作体系中处于基础性地位，是开展其他各项人力资源管理实践工作的前提。员工招聘工作既是组织获取人力资源的重要来源，也是影响其员工素质高低的关键所在。组织通过对员工的招募、甄选、录用、配置与评估等环节进行有效的管理，以获取符合组织实际需要的一定数量与质量的人力资源，有利于促进组织自身进一步地发展。本章主要是从员工招聘概述、员工招聘的流程、员工招募、人员测评与甄选、员工录用配置与招聘评估五个方面进行全面介绍。

通过本章的学习，你应该能够：

★ 掌握员工招聘的概念，了解其重要意义
★ 明确招募、甄选、录用的内涵和关系
★ 了解员工招聘的目的、原则与流程
★ 了解常见的内部招募与外部招募渠道方式及其利弊
★ 掌握常见的人才测评技术与甄选方法
★ 了解员工录用配置的基本原则和程序
★ 基本了解招聘评估的主要内容和常见方式

第一节　员工招聘概述

组织的发展离不开人才。获得人才的途径有很多，员工招聘是其中最主要的一种。从本质上来说，员工招聘就是组织用以寻找或吸引人力资源来填补岗位空缺的一系列活动过程。合理的招聘流程与有效的招聘方式能够帮助组织获得符合自身发展所需要的一定数量与质量的人力资源，并有助于组织利用这些有限的人力资源成功地进行竞争。为了实现竞争优势最大化，组织必须选择能快速、经济、有效地挑选出最佳候选人的招聘方式。要实现这个目的，首先必须明确员工招聘的本质内涵。

一、员工招聘的概念

员工招聘，是指为了组织发展的需要，在人力资源规划及工作分析的基础上，通过发布各种信息、采取各种方式将有一定技巧、能力和其他特性的申请人吸引到组织一定岗位任职的过程。即组织在出现岗位空缺时，向组织内外发布相关空缺岗位信息，并采取一些科学的方法寻找、吸引应聘者，从中选择出组织需要的人员予以录用的过程。

员工招聘作为人力资源管理实践工作的基础环节，其重要性是不言而喻的。它为求职者与组织空缺岗位之间搭建起了一个互相沟通交流的平台，使得求职者能够找到工作岗位实现就业、获得回报的同时，组织也能够为空缺岗位寻找到合适的胜任人员从而提高工作效率，以此实现组织与个人的双赢。员工招聘是一个动态的系统活动过程，它由人力资源招募、人员测评与甄选、员工录用与配置、招聘成效评估等多个阶段的工作内容构成。如下图所示：

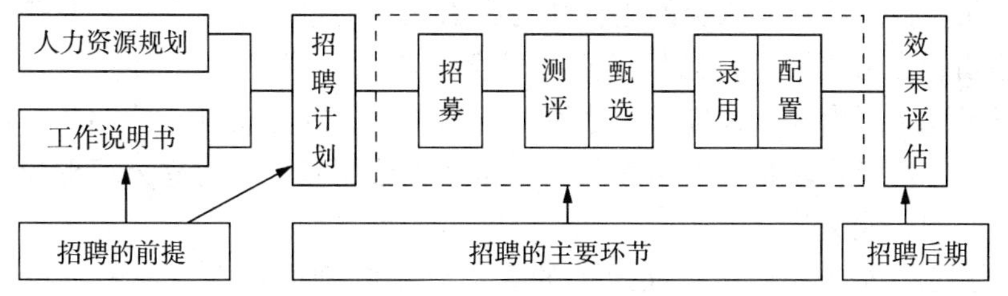

图 5－1　员工招聘的构成

由于组织所面临的内外环境和自身结构在不断变化，对员工的素质要求也在稳步提高，因此组织的员工或主动或被动都需要面临定期更换的局面。因此，员工招聘工在组织的人力资源管理活动中是一个常态活动。具体来说，例如：组建一个全新的企业或者原企业在实施业务拓展、市场开拓等战略调整过程中，常常会出现人手不够、亟待补充的情况；在调整员工队伍结构，及时裁撤掉冗余人员的同时，也需要及时补充短缺专业人才；另外，企业内部由于原有员工的调任、离职、退休或死亡等情况造成了一部分岗位空缺，也需要补充符合岗位要求的“新鲜血液”。总之，员工招聘作为一项组织有效吸收新生力量、不断改善员工队伍结构、持续提高员工整体素质水平的人力资源管理常态工作，为组织不断适应内外环境变化、推动员工队伍建设、强化人才储备、加快自身发展都提供了坚实可靠的制度保障。

二、员工招聘的意义

21 世纪世界各国的竞争是综合国力的较量，其实质是经济和科技的竞争，竞争的关键在于人才。随着经济全球化和知识经济的发展，世界范围的一个共同问题是高科技人才严重告急。高科技人才的短缺已经成为世界各国特别是发展中国家的普遍现象，如得不到根本解决，将严重阻碍本国经济发展，影响其国际竞争力。因此，世界各国都把争夺人才，尤其是争夺高科技人才置于重要的战略地位。

目前，新一轮高科技人才争夺战正在全球范围内展开，而且愈演愈烈。世界各国竞相制定争夺人才的计划，努力培养人才、吸引人才、留住人才。人才争夺战已经趋于白热化，成为一个组织最重要的工作之一。作为人力资源管理的一个重要职能——员工招聘，在发现和吸引人才方面的重要意义和作用也就随之日益突出。

如前所述，员工招聘的任务就是将满足组织岗位空缺需要的并具有一定岗位技能的人员吸引到组织中来。人员招聘是组织获得人才的第一步，其核心就是通过多种途径，采用最有效的方法发现和吸引组织所需的人才。很多公司将招聘人员的过程视为吸引人才的过程，尤其是某些跨国公司不惜投入大量资金在高校设立奖学金，建立实验室，其目的在于两点，一是发现、吸引和招揽优秀人才填补其岗位空缺并充实其人才储备，以强劲的人才优势推动企业快速发展。二是加强公司宣传、树立公司形象、打造良好的企业文化。

总之，员工招聘工作在组织的人力资源管理中占据着极为重要的位置，发挥着无可替代的作用。对于竞争环境更为残酷激烈的企业来说，员工招聘的重要意义体现地更为明显。具体来说反映在以下四个方面：

（一）是企业补充人力资源的基本途径

从本质上来说，招聘就是将人才“招募”过来“聘用”到空缺岗位上去的工作过程。当企业出现岗位空缺或者人手短缺的时候，最直接的办法就是招聘，因为它是企业补充人力资源特别是“新生力量”的基本途径。招聘与其他的人力资源补充途径相比，具有广泛性基础，在吸引众多应聘者的同时扩大了企业人才选择的范围，即有利于企业在更大更广的范围内“大浪淘沙”，以“量大”求“质优”，为相关部门和岗位挑选到适宜的任职者。

（二）有助于创造企业的竞争优势

企业通过招聘可以获得满意合适的人力资源为其所用，从而为企业创造出更大的价值收益。在这个人才争夺日趋激烈的大环境下，谁拥有越多数量的优质人才，谁就能在市场竞争中占据主动，占领人才制高点，充分发挥人才优势赢得市场竞争的胜利。可以这样说，企业的竞争优势是通过人才实现的，而人才的获得主要是通过招聘手段完成的。

有效的招聘，有助于全方位地打造企业竞争优势：首先，招聘降低了成本支出。有效的招聘为空缺岗位找到了合适的人，合适的人进来以后能较快地投入使用，可以有效降低公司培训成本，这也印证了“选对人比培养人更重要”的素质模型观点。其次，招聘能吸引到优秀人才主动“投奔”。如果招聘工作做得非常专业，自然会吸引来大批优秀人才，企业又何愁找不到“金凤凰”。再次，招聘降低了员工流失率。在招聘过程中对应聘者实话实说，通过现实的工作预览（是对公司真实工作进行较全面的宣传、预览的一种方式）以获得求职者对公司和岗位的兴趣及认同，从而降低员工的流失率。最后，招聘为人才储备提供了有效保障。招聘除了立足于解决眼前人手短缺和岗位空缺的“燃眉之急”以外，还可以帮助企业发现有深层潜力和培养前途的优秀苗子，也许他们目前还并未有所建树，但通过企业的引导与培养，假以时日，前途不可限量。对于这样的潜在型人才，是企业未来发展的中坚力量。招聘工作可以为这样的人才打开融入企业的大门，同时为企业未来的发展做好扎实的人才储备，加强人才梯队和人才仓库的建设，避免因为核心人才的退休、辞职而出现人才断层，从而为应对未来更复杂的环境提前做好“未雨绸缪”的人才准备工作。

（三）有助于企业形象的传播

招聘过程是企业代表与应聘者之间的一个直接接触过程。在这个过程中企业通过宣传手册、录像带、光盘、广告和面谈等手段向广大应聘者提供企业信息、宣传企业理念、打造企业形象，使得企业不仅可以通过员工招聘获得符合自身发展需要的人力资源，而且极大地带动了企业宣传，让企业形象伴随着众多应聘者的口耳相传获得广泛传播，扩大了社会影响力的同时也节约了许多宣传成本，是企业生动丰富的“活广告”。

当然，这样的企业形象传播是一把“双刃剑”。企业在招聘环节的种种举动，例如招聘者对企业的介绍、招聘人员的工作能力与态度、招聘小组的成员构成、招聘流程的合理规范程度、信息发布的公开透明度、甄选过程的公平性、对录用与拒绝的应聘者的处理方式等方面，做得好可以帮助企业树立良好的形象、吸引更多的人才趋之若鹜，做得不好则可能损害企业形象，使应聘者失望并将这种印象四处传播。

（四）有助于企业文化的建设

员工招聘给企业带来一拨又一拨的新生力量，为持久保持企业的活力不断注入新鲜的血液。新员工的加入，有利于推动企业文化多元化的健康发展。任何一个企业，如果所有的员工只用一种声音说话、看问题只有一个视角和倾向，容易形成盲区共振，不利于发现和解决问题，长此以往整个组织必然会因为思想僵化而逐渐丧失生机活力，这对企业的长期发展来说是极为不利的。而通过员工招聘工作，企业可以获得大量来自于外部的优秀人才，他们思维活跃、没有固守的窠臼，在认同现有企业文化的基础上又不墨守成规，给企业文化多元化健康发展吹来一股清新的风，既增强了企业文化的凝聚力，又提高了企业文化的活力，在企业成功的天平上增加了一个重要的砝码。例如，曹操的合肥之战能取得胜利，离不开张辽的勇猛、李典的沉稳以及乐进的擅长辞令，这些不同性格、不同专长的人才聚集在一起，发挥各自的优势特长，取长补短，营造出一个“君子和而不同”的良性的多元化组织文化氛围，对推动组织发展起到了至关重要的作用。

三、员工招聘的目的与作用

（一）员工招聘的目的

如前所述，员工招聘对于组织获取所需要的人力资源、提升组织实力、扩大竞争优势、支持组织战略目标的顺利实现都具有极其重要的现实意义，因此任何组织都必须高度重视并有效管理员工招聘的各项工作，而提高招聘工作有效性的前提和关键在于要明确招聘的目的。从员工招聘的内涵来看，招聘的最终目的是为了实现组织的人职匹配，即员工与组织、职位的匹配。这种匹配是人职双方相互作用、相互契合的过程，它主要涉及五个方面的匹配：一是求职者素质与职位要求相匹配；二是求职者职业生涯的理想与组织所能提供的职业发展通道现实相匹配；三是求职者与组织情境因素（包括企业战略、高层管理者价值观、企业文化、工作设施与环境等）相匹配；四是职位设置与组织发展战略相匹配；五是招聘的方式与招聘时间、结果相匹配。只有实现了人与职位、人与组织、职位与组织的多重匹配，才能保证员工能够胜任职位要求、职位能够适应组织发展需要、员工能够对组织职位保持较为长久的兴趣和满意度，从而减少员工流失，提高组织的整体绩效。具体关系如下图所示：

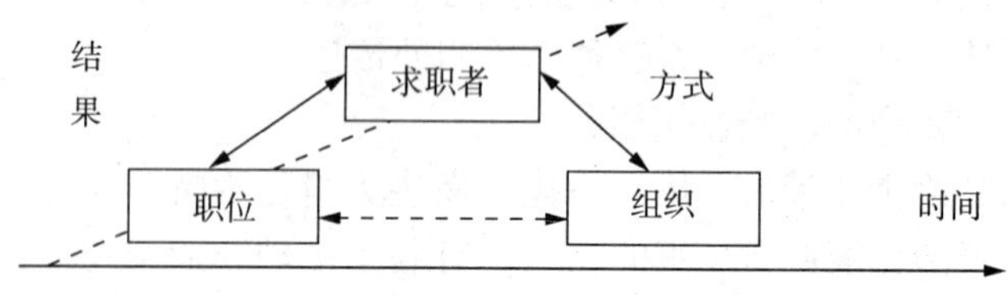

图 5－2　有效招聘的匹配要求

（二）员工招聘的作用

明确了员工招聘的根本目的之后，对于员工招聘在整个人力资源系统中所扮演的角色和发挥的作用也就十分清楚了。整个人力资源管理系统包括人力资源的获取、整合、调控、奖酬、开发等功能。招聘是获取人力资源的主要途径，作为人力资源管理系统的第一个环节的工作，它与其他环节的人力资源管理工作之间的关系非常密切，既是贯彻人力资源规划的基本思想和落实工作分析结果的第一个实践环节，也是后续各项人力资源管理实践活动有序开展的坚实基础，因而在整个人力资源管理体系中位于承前启后的重要地位，和员工培训、绩效管理、职位更换、职业生涯、薪酬管理乃至整个人力资源的整合都有着基础性的紧密联系。

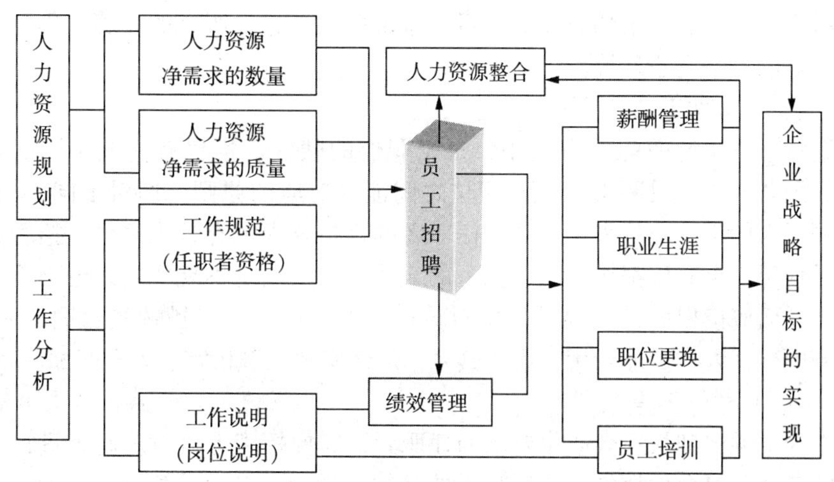

图5－3　员工招聘在人力资源管理中的地位与作用

四、员工招聘的原则

员工招聘是一个包含多项环节的系统工作过程。卓有成效的招聘是在一定的基本原则指导下按照科学完整的程序进行的，这样才能保证招聘工作的有效合理性。

（一）公开招聘原则

在进行员工招聘前，相关的职位信息、招聘方式、选拔标准等内容应公之于众。公开发布招聘信息、公开招聘手段与标准，一方面有利于将整个招聘工作置于社会和公众监督之下，以维持招聘过程的公平性，防止出现不正之风；另一方面让更多应聘者能及时了解到组织的相关招聘信息，提高组织在应聘者及其他社会公众心目中的知名度和影响力，从而吸引来大量的求职应聘者，也为企业找到一流人才提供了更为宽泛的选择余地。

（二）平等竞争原则

平等竞争是组织在进行招聘工作时必须要恪守的一个最基本的原则，是衡量这项工作是否有效的最重要的标准。平等竞争是指组织应对所有的应聘者一视同仁、一碗水端平，不论其身份、地位、性别、年龄等外在条件，都应给予公平竞争的机会，不得人为地设置各种不平等的限制条件和政策门槛，或变相地提高对某一类应聘者的甄选标准。为了确保平等竞争的公平环境，组织应该在招聘队伍的组建、培训、考核、评估等方面强化招聘人员的专业素养，尽量减少因戴着有色眼镜看人或受到刻板、晕轮等心理效应的不良影响而对招聘工作造成的不利局面出现。另外，从招聘方式、选拔标准、录用程序等制度建设方面也要进一步提高其标准化程度，以科学、严谨、公平的态度对待每一位求职人员，为所有的应聘者创造一个良好的公平竞争环境。

（三）能级对应原则

每个应聘者的能力有大小，每个职位的胜任资格也有高低不同的要求，因此在招聘时要秉持人与职位之间能级对应的原则。即对不同部门、不同层次的不同职位来说，其对任职者的资格要求也有较大差异，招聘并不是为每一个职位都挑选到最优秀的人才，这不仅是不现实的，也是不经济的，而应该根据工作说明书中对该职位的实际要求，挑选最合适的人，做到因事择人、量才录用、人尽其才，从而实现人事相宜、人职匹配。

（四）全面考查原则

为了挑选到最适合职位要求的任职者，需要招聘人员对应聘者进行全面的考查和综合地评价，包括个人的品德、知识、能力、智力、心理、专业技能、工作经验、过去的工作业绩等，而不能仅凭应聘者少数几个方面的表现就“以偏概全”地给出绝对性的结论，这样往往会导致错误的判断，出现招来的人不合适而真正合适的人却没招来的尴尬局面。只有通盘观察、系统思考才可以有效降低招聘中的技术误差，切实保障招聘工作的实际效果。

（五）效率优先原则

效率优先是指以尽可能少的招聘成本录用到最适合岗位要求的员工。这对组织的招聘渠道、招聘手段、考核方式都提出了更高的要求，在保证任职者质量的前提和基础上以最适宜、最经济的方式进一步节约招聘费用，既要避免长期职位空缺给组织带来的损失，也要注意因所选择的招聘方式不当造成的成本浪费以及被录用人员所创造的价值严重小于招聘他们的成本这两种局面的出现。

（六）双向选择原则

双向选择体现了求职者和用人方独立自主性的平等关系。组织可以根据职位说明书的要求自主选择所需要的员工以推动组织的成长发展，求职者也可以依据自身条件自主地选择想要加盟的组织和效力的工作岗位以便最大限度地发挥个人的才智。在招聘过程中，招聘者和应聘者双方既是一种博弈关系，也是一种合作共赢的关系。有效的招聘，应该是双方利益的共同满足，因此要充分尊重双方自主选择的权力。特别是招聘者，不能以主观意志强加于应聘者，只一味强调组织一方的选择权，忽视了应聘者的个人需求，这样的招聘违背了双向选择的基本要求，也注定无法长期吸引到优秀人才的加盟。

第二节　员工招聘的基本流程

员工招聘作为人力资源管理系统工作的一个重要组成部分，不仅与其他人力资源管理工作如员工培训、组织的激励机制、薪酬政策、职业生涯设计等有密切的关系，而且还受到诸多内外因素的影响。所以一个有效的招聘活动应该经过认真筹划，遵循基本的工作流程。具体来说，员工招聘应包括以下基本环节，如图5－4所示：

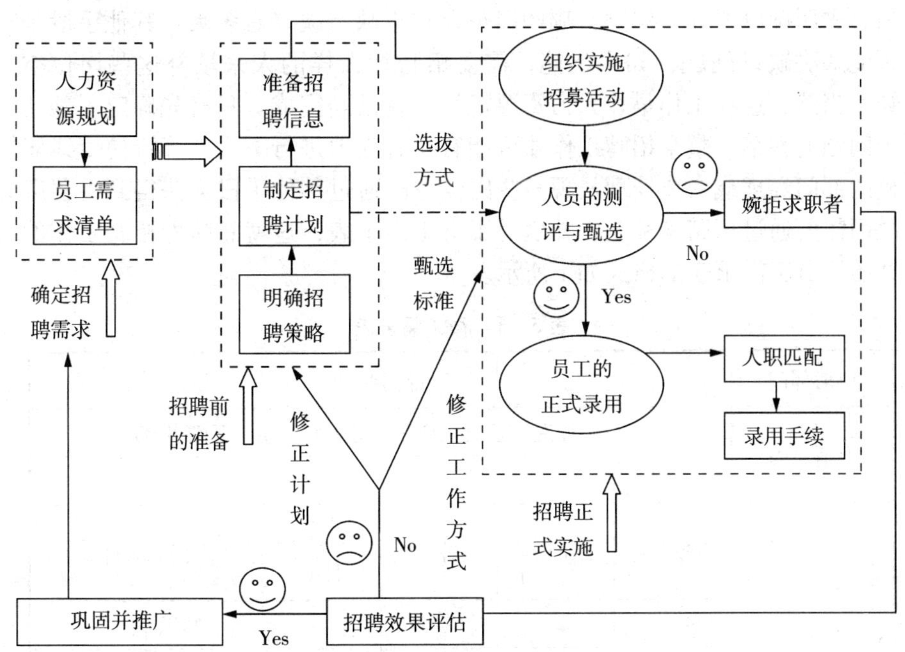

图5－4　员工招聘流程

一、确定招聘需求

一般来说，招聘需求的产生主要涉及企业人员自然减员、组织机构调整及业务变化、组织现有人力资源配置不合理这三个方面，它们都会引致组织的岗位空缺。当然，填补岗位空缺的手段也是多种多样的，比如要求现有人员加班、工作重新设计和将某些工作任务外包等，招聘只是众多手段中的一种，它通过一系列的活动吸引、招募和选拔到符合要求的新员工到空缺岗位上任职。上述这些填补岗位空缺的手段都有其一定的优势和劣势，在某些特定情境下各自发挥应有的作用。因此，在招聘活动正式开始前，需要思考这样一个问题：你组织中的岗位空缺通过其他手段无法填补因而确实需要新员工吗？解决这个看似简单却不易回答的问题是启动整个招聘工作的关键所在。有些情况下，组织的招聘需求表现得相当明显，例如当组织需要扩大生产规模时，当组织有员工离职而其内部人员又无法填补空缺岗位时，当组织因业务调整需要特定人才时，很显然，这时组织需要新员工。但有时候这种需求却不十分明显，如果组织不能及早预见到潜在的人员需求，就无法保证在其需要时提供足够数量且满足要求的人员，实现人力资源规划时所确定的“供给与需求平衡”的目标。所以，整个招聘工作流程的第一步就是要确定招聘需求。即在整个招聘工作正式开始前，先明确以下几个问题：哪些岗位存在空缺？缺口有多大？其他手段是否能解决缺口问题？如果不能，需要招聘什么样的人来填补这些岗位空缺？当然，这项工作早在人力资源规划中就已经完成。只有先确定了这几个问题的答案，整个招聘工作才可能有序有效地进行下去。当行使直线职权的部门经理或一线经理发现某些岗位空缺通过其他手段无法得到妥善解决而需要通过招聘来补充，并填写了员工需求表，这就意味着招聘工作的开始。员工需求表的格式如下所示。

表5－1　员工需求表

<table>
<tr><td>申请部门</td><td colspan="3"></td><td colspan="2">部门经理</td><td></td></tr>
<tr><td rowspan="2">申请原因</td><td colspan="6">□员工辞退　□员工离职　□新增业务　□新设部门</td></tr>
<tr><td>说明</td><td colspan="5"></td></tr>
<tr><td rowspan="7">需求计划说明</td><td>职务名称</td><td>工作描述</td><td>所需人数</td><td>最迟上岗日期</td><td colspan="2">任职条件</td></tr>
<tr><td rowspan="3">职位1</td><td></td><td></td><td></td><td>专业知识</td><td></td></tr>
<tr><td></td><td></td><td></td><td>工作经验</td><td></td></tr>
<tr><td></td><td></td><td></td><td>工作技能</td><td></td></tr>
<tr><td rowspan="3">职位2</td><td></td><td></td><td></td><td>专业知识</td><td></td></tr>
<tr><td></td><td></td><td></td><td>工作经验</td><td></td></tr>
<tr><td></td><td></td><td></td><td>工作技能</td><td></td></tr>
<tr><td>合计</td><td colspan="6">人</td></tr>
</table>

（续表）

薪酬标准	职位 1	基本工资		其他待遇	
	职位 2	基本工资		其他待遇	
部门经理意见	签字：　　日期：				
人力资源部意见	签字：　　日期：				
总经理意见	签字：　　日期：				

员工需求表一般由出现岗位空缺需要招聘新员工的部门经理填写，该表应明确记录申请招聘新员工的部门、岗位、数量、原因、任职要求、薪资标准及其他需要说明的相关内容，从而为人事部门招聘工作提供具体翔实的信息。人事部门汇总有招聘需求的各部门的员工需求清单后，根据所提供的员工需求表和工作说明书等相关文本作为依据，就可以确定整个组织所要招聘的人员应具备的资格和条件，以便发布招聘信息，组织招聘活动。

二、明确招聘策略

在明确了招聘需求之后，要从本组织的实际出发，制定相关的招聘策略，主要包括地点策略、渠道策略、时间策略、宣传策略等，它是制订下一步详细的招聘计划的指导思想和行动指南。在确定招聘策略时，要着重思考这样几个问题：我们何时需要招聘人、招聘什么样的人、通过何种方式能够招聘到这些人、将以什么样的代价招聘到这些人。它们是明确招聘策略的关键所在。具体来说，招聘策略要注意明确以下几点：

（一）地点策略

地点策略是指确定招聘工作的空间范围。为了获得组织发展所需要的合适人才和尽量节省成本费用，招聘时必须要选择合适的地理位置，可以根据组织招聘的数量、质量、结构层次等要求选择招聘范围。例如，大公司的高级 CEO 或总裁可选择面向全球招聘，高管人员可面向全国范围内招聘，中层管理人员和技术人员通常可以在跨地区的劳动力市场上招聘，而基层操作工人和办事业务员则往往在本地劳动力市场上招聘。因此在制定招聘地点策略时，一般本着合适和节约的原则，全面考虑潜在应聘者寻找工作的行为、组织的位置、劳动力市场状况等因素以便做出综合系统的决策。

（二）渠道策略

渠道策略是招聘策略中的主要部分，是指采用哪一种途径或方式招聘人员，即应聘者的来源渠道以及企业应采取的招聘方法都应根据供求双方不同情况而做出合理的选择。例如，企业的专业技术人员和中层管理人员可以在可在大学毕业生中招聘；办事员和生产工人则可以借助职业介绍所招聘；销售人员、专家等则可以通过广告招聘。当然，为了节省开支和时间，还可采用员工引荐的方式。在确定渠道策略的时候，要考虑到招聘渠道的经济性和可行性。即使得所选择的招聘渠道尽可能地节省各个环节的开支，将人才获取的费用降到最小值；同时还要注意让所选择的招聘渠道符合实际情况，具有现实意义上的可操作性。例如，一个小规模企业，财力有限，当它需要填补职位空缺的时候，应主要选择内部招聘渠道，从企业内部发现和挖掘人才；而实力雄厚、知名度高的大型企业则在注重内部人才选拔的同时，更倾向于从组织外部寻找高素质的人才。

（三）时间策略

时间策略是为了确保新聘人员准时上岗，确定在什么时间开始进行招聘工作最为合适的策略。在招聘过程中，需要掌握和运用好时间策略，从时间上对整个招聘活动进行合理把握，使得企业能在需要的时间获得需要的人力资源。一般来说，招聘日期可通过公式来确定：

招聘日期=用人日期-准备周期=用人日期-（招聘周期+培训周期）。

此式中，招聘周期是指从招募、甄选到录用等招聘过程所耗费的时间（天数），培训周期是指新招员工进行岗前培训的时间（天数）。例如，某企业欲招聘 40 名销售人员，根据事先的计划，整个招聘活动安排如下：征集个人简历 10 天，邮寄面谈邀请信需要 4 天，面试甄选需要 7 天，企业聘用与否的决定需 3 天，接到聘用通知的候选人在 10 天内做出接受与否的决定，受聘者接受完岗前培训 20 天后到企业参加工作，前后需耗费 54 天的时间。那么招聘广告必须在活动前 2 个月登出，即如果招聘 40 名推销员的活动是某年的 9 月 1 日，则招聘广告必须在 7 月 1 日左右登出。

此外，除了考虑企业内部自身的时间因素以外，还应及时关注外部劳动力市场上的人才供给规律，安排好时间，在“人才供应高峰期”果断“入市”，可以节约招聘成本，提高招聘效率。例如，每年春节过后有很多“跳槽”的求职者，每年六七月份涌现出大批需要就业的高校毕业生，企业应根据市场规律提前做好相应的准备工作。

（四）宣传策略

宣传策略是企业在进行招聘活动时必须要关注的重要策略之一。这是因为一方面招聘工作受到企业形象和声誉的影响，另一方面招聘工作本身也直接影响企业的形象和声誉。企业在组织招聘活动的时候，应尽可能地借此机会进行宣传活动，吸引应聘者。这要求企业做到：向求职者传递准确、有效的诸如职位薪水、工作类型、工作地点、晋升机会、企业文化与发展前景、劳动安全与保障等企业相关信息，这可以通过真实的工作预览方式予以实现。真实工作预览是指对公司真实工作进行较全面的宣传、为应聘者提供未来真实工作信息预览的一种方式，包括积极和消极两个方面，一般使用形式有小册子、录像带、光盘、广告和面谈等。提供真实可靠的企业信息可以促使应聘者思考自己是否适合这样的工作。正面积极的信息可以有效地宣传企业，降低员工流失率；负面消极的信息也可以降低应聘者对企业过高的期望，调整心理预期，并由于感受到企业的真诚而产生一种忠诚信赖感，也避免了将来员工入职后因产生“被欺骗”的感觉而辞职的不利局面。

三、制订招聘计划

在招聘需求、渠道选择、招聘时间等招聘策略的大方针明确之后，需要据此制订一个完善的、操作性强的招聘计划来指导实际行动。招聘计划就是根据招聘需求和策略的基本思想和要求，把对岗位空缺的目标变成对相关求职者数量和类型要求的具体化工作。一个完整的招聘计划应包括选拔人数、招聘人员素质要求、招聘信息发布时间和截止日期、招聘渠道、招聘费用预算、招聘工作组的成员构成、招聘广告设计等众多内容。一般来说，它是建立在以低成本招收高质量、适合企业的人才为标准的基础上的。因此，在制订人员招聘计划时，通常需要考虑以下一些问题，例如：企业未来的发展战略是什么，与之相适应的人才结构和梯队配置是怎样的；目前企业的员工结构及其状况怎样；本企业哪些岗位需要招募新人；每个岗位的任职资格是什么；通过何种渠道发布招募信息，什么时候发布，什么时候截止，费用是多少；甄选人才的标准和依据是什么，通过什么方式进行人员测试；招聘工作组由哪些成员构成等等。上述内容可以通过下表5－2反映出来：

表 5－2　招聘工作计划表

单位名称：　　　　　　　部门名称：　　　　　　　填表日期：　　年　　月　　日

<table>
<tr><td rowspan="3">招聘计划</td><td colspan="3">岗位名称</td><td colspan="2">人员数量</td><td colspan="2">岗　位　要　求</td></tr>
<tr><td colspan="3"></td><td colspan="2"></td><td colspan="2"></td></tr>
<tr><td colspan="3"></td><td colspan="2"></td><td colspan="2"></td></tr>
<tr><td>发布时间</td><td colspan="7"></td></tr>
<tr><td rowspan="2">发布渠道</td><td>发布方式</td><td colspan="6">□报纸　□网站　□专业/行业杂志
□人才中介机构　□人才市场　□猎头　□其他</td></tr>
<tr><td>发布安排</td><td colspan="6"></td></tr>
<tr><td rowspan="2">招聘工作预算</td><td>项目</td><td></td><td></td><td></td><td></td><td></td><td>共计</td></tr>
<tr><td>金额</td><td></td><td></td><td></td><td></td><td></td><td></td></tr>
<tr><td rowspan="5">招聘小组成员分工</td><td>职务</td><td>姓名</td><td colspan="2">所属部门</td><td colspan="3">工　作　职　责</td></tr>
<tr><td>组长</td><td></td><td colspan="2"></td><td colspan="3"></td></tr>
<tr><td>副组长</td><td></td><td colspan="2"></td><td colspan="3"></td></tr>
<tr><td>成员 1</td><td></td><td colspan="2"></td><td colspan="3"></td></tr>
<tr><td>成员 2</td><td></td><td colspan="2"></td><td colspan="3"></td></tr>
</table>

上表所反映的正是招聘计划阶段所要完成的主要工作安排。首先，需要明确本企业中空缺岗位的名称、缺口数量以及对应聘者的任职资格要求。在具体实践操作中可以通过各部门先分头填写本部门招聘计划再上报人力资源部门汇总的方式来实现。其次，需要统筹考虑招聘信息发布的时间、渠道和相应的资金预算。选择什么样的发布渠道应根据招聘对象、招聘岗位的不同做出合理的分析与定位，如大企业在确定高端且重要的技术、管理人才时往往选择猎头公司这一招聘渠道，而对于一般岗位则多数通过报纸、人才中介等方式来获取人力资源，专业性强的岗位可通过专业/行业杂志发布信息，而校园招聘则成为企业大量获取技术管理人才的主要形式。此外，信息发布时间和资金预算也与所选择的招聘渠道密切相关，例如猎头公司和校园招聘等渠道人才到位时间周期长，需要提前较长时间进行预先安排，而通过人才市场、网站报纸等渠道发布招聘信息，传播速度快，人力资源到位时间短，可以根据实际需要考虑发布时间；而选

择不同的招聘渠道的资金预算也不尽相同，如人才中介低廉而猎头公司昂贵等，因此招聘渠道、信息发布时间、资金预算应根据企业的实际需要有系统地全盘考虑。最后，确定招聘小组的成员构成及其内部分工。这是顺利开展招聘实践工作的组织基础。一般来说，招聘小组成员应具有热情、公正、认真、诚实等良好的个人品质和修养，具备表达、观察、协调沟通、自我认知等多方面能力，拥有广阔的知识面并掌握一定的招聘技巧，主要包括企业负责人、需要招聘的部门的负责人、人力资源部负责人和招聘专员、外部专家等构成，为了提高将来招聘实践活动的效率，应在计划中明确他们各自的职责分工。

四、准备招聘信息

制定了详细的招聘计划后，就要为正式拉开的招聘实践活动准备相关的信息材料了。招聘信息的范围很广，不仅仅限于招聘广告，也包括公司的宣传册、公司内部的工作张榜、内部宣传刊物、公司的宣传视频等等。因为招聘工作本身就是宣传组织形象，吸引应聘人才的过程，因此招聘信息准备得越充分，对提升整个招聘工作的有效性越具有重要的影响。在准备招聘信息的时候，应注意以下几个方面的问题：

（一）招聘信息应具有全面性

招聘信息中应将所要招聘人员的条件和资格说明清楚。组织吸引的是那些满足岗位需要的，具有一定技能要求的应聘者，不是所有人员。因此招聘信息中要将所要招聘的人员条件和任职资格说明清楚，以便求职者根据招聘条件进行自我评估，否则就会使筛选过程复杂化。

案例评点

某公司准备建一个新的生产基地。需要招聘 15 名维修工人。人事部门在地方报纸上刊登了这则广告，令人惊奇的是广告发布后的几天内有数百人申请。经过 4 天面试，公司只招聘到 1 名维修工。

点评 是什么原因使公司在招聘过程中百里难挑一呢？经过分析发现，新生产基地的设备维护需要可编程逻辑控制方面的知识和经验，而招聘广告没有说明这一岗位要求，因为以前该工作是没有这方面要求的。结果造成有可编程逻辑控制方面的知识和经验的人没有应聘，应聘者又不具备这方面的知识和经验。尽管公司在筛选过程中花费大量的时间和人力，仍然没有招聘到足够的所需要的人员。

（二）招聘信息应具有针对性

招聘信息应将组织最具吸引力的地方传达给求职者。招聘信息起到宣传组织形象、吸引外部人才的重要作用，组织应该了解什么信息对于求职者来说具有吸引力，并将其最具吸引力的地方通过各种方式传达给求职者。例如组织所提供的有竞争力的薪酬福利、广阔的专业发展空间、有计划的专业技术培训、良好的职业晋升通道等都是吸引应聘者有力的信息"武器"。许多跨国公司或世界知名的大公司更是深谙此道，通过充分展现企业综合实力来吸引求职者。例如荷兰皇家壳牌公司专为大学毕业生发布的招聘广告信息上没有像一般公司那样提供具体的招聘岗位，而是用很大篇幅描述壳牌在中国的发展和美好的前景，以及吸引大学生的"什么使您心动？——毕业生发展计划"。这对于吸引大学生眼球、提高人才应聘率、宣传企业形象，都起到了积极的推动作用。

（三）招聘信息应具有客观性

招聘信息一定要客观真实，不要夸大其辞。当今的人才竞争日趋激烈，有些用人单位为了吸引到更多的优秀人才，在发布招聘信息时，往往"报喜不报忧"，片面夸大对自己有利的信息宣传而将不利的一面掩盖或粉饰。这种不是建立在客观真实基础上的过分"推销"企业和工作的做法可能会暂时将求职者吸引到企业，但从长远来看却很难真正留住他们。一旦员工被录用后发现实际工作和他的期望有较大差距的话，会导致员工的不满，加剧员工流失。这也是一些单位员工频繁跳槽的原因之一。所以，招聘信息一定要客观，对企业的宣传不要夸大其辞，否则会误导应聘者。

五、组织实施招募活动

准备好的招聘信息为接下来即将实施的招募活动提供了有效依据。人员招募是根据组织的实际情况和具体要求，通过各种途径和方法去吸引更多的符合组织和岗位要求的求职者来应聘的活动过程。它是依据招聘计划展开的第一步实践活动。在招募环节中，如果组织能吸引到越多的应聘者，在将来进行雇佣决策时的选择余地也就越大，即选出优秀人才的可能性就越大。从这个意义上来说，人员招募的目标就是要吸引尽可能多的符合组织需求的人来应聘，人员工作的质量在很大程度上会影响到组织未来的成长与发展。

招募活动主要通过简历和申请表筛选的方式将基本符合组织要求的应聘者初步遴选出来以进入下面更深入细致的测评与甄选环节。对所招聘的工作或岗位感兴趣的人员在看到企业发布的招聘信息之后，可通过递交个人简历来申请应聘空缺岗位，但个人简历往往不能真实全面地反映组织最想了解的应聘者的个人信息，因此有的公司要求应聘人员必须填写公司统一格式的求职申请表。一般来说，申请表以简练的形式将组织最想了解的求职者关键信息一一罗列出来并要求应聘者如实填写，为组织初步筛选人才提供了基本依据。组织在收到了求职人员简历或申请表之后进行分类汇总并送交有关部门或有关人员按照一定的标准或原则进行筛选，如审查形式要件、工作经验、个性爱好、能力证明等，筛选之后挑出基本符合要求的人，填入人才需求表，然后提交人力资源部门。

六、人员的测评与甄选

人员的测评与甄选是整个招聘环节中最重要的组成部分。通过多种测评手段的综合应用，可以对招募环节中初步符合组织要求的应聘者各方面素质能力进行更全面深入的分析，并从中择优，将最符合岗位要求和组织要求的优秀人才选拔出来。甄选的基础是职位说明书。应根据职位说明书中所要求的知识、技术和能力来全面衡量每一个候选人的任职资格。甄选的方式方法多种多样，大致有笔试、面试、心理测验、情景模拟、评价中心技术等，组织可以根据自己的客观条件和实际需要选择其中的一种或多种方法。各种方法的特点、优缺点以及如何应用，将在本章第四节中详细介绍。

甄选是一种着眼于未来人职匹配的预测行为，它设法预见聘用哪一位申请者会确保将来的工作取得成功。这里的“成功”是指按照组织评价员工绩效的标准来衡量，能把工作做好的情况。例如，公司招聘销售人员，其甄选过程应当能够预见到哪位申请者会接到更多的客户订单或产生更大的销售额。而对一个网络管理职位而言，甄选过程应当能预见哪位申请者能有效地安装组织计算机网络，并能及时有效地排除故障，实施良好的管理。在以下两种情况下，我们可以判定作出的甄选决策是有效的：第一种情况，当选中的申请人被预见会取得成功并在日后的工作中被证实取得了成功，我们成功地接受了这个申请人；第二种情况，预见到某申请者将不会成功且如果聘用后也会有这样的表现时，我们成功地拒绝了这位申请者。反之，要是我们错误地拒绝了一位将在后来工作中有成功表现的候选人（拒绝错误）或者错误地接受了后来表现极差的候选人（接受错误），那么甄选过程就出现了问题。这些问题解决不好能引起较为严重的后果，带来组织成本明显的增加，因此必须要引起组织的高度重视。一方面，在当前劳动法律日趋完善和人们法律意识日趋增强的新形势下，拒绝错误可能不仅导致组织要为重新再找到可接受的候选人而花费额外的招聘成本，而且会使组织落下被指控犯有就业歧视罪名的口实，特别是当来自被保护团体的申请人被不符合比例地遭到拒绝的时候，组织所面临的法律问题将更棘手。另一方面，接受错误也给组织造成显著的成本费用，主要包括员工的培训费用，因员工无能造成的盈利机会丧失、解聘费用，以及随后的聘用和甄选新员工的重置费用等等。

因此，甄选活动的主要着眼点在于，减少发生拒绝错误或接受错误的可能性，提高作出正确决策的概率。这依赖于各种人员测评工具被准确使用和有效评价。

七、员工的录用与配置

应聘者经过几轮的选拔之后，就进入了录用环节。根据因事择人、任人唯贤、公平竞争、严爱相济等原则，做好通知录用者、公布录用名单、办理录用手续、签订合同、员工安排与试用、正式录用等后续环节的工作。同时还要格外注意一点，对于不符合本组织要求的求职者也不能置之不理，应及时婉拒并告知其相关资料已经进入组织人才库，今后如有适合的空缺职位将优先考虑，给竞争失败者树立一种认真负责的组织形象。

在员工录用之后，为了更快地促使其投入组织的工作中，就要按照各自的素质水平与职位任职资格的基本要求相匹配，这就是员工的配置，即对企业录用的所有人员进行最佳安置，使其能发挥最大潜能并为企业的目标服务。从组织内部来看，个人与工作岗位的适应不是绝对和一定的，无论是由于岗位对人的能力要求提高了，还是人的能力提高要求变动岗位，都要求我们及时地了解人与岗位的适应程度，从而进行调整，以达到人适其位，位得其人。

八、招聘效果的评估

一个完整的招聘过程的最后，应该有一个评估阶段。招聘评估包括以下三个方面：第一，招聘成本评估。招聘成本评估是指对招聘中的费用进行调查、核实、并对照预算进行评价的过程。它是鉴定招聘效率的一个重要指标。第二，录用人员评估。录用人员评估是指根据招聘计划对录用人员的质量和数量进行评价的过程。第三，招聘方法的成效评估。是对招聘中所使用的各种测评工具的信度和效度展开评价。通过对招聘效果的评估，可以使组织对整个招聘工作的各个环节有全面客观地认识，便于总结经验，继续推广，发现问题，及时纠正，以致对今后的招聘工作起到一个良好的借鉴作用。

第三节 员工招募

一、员工招募的含义

招募（recruitment）是招聘系统实践工作环节的第一步，是决定整个招聘工作成败的前提和基础。员工招募是指根据人力资源规划和工作分析的要求，组织通过一定的渠道，采用适当的方法将招聘信息发布出去以吸引具有一定技巧、能力和相关特性的符合组织要求的应聘者到组织中来以备甄选的活动过程。简单来说，招募是组织为了达成潜在的雇佣关系而对求职者进行主动搜寻和吸引的过程，也是求职者主动搜寻工作机会和被组织吸引的过程。

二、员工招募的渠道

员工招募的渠道可以分为两大类，即组织内部招募渠道和组织外部招募渠道。通过何种渠道以及采用什么方式吸引并招聘到组织所需要的员工是总体招聘战略的一个重要内容，它在很大程度上影响组织能够吸引到多少应聘者，以及应聘者的质量如何。如前所述，组织招募的渠道主要有内部招募和外部招募两种，每种招募渠道又有多种招募方法可供选择。组织可以根据自身的人事政策、空缺岗位的基本要求、招聘人员的类型、招聘人员的市场供给状况、招聘成本等因素来全面考虑究竟选择哪一条渠道，以及选择该渠道中哪一种最有效的招募方法将符合组织要求和岗位资格的人员吸引到组织中来。

（一）内部招募

内部招募是从组织内部搜寻和吸引员工以填补岗位空缺的一种手段，是组织招募的一个重要的渠道。特别是当一些非入门岗位出现岗位空缺时，它往往成为组织的首选渠道。组织通过内部招募，可以使较低级别的员工得到提升，使同级别的员工实现岗位轮换，使组织内部的员工得到更多职业发展机会，这对于激励员工、振奋人心、凝聚士气、培养忠诚都大有裨益。随着现代人力资源管理观念进一步深入人心，组织更注重内部人力资源的开发和利用，当组织职位出现空缺时，人力资源管理部门会首先从内部寻找，挑选合适的人员填补空缺，或通过绩效考核与员工培训方式从组织内部去深入挖掘人才，因此目前组织首选内部招募渠道的趋势正有所加强。

从总体上来说，组织内部招募渠道的方式主要有5种，即公开招募、内部提升、工作调换、岗位轮换、返聘或重新聘用。其中，公开招募面向的是组织全体成员，通过组织内公开发布招募信息，以吸引符合资格条件的员工竞争上岗。内部提升、工作调换、岗位轮换则面向组织部分成员，通过组织中纵横两个方向上的岗位更迭实现填补岗位空缺和挖掘培养人才的双重目的。内部提升是将组织中较低级别的员工提拔到较高级别上的一种通过纵向晋升填补上级岗位空缺的方式。工作调换也叫做“平调”，是在组织内部寻找合适人选的一种基本方式，目的是填补横向岗位空缺，但没有升级到更高级别。岗位轮换则是让员工在能力要求相似的工作之间不断调换，以减少工作的枯燥单调感。返聘或重新聘用是指吸引那些因达到法定退休年龄而退休了的人或因组织不景气以及其他各种原因被解聘或暂时淘汰的人重新回到组织中去填补相应的岗位空缺。

综上所述，组织中的岗位空缺既可以通过组织内那些已经被确认为接近提升线水平的员工纵向晋升或与该岗位处于平级的岗位员工横向工作调换来填补，也可以在更大范围内通过公开发布信息的方式进行招募。组织在进行内部招募时，常用的方法如下：

1. 工作张榜法（Job Posting）

工作张榜法也称为公告法或布告法，是内部招募最常见的一种方法。当组织出现岗位空缺时，可将包含空缺职位性质、职责和要求等内容的告示张贴在内部公共布告栏里，或者通过内部报刊、闭路电视、局域网等媒介载体公开发布招募信息，尽可能使全体员工都能获知，以在更大范围内吸引内部人员投标应聘，让有才能、有追求的员工有机会毛遂自荐，脱颖而出。招募公告的具体形式如下例中所示：

示　例

招募公告　　　　编号：…………

公告日期：…………　　　　结束日期：…………

在________部门中________职位可供申请。

薪资水平：________元

职责（参见岗位说明书）

可优先考虑的技术或能力：

申请方式：
1. 电话申请可致电　　　　。
2. 将填写好的内部工作申请表连同履历表一同寄至　　　　。
对于所有的申请人就以上条件进行初步审查。

甄选工作负责人：　　　　

机会面前，人人平等！

内部招募在员工“投标”时一般要求应召者填写岗位申请表和个人工作履历表。在使用公告法招募时，要注意以下几点：第一，至少要提前一周公告发布所有的招募信息；第二，在招募公告中应该清楚地列出工作描述和工作规范；第三，当内部应召员工提出申请后应给予及时的反馈信息。

当前，工作张榜法在填补组织内部岗位空缺上所发挥的作用越来越大，因而其应用范围也正在进一步扩大，它不仅在政府部门被广泛使用，而且也被私人企业广泛应用。工作张榜最大的优点在于公平、公正、公开，透明化的操作为每一个员工提供了平等竞争的机会，有利于鼓舞调动组织中现有人员的工作积极性，激励士气，鼓励员工在本组织中发挥所长、建功立业。因此，它既是填补短期岗位空缺的一种有效方法，又是长远规划员工职业生涯发展的一种有效方法。此外，布告法另一个显著优点是省时、经济。

2. 技能档案法（Skill Inventories）

技能档案法是利用现有人员技术档案中的信息筛选合适的员工以填补相应岗位空缺的一种常见方法。随着计算机及网络技术的普及，大多数组织都建立起了自己的人力资源信息系统，专门用于记录组织内现有员工的相关信息，如：员工工作经历、教育经历、已参加或计划参加的培训、具备的特殊技能或能力、业绩评估等等。一旦组织出现岗位空缺时，通过人力资源信息系统保存的员工档案信息可以很快被调阅并发现哪些员工满足空缺岗位的招聘要求，然后招聘人员可以与他们接触以了解他们是否想提出申请。

利用技能档案法的优点是可以在整个组织范围内通过已建立的人力资源信息系统迅捷、方便地发掘和筛选合适的候选人，如果经过适当的准备，并且技术档案所包含的信息比较全面的话，采用这种方法成本较低且节约时间。

3. 主管推荐法（Supervisor Recommendations）

主管推荐法是指主管人员推荐其熟悉、合适的候选人来应聘组织中的空缺岗位，以供人力资源部门和用人部门进行下一步的甄选，这也是内部招募的一个有效方法。该方法的好处是主管人员对空缺岗位的基本要求和他所推荐候选人的能力都有比较深入和全面地了解，因而可靠性高、成功概率大，特别适用于专业性岗位的人才招募。不足之处是主管人员在评价被推荐者时，往往带有较强的个人主观色彩，导致有时候不能客观地评价被推荐者。

在使用主管推荐法时，需要主管人员填写内部推荐表，以备人力资源部门或用人部门留存。内部推荐表主要包括推荐人信息、被推荐人信息、推荐的职位、推荐的原因、推荐人对被推荐人的总体评价等内容，具体形式如下表所示：

表5－3　内部推荐表

推荐人信息 姓名：　员工号：　所属部门：　电话：　电子邮件：
候选人信息： 姓名：　性别：　年龄：　联系方式：
推荐人与候选人的关系：
推荐职位：
推荐原因：
推荐人对候选人的评价：
推荐人签名： 日期：　年　月　日

注：此表需连同候选人简历交到人力资源部

（二）外部招募

当组织内部现有员工的数量或技能无法满足空缺岗位实际需求时，或者组织需要一些具有不同的工作经验背景的员工时，又或者是组织正处于草创期或高速膨胀期时，组织就无法通过内部招募渠道来获得所需人员了，这时候必须借助于外部的劳动力市场满足其对人力资源的需求，即通过外部招募渠道获得组织所需的人力资源。常见的外部招募方式有以下8种：

1. 应聘者毛遂自荐（Walk-ins）

组织常常会收到一些人主动递交的求职申请或简历，此类毛遂自荐的求职者一般来说都对组织和所要应聘的职位做过特别了解，因此他们一旦成功，都比较容易适应新的工作环境。因此，组织需要格外重视这些勇气可嘉、诚心可嘉的应聘者，应将这些求职简历储存在组织的人才信息库中，一旦出现合适的岗位空缺时，这些人员可以作为第一候选者。

这种方法的最大优势是成本低廉。缺点是从提出申请到出现职位空缺存在着一定的时间差，由于毛遂自荐者等待时间较长，当出现岗位空缺时他们可能已经找到了其他工作。

2. 员工推荐（Employee referral）

员工推荐是一种传统的外部招募方法。当出现岗位空缺时，组织将有关工作空缺的信息告诉现有人员，请他们向组织推荐合乎条件的潜在的申请人。即组织内部的员工可以从他们所认识的朋友或相关的人那里推荐他们认为合适的人选来应聘。采用员工推荐方法的一些组织往往通过提供少量报酬的方式以激励雇员推荐合适的申请人，尤其是在劳动力短缺的条件下，会更多地采用这种方法。例如美国微软公司30%的开发人员是通过员工推荐招募来的；思科系统公司（Cisco System）大约10%的应聘者是通过员工相互介绍加入公司的，为了鼓励员工推荐，思科系统公司还特别推出一项奖励机制，员工每推荐一个人面试就给他一个点数，每过一道面试关又有一个点数，如果被推荐者最终被公司录用，则再加若干点数，这些点数最后累计折成各种奖励返还给员工，此举措无疑是调动了广大员工为企业推荐优秀人才的积极性，也提高了推荐的成功率。

作为推荐者的员工通常会认为被推荐者的素质高低和他们自己有关，只有在保证被推荐者不会给自己带来坏的影响时才会主动推荐，因此通过这种方法招募而来的人员比用其他方法招募来的人员跳槽率更低。罗宾斯认为，员工推荐是所有招募来源中最好的一种。但是，员工推荐也可能给那些搞不正之风或裙带关系的人打开方便之门。因此，需要认真加以鉴别并经过严格的选择，建立完善的员工推荐机制和奖励机制，使员工推荐工作规范化，避免实际操作过程中的随意性。

3. 广告招募

广告招募是当今组织应用的最广泛的一种招募方式。它是借助广播、电视、报纸、杂志、网络、行业出版物、街头广告牌等媒介向社会公众传递组织空缺职位等相关信息的手段，它是能够在最广泛的范围内迅捷地通知潜在求职者了解组织工作岗位空缺的办法。当组织出现职位空缺时，借助不同的广告媒体将信息对外发布出去，吸引对工作感兴趣的人员前来应聘。广告招募的影响范围极广，可以吸引包括在职人员、无业人员、公司客户、竞争对手的员工等各类人员，他们都可能通过广告招募成为组织的应聘者。广告招募简单、信息传播广泛快捷，但是也正因为如此，吸引来各式各样的申请者，他们鱼龙混杂，素质良莠不齐，这给后续的甄选工作增加了一定的难度。

在利用广告进行招募活动时，必须要明确一个重要问题，广告应该给求职者传递怎样的信息。通常情况下，广告传递出去的信息应该让求职者对招聘岗位有所了解，并且能够对自己是否满足招聘岗位的整体要求提前作出判断。组织所发布的招募广告一般包括以下信息：工资收入、工作内容、工作时间、工作条件与工作环境、组织情况（包括企业规模、性质、所在地、资金、津贴、福利设施等）、企业招聘的条件（包括招聘的专业限制、招聘人数、年龄和学历限制、工作经验限制等）、应聘方法（包括需提交的应聘资料、招聘期限、联系方法等），以及其他有关事项等。如下例所示：

示 例

深圳腾讯计算机系统有限公司营销规划岗位招聘启事（职位编号：5677）

公司简介：

腾讯公司于1998年11月在深圳成立，是中国最早也是目前中国市场上最大的互联网即时通信软件开发商。1999年2月，腾讯正式推出第一个即时通信软件——“腾讯QQ”；并于2004年6月16日在香港联交所主板上市（股票代号700）。腾讯已经初步完成了面向在线生活产业模式的业务布局，构建了QQ、QQ.com、QQ游戏以及拍拍网这四大网络平台，分别形成了规模巨大的网络社区。在满足用户信息传递与知识获取的需求方面，我们有QQ.Com门户、QQ即时通讯工具以及年初收购的Foxmail电子邮件；满足用户群体交流和资源共享的方面，腾讯推出的个人博客Q-Zone将与我们访问量极大的论坛、聊天室、QQ群相互协同；在满足用户个性展示和娱乐服务方面，腾讯拥有非常成功的虚拟形象产品QQshow、QQpet（宠物）和QQGame（游戏）QQMusic/Radio/LiveTV（音乐/电台/电视直播）产品，另外对手机用户提供彩铃、彩信等无线增值业务；在满足用户的交易需求方面，专门为腾讯用户所设计开发的c2c电子商务平台拍拍网已经上线，并和整个社区平台无缝整合。腾讯正逐步实现“最受尊敬的互联网企业”的远景目标。

职位描述：

1. 负责游戏网站建设及营销活动需求的沟通和分析。

2. 主导网站CMS及营销活动平台的规划和建设跟进，能独立完成系统的规划，并协调各个模块开发成员的开发工作。

3. 结合运营技术白皮书开展相关网站及活动解决方案的实施推广以及运营分析工作。

4. 整理并分析运营数据提炼运营手段的有效性、活动质量及产品改善建议等。

岗位招聘信息：

招聘人数：1 人　工作地点：上海　工作年限：3 年以上　学历：本科　发布日期：2010-9-30

任职要求：

1. 计算机软件或相关专业本科以上学历，3 年以上开发经验，2 年以上产品工作经验。

2. 熟悉游戏网站的建设和游戏营销活动的方式和内容，有游戏行业相关从业经验尤佳。

3. 了解 WEB 相关开发知识和开发流程，具有互联网 Web 业务开发经验和产品经验尤佳。

4. 有很好的用户需求捕捉能力以及数据分析挖掘能力，有实操案例可分享。

5. 高度的责任心、良好的沟通技巧和团队合作精神，正直进取，有上进心，热爱事业。

6. 有 WEB 项目和团队管理经验者尤佳。

联系方式：

公司网站：http：//www. tencent. com　http：//hr. tencent. com

联系人：人力资源部　电子邮箱：hr@ tencent. com

地　址：深圳市高新科技园南区高新南一道飞亚达大厦 10 楼　邮政编码：518057

注：以上招聘广告信息来源于前程无忧网站 http：//www. 51job. com

借助不同的广告媒体做广告会带来不同的效果，具体选择哪一种广告媒体应根据组织招聘的职位类型而定。下表是对常见的广告发布媒体的优缺点所做的比较分析：

表 5－4　各种招募广告媒体比较

媒体种类	优点	缺点
电视、广播	1. “强入式”信息传播 2. 发掘“跳槽”欲望 3. 兼做企业广告	1. 成本昂贵 2. 稍纵即逝，印象短暂 3. 传播的盲目性

（续表）

媒体种类	优点	缺点
报纸	1. 广告大小有选择余地 2. 可限定招募区域	1. 容易被人忽略 2. 没有特定的读者群
杂志	1. 保存期长，可不断重读 2. 广告大小弹性可变 3. 专业性杂志，可将信息传递到特定的职业区域	1. 难以在短时间里达到招募效果 2. 地域界限小
网络	1. 图文效果优越 2. 传递速度快 3. 可统计浏览人数	1. 信息过多容易被忽略 2. 需要良好的上网条件

以上列举的是三大传统媒体——报纸、杂志、广播电视和近年来兴起的第四媒体——互联网在招募广告信息的发布上各自的优势和劣势。由此可知，选择某一种媒体进行广告招募，需要综合考虑岗位类型、地理区域、招募成本等因素。例如，企业想要在某个特定地区招募到一些短期内就急需要补充上的空缺职位或者企业所在行业、空缺职位本身具有高流失率的特点，地方性的报纸往往是最好的选择。如果企业的空缺职位并非迫切需要补充，或职位候选人将来要集中在某个专业领域内使用，选择代表该专业领域方向的杂志是很合适的。当企业处在激烈的人才竞争环境下，急需要扩大自身影响力，将招募员工与宣传企业形象同时进行的时候，广播电视媒体很容易达成预想效果，只是成本高于前两者。而近年来兴起的网络招聘，更因其方便迅捷和强大的交互性而备受青睐。除了上述较为常见的广告媒介之外，海报、招贴、传单、宣传旗帜、小册子、邮寄印刷品等都能在特定领域产生特别的效果。综上所述，各种广告招募方式的综合应用，往往能够产生更好的效果。

在选择适宜广告媒体的同时，还要重视广告本身的内容设计。一份优秀的员工招募广告要想充分彰显出组织对人才的吸引力和组织自身的魅力，应具备以下一些基本特征：要有别出心裁的创意；要有一句使人过目不忘的广告词；应突出企业徽志；应使用鼓励性、刺激性用语；应详细说明相关的应聘信息。其中，别出心裁的创意、为招聘广告确定一句好的主题广告词和使用鼓励性、刺激性用语是引起人们注意的一种简捷有效的方法。例如，有一家广告公司在报纸上所打出来的广告就与众不同，吸引了很多人的眼球：诚聘具有网络背景、熟悉互联网、具有一定的管理能力、英语六级的人才，硕士、博士优先，月薪要求低于1.5万者免谈；熟悉三维动画设计的美工人员，月薪要求低于6000元者免谈。[①] 此则广告突破人们的传统观念，将“不敢要高薪者”置于免谈的境地。更有商家打出的招募广告直接以“招兵买马”或“通缉令”的形式彰显个性，尽管其做法是否合法有待商榷，但此类创意确实起到了让求职者过目不忘的实际效果。广告语的设计也在很大程度上体现着组织的特色，可分为以下几种典型类型：

示 例

- 直入主题型。例——诚聘销售人员。
- 强调企业型。例——请您加入××行列。
- 强调商品型。例——与您共创超群的××。
- 劳动条件强调型。例——月薪×××元。
- 强调个性型。例——××企业为您搭起成功的舞台。
- 理由强调型。例——你将投身于一项富有挑战性的事业。

除了在广告语的设计上尽量简洁明快，让人印象深刻以外，一定程度的鼓动性用语也是必不可少的，例如“心动不如行动”、“你还在等什么”、“今天就打电话吧”、“我们虚位以待”、“要想了解公司更多最新职位空缺，请点击下面的网址”。总之，就是要符合招募广告设计的AIDA原则。即A（attention），引起求职者对广告的注意；I（interest）引起求职者对广告的兴趣；D（desire），引起求职者申请工作的愿望；A（action）鼓励求职者积极采取行动。能做到以上四点的招募广告，在设计上就是成功的。

4. 人才招聘会

人才招聘会实质上可以分为两大类：一类是只有一家公司举办的专场招聘会，适合于组织欲招募大量人才或面向特定群体（如大中专毕业生）招募的时候举行。另一类则更为常见，是由某些人才交流中心、劳动力市场等外部机构组织的有多家用人单位参加的非专场招聘会，往往表现为成百上千家单位参加的面向全社会的大型招聘会。通过参加大型的人才招聘会来招募组织需要的人才以填补岗位空缺，是现代很多用人单位较为常见的一种招募形式。利用人才招聘会进行招募的最大好处是可以在很短的时间内收集到大量的求职者的信息。具体来说，其优点在于：第一，成本低廉，只需缴纳一定的费用后就可以在会场布置自己的摊位展开招募活动；第二，效率较高，在人才招聘会上，招募人员不仅可以收集简历，还可以

① http：//finance. sina. com. cn/d/20011021/119641. html

和应聘者直接交谈，对符合基本条件的应聘者初步达成进一步沟通的意向并商定面试时间；第三，扩大影响，由于招聘会云集了众多招聘单位，也吸引了大批求职者，所以大型招聘会也是宣传和展示企业形象的大好时机。

尽管其优势突出，但许多用人单位却表示在招聘会中往往收效甚微。究其原因，其中固然受到人才招聘会时间仓促、受地域限制等客观存在的不利条件影响，但更为主要的原因则在于自身没有在参会前做好充分的准备工作。例如，招聘会现场使用的招募信息制作过于简单、粗糙，毫无吸引力，无法起到对组织的宣传推广作用；招聘人员缺乏现场招聘中快速筛选简历或与求职者简单面谈交流的经验、技能等。因此，要想提高现场人才招聘会的成功率，关键在于宣传，尤其是招聘会召开之前的宣传。除了花心思设计有吸引力的现场招募广告以外，组织还应准备好足够的辅助材料，包括宣传公司历史、公司理念、地理位置、就业条件、待遇标准、职业发展通道等内容的小册子或宣传单，供应聘者随时索取查阅，还可以准备一些制作精美的印有公司标识的纪念品作为小礼物对前来公司展台应聘的求职者免费发放，如签字笔、钥匙扣、鼠标垫等。此外，现场招聘会中，对展台的精心设计、辅助设备手段的综合应用，也为组织树立形象、扩大影响、吸引求职者目光增添了一个有力的砝码。例如，如果有条件的话，可以争取到一个尽量好的中心位置，布置出一个较大的展示空间，请专业化的设计公司帮助设计展台布局，并使用电脑、投影仪、电视机、放映机等辅助设备播映公司的宣传片。也可选择较为安静的区域设置展位一角，便于招募人员与其认为有必要进一步深入了解的求职者进行现场面谈。

另外，现场招聘会中，参会人员自身也要做好充分的准备，对应聘者可能会提出来的问题以及组织在招聘职位、待遇方面的情况一定要事先准确、清晰、全面地了解清楚。在展会现场则需要保持良好的精神风貌和对人应有的礼貌与尊重，以自身的高素质表现给应聘者树立一个良好的公司整体形象。在招聘会后，也应对收集到的个人简历或应聘者填写的公司提供统一格式的申请表以最快的速度整理出来，并通过电话和电子邮件等方式和求职者尽快取得联系，将答复意见及时反馈给求职者。这样做的目的是防止由于组织反馈速度太慢而给应聘者留下管理效率低下的不良印象或应聘者已被其他单位“先下手为强”了。对于初步筛选被淘汰的应聘者，组织也应该给予婉言谢绝的答复。

5. 校园招聘

校园招聘从本质上来说仍属于现场招聘的一种具体形式，只是与一般的现场招聘会不同的是，其招募对象是具有特定性的，主要是指各类高校和职业技术学校中的大中专毕业生。我国每年有上百万各类院校的毕业生，形成一个庞大的专业人才的供给市场。很多国际著名的跨国公司一直是校园招聘的积极参与者，因为高校精英荟萃，蕴藏着大量的组织所需要的专业素质高、学习领悟能力强、工作热情高涨、可塑性好的极具发展潜力的未来优秀核心人才。而且，与有着多年工作经验的社会人员相比，新毕业的学生往往薪酬较低，从这个意义上来说，校园招聘也为组织节约了一定的招募成本。因此，校园招聘往往成为组织招募专业技术人员和专业管理人员的主要来源和最佳场所。但是校园招聘也有着明显的缺点：前期投入宣传和运作的总成本较高，招聘周期长，人员到位的速度比较慢，不适合急需填补职位空缺的招聘。例如，宝洁中国公司每年用于校园招聘的费用达几百万元，而且校园招聘从毕业生毕业到最后上岗需要几个月的时间。另外，毕业生往往缺乏工作经验，对未来的设想过于理想化，对自身定位不准确，对能力估计不现实，容易产生不满情绪，往往存在着较高的流动率。这都是组织在决定校园招聘前必须要正视的问题，需要组织进行系统的策划、精心的准备和付出较大的努力。

校园招聘的形式有很多，例如一年一次或一年两至三次的毕业生洽谈会（具体形式又可以分为学校组织的、专业机构组织的、大型企业或单位自身组织的）、组织委托高校或中等职业学校培养、定向培养、在高校设立奖学金并在享受者中选拔录用、为学生提供实习机会并选拔留用（很多正规大公司都设有实习生岗位专供高校学生假期实习，并待其毕业后选拔录用其中的优秀者）、校企联合开发项目吸收学生加入、在高校建立实验室、资助优秀学生、与高校建立联谊会等长期固定关系等。

校园招聘的方法也多种多样。一种是管理人员或者其他代表访问学校并发表演讲，如高校中常见的知名企业校园宣讲会。另一种是与学生签约并参观校园，同时与签约的学生及其他有兴趣的学生进一步面谈。一些大公司为了从高校人才这块“大蛋糕”中分享到更多的份额，还经常聘请招聘专家或雇佣专职招聘人员去校园招聘。为了提高校园招募的质量和效率，组织应该在正式招募前制定一套完整的招募流程：

第一，调查分析，确定目标学校。组织在选择学校时往往会综合考虑几个因素：一是要明确空缺岗位的类型，例如公司需要控制水污染专家，那么招聘人员必须去那些设有环境研究专业的学校；二是企业或组织的规模，大公司可能到全国各地的知名大学去招聘，而小单位则主要在本地的大中专院校中招聘；三是与其过去校园招聘的经历和结果有关。第二，前期宣传，通过各种方式尽快扩大自己在目标校园中的影响力。第三，时间临近，需要准备充足、翔实的宣传材料并进行招聘工作小组的明确分工。第四，正式进驻校园，与学生直接接触交流，向学生宣传公司历史、理念、定位、战略、发展前景、空缺职位、任职要求等，发放宣传材料或纪念品。第五，接受学生所提交的个人简历、自荐书、求职申请表等应聘材料并初步筛选。第六，及时向应聘学生反馈答复意见，婉拒不符合要求的学生并通知初步符合条件的学生进入下一轮的甄选。以下是宝洁公司校园招聘的具体做法。

示 例

宝洁公司的校园招聘

美国宝洁中国公司从1989年就开始校园招聘，十多年间已在三十多所高校进行招聘，并且与这些高校建立了良好的合作关系。

宝洁公司的校园招聘通常于每年的11月开始，次年的1月底结束，一般持续两个多月。招聘程序包括：

·举办校园招聘会，公司高级经理介绍公司发展，公司人事政策，发布招聘信息；

·现场派发招聘申请表；

·初试：大约需要30～45分钟，由公司各部门高级经理进行；

·笔试：应聘者参加解难能力测试（PST），这是宝洁公司世界通用的能力测试题，主要考查应聘者对复杂情况的反应、处理及逻辑运算能力；

·复试：大约需要60分钟，部门经理和人事经理组成面试小组。

6. 职业中介

职业中介是外部招募的一种特殊方法，与其他方法不同的是用人单位不需要自己直接招聘，而是通过支付一定的费用委托职业中介机构（或称就业代理机构）代为寻找和初步选择所需要的人员。就业代理机构是指人才市场、人才交流中心、职业介绍所、劳动力市场、劳动力就业服务中心等形形色色的外部组织机构。求职者一般将个人应聘信息在这些就业代理机构登记，而企业也会在出现岗位空缺时常常光顾这些职业中介机构。例如，企业一般会到劳动力市场或就业服务中心、职业介绍所去招募“蓝领”工人，而到人才市场、人才中心去招募“白领”工人。这些就业中介代理机构就利用自身的信息网络平台优势，为用人单位和求职者之间“牵线搭桥”，帮助求职者找到工作，帮助雇主初步选拔合适人员。特别是在企业没有设置专门的人力资源部门时，借助职业中介机构的信息资源优势就显得更为重要。

在国外，职业中介既有各级政府主办的公共职业机构，也有私人职业中介。近年来，我国职业中介的发展速度也在不断加快，有各级劳动部门、工会以及妇联等公共组织主办的职业中介，也有民营的职业中介。有些职业中介除了提供劳动力储备和职业介绍以外，还提供职业培训、职业指导、法律咨询、档案寄存、人事代理等综合服务。

职业中介机构代理招聘的优点是：第一，相对于其他外部招募方式来说，职业中介代理招聘没有额外的、不可预见的财务风险。第二，由于职业中介专业从事人员流动的中介工作，所以他们联系面广，掌握的信息较多，一旦委托的用人单位出现职位空缺时，就业代理机构马上能推荐许多候选人供单位甄选，节约了组织招募的时间。第三，大大降低了组织在外部招募中的精力耗费，职业中介代理招聘不需要组织进行前期的宣传工作，利用职业中介招聘也可以进一步减轻招聘单位寻找、联系、筛选求职者等繁琐工作。第四，就业代理机构可利用其在人力资源招聘实践中长期积累下来的专业经验和掌握的专业技能、测量工具，帮助用人单位安排面试，协助其初步筛选应聘者。

值得注意的是，由于用人单位与求职者之间存在着信息不对称，招聘的成功与否在很大程度上依靠就业代理机构的判断，而他们的筛选标准可能与组织有所不同，因此最后可能造成他们推荐的候选人和组织空缺职位不匹配的情况出现。另外，职业中介机构也可能出于“标榜”自身业绩的考虑，过于重视所招募到的候选人数量而忽视其质量，再加上当前的职业中介机构遍地开花，难免良莠不齐，因此组织在选择职业中介机构时一定要慎重。尽量选择信誉较好的，尽可能地要求其提供更多适合职位要求的候选人以供组织进一步甄选，并和几家信誉高的就业代理机构保持长期的良好合作关系。

并不是所有类型的空缺岗位都适合借助职业中介机构完成外部招募的。一般情况下，组织通过代理机构进行招聘的职位有两个特点：一是不需要高度专业化技能的中等或低水平职位；二是社会上较为稀缺的或技能特殊的职位。

7. 猎头公司（executive recruiters，headhunter）

猎头公司实际上也是一种就业代理机构，但由于其操作方式和服务对象的特殊性，经常被看作是一种独立的招聘渠道。猎头公司作为一种特殊的职业中介，它和一般的职业中介相比，服务的对象具有特殊性，它是专门负责帮助组织寻找和招聘中高级经理人员和特殊技术人员的，最早成立于二战后的美国。目前猎头公司在国外已经成为一个成熟的行业。猎头的意思是“网罗高级人才”，因此猎头公司就是指一种服务于高级技术人员和管理人员的职业代理机构，它常被组织当做用来招募高级甚至是顶级核心技术、管理人才的重要手段。

由于其服务对象的特殊性，猎头公司往往采取隐蔽猎取、快速出击的主动竞争方式，为需要高端人才的客户寻找到在一般人才市场上难以寻觅到的高级人才。它们是一种专门为组织“搜捕”和推荐高级管理人员和高级技术人员的机构，它们所猎取的“对象”一般都是诸如总裁、副总裁、总经理、副总经理、人事总监、财务经理、市场总监、技术总监、营销经理、生产经理、高级项目经理、高级工程师、高级顾问这样的高端核心技术人才和管理人才。而且在一般情况下，这些人已经在其他组织中就职，而且工作状况往往较好。猎头公司的任务就是设法诱使这些人离开正在服务的组织，就职到委托他们招聘的客户组织中来。

专业化的猎头公司，拥有自己专门的高端人才数据库，它们还常常凭借敏锐的视角和丰富的专业背景知识，主动去发现和寻找高级人才，以不断丰富充实它们的人才库。服务于其中的猎头顾问们，往往具备丰富的阅历和严格的职业操守，在搜寻和筛选过程中能够为客户保守秘密，他们掌握高超的沟通能力和技巧，具有扎实的学科基础，能够为组织准确地寻找到高级核心员工。这些高级人才由于自身的能力和经验都十分丰富，不需要再额外培训，往往“来之能战”，节约了大量的时间和培训成本，为组织在短期内创造出明显的价值收益。因此这种专业、超值的招募方式尽管成本昂贵，依然受到很多大公司的青睐。例如壳牌中国公司每年大约有30个左右的职位是委托猎头公司招聘的。

猎头公司的工作流程一般是这样的：接受客户委托，分析客户需要，根据需要搜寻人才并进行初步筛选，最后做出候选人的分析评价报告供委托客户抉择。

采用这种方式进行外部招募的缺点是填补职位空缺的速度较慢，成本也很高，还存在一定的风险。具体来看，由于高级人才本身具有稀缺性，又往往在其他组织中拥有稳定而不错的职位，因此在广泛搜寻中将其“发现”到后来最终“猎取”，不像一般中介机构那样方便迅捷。基于此，猎头公司提供的是收费昂贵的有偿服务，费用是按照招聘职位第一年的年薪确定，一般高级职位按其年薪的25%至30%收取，中级职位的费用标准一般是该职位3个月的月薪。风险则体现在猎头公司对高级人才“挖墙脚”式的搜寻方式容易带来法律纠纷。

组织在决定和猎头公司合作时，应该对未来可能存在的风险有个清醒的认识，注意以下几点问题：选择声望较好的猎头公司合作；合作前双方要就各自的权利义务达成协议，特别是诸如费用、时限、后续责任等容易发生争议的问题要经过磋商达成共识；要让猎头公司充分准确地理解组织对理想候选人在技能、经验、个性方面的要求；要充分确认猎头公司所推荐的人才与原来的公司已经解除聘用关系，特别是一些顶级的核心管理人才或技术人才，避免引起不必要的法律纠纷；如果合作愉快，今后可以保持长期合作，避免"走马观灯"，频繁更换合作的猎头公司。

8. 网络招聘（internet recruitment）

网络招聘是近十年来伴随着网络技术的迅猛发展逐渐兴起的一种全新的招募方式，它是指利用计算机、互联网和其他信息技术完成招聘的过程。随着现代科学技术的发展，信息时代的到来，计算机技术和互联网得到了迅速发展，网络招聘的应用日益普及。网络作为一种现代沟通方式，对现代人有很强的吸引力，在网络上可以找到适合组织发展的大量优秀人才。有些用人单位甚至认为，应聘者能否从网上看到公司的招聘信息，并找到公司主页，就是考察应聘者能力的一个隐形标准。可见，网络招聘已经成为人才招聘的一种重要途径。

网络招聘有许多传统的招募渠道所无可比拟的优点，如信息传播速度快、范围广、成本低、可储存、可搜索、交互性强、供需双方选择的余地大，而且不受时间和地域限制等，因此虽然起步较晚，却有大肆赶超之意。它能使组织更好、更快地以更低的成本在更大范围内吸引招募到组织所需要的各类人才。常见的网络招聘有三种模式。

第一种是通过专业网络招聘网站的平台专门设立的人才库，寻找适合组织需求的人才，即利用搜索器来查找应聘者。这种通过数据库查找的方式进行网络招聘，适合那种小型的专业化组织，这类组织不需要通过网络招聘来扩大知名度，也希望能够降低招聘的成本、提高招聘效率，尽快找到本组织最需要最合适的人才。同时，这种方式也有利于组织利用网络招聘的契机建立自己的人才库，通过信息化建设，为本组织的中期或长期的人员规划、部门人力资源设置做好准备，并且做好人力资源储备力量的安排。而且与专业性的网站人才库合作还可及时跟踪市场劳动力信息，随时发现企业急需的人才，是一种高效的网络招聘模式。

第二种网络招聘模式是招聘方与专业性网络招聘公司合作，在专业性的网络招聘网站上发布招聘信息，提供详细职位信息。国内较为知名的专业性招募网站有中华英才网（www. chinahr. com）、前程无忧网（www. 51job. com）、智联招聘网（www. zhaopin. com）、中国就业网（www. chinajob. gov. cn）、南方人才网（www. job168. com）以及面向高校毕业生的中国高校就业联盟网（job9151. com）、全国高校毕业生就业网络联盟（www. ncss. org.

cn /wllm/）和各省市地区自有的人才网络。应聘者可以通过这些专业网站提交个人简历，而后由网络招聘专业网站或者招聘方对简历进行初步筛选并通知相关人员进入下一轮甄选。这种网络招聘多用于跨国公司、大型企业等，他们把招聘工作同时作为一项重要的组织形象宣传，尤其针对应届毕业生的校园招募开始越来越多地在网络上进行。具体实例如下图所示：

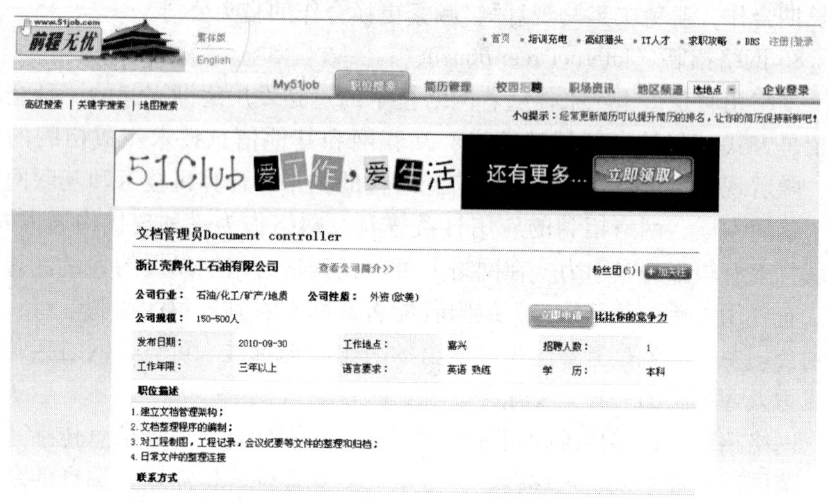

图5－5　网络招聘实例（前程无忧）

第三种网络招聘模式是利用组织官方主页进行招聘，即在组织官方网站上发布招募信息，同时将组织文化、人力资源政策以及更多的能让求职者了解的信息发布在主页上，这样既可达到宣传目的，又能吸引来访问的求职人员在了解组织的实际状况后，有针对性地选择应聘岗位，所以招聘人员的质量比较高。此外，组织还可以将在线填简历应用其中，这样就可以很方便地建立自己的人才储备库，方便查询。但这种模式适用于较大规模而且有较强知名度的企业，他们还有足够的资金实力建设自己的网站。

尽管网络招聘有着许多优势，但也要清醒地意识到它也同样存在着诸多风险。如网络招聘还有如何规范人才供需双方的诚信、为双方提供更加直观的接触、对求职者更加人性化的服务等方面问题亟待改善和加强，同时还受到互联网的普及程度等硬件条件的制约，致使网络招聘的迅速发展还存在一定的技术障碍。但从总体上来说，网络招聘作为选拔通用型人才的第一个环节，不失为一条高效的渠道，尤其是在面对大量候选人进行初步筛选的时候，网络招聘利用其强大的搜索、过滤、筛选引擎，可以按照相应的指令，迅速完成指定任务，从而大幅度降低招募人员的工作量，提高工作效率。

（三）不同招募渠道的比较

综合分析以上招募渠道和方式之后不难发现，内部招募和外部招募各有利弊，两者基本上是互补的，其各自的优缺点对比分析如下表5－5所示。

表5－5 内外部招募渠道及优缺点

比较项目 渠道	方式	优点	缺点
内部招募	内部提升 工作调换 岗位轮换 公开招募 返聘或重新聘用	1. 了解全面，准确性高 2. 可鼓舞士气，激励员工积极进取 3. 应聘者可以更快适应工作 4. 使组织培训投资得到回报 5. 选择费用低	1. 来源局限企业内部，水平有限 2. 容易造成“近亲繁殖” 3. 可能会由于操作不公或员工心理原因造成内部矛盾
外部招募	推荐 广告招募 招聘会 校园招聘 职业中介 猎头公司 网络招聘	1. 人员来源广，品种多样，选择余地大，有利于召到一流人才 2. 新雇员能带来新思想、新方法 3. 当内部有多人竞争而难以作出决策时，向外部招募可平息或缓和内部竞争者之间的矛盾 4. 人才现成，节省培训投资	1. 外部人员不了解公司情况，难以保证员工进入公司后能适应公司文化，进入角色慢 2. 内部员工得不到机会，可能影响他们的积极性 3. 对应聘者了解少，可能招错人 4. 招募成本高

资料来源：张德．人力资源开发与管理［M］．北京：清华大学出版社，2007.4

通过上述对比分析可以得出一个明确的结论：选择招募渠道应讲究内外结合，这样会产生最佳效果，具体结合程度要参照公司的战略计划、招聘岗位的类型、要求上岗的时限等因素。至于具体情况下到底应以内部招募为主还是以外部招募为主，则不可一概而论。例如，美国通用电气和日本很多知名企业的高层管理者都是以内部招募为主，而IBM、HP等国际知名大公司的CEO则大多数来自于外部招募渠道。在确定招募渠道的时候，应秉持一个基本的原则：员工招募要以能更好地适应岗位需求和提高组织竞争力、适应力为根本目标。

第四节 人员甄选

在经过了最初的人员招募工作环节后，面对着众多的应聘者，组织往往需要通过特定的手段选择其中适应岗位任职要求的候选人来填充空缺岗位。这就是甄选过程所要解决的问题，为岗位选择到合适的人，将合适的人引导到适合他的空缺岗位上，从而实现人与职位的匹配。甄选过程在整个员工招聘工作中居于最重要的地位，直接影响到招聘的成败，因此必须引起高度的重视。但是这一个环节偏偏又是技术性最强、难度最大的一个环节，在对应聘者的甄选中，需要借助一定科学合理的人才测评技术、方法与工具方能实现预期目标。因此可以说，没有合理有效的人才测评手段，也就无法实现对候选人准确的甄别和挑选。前者是后者的实现方式与手段，后者是前者活动的最终结果。本节主要针对在人员甄选中常用的人才测评方式展开详细介绍。

一、人员甄选的概念

人员甄选（selection）即员工选拔，是指用人单位在招募工作完成之后，根据用人条件和用人标准，综合利用心理学、管理学和人才学等学科的理论、方法和技术，运用适当的测评方法和手段，对候选人的任职资格和对工作的胜任程度进行系统的、客观的测量、评价和判断，从而对应聘者进行审查和筛选的过程。简言之，就是根据既定的标准对工作申请人进行评价与选择。员工选拔是人力资源获取工作中最为关键的一步，也是技术性最强的一步。其主要内容可以归纳为对以下一些问题的回答：一个合格的员工应该具有哪些技能？应该测评员工的哪些素质？哪些方法可以用来挑选员工？每种方法有哪些优缺点？有效的挑选方案应该具有哪些要求？回答好了以上问题，也就理解透彻了人员甄选的深刻内涵。

二、人员甄选的意义

人员甄选是依据一定的标准、通过一系列科学的测评手段对众多候选人在智力、能力、知识、心理素质、人格特征、职业技能等多方面的综合素质进行全面评价，并在此基础上选拔适合填补本组织空缺职位的优秀人才。如同高质量的产品需要在源头上就来自于高质量的原材料一样，组织的生存和发展也必须要有高质量的人力资源作为坚强的后盾。人员甄选就是为了确保组织发展所需要的高质量人力资源而进行的一项必须且又极其重要的工作。选对了人，能为组织带来可观的收益并将这种收益长期持续下去；选错了人，不仅会给组织带来招聘成本的耗费，而且有可能进一步造成负面的不利影响。因此，越来越多的用人单位开始重视招聘质量，并努力钻研和采用科学的测评工具和方法，以期提高甄选的准确性，这对于提高人与职位的匹配性、提高员工满意度、降低员工离职率等方面都具有重大意义。具体来说，人员甄选的意义体现在以下几个方面：

首先，有效降低了员工招聘的风险。在人员甄选阶段，通过各种选拔手段和测评工具的综合应用，对候选人的整体素质进行了全面客观的评价，并就其能否胜任本组织空缺职位的工作能力得出基本结论。系统有效的甄选，可以为组织找到适合岗位要求的人员的同时，也避免了不符合要求的人员被错误地引进组织内部的情况发生，从而减少了组织因遗漏符合条件的优秀人才而带来的遗憾，也降低了因雇佣不胜任人员而带来的人事风险。

其次，有利于节约人工成本。有效的甄选，是在众多应聘者候选人当中将最符合岗位要求的佼佼者挑选出来，实现人和职位的高度匹配。站在整个人力资源管理系统的角度上来看，招聘到合适的员工可以有效减少培训工作的成本投入，带来组织的长久稳定，减少因人员流失所造成的其他成本耗费，例如为了维持组织的有效运转和填补因旧员工离职所造成的岗位空缺而不得不进行的新一轮招聘和培训的成本费用。

最后，为员工在组织中未来的发展奠定了良好的基础。有效的人员测评手段不仅能对员工个人当前的整体素质状况作出客观全面的分析判断，还能进一步提供这些人员未来发展可能性的相关信息和趋势预测。这样便于组织对员工的职业生涯作出合理规划和引导，并为其在组织中未来的长远发展提供适当的培训机会，铺设顺畅的职业生涯通道，使真正优秀的人才能招得进来、留得下去。

三、人员甄选的基本原则

要想做好人员甄选工作，除了要有一套行之有效的选拔方法和测评技术之外，还必须遵循一定的原则和标准。具体来说，人员甄选应坚持以下六项基本原则。

（一）因事择人

选拔人才一定要从组织的实际需要出发，以空缺岗位的基本要求为落脚点，根据人力资源规划、工作分析和职务说明书对工作人员的资格要求来甄选人才。坚持因事择人的基本原则，才能更好地实现事得其人，人适其职。反之，如果因人设事，为了安排人而增加设置一些不必要的职位，必然会造成职位虚设、人浮于事、机构庞大臃肿、办事效率低下的情况，同时也带来了组织用人成本的提升，即招来的人不一定能干组织真正需要的实事。

（二）人职匹配

组织中每个职位有自己特定的工作性质、职责、内容、权限、规范和对任职者的资格要求，每个成员也都有各自的素质条件、个人意愿、职业理想。组织在甄选人才的时候，尽量系统思考、全局谋划，在职位要求和员工能力之间寻求平衡点，实现员工个人与职位要求的匹配。使每个工作岗位上都有最适合它要求的工作人员，使每一个员工都在最能发挥他个性特长的职位上安心工作。这样的人职匹配对于培养员工忠诚感、降低流失率、节约招聘和因为不合适所产生的人力资源重置成本来说都是有积极意义的。

（三）平等竞争

平等竞争原则是指通过考试竞争和考核鉴别，确定人员的优劣和取舍。在人员甄选过程中，平等竞争是一个极其重要的基本原则。只有对所有的竞争者采取一视同仁、公平、公正、公开的考核手段，才能让真正的“珍珠”从“瓦砾堆”中脱颖而出，从而保证录用人员的质量，为组织的发展起到人才助推的真正作用。另外，平等竞争也有利于在众多应聘者心中树立良好的组织形象，提高组织对人才的吸引力。为达到平等竞争的目的，第一要通过有效的招募活动设法吸引较多的申请人；第二又要严格选拔程序，用科学的手段确定最终人选，尽量避免“拉关系”、“走后门”、贪污受贿等现象的发生。

（四）用人所长

每个人都不是完人，都有各自的长处和短处，人才也不是指全才、圣人。但是各有缺陷的员工却可以很好地在组织中搭配使用，实现良性的互补。在人员甄选中要特别注意克服“求全责备”的思想，不要抱怨挑不到满意合适的员工，那是缺乏发现他们身上长处的眼光。用人之道不在于如何减少人的短处，而在于如何充分发挥人的长处。在为空缺岗位甄选员工时，要树立“只要置于适当的位置，人人都是人才”的正确选人、用人观，合理搭配、用人所长，真正做到人才选拔的“良剑期乎利，不期乎莫邪”的理想境界。

（五）德才兼备

从古至今，在选拔人才方面，“德才兼备”一直是一个得到公认的标准。对组织来说，“德”所涉及的主要是工作的责任心和能否为组织努力服务的思想和态度，“才”是为组织服务的能力和本领。两者统一于素质这个本体身上，甄选过程就是要突出人员的整体素质，坚持德才兼备，克服重德轻才和重才轻德两个错误的倾向。

（六）宁缺毋滥

如果甄选出来的员工德才不足以胜任职务工作，那么不仅不能为组织作出应有的贡献，反而会增加组织额外的负担，如招聘成本、人力资源重置成本、员工离职带来的机会成本等，个别德才低下的员工甚至会组织带来一定的经济损失或名誉损失。因此在甄选未来的员工时，以德才兼备为考量的基本标准，不要为了填补眼前的空缺而忽视或降低对员工素质能力的要求，滥竽充数的员工对给组织的不利影响往往是长期的。因此，甄选员工应树立宁缺毋滥的思想。

四、人员甄选的常用方法

人员甄选的方法有很多，综合起来看大致有简历或申请表筛选、笔试、面试、心理测验、情景模拟、评价中心技术等，组织可以根据自己的客观条件和实际需要综合考虑选择其中的一种或多种方法。

（一）简历或申请表筛选

在员工招募阶段，组织可以通过内外部招募渠道广泛收集求职者的个人简历或他们填写的由组织提供的统一格式的职位申请表。然后按照组织的基本要求和标准进行初步筛选，挑选出符合岗位需求的求职者以进入下一轮更深入细致地全面测评甄选阶段。因此，简历筛选是在正式开始人员甄选前必做的一项基本工作，通过初步筛选，可以为接下来的测评与甄选缩小范围，减少组织在测评与甄选环节中的成本投入，也节约了时间，提高了甄选效率。

在当前绝大多数的组织招募环节中，都设置了这样一个初步筛选阶段。通过查看求职者的简历，可以简便、快捷地了解到应聘者的一些基本信息，如姓名、年龄、联系方式、受教育程度、工作经历、培训经历、在相关行业的工作经历、个性特征、兴趣爱好、专业特长等，如果这些个人基本信息都统一安排到后面的面试环节再去了解，那么也就没有那么多时间和精力去深入了解和考察他们个人的工作能力和实际工作表现了。因此，从事招募环节工作的人员应花费大量时间和精力去阅读求职者的简历，并通过组织制定的一些硬件条件过滤掉一些明显不符合组织基本要求的候选人，从而将应聘者的数量缩小到接下来甄选环节能够较好应付和控制的数目，这对于提高测评与甄选环节的准确率是大有好处的。

除了应聘者递交的具有个性化特色的简历以外，也有的组织要求求职人员在应聘时必须填写一份公司统一格式的职位申请表或信息登记表，如下例中所示。

表5－6　应聘人员职位申请表

应聘职位：　　　　　　　　　　　　　　　　　填表日期：　年　　月　　日

姓名		性别		年龄		出生日期	
籍贯		民族		身高		体重	
学历		职称		健康状况		婚姻状况	
毕业院校				所学专业			
第一外语		级别		第二外语		级别	
联系方式				身份证号			
期望工资		上岗时间		其他要求			

所受教育	起止时间	学校名称	专业	学历

工作经验	起止时间	公司名称	所担任职务	相关证明人

参加的培训	培训机构	培训内容	所获得的相关证书

所受到过的奖励及处分	
兴趣和爱好	
个人特长及自我评价	

资料来源：管理资源吧 http：//www. glzy8. com/

职位申请表是由单位设计，包含了职位所需基本信息并用标准化的格式表示出来的一种初级筛选表。职位申请表一般包括应聘者个人基本情况、过去和现在的工作经历和业绩、受教育和受培训情况、能力特长、职业兴趣、自我认知等内容，作为初始阶段的筛选工具，它常常和个人简历结合起来使用。因为个人简历中所反映的内容是求职者个人想告诉组织的，其中不免会有组织想要真实了解而被其本人遗漏或者刻意夸大及掩饰的情况；而申请表是组织最想了解的求职者个人的一些情况，以最直接的方式将真实情况告知组织。这两者在内容上虽有重叠的地方，但也有很多不同之处，对于初步筛选者来说，将两者所反映的情况配合使用，互相印证、互为补充，不啻为一个更准确了解应聘者基本情况的一种有效手段。下面将个人提供的求职简历和公司提供的职位申请表之优劣做一对比分析如下：

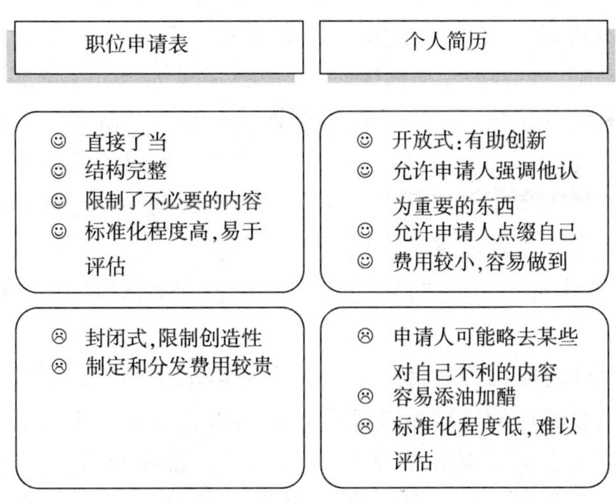

图 5－6 职位申请表与个人简历的优缺点对比

资料来源：张德．人力资源开发与管理［M］．北京：清华大学出版社，2007.4

（二）笔试

笔试是考核应聘者学识水平和能力的重要工具。它是指在控制的条件下，应聘者按照试卷的要求，用记录的方式回答相关问题的一种甄选测试形式。这种方法可以有效地测量出应聘者的基本知识、专业知识、管理知识、人文和科技知识、记忆能力、逻辑推理能力、文字表达能力、综合分析能力等素质和能力的差异。因而成为当今组织在人员甄选过程中使用最为频繁的一种方法。

笔试法的优点是：一次能够出十几道乃至上百道试题，考试的样本量大，尤其是在大规模的员工招聘中，它可以一下子把员工的基本活动了解清楚，然后可以划分出一个基本符合需要的界限；对知识、技能和能力考核的信度和效度都比较高；所有考生面对同样的试题和同样的判题标准，公平性较强；可以大规模地进行分析，花时间少，效率高；由于无需和主考官面对面交流，因而报考人的心理压力较小，较易发挥水平；主考官不直接接触报考者本人，不受个人主观感受的影响偏差，因而成绩评定比较客观。笔试法的缺点主要表现在：不能全面地考察应聘者的工作态度、品德修养以及组织管理能力、口头表达能力和操作技能等。因此，笔试法虽然有效，但还必须采用其他测评方法，如面试、心理测验法、情景模拟法、评价中心技术等协同使用，以补其短。一般来说，在组织招聘中，笔试是应聘者真正面临用人单位初次选拔的“第一道门槛”，只有成绩合格者才有资格继续参加面试或下一轮测试。

笔试主要是考察被试者的基本知识素质、专业知识和技能、语言表达能力和计算机技术能力等。笔试形式主要有：单项选择题、不定项选择题、是非判断题、匹配题、填空题、简答题、问答题、小论文等，每一种笔试形式都有它的优缺点。如：选择题评分公正、抽样较广、试卷易于评阅，但试题不易编制，答案可以猜测，有时甚至可以以掷骰子的方式来碰运气；小论文要求考生以撰写成文来表达自己对某一问题的看法，此种形式试题编制容易，也能考察出被试者的书面表达能力、理解概括能力、综合处理和创造性解决问题的能力，但命题范围有限且缺乏客观的评分标准。

笔试的具体考察内容设计可以因组织的需求和职位的不同而不同。例如，我国国家公务员的笔试测试包括基础知识和专业知识两部分：基础知识主要是指担任公务员必备的基本通用知识，如政治学、行政学、法律、公文写作等，主要通过行政职业能力倾向测试和申论两场考试来进行甄选；专业知识是从事某一专业或职位所必备的业务知识，不同类别公务员的专业考试科目不同，如文书或秘书类公务员考秘书学、行政学、写作、法学概论、经济学概论等，而企业管理人员则考察企业管理、市场营销、管理心理学、公共关系学、经济学常识、法律常识等学科内容。

（三）面试

面试是目前应用地最为普遍的一种选拔测评方法，几乎所有的人员甄选过程都会使用到面试，而且还经常在一个招聘甄选程序中被反复多次使用。面试是在特定场景举行的、预先精心设计的、旨在全面考察被试者各方面综合实力的、具有极强导向性和目的性的谈话活动。面试通过主试与被试双方面对面地观察、交谈等双向沟通方式，由此及彼、由表及里、逐渐深入地了解应试人员素质状况、能力特征、工作经验及求职动机的一种人员甄选技术。与其他甄选方式相比，面试以其方便灵活、容易操作、考察面广、不需要额外设备投资以及给应试者更大的自由发挥空间等特点而深受广大招聘单位的青睐。它比笔试更为直观、灵活、深入，可以判断出纸笔测试无法看出的人的属性或者层面，即它不仅可以评价出应试者的学识水平，还能评价出应试者的能力、才智及个性心理特征等。

1. 面试的分类

依据不同的分类标准，可对面试进行不同的分类。

（1）根据提问种类的不同，面试可分为结构化面试和非结构化面试。

结构化面试（structured interview）又称为直接提问型或固定模式型面试，它是由一系列连续向申请某个职位的求职者提出的与工作相关的问题构成。一般它的问题设计与答案都经过事先准备，面试者根据设计好的问题和细节按顺序逐一发问，而且对待每一个被试者都按照同样的题目和顺序提问，也方便了主考官对不同被试者素质的横向比较。因此使用结构化面试由于减少了非结构化面试的主观性，从而提高了面试的可靠性和准确性。但这种方式很容易使面试气氛过于严肃正式，让被试者产生紧张情绪，进而影响其回答问题的能力和愿望。从总体上来说，这种面试适合于甄选一般员工和一般技术、管理人员。

非结构化面试（unstructured interview）又称为不直接提问型面试，即面试采取漫谈的方式进行，谈话的内容没有经过事先的设计与安排，主考官与被试者随意交谈，面试者会提出许多探索性的、无固定题目和标准答案的、无限制范围的问题，在这种海阔天空、无拘无束、轻松随意的谈话氛围中，被试者可以就某些关心的问题自由发表言论、抒发观点和想法。这种面试是综合性的，主考官鼓励被试者多谈，从而近距离观察他们的知识面、价值观、谈吐和风度，了解他们的思维能力、判断能力、表达能力和随机应变的反应能力。但这种方式比结构化面试耗时更多，且主观性较强，不同的被试者会获得不同的信息，因此横向综合比较候选人的难度加大，同时对主考官的知识、经验、谈话技巧的要求都十分高。

（2）根据对面试的控制方式的不同，面试可分为个别面试、小组面试、成组面试、会议面试等多种类型。

个别面试即“一对一”面试，是指一个应试者与一个面试人员面对面地交谈，这种面试方式有利于交谈双方加深相互了解。但由于只有一个面试人员，所以决策时难免有失偏颇。小组面试即“多对一”面试，通常是由多人组成面试小组对每一个应试者分别进行面试，面试小组可由人事部门及其他专业部门的人员组成，从多种角度对应招者进行考察，提高判断的准确性，克服个人偏见。成组面试即“多对多”面试，通常由面试小组

（由二三人组成）同时对几个应试者（最好是五到六个）进行面试，在面试人员的引导下，完成一些测试和练习。在这个过程中，对应试者的逻辑思维能力、解决实际问题的能力、人际交往能力、领导能力等进行测试，做出用人决策。会议型面试则是指由若干位企业代表会见一位候选人，虽然对求职者详尽地考查十分可信，但受试者的紧张程度很高，容易发挥失常。

（3）根据面试次数的多少，面试可以分为连续性面试和一次性面试。

连续性面试即多轮面试，例如，现在很多企业在选拔人才的时候，先由人力资源部招聘专员进行“一面”，再由用人部门的主管进行“二面”，最后由企业高层管理者进行“三面”，才能做出是否录用的最终决策。一次性面试就相应简单些，通常是由来自于不同部门和不同层次的组织成员组成综合性的面试小组，对被试者进行一次全面综合性的面试。

（4）根据面试的内容，面试可以分为行为面试和情景面试。

行为面试是要求应试者描述以往工作中相关事例，并说明当时解决问题和克服困难所采取的具体措施和办法。情景面试是考官逐一向应试者提出在工作中可能遇到的矛盾和问题，要求应试者做出分析，提出解决措施和办法。

2. 面试的基本流程

一个完整的面试流程从开始到结束大致可以分为准备、引入、提问、收尾四个阶段。

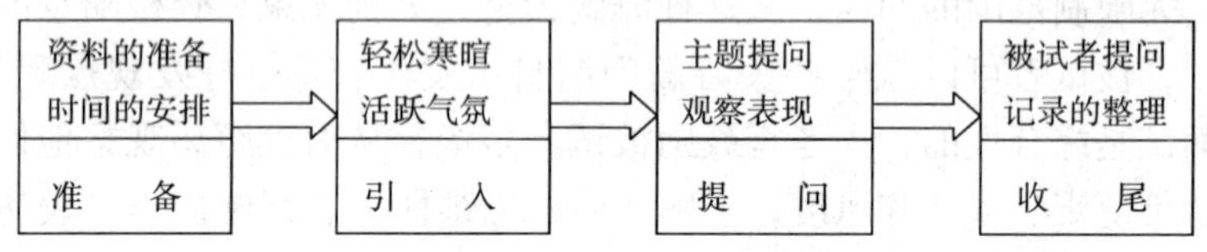

图 5－7　面试的流程

为了提高面试的有效性，对面试的基本流程进行规范化的设计和操作是必要的。

（1）准备阶段

准备阶段主要做两件事：一是面试资料的准备，二是安排面试时间并与被试者敲定。

面试过程中会用到多种资料，为了不至于到时候忙中出错，影响工作效率和组织形象，应在面试前就准备好并仔细检查其是否已经完备。需要准备的资料主要包括工作说明书、面试中需要了解的问题、面试评分表、候选人的应聘资料等。

首先，工作说明书是进行人员甄选的依据和标准，在正式甄选前，面试者应仔细回顾和熟悉所招聘岗位的工作说明书，使得甄选工作能有的放矢、落到实处。

其次，面试问题也应提前准备，特别是结构化面试。面试问题应仅以工作为限，围绕工作本身展开，而且这些问题经分析证明其对未来工作的成败是至关重要的。面试问题一般分为行为描述式问题、开放式问题、假设式问题、探索式问题、封闭式问题，如下例所示：

示　例

面试题目设计举例

· 行为描述式问题

"请描述一次你作为团队成员工作的经历，当时团队所要达成的目标是什么"；"请描述一下你们团队完成项目的过程"；"在团队完成目标的过程中，你都作出了哪些贡献"。

· 开放式问题

"你认为比较理想的领导（同事/下属/合作者/工作环境等）是怎样的?""你认为自己在工作中最大的优势是什么?""你是怎样管理你的下属的?"

· 假设式问题

"如果一个员工不服从你的命令，你会怎样做呢?""假设你在众人面前做演讲，他们提出了一些尖锐的你难以回答的问题，你会怎样做呢?"

· 探索式问题

"到目前为止，在你的职业生涯中，你感到最成功的事情是什么，为什么？你已经讲了，那么接下去发生了什么?"

· 封闭式问题

"你期望的工资是多少?""你是否赞成加班?"

建议在准备面试问题时，人力资源部工作人员可以将要问的问题列成一张清单，分为必问和选问两类，防止面试时主考官提问过于随意。

再次，面试评分表是对被试者面试表现综合评定的基本依据，它由一系列给出评价标准的评价表格所组成，在正式开始前就应设计好，面试时主考官就可以根据评分表上所列出的各项考察点有主次地对被试进行观察和了解。以下是一个面试评分表的实例。

表5-7　面试评价表样例

<table>
<tr><td colspan="2">姓名：</td><td colspan="2">应聘部门：</td><td colspan="2">应聘岗位：</td></tr>
<tr><td colspan="2">学历：</td><td colspan="2">年龄：</td><td colspan="2">填表日期：</td></tr>
<tr><td colspan="6">第一部分　考察应聘者的综合素质</td></tr>
<tr><td rowspan="2">面试要素</td><td rowspan="2">观察要点</td><td>人力资源评定</td><td colspan="2">直接上级评定</td><td>部门经理评定</td></tr>
<tr><td colspan="4">（a. 很好　b. 较好　c. 一般　d. 差）</td></tr>
<tr><td>仪容仪表</td><td>衣着打扮得体，言行举止大方得体</td><td></td><td colspan="2"></td><td></td></tr>
<tr><td>表达能力</td><td>表达流利，口齿清晰，能准确表达个人意见</td><td></td><td colspan="2"></td><td></td></tr>
<tr><td>沟通能力</td><td>能够有效沟通，主动关注客户需求，随时根据客户的需求和反馈开展工作，在较强刺激情境中表情和言语自然，能保持冷静</td><td></td><td colspan="2"></td><td></td></tr>
<tr><td>目标管理</td><td>工作讲求原则，能够根据业务需要设定明确而具体的目标和计划，并为目标负责</td><td></td><td colspan="2"></td><td></td></tr>
<tr><td>团队精神</td><td>积极合作，处理人际关系能做到原则性与灵活性结合，并善于将自己的经验和成果与他人沟通</td><td></td><td colspan="2"></td><td></td></tr>
<tr><td>创新能力</td><td>能够承受较大的工作压力，以积极的心态、主动地推进工作，对工作中无章可循的事情能提出有效的解决思路并完成</td><td></td><td colspan="2"></td><td></td></tr>
</table>

<table>
<tr><td colspan="4">第二部分　考察应聘者的专业知识和技能
（请面试部门根据岗位说明书，列出 2～3 个岗位关键胜任能力及考核要点）</td></tr>
<tr><td rowspan="2">考核维度</td><td rowspan="2">考核要求</td><td>直接上级评定</td><td>部门经理评定</td></tr>
<tr><td colspan="2">（a. 很好　b. 较好
c. 一般　d. 差）</td></tr>
<tr><td>专业知识和技能 1</td><td></td><td></td><td></td></tr>
<tr><td>专业知识和技能 2</td><td></td><td></td><td></td></tr>
<tr><td>专业知识和技能 3</td><td></td><td></td><td></td></tr>
<tr><td>专业知识和技能 4</td><td></td><td></td><td></td></tr>
<tr><td>外语能力</td><td></td><td></td><td></td></tr>
<tr><td>在该岗位可
发展的潜力</td><td></td><td></td><td></td></tr>
<tr><td colspan="4">第三部分　总体评价</td></tr>
<tr><td rowspan="2">人力资源
部门意见</td><td rowspan="2">评价：</td><td colspan="2">是否同意试用：</td></tr>
<tr><td colspan="2">签字：</td></tr>
<tr><td rowspan="2">岗位直接
上级意见</td><td rowspan="2">评价：</td><td colspan="2">是否同意试用：</td></tr>
<tr><td colspan="2"></td></tr>
<tr><td rowspan="2">部门主管
副总经理意见</td><td rowspan="2">评价：</td><td colspan="2">是否同意试用：</td></tr>
<tr><td colspan="2">签字：</td></tr>
<tr><td rowspan="2">总经理
意见</td><td rowspan="2">（此栏面试部门经理以上岗位时填写）</td><td colspan="2">是否同意试用：</td></tr>
<tr><td colspan="2">签字：</td></tr>
<tr><td>其他相关部门意见</td><td>（此栏需要其他部门参与意见时填写）</td><td colspan="2">签字：</td></tr>
<tr><td>拟试用部门：</td><td colspan="3">岗位名称：</td></tr>
<tr><td colspan="4">工作地点：</td></tr>
<tr><td colspan="4">试用期：</td></tr>
<tr><td colspan="4">试用工资：　　　　　　　　转正工资：</td></tr>
</table>

资料来源：管理资源吧 http：//www. glzy8. com/

最后，作为准备阶段必不可少的一环，候选人的应聘资料应该提前阅读和了解，即使之前有过初步了解，但从招募到面试，时隔许久，也应再一次地熟悉和了解。如果受到时间和精力的限制，不能完整阅读所有应聘者的全部资料，也应该特别注意应聘者提供的资料中的三方面信息：一是与所应聘的工作岗位相关的信息，如个性特长、工作经验等；二是反映其过去工作成果的相关信息，有可能会被其修饰夸张过，如曾任职务、成就和奖励描述、文凭学历、相关资格证书等；三是个人异常信息，例如无故中断学业、经常转换工作等。这些信息需要引起面试者格外的注意并在接下来的面试环节中予以验证。

面试时间的安排与敲定也是前期准备工作中非常重要的一个方面。面试前双方应该约定好时间，且该时间应是双方都可以全身心投入的时间。为此，面试者需要提前与被试者沟通协商，确保所约定的时间在其自由支配的范围内，一旦敲定时间，双方都应遵守，面试者也应特别注意计划好自己的时间，避免面试时间和其他重要工作时间发生冲突。

（2）引入阶段

在正式开始面试之前，面试者应努力营造一种轻松友好的氛围，使双方消除紧张感，尽快放松下来，便于更加有效地沟通，为接下来的正式提问奠定基调。这些活动就是引入阶段的主要任务。双方可以通过寒暄问好的方式拉近彼此之间的距离，活跃现场气氛，通常是讨论一些与工作无关的轻松话题，如天气、交通等，不过不宜喧宾夺主，一般不超过整个面试时间的2%左右。在气氛调动起来之后就应逐渐转向正式提问阶段。这一阶段也可以就应聘者个人资料中的某些情况询问一些简短的直接性的问题。

（3）提问阶段

这是整个面试过程中最重要最核心的部分。在核心阶段，主考官应该尽可能引导被试者描述一些与应聘岗位有关的核心竞争力实例，以此对其工作胜任能力做出基本的判断和评价，核心提问阶段应占到整个面试时间的80%左右。主要是从广泛的话题来了解应聘人员不同侧面的心理特点、行为特征，以及核心能力素质等。因此，提问的范围也比较广，主要是为了针对应聘人的特点获取评价信息。评价的内容基本是面试“评价表”中所列的各项要素，目的是探究应试者的实际工作经验、了解其真实能力，具体提问方式上还可以采取压力面试的形式，提出一些带有敌意或者攻击性的问题，以考察被试者的反应。除了关注其语言表达所传递的信息以外，还应注意许多诸如语气、举止、表情、姿态、动作等非语言信息。因为人们的语言往往是通过大脑的深思熟虑才讲出来的，尤其在面试的时候，被试者往往事先做过充分准备，他讲话的时候往往把最好的一面反映出来，要真正了解被试者的真实素质，有时应该仔细地观察被试者的非语言行为，它们往往能够辅助主考官作出更为客观、合理、真实、准确的判断。因此，在这一阶段，主考官不仅要能够倾听，还要学会观察。

（4）收尾阶段

面试的最后一个阶段是结束收尾阶段。在这一个阶段，主考官要检查是否有上一阶段遗漏的问题或者需要被试者再确认说明的信息，如果有，可以在收尾阶段加以追问。还应注意留出一部分时间，让应聘者对其关心的问题提出疑问并当场给予答复。最后对应聘者说明相关后续程序的安排。整个面试结束之后，应及时整理面试记录并作出相应评价，供人力资源部门和用人部门作为录用决策的参考依据。需要强调的是，在收尾阶段，要注意节奏的把握，整个面谈的结束应该自然、流畅，切不要给应聘人员留下某种疑惑、突然的感觉。

总而言之，要想使得整个面试过程更有效，应注意做到以下几点：提问仅限于与工作有关的内容；面试者需经过专业化训练方能上岗，能够准确、客观地评价应聘者行为；尽可能在设计、准备阶段就做到使面试规范化；整个面试过程在轻松的气氛下进行更有利于被试者放开束缚，更好地发挥才能、展示自己。

（四）心理测验

心理测验在现代人员甄选技术中占有举足轻重的地位，越来越多的组织在选拔人才的时候开始借助这一科学的测评工具，对候选人素质进行全面评价。所谓心理测验，是指在受到控制的情境下，向应试者提供一组标准化的刺激，以其所引起的反应作为代表行为的样本，从而对其个人的行为作出评价。心理测验应用到人员甄选领域，可以准确地衡量出被试者较为隐性的智力、能力、个性、爱好、特长等综合素质。它的具体类型如下。

1. 智力测验

所谓智力就是指人类学习和适应环境的能力。智力包括观察能力、记忆能力、想象能力、思维能力等，智力水平的高低在很大程度上影响了一个人在社会上能否成功。智力测验就是对智力水平的科学测验。在智力测验中，智力水平的高低以智商IQ来表示。智商的衡量有两种形式，一种是多见于儿童的比率智商，一种是适合于成人的离差智商。比率智商是用智力测验分数所显示的智力年龄（或心理年龄）与被测者的实际年龄之比再乘以百分之百，即：

$$\text{智商 IQ} = \frac{\text{智力年龄（或心理年龄）}}{\text{实际年龄}} \times 100\%$$

正常人智商的范围一般在90～109之间，110～119属于中上水平，

120～139为优秀水平，140以上即是非常优秀了。如果低于90，则属于中下或临界状态水平，一般将智商低于69的人称为智力缺陷。智力测验中著名的测验量表是比内—西蒙（A. Binet-T. Simon）智力量表、斯坦福—比内（Stanford-Binet）智力量表、瑞文（Raven）推理测验（又叫瑞文渐进图阵）等。这些智力量表所设计的问题难度一般都是按照由浅入深进行排列，以计算通过题分数作为鉴定智商水平高低的标准。

但是智力并非永远随着年龄的增长而不断增长，因此比率智商对成人来说并不太合适，通常表达成人智力水平的形式是离差智商。离差智商是以“人的智商水平是按正态分布”这一假设为前提的。计算离差智商时以平均数为100，标准差为15来计算，因此离差智商的计算公式为IQ＝100+15Z，其中Z代表的是标准差的个数。即离差智商不衡量个人智商的绝对水平，而是找到他在特定团队中的相对位置。较为著名的是韦克斯勒（Wechsler）成人智力量表的测试，主要适用于16～84岁人士。例如，一个人智商得分为100分，表明有50%的得分高过他，还有50%的人得分比他低，如果得分为115分，则表明有16%的得分高过他，还有84%的人得分比他低，如果得分为85分，则反之。

2. 能力测验

能力测验主要着眼于测验某方面的能力，可通过针对性的设计，实施专门的测验方案，如测量想象力、创造力、动作协调能力、记忆力等。例如，美国芝加哥大学两位心理学家盖泽尔斯和杰克斯于上世纪60年代初编制的创造力测验就有词汇联想（要求受测者对螺丝钉、口袋等普通单词说出尽可能多的定义）、用途测验（尽力说出一个普通物体各种可能的用途）、隐蔽图形（从复杂图形中找出隐蔽在其中的一个给定的简单图形）、完成寓言（给出几个没有结尾的短寓言，要求受测者以“道德”“诙谐”“悲伤”的基调给每个寓言编出三种不同的结尾，）和组成问题（呈现几节短文，要求受测者用所给材料尽量组成多种数学问题）的5项课题。通过这样的能力测验旨在考察受测者发散思维的流畅性、独特性和变通性。

在人员甄选环节引入能力测验，主要是测量和考察候选人那些独特用于某项职业或职业群的能力。其目的在于测量已有工作经验或受过有关训练的人员在某些职位领域中的熟练程度或水平；选拔那些能够在很少或不经特殊培训的情况下就能从事某项工作的人。目前世界上比较著名的能力测验有：飞行能力测验、音乐能力测验、美术能力测验、文书能力测验、机械能力测验、操作能力测验等。

3. 成就测验

成就测验往往用来鉴定一个人经过学习和训练后知识和技能的高低，

它被广泛应用于测试应聘者在技能操作、市场营销、公共服务、人力资源管理等领域，因此一般用来招聘专业管理人员、科技人员和熟练工人。例如，普度机械师和机械操作员测试（Purdue test for machinists and machine operators）通过询问“忍耐意味着什么?”此类的问题来测试熟练机械师对工作的认识和工作知识。某餐饮服务企业招聘服务员时询问“重大宴会位次应当如何安排，菜品和酒水的服务规则如何”等问题来评估应聘者在餐饮服务方面的专业知识。

4. 职业性向测验

职业性向测试不同于职业能力测试，职业性向不是个人所表现出来的实际职业能力，而是其潜在的职业能力，是在给予适当的机会时获得某种知识或技能的能力，同时也是指人们对具有不同特点的各类职业的偏好和从事这一职业的愿望。目前广泛应用于员工甄选的职业性向测验主要是霍兰德（John L. Holland）的职业性向测试。霍兰德通过研究发现，职业性向可以概括总结为六个维度，分别是现实型（R）、研究型（I）、艺术型（A）、社会型（S）、企业型（E）和常规型（C）。每种职业性向都有与之相应的个性特征和匹配职业。如下表：

表5－8　霍兰德提出的职业性向及个性特征和匹配职业范例

职业性向	个性特点	职业范例
现实性向——偏好需要技能、力量、协调性的体力活动	害羞、真诚、持久、稳定、顺从、实际	机械师、钻井操作工、装配线工人、农场主
研究性向——偏好需要思考、组织和理解的活动	分析、创造、好奇、独立	生物学家、经济学家、数学家、新闻记者
艺术性向——偏好需要创造型且无规律可循的活动	富于想象力、无序、杂乱、理想、情绪化、不实际	画家、音乐家、作家、室内装饰家
社会性向——偏好能够帮助和提高别人的活动	社会、友好、合作、理解	社会工作者、教师、议员、临床心理学家
企业性向——偏好那些能够影响他人或取得权力的活动	自信、进取、精力充沛、盛气凌人	法官、房地产经纪人、公共关系专家、小企业主
常规性向——偏好规范、有序的、清楚明确的活动	顺从、高效、实际、缺乏想象力、缺乏灵活性	会计、业务经理、银行出纳员、档案管理员

资料来源：陈国海．人力资源管理概论［M］．北京：高等教育出版社，2009

通过相关测验量表，可以较为准确地计算出被试者在各个方面的所得分数，评估他哪些方面的性向水平较高，从而评价出一个人在某一方面或某几方面具有的特殊潜能，如果经过适当的训练，未来即可成功地掌握某些工作技能。职业性向测验为不同职业在选拔合适员工时提供了其职业兴趣和职业潜能方面的依据，招聘时充分考虑候选人的职业性向并匹配与之合适的工作岗位，对于激发其工作兴趣、降低流失率都是有帮助的。

5. 人格测验

人格有广义和狭义之分。广义的人格是指一个人的整体精神面貌，包括个人所具有的能力、智力、兴趣、气质、思维和情感及其他行为差异的混合体。狭义的人格是指人的兴趣态度、价值观、情绪、气质、性格等内容。这里所谈及的是狭义的人格。人格测试就是用已经标准化的测验工具，引发被试者陈述自己的看法，然后对结果进行统计处理，研究分析，从而对人的价值观、态度、情绪、气质、性格等素质特征进行测量与评价的一种心理测试方法。

在甄选工作中，对应试者的人格测验也是一项极为重要的工作内容，尤其是对那些经常需要从事人际交流、客户服务类工作的候选人来说更是如此。把人格测试引入甄选环节中，有助于在对应聘者的知识、能力和技能考察的基础上，进一步考察其工作动机、工作态度，情绪的稳定性、气质、性格等心理素质，使考察更全面，科学和客观，从而保证能够选拔出具有较高知识素质、能力素质和心理素质的优秀人才。其常用方法包括自陈量表法和投射法。

自陈量表法又被称为问卷法，其假设前提为“只有本人最了解自己”，由被试者自己填写事先编制好的包含若干问题的人格量表，依据其量表中所得分数来判断被试者的人格类型和个性特征。自陈量表种类很多，其中由美国心理学教授卡特尔（Cattell）编制的卡特尔 16 种个性因素问卷（the sixteen personality factor questionnaire，16PF）最为典型，在社会各界有着广泛应用，这 16 种心理特质被分别描述为乐群性、聪慧性、稳定性、恃强性、兴奋性、有恒性、敢为性、敏感性、怀疑性、幻想性、世故性、忧虑性、实验性、独立性、自律性、紧张性，每一项人格维度都有详细的评价标准供对照打分和评定结果。除了 16PF 人格测验以外，还有萨维尔和霍尔兹沃思（Saville & Holdsworth）的职业个性问卷（OPQ）、还有明尼苏达多项人格系列（MMPI）、加利福尼亚心理系列（CPI）、爱德华个体偏好量表（EPPS）、艾森克人格问卷（EPQ）、伯勒特人格系列（BPI）、赫麦迪克统觉测验（TAT）、哥登个人性向分析（GPP）、舍斯托性情调查（TTS）、吉欧佛德-齐默曼的气质调查实验（GZTS）等测试量表可供选择使用。其中最为流行的是明尼苏达多项人格系列 MMPI（自陈），它列出 550 个涉及 26 个方面的问题。被试者对这些问题按“是”、“不是”或“无法回答”来回答，根据他的回答对被试者的人格特征做出评价。

投射法是要求被试者对一些模棱两可或结构不明确的刺激材料做出反应，在不受限制的条件下，不知不觉中将自己的态度、动机、内心冲突、价值观、需要、欲望、感情、思想等个性特征投射出来。由于测验本身不显示出任何目的性，因此被试者不会出于故意防范而做出虚假反应，其隐藏在潜意识中的各种人格特质会较为真实地显现出来。常用的投射法有荣格的文字联想测验、罗夏克墨迹测验、句子完成测验、画人画树测验、主题理解测验等。不过这种心理测验的实施难度较大，一般需要在专业心理学家的指导下进行。

（五）情境模拟

情境模拟是根据被试者可能担任的职务，编制一套与该职务实际情况相似的测试项目，将被试者安排在模拟、逼真的工作环境中，要求被试者处理可能出现的各种问题，用多种方法来测评其心理素质、潜在能力的一系列方法。它是一种行为测试手段。由于这类测试中应试者往往是针对一旦受聘可能从事的工作展开，所以也被称为“实地”（intray）测试。常见的情境模拟测试主要有以下几种形式：

1. 公文筐测验

公文筐测验也称为文件篓测试，是情境模拟中最主要的一种形式，适用于中、高级管理人才的甄选。测试时，主试在公文筐中放置信件、备忘录、电话记录、上级指示、调查报告、请示报告等经常出现在管理人员办公桌上的各类文件。在正式测试开始前，主考官应该向被试者介绍有关背景材料，告诉被试者，他现在既不是在演戏，也不是代理职务，而就是一位真正手握实权的负责人，他必须全权处理各类文件，包括撰写回信和报告、制订计划、组织和安排工作等。公文可多可少，一般不少于 5 份，不多于 30 份，每个被试者要批阅的公文可以一样，也可以不一样，但难度要相似，公文有来自上级的，有来自下级的，有组织内部的，也有组织外部的，有日常琐事，也有重要的大事。根据公文的数目和难度，规定完成的时间。在被试者处理各类文件的过程中，评价人员要仔细观察他是否分轻重缓急，是否恰当地授权下属，是否关注到各种问题之间的内在联系，是否考虑了人的因素等。考试时间结束之后还应要求被试者说明这样处理的理由。公文筐测验主要考察应聘者在自信心、组织领导能力、计划能力、文字表达能力、决策能力、经营管理能力、冒险精神等方面的素质。

2. 无领导小组讨论

这是同时对一组应试者展开的情境模拟测试。是指应聘者组成一个临时小组，依据给定的问题，在规定时间内进行讨论，并得出统一的意见；而评分者（主考官）依据每个应聘者在讨论过程中的行为表现，为应聘者在各个维度上评分。在一般情况下，每个小组会有一名被试者以组长的身份出来负责这些问题，出来主持会议，这个人的领导能力相对较强。根据每一个被试者在讨论中的表现，可以从以下几个方面进行评价：领导欲望、主动性、说服能力、口头表达能力、自信程度、抵抗压力的能力、经历、人际交往能力等等。在具体实施过程中，可以分成三个基本步骤：首先，主考官宣读讨论的注意事项和讨论题目，应聘者阅读题目，独立思考，准备个人发言。准备时间一般为3~5分钟。其次，应聘者轮流发言，初步阐述自己的观点。主考官控制每人发言时间不超过3分钟。最后，小组进入自由讨论阶段。应聘者不但要继续阐明自己观点，而且要对别人的观点做出反应。讨论最后必须达成一致意见。自由讨论的时间一般为30~40分钟，此阶段主考官不作任何干预。

3. 角色扮演

角色扮演是要求被试者扮演一个特定的管理角色来处理日常的管理事务，以此来观察被试者的多种表现，以便了解其心理素质和潜在能力的一种测试方法。例如，要求被试者扮演一名高级管理人员，由他来向主试扮演的下级作指示、下命令；又或者在公司充当副总经理，若干主试者或其他人扮演其他角色，如总经理、各部门经理、秘书、外单位人员等；在一定时间里（如半天），被试者和主试者分别按角色进行扮演。这一过程中，可设计各种情景，例如，财务部经理请示员工年终奖金发放问题，人事部请批员工招聘方案，产品开发部汇报开发新产品的思路，秘书请示会议安排事项，外单位来电商谈商务问题，公司办公室主任告知刚发生的突然事件并请示处理方法等，有时可以由主试主动给被试者施加压力，如工作时不合作，或故意破坏，以了解该被试者的各种心理活动以及反映出来的个性特点。

（六）评价中心技术

评价中心技术借助多种选拔手段以增加作出正确决策的可能性。它通常需要耗费两三天的时间，将一众被试者组成一个小组，由一组测试人员对他们进行纸笔测试、面试、心理测验以及包括公文筐测试、角色扮演、无领导小组讨论在内的情境模拟等一系列测试。因此评价中心技术的测评效果往往比单用一种测评手段要更好。评价中心因其测试项目的复杂性和全面性，尤其适合于组织选拔应聘中高层管理者一类重要岗位的人员。

表5-9 使用评价中心技术的甄选安排样例

时间				项目
天数		时分起止	时分数	
第一天		18：00-18：15	75	晚餐
		19：20-19：30	10	致词
		19：30-19：40	10	介绍日程安排
		19：40-20：40	60	个人自我介绍
第二天	上午	7：30		早餐
		8：00-8：10	10	向评委介绍
		8：10-8：15	5	解释“无领导小组讨论”
		8：15-9：15	60	无领导小组讨论
		9：15-9：30	15	休息
		9：30-10：20	50	评委评分
		10：20-10：25	5	解释“公文处理”
		10：25-11：25	60	公文处理
		11：30-12：30	60	午餐/休息
	下午	12：30-13：30	60	案例分析/阅读公文处理结果作采访准备
		13：30-13：35	5	解释“辩论”
		13：35-15：05	90	辩论
		15：05-15：20	15	休息
		15：20-16：20	60	评委评分
		16：20-17：50	90	采访谈话/16PF 测验
		18：30		晚餐/休息
第三天		8：00-8：05	5	解释“演讲”
		8：05-8：35	30	准备演讲
		8：35-11：35	180	演讲
		11：35-13：00	85	午餐/休息
		13：00-14：00	60	回顾总结

参考资料：张德．人力资源开发与管理［M］．北京：清华大学出版社，2007

上例是一个企业运用评价中心技术甄选应聘者的具体安排。由于其中各项方法均在前有所介绍，在此就不再一一赘述了。

第五节　员工录用配置与招聘评估

一、员工的录用

员工录用是指组织通过招募而来的应聘者经过几轮人员测评的甄选之后，将不符合组织岗位要求的人员淘汰，而合格者被录取到空缺岗位上任职的过程。在员工录用的过程中应遵循因事择人、任人唯贤、公平竞争、严爱相济几个基本原则。

（一）员工录用的工作流程

员工录用工作是在招募、甄选环节业已结束的基础上进行的，它的完成将给整个招聘工作的实践环节画上一个句号。员工录用工作主要涉及通知录用者、签订劳动合同与新员工到岗后的入职培训三个大阶段，每一个阶段又可以细分为多项工作。具体如下图所示。

1. 通知录用者

在通知录用者这一个阶段，组织要对外公布正式录用名单，进行广而告之，并同时向录用者发送书面的录用通知书以彰显其客观权威性。被录用者在规定的时间内持录用通知书到组织报到并办理相关的录用手续，如领取员工手册、工作证、工资卡、食宿凭证、办公用品等文件和物品。录用通知书的形式如下例所示。

除了通知录用者以外，对于未被录用人员也应以委婉的方式予以辞谢，这体现了一个公司认真负责、公正透明的工作作风，也可为打造企业形象加分。

2. 签订合同

作为正式录用的重要仪式，用人单位与被录用员工之间应按照国家法律的相关规定，签订正式的、经过公证机关公证的文本式劳动合同，并在合同中明确甲乙双方各自的权利义务以及对违反合同行为的相关处理等约定条款，以便切实保障劳资双方的合法权利。在签订了具有法律效力的劳动合同之后，要按照合同中事先的约定，将新员工安排到空缺岗位上试用或者直接正式录用。

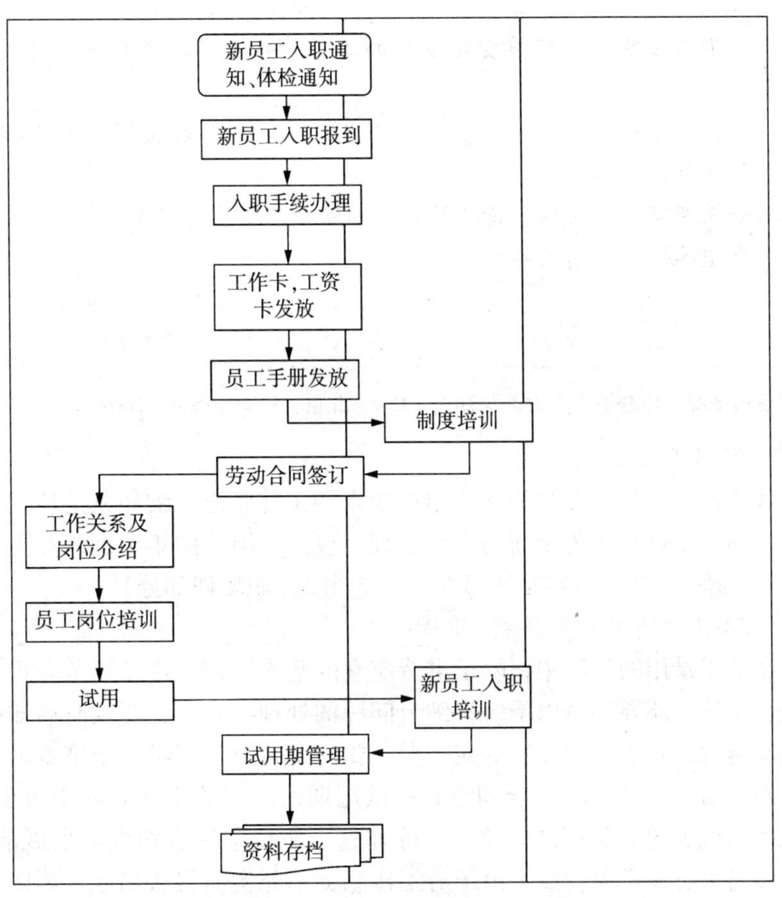

图5-8 新员工录用入职流程

资料来源：管理资源吧 http://www.glzy8.com/

示 例

录用通知书

________先生（小姐）：

上周与您的会面非常愉快，我们现在很高兴地通知您，我们企业向您提供________职位。

接受该职位的工作意味着您应该完成下列的工作职责________，并对________负责。

您的税前全额工资为________元整，您的工资结构为：固定工资（占全额工资的80%）+绩效工资（占全额工资的20%）。

> 我们很希望您能够接受该职位的工作，并为您提供充足的发展机会和良好的工作环境。
>
> 我们希望在________年________月________日前获得您是否接受该职位的确认消息。
>
> 如果您有什么问题，请尽快与我们联系，联系电话是________。
>
> 期望尽快得到您的答复。
>
> ××公司人力资源部
>
> ×年×月×日

资料来源：孙健敏．人力资源管理［M］．北京：科学出版社，2009

3. 新员工培训

为了保证新员工能尽快进入组织要求的工作状态，缩短其适应期，应对新录用员工进行较为全面的入职培训。包括上岗前的集中训练和上岗后的分散训练。(具体内容参见第六章中新员工入职培训部分)

（二）员工录用中应注意的问题

在员工录用的过程中，除了秉持应有的基本原则、遵循规范合理的录用流程以外，还要注意以下一些细节问题的处理：第一，要及时通知已录用的应聘者，对于未被录用的应聘者，要由人力资源部经理亲笔签名委婉地拒绝。第二，录用后的合同签订、试用期的培训等工作是必不可少的，它关系到组织的形象问题。第三，除非这个职位空缺有很大的发展前途，否则应当小心，避免新员工由于对工作感觉不充实而很快离职。第四，应小心频繁更换老板的求职者。第五，在决定录用时，要考虑其是否能同小组的人和平相处。第六，尽量录用那些有许多成功记录的应聘者，而不是自称运气不佳者。第七，应利用多种方法确定最后人选。

二、员工的配置

（一）员工配置的含义

员工配置是指对企业录用的所有人员进行最佳安置，实现人职匹配，使其能发挥最大潜能并为企业的目标服务。如果说员工招募、甄选和录用解决的是“人从哪里来”的问题的话，那么它解决的是“人往哪儿去”的问题。

（二）人员配置的主要原理

1. 要素有用原理

即任何要素（人员）都是有用的。换言之，没有无用之人，只有没用好之人，配置的根本目的是为所有人找到和创造其发挥作用的条件。

2. 能位对应原理

人与人之间不仅存在能力特点的不同，而且在能力水平上也是不同的，应安排在要求相应特点和层次的职位上，使个人能力水平与岗位要求相适应。一个单位有决策层、管理层、执行层、操作层、能级依次递减，应该配备具有相应能力等级的人来承担。

3. 互补增值原理

以己之长补他人之短，形成整体优势，以实现组织目标最优化的目的。选择互补的一组人必须有共同的理想、事业和追求，而互补增值原理最重要的是"增值"。

4. 动态适应原理

人与事的不适应是绝对的，适应是相对的，只有不断调整人与事的关系才能达到重新适应。从组织内部来看，个人与工作岗位的适应不是绝对一定的，无论是由于岗位对人的能力要求提高了，还是人的能力提高要求变动岗位，都要求我们及时地了解人与岗位的适应程度，从而进行调整，以达到人适其位，位得其人。

5. 弹性冗余原理

在人与事的配置过程中，既要达到工作的满负荷，又要符合人的生理心理要求，不能超越身心的极限，即：既要带给人一定的压力和不安感，又要保持员工的身心健康。

三、招聘评估

招聘评估是对整个招聘工作系统各环节的工作从不同方面做出全面评价，以判断员工招聘工作的整体成效。因此，对于招聘成效的评估不应仅仅只涉及经济效益，而应是多方面的。

（一）招聘成本评估

招聘成本评估是指对招聘中的费用进行调查、核实，并对照预算进行评价的过程。涉及的主要是对招聘活动的经济效益进行评价。可以从以下几个量化指标入手展开评价分析。

1. 成本效用

成本效用按照招聘过程的不同环节来衡量的话，包括总成本效用、招募成本效用、选拔成本效用和录用成本效用，其计算公式如下。

总成本效用=录用人数/招聘总成本

招募成本效用=应聘人数/招募期间的费用

选拔成本效用=被选中人数/选拔期间的费用

人员录用效用=正式录用的人数/录用期间的费用

2. 招聘收益成本比

招聘收益成本比=新员工创造总价值/招聘总成本

（二）录用人员评估

录用人员评估是指根据招聘计划对录用人员的数量和质量进行评价的过程。涉及的主要是对招聘活动的目标实现程度进行评价。可以从数量与质量两方面的标准入手展开分析。

1. 数量评估

录用人员的数量可用下列指标去衡量：

录用比=录用人数/应聘人数×100%

招聘完成比=录用人数/计划招聘人数×100%

应聘比=应聘人数/计划招聘人数×100%

2. 质量评估

录用人员质量评估可以根据工作说明书中各岗位的要求将之细化为可参照的具体标准，并以此为标杆尺度，对录用人员的素质、能力和技能等方面一一进行对照评估，以求从总体上对所录用人员的质量进行客观准确的评价。

（三）招聘方法的成效评估

招聘方法的成效评估是对招聘中使用的各种测试的信度和效度的评价。

1. 信度

信度是指测量结果的可靠性或一致性。由于接受测验时，被试受到各种原因的影响而产生变动，偏离了其真实行为，这就会导致测量结果出现误差，误差越大，分数的可靠性（reliability）就越低。信度系数在0～1之间。如果一个测验的信度系数是0.90，那就意味着实得分数中有90%的变异来自真实分数，有10%来自于测量误差。信度系数等于1是最理想的。一般来说，能力测验的信度系数在0.90，如果一个能力测验的信度系数小于0.70，在使用时就要慎重考虑。信度具体可分为以下三类：

（1）重测信度。这种信度是检验时间间隔对测试分数的影响，也就是说同一个测验对同一个被试者进行前后两次测试，求其两次测试结果之间的相关，所得的相关系数就是再次信度。这个时间间隔，一般在两个月以上，这样比较准确。

（2）副本信度，又叫等值信度。就是指一种心理测试的结果与另外副本的心理测试结果进行相关性分析得出的信度。这种评价方法的缺点在于，副本有的时候比较难找到。

（3）分半信度。就是说题目分成对等的两半，根据两半测验所得的分数，计算其相关系数，评为信度指标，其意义与等值信度一样解释。所不同的是一个心理测验里边包括两个独立的副本，这样，一次测验以后就可以找到测试信度。

2. 效度

效度是测验的有效性（validity），是一项测试所能测量出的其所要测量的内容的程度，即测验是否能测量到所要测量的目标。比如我们用磅秤来测量身高，那是不合适的，因为磅秤是测量重量的工具，那在测量高度方面，这个工具就没有效度。有效性是对选择测试的一个基本要求，是评价测试效果的一个指标。它表明一种测试在预测参加者在未来业绩方面成功与否。即选拔过程中得分较高的应聘者其工作表现也比测试得分较低的应试者好。如果一项测试不能表明某人是否具有完成某项工作的能力那么它就毫无价值。

一个测验，只是信度高，是不行的，一定要有较高的效度。信度是效度的必要条件，一个测量要有效度就必须有信度，不可信就不可能正确。信度不是效度的充分条件，有了信度，却不一定有效度。可信的测量未必有效，而有效的测量必定可信。

具体来说，效度指标有以下几类：

（1）预测效度，即测试用来预测将来行为的有效性，比较应聘者在选拔中得到的分数与他们被录用后的绩效分数。

（2）内容效度，是测试方法能否测出真正想测的内容，如招打字员使用演讲法显然无效。

（3）同测效度，是指对现在员工实施某种测试，然后将测试结果与员工的实际工作绩效考核得分进行比较，若两者的相关系数很大，则说明此测试效度就很高。

本章精要

员工招聘是组织获取人力资源的主要手段，解决了人力资源从无到有的问题。员工招聘在整个人力资源管理的系统工作中居于重要地位，发挥基础性作用，对提升整个组织的竞争力具有重要现实意义。

员工招聘是一个由多阶段构成的动态过程。主要包括确定招聘需求、明确招聘策略、制定招聘计划、发布招聘信息并实施公开招募、综合运用人员测评技术对候选者进行甄选、员工录用与配置、招聘效果的评估等工作环节。在整个招聘流程中，要深入贯彻公开、平等、全面等招聘原则，根据组织的具体实际情况，综合选用适宜的招聘渠道与科学的甄选方法，将最适合岗位要求的员工录用到空缺岗位上，实现人职匹配的理想状态。并在事后对整个招聘活动进行全面的评估和总结，以全面提高员工招聘工作的实效。

本章思考与讨论

1. 员工招聘的意义是什么？其在整个人力资源管理工作中发挥何种作用？
2. 招聘工作的基本程序？
3. 员工招募的渠道与方式？
4. 人员测评与甄选的常见方法有哪些？
5. 如何对招聘工作的成效进行评估？
6. 如何理解人员配置的基本原理？

推荐阅读材料

1. ［英］坎普，［英］维奥哈伯，［英］西蒙内提著．叶晓辉译．面试战略——如何招聘优秀员工［M］．上海：上海交通大学出版社，2002
2. ［美］夏皮罗著．杨冰译．公司会雇用你的44个秘密［M］．西安：陕西师范大学出版社，2010
3. ［英］福克斯，［英］泰勒著．金凤斐，李海龙译．招聘与甄选工具箱［M］．上海：上海远东出版社，2007
4. 黄亨煜，郑璇．企业招聘面试实操技术：培训教程［M］．北京：机械工业出版社，2009

案例分析

某企业的情景面试

某企业集团聘请招聘专家为其下属百货公司选拔总经理。在最后阶段，招聘专家对一路过关的四位候选者使用了情景面试的方法。4位候选者被安排同时观看一段录像，录像内容如下：

画面呈现一座小城市，画外音告知这是一个中等发达程度的小县城。镜头聚焦于一家百货商场，时间显示当时是上午9时30分。这时，商场的正门入口处出现了一位身高1米80左右、穿皮夹克的年轻小伙子。他走进商场，径直走向日用品柜台。柜台里是一位30岁出头的女售货员。小伙子向女售货员说："拿包牙膏。"女售货员问："什么牌子？""中华牌。"小伙子答道。女售货员说："3块8毛。"小伙子掏出钱包，取出一张100元的人民币，女售货员找给他96元2角。然后，小伙子将钱和牙膏收好，走出了商场。

画面重新回到了百货商场正门，时间显示是上午10时整。这时，一位身高1米65左右、穿笔挺西装的小伙子出现在门口，并径直向日用品柜台走去。“同志，要点什么?”女售货员问道。“一支牙刷。”小伙子答道。“什么牌子?”女售货员接着问。小伙子用手指了其中的一种。女售货员说：“2块8毛钱。”小伙子掏出钱包，取出一张10元的人民币递给了女售货员。女售货员给小伙子一只牙刷并找回7元2角钱。然而，小伙子突然说：“同志，你找错钱了，我给你的是100块钱!”

“你给我的明明是10块钱呀!”女售货员吃惊地说道。

“我给你的就是100块钱，赶快给我找钱，我还有事情要做!”小伙子提高了嗓门，语气也相当严厉。

女售货员急了，声音也提高了八度：“你这人怎么不讲理呢? 你明明给的是10块钱，为什么偏要说是100元呢? 你想坑人啊?”这时，日用柜台边已经聚拢了十几位买东西的顾客看热闹。这位小伙子似乎实在难以容忍了，向整个人群说道：“大伙都瞧瞧，这是什么服务态度! 你们经理呢? 我要找你们经理。”说来也巧，百货商场的总经理正好从楼上下来，看到这边有人围观，便走了过来。

总经理看上去是一位二十八九岁的年轻人。“怎么回事?”总经理问道。

女售货员看到总经理来了，像来了救兵一样，马上委屈地向总经理告状：“经理，这个人太不讲理了，他明明给我的是一张10块钱，硬说是一张100块钱。”经理见她着急的样子，立即安慰她说：“张姐，别着急，慢慢讲，他买了什么? 你有没有收100块钱一张的人民币?”这位被总经理称为“张姐”的女售货员心情似乎平静了些。“他买的是牙膏，嗷……不，他买的是牙刷。对了我想起来了，今天，我没收几张100块钱的人民币，有一位高个儿给了我100块钱，他买的是牙膏。这个人给我的就是十块钱。”总经理听了张姐的话，眉头有些舒展，转身走向人群中那位身高1米65左右的小伙子，很有礼貌地说道：“很不好意思出现了这种事情。您能告诉我事情的真实情况吗?”小伙子也似乎恢复了平静，同样有礼貌地坚持自己付给女售货员的是一张100块钱，是女售货员将钱找错了。这时总经理环视了一下人群，然后将视线定格在这位小伙子身上，继续有礼貌地说：“这位先生，根据我对这位售货员的了解，她不是说谎和不负责任的人，但是我同样相信您也不是那种找茬的人。所以为了更好地将事情弄清楚，我可否问您一个问题?”“什么问题?”小伙子问道。“您说您拿的是一张100块钱，请问您有证据吗?”总经理问道。小伙子的眼睛一亮，马上提高了嗓门说：“证据? 还要什么证据? 不过我想起来了，昨天我算账的时候，顺手在这张钱的主席像一面的右上角用圆珠笔写了2888四个数字。你们可以找一下。”总经理立即吩咐张姐在收银柜中寻找，果真找到了一张主席像一面用圆珠笔写2888的100块钱纸币。这时，小伙子来了精神，冲着人群高喊：“那就是我刚才给的100块钱，那个2888就是我写的。不信，可以验笔迹。”人群开始骚动，顾客们明显表示出对商场的不满。镜头在人群、小伙子、张姐和总经理之间切换的脸上。

这时录像结束，并在屏幕上弹出两个问题：

1. 假如您是该百货商场的总经理，您将如何应付当时的局面？

2. 作为总经理，您将如何善后？

4位候选者被要求准备10分钟后分别向专家组陈述自己的答案，时间不超过5分钟。

（案例来源：http：//wenku. baidu. com/view/8b90c48583d049649b665884. html）

根据上述案例材料思考以下问题：

1. 什么是情景面试？

2. 如果你是人力资源经理，你如何评价招聘专家提供的这个情景面试题的质量？

参考文献

1. 李宗红等．人才选聘——人力资源管理的行为艺术［M］．北京：中国纺织出版社，2002

2. 孙卫敏．招聘与选拔［M］．山东：山东人民出版社，2004

3. 陈国海．人力资源管理概论［M］．北京：高等教育出版社，2009

4. 林忠，金延平．人力资源管理［M］．大连：东北财经大学出版社，2009

5. 张德．人力资源开发与管理［M］．北京：清华大学出版社，2007

6. 孙健敏．人力资源管理［M］．北京：科学出版社，2009

7. 姚裕群，文跃然．人力资源管理教学案例精选［M］．上海：复旦大学出版社，2009

8. 彭剑锋．人力资源管理概论［M］．上海：复旦大学出版社，2003

9. ［美］加里·德斯勒．人力资源管理［M］．北京：中国人民大学出版社，1999

10. 张立富．人力资源管理［M］．北京：首都经济贸易大学出版社，2006

11. 郭洪林．企业人力资源管理［M］．北京：清华大学出版社，2005

12. 张晓彤．人力资源管理：招聘与面试技巧课程讲义 http：//share. yoao. com/

第六章　员工培训与开发

引言：真知灼见

员工培训和能力开发是效益最好的一种投资。

——美国经济学家　舒尔茨

我们把培训当做信仰，并且深信，培训正在改善我们的最终财务成果。

——美国摩托罗拉公司

本章学习目标

员工培训与开发是企业人力资源管理系统的子系统，它作为改变或提高员工的知识、技能和态度的重要手段，已经被越来越多的企业视为一种有价值的投资行为。员工培训与开发既是企业培养和挖掘自身资源的重要手段，也是企业给予员工成长的一种支持，同时也是员工积极参加培训、与他人一起分享培训成果的责任。本章从员工培训与开发概述、企业员工培训的分类与方法、员工培训系统模型以及新员工培训四个方面进行了阐述。

通过本章的学习，你应该能够：

★ 掌握员工培训与开发的概念，了解其重要意义及进行员工培训与开发的原则

★ 了解员工培训的分类与方法

★ 明确培训系统模型的构成

★ 学会如何进行培训需求分析、培训目标设置、培训计划拟定和组织培训实施

★ 了解影响培训效果转移的工作环境特征

★ 掌握培训效果评估的内涵及培训效果评估四层模型

★ 掌握新员工入职培训的概念与内容

★ 了解以职业化为导向的新员工入职培训模型

第一节　员工培训与开发概述

员工培训与开发是人力资源开发与管理的一项重要内容。知识经济时代，一方面知识的更新速度越来越快，要求企业员工要不断地通过学习或接受培训方式来更新知识，保持与环境的良好互动。另一方面，人力资源日益成为企业保持竞争优势的关键要素，人才的竞争越发成为企业成败的关键，而员工培训与开发是提升人才竞争力必不可少的一环。鉴于此，员工的培训越来越受到企业的重视，许多企业把培训与开发作为保持企业持续竞争优势的重要途径。

一、员工培训与开发的概念

培训与开发是两个既相互联系又相互区别的概念。员工培训是指组织有计划地通过知识传授、技能训练和现场演示等方法，以提高员工在工作中的效率，从而实现组织目标的过程。其关注的焦点是获取目前工作所需的知识和技能。相比之下，员工开发则拥有一个更长期的目标，员工开发是通过增加员工的知识和能力，旨在增强员工持续学习的能力，不断运用新知识、新技能的能力的过程。它更多地强调组织和员工个人长期发展的需要。表 6－1 说明了培训与开发的不同。

表 6－1　员工培训与开发之间的比较

项目	员工培训	员工开发
内涵	狭窄	广泛
阶段性划分	清晰	模糊
关注的重点	当前的工作	组织长期的需要
时间长短	短	长

虽然员工培训与员工开发在内涵上存在不同，然而员工培训是员工开发的基础，没有培训就没有开发。在人力资源管理中，“培训”与“开发”往往是连用或混用，不做严格的区分。

综上所述，我们将员工培训与开发定义为，为实现组织的战略目标，企业有计划地对员工进行旨在使员工获得或改进与工作相关的知识、技能、行为和态度，以提高员工的工作绩效和应对环境变化的能力，从而实现企业与员工共同发展的活动。

二、员工培训与开发的作用

（一）能提高员工的工作能力

员工培训与开发的最终目标是通过提高员工的工作能力来实现企业与员工的共同成长。有效的员工培训与开发能够使员工增加工作中所需的知识，包括企业战略目标、规章制度、工作流程、技术标准、人际沟通技巧等内容。

（二）能提高员工的满意度

调查显示，很多员工对企业的满意度不高的原因是因为员工在工作中遇到问题或困难的时候得不到应有帮助和指导。而员工培训与开发可以解决员工在工作中的困惑。经过培训与开发，员工不但在知识和技能上有所提高，自信心增强，而且也感到管理层对他们的关心和重视，使得员工士气和员工满意度都得以提高，在一定程度上也降低了员工的缺勤率和流失率。

（三）能解决企业经营管理中存在的问题

除了能提高员工的工作能力与满意度外，员工培训与开发也是解决企业在经营管理中问题的良方。一方面，管理者可以通过培训的方式将企业的战略目标、组织变革的必要性、变革的举措等内容与员工进行沟通和交流，不但可以增加员工理解、贯彻领导意图的自觉性，还可以增加决策的科学化。另一方面，针对企业经营管理中普遍存在知识缺乏、知识分布不均等问题，通过开展积极有效的培训与开发，可以使员工主动地贡献自有知识，实现知识在企业的共享。

（四）能增强企业应对环境挑战的能力

在知识经济快速发展的今天，知识更新、技术更新的周期越来越短。如何在快速变化的环境中找到企业自己的立身之处，已成为企业尤其是高新技术企业面临的重要课题。国内外的一些大型企业的成功经验告诉我们，员工培训与开发已成为企业应对环境挑战的利器。企业可以通过培训与开发，不断更新知识、更新技术、更新观念，才能使企业走在新技术革命的前列。

（五）能促进企业文化的构建与完善

企业文化是企业的灵魂，良好的企业文化是企业生存和发展的源动力。有效的员工培训与开发能促进企业文化的构建与完善。企业培训与开发不但能传达和强化企业的价值观和行为，让全体员工理解、认同企业的价值观，并按企业文化规定的行为方式来约束自己的行为。更重要的是，员工在学习讨论的过程中，可以实现新旧文化价值观及文化的碰撞及交替，使员工能更新观念，树立正确的价值观、企业道德和企业伦理，从而丰富企业文化的内涵、完善企业文化建设。

三、员工培训与开发的原则

（一）系统性原则

现代企业是一个通过投入一定的资源转化为市场需要的产品和服务的系统。相应地，其管理活动也是个庞大的系统工程。包含若干个子系统，如生产系统、销售系统、人力资源系统等。人员培训作为人力资源系统的子系统，员工培训工作是一项长期、战略性的工作，是一个全员性、全方位的、贯穿员工职业生涯始终的系统工程。

（二）理论与实践相结合原则

企业在员工培训的过程中，应根据企业生产经营的实际情况和受训者的特点开展培训工作。在培训的过程中，既要讲授专业技能知识和一般的原理，提高受训者的理论水平和认知能力，同时要帮助解决企业发展中存在的实际问题、提高企业效益。

（三）全员培训和重点提高原则

全员培训是指有计划、有步骤地培训所有员工，以提高全员素质。但是全员培训也不等于平均，培训要有所侧重。即重点培训技术、管理骨干，特别是中上层的管理人员。对于年轻的、素质较好、有培养前途的人员，更应该有计划地进行培训。

（四）因人施教原则

培训与开发具有很强的针对性。因此，企业在组织培训与开发的过程中，要本着从组织实际出发，根据组织和员工的实际需要来组织培训与开发活动。因为在企业培训的人员中，有的是企业普通员工，有的是企业的管理者，他们从事的工作性质，对企业的绩效贡献不同，因而企业对他们的能力要求和工作标准各异。因此，企业开展员工培训要充分考虑到受训对象的层次、类型，针对不同文化水平、不同工作性质和岗位要求设计不同的培训内容和培训方式。

（五）效益性原则

现代人力资源观念把对员工的培训与开发看成是组织的一种投资行为。既然是投资，就需要考虑投资的回报问题，也即培训开发的产出效益问题。企业员工培训是人、才、物投入的过程，包括培训材料、师资费用和有形的协助手段等直接投入，管理者和受训员工的时间成本和培训期间的生产损失等间接费用。因此，企业的培训与开发增加员工的工作效率、提升组织生产服务质量、提升组织的竞争力所产生的经济效益高于培训投入费用时，企业的培训开发才是有效的。

第二节　员工培训的分类与方法

一、员工培训的分类

由于培训对象、培训内容，培训方式的不同，企业的员工培训是多种多样的。按不同的标准，员工培训可以划分为不同的类型：

（一）按培训内容分

从培训内容上划分，员工培训主要可分为知识培训、技能培训和素质培训等。

知识培训是发源较早、实施较普遍的培训，一般主要指为了确保员工能更好地融入企业、胜任自己岗位工作，对员工所进行的有关岗位和组织的相关知识的培训。如对新员工的规章制度、企业文化的培训；组织变革过程中，对员工诸如全面质量管理、顾客服务和团队建设等方面的培训等。

技能培训主要包括对生产工艺、使用特殊设备和系统，执行有关政策和规章的培训；对员工的人际交流技能、财务知识、物流技术等基本技能的培训；对中高层管理者管理技能如计划决策技能、领导艺术等的培训。

素质培训主要是指通过多种培训手段使员工具有正确的价值观、积极的工作态度、良好的思维模式和较高目标的培训。因为，素质高的员工，可能暂时缺乏知识和技能，但是他会为实现目标主动地学习相关的知识和技能；而素质低的员工，即使已经掌握了知识和技能，也可能在工作中弃之不用。通过素质培训，企业可以转变员工的态度和观念。这是一种投入少、见效快、作用持久的培训。

（二）按培训对象分

从培训对象来划分，员工培训可分为新员工培训、专业技术人员培训、管理人员培训和一般员工培训等。

新员工培训又称入职培训，是指对刚被招进企业，对企业内外情况不熟的新员工所进行的使其对新的工作环境、工作条件、应尽的职责、企业的规章制度、上下级关系以及组织期望等的了解，尽快融入到组织之中的一系列的培训活动。新员工培训的目标是通过新员工对企业的了解和认识，培养员工对组织的认同感。在培训的过程中，因新员工组织性和规范性较好、时间相对集中，主要采取课堂教学、开办讲座、观摩实际操作等方法进行。

专业技术人员培训是指全面提高专业技术人员的专业知识和技术水平，激发他们的工作热情，激活创造性思维，从中发现、挖掘、培养出高级专业人才的培训活动。专业技术人员不是一般的技术工人，他们对本专业领域的基本理论和基本操作比较熟悉，对他们的培训应重点放在新理论、新技术、新工艺新设备和现场突发事故的分析处理上。通过培训，学员应能系统掌握本专业最新的技术和新设备的使用；通过培训，学员不但能掌握高层次的专业知识，并且能够带领本专业员工进行科研攻关和解决现场重大技术难题。

管理人员培训是指针对组织中所有行政管理人员的培训。包括高层管理者（副总裁以上的企业领导）、中层管理者（职能经理和业务经理）和基层管理者（一线经理、项目经理）。不过企业中的管理人员培训计划通常是为基层经理和中层经理而设计的。对管理人员的培训主要是通过提升管理人员在领悟力、应对逆境能力和情商三个方面，采用诸如指导计划、工作轮换、敏感性训练和多样化培训等方法来开展的。

一般员工培训是指除针对新员工、专业技术人员和管理人员之外的培训。

（三）按培训时间安排分

从培训时间安排来划分，员工培训可分为在岗培训、脱产培训、业余培训等。

在岗培训也称在职培训、不脱产培训，是指企业为了使员工具备有效完成工作所需要的知识、技能和态度，在不离开工作岗位的情况下对员工进行的培训。目前在岗培训已经得到企业的认同，诸多企业都采取在岗培训的方式培训员工。

在岗培训的优点是简单易行、成本较低，不需要另外添加设备、场所，有时也不需要专职的教员，而是利用现有的人力、物力来培训，培训对象不用脱离工作岗位，可以不影响生产或工作。但这种培训往往由于缺乏良好的组织，较不规范，不易较快地取得效果。因此，这种培训一般用于涉及面广，不要求很快见效的培训任务。在岗培训所运用的培训方法有很多种，较为常用的方法有工作指导法、工作轮换法、计划的提升、设立“助理”职位、建立“委员会”或“下级委员会”、特殊任务的委派等。这种工作中的培训，使员工在工作过程中逐步提高综合能力、新岗位的适应能力、创新能力和应变能力，也造就了组织运作的灵活性和有效性。

脱产培训是指离开工作或工作现场进行的培训。有的培训是在本单位内进行，有的则送到国内外有关的教育部门或专业培训单位进行。这种培训能使学员在特定时间内集中精力于某一特定专题的学习。如参加研讨会、去国外优秀企业短期考察、到高等院校进修和出国进修等。

脱产培训的费用一般比较高，对工作影响大，因此并不适合于全员培训。其主要是用来培养企业紧缺人员，或为企业未来培养高层次技术人才、管理人才，或为了引进新设备、新工艺，由工厂选送员工去国内外对口企业、高等院校、科研机构进修。脱产培训的方法很多，特别是发达国家设立的培训中心培训手段非常丰富，如电视录像、分组讨论、角色扮演、案例研究等。

（四）按培训实施机构分

从培训实施机构来划分，员工培训可分为企业内部培训和企业外部培训。企业内部培训包括在企业内部场所或企业自租用的场所，由企业内部人员作为培训师进行的培训以及聘请外部专家学者根据企业要求在企业培训基地进行的培训。

企业外部培训是指企业外包给社会培训或教育机构为本企业员工进行的培训，包括由企业付费的学历教育。在实施外部培训的过程中，企业的培训管理部门要参与培训计划的设计，并与承办培训的社会机构保持密切的联系与配合。

示　例

沃尔玛的内部培训

在沃尔玛，很多员工都没有接受过大学教育，拥有一张MBA文凭并不见得能够赢得高级主管的赏识，除非通过自己的努力，以杰出的工作业绩来证明自己的实力。但这并不是说公司不重视员工的素质，相反，公司在各方面鼓励员工积极进取，为每一位想提高自己的员工提供接受训练和提升的机会。公司专门成立了培训部，开展对员工的全面培训，无论是谁，只要你有愿望，就有学习和获得提升的机会，而且，如果第一次努力失败了，还有第二次机会。因此，今天沃尔玛公司的绝大多数经理人员产生于公司的管理培训计划，是从公司内部逐级提拔起来的。

二、员工培训的方法

随着人力资源管理实践的丰富，企业的培训方法是多种多样。面对众多的培训方法，如何选择适合的方法以达到令人满意的培训效果，这就需要对影响培训方法选择的主要因素以及各种培训方法的优缺点等进行适当的分析与考虑。

（一）影响培训方法选择的主要因素

在人力资源培训与开发中，影响培训方法选择的因素主要有：

1. 学习的目标

学习目标对培训方法的选择有着直接的影响。一般说来，学习目标若为认识或了解一般的知识，那么，程序化的教学、多媒体教学、演讲、讨论、个案研读等多种方法均能采用；若学习目标为掌握某种应用技能或特殊技能，则示范、实习、模拟等方法更合适。

2. 可利用的时间

由于各种培训方法所需要的时间的长短不一样，所以，培训方式的选择还受着时间因素的影响。有的训练方式需要较长的准备时间，如多媒体教学、影录带教学；有的培训实施起来则时间较长，如自我学习，这就需要根据企业组织、学习者以及培训教员个人所能投入的时间来选择适当的培训方式。

3. 所需的经费

有的培训方式需要的经费较少，而有的则花费较大。如演讲、脑力激荡、小组讨论等方法，所需的经费一般不会太高，差旅费和食宿费是主要的花费；而影音互动学习和多媒体教学则花费惊人，如各种配套设备购买等需要投入相当的资金。因此需考虑到企业组织与学员的消费能力和承受能力。

4. 学员的数量

学员人数的多少还影响着培训方式的选择。当学员人数不多时，小组讨论或角色扮演将是不错的培训方法；但当学员人数众多时，演讲、多媒体教学、举行大型的研讨会可能比较适当。值得注意的是，学员人数的多少不仅仅影响着培训方式，而且影响着培训的效果。

5. 学员的构成

员工本身所具有的知识和层次，也影响着培训方式的选择。例如，当学员毫无电脑知识时，电脑化训练或多媒体教学就不太适用；当学员的教育水准较低时，自我学习的效果就不会很好；当学员大多数分析能力欠佳并不善于表达时，辩论或小组讨论的方式将难以取得预期的效果。因此，培训方式的选择还应考虑到学员本身的知识状况和应对能力。

6. 相关科技的支持

有的培训方式是需要相关的科技知识或技术工具予以支持。例如，电脑化训练自然需要电脑的配合；影音互动学习至少需要会用电脑和影碟机；多媒体教学则需要更多的声光器材的支持。所以，培训单位或组织能否提供相关的技术和器材，将直接影响着高科技训练方式的采用。

（二）主要的培训方法

企业的培训方法是多种多样的。除了传统的传授式培训如讲授法、专题讲座法、研讨会等和许多亲验式的培训如案例分析、角色扮演、头脑风暴和敏感性训练等，还有随着互联网的发展所产生的新型培训方法如网上培训、虚拟培训、电子化学习等。下面重点介绍几种在企业实践中用得较多的教师讲授法、案例分析法、角色扮演、敏感性训练和电子化学习。

1. 教师讲授法

教师讲授法属于传统模式的培训方法，也称课堂演讲法，指培训师通过语言表达，系统地向受训者传授知识，期望这些受训者能记住其中的重要观念与特定知识。

教师讲授法一般要求培训师具有丰富的知识和经验；讲授要有系统性，条理清晰，重点、难点突出；讲授时语言清晰，生动准确；必要时运用板书；应尽量配备必要的多媒体设备，以加强培训的效果；讲授完应保留适当的时间让培训师与学员进行沟通，用问答方式获取学员对讲授内容的反馈。

这种培训方法使用得较为普遍，因为这种方法可以同时用于多数学员，不必耗费太多的时间和费用，运用方便；而且有利于学员系统地接受新知识；容易掌握和控制学习的进度；有利于加深理解难度大的内容。一方面教师讲授法是对所有的学员进行的，培训师一般是根据自己对培训工作的理解等来安排培训活动的，没有考虑学员之间在兴趣、知识技能状况的差异来安排培训活动，使得培训活动缺乏针对性，加上培训师对培训对象的了解程度、培训师的表达能力的发挥及培训师与学员之间的沟通状况等都将直接影响学员的学习效果。另一方面教师讲授法主要是通过语言进行的，多为理论讲授，与工作实际有一定的距离，使得学员缺乏实际的直观体会。加上信息传递的单向性，缺乏教师和学员间必要的交流和反馈，学过的知识不易被巩固。

2. 案例分析法

案例分析法起于在 20 世纪 20 年代，哈佛大学把案例应用于教学管理，开始时只是作为一种教育方法用于高级经理人及商业政策的相关教育实践中，后来被许多公司借鉴过来成为用于培养公司企业员工的一种重要方法。

案例分析法是培训老师为学员提供一个以实际为依据编写的典型案例，让学员结合培训的内容、个人的知识和经验进行分析和讨论，找出解决问题的方法，或点评案例中的某个方面。案例分析法提供给学员的是生动的具体案例，要求学员在特定的环境下进行分析和总结并解决问题，通过个人学习和小组讨论的方式提高学员的分析问题、解决问题的能力，开阔学员的视野。

根据案例所提供的信息不同，案例分析法中的案例可以分为描述评价型和分析决策型。前者描述了解决某种管理问题的全过程，包括实际后果，不论成功或失败。这样留给学员的任务就是对案例中的做法进行"事后诸葛亮式"的评价，以及提出"亡羊补牢"性的解决方案。分析决策性则只是介绍了某些待解决的问题，由学员去分析并提出对策。可以看出，分析决策的型案例对培养学员的分析问题、解决问题的能力明显优于描述评价型。

3. 角色扮演

角色扮演就是提供一组情景，让部分学员来担任角色并出场表演，通过表演去体验他人的感情，或体验别人在特定环境中会有什么反应和行为，其他学员观看表演，注意与培训目标有关的行为，表演结束后举行情况汇报，扮演者、观察者和教师可以联系情感体验来讨论表现出的行为。

角色扮演的优点：

（1）学员参与性强，学员与培训师之间的互动交流充分，可以提高学员培训的积极性；

（2）角色扮演中特定的模拟环境和主题有利于增强培训效果；

（3）在角色扮演过程中，学员之间需要进行交流、沟通与配合，因此可增加彼此之间的感情交流，培养他们的沟通、自我表达、相互认知等社会交往能力；

（4）在角色扮演过程中，学员可以互相学习，及时认识到自身存在的问题并进行改正，明白本身的不足，使各方面能力得到提高；

（5）提高学员业务能力，同时加强了其反应能力和心理素质；

（6）具有高度的灵活性，实施者可以根据培训的需要改变学员的角色，调整培训内容，同时，角色扮演对培训时间没有任何特定的限制，视要求而决定培训时间的长短。

角色扮演法的缺点：

（1）场景是人为设计的，如果设计者没有精湛的设计能力，设计出来的场景可能会过于简单，使学员得不到真正的角色锻炼、能力提高的机会；

（2）实际工作环境复杂多变，而模拟环境却是静态的，不变的；

（3）扮演中的问题分析限于个人，不具有普遍性；

（4）有时学员由于自身原因，参与意识不强，角色表现漫不经心，影响培训效果。

示 例

惠普公司销售人员的培训中的“角色扮演”

在惠普中国公司，对销售人员的培训有两方面的含义，一是长期性质的解决方案，它就像是一个路径图，告诉销售人员在什么时间应该具备哪些能力、掌握哪些知识。这是一个较长时间的积累过程，可能需要2~3年或3~5年，最终水到渠成地完成量变到质变的飞跃。另一方面指近期解决方案，在时间紧、任务重的压力下，通过上一门培训课或者组织集训班，进行针对性较强的培训。惠普认为，解决方案的两个方面是缺一不可的。

为了增强培训效果，惠普专门为集训班编写了一个系列角色扮演脚本。以惠普业务部门优秀的销售人员的成功案例为蓝本，针对IT行业和惠普的产品编写充满实战性的练习教案。要求销售人员在每天晚上下课后，分成4~6人一组，用当天所学的技巧，真实地演练客户拜访，现学现卖，从而加速行为的改变。由于集训班是把3~5门销售课程放在一起，而每天的角色扮演，犹如一条线索把这些根本不相关的培训课串在一起，起到了画龙点睛的作用，因此，角色扮演被称为集训班之魂。

根据脚本，集训班需要若干人扮演客户或合作伙伴的角色，公司里众多优秀的销售经理就是现成的宝库，他们有非常丰富的客户经验，能把各种场合下、各种性格、各种态度的客户演得活灵活现，让销售人员用所学的知识、技巧和态度来应付、处理和引导客户。因此，惠普把销售经理称为集训班之源。

由于邀请的经理多数就是参加培训的销售人员的直接老板，也有上一级经理，他们在扮演角色时不仅可以直接向他们的员工介绍自己的经验，为员工做当场指导，同时还可以观察本部门的员工在集训班的学习表现。

每次角色扮演之后，还要花很多时间来做点评。惠普认为，这是一个非常重要的、获取全面反馈信息的难得机会。点评一般围绕职业销售人员在一般销售场合下应做到的动作、应具有的素质和心态展开。点评会是多角度、多方面的。培训讲师的点评会强调课堂理论在角色扮演中的得与失，销售经理则专门点评在销售过程中需要经验积累的常识。成人学习最有效的方式之一是从同事身上学习，所以惠普的集训班还很重视来自学员之间的点评。点评在集训班中的作用是为学员提供一个多面镜，让他们清楚地看到自己在销售中的优势与劣势，因此称之为集训班之镜。

4. 敏感性训练

敏感性训练也称T小组法或实验室训练，是美国行为科学家布雷德福等人首创的一种训练方法，是通过学员在共同学习环境中的相互影响，提高学员对自己的感情和情绪、自己在组织中所扮演的角色、自己同别人的相互影响关系的敏感性，进而改变个人和团体的行为，达到提高工作效率和满足个人需求的目标。

敏感性训练的特点是：

（1）无严密组织，无主席，无议题，无议程；

（2）非定型的自由交谈，对有关现场的即所谓“此时此地”所发生的事情进行对话活动；

（3）培训指导人员仅从旁协作，为学习过程提供方便，其使命是观察、记录、解释，有时诱导，扮演一种不引人注目的领导角色。

5. 电子化学习

电子化学习也称E-Learning。所谓E-Learning，简单地说，就是在线学习或网络化学习，即在教育领域建立互联网平台，学生通过PC上网，通过网络进行学习的一种全新的学习方式。当然，这种学习方式离不开由多媒体网络学习资源、网上学习社区及网络技术平台构成的全新的网络学习环境。在网络学习环境中，汇集了大量数据、档案资料、程序、教学软件、兴趣讨论组、新闻组等学习资源，形成了一个高度综合集成的资源库。

E-Learning近年来方兴未艾，在美国市场的年增长率几乎保持在80%以上。有数据显示，这种模式的采用，可为企业节约15%～50%的费用，多则可达70%，同时，可使人们的学习效率提高25%～40%。E-Learning最基本的方式是网上学习，即企业购买学习卡，用学习卡提供的网上账号和密码，进行在线视频学习和下载课件。它适合于进行入职培训、报关培训、质量标准培训等“明文规定”式的内容。企业商学院等在线培训的高端模式，则是由电脑系统建立一个学习管理平台，不仅提供在线学习功能，还对所有学习者、课程和学习效果进行有效的管理。对培训经理来说，它可以开展培训、评测培训并作出反馈报告，从而管理公司的所有培训体系。

E-Learning虽然便捷、高效，但它没有了面对面的交流感，因而只能是传统培训的有效补充，那些富含身体语言、微妙情绪的人际交往（软技能）、管理深造、顾客服务及营销类培训课题，仍需要面对面的传授。业内人士说，E-Learning适合那些有需求，电脑网络条件成熟的大中型企业，虽然现在的市场接受度不高，但随着企业对培训的重视度提高，将逐渐为企业认可接受，国内一些IT企业、通讯企业、金融企业、会计审计、咨询企业和制造企业，已在开始认识和接受它。

第三节 员工培训系统模型

员工培训是一项系统工程。要想达到理想的培训效果，应采用科学系统的方法将系统内部各个环节有机协调，最终实现员工个人、工作及组织的优化。企业的员工培训系统模型（如图6－1所示）把培训系统分成若干环节，并明确界定每个环节的具体内容，这些环节概括起来主要包括六个方面：培训需求分析、培训目标设置、培训计划制定、培训活动实施、培训效果转移、培训效果评估。

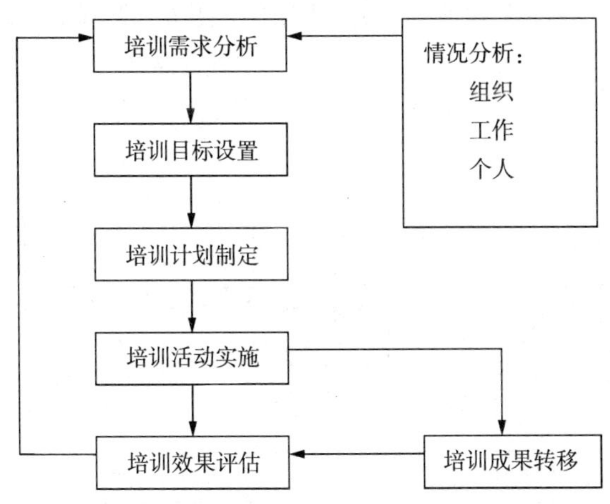

图6－1 员工培训系统模型

一、员工培训需求分析

员工的培训需求分析就是判断企业是否需要培训、培训谁和培训什么的问题。培训需求分析是整个培训管理活动的第一个环节，它决定了培训目标的准确性、培训课程的设计与针对性，因此它对培训的有效性起着至关重要的作用。

进行培训需求分析可以为企业提供：①组织的目标及目标的完成情况；②员工现有技能与现有工作所必需技能之间的差距；③员工现有技能

与将来工作所必需技能之间的差距；④了解员工工作中的问题与难点；⑤确定主要的培训内容；⑥有助于估算培训成本；⑦员工培训与开发所处的环境和条件；⑧提供测量培训效果的依据。

从我国培训实践来看，培训需求分析是我国企业员工培训开发中十分突出的一个问题。传统的培训需求分析主要是基于绩效要求与现有绩效之间的“绩效差距”来制定员工的培训开发计划。这一看似简捷有效、合情合理的方式却因企业实际而变得不那么可靠：明细的绩效要求形成的前提是科学、严谨的计划体系，客观、公正的现有绩效源于科学、全面的绩效评价系统。而我国企业管理的现实是计划不到位、考核机制不健全，因而，基于上述思路的培训需求分析的结果必然是缺乏客观性和针对性的。

为了科学、全面地分析企业的培训需求，通常从以下三个方面来考虑：组织层面、工作层面和个人层面。每一个层面的需求分析都反映了组织中不同侧面的需求：组织层面的分析目的是找出组织在哪些地方需要培训，实施培训的环境和条件如何；工作层面的分析要解决的是在有效地完成某项工作或某个流程时必须要做什么；个人层面分析的任务是找到那些需要培训的人，并确定对他们的培训内容。图 6－2 所示为培训需求分析模式。

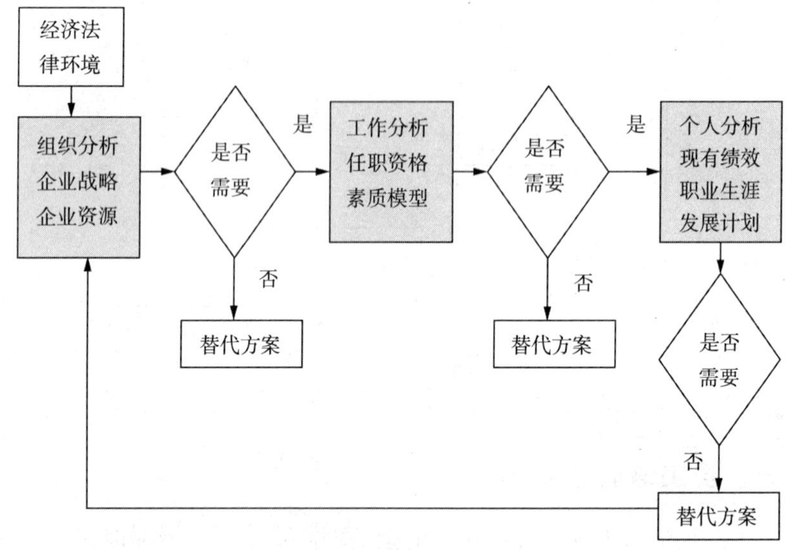

图 6－2　培训需求分析模型

（一）组织层面分析

组织层面的培训需求分析主要是决定总体的培训需求。组织层面的培训需求分析主要是依据组织发展战略、组织所拥有的资源等因素，找出组织目前存在的问题，确定问题能否通过培训解决，若能，就进一步分析是哪个部门的哪个工作及哪部分人需要培训。

1. 企业战略分析

了解和分析企业的战略规划和目标是分析企业运作效率的起点。通过企业战略分析，明确在实现企业战略的过程中，高效运作的部门可以当成典范，为其他部门提供借鉴；那些实现了目标的部门虽然不需要培训，但是仍需要对其进行监控以及早发现潜在问题和提高运作效率的潜在机会；而那些没有为实现组织目标作贡献的部门则需求进行深入分析，明确需要培训的部门。

2. 企业资源分析

在分析企业员工培训工作的需求时，了解组织的资源状况非常有用。企业资源分析主要是了解企业可用用来进行培训的资源拥有状况，包括企业可被利用的人力、物力、财力及时间资源状况，及管理人员对培训活动的支持情况等。

3. 组织氛围

组织氛围对员工培训工作有重大影响。如果组织氛围不利于企业培训工作，那么员工培训开发项目的策划实施就会受到影响。如，员工与经理人员之间的不信任，可能使得员工无法全心全意地参加培训。

戈尔茨坦提出（Goldstein）提出，在进行组织层面的分析时，必须要考虑下列问题：

（1）是否有一些没有具体化的组织目标需要转化成具体的培训目标或培训指标？

（2）组织内不同级别的人是否都支持培训的目标？

（3）组织内不同级别的员工或部门是否都参与了培训目标的设定，从而都参与到培训项目的设计中来？

（4）组织内的关键人物是否支持学员在工作中充分运用学到的技能，是否准备以身作则在工作中表现出恰当的行为？

（5）学员会不会因为在工作中正确地运用了学到的技能或行为而受到奖赏？

（6）对那些实际上需要用其他解决方案来处理的问题或冲突，组织是否错误地把培训当成了正确的解决手段？

（7）如果培训会影响员工的正常工作，高层领导是否愿意投入更多的资源以维持组织的正常运行？

（二）工作层面分析

工作层面的培训需求分析主要是为了确定是否拥有完成重要任务需要

强调的知识、技能和行为方式，以帮助员工顺利地完成任务。

1. 任职资格分析

任职资格是指某岗位员工达到合格水平应具备的各项要素的总和，包括知识、技能、经历等。任职资格管理体系是基于战略与能力的人力资源管理系统的基石，是确定员工培训需求的基本依据之一，同时它还能为企业设计分层次分类的培训课程体系以及确定课程的培训目的提供了基本思路，另外，它还为员工的任职等级晋升及职业生涯管理发展提供了制度保障。

有关任职资格的相关信息查询的一个主要途径就是查阅工作说明书。同时，为了避免工作说明书内容的滞后性，还可以听取目前在岗人员、直接上级主管人员等人的意见，来综合分析有效完成某一项工作所需的技能及其他的必备的条件。

2. 素质模型

素质模型（Competence model）就是为完成某项工作，达成某一绩效目标所具备的系列不同素质要素的组合，包括不同的动机表现、个性与品质要求、自我形象与社会角色特征以及知识与技能水平。这些行为和技能必须是可衡量、可观察、可指导的，并对员工的个人绩效以及企业的成功产生关键影响。

运用素质模型可以对在职工作人员进行素质测评，去发现被测评者与当前的职位素质模型存在的差距，找出培训的具体需求和实施培训的关键，从而提高了培训工作的针对性和效率。

（三）个人层面分析

个人层面的培训需求分析主要是从任职者的角度来考察培训需求，从而确定谁需要培训及培训什么。在分析员工个人情况与应有状况之间差距的时候，除了分析员工当前绩效水平与理想工作绩效之间的差距外，还要兼顾员工个人的职业发展生涯规划。

1. 现有绩效分析

对员工的现有绩效分析的依据主要是对员工的绩效考核结果的分析。所以在绩效考核结果出来之后，其主管应同员工本人一起分析导致绩效不佳的原因。一般来说，导致员工绩效不好的因素有四个方面：（1）知识不够；（2）技能欠缺；（3）态度问题；（4）其他不可控因素。排除不可控因素的影响，对现有绩效的分析就是要找出在知识、技能和态度因素中到底是哪个因素是导致绩效不佳的关键因素所在，然后针对关键因素形成一个书面的绩效辅导清单，从而为企业的培训需求提供依据。

2. 员工的职业生涯发展计划

在对员工培训的过程中除了要关注员工的绩效结果，还需要考虑员工形成自己的核心专长与技能的期望，考虑员工个人的职业生涯规划问题。所以，员工个人层面的培训需求分析还需要了解员工的自我评价以及对自己未来的职业规划问题。表6－2给出了企业进行培训需求分析时的主要着眼点。

表6－2 培训需求分析举例

	分析着眼点	对于培训的意义
战略与环境分析	员工知识技能水平及培训现状	对培训需求形成大致的判断，为培训经费的预算以及培训重点提供依据
	组织氛围（缺勤率、劳动生产率，满意度）	帮助管理者针对存在的问题确定需要改进的方向与环节
	机制变革与新技术的引进（人力资源、技术改进）	新理念、及技术、新方法的宣传与推广是培训工作的主要内容
工作任务分析	职位说明书	职位说明书中对从事该工作/职位的人的任职资格条件的描述是培训目标确定的依据
	任职资格标准	通过培训提升知识、技能水平，改变行为方式与思维习惯，获得任职资格的晋升
	业务运营分析（质量问题、配送与交货问题）	除了各个工作之外，从流程的角度分析存在问题及节点，通过培训进行修复或避免再次发生
人员绩效分析	现场考察与实地访谈	培训需求的来源真实、贴切，培训计划的制定更符合实际工作的要求，易赢得学员的好感
	满意度问卷调查	了解员工关注的问题、动机与相关评价，为开发培训课程，选择培训方法提供依据
	关键/突发事件的处理	了解并总结员工处理关系/突发事件的经验与教训，通过培训的方式与全体员工共享

资料来源：彭剑锋主编．人力资源管理概论［M］．上海：复旦大学出版社，2005：p455

在培训需求分析进行的过程中，企业需要从不同的角度、不同的层面来收集使用不同的信息，并采用不同的信息收集方法。其中包括观察法、问卷调查法、走访及文献查询等。表6－3对常用的几种信息收集方法进行了比较分析。

表6－3　培训需求分析信息收集方法比较

技术	优点	缺点
观察法	·得到有关工作环境的数据 ·将评估活动对工作的干扰降至最低	·需要水平高的观察者 ·雇员的行为方式有可能因为被观察而受影响
问卷调查法	·费用低廉 ·可从大量人员那里收集到数据 ·易于对数据进行归纳总结	·时间长 ·回收率可能会很低，有些不符合要求 ·不够具体
阅读技术和手册	·有关工作程序的理想信息来源 ·目的性强 ·有关新的工作和在生产过程中新产生的工作所包含任务的理想信息来源	·专业术语太多 ·材料可能已经过时
访问专门项目专家	·有利于发现培训需求的具体问题，及问题的原因和解决问题	·费时 ·分析难度大 ·需要水平高的访问者
绩效考察	·有助于弄清楚导致绩效不佳的所有原因 ·针对性强，可以形成一个书面的绩效辅导清单	·方法有效性的前提条件十分苛刻

资料来源：彭剑锋主编．人力资源管理概论［M］．上海：复旦大学出版社，2005：p455

二、员工培训目标设置

培训目标的设置有赖于培训需求分析，在培训需求分析的基础上，我们就可以确定企业的培训目标。设置培训目标将为培训计划提供明确方向和依循的构架。有了培训目标，培训活动的实施者能明确知道通过此次培训让学员学会哪些以前他们不会做的事，改变哪些不当的行为，并可以为后期的培训效果评估提供依据。明确了培训目标，可以让学员进一步清楚认识培训的目的，提升其参与培训的积极性和主动性，增加培训活动的效果。

企业的培训目标应要清晰、明确。一般来说，培训目标主要有以下几大类：

（一）技能培训

掌握技能当然也离不开思维活动。在较低层的员工中，总要涉及具体的操作训练；在高层中，则主要是思维性活动了。例如，分析与决策能力。也要涉及具体的技巧训练，又如，书面与口头的沟通能力，人际关系技巧等。

（二）传授知识

传授知识包括概念与理论的理解与纠正、知识的灌输与接受、认识的建立与改变等，都属于智力活动。理论与概念必须和实际结合，才能透彻理解，灵活掌握，巩固记忆。

（三）转变态度

这当然也必须涉及认识的变化，所以有人把它归入上述“传授知识”这一类中，但态度的确立或转变还涉及感情因素，这在性质与方法上毕竟不同于单纯的知识传授。

（四）工作表现

工作表现是指受训者经过培训后在一定的工作情景下所需达到的特定的工作绩效和行为表现。

（五）绩效目标

培训应有助于实现部门或企业特定的绩效目标。培训方案的绩效目标应包括下列三要素：

第一，培训后的行为或绩效的标准要求，对于培训计划而言，这个标准应具体列明，例如培训后打字速度应为每分钟若干字。

第二，在任何状况下，这个绩效标准可以加以运用。

第三，评估上述行为或绩效标准的方法。

三、员工培训计划制订

依据培训需求分析结果，制订企业员工培训计划，是企业培训系统中的重要环节。员工培训计划是对培训目标的具体化与操作化，它是按一定的逻辑顺序排列的记录，是在培训需求分析和培训目标的基础上做出的对培训时间（when）、培训地点（where）、培训者（who）、培训对象（who）、培训方式（how）和培训内容（what）等的预先系统设计。

具体工作主要包括：

（一）培训对象

人力资源培训与开发的培训对象，可依照层级（垂直的）与职能（水平的）加以区分。按层级分，大致可分为普通操作员级、主管级及中、高层管理级；而按职能分，培训又可以分为生产系统、营销系统、质量管理系统、财务系统、行政人事系统等项目。我们在组织、策划培训项目时，首先应该决定培训人员的对象，然后再决定培训内容、时间期限、培训场地以及授课讲师。培训学员的选定可由各部门推荐，或自行报名再经甄选程序而决定。

（二）培训师

培训师质量的好坏，是培训工作质量好坏的关键。一般来说，培训师的主要有内部培训师和外部培训师之分。内部培训师是指来自企业内部的人员来给受训者进行培训。他们可以是企业的专门培训人员，也可以是临时指定的培训人员（如部门经理）。采用内部培训师的优点是他们比较了解企业的特点以及企业的文化等，对企业需求反应较快，费用较低。但是却存在因与学员过于熟悉而不能很好地作为他们的榜样的弊端。

外部培训师是指从企业外部聘请的培训讲师，其来源渠道包括高校、政府机关、培训机构或咨询公司等。与内部培训师相比，外部培训师具备更专业的培训知识，懂得更多的培训方法。但是，外部培训师对受训者的情况了解不够深入，费用较高，对企业培训需求掌握不够精确。

企业在开展培训时，可以根据培训对象和培训内容的不同，或采用内部培训师，或采用外部培训师，还可以采用内外培训师相结合的方法。

示　例

联想用干部当培训师

联想早期的核心价值是把员工的职业发展融入到企业的长远发展中去。后来，联想从中提取十六个字，叫“服务客户，精准求实，创业创新，诚信共享”。如何把这种新的核心价值观推动下去，当时有很多种选择，既可以像摩托罗拉那样，搞三张图下去研讨，也可以请一个培训中心的老师，或者是请外来的培训师推广下去。但后来，这几个方案都没用，而是在联想内部培训了部门总监级以上的一百多位干部来当培训师，再由这些培训师带头去推行、传播，当干部走上讲台，尤其是杨元庆和高级副总裁进行第一讲以后，整个局面都被打开了。结果，先后有154位培训师办了大概110多场次的培训。虽然这些干部未必讲得那么专业，可是讲的是自己的文化，就自己在联想发展的历程，讲的是发生在身边的案例，这个感觉就是大不一样。正式通过这种方式，新的核心价值很快便根植到每一个员工的中心。这就是干部当培训的威力。

（三）培训内容

培训内容的设计就是根据培训需求分析的结果确定到底是需要改变员工工作态度、改善工作意愿，还是开发员工的专门技术、技能和知识，抑或是企业文化的传授。

示 例

肯德基餐厅员工基础培训

作为直接面对顾客的“窗口”——餐厅员工，从进店的第一天开始，每个人都要严格学习工作站基本的操作技能。从不会到能够胜任每一项操作，新进员工会接受公司安排的平均近200个工作小时的培训，然后通过考试取得结业证书。从见习助理、二级助理、餐厅经理到区经理，随着每一步的晋升，都要进行5天的课程学习。根据粗略估计，光是训练一名经理，肯德基就要花好几万元。

在肯德基，见习服务员、服务员、训练员以及餐厅管理人员，全部是根据员工个人对工作站操作要求的熟练程度，实现职位的提升、工资水平的上涨的。在这样的背景下，年龄、性别、教育背景等都不会对你未来在公司的发展产生如何直接的影响。

（四）培训方式

在培训中涉及的方法很多，如讲授法、研讨会法、案例分析法、行为示范、工作轮换、角色扮演等，可以根据培训的内容的需要选择一两种方法为重点，多种方法变换组合的方式，使培训效果达到理想状态。培训方法的设计也要注意受训者的知识层次和岗位类型，如案例分析对管理人员和科技人员比较合适，但是对于操作人员，现场的讲授或行为示范可能效果会更好。

（五）培训时间、期限

培训的时间和期限，一般而言，可以根据培训的目的、培训的场地、讲师、受训者的能力及上班时间等因素而决定。一般新入职人员的培训（不管是操作员还是管理人员），可在实际从事工作前实施，培训时间可以是一周至十天，甚至一个月；而在职员工的培训，则可以以培训者的工作能力、经验为标准来决定培训期限的长短。培训时间的选定以尽可能不影响工作为宜。

（六）培训预算

无论何种形式的培训都需要相应的经费作保障。在培训计划的制定过程中，应对培训的费用进行初步的预算，看企业是否有相应的经济条件做支撑。通常一次的培训费用构成大致如下：①受训人员的工资；②受训人员的交通、餐饮及其他开支；③受训人员因参加培训而减少的工作损失；④购买、租赁器材、场地、教材及训练设备的费用；⑤负责培训的管理人员和主管人员的工资和时间；⑥外聘讲师的酬劳等。

四、员工培训的实施

员工培训的实施是对培训计划的具体落实。具体工作涉及以下几个方面：

（一）培训前的准备工作

1. 确定培训师

要寻找到一位合适的培训师不是一件容易的事，因为培训师的好坏直接影响培训的效果。一位优秀的培训师既要有广博的理论知识，又要有丰富的实践经验，既要有扎实的培训技能，又要有吸引人的高尚人格。因此，企业应根据培训计划的内容和对象来确定是采用外部培训是还是内部培训师。

2. 编制培训日程表

根据培训计划来明确具体的培训日程安排。培训日程应明确培训的时间、地点和事项等。

3. 准备培训材料

培训的材料可以是外面公开出售的教材、企业内部的教材、培训公司开发的教材和培训师编写的教材，企业可以根据培训的实际需要进行取舍。但是一套好的教材应该是围绕目标、简明扼要、图文并茂、引人入胜。

4. 确定培训地点

培训地点的优劣也会影响到培训的效果。培训地点一般有以下几种：企业内部的会议室、企业外部的会议室、宾馆内的会议室。要根据培训的内容来布置培训场所。

5. 准备好培训设备

例如：电视机、投影仪、屏幕、放像机、摄像机、幻灯机、黑板、白板、纸、笔等等。尤其是一些特殊的培训，需要一些特殊的设备，事前一定要准备好。

6. 决定培训时间

要考虑是在白天，还是在晚上，工作日还是周末，旺季还是淡季，何时开始，何时结束等等。

7. 通知受训人员

要确保每一个应该来的人都收到通知。

（二）培训的实施与控制

在培训实施过程中所涉及的工作按照类别进行分工，是保障每项工作得到及时落实的关键。特别是大中型的培训项目，组织工作非常复杂，但都可以按照相关性分门别类，然后安排某一方面具备专长的人员具体负责各类工作，培训管理者进行跟踪和沟通，从而及时发现问题并采取纠偏措施。

五、培训成果转移

培训成果转移是指把培训中所学到的知识、技能和行为应用到工作实践中去的过程。培训成果的转移在很大程度上受到工作环境的影响，包括转化的氛围、管理者的支持、同事的支持、运用所学能力的机会、信息技术支持系统以及受训者自我管理能力等诸多方面。工作环境对培训成果转移起到了极其重要的作用。表6－4描述了有利于培训成果转移的工作环境特征以及工作环境中阻碍培训成果转移的主要因素。

表6－4　影响培训成果转移的工作环境

有利于培训成果转移的工作环境特征	直接主管和同事鼓励：受训者使用培训中获得的新技能和行为方式
	工作任务安排：工作特点会提醒受训者应用在培训中获得的新技能，因此工作可以依照使用新技能的方式重新设计
	反馈结果：主管应关注那些应用培训内容的受过培训的管理者
	不轻易惩罚：对使用从培训获得的新技能和行为方式的受训者不公开责难
	外部强化：受训者会因应用从培训中获得的技能和行为方式而受到物质等方面的奖励
	内部强化：受训者会因应用从培训中获得的技能和行为方式而受到精神等方面的奖励
阻碍培训成果转移的主要因素	与工作有关的因素（缺乏时间、资金、设备不合适，很少有机会使用新技能）
	缺乏同事支持
	缺乏管理者支持

资料来源：雷蒙德·A·诺依著．徐芳译．雇员培训与开发［M］．北京：中国人民大学出版社，2001

为了保证培训成果的有效转移，避免不利的工作环境对受训者转移培训成果的影响，在培训的组织和实施过程中应注意以下几个问题：①受训者必须明确培训的目的，接受培训的程序和方法；②加强培训中的示范和参与；③讨论并反馈培训的学习效果；④增加培训成果应用的机会；⑤在实际应用中指派专人指导；⑥建设支持技术，加强知识的共享与学习成果的保存与积累。

六、员工培训效果评估

培训是一个学习活动，是一个过程，最终的目标是让学员学到他们需要学的知识和能力，并能够及时和适当地应用到工作中去，是为了达到企业的卓越绩效。如果企业的培训效果难以令人满意，最终可能会导致企业的培训费用被浪费或无法实现培训目标。因此，有必要对培训效果进行评估。

（一）培训效果评估的定义

培训效果评估是一个完整培训流程的最后环节，它是对整个培训活动实施成效的评价与总结，并将其评估结果作为下一轮培训活动参考依据的过程。培训效果评估的目的是有利于企业在选择、调整各种培训活动以及判断其价值的时候做出明智的决策。

值得注意的是，传统意义上的培训效果评估是针对培训实施效果这一环节进行的。而一个完整有效的培训效果评估应该从培训需求分析、培训目标设置、培训计划以及整个培训活动组织实施等对个方面同时进行。只是，每一个阶段评估的重点有所侧重。

表6－5　不同阶段培训效果评估的重点

培训需求分析	培训需求分析是否全面、准确
培训目标设置	培训目标是否合理
培训计划制定	培训对象选择是否合理、课程组合是否合理、培训师资是否经济、合适等
培训组织实施	培训活动安排、培训内容、培训形式等是否合适

（二）培训效果评估模型

目前国内外众多人力资源专家都对企业员工培训效果评估展开了研究，并通过对培训效果评估内容的界定，提出了各自的企业员工培训效果评估模型。从已有的评估模式来看，柯克帕特里克（Kirkpatrick，1959）四层次评估模型得到了理论界和实践界的广泛关注，柯氏四层次评估模型包括反应层、学习层、行为层和结果层。

1. 反应层

主要是收集受训者的意见反馈，了解学员对培训活动的整体主观感受：他们喜欢培训项目吗？他们对培训课程设置是否满意？他们对这次培训活动还有什么建议？这一层次信息收集的主要方法是问卷调查法、访谈法和观察法。

2. 学习层

主要是评估受训者在知识、态度、技能和行为方式等方面的收获，以确保受训者真正理解和吸收培训内容，主要可以通过培训后的考试来考察。

3. 行为层

主要是考查受训者在培训之后的思想、行为方式的改变程度，即受训者行为实践的变化情况。可以通过自我评估，也可以通过主管、客户和同事的评价来了解学员在知识、技能、态度等方面的变化。这通常需要借助于一定的评价标准作为评价体系，设计一系列的评估表来考察学员培训后在实际工作中行为的变化来判断所学知识、工作技能对实际工作的影响。

4. 结果层

主要是考评受训者的工作绩效是否达到期望目标或是否能给企业的产出和绩效提升带来具体而直接的贡献，这一层次的评估上升到了组织的高度，也是评估一项培训活动是否有效的最重要也最困难的一个层面。培训结果层的评估可采用收益评价法，计算出培训为企业带来的经济收益，还可以通过考察事故率、生产率、士气等来衡量。

表6-6 企业员工培训效果评估四层模式

层次	待解问题	衡量方法	优点	缺点
反应层	受训人员是否对培训课程感兴趣，对培训实施手段、教师有何评价或建议	问卷调查 座谈 走访	有助于调查培训内容，规范培训机构	主观性较强，受训人员在评估中更容易投入个人的感情色彩，可能造成培训误差
知识层	受训人员在培训前后知识结构与管理技能提高程度的比较性评估	笔试问卷 心得报告 绩效考核 工作模拟	评估成绩量化，评估结果的准确性较高	耗时耗力，需要一定经济投入
行为层	培训结束后参训人员的工作绩效与工作态度有无变化	局部调查、走访上级及同事和受训人员的自我评价	评价客观、全面、可靠性强	耗时，调查对象的选取容易产生偏差

（续表）

层次	待解问题	衡量方法	优点	缺点
结果层	员工的工作态度改变是否影响企业的工作绩效	对硬数据、软数据做前后比较分析	有数据的定量分析更有助于企业机构和培训机构做比较性研究	数据收集比较复杂繁琐，且主观性较强

资料来源：王林．吉林邮政员工培训效果评估体系研究．长春：吉林大学出版社，2006

第四节　新员工入职培训

当一名新员工进入组织后，他对组织的背景、业务范围、自己工作的职责、程序、标准以及企业所期望的态度、规范、价值观和行为模式等都是不明晰或是不知道的。为了帮助新员工们顺利地适应企业环境和新的工作岗位，使他们尽快进入角色，就必须对新员工进行入职引导也即入职培训。

一、新员工入职培训的概念

当企业有新员工加入时，及时对新员工进行方向指引，使之对新的环境、工作、人际关系、规章制度和企业期望等有所了解，帮助新员工尽快进入角色就成为人力资源部门重要的任务之一。

新员工入职培训（Employee Orientation）又称为新员工岗前培训、职前教育、入司教育等，是一种专门为新员工设计并实施的培训形式，是企业通过课堂讲授、参观、发放手册、操作示范、现场实习等方式将录用的员工从"学院人"、"局外人"转变成为"职业人"、"企业人"的过程，是员工从一个团体的成员融入到另一个团体的过程。在此过程中，新员工逐渐了解所从事的工作的基本内容与方法，明确自己工作的职责、程序、标准，了解企业及其部门所期望的态度、规范、价值观和行为模式等等。

二、新员工入职培训的内容

对企业来讲，新员工未来选择如何在企业中表现、决定自己是否在企业长期发展，很大程度上取决于在最初进入企业的一段时间内的经历和感受，在此期间新员工感受到的企业价值理念、管理方式将会直接影响新员工在工作中的态度、绩效和行为，而这些因素和新员工入职培训的效果关系密切。

成功的新员工培训可以起到传递企业价值观和核心理念，并塑造员工行为的作用，它在新员工和企业以及企业内部其他员工之间架起了沟通和理解的桥梁，并为新员工迅速适应企业环境并与其他团队成员展开良性互动打下了坚实的基础。

一般来说，对新员工培训的内容主要有：

（一）对组织介绍

新员工进入组织后，对组织的了解仅限于从招聘人员、公开的信息或熟人等渠道所获得的信息，了解极其不充分和全面，难免会产生不安和焦虑的心态。因此，企业应首先让新员工了解组织相关的信息。

包括：组织的成长历程和发展前景；企业规模、宗旨、经营范围、主要产品、市场定位、目标顾客、竞争环境等；企业内部的组织结构、权力系统，各部门之间的服务协调网络及流程，有关部门的处理反馈机制以及组织的总体目标、使命、管理哲学和价值观。

（二）对工作的介绍

对于企业的新员工来说，对即将承担工作的一切都是好奇而又陌生的。所以在新员工的入职培训中，对工作岗位相关的信息的介绍也是十分必要的。如工作规范、工作设施、安全规则、办事习惯等这类不了解就无法着手工作的内容，以及新员工最关心的如薪酬福利待遇、考勤休假、调动晋升等人事政策内容应尽早安排。另外有关岗位的职务说明、工作描述、绩效标准、工作部门的业务政策、管理规则、部门间工作关系、请示汇报渠道等也应安排直接主管人员或同事传达。

（三）对发展前途与成功机会的介绍

新员工进入企业后往往容易产生一种矛盾的心理，一方面对未来的未知的事情把握不准，心理无底；另一方面又怕在组织中被忽视，没有发展提高的机会。因此，他们不仅迫切想了解一切与组织、与工作相关的未知的东西，而且他们也渴望关怀、鼓舞、支持、信任和发展机会等。因而，新员工的直接主管应该亲自或派资深下属对新员工进行辅导与考核，并及时给予反馈，肯定其成绩与进步，指出不足并提出改进措施。

新员工入职培训的内容是很丰富的，涵盖面也很广。因此，现在很多企业在进行新员工入职培训的过程中，由人力资源部门设计了“入职培训活动检查清单”。如表6－7就是美国通用电气公司的清单。清单是人力资源部门为主管干部制备的，它只适合于一般员工，对于特殊员工（如残疾人、少数民族等)，需根据情况补充专门事项。

表6－7　新员工入职培训检查清单

一、新员工刚来报到	二、第一天工作之后	三、头两周
□欢迎加入本公司及担任此职务 □指引更衣箱及厕所的地点 □指出员工食堂及饮水点位置 □介绍进、出厂区及门卫检测制度 □引领参观工作地点状况 □介绍信息与考勤制度 □本班组（科室）工作简介 □引进本班组（科室）同事 □介绍设备安全规程与安全设备的使用 □引导新员工开始工作，介绍工作规程 □提醒他在有问题或需帮助时找你	□介绍奖酬情况 □介绍自备车存放及公司交通车情况 □介绍公司医疗卫生设置 □进一步仔细研究安全规程 □介绍本班组（科室）中各职务间关系 □下班前检查其绩效、讲评及答疑	□介绍公司福利待遇 □介绍投诉及合理化建议渠道 □检查工作习惯是否有违安全要求 □继续检查、讲评和指导其工作

资料来源：陈维政等．人力资源管理（第二版）[M]．北京：高等教育出版社，2006

三、以职业化为导向的新员工入职培训模型

入职培训对新员工态度形成、行为养成等方面有深远影响。但在人力资源管理实践中，因为入职培训形式单一、内容虚设、方法落后等原因导致入职培训的效果不尽如人意。针对新员工入职培训面临的问题与需求，构建以职业化为导向的新员工入职培训模型，不但可以解决了入职培训缺乏核心理念指引的问题，有效整合入职培训课程资源，满足新员工培训需求，而且可以极大地促进企业员工队伍职业化进程，让入职培训成为推动企业成长的重要力量。

以职业化为导向的入职培训模型由三个阶段构成，每个阶段各有其独特目的（如图6－3所示）。

（一）实现从“局外人”到“企业人”转变

帮助新员工实现从“局外人”到“企业人”转变，主要包括以下内容：

公司概况：包括工作场所与设施；企业历史、使命与前景规划；企业

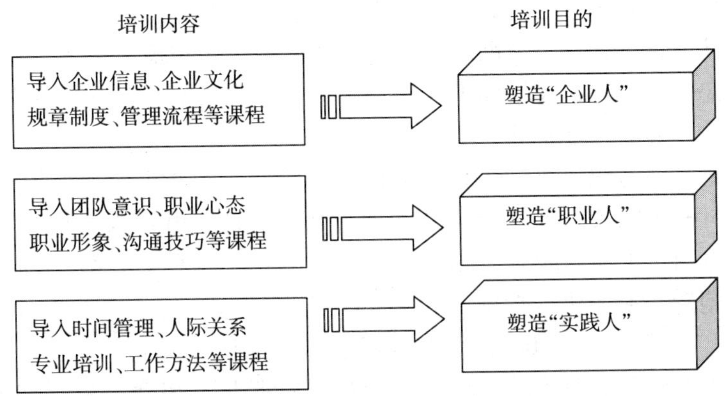

图6-3 以职业化为导向的入职培训模型

产品、服务及工作流程；企业客户和市场竞争状况；企业组织结构及重要人物。

人事制度：公司在劳动用工合同、工资、奖金、福利、休假等人事方面的相关制度，对于绩效考核、晋职、加薪等规定也要详加说明，使新员工了解自己能享受的权利和应承担的义务。

安全、健康教育：包括公司基本的安全、健康规定和违规处罚标准。目的是培养新员工的安全意识，养成良好的生活与工作习惯，同时提醒员工在日后的工作中注意遵守，共同创造文明有序的工作环境。

职位说明：向新员工详细说明职位说明书，描述恰当的工作行为，做出示范，接受新员工提出的问题并给予必要的指导。

职业必备：所谓职业必备是指员工应掌握的同事的联络信息、上司的管理风格、必要的保密要求、公司中的一些“行话”等。

法律文件：法律文件指公司的身份卡、钥匙、考勤卡、社会保障等方面基于法律和有关规定而签署的文件。规章制度是新员工工作和行为的准则，有关员工工作等方面的规章制度必须让员工了解，这些通常载于内部刊物或员工手册中。

企业文化：如何使新员工成为你的“企业人”，这一问题需求的信息还应包括内化企业经营理念、增强员工对企业的忠诚感和归属感等活动所传达给员工的信息。

（二）实现从“学院人”到“职业人”转变

帮助新员工实现从“学院人”到“职业人”转变，主要包括以下内容：

角色定位与职业生涯规划：新员工角色定位分析，帮助新员工正确认识职业生涯规划和管理，明晰“职业化”路径。

团队意识与个人心态调整：建立团队意识，形成团队愿景，团队目标设立、团队冲突处理，帮助新员工克服各种各样的焦虑、疑惑、自大、自卑甚至恐惧的心理，在培训中导入企业文化，加深新员工对企业文化的认知与感受，养成“职业化”心态。

沟通技巧与职业形象塑造：涵盖高效商务沟通技巧，有效的肢体语言技巧，针对不同人际风格对象的沟通技巧，会议、电话沟通技巧等方面，全面提升新员工沟通能力，统一企业对话方式，降低因沟通不力而产生的误会，塑造“职业化”形象。

（三）实现从“理论人”到“实践人”转变

帮助新员工实现从“理论人”到“实践人”转变，主要包括以下内容：

时间管理技巧：包括认识时间、识别时间管理陷阱、跨越时间陷阱、掌握时间管理的工具。

科学工作方法：包括 PDCA 工作法、用甘特表做计划、团队工作方法等。

人际关系处理：包括什么是成功的人际关系、建立成功的人际关系需要哪些条件、成功人际关系建立的技巧，如何处理与上司的关系等。

各类专业培训：主要针对新员工从事的具体专业工作开展基本技能培训，比如让市场部新员工参加营销技巧方面的课程。通过三个阶段的培训，能促进新员工迅速转变为“职业化”人才，有效改变新员工重理论轻实践的倾向，掌握各种实用高效的工作技巧，避免眼高手低的常见病，全面提升新员工“职业化”水平，为今后职业生涯打下坚实的基础。

示　例

康佳集团的新员工入职培训

康佳集团自成立之始，就相当重视新员工的入职培训，一直把它作为集团培训体系中的重点，给予了相当的关注，而且还专门成立康佳学院来统筹安排并规划新员工的入职培训。多年新员工入职培训的组织实践，使康佳学院针对企业用工的特点，摸索出了一套行之有效的新员工入职培训方案，最大程度的发挥了新员工培训的作用，使新入职的员工通过康佳学院的系统培训，能够迅速的转变成为具有康佳企业文化特色的企业人，敬业爱岗，为企业的发展作出了应有的贡献。

康佳集团新员工入职培训的最大特色是能够针对不同的新员工类型，规划出不同的新员工培训方案，而且，运用多种培训手段和培训方式来实施新员工培训。

比如，康佳集团针对新员工的学历、岗位及工作经验的不同，将新入职的员工分成一线员工入职培训、有经验的专业技术人员入职培训和应届毕业生入职培训三种类型，不同的类型培训内容和培训重点也各有不同，针对一线员工的入职培训，除了共同性的企业文化、人事福利制度、安全基本常识、环境与质量体系等内容以外，还规划了一线优秀员工座谈、生产岗位介绍、生产流程讲解、消防安全演练等课程，而且，还采用师带徒的方式，指定专人对新员工进行生活和工作方面的指导；对于有经验的专业技术人员的入职培训，除了共同性的必修内容外，更多的还增加了企业环境与生产线参观、企业历史实物陈列室讲解，集团未来发展规划、团队建设与组织理解演练、团队与沟通展能训练、销售与开发介绍及公司产品销售实践等课程；而对于应届毕业生的入职培训，除了一些共同的课程外，还针对其特点，安排有校友座谈、公司各部门负责人讨论、极限挑战、野外郊外等活动，同时，还规划有三个月生产线各岗位轮流实习、专业岗位技术实习等内容，采取导师制的方式，派资深员工辅导新员工进行个人生涯规划设计，并对整个一年的工作实习期进行工作指导与考核，使其能尽快熟悉企业，成为真正的企业人。

另外，针对企业用工的特点，康佳还配合人力资源部，对不定期招聘的单个新员工采取报到教育的方式，每一个新招聘的员工，不管是从何时进入企业，在办理入司手续之前，必须经过康佳学院的报到教育，有康佳学院指派专人进行个别的单独培训，培训时间安排为3小时，培训内容安排有作为一个新入职的员工必须掌握的内容，如上、下班时间与规定、公司基本礼仪、办公室规定、公司基本组织架构等，只有等新员工人数达到康佳学院规定的培训人数后，才针对新员工的类型，组织实施新员工入职培训。

通过不同形式、不同内容的新员工入职培训方案的实施，有效的贯彻了集团公司选才、用才、留才的人力资源宗旨，并且通过培训，缩短了新入职人员在公司实习过程，使部分有能力、有才干的人能够很快脱颖而出，成为公司的骨干，降低了招聘成本，规避了选才风险，成为公司人力资源管理中最为重要的一环。

——资料来源：张岩松，赵明晓，李健编著：人力资源管理案例精选精析（第三版）. 中国社会科学出版社，2009

本章精要

员工培训与开发是人力资源管理中一个极其重要的环节。它是为实现组织的战略目标，企业有计划地对员工进行旨在使员工获得或改进与工作相关的知识、技能、态度和行为，以提高员工的工作绩效和应对环境变化的能力，从而实现企业与员工的共同发展。员工培训的类型有很多，按不同的标准可以进行不同的划分，在培训方法的选择上，应综合考虑培训的目标、学习时间、培训经费、受训人员的数量及构成，还有就是相关的技术支持等。企业要开展培训工作，首先要做好前期的培训需求分析工作，培训需求分析可以从组织层面、工作层面和员工个人层面来进行，然后在此基础上确定培训的目标、制订培训计划，并按计划实施培训。在培训的过程中，除了抓好实施前的准备和实施中的监控外，加强培训成果的转移和进行培训效果评估也是非常重要的。此外，随着企业内外环境不稳定因素的增加，员工稳定性也大大降低，致使企业时常会有新成员的加入。因此，做好新员工入职培训就显得非常的重要。进行新员工入职培训就是通过对组织、工作、员工的发展前途与机会的介绍使得新员工实现从“局外人”到“企业人”转变、从“学院人”到“职业人”转变、从“理论人”到“实践人”转变。

本章思考与讨论

1. 员工培训与开发的内涵，培训与开发有什么区别？
2. 培训系统模型包括哪些要素？
3. 企业培训常用的方法有哪些？
4. 何谓培训需求分析，培训需求分析的三个层次是什么？
5. 培训计划应该包括哪些内容？
6. 影响培训效果转移的工作环境特征因素有哪些？
7. 什么是培训效果评估，培训效果评估的四层模型是哪四个方面？
8. 新员工培训的内容应培训哪些内容？

推荐阅读材料

1. 谌新民，徐汪奇主编．员工培训方案［M］．广州：广东经济出版社，2002

2. 加里·德斯勒，曾湘泉主编．人力资源管理［M］．北京：中国人民大学出版社，2007

3. 王少华，姚望春主编．员工培训实务［M］．北京：机械工业出版社，2008

4. 罗辉，张俊娟主编．培训课程开发实务手册［M］．北京：人民邮电出版社，2009

5. 权锡哲，韩伟静主编．新进与新任员工培训方案设计［M］．北京：人民邮电出版社，2009

案例分析

海尔的员工培训

海尔集团从一开始至今一直贯穿以人为本提高人员素质的培训思路，建立了一个能够充分激发员工活力的人才培训机制，最大限度地激发每个人的活力，充分开发利用人力资源，从而使企业保持了高速稳定发展。

一、海尔的价值观念培训

海尔培训工作的原则是干什么学什么，缺什么补什么，急用先学，立竿见影。在此前提下首先是价值观的培训，什么是对的，什么是错的，什么该干，什么不该干，这是每个员工在工作中必须首先明确的内容，这就是企业文化的内容。对于企业文化的培训，除了通过海尔的新闻机构《海尔人》进行大力宣传以及通过上下灌输、上级的表率作用之外，重要的是由员工互动培训。目前海尔在员工文化培训方面进行了丰富多彩的、形式多样的培训及文化氛围建设，如通过员工的画与话、灯谜、文艺表演、找案例等用员工自己的画、话、人物、案例来诠释海尔理念，从而达成理念上的共识。

下级素质低不是你的责任，但不能提高下级的素质就是你的责任！对于集团内各级管理人员，培训下级是其职责范围内必需的项目，这就要求每位领导亦即上到集团总裁、下到班组长都必须为提高部下素质而搭建培训平台、提供培训资源，并按期对部下进行培训。特别是集团中高层人员，必须定期到海尔大学授课或接受海尔大学培训部的安排，不授课则要被索赔，同样也不能参与职务升迁。每月进行的各级人员的动态考核、升迁轮岗，就是很好的体现：部下的升迁，反映出部门经理的工作效果，部门经理也可据此续任或升迁、轮岗；反之，部门经理就是不称职。为调动各级人员参与培训的积极性，海尔集团将培训工作与激励紧密结合。海尔大学每月对各单位培训效果进行动态考核，划分等级，等级升迁与单位负责人的个人月度考核结合在一起，促使单位负责人关心培训，重视培训。

二、海尔的实战技能培训

技能培训是海尔培训工作的重点。海尔在进行技能培训时重点是通过案例、到现场进行的即时培训模式来进行。具体说，是抓住实际工作中随时出现的案例（最优事迹或最劣事迹），当日利用班后的时间立即（不再是原来的停下来集中式的培训）在现场进行案例剖析，针对案例中反映出的问题或模式来统一人员的动作、观念、技能，然后利用现场看板的形式在区域内进行培训学习，并通过提炼在集团内部的报纸《海尔人》上进行公开发表、讨论，达成共识。员工能从案例中学到分析题、解决问题的思路及观念，提高员工的技能，这种培训方式已在集团内全面实施。

对于管理人员则以日常工作中发生的鲜活案例进行剖析培训，且将培训的管理考核单变为培训单，利用每月 8 日的例会、每日的日清会、专业例会等各种形式进行培训。

三、海尔的个人生涯培训

海尔集团自创业以来一直将培训工作放在首位，上至集团高层领导，下至车间一线操作工人，集团根据每个人的职业生涯设计为每个人制定了个性化的培训计划，搭建了个性化发展的空间，提供了充分的培训机会，并实行培训与上岗资格相结合。

在海尔集团发展的第一个战略阶段（1984—1992），海尔集团只生产冰箱，且只有一到两种型号，产量也控制在一定的范围内，目的就是通过抓质量、抓基础管理、强化人员培训、从而提高了员工素质。

海尔的人力资源开发思路是人人是人才、赛马不相马。在具体实施上给员工搞了三种职业生涯设计：一种是对着管理人员的，一种是对着专业人员的，一种是对着工人的。每一种都有一个升迁的方向，只要是符合升迁条件的即可升迁入后备人才库，参加下一轮的竞争，跟随而至的就是相应的个性化培训。

1. 海豚式升迁，是海尔培训的一大特色。海豚是海洋中最聪明最有智慧的动物，它下潜得越深，则跳得越高。如一个员工进厂以后工作比较好，但他是从班组长到分厂厂长干起来的，主要是生产系统；如果现在让他干一个事业部的部长，那么他对市场系统的经验可能就非常缺乏，就需要到市场上去。到市场去之后他必须到下边从事最基层的工作，然后从这个最基层岗位再一步步干上来。如果能干上来，就上岗，如果干不上来，则就地免职。

有的经理已经到达很高的职位，但如果缺乏某方面的经验，也要派他下去；有的各方面经验都有了，但处事综合协调的能力较低，也要派他到这些部门来锻炼。这样对一个干部来说压力可能较大，但也培养锻炼了干部。

2. 届满要轮流，是海尔培训技能人才的一大措施。一个人长久地干一样工作，久而久之形成了固化的思维方式及知识结构，这在海尔这样以创新为核心的企业来说是难以想象的。目前海尔已制定明确的制度，规定了每个岗位最长的工作年限。

3. 实战方式，也是海尔培训的一大特点。比如海尔集团常务副总裁柴永林，是 80 年代中期在企业发展急需人才的时候入厂的。一进厂，企业没有给他出校门进厂门的适应机会，因为时间不允许。一上岗，在他稚嫩的肩上就压上了重担，从国产化、引进办，后又到进出口公司的一把手，领导们看得出来他很累，甚至压得他喘不过气来。有一阶段工作也上不去了，但领导发现，他的潜力还很大，只是缺少了一些知识，需要补课。为此就安排他去补质量管理和生产管理的课，到一线去锻炼（检验处长、分厂厂长岗位），边干边学，拓宽知识面，积累工作经验。在较短的时间内他成熟了，担起了一个大型企业副总经理的重任。由于业绩突出，1995 年又委以重任，接收了一个被兼并的大企业，这个企业的主要症结是：亏损、困难较大、离市场差距较远。他不畏困难，一年后就使这个企业扭亏为盈，企业两年走过了同行业二十年的发展路程，他成为同行业的领头雁，也因此成为海尔吃休克鱼的典型，被美国哈佛大学收入其工商管理案例库。之后他不停地创造奇迹，被《海尔人》誉为“你给他一块沙漠、他还给你一座花园”的好干部。

四、海尔的培训环境

海尔为充分实施全员的培训工作，建立了完善的培训软环境（培训网络）。在内部，建立了内部培训教师师资网络。首先对所有可以授课的人员进行教师资格认定，持证上岗。同时建立了内部培训管理员网络，以市场链 SST 流程建立起市场链索酬索赔机制及培训工作考核机制，每月对培训工作进行考评，并与部门负责人及培训管理员工资挂钩，通过激励调动培训网络的灵活性和能动性。

在外部，建立起了可随时调用的师资队伍。目前海尔以青岛海洋大学海尔经贸学院的师资队伍为基本依托，同时与瑞士 IMD 国际工商管理学院、上海中欧管理学院、清华大学、北京大学、中国科技大学、法国企顾司管理顾问公司、德国莱茵公司、美国 MTI 管理咨询公司等国内外 20 余家大专院校、咨询机构及国际知名企业近百名专家教授建立起了外部培训网络，利用国际知名企业丰富的案例进行内部员工培训，在引入了国内外先进的教学和管理经验同时，又借用此力量、利用这些网络将海尔先进的管理经验编写成案例库，成为 MBA 教学的案例，也成为海尔内部员工培训的案例，达到了资源共享。

海尔集团除重视“即时”培训外，更重视对员工的“脱产”培训。在海尔的每个单位，几乎都有一个小型的培训实践中心，员工可以在此完成诸多在生产线上的动作，从而为合格上岗进行充分的锻炼。为培养出国际水平的管理人才，海尔还专门筹资建立了用于内部员工培训的基地——海尔大学。海尔大学目前拥有各类教室 12 间，可同时容纳 500 人学习及使用，有多媒体语音室、可供远程培训的计算机室、国际学术交流室等。为进一步加大集团培训的力度，使年轻的管理人员能够及时得到新知识，海尔国际培训中心第一期工程2000年12月24日在国家风景旅游度假区崂山仰口已投入使用，该中心建成后可同时容纳600人的脱产培训，且完全是按照现代化的教学标准来建设，并拟与国际知名的教育管理机构合作，举办系统的综合素质培训及国际学术交流，办成一座名副其实的海尔国际化人才培训基地，同时向社会开放，为提高整个民族工业的素质作出海尔应有的贡献。

根据上述案例材料思考以下问题：

1. 海尔的员工培训的主要内容有哪些？
2. 海尔的员工培训有什么特色？
3. 在采用内部培训师或外部培训师时应该考虑哪些因素？
4. 你从海尔的员工培训实践中得到哪些启示？

参考文献

1. 彭剑锋．人力资源管理概论［M］．上海：复旦大学出版社，2005

2. 陈维政等．人力资源管理（第二版）［M］．北京：高等教育出版社，2006

3. 雷蒙德·A·诺依著．徐芳译．雇员培训与开发［M］．北京：中国人民大学出版社，2001

4. 王林．吉林邮政员工培训效果评估体系研究［M］．济南：吉林大学，2006

5. 郭晨炜．以职业化为导向的新员工入职培训［J］．中国人力资源开发，2008（4）

6. 姚裕群，亓名杰主编．人力资源开发与管理概论［M］．长沙：湖南师范大学出版社，2007

7. 李冰，李维刚主编．人力资源管理［M］．北京：清华大学出版社，2009

8. 朱勇国主编．人力资源管理案例教程［M］．北京：首都经济贸易大学出版社，2006

9. 乔恩·M·沃纳（Jon M. Werner），兰迪·L·德西蒙（Randy L. DeSimone）著．徐芳，董恬斐译．人力资源开发（第四版）［M］．北京：中国人民大学出版社，2009

10. 于虹主编．企业培训［M］．北京：中国发展出版社，2006

11. 张岩松，赵明晓，李健编著．人力资源管理案例精选精析（第三版）［M］．北京：中国社会科学出版社，2009

第七章　职业生涯管理

引言：真知灼见

选择职业是人生大事，因为职业决定了一个人的未来……选择职业就是选择将来的自己。

——罗素

本章学习目标

职业生涯又称职业发展，是一个人一生中职业工作经历的总和。职业生涯管理是人力资源管理又一重要的工作。它是根据组织发展需要，结合员工的自身特点，组织开展和提供、用于帮助和促进组织内员工实现其职业发展目标的行为过程就是职业生涯管理。职业生涯管理的目的是通过员工和组织的共同努力，使员工的职业生涯目标与组织的发展目标相一致，促进员工与组织的共同发展。本章主要从职业生涯管理概述、职业生涯管理的相关理论、个人生涯生涯管理和组织职业生涯管理四个方面来展开的。

通过本章的学习，你应该能够：

★ 掌握职业生涯、职业生涯规划与职业生涯管理的概念
★ 了解职业生涯管理的特征和实施职业生涯管理的意义
★ 了解主要的职业生涯管理的理论
★ 明确个人职业生涯管理的概念、影响个人职业生涯的因素
★ 掌握个人职业生涯规划的步骤
★ 掌握组织职业生涯管理的概念
★ 明确组织职业生涯规划与管理的主要工作
★ 了解组织职业生涯规划与管理的角色与作用

第一节　职业生涯管理概述

随着科学技术的发展、社会的进步，相对过去，人们的生活水平有了较高水平的提升，但是信息化、经济全球化又使得原来相对稳定的世界变得不可捉摸：老企业不断更新、变化，新企业不断涌现；企业倒闭、破产、被兼并此起彼伏；即使是世界500强的企业也面临严峻的考验，这些变化都使得个人要想生存、要保持自己在职场的竞争力，必须要进行职业生涯规划和管理。对组织来说，虽然社会的不稳定增加，人员的流动性大，但是要想实现企业的可持续发展，还得依靠全体员工的共同努力。如何采用有效的激励措施调动员工的工作积极性，使得员工愿意为企业“卖命”，进行职业生涯管理也行是一种行之有效的方式。因此，要进行职业生涯管理，首先我们要明确和区分几个概念。

一、职业生涯

职业是随着社会分工的出现而产生，随着社会分工的发展而发展变化，每个人在社会分工中占有一席之地，扮演相应的角色，承担一定的任务，完成自己的本职工作。20世纪初，社会发展相对稳定，一个人从事某种职业之后，基本上不会有变化。所以当时人们对职业的界定是为了获得生活来源而从事某种工作，是谋生的主要手段。然而，随着社会的发展，职业的稳定性大大降低，为了体现职业的动态性和发展性，人们开始用职业生涯一词来体现这种变化。

“生涯”一词，英语是“career”。“生”，即“活着”；“涯”，即“边界”。广义上理解，“生”，自然是与一个人的生命相联系；“涯”，则有边际的含义，即指人生经历、生活道路和职业、专业、事业。

职业生涯就是一个人的职业经历，它是指一个人一生中所有与职业相联系的行为与活动，以及相关的态度、价值观、愿望等连续性经历的过程，也是一个人一生中职业、职位的变迁及工作、理想的实现过程。职业生涯是一个动态的过程，它并不包含在职业上成功与否，每个工作着的人都有自己的职业生涯。

二、职业生涯规划

职业生涯规划也称职业生涯设计，是指个人和组织相结合，在对一个人职业生涯的主客观条件进行测定、分析、总结研究的基础上，对自己的兴趣、爱好、能力、特长、经历及不足等各方面进行综合分析与权衡，结合时代特点，根据自己的职业倾向，确定其最佳的职业奋斗目标，并为实现这一目标做出行之有效的安排。

职业生涯设计的目的绝不只是协助个人按照自己资历条件找一份工作，达到和实现个人目标，更重要的是帮助个人真正了解自己，为自己订下事业大计，筹划未来，拟订一生的方向，进一步详细估量内、外环境的优势和限制，在“衡外情，量己力”的情形下设计出各自合理且可行的职业生涯发展路径。

职业生涯规划既包括个人对自己进行的个体生涯规划，也包括企业对员工进行的职业规划管理体系。职业生涯规划不仅可以使个人在职业起步阶段成功就业，在职业发展阶段走出困惑，到达成功彼岸；对于企业来说，良好的职业生涯管理体系还可以充分发挥员工的潜能，给优秀员工一个明确而具体的职业发展引导，从人力资本增值的角度达成企业价值最大化。借助教育测量学、现代心理学、组织行为学、管理学、职业规划与职业发展理论等相关科学经典理论，结合中国特色的企业管理实践和个人性格特征，形成了比较成熟、完善的职业生涯规划体系。

三、职业生涯管理

（一）职业生涯管理的内容与流程

职业生涯管理学说起始于20世纪60年代，直到20世纪90年代中期传入我国。职业生涯管理是现代企业人力资源管理的重要内容之一，它是指组织开展和提供的、用于帮助和促进组织内正在从事某类职业活动的员工实现职业发展目标的过程，其内容主要包括职业生涯规划设计、开发、评估、反馈与修正等一系列活动与过程。职业生涯规划管理的目的是通过员工和组织的共同努力与合作，是每一个员工的职业生涯目标与组织发展目标相一致，从而促进员工与组织的共同发展。因此，职业生涯管理包括两个方面：

一是个人职业生涯管理，是指员工个人在职业生命周期（从进入劳动力市场到退出劳动力市场）的全程中，对自己的职业发展计划、职业策略、职业进入、职业变动和职业位置的一系列变量进行管理的过程。

二是组织职业生涯管理，是指由组织实施的、旨在开发员工的潜力、留住员工、使员工能自我实现的一系列管理方法和措施。

职业生涯管理强调组织要给予员工适当的培训、协助和机会，帮助员工能结合组织的发展目标和经营理念，制订切实可行的个人职业生涯发展目标，并努力实现其目标。

因此，一套系统、有效的职业生涯管理制度和体系不但需要员工个人在全面了解自己的性格、兴趣、能力、价值观等基础上，综合考虑组织目标、经营理念、晋升渠道与升迁机会等；同时需要组织针对自身的发展历程及对未来市场的预测，明确其发展目标与方向，并主动与员工沟通，提供各种信息，使员工了解个人在组织中的发展方向，以提高员工的工作积极性。一般来说，职业生涯管理流程图如图 7-1 所示。①

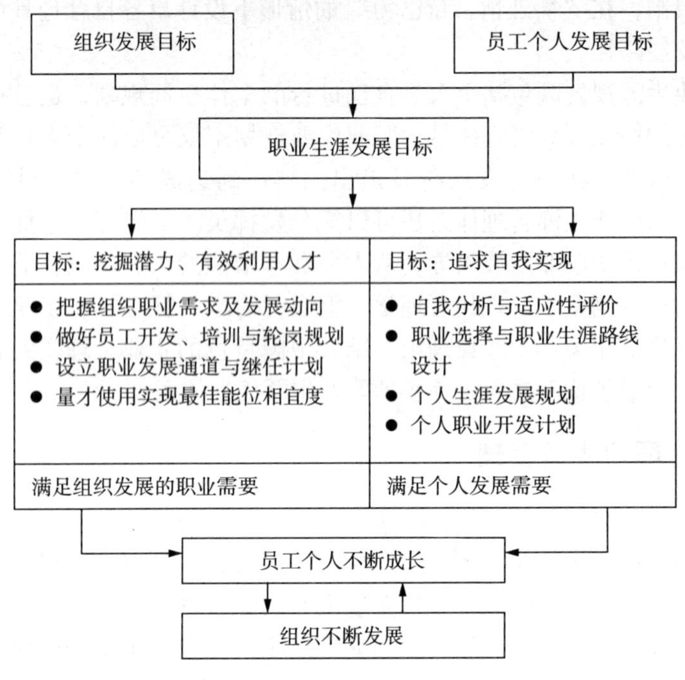

图 7-1　职业生涯管理流程图

（二）职业生涯管理的特征

1. 职业生涯管理是组织与员工双方的责任

在职业生涯管理中，组织和员工都需要承担一定的责任，只有双方共同合作才能完成职业生涯管理。在职业生涯管理中，员工个人和组织都必须按职业生涯管理工作的具体要求做好各项工作。从员工的角度来

① 杜映梅．职业生涯管理［M］．北京：中国纺织出版社，2006

说，个人职业生涯规划必须由个人自己决定，它应是在结合自己性格、职业兴趣和特长等基础上进行设计的。而对组织来说，进行职业生涯管理时考虑的主要因素是组织的整体目标，以及组织所有成员的职业生涯发展，其目的在于通过对所有员工的职业生涯管理实现组织与员工的共同发展。

2. 职业生涯管理形式多样、涉及面广

凡是组织对员工职业活动的帮助，均可列入职业管理之中。其中既包括针对员工个人的，如各类培训、咨询、讲座以及为员工自发的扩充技能，提高学历的学习给予便利等等；同时也包括对组织的诸多人事政策和措施，如规范职业评议制度，建立和执行有效的内部升迁制度等等。职业生涯管理自招聘新员工进入组织开始，直至员工流向其他组织或退休而离开组织的全过程中一直存在。职业管理同时涉及职业活动的各个方面。

3. 职业生涯管理具有动态性

职业生涯管理是一种动态的管理，它贯穿于员工职业生涯发展和组织发展的全过程。在职业生涯的不同阶段及组织发展的不同阶段，每一个组织成员的发展特征、发展任务以及应注意的问题都是不同的。由于每一阶段都有各自的特点、各自的目标、各自的发展重点，所以对每一个发展阶段的管理也应有所不同。同时，随着决定职业生涯的主客观条件的变化，组织成员的职业生涯规划也会发生相应的变化，因此，职业生涯管理的侧重点也应有所不同。

（三）职业生涯管理的意义

进行职业生涯管理不仅能帮助员工个人更有效地管理其职业生涯；而且对组织来说，了解员工的职业发展目标，并帮助员工进行职业生涯管理可以充分激励员工，可以实现员工个人职业发展目标的同时实现组织发展的目标。

1. 对个人的意义

对绝大多数人来说，其职业生涯都会跨越其人生中精力最充沛、知识经验最丰富和完善的几十年，职业早已不再是个人谋生的手段，它还为个人实现自我价值提供了广阔的空间和机会。

对员工个人而言，进行职业生涯管理的意义主要体现在三个方面：

（1）能增强个人择业竞争力

职业规划和职业管理既能使员工了解自身长处和短处，养成对环境和工作目标进行分析的习惯，又可以使员工合理计划、分配时间和精力完成任务、提高自身的技能。在当今一切都在急剧变化、都不确定的时代，只有那些清楚了解自我，知道在环境中怎样应对变化，并为自己创造机会，懂得从失误中吸取教训的个人，才有可能在择业的过程中，掌握主动权，寻求到满意的职业并取得职业生涯上的成功。

（2）能实现员工工作与生活之间的平衡

在我们的生活中，能将工作和生活决然分开是不可能的事情。如何实现工作与生活的平衡，同样是对企业和员工提出的一项重大挑战。特别是随着高科技的发展，使得我们的工作和生活的界限越来越模糊。尽管个人电脑将工作从办公室转移到了餐厅或书房，传真机或手机能够使偏远的地方成为办公室。这些变化虽然使得实现工作和生活之间的平衡创造了可能，但是仍需要来自家人和企业方面的支持。

而良好的职业规划和职业管理可以帮助个人从更高的角度看待工作中的各种问题和选择，将各分离的事件结合联系，服务于职业目标，使职业生活更加充实和富有成效。它更能考虑职业生活同个人追求、家庭目标等其他生活目标的平衡，避免顾此失彼，两面为难的困境。

（3）能实现自我价值的不断提升和超越

工作的最初目的可能仅仅是找一份养家糊口的差事，进而追求的可能是财富、地位和名望。而现在，人们更地希望能从事自己感兴趣而又有意义的工作，以及在工作过程中的自主度。所以，对大多数员工来说，能够面对挑战且能取得良好的工作绩效，可能比财富、晋升更重要。从这个意义上说，职业规划和职业管理可以让员工在工作实践中更加清晰地认清自己的职业目标，实现自我价值的不断提升和超越。

2. 对组织的意义

（1）实现资源合理配置

人力资源是一种可以不断开发并不断增值的增量资源，因为通过人力资源的开发能不断更新人的知识、技能，提高人的创造力，从而使无生命的“物”的资源充分尽其所用，特别是随着知识经济时代的到来，知识已成为社会的主体，而掌握和创造这些知识的就是“人”，因此企业更应注重人的智慧、技艺、能力的提高与全面发展。因此，加强职业生涯管理，使人尽其才、才尽其用，是企业资源合理配置的首要问题。如果离开人的合理配置，企业资源的合理配置就是一句空话。

（2）提升员工的工作积极性

职业生涯管理的目的就是帮助员工提高在各个需要层次的满足度，使人的需要满足度从金字塔形向梯形过渡最终接近矩形，即使员工的低层次物质需要逐步提高，又使他们的自我实现等精神方面的高级需要的满足度逐步提高。因此，职业生涯管理不仅符合人生发展的需要，而且也立足人的高级需要，即立足于友爱、尊重、自我实现的需要，真正了解员工在个人发展上想要什么，协调其制定规划，帮助其实现职业生涯目标。这样就必然会激起员工强烈的为企业服务的精神力量，进而形成企业发展的巨大推动力，更好地实现企业组织目标。

（3）实现组织的持续发展

任何成功的企业，其成功的根本原因是拥有高质量的企业家和高质量的员工。人的才能和潜力能得到充分发挥，人力资源不会虚耗、浪费，企业的生存成长就有了取之不尽，用之不竭的源泉。发达国家的主要资本不是有形的工厂、设备，而是他们所积累的经验、知识和训练有素的人力资源。通过职业生涯等管理努力提供员工施展才能舞台，充分体现员工的自我价值，是留住人才、凝聚人才的根本保证，也是企业长盛不衰的组织保证。

阅读与思考

某工程安装公司的总经理说，他一向器重的高级工程师小李另谋高就去了。这位老总说："我们是国企，工资相对于外面的公司低很多，这点我早就有思想准备。可这个工程师在公司创业的时候就来了，年轻有为，我一直特别欣赏他，还老给他来点感情投资想拴住他，可是人家还是走了。他说走的理由不是为了多赚钱，因为人家给的工资和这里的差不多，而是说要奔事业。唉！我从机关出来挑起这摊事，钱也没多几个，还整天累得不着家，我一直认为我这不就是拉着一伙人干事业吗?"

从上面这段话可以看出，公司老总对于工资等物质待遇低可能是导致人才外流早有心理准备，而且时常用感情投资来拴住人才，但他却不知道，爱才、惜才还要给人才创造真正的"奔事业"的空间。

问题与思考：

你认为造成案例中小李离职的真正原因是什么？如果你是该公司的老总，你会采取什么样的措施来避免同类现象再次发生。

——案例来源：杜映梅．职业生涯管理．中国发展出版社，2006

点评 该公司部门主管人员意识淡薄，不重视员工的职业生涯发展，从而导致公司员工尤其是关键性员工流失严重。

启示 公司应以员工个人和公司的发展需要为基础，重视员工的职业生涯管理。

第二节　职业生涯管理的相关理论

一、职业锚理论

（一）职业锚的提出

职业锚理论是由美国麻省理工大学斯隆商学院著名的职业生涯管理专家埃德加·H·施恩（Edgar. H. Schein）教授在他的1978年出版的《职业的有效管理》一书中首次提出来的。这一概念最初产生于美国麻省理工大学斯隆研究院的专门小组。1961、1962和1963年斯隆研究院的44名毕业生，自愿组成了一个专门小组，配合和接受施恩教授所进行的关于个人职业发展和组织职业管理的纵向跟踪研究和调查，并在1973年请他们返回麻省理工学院，就他们演变中的职业和生活接受面谈和调查。施恩在对他们的跟踪调查和对许多公司、个人及团队的调查中，逐渐形成了自己关于职业定位的看法，并提出了职业锚这一概念。施恩（1978）认为，设计这个概念是为了解释，当我们在更多的生活经验的基础上发展了更深入的自我洞察时，我们的生命中成长得更加稳定的部分，以便帮助我们更好地进行职业定位。

锚，是使船只停泊定位用的铁制器具。职业锚，实际就是人们选择和发展自己的职业时所围绕的中心，是指当一个人不得不做出选择的时候，他无论如何都不会放弃的职业中的那种至关重要的东西或价值观。

职业锚，是自我意向的一个习得部分。个人进入早期工作情境后，由习得的实际工作经验所决定，与在经验中自省的动机、价值观、才干相符合，达到自我满足和补偿的一种稳定的职业定位。

但是需要注意的是：职业锚以员工习得的工作经验为基础，产生于早期职业生涯，所以职业锚不可能根据各种测试提前进行预测，但是职业锚并不是固定不变的，职业锚强调个人能力、动机和价值观三方面的相互作用与整合。

（二）职业锚的类型

因为每个人的动机、追求、需要和价值观都是各不相同的，因此每个人寻求的职业锚也会有所不同。根据施恩的研究，认为职业锚有五种类型：技术职能型职业锚、管理能力型职业锚、安全型职业锚、自主型职业锚和创业型职业锚。

1. 技术职能型职业锚

属于技术职能型职业锚的人喜欢选择那些能够保证自己在既定的技术或职能领域不断发展的职业，所以通常他们都非常热爱自己的专业技术或职能工作，注重个人在专业或职能领域的进步，喜欢面对挑战和独立开展工作。但是针对一般型管理工作，因为这可能意味着放弃他们原来的技术或职能领域的成就，所以技术职能型职业锚的人都会拒绝，但是他们愿意在其技术或职能领域管理他人。

2. 管理能力型职业锚

管理能力型职业锚的人和技术职能型职业锚的人完全不同，“他们的职业经历使得他们相信自己具备被提升到那些一般管理性职位上去所需要的各种必备的能力以及相关的价值倾向”。所以属于管理能力型职业锚的人在工作表现出如下特点：喜欢承担一般管理性工作，且责任越大越好；具有强烈的晋升动机和价值观，以提升等级和收入作为衡量成功的标准；具有较强的分析能力、人及沟通能力和情感能力；对组织具有较强的依赖性。

3. 创业型职业锚

施恩认为，创业型职业锚的人喜欢建立或创建某种完全属于自己的东西——一件署着他们名字的产品或工艺、一家他们自己的公司或一批反映他们成就的个人财富等。具有这类职业锚的人一般都有强烈的创造需求和欲望，发明创造是他们工作的强大驱动力，而且他们愿意去冒风险，并拥有坚忍不拔的精神，面对困难绝不屈服。这类人可能对工作的自主权有一定要求，具有管理能力，但是这些都不是他们的主要动机和价值观，只有创造才是他们的主要动机和价值观。

4. 安全稳定型职业锚

研究发现，有一部分人视长期的职业稳定和工作的保障性为工作中极其重要的因素，施恩将这类人的职业锚称为安全稳定型职业锚。安全稳定型职业锚的人追求工作中的安全与稳定感，包括工作安全如体面的收入；完善的退休计划和情感安全如安全、合理的家庭和工作环境。这类人一般都不愿意离开一个既定的组织，对组织的依赖性较强；正因为对组织的依赖性较强，导致他们在职业生涯规划与开发上会受到限制。

5. 自主独立型职业锚

自主独立性职业锚的人不喜欢在工作中受到别人摆布，更愿意自己决定自己的命运。因此，这类人毕业后并没有到某一个企业中去追求这种职业导向，而是决定称为一名咨询专家，要么是自己独立工作，要么是作为一个相对较小的企业中合伙人来工作。他们的特点是喜欢随心所欲安排自己的工作方式、工作习惯和生活方式，追求在工作中享有自身的自由，最大限度地摆脱组织的限制和制约。

在个人的工作生命周期中，或在组织的事业发展过程中，职业锚都发挥着重要的作用。首先，职业锚是个人经过搜索所确定的长期职业定位，它清楚地反映出个人的职业追求与抱负。由于不同员工对职业成功有不同的解释，职业锚则为企业判断员工的职业成功提供了标准。其次，透过职业锚，组织获得了员工个人正确信息的反馈，从而可以有针对性地对员工发展设置可行、有效、通畅的职业通道，个人则因为组织有效的职业通道，自身的职业需要得以满足，必然会深化对组织的情感认同，于是，组织与个人双方相互深化了解，达到深度稳固的相互接纳。第三，由于职业锚是个人职业工作的长期贡献区，相对稳定的长期从事某项职业，必然增长工作经验，也使个人职业技能不断增强，直接产生提高工作效率的明显效益。

二、职业生涯选择理论

职业生涯选择理论是侧重从个体的角度来探讨职业行为，重视个人内在的需要、人格、兴趣、价值观等因素在职业选择与职业发展中的重要作用。

（一）帕尔森的职业——人匹配论

职业——人匹配理论是用于职业选择、职业指导的经典性理论，最早由美国波士顿大学教授帕尔森提出。1909 年，帕尔森在其《选择一个职业》著述中，明确阐明职业选择的三大要素或条件以及人——职匹配的两种类型。

1. 职业选择的三大要素或条件

（1）应该清楚地了解自己的态度、能力、兴趣、智谋、局限和其他特征。

（2）应清楚地了解职业选择成功的条件，所需知识，在不同职业工作岗位上所占有的优势、不利和补偿、机会和前途。

（3）上述两个条件的平衡。

帕尔森的内涵是在清楚认识、了解个人的主观条件和社会职业岗位需求条件基础上，将主客观条件与社会职业岗位（对自己有一定可能性的）相对照，相匹配，最后选择一个职业与个人匹配相当的职业。

2. 人——职匹配的类型

（1）条件匹配，即所需专门技术和专业知识的职业与掌握该种特殊技能和专业知识的择业者相匹配，例如脏、累、苦劳动条件很差的职业，需要吃苦耐劳、体格健壮的劳动者与之匹配。

（2）特长匹配，即某些职业需要具有一定的特长，例如，具有敏感、易动感情、不守常规、个性强、理想主义等人格特性的人，宜于从事审美性、自我情感表达的艺术创作类型的职业。

帕尔森的职业——人匹配论，这一经典性原则，至今仍然正确、有效，并影响着职业管理学、职业心理学的发展。

（二）霍兰德的人格类型理论

美国职业心理学家约翰·霍兰德（John Holland）在1971年提出了具有广泛影响的职业性向理论。霍兰德认为："职业选择反映了人的动机、知识、人格和能力。职业代表一种生活方式、生活环境，而不仅是一些工作职能和技巧。做一个木匠不仅意味着要使用工具，也意味着特定的定位、社会角色和生活模式。"

霍兰德从心理学价值观理论出发，经过大量的职业咨询指导的经验积累，提出可以将人的人格分为6种类型：现实型、研究型、艺术型、社会型、企业型与传统型。每一特定类型人格的人，便会对相应职业类型中的工作或学习感兴趣；环境也可区分为上述6种类型；人们寻求能充分施展其能力与价值观的职业环境；个人的行为取决于个体的人格和所处的环境特征之间的相互作用。在上述理论假设的基础上，霍兰德在其所著的《职业决策》一书中描述了6种人格类型的相应职业。

1. 实际型（Realistic）——R型

实际型基本的人格倾向是，喜欢有规则的具体劳动和需要基本操作技能的工作，缺乏社交能力，不适应社会性质的职业。具有这种类型人格的人其典型的职业包括技能性职业（如一般劳工、技工、修理工、农民等）和技术性职业（如制图员、机械装配工等）。

2. 研究型（Investigative）——I型

研究型的人具有聪明、理性、好奇、精确、批评等人格特征，喜欢智力的、抽象的、分析的、独立的定向任务这类研究性质的职业，但缺乏领导才能。其典型的职业包括科学研究人员、教师、工程师等。

3. 艺术型（Artistic）——A型

艺术型的人格倾向是，具有想象、冲动、直觉、无秩序、情绪化、理想化、有创意、不重实际等人格特征。喜欢艺术性质的职业和环境，不善于事务工作。其典型的职业包括艺术方面的（如演员、导演、艺术设计师、雕刻家等）、音乐方面的（如歌唱家、作曲家、乐队指挥等）与文学方面的（如诗人、小说家、剧作家等）。

4. 社会型（Social）——S 型

社会型的人具有合作、友善、助人、负责、圆滑、善社交、善言谈、洞察力强等人格特征。喜欢社会交往、关心社会问题、有教导别人的能力。其典型的职业包括教育工作者（如教师、教育行政工作人员）与社会工作者（如咨询人员、公关人员等）。

5. 企业型（Enterprising）——E 型

企业型的人具有冒险、野心人格特征。喜欢从事领导及企业性质的职业、独断、自信、精力充沛、善社交等，其典型的职业包括政府官员、企业领导、销售人员等。

6. 传统型（Conventional）——C 型

传统型的人具有顺从、谨慎、保守、实际、稳重、有效率等人格特征。喜欢有系统有条理的工作任务，其典型的职业包括秘书、办公室人员、计事员、会计、行政助理、图书馆员、出纳员、打字员、税务员、统计员、交通管理员等。

然而上述的人格类型与职业关系也并非绝对的一一对应。霍兰德在研究中发现，尽管大多数人的人格类型可以主要地划分为某一类型，但个人又有着广泛的适应能力，其人格类型在某种程度上相近于另外两种人格类型，则也能适应另两种职业类型的工作。也就是说，某些类型之间存在着较多的相关性，同时每一类型又有种极为相斥的职业环境类型。霍兰德有一个六边形简明地描述了 6 种类型之间的关系。

根据霍兰德的人格类型理论，在职业决策中最理想的是个体能够找到与其人格类型重合的职业环境。一个人在与其人格类型相一致的环境中工作，容易得到乐趣和内在满足，最有可能充分发挥自己的才能。因此在职业选拔与职业指导中，首先就要通过一定的测评手段与方法来确定个体的人格类型，然后寻找到与之相匹配的职业种类。为了确定个体的人格类型，就需要大量运用人才测评的手段与方法，霍兰德本人也编制了一套职业适应性测验（The Self-Directed Search，简称 SDS）来配合其理论的应用。

三、职业生涯发展阶段论

（一）施恩的职业生涯发展理论

美国的埃德加·施恩（Edgra·H·Shein）教授立足于人生不同年龄段面临的问题和职业工作主要任务，将职业生涯分为 10 个阶段。施恩对不同阶段角色特征、面临的问题和特定的任务说明如下：[①]

① 埃德加·施恩．职业的有效管理［M］．北京：三联书店，1992，p42-47

1. 成长、探索阶段（0～21岁）

角色：学生、候选人、申请者

（1）面临的广义问题：①为进行实际职业选择打好基础；②将早年的职业幻想变为可操作的现实；③对基于社会经济水平和家庭境况造成的现实压力进行评估；④接受适当的教育和培训；⑤开发工作实践中所需要的基本习惯和技能。

（2）特定的任务：①发展和发现自己的需要和兴趣；②发展和发现自己的能力和才干；③学习职业方面的知识，寻找现实的角色模式；④从测试和咨询中获取最大限度的信息；⑤查找有关职业和工作角色的可靠的信息源；⑥发展和发现自己的价值观、动机和抱负；⑦做出合理的受教育决策；⑧在校品学兼优，以保持尽可能开发的职业选择；⑨在体育活动、业余爱好和学校的各项活动中寻找机会进行自我测试，以发展一种现实的自我意象；⑩寻找试验性工作和兼职工作的机会，测试早期职业决策。

2. 进入工作世界（16～25岁）

角色：应聘者、新学员

（1）面临的广义问题：①进入劳动市场，谋求可能成为一种职业基础的第一项工作；②达成一项正式可行的和心理的契约，保证个人和雇主的需要都能满足；③成为一个组织的成员——穿越第一个主要的包含边界。

（2）特定的任务：①学会如何找一项工作，如何申请，如何度过一次工作访谈；②学会如何评估一项工作和一个组织的信息；③通过挑选和目测；④做出现实的和有效的第一项工作选择。

3. 基础培训（16～25岁）

角色：实习生、新手

（1）面临的广义问题：①应付工作和成员资格实际上是怎么回事的现实冲击；②尽快成为一名有效的成员；③适应日常的操作程序；④作为正式的工作者被承认，穿过下一个包含边界。

（2）特定的任务：①克服缺乏经验带来的不安全感，增加一种信任感；②理解文化，尽快“了解内情”；③学会与第一个培训师或上司相处；④学会与其他培训者相处；⑤接受作为一名新员工的相关仪式，并从中学到知识（如多干下手活）；⑥接受并承认组织的正式符号：制服、徽章、公司手册等。

4. 早期职业的正式成员资格（17～30岁）

角色：新的正式成员

（1）面临的广义问题：①承担责任，成功的履行与第一次工作分配有关的任务；②发展和展示自己的技能和专长，为提升或进入其他的横向职业打下基础；③在自己的独立需要与组织约束和一定的要求间寻求平衡；④决定是否在这个组织或职业干下去，或者在自己的需要和组织约束及机会之间寻求一种更好的结合。

（2）特定的任务：①有效地工作，学会如何处事，改善处事方式；②承担部分责任；③学会如何与自己的上司和同事相处；④在有限的作业区内发展自己的进取心和责任心；⑤寻求良师和操作人；⑥根据自己的才干和价值观，以及组织中的机会和约束，重估自己的职业发展目标；⑦准备做出长期承诺和一定时期的最大贡献或流向一个新职位或组织；⑧应付第一项工作中的成功或失败。

5. 职业中期（25 岁以上）

角色：正式成员、任职者，终生成员主管：经理（个人有可能停在这个阶段）

（1）面临的广义问题：①选定一项专业或进入管理部门；②保持技术竞争力，在自己选择的专业或管理领域内继续学习；③在组织中确立一种明确的认同；④承担较大责任；⑤成为职业中的一名能手；⑥根据抱负、所寻求的进步类型、用以衡量进步的指标等，开发个人的长期职业计划。

（2）特定的任务：①取得一定程度的独立；②提高自己的业绩标准，相信自己的决策；③衡量自己的才干、价值观，以此决定自己的职业目标；④评估组织和职业机会，制定下一步的有效决策；⑤准备成为别人的良师；⑥在家庭、工作和自我之间取得平衡；⑦如果业绩平平、任职被否定，或失去挑战力，应付失败情绪。

6. 职业中期危险阶段（35～45 岁者）

（1）面临的广义问题：①现实地估价自己的进步、职业抱负及个人前途；②决定工作和个人职业在自己的一生中究竟有多大的重要性；③适应自己成为他人良师的需要。

（2）特定的任务：①开始意识到个人的职业锚；②现实评估个人的职业锚对个人前途的暗示；③就接受现状或者争取看得见的前途做出具体选择；④围绕所做出的选择与家人达成新的一致；⑤建立与他人的良师关系。

7. A 非领导者角色的职业后期（40 岁以后直到退休）

角色：骨干成员、有贡献的个人或管理部门的成员，有效贡献者（许多人停留在这个阶段）

（1）面临的广义问题：①成为一名良师，学会发挥影响，指导、指挥别人，对他人承担责任；②扩大兴趣和以经验为基础的技能；③如果决定追求技术职业和职能职业的话，要深化技能；④如果决定追求全面管理角色的话，要承担更大范围的责任；⑤如果求安稳，就此停滞，则要接受和正视自己影响力和挑战能力的下降。

（2）特定的任务：①坚持技术上的竞争力，或学会以经验为基础的智慧代替直接的技术能力；②发展需要的人际和群体技能；③发展必要的监督和管理技能；④学会在一种政治环境中制定有效的决策；⑤应付“崭露头角”的年轻人的竞争；⑥应付中年危机和家庭“空槽”的问题；⑦为高级领导角色做准备。

8. B 处于领导角色的职业后期

角色：总经理、官员、高级合伙人、企业家

（1）面临的广义问题：①为组织的长期利益发挥自己的才干和技能；②学会整合别人的能力和扩大影响；③选拔和发展骨干成员；④开阔视野、从长计议，现实评估组织在社会中的作用；⑤如果身为有贡献的个人和企业家，学会如何推销观点。

（2）特定的任务：①从主要关系自我，转而更多地为组织福利承担责任；②负责地操作组织的机密和资源；③学会操作组织内部和组织与环境边界两方面的局面；④学会在持续增加的职业承诺与家庭、特别是配偶的需要之间寻求平衡；⑤学会行使高水平的责任和权力。

9. 衰退和离职阶段（一般在 40 岁之后到退休期间）

不同的人在不同的年龄会衰退或离职

（1）面临的广义问题：①学会接受权力、责任、地位的下降；②基于竞争力和进取心下降，要学会接受和发展新的角色；③学会管理很少由工作支配的生活。

（2）特定的任务：①在业余爱好、家庭、社交和社区活动、非全日制工作等方面，寻求新的满足源；②学会如何与配偶更亲密地生活；③评估职业，并准备退休。

10. 离开组织或职业——退休

（1）面临的广义问题：①适应角色、生活方式和生活标准的急剧变化；②运用自己积累的经验和智慧，以各种资源角色，对他人进行传帮带。

（2）特定的任务：①在业失去全日制工作或组织角色后，保持一种认同感和自我价值观；②在某些活动中依然尽心尽力；③运用自己的智慧和经验；④回首过去的一生，感到有所实现和满足。

需要指出的是，施恩虽然基本依照年龄增大顺序划分职业发展阶段，但并未囿于此，其阶段划分更多的根据职业状态、任务、职业行为的重要性。正如施恩教授划分职业周期阶段是依据职业状态和职业行为和发展过程的重要性，又因为每人经历某一职业阶段的年龄有别，所以，他只给出了大致的年龄跨度，并在为职业阶段上所示的年龄有所交叉。

（二）金斯伯格职业生涯发展阶段理论

美国著名职业指导专家、职业生涯发展理论的代表人物之一，同时也是职业生涯发展理论的先驱者伊莱·金斯伯格（Eli Ginzberg），通过比较美国富裕家庭的人从儿童期到成年早期和成熟过程中的各个关键点上有关职业选择的想法和行动，把人的职业选择的心理发展分为幻想期、尝试期和现实期。

1. 幻想期：处于 11 岁之前的儿童时期

儿童们对大千世界，特别是对于他们所看到或接触到的各类职业工作者，充满了新奇、好玩的感觉。此时期职业需求的特点是：单纯凭自己的兴趣爱好，不考虑自身的条件、能力水平和社会需要与机遇，完全处于幻想之中。

2. 尝试期：11～17 岁

这是由少年儿童向青年过渡的时期。此时起，人的心理和生理在迅速成长发育和变化，有独立的意识，价值观念开始形成，知识和能力显著增长和增强，初步懂得社会生产和生活的经验。在职业需求上呈现出的特点是：有职业兴趣，但不仅限于此，更多的和客观地审视自身各方面的条件和能力；开始注意职业角色的社会地位、社会意义，以及社会对该职业的需要。

3. 现实期：17 岁以后的青年年龄段

即将步入社会劳动，能够客观的把自己的职业愿望或要求，同自己的主观条件、能力，以及社会现实的职业需要紧密联系和协调起来，寻找合适于自己的职业角色。此期所寻求的职业不再模糊不清，已有具体的、现实的职业目标，表现出的最大特点是客观性、现实性、讲求实际。

金斯伯格的职业生涯阶段理论，事实上是前期职业生涯发展的不同阶段，也就是说，是初就业前人们职业意识或职业追求的变化发展过程。其理论对实践产生过广泛的影响。

（三）休伯的职业生涯发展理论

唐纳德·休伯（Donald Super）是美国一位很有代表性的职业管理学家。休伯的职业生涯发展阶段理论主要依据发展心理学和社会学对各种职业行为的分析，以年龄阶段分析发展过程。休伯将职业生涯分成五个主要阶段：成长阶段（0～14 岁）、探索阶段（15～24 岁）、确立阶段（25～44 岁）、维持阶段（45～64 岁）和衰退阶段（65 岁以上）。

1. 成长阶段

成长阶段大体上可以界定在从一个人出生到14岁这一年龄段上。在这一阶段，个人通过对家庭成员、朋友以及老师的认同以及与他们之间的相互作用，逐渐建立起了自我的概念。在这一阶段的一开始，角色扮演是极为重要的，在这一时期，儿童将尝试各种不同的行为方式，而这使得他们形成了人们如何对不同的行为做出反应的印象，并且帮助他们建立起一个独特的自我概念或个性。到这一阶段结束的时候，进入青春期的青少年（这些人在这个时候已经形成了对他们的兴趣和能力的某些基本看法）就开始对各种可选择的职业进行带有某种现实性的思考了。

2. 探索阶段

探索阶段大约发生于一个人的15～24岁之间的这一年龄段上。在这一时期中，个人将认真地探索各种可能的职业选择。他们试图将自己的职业选择与他们对职业的了解以及通过学校教育、休闲活动和工作等途径中所获得的个人兴趣和能力匹配起来。在这一阶段的开始时期，他们往往做出一些带有试验性质的较为宽泛的职业选择。然而，随着个人对所选择职业以及对自我的进一步了解，他们的这种最初选择往往会被重新界定。到了这一阶段结束的时候，一个看上去比较恰当的职业就已经被选定，他们也已经做好了开始工作的准备。

人们在这一阶段上以及以后的职业阶段上需要完成的最重要任务也许就是对自己的能力和天资形成一种现实性的评价。类似地，处于这一阶段的人还必须根据来自各种职业选择的可靠信息来做出相应的教育决策。

3. 确立阶段

确立阶段大约发生在一个人的24～44岁之间这一年龄段上，它是大多数人工作生命周期中的核心部分。有些时候，个人在这期间（通常是希望在这一阶段的早期）能够找到合适的职业并随之全力以赴地投入到有助于自己在此职业中取得永久发展的各种活动之中。人们通常愿意（尤其是在专业领域）早早地就将自己锁定在某一已经选定的职业上。然而，在大多数情况下，在这一阶段人们仍然在不断地尝试与自己最初的职业选择所不同的各种能力和理想。

确立阶段本身又由三个子阶段构成。

（1）尝试子阶段：大约发生于一个人的25～30岁之间这一年龄段中。在这一阶段，个人确定当前所选择的职业是否适合自己，如果不适合，他或她就会准备进行一些变化。（比方说，王芳可能已经下决心将自己的职业选定在零售行业，但是在以某商店新雇用的助理采购员身份进行了几个月的连续工作旅行之后，她可能会发现，像市场营销调研这种出差时间更少的职业可能更适合她的需要。）到了30~40岁这一年龄段上的时候，人们通常就进入了稳定子阶段。

（2）稳定子阶段：在这一阶段，人们往往已经定下了较为坚定的职业目标，并制订极为明确的职业计划来确定自己晋升的潜力、工作调换的必要性以及为实现这些目标需要开展哪些教育活动等等。最后，在30多岁和40多岁之间的某个时段上，人们可能会进入一个职业中期危机阶段。

（3）中期危机阶段：在这一阶段，人们往往会根据自己最初的理想和目标对自己的职业进步情况做一次重要的重新评价。他们有可能会发现，自己并没有朝着自己所梦想的目标（比如成为公司总裁）靠近，或者已经完成了他们自己所预定的任务之后才发现，自己过去的梦想并不是自己所想要的全部东西。在这一时期，人们还有可能会思考，工作和职业在自己的全部生活中到底占有多大的重要性。通常情况下，在这一阶段的人们第一次不得不面对一个艰难的抉择，即判定自己到底需要什么，什么目标是可以达到的以及为了达到这一目标自己需要做出多大的牺牲。

4. 维持阶段

到了45~65岁这一年龄段上，许多人就很简单地进入了维持阶段。在这一职业的后期阶段，人们一般都已经在自己的工作领域中为自己创立了一席之地，因而他们的大多数精力主要就放在保有这一位置上了。

5. 下降阶段

当退休临近的时候，人们就不得不面临职业生涯中的下降阶段。在这一阶段上，许多人都不得不面临这样一种前景：接受权力和责任减少的现实，学会接受一种新角色，学会成为年轻人的良师益友。再接下去，就是几乎每个人都不可避免地要面对的退休，这时，人们所面临选择就是如何去打发原来用在工作上的时间。

职业生涯发展阶段理论认为，虽然每个人所拥有的职业及经历都不相同，具有相当程度的独特性，但其在一定阶段所面临的问题却具有很大的共同性，职业生涯发展阶段理论可以说在相当程度上反映了大多数员工在不同年龄阶段在职业生涯上所面对的问题。在职业生涯的不同阶段，员工对任务的需求、对情感的需求、面临的议题以及与同事之间的关系都是不同的。

第三节 个人职业生涯管理

职业生涯管理是现代企业人力资源管理的重要内容之一，是企业帮助员工制定职业生涯规划和帮助其职业生涯发展的一系列活动。虽然职业生涯管理是组织与员工个人共同的事情，但是个人最终要对自己的职业发展负责。这就需要员工个人必须清楚地了解自己所掌握的知识、技能、能力、兴趣、价值观等，而且还必须对职业选择有较深了解，以便制定目标、完善职业生涯发展规划。

一、个人职业生涯规划的内涵

个人职业生涯规划是指员工个人对自己一生职业发展的总体计划和总体轮廓的勾画，它为个人职业发展指明了方向。具体来说，个人职业生涯规划是员工个人在对客观环境进行分析的基础上，结合自身的主观条件来确立自己的职业生涯发展目标，选择实现这一目标的职业，以及制定相应的工作、培训计划，并按照一定的时间安排，采取必要的行动实施职业生涯目标的过程。

一个良好的职业生涯规划应该具备以下特征：

（一）可行性

首先，个人职业生涯发展目标的制定一定要同自己的个性、知识和能力相符合。其次，个人职业发展目标和实现目标的计划要考虑到客观的环境和条件。否则，再完美的职业生涯规划都是空中楼阁，是不着边际的梦想。

（二）适时性

之所以进行规划是为了预测未来的活动，确定将来的目标，因此各项主要活动都应有时间和顺序上的妥善安排，以作为检查行动的依据。

（三）适应性

随着时间的推移，员工个人的知识经验和客观条件都会发生变化，这就要求员工个人要及时调整自己的职业生涯规划，修改计划中一些与环境条件不相符合的具体活动，甚至是短期的职业目标。

（四）持续性

人生中的每一个发展阶段应该能够维持连贯衔接。

二、个人职业生涯的影响因素

职业生涯规划对所有工作年龄的人来说都很重要，尤其是对于刚刚步入社会的年轻人，职业生涯规划将对其一生的成就产生重大影响。所以在我们进行职业生涯规划的时候，应对影响个人职业生涯的各种因素进行剖析。

一般来说，影响个人职业生涯的因素包括三个方面：社会因素、企业环境因素和个人自身因素。这里的社会环境因素主要是指一个国家的政治制度因素、社会文化因素以及经济水平因素。企业环境因素一般包括企业的管理制度、领导者素质和价值观、企业文化因素等。个人因素主要包括一个人的性格、职业兴趣、气质、能力与价值观等。在上述三类因素中，社会因素与企业环境因素属于个人职业生涯中的客观环境，只有员工个人因素属于主观因素。员工个人自身的主观条件是制约个人职业生涯规划的关键因素，因此，下文将对影响个人职业生涯的主观因素进行重点分析。

对于任何一个工作的人来说，在职业生涯开始的时候，我们应该清楚地认识自己，对自己进行自我分析。包括明确自己希望从工作中获得什么，自己的性格、兴趣、气质、价值观以及自己擅长什么而不擅长什么，清楚地知道自己目前工作中哪些方面正好利用了你的长处，有哪些方面与你的长处相斥。只有当你对自己目前的状况了解得越透，你的职业生涯规划将会越科学、合理，你的才能和职业的契合度就越高。

（一）兴趣

兴趣是使个体积极探索某种事物的认识倾向。由于有强烈的兴趣爱好，人们从事自己有兴趣的工作往往会成为其事业成功的一个强大动力。

兴趣在人们的职业活动中具有重要的作用。如果一个人的职业选择与兴趣吻合，那么即便是枯燥的工作也会变得丰富多彩、趣味无穷。如果一个人的职业选择和兴趣不吻合的话，那么这个人的工作始终是被动的，不会有好的业绩。研究表明：如果一个人对某个工作有兴趣，通常能够发挥出全部才能的80%～90%，并且能够长时间地保持高效率而不感到疲惫；相反，若是某人对工作不感兴趣，才能只能发挥其全部才能的20%～30%，并且很容易感到疲惫和厌倦。

（二）性格

性格是人对现实的态度和行为方式中比较稳定的心理特征的总和。职业性格是一个人对职业稳定态度和职业活动中习惯化了的行为方式所表现出来的个性心理特征。职业心理学的研究表明，不同的职业需要具有不同性格的从业者，某一职业工作能够体现出某一共同的职业性格。

阅读材料

从习惯动作看性格

1. 摇头晃脑

日常生活中常见有人用摇头或点头以示自己对某事某物的看法，这种人特别自信，以至于唯我独尊。他们在社交场合很会表现自己，对事业一往无前的精神常受人赞叹。

2. 边说边笑

这种人与你交谈时你会觉得非常轻松愉快。他们大都性格开朗，对生活要求从不苛刻，很注意“知足常乐”，富有人情味。感情专一，对友情、亲情特别珍惜。人缘较好，喜爱平静的生活。

3. 掰手指节

这种人习惯于把自己的手指掰得咯嗒咯嗒地响。他们通常精力旺盛，非常健谈，喜欢钻“牛角尖”。对事业、工作环境比较挑剔，如果是他喜欢干的事，他会不计任何代价而踏实努力地去干。

4. 腿脚抖动

这类人总是喜欢用脚或脚尖使整个腿部抖动，最明显的表现是自私，很少考虑别人，凡事从利己出发，对别人很吝啬，对自己却很知足。但是很善于思考，能经常提出一些意想不到的问题。

5. 拍打头部

这个动作多数时候的意义是表示懊悔和自我谴责。这种人不太注重感情，而且对人苛刻，但对事业有一种开拓进取的精神。他们一般心直口快，为人真诚，富有同情心，愿意帮助他人，但守不住秘密。

6. 摆弄饰物

有这种习惯的人多数是女性，而且一般都比较内向，不轻易使感情外露。他们的另一个特点是做事认真踏实，大凡有座谈会、晚会或舞会，人们都散了，但最后收拾打扫会场的总是他们。

7. 耸肩摊手

习惯于这种动作的人，通常是摊开双手，耸耸肩膀，表示自己无所谓的样子。他们大都为人热情，而且诚恳，富有想象力。会创造生活，也会享受生活，他们追求的最大幸福是生活在和睦、舒畅的环境中。

8. 抹嘴捏鼻

习惯于抹嘴捏鼻的人，大都喜欢捉弄别人，却又不敢“敢做敢当”，爱好哗众取宠。这种人最终是被人支配的人，别人要他做什么，他就可能做什么，购物时常拿不定主意。

霍兰德教授提出的职业性向模型，将人的性格与职业类型划分为六种类型：实际型、研究型、艺术型、社会型、企业型与传统型（详见上一节）。员工个人通过对自我职业性向的判断，选择与其相对应或相关性较大的职业，将会增加职业成功的可能性。

（三）能力

在选择职业时，不仅要考虑自己喜欢什么、适合什么，还要看是否有能胜任这项工作的潜力和素质，也就是能力。能力是指直接影响活动效率、使活动顺利完成的个性心理特征。它反映的是个体之间在相同的条件下，掌握知识和技能的“快慢”、“深浅”、“难易”和“巩固程度的差别”。因此，个人能力是个人职业生涯规划的首要的和基本的制约因素。

心理学家将人的能力分一般能力与特殊能力。一般能力是指每一个个体完成一切活动都必须具备的共同能力，主要包括思维能力、观察能力、语言能力、想象能力、记忆能力、操作能力。特殊能力是指个体从事某种专业活动应具备的各种能力有机结合而形成的能力。如会计、统计工作需要较强的计算能力，建筑及服装设计需要较强的空间判断能力，飞行员、舞蹈演员需要将强的协调能力等。

所以，在进行个人职业生涯规划前，客观的个人评价是至关重要的。而且员工个人在选择职业时注意以下几个问题：

1. 注意能力类型与职业相吻合

职业可以根据工作性质、环境划分出不同类型，这也就对个人能力提出了不同的要求。能力水平要与职业层次基本一致，只有这样才能使能力与职业需要相吻合。

2. 注意一般能力与职业相吻合

不同的职业对个人的智力、学习能力、观察能力等要求也不同。有些职业要求高智商；有些则需要很强的学习能力。

3. 注意特殊能力与职业相吻合。

根据职业所需的特殊能力类型，还可以把特殊能力与职业匹配进行如下划分：

（1）擅长与物打交道：如制图、勘测、建筑、机械制造等工作。

（2）擅长与人打交道：如记者、推销员、教师、行政管理人员等。

（3）擅长做有规律的工作：如文秘人员、图书管理员等。

（4）喜欢从事社会福利和助人的工作：如医生、律师、咨询等。

（5）具有领导和组织能力：如行政人员、企业管理人员等。

（6）擅长研究人的行为：如心理学家、政治人物、人事管理等。

（7）擅长科学技术研究：如科学家、理论家等。

（8）擅长抽象、创造性的工作：如经济分析、社会调查等。

（9）擅长操作性、技术性的工作：如驾驶员、飞行员、机械制造等。

（四）气质

“气质”同我们日常生活中所说的“脾气”、“秉性”相近，主要是指个人心理活动的稳定的特点。气质是表现心理活动的强度、速度和灵活性方面的典型、稳定的心理特征。气质特别表现在情绪产生的快慢，情绪体验的强弱，情绪心态的稳定性和持久性，情绪变化的幅度以及言语、动作的速度等方面。它使人的全部活动都染上某种特殊的色彩。具有某种气质的人，常常在不同内容的活动中，都会表现出相同方式的心理活动特点。心理学家把人的气质分为四类：多血质、胆汁质、粘液质、抑郁质。这是依据气质在人身上的表现划分的，它是在某一类人身上共有的或相似的特征，典型的气质类型比较少见，实际生活中绝大多数人都是以某种气质类型为主并兼有其他类型某些特征的混合型。

气质本身并没有善恶、好坏之分，每一种气质都有其积极的一面，也有消极的一面。气质并不能决定一个人活动的社会价值和成就高低。每一种职业领域都可以找出各种不同气质类型的代表，同一气质的人在不同的职业部门都能作出突出的贡献。但是，人们所从事的职业，不同的岗位，却对从业人员的气质有不同的要求。某种气质特征，往往能为胜任某项工作提供有利条件，而对另一些工作又表现出明显的不适应。研究和实践都表明：气质特征是选择职业的重要依据之一。

1. 胆汁质气质与职业的选择

胆汁质的基本特征是直率，热情，精力旺盛，脾气急躁，情绪兴奋性高，易冲动，反应迅速，心境变化剧烈。择业时，主动性强，具有竞争意识，通常倾向选择且适合于竞争激烈、冒险性和风险性强的职业或社会服务型的职业，如运动员、改革者、探险者等，甚至到偏远及开放地区从业。

2. 多血质气质与职业选择

多血质的主要特征是活泼，好动，敏感，反应快，善于交际，兴趣与情绪易转换。择业时，积极主动，热情大方，善于推销自己，适应性强，很受用人单位欢迎。通常适合于出头露面、交际方面的职业，如记者、律师、公关人员、秘书、艺术工作者等。

3. 粘液质气质与职业选择

粘液质的主要特征是安静，稳定，反应迟缓，沉默寡言，情绪不易外露，善于忍耐。择业时，沉着冷静，目标确定后，具有执著追求，坚持不懈的韧性，从而弥补了其他素质的不足。一般适合于医务、图书管理、情报翻译、教员、营业员等工作。

4. 抑郁质气质与职业选择

抑郁质的典型特征是情绪体验深刻，孤僻，行动迟缓，感受性强，敏感，细致。择业时，思虑周密，有步骤，有计划，一般较适合从事理论研究工作等。

以上只是从气质典型的角度论及各种气质与职业选择的关联。每一个求职者应从自己的实际气质特征出发，认真考察职业气质要求与自身特征的对应关系，选择那些能使自己气质的积极方面得到发挥的职业与岗位，避开消极的一面。

（五）价值观

任何人在选择职业时都会受到一定动机的支配，而择业的动机一般都是由价值观决定的。在选择职业的过程中，人们总是盼望所选择的职业能够满足自己的某种物质和精神需要。职业价值观是指一个人对各种职业价值的基本认识和基本态度。由于职业的不同，在很大程度上决定了人们的政治和经济地位的明显差别，所以人们对某种社会地位的仰慕，也就是对这一社会地位所占有的职业的仰慕。由此产生了人们对社会不同职业的评价，也相应地形成了个人对待职业的态度，产生了职业价值观。

社会上的各种职业都有一定的价值，不同的职业体现着不同的价值内容。由于各种职业的工作条件、工作方式、工作强度、工作性质，以及工作的社会和经济效果都不相同，社会舆论也会对这些价值内容做出评价。所以，人们在思想上会对不同的职业做出不同的评价和表现不同的态度。

经过长期的研究，现在已经有很多的工作价值观列表。职业指导和规划软件 SIGIPLUS 列出了两类有关职业的价值观：首先是“与职业相关的价值观”，它一般是指与职业本身相关的价值观；其次是“与工作相关的价值观”，它一般指个人从事的具体工作相关的价值观。表 7－1 就是该系统中的 8 个与职业相关的价值观以及 8 个与工作相关的价值观。

表 7－1　SIGIPLUS 有关工作的价值观

与职业相关的价值观	解释说明
对社会的贡献	几乎所有的工作都对社会有贡献，但你希望自己工作的贡献在于提高社会整体的健康、教育和福利水平
高薪	你希望有这样一个职业，这个职业的平均收入比其他职业高
独立	你希望自己做老板，自己做决策，没有压力、无拘无束地工作，不必每日一丝不苟地听从命令
领导能力	你希望领导别人，吩咐他们做事，并对自己及下属的行为负责。当事情出现差错，你愿意承担责任

（续表）

与职业相关的价值观	解释说明
休闲	你希望工作时间短或者休假时间长，你感到你在业余时间内所得到的满足感对你很重要，因此你不希望工作打扰你的休闲生活
声望	你希望自己的工作能使别人尊重你，愿意听从你的观点，寻求你的帮助
保障	你希望工作不要因经济衰退或在技术、政府开支以及社会趣味方面的变化而变化不定，希望能够避免周期性的上下波动
多样性	你希望参与不同的活动，解决不同的问题，和不同人交流，去到不同的地方，而不是一成不变地工作
与工作相关的价值观	解释说明
晋升	你希望能够按照预期的步骤被提升，或直接步入一个更高的职位。你想避开没有发展前途的工作
机遇	你希望用自己的能力去解决问题，工作不太容易，但它能给你带来成就感
交通便利	你希望工作离家近些，来回不需要很多的时间。你还希望有便捷的共同交通工具，或者能人合伙开车
灵活机动的时间	你希望有一个灵活的时间表，只要你能投入所需的时间，就可以调整自己的工作时间表
福利	你希望自己的工作能提供除了报酬之外的福利，如医疗保险、学费补助、儿童保育服务等
在职学习	你希望学习新的技能和思想，以便从事一项更高级的工作；或者，仅仅是为了享受学习本身的乐趣
愉快的工作伙伴	你希望和令人愉快的人在一起工作。他与你有着共同的兴趣的观点，易于相处
固定的工作地点	工作地点稳定

资料来源：Adapted from SIGIPLUS® Counselor's Guide（1998），by permission of Educational Testing Service，the copyright owner.

三、个人职业生涯规划的步骤

现实生活中，每一个有进取心的人都渴望自己有一个好的职业，在工作中能够充分发挥自己的聪明才智，并成就一番事业。那么，这就需要我们在对自身条件及工作要求进行充分分析的基础上，去了解如何进行个人职业生涯规划。

个人职业生涯规划是个人对自己一生发展总体计划和总轮廓的勾画，具有粗略性、目标性、长期性和全局性的特点，它为未来的职业发展指明了路径和方向，具体包括以下几个步骤：

（一）确定志向

俗话说：志不立，天下无可成之事。志向是事业成功的基本前提，没有志向，事业的成功也就无从谈起。确定志向是我们人生的起点。古往今来，凡是有所作为的政治家、思想家、科学家、爱国志士，莫不具有远大的志向。志向，集中代表着一个人的人生观，反映着一个人的理想、胸怀、意志、情趣，规定着一个人的奋斗目标及成就大小。所以，进行个人职业生涯规划，首要工作就是确定自己的志向，这也是制定个人职业生涯规划的关键。

阅读材料

哈佛大学目标对人生的影响调查

哈佛大学有一个非常著名的关于目标对人生影响的跟踪调查。调查的对象是一群智力、学历、环境等条件差不多的年轻人。调查结果发现：

27%的人没有目标；60%的人目标模糊；10%的人有清晰但比较短期的目标；3%的人有清晰且长期的目标。

25年的跟踪研究结果显示，他们的状况及分布现象十分有意思。那些3%有清晰且长期目标的人，25年来他们都朝着同一方向不懈地努力，25年后，他们几乎都成了社会各界的顶尖成功人士。他们中不乏白手创业者、行业领袖、社会精英。

那些10%有清晰短期目标者，大都在社会的中上层。他们的共同特点是：短期目标不断被达成，状态稳步上升，成为各行各业的不可或缺的专业人士，如医生、律师、工程师、高级主管等等。

而那些占60%的模糊目标者，几乎都在社会的中下层，他们能安稳地工作，但都没有什么特别的成绩。

剩下的27%是那些25年来都没有目标的人，他们很多都是失败者。

可见，人生在世，需要有一个目标。有了这个目标的指引，你就会感到肩上的责任，你就会有一种使命感，你就不会随意浪费一分钟，你就不会无所事事。你的大学生活就一定是充实且富有成效的。

——资料来源：丹妮·冯．哈佛图书馆墙上的训言．北京：北京理工大学出版社，2008

（二）自我评估

自我评估是对自己作出全面的分析和评价。理性客观的自我评估决定着职业生涯规划的质量。员工自己只有充分认识自己、了解自己之后，才能准确地为自己定位。员工自我评估的重点在于通过对自己能力、兴趣、性格、气质、受教育水平、职业倾向和职业能力等分析评价来测评自己的价值观、知识水平、管理能力、人际交往能力、学习能力等。

通过自我评估认识自我、了解自我并不是一件容易的事。所以我们可以借助于一定的方法来进行客观全面的自我评估。橱窗分析法是自我评估的重要方法之一。

心理学家们把对个人的了解比如橱窗一样，为便于理解，我们把橱窗放在直角坐标中加以分析。坐标的横轴正向表示别人知道，坐标横轴负向表示别人不知道；纵轴正向表示自己知道，负向表示自己不知道。

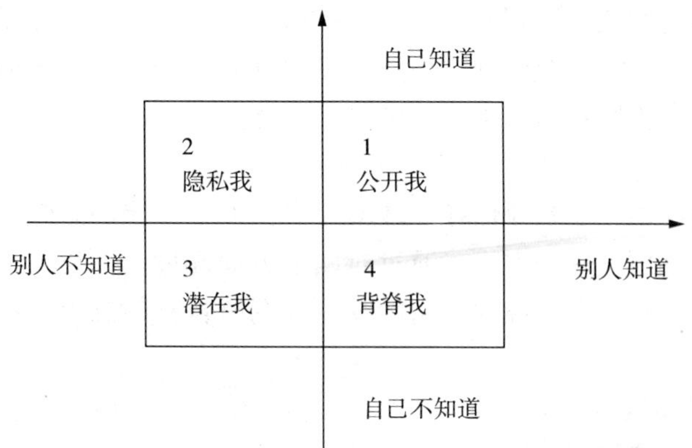

图7－2　坐标橱窗分析图

从上图我们可以看出，通过横坐标和纵坐标就把自我分成了四个部分，即四个橱窗：

橱窗1为自己知道，别人知道的部分，称为“公开我”，属于个人展现在外，无所隐藏的部分。

橱窗2为自己知道，别人不知道的部分，称为“隐私我”，属于个人内在的私有秘密部分。

橱窗3为自己不知道，别人也不知道的部分，称为“潜在我”，是有待开发的部分。

橱窗4为自己不知道，别人知道的部分，称为“背脊我”，犹如一个人的背部，自己看不到，别人却看得很清楚。

通过四个橱窗可知，在对自我进行评估的时候，橱窗3和橱窗4是我们分析的关键。因为对于橱窗1就不需要做过多的说明，因为这一部分自我是属于自己和别人都比较清楚的地方。对于橱窗2，虽然别人不知道，但是我们可以采取撰写自传或24小时日记的方式来了解自我。撰写自传，可以了解我们自身成长的大致经历和自我计划情况等，而24小时日记对我们一个工作日和一个非工作日经历的对比，也可以了解一些侧面的信息。

橱窗3的"潜在我"是影响一个人职业发展的重要因素。据科学家研究发现，每个人都有巨大的潜能，人类平常只发挥了极小的部分的大脑功能。如果一个人能发挥一半的大脑功能，将轻易地学会40种语言，背整套百科全书，拿12个博士学位。著名心理学家奥托指出，一个人一生所发挥出来的能力，只占他全部能力的4%，也就是说一个人96%的能力还未开发。

橱窗4"背脊我"是对自己进行准确评价的一个重要方面。如果自己诚恳地真心实意地征询他人的意见和看法，就不难了解"背脊我"。我们可以采取同自己的家人、朋友、同事等交流的方式，可以借助录音、录像设备，尽量开诚布公。要做到这一点，需要开阔的胸怀，确实能够正确对待，有则改之，无则加勉，否则，别人是不会说实话的。

（三）职业机会评估

职业机会评估主要是评估各种环境对自己职业发展的影响。环境包括组织环境和社会环境两个方面，通过对两个方面环境的分析评估，确定自己是否适应组织或社会环境的变化以及怎样调整自己的意识来适应组织和社会的需要。

1. 社会环境因素

社会文化环境因素主要包括国家的政治制度、经济发展水平、社会文化环境和价值观念等。社会环境因素对每个人的职业生涯发展会产生重大影响。它不但影响我们的职业，而且影响我们生活的方方面面。如一个经济较发达的地区，由于企业的相对集中，个人的职业选择机会也就会比较多。再如在一个良好的社会文化环境中成长的个人，其受到的教育和熏陶必然会对未来的职业发展起到铺垫作用。

2. 组织环境因素

这里的组织环境包括组织所处的行业环境和组织内部的企业文化、规章制度、企业实力等，它们对一个人的职业发展起到直接的影响作用。首先是组织所处的行业环境必然后影响组织自身的发展，进而影响到个人的职业生涯发展。其次是组织的内部环境对个人职业发展的影响将更为直接。如一个主张员工参与管理的组织要比一个独裁的组织更多地为员工提供发展机会和空间；一个规章制度制定科学合理的组织比一个没有规章制度或是制度制定不合理的组织，员工的职业目标更容易实现。

（四）职业选择

职业选择是劳动者根据自己的职业期望和兴趣，凭借自身的能力选择职业，使自身能力素质与职业需求相符合的过程。职业选择是人生中又一重大选择。职业选择的正确与否，直接关系到人生事业的成功与失败。

一般来说，职业选择分为两种情况：一是个人初次进行职业选择，这时个人主要是根据环境因素和自身条件来进行抉择的；另一种是在职人员的再次择业，这时个人不仅要考虑环境因素和自身因素，同时个人应该对自己以前的职业选择进行核查，如有必要可以重新选择。

因为每一项工作都有自身的特点和要求，加上我们也不具备从事一切工作的能力，因此，在进行职业选择的过程中一方面要注意爱好、兴趣和特长等与职业的匹配，另一方面就是要了解职业发展趋势。职业的发展趋势是一门极难的艺术，因为它受很多因素控制，包括人口变动、技术进步、经济状况等。

（五）职业生涯目标的确定

在我们选定了职业后，职业生涯规划的又一重要内容就是建立现实的、可行的职业生涯目标。职业生涯目标是指个人在选定的职业领域内未来时点上所要达到的具体目标，包括短期目标、中期目标和长期目标。短期目标一般为 1 ~ 2 年，中期目标一般为 3 ~ 5 年，长期目标一般为 5 ~ 10年。

职业生涯目标一般都是在进行个人评估、组织评估和环境评估的基础上，由组织里的部门负责人或人力资源部负责人与员工个人共同商量设定。一般情况下，个人要按照自己的专业、兴趣和人生价值观以及社会发展趋势去制订自己的人生目标和长期目标，然后再把人生目标和长期目标细化成为中期目标和短期目标。职业生涯发展目标是引领职业生涯发展的一个灯塔，因此，职业生涯发展目标要科学，而不要盲目和草率。在职业生涯目标的设立过程中，应注意以下问题：

第一，符合社会与组织的需要。只有符合社会与组织的需要，个人的职业生涯目标才有可能实现。

第二，目标的高低要适当。职业目标的设立，并不是越高越好或是越低越好，太高的目标我们不一定能实现，过低的目标又缺乏挑战性，只有真正符合自己特点的目标才是可行的、好的目标。因此，职业目标应建立在个人的优势之上，适当有所提高最好。

第三，目标要明确。设立的职业发展目标要明确、具体。越是明确、具体的目标，在实现的过程，我们就容易看清焦点，实现起来也会比较容易。

第四，注意长期目标与短期目标的结合。职业发展长期目标指明了方向，可以鼓舞斗志；而短期目标则是实现长期目标的保障。在职业生涯发展过程中，通过短期目标的达成，可以体验到达到目标的成就感和乐趣，激励自己为了取得更大的成就而向更高的目标前进。若只有短期目标，没有远大理想，则有可能使我们沉浸在短期目标取得的喜悦当中，缺乏前进的动力和方向，最终可能会迷失自己。

第五，要注意职业目标与生活目标的平衡。要实现人生目标，成就一番事业，没有家人的支持与理解是难以办到的。所在，在设立职业目标的同时不要忽视生活目标，职业目标的实现要以健康、和谐的家庭生活作为基础与保证。

第六，职业目标是可调整的。虽然我们的职业目标不能是朝令夕改，但是并非一成不变。在现实生活中，我们的职业生涯目标需要根据外部环境及个人因素的变化进行调整，才可能真正做到目标的科学性和合理性。

（六）职业生涯路线选择

在确定了职业和职业发展目标后，就面临职业生涯路线的选择。职业生涯路线是指一个人选定职业后选择从什么途径去实现自己的职业目标，是向专业技术方向发展，还是向行政管理方向发展；还是先走技术路线，再转向行政管理路线……由于发展路线不同，对职业发展的要求也不相同。这就如登山，要达到山顶的目标，就要选择最佳的登山路线与方式。人们也常说条条大路通罗马，讲的是道路多、选择多、办法多的道理。可是那么多道路到底哪条是到罗马最近最好走的路呢？这就是实现目标中的路线选择问题，选择了捷径好路，就易于进入职业发展的快车道，否则，就会耽搁在路上。如果没有一个职业发展的路线蓝图，就会走错路，走弯路、走回头路，这将直接影响我们的工作效率，导致我们的努力、动力、能力不能直接作用于目标，就会产生资源、时间、精力的浪费，在无形中延长了我们成功的期限。因此，在职业确定之后，必须对职业生涯路线进行选择，以使今后的学习和工作沿着职业生涯路线和预定的方向发展。

典型的职业生涯路线图是一个“V”型图。假如一个人 24 岁大学毕业参加工作，即 V 型图的起点是 24 岁。以起点向上发展，V 型图的左侧是行政管理路线，右侧是专业技术路线。将路线分成若干等分，每等分表示一个年龄段，并将专业技术的等级、行政职务的等级分别标在路线图上，作为自己的职业生涯目标（如图 7－3）。

通常职业生涯路线的选择须考虑以下三个问题：

第一，我想往哪一路线发展？这个问题是通过对自己的价值、理想、成就动机和兴趣分析，确定自己的目标取向。

第二，我能往哪一路线发展？这个问题是通过对自己的性格、特长、经历、学历以及专业的分析，确定自己的能力取向。

第三，我可以往哪一路线发展？这个问题是通过对自己所处的社会、经济、政治、组织环境分析，确定自己的机会取向。

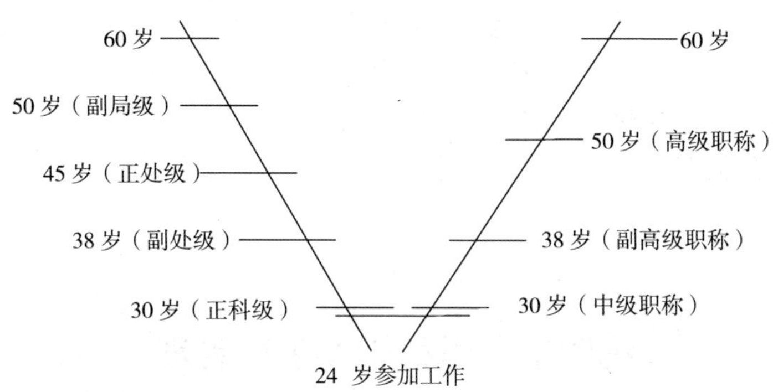

图7－3 行政事业单位职业生涯线路图

（七）制订行动方案

在确定了职业生涯目标和职业生涯路线后，行动便成为关键的环节。制订行动方案就是为实现职业发展目标所采取的各种措施。一般来说包括：

1. 增加个人对组织的价值

要发展首先要稳定。对于员工个体来说，要想在组织中取得发展，就必须在现有工作岗位上好好表现以努力增加个人对组织的价值与贡献，这样才可以展示和证明自己的实际工作能力，为实现个人职业目标、获得职业成功打好基础。

2. 搞好组织内的人际关系

美国著名的企业家，职业指导专家卡耐基说过这样一句话："一个人事业上的成功，只有15%是由于他的专业技术，另外的85%是靠人际关系、处事技巧。"我们不可否认，在相同智商、同等学历和工作条件下，谁的人际关系好，谁的人际资源丰富，谁就能得到更好的发展。组织内的人际关系包括与上级的关系、与同事的关系以及与下属的关系。处理好这些人际关系，可以为我们的工作及职业生涯发展创造一个良好的发展空间。

3. 安排好未来学习、培训计划

职业的成功虽然会受到机遇等外在因素的影响，但起决定性作用的还是个人的知识及能力水平。为了进一步增加个人的知识水平、提升个人能力，员工个人必须安排好未来准备接受和参加培训、学习的计划与措施。

（八）评估和反馈

在人生的各发展阶段，由于社会环境的巨大变化和许多不确定因素的存在，原来制定的职业生涯规划和现实之间肯定会存在着一定的偏差，这时，需要对职业生涯规划进行评估和做出适当的调整，以便更好地适应自身的发展和社会的需要。它是个人对自己不断认识的过程，也是对社会不断认识的过程，同时也是使职业生涯规划更加有效的手段。

对职业生涯规划的评估与反馈的主要内容包括：重新选择职业、重新选择职业生涯路线、修正职业生涯目标、变更行动方案等。

第四节　组织职业生涯管理

组织是个人职业目标实现的载体，个人职业生涯规划能否实现需要组织多方面的配合。组织在保证自身不断发展的前提下，通过各种手段对员工个人职业生涯的开发和利用，使组织与个人相得益彰，实现组织与员工个人共同进步与发展就是组织职业生涯管理。

一、组织职业生涯管理的内涵

组织职业生涯管理就是组织根据自身的发展目标并结合员工的发展需求，制定组织的职业需求战略、帮助员工制定职业生涯规划、建立各种适合员工发展的职业通道、针对员工职业发展需求进行适时培训、给予员工必要的职业指导等，以实现组织发展目标与个人职业发展目标相统一的过程。

组织职业生涯管理为员工的职业生涯成功提供了基本的载体和科学的指导。它为员工实现其职业目标明确了职业道路，它能充分调动员工的积极性，使员工对组织贡献达到最大，从而有利于组织目标或管理活动的实现。组织职业生涯管理对员工的职业生涯发展具有重要的作用。

二、组织职业生涯规划与管理步骤

（一）明确组织和个人的职业发展需要

进行组织职业生涯规划与管理首先要明确组织的需要有哪些；其次要明确个人职业发展需求有哪些，在组织内可以采取哪些自我实现的途径；

最后，通过组织目标与个人目标的实现将这两部分有机结合起来。图 7－4 列示了组织的需求与员工个人职业发展需求包括哪些内容[①]：

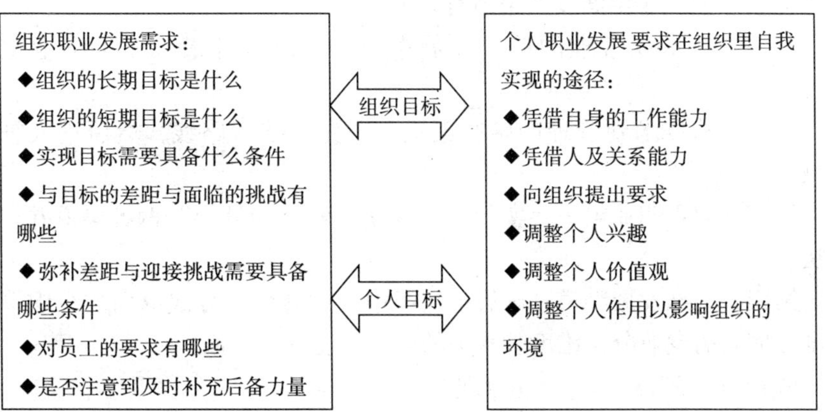

图 7－4　组织需求与个人职业需求的平衡

（二）获取环境的支持

为了有效地进行职业生涯规划与管理，需要获取环境的支持，从而为职业生涯规划与管理创造有利环境。

1. 获取领导的支持

组织领导的支持是职业生涯规划与管理得以成功的最重要的影响因素之一，因为它关系到人员配备、资金投入、绩效评估和跟踪考核等一系列问题。有了领导的支持，组织的职业生涯管理才有可能落实到实处。

2. 组建组织职业信息系统

组织的职业信息系统是进行职业生涯管理的基础。进行职业生涯管理主要涉及三个方面的信息：一是职位需求状况；二是人员供给状况；三是在需求和供给之间建立联系。一个全面的职业信息系统应该能呈现前两个方面的信息，为平衡需求和供给提供基础。

（三）制订组织职业生涯规划表

职业生涯规划表是组织对于实施职业生涯规划与管理的主要方法之一，也是设计、实施和观察职业生涯规划与管理重要工具。

不同组织的职业生涯规划表的内容和形式不一样，组织应该根据自身的情况和职业生涯规划与管理的需要进行选择和制订。

---

① 李建设、沈阅．基于信息化全球化背景下的组织职业生涯规划研究［J］．理论与现代化，2005（6）

（四）提供职业生涯发展渠道

提供职业生涯发展渠道是组织的重要责任之一。一般来说，组织为员工可以提供的职业生涯发展渠道有以下几种模式：

第一，技术或管理的单一发展渠道：这是一种最基本的职业生涯渠道。

第二，从技术到管理的转行渠道：即先走技术路线，然后进入管理领域。

第三，双重职业渠道：实行“当专家”和“当领导”两种渠道并存的做法。

第四，三维发展渠道：施恩把组织中的发展渠道分成纵向的组织等级维度、横向的专业分工维度、水平的向心维度三个方面。

（五）做好日常人力资源管理

组织职业生涯管理系统作为人力资源管理系统的一个子系统，其作用的有效发挥离不开组织人力资源管理系统的密切配合。因此，一个组织要进行职业生涯管理，做好日常人力资源管理工作就显得非常重要，包括新员工的选拔，员工的任职、晋升和调配，员工培训与绩效考核等。

（六）职业生涯规划与管理的年度评价

职业生涯规划与管理工作做得怎么样，存在哪些问题、如何调整就需要通过职业生涯规划与管理的年度评价来给出答案。因为，年度评价是对职业生涯规划与管理的“盘点”，有利于检查职业生涯规划与管理工作的效果，发现存在的问题，并根据环境的变化对需要修改的地方及时做出调整。

（七）职业生涯面谈

职业生涯面谈就是组织指派专人就员工职业生涯规划本身以及实施过程中问题与员工个人进行面谈。通过职业生涯面谈，可以帮助员工了解其职业生涯规划中的以下问题：1. 职业目标的合理性；2. 职业生涯通道设计的合理性；3. 职业生涯规划的周密性；4. 实现职业生涯目标措施的可行性。

三、组织职业生涯规划与管理的主体

在职业生涯发展的过程中，一方面，员工个人的职业生涯发展要以组织为载体；另一方面，员工及其职业工作又是组织存在的根本要素；再者，员工的职业生涯发展还会受到外部因素的影响。因此，在职业生涯规划与管理过程中，组织内部相关人员、员工个人及组织相关人员都分别担任不同角色，发挥着不同的作用。在这里，组织内部相关人员一般包括：组织最高领导者、人力资源部门、职业生涯委员会、职业生涯指导顾问、直接上级、直接下级、平级，组织外部相关人员一般是指组织外部专家和家庭主要成员。这些不同的角色在职业生涯规划与管理中，地位是不同的，发挥的作用也上不一样的，具体的相见图 7－5 和表 7－2 所示。①

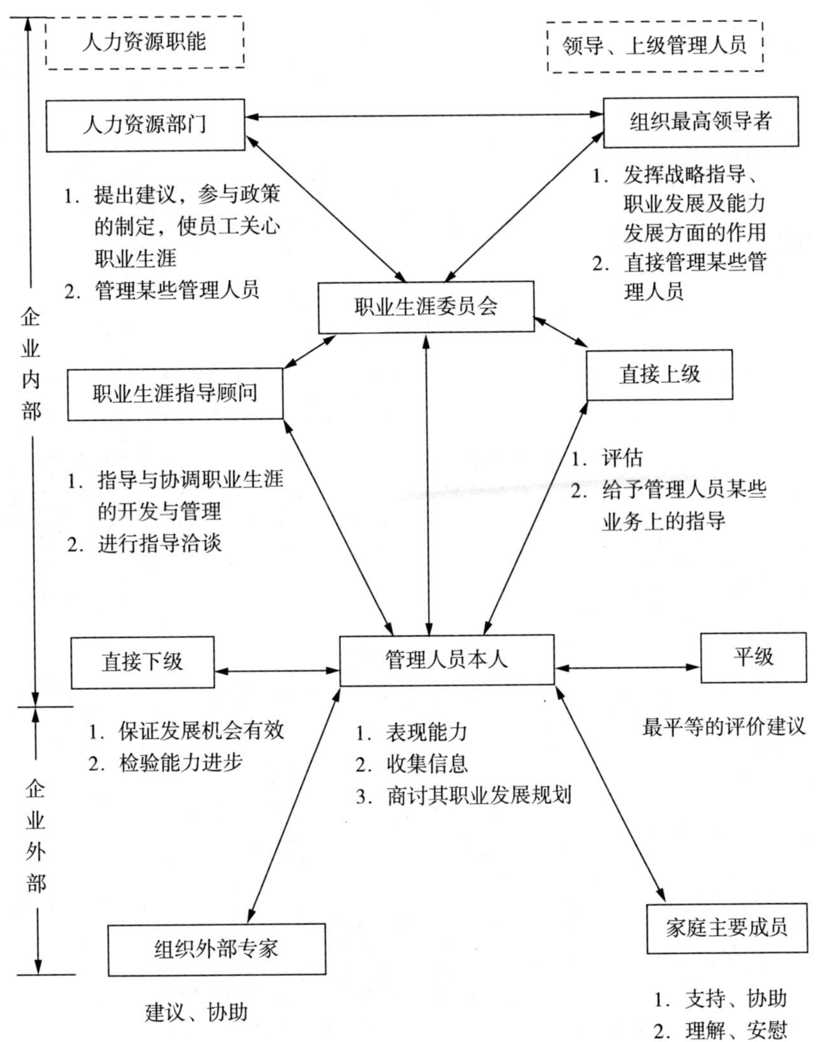

图 7－5　职业生涯规划中的角色与作用

① 关培兰，张爱武．职业生涯设计与管理［M］．武汉：武汉大学出版社，2009

表7－2　职业生涯发展中的角色与作用

角色项目	目的	员工的角色	主管的角色	人力资源部门的角色
职业生涯目标	确定职业生涯努力方向，实现个人理想	剖析自己 分析有关因素 规划自我发展目标	1. 为员工提供有关信息 2. 协助员工剖析自己 3. 协助员工制定目标	1. 职业生涯规划指导 2. 分析员工职业生涯目标的可行性
配置与选拔	根据组织发展目标与发展方向，晋升优秀员工	1. 提供自己的真实资料 2. 争取获得晋升	1. 界定某一工作所需技能、知识和特殊条件 2. 甄选候选人，提出建议	1. 协调过程 2. 指导与分析 3. 对主管和员工提出忠告 4. 确定甄选晋升标准
绩效评估	指导和教导员工达到最好绩效，提高工作满意度	自我评估 请求和接受回赠	1. 提供回馈与指导 2. 以正式或非正式的方式进行评估	1. 监督和评价各种考评量表 2. 培训主管人员和评估人员
个人职业生涯发展	创造良好的环境，使员工个人发展与组织发展统一起来	1. 承担自我发展责任 2. 获取真实信息 3. 界定与沟通 4. 完成发展计划	1. 组织和指导 2. 提供真实的信息 3. 提供相关资料 4. 鼓励和支持员工的职业生涯发展	1. 提供相关信息与资料 2. 培训主管人员 3. 为员工提供训练和教育机会 4. 及时通报职位空缺 5. 制定并公布有关职位的标准及要求
职业生涯发展评估	评估员工的工作能力和潜能，使员工的发展与公司的发展相结合	自我探索 自我评估 分析自我发展存在的问题	1. 评估员工的当前绩效、潜能和兴趣 2. 与其他主管沟通信息 3. 确认机会和问题 4. 推动员工规划的实施	培训主管人员如何对员工进行职业生涯发展评估

本章精要

职业生涯管理是现代企业人力资源管理的重要内容之一，它是指组织开展和提供的、用于帮助和促进组织内正在从事某类职业活动的员工实现职业发展目标的过程，其内容主要包括职业生涯规划设计、开发、评估、反馈与修正等一系列活动与过程。与职业生涯管理相关的理论主要有：施恩的职业锚理论，职业生涯选择理论包括帕尔森的职业——人匹配论、霍兰德的人格类型理论，职业生涯阶段理论包括施恩的职业生涯发展理论、金斯伯格职业生涯发展阶段理论、休伯的职业生涯发展理论。职业生涯管理包括个人职业生涯管理和组织职业生涯管理两个方面。进行个人职业生涯管理，关键就是员工个人在对社会因素、企业环境因素进行分析和个人自身因素包括自己所掌握的知识、技能、能力、兴趣、价值观等清楚了解的基础上制定个人职业生涯发展规划。个人职业生涯规划的步骤包括：确定志向、自我评估、职业的选择、职业机会评估、职业选择、职业生涯目标的确定、职业生涯路线选择、制定行动方案、评估和反馈八个方面。组织职业生涯管理为员工的职业生涯成功提供了基本的载体和科学的指导。组织职业生涯规划与管理的步骤：明确组织和个人的职业发展需要、获取环境的支持、制定组织职业生涯规划表、提供职业生涯发展渠道、做好日常人力资源管理、职业生涯规划与管理的年度评价、职业生涯面谈。在职业生涯规划与管理过程中，组织内部相关人员如组织最高领导者、人力资源部门、职业生涯委员会、职业生涯指导顾问、直接上级、直接下级、平级、员工个人与组织外部相关人员如组织外部专家和家庭主要成员分别承担着不同的责任和发挥着不同的作用。

本章思考与讨论

1. 什么是职业生涯、职业生涯规划与职业生涯管理？
2. 什么是职业锚，施恩把职业锚划分成几种类型，各类型有什么特点？
3. 典型的职业生涯发展阶段论有哪几种观点？
4. 影响个人职业生涯规划的因素有哪些？
5. 个人职业生涯规划的步骤的怎样的？
6. 什么是组织职业生涯规划？组织职业生涯规划的主要工作是什么？

推荐阅读材料

1. E・H・薛恩著. 组织心理学［M］. 北京：经济管理出版社，1987
2. E・H・薛恩著. 职业的有效管理［M］. 北京：三联书店，1992

3. 俞文钊等著．职业心理学（第二版）［M］．大连：东北财经大学出版社，2007

4. 饶征、彭青峰、彭剑茹著．任职资格与职业化［M］．北京：中国人民大学出版社，2004

5. 李宝元著．职业生涯管理：原理·方法·实践［M］．北京：北京师范大学出版社，2007

6. 曹振杰著．职业生涯设计与管理［M］．北京：人民邮电出版社，2006

案例分析

周小姐为什么频繁跳槽

周小姐今年25岁，毕业于北京市某重点大学，本科学历。她毕业仅两年就先后跳过4次槽，行业涉及房地产、化妆品、教育咨询、传媒，所从事的具体工作也有服务、营销、策划、编辑等。

周小姐在大学的经历非常丰富。她所学的专业是国际金融，成绩优异，几次获得奖学金。她的写作能力和口头表达能力都很强，曾经几次成功地举办过一次校内的“跳蚤市场”，获得了很多经验。因为这些经历，周小姐在毕业的时候对自己的期望很高，不甘心在大公司从基层做起，而是想进入一家规模不大但是有发展前途的公司，可以一开始就受重视，以最快的成长速度，然后再自己创业。

以下是周小姐的工作简历：

2002年8月—2003年1月，某知名物流公司，任客户部主任，主要工作职责就是处理投诉之类的事宜。工作非常清闲稳定，福利待遇也比较让人满意。但是周小姐认为该工作没有挑战性，并且发展空间很小。

2003年1月—2003年6月，某外资文具公司的销售经理。该公司老板在招聘时对周小姐极为器重，周小姐认为自己进入该公司后可以大施手脚。开始时，周小姐信心百倍，编写了整套的招商方案、对外合同，与客户谈判等。但是渐渐发现，老板的经商风格非常保守、吝啬，谈判往往因为极小的折扣或非常少的利益分配而耽搁下来，甚至不欢而散。并且所有的产品都是在作坊式的小型加工工厂里贴牌生产，产品质量得不到保障。本是想与公司一起成长的周小姐觉得前途渺茫，不顾老板的挽留，毅然辞职。

2003年6月—2003年9月，某广告传媒有限公司，主要业务是平面广告。该公司非常注重对员工的培训，甚至用独特的企业文化实现对员工思想的控制。有点理想主义的周小姐正是被该公司表面上热情奋进的氛围所吸引，接受了这份没有底薪只有提成的工作。可以说，周小姐在这间公司工作非常出色，身为新人的她第一周的业绩就高居榜首，深受上司的器重和同事的欢迎。但工作一段时间以后，这里高负荷的运作让她的身体严重透支，难以继续支撑下去，并从上司对其他业绩较差员工的冷酷态度上对公司的企业文化产生了质疑，最终在上司和同事的一片惋惜声中离开了该公司。

2003 年 9 月至今，周小姐在一家杂志社担任记者。和先前的辗转奔波和业绩压力相比，这里的工作环境轻松多了，也让周小姐从紧张的心理状态中解放出来了，但这份工作真的能让周小姐找到一种归属感吗?

回想两年左右的从业经历，常让周小姐觉得有很多的困惑和迷茫，比起刚毕业的时候，她甚至更是找不到自己的发展方向。目前的状态让她失去了方向，不知该何去何从。

根据上述案例材料思考以下问题：

1. 从案例中，你可以看出周小姐的性格是什么样的，根据她的性格适合做什么样的工作?

2. 试分析周小姐每次跳槽的具体原因各是什么?

3. 周小姐为什么会出现频繁跳槽的现象? 她的失误在哪里? 如果你是一名人力资源方面的专家，你会给周小姐怎样的建议?

4. 你认为跳槽对一个人的职业生涯的发展是有利的还是有害的? 谈谈你对这个问题的看法。

5. 跳槽也有艺术，类似周小姐这样在频繁跳槽时，没有清晰的轨迹可寻，变动十分杂乱的情况在社会上并不少见。假如你是人力资源专家，针对这种情况，你会对准备跳槽的人有什么建议?

参考文献

1. 乔恩·M·沃纳（Jon M. Werner），兰迪·L·德西蒙（Randy L. DeSimone）著．徐芳，董恬斐译．人力资源开发（第四版）［M］．北京：中国人民大学出版社，2009

2. 姚裕群，亓名杰主编．人力资源开发与管理概论［M］．长沙：湖南师范大学出版社，2007

3. 李冰，李维刚主编．人力资源管理［M］．北京：清华大学出版社，2009

4. 朱勇国主编．人力资源管理案例教程［M］．北京：首都经济贸易大学出版社，2006

5. 杰弗里·H·格林豪斯（Jeffrey H. Greenhaus）等著．王伟译．职业生涯管理（第三版）［M］．北京：清华大学出版社，2006

6. 龙立荣，李晔著．职业生涯管理［M］．北京：中国纺织出版社，2003

7. 杜英梅著．职业生涯管理［M］．北京：中国发展出版社，2006

8. 张岩松，赵明晓，李健编著．人力资源管理案例精选精析（第三版）［M］．北京：中国社会科学出版社，2009

9. 孙宗虎，赵淑芳著．职业生涯规划管理实务手册［M］．北京：人民邮电出版社，2009

10. 埃德加·施恩．职业的有效管理［M］．北京：三联书店，1992

11. Adapted from SIGIPLUS ® Counselor ' s Guide (1998), by permission of Educational Testing Service, the copyright owner.

12. 关培兰，张爱武编著．职业生涯设计与管理［M］．武汉：武汉大学出版社，2009

13. 姚裕群，刘家珉编著．职业生涯规划与管理（修订第三版）［M］．北京：首都经济贸易大学出版社，2009

第八章　绩效管理

引言：真知灼见

如果说，在我奉行的价值观和管理体系里，要找出一个真正有巨大推动力的，同时也是最佳、最公正和最仁慈的管理方法，那就是有鉴别力的考评。

——杰克·韦尔奇

本章学习目标

绩效管理是人力资源管理的核心。成功地实施绩效管理，不但能帮助组织提高管理绩效，帮助管理者提升管理水平，而且通过有效的目标分解和逐步逐层的绩效任务落实，实现组织战略目标，并提升组织每个员工的绩效。因此绩效管理并不仅仅是单一的绩效考核，它涉及在充分沟通的基础上对组织目标分解并制定绩效计划，在此基础上进行绩效实施和管理，进行绩效考核、绩效反馈等等。本章主要是从绩效管理概述、绩效管理流程、绩效考核的实施、绩效管理方法体系四个方面进行全面介绍。

通过本章的学习，你应该能够：

★ 掌握绩效、绩效考核以及绩效管理的概念
★ 明确绩效考核和绩效管理的区别与联系
★ 明确绩效管理系统的构成以及其功能
★ 掌握绩效考核体系设计的相关内容
★ 基本了解常见的考核者误差及其防范
★ 了解常见的绩效管理方法和绩效考核方法

第一节　绩效管理概述

一、绩效

（一）绩效的内涵

《牛津现代高级英汉词典》对绩效（performance）的释义是“执行、履行、表现、成绩”，从其最一般意义上来看，它代表的是活动的结果和效率水平。但是随着管理实践深度和广度的不断增加，人们对绩效概念和内涵也有了不同理解，不同学科对绩效的理解也存在着差异：从经济学角度来看，绩效和薪酬是员工和组织之间的对等承诺关系，绩效是员工对组织的承诺，而薪酬是组织对员工所做出的承诺，只有当员工完成了他对组织的承诺，组织才会实现对员工的承诺，这是等价交换原则的表示，也是市场经济运行的基本规律；从社会学的角度来看，绩效意味着每一个社会成员按照社会分工所确定的角色所必须承担的职责，完成其绩效是其作为社会成员必须履行的义务；从管理学的角度来看，绩效是组织期望的结果，是组织为实现其目标而展现在不同层面的有效输出。

在这个定义中，有以下几点问题需要注意：

第一，绩效必须和组织目标相结合起来。

绩效从最一般意义被定义为活动结果和效率。在管理实践中这些是客观存在的信息，例如一个基层工人平均生产一件产品需要 5 分钟，一个销售员一个月回收销售款项 35 万。但是管理学中的“绩效”除了反映这种客观存在以外，还需要对这种客观存在做出一个判断，例如 5 分钟生产一件产品是快还是慢？回款 35 万多还是少？而这种判断的基本依据就在于是否满足组织目标为之提出的要求。因此无论从绩效本身还是从其评价结果来看，绩效都必须要和组织目标起来。

第二，绩效必须是可以评价的。

虽然绩效本身是客观存在的，但是值得指出的是这种客观的绩效水平需要经过评价者的主观评价，才能形成绩效信息，才能对管理决策产生影响，从这种意义上来看，绩效本身又是一种主观评价，因此绩效必须是可以评价的，只有那些能够经过评价的输出的才能视为绩效，否则由于其无法形成有效的信息，就不能视之为绩效。

第三，广义的绩效概念包括组织绩效、群体绩效和员工个人绩效三个层次。

其中组织绩效表现为组织任务在数量、质量及效率等方面完成的情况。群体绩效是组织中以团队或部门为单位的绩效，是群体任务在数量、质量及其效率等方面完成的情况。这些界定受到了学者的认同，但是对于员工个人绩效的内涵，学者们却提出过各种不同的看法。

就像 Bates 和 Holton（1995）指出的那样，“绩效是一个多维结构，观察和测量的角度不同，其结果也不同”，目前对于员工绩效的界定主要有以下三种观点：

1. 绩效的“结果观”

由于企业内部各项工作的结果与组织的战略目标、顾客满意度及其所投资金的关系最为密切，所以绩效的结果观认为，绩效是工作所达到的结果，是一个人工作成绩的记录。一般用来表示绩效结果的相关概念有职责、目标、结果、产量、关键结果领域等。实际应用中将绩效以“结果/产出”的形式加以解释和衡量的观念是最早出现也是最符合人们日常感受的。它便于理解，操作性强，有利于明确具体指标，保持客观性。但是，如果仅仅只是考虑结果，而不评定和控制结果产生的过程，这种结果是否真正可靠呢？如果工作结果受到个人行为以外的其他不可控制因素的影响，那么仅仅只依据产出结果评价员工的方法能够真正公正吗？再者，过分关注结果不可避免地会导致对重要行为过程的忽视，因此导致在结果产生之前不能及时发现错误行为，无法预先进行纠偏行为，不利于管理者对员工进行指导和帮助，员工行为也可能因为受到误导而出现短期化倾向。

2. 绩效的“行为观”

由于用“结果”来衡量绩效可能存在以上的问题，坎贝尔（Campbell）认为“绩效不是行为后果或者结果，而是由行为本身决定的，绩效由个体控制下的与目标相关的行为组成”，这些行为应该是可以观察和衡量的。这种观念虽然很容易得到人们的理解和认可，在一定程度上更加符合绩效的本质，但这些持行为观的人也无法避免在绩效的衡量中必须引入一些结果方面的指标，首先部分行为可能不具备外在观察性，只能通过结果来表现是否符合组织的要求。例如观测学生是否认真学习，不能仅仅看其是否按时上课，是否认真听讲等外在表现，更多还需要看其考试成绩。另外组织中部分工作可能有不同的工作方式，仅仅从行为上无法发现哪些方式更加符合组织的要求，例如决策者在进行决策时，既可以广泛地采用下属的意见，也可以通过自己的技能、素质等综合能力自行判断，究竟哪些行为更好，恐怕还是需要从结果上来判断。

3. 绩效的“素质观”

随着知识经济的到来，从事脑力劳动的知识性员工成为员工的主体，他们的工作行为和工作结果不同于传统的体力劳动者，因此如何衡量这些员工的绩效成为一个新的问题。加之有学者指出无论是用结果还是用行为都只能衡量过去的绩效，而组织和管理者更加看重的是员工未来的绩效。由于这样两个原因，用那些直接影响工作业绩的，具有一定稳定性的个人条件和行为特征来衡量绩效的观点应运而生，即绩效的素质观。目前越来越多的企业将以素质为基础的员工特性纳入衡量绩效的范围，更加注重素质和高绩效的关系，素质模型也成为管理者指导、帮助员工进而实现绩效提升的重要工具之一。

在多方观念的交锋中，多维度的绩效概念产生了，越来越多的管理学家和实践者都认识到绩效是一个多维结构。鉴于此，我们最终给予个人绩效的定义为“绩效是员工依据其所具备的与工作相关的个人素质所做出来的、对组织目标的实现有直接作用的工作行为和结果”。在本章内容以下的内容中，绩效一词则被专门界定成为员工绩效。

（二）绩效的影响因素

绩效取决于多种因素，可以概况成以下四大类：

1. 技能

技能指的是员工的工作技巧和能力水平。一般来说，影响员工技能的因素有：天赋、智力、经历、教育、培训等。由此可以看出，：员工的技能并不是一成不变的。组织为了提高其员工的整体技能水平，一方面，可以在招聘录用阶段进行科学的甄选；另一方面，还可以在员工进入组织之后提供各种类型的培训。

2. 激励

激励主要是指激发人的动机的心理过程。通过激发和鼓励使人们产生一种内在驱动力，使之朝着所期望的目标前进的过程。人际关系学说证明员工工作积极性将直接影响其工作效果，而激励作为影响员工工作绩效的因素，正是改变员工工作积极性来发挥作用。组织能够根据员工个人的需求结构、个性等因素，选择适当的激励手段和方式对员工进行激励，从而提高员工绩效。

3. 环境

影响工作绩效的环境因素可以分为组织内外部的环境因素两类。其中组织外部环境因素包括社会政治、经济状况、市场的竞争强度等。而组织内部环境因素一般包括劳动场所的布局和物理条件；工作设计的质量及工作任务的性质；工具、设备、原材料的供应；上级的领导作风和监督方式；公司的组织结构和政策；工资福利水平；培训机会；企业文化和组织气氛等。不论是组织的内部环境还是外部环境，都会通过影响员工的工作能力（技能）和工作态度（工作积极性等），影响员工的工作绩效。

4. 机会

机会指的是一种偶然性，俗称“运气”。对任何一名员工来说，被分配做什么样的工作往往在客观必然性之外，还带有一定的偶然性。在特定的情况下，员工如果能够得到机会去完成特定的工作任务，可能会使其达到在原有职位上无法实现的工作绩效。与前面三种影响因素相比，机会是一种偶然性的因素。

由于绩效受到各种因素的综合影响，因此管理者拥有一定的绩效诊断技能是非常必要的。所谓的绩效诊断是管理者通过绩效考核，判断员工的绩效水平，辨别出员工低绩效的征兆，探寻导致低绩效的原因，找出可能妨碍评价对象实现绩效目标的问题所在。根据影响绩效的因素可以将员工的绩效构建成为技能、激励、环境和机会的函数，对低绩效的员工可能存在的问题进行诊断，并针对诊断结果采取各种措施，以改进员工个人绩效并提高群体和组织的绩效水平，从而达到提高整个组织人力资源素质和能力、培育组织的核心竞争力的长期目的。因此绩效诊断不仅仅是管理者必备的技能，同时更是其应承担的责任。

（三）绩效的特征

1. 多因性

绩效的多因性是指员工绩效的优劣并不是取决于单一因素，而是受制于主、客观的多种因素。例如影响车间生产工人的绩效的因素，首先是工作积极性是影响其工作绩效的主观因素；生产设备的运行情况、工作台的高度、与车间内其他工作流程的协调状况等则是影响其工作绩效的客观因素，绩效受到以上这一系列因素的共同影响。但是，并不是所有影响因素的作用都是一致的。在不同情景下，各类因素对绩效的影响作用不能单一分析，它们往往互相影响，共同对员工发生作用，从而表现出对绩效的影响。只有在结合情景的前提下，充分研究各种可能的影响因素及其联系，才能够找到问题的真正所在，从而对症下药。

2. 多维性

绩效的多维性指的是需要从多个维度或方面去分析和评价绩效。例如，在考察一名生产线上工人的绩效时，不仅要看产量指标完成的情况，还应该综合考虑产品的质量；原材料的消耗情况；该工人的出勤情况、团结意识、服从意识、纪律意识等，通过综合评价各种硬、软指标，得出最终的评价结论。因此在对员工的绩效进行评价时，往往需要构建一个绩效评价指标体系。这个指标体系不仅要综合员工的工作能力、工作态度和工作业绩三个方面的情况，而且每个方面还需要从不同维度选择具体指标。鉴于此在设计绩效评价体系时，往往要根据组织战略、文化以及职位特征等方面的情况，设计出一个由多重评价指标组成的评价指标体系（这个体系包括多个维度），还要根据各种情况确定每个维度以及不同评价指标的不同权重。

3. 动态性

所谓的动态性是指员工的绩效不是一成不变的。从影响员工绩效的因素来看，这些因素都会随着时间、环境的改变而发生变化，因此员工的绩效会随着时间的推移发生变化，原来较差的绩效有可能好转，而原来较好的绩效也可能变差。这就要求在评价一个人的绩效表现时充分注意到绩效的动态性，而不能用一成不变的思维来对待有关绩效的问题，评价指标体系需要根据外界环境的改变而改变，一次评价结果也不能定终身，因此企业的绩效考核和绩效管理都存在一个周期的问题。在确定绩效评价和绩效管理的周期时，就应该考虑到效的动态性特征，具体情况具体分析，从而确定恰当的绩效周期，保证组织能够根据评价的目的及时、充分地掌握员工的绩效情况，并减少不必要的管理成本。

绩效的多因性、多维性为进行绩效考核和绩效管理提出了多角度、全面系统的绩效考核思路；绩效的动态性解释了绩效考核与绩效管理的过程中存在着一个周期。

二、绩效管理

（一）绩效管理的内涵与特征

在管理理论发展的过程中，各种管理理论流派异彩纷呈，虽然不同历史条件下，不同管理思想对管理实践的看法和见解各不相同，但是其研究重点都在于如何提高员工工作绩效并改进组织绩效上来。而从管理实践上来看，各类工作组织中各级管理者在实践中的摸索也都是致力于提升提高员工绩效并改善组织绩效。从这个意义上来看，管理即最广义的绩效管理。由此可见广泛意义上的绩效管理的外延是非常宽泛的，囊括了管理的各个方面。

从狭义上来看，人们对绩效管理主要持以下三种观念：

观点一：绩效管理是管理组织绩效的系统

观点二：绩效管理是管理员工绩效的系统

观点三：绩效管理是综合管理组织和员工绩效的系统

观点一将绩效管理中绩效理解为组织绩效，强调通过组织结构、生产工艺、业务流程等方面来调整实施组织的战略目标，员工并不是其中重点考虑对象，由此可见研究内容与战略管理相当接近，近似于重合；观点二将绩效管理理解为单纯的员工绩效，强调以员工为核心概念，但其不否定对员工绩效的管理必须在组织目标的框架内进行，假定组织目标确定，且已经获得了涉及人员的认同；观点三与观点二最大的不同之处在于前者更加强调组织的绩效，但是又不同于观点一，它认为绩效管理的中心目标是挖掘员工的潜力，提高他们的绩效，并通过将员工的个人目标与组织战略结合在一起来提升组织绩效。综合以上观点，将狭义的绩效管理（performance management，PM）定义为人力资源体系的一个模块，是通过管理者和员工之间达成关于目标、标准和所需能力的协议，在双方相互理解的基础上使组织、群体和个人取得良好的工作结果的管理过程。简而言之，绩效管理是管理者用来确保员工的工作活动和工作产出与组织目标保持一致的手段和过程。

在这种界定的背景下，绩效管理具有以下特征：

首先，绩效管理最核心的目的在于组织绩效提升。虽然绩效管理整个过程中有很多防止员工绩效不佳和提升工作绩效的内容，进而达到提升员工绩效的目的，但是这并不是绩效管理最终目的。绩效管理的最核心的目的还是期望通过员工绩效的提升，从而达到整个组织绩效的提升。因此在绩效管理过程中，除了专门针对员工绩效的计划、实施、考核等相关工作以外，更重要的工作是如何实现组织目标向员工目标的层层分解，这就是绩效管理为什么被定义为“确保员工的活动和产出和组织目标保持一致的手段”的根本原因。

其次，绩效管理最强调的内容是信息沟通与员工能力的提升。绩效管理强调通过沟通辅导的过程以实现它的开发目的。绩效管理不是迫使员工工作的棍棒，也不是权力的炫耀。事实上，各种方式的沟通辅导贯穿于整个绩效管理系统之中。因此，绩效管理非常强调各级管理者的人力资源管理责任。为了实现有效的绩效管理，人力资源管理部门必须使他们的绩效管理系统得到从各级管理者到普通员工的所有人的认同和支持。

最后，绩效管理是一个过程，是一个包括若干个环节的系统。我们通过这个系统在一定周期中的运行，实现绩效管理系统的各个目标。绩效管理不仅强调绩效的结果，而且重视达成绩效目标的过程。绩效管理不是一年一次的填表工作。它不仅是最后的评价，而且强调通过控制整个绩效周期中的员工的绩效情况来达到绩效管理的目的。

必须注意的是，绩效管理不是简单的任务管理。任务管理的目的仅仅围绕实现当期的某个任务目标，而绩效管理则是根据整个组织（企业）的战略目标，为了实现一系列中长期的组织目标而对员工的绩效进行的管理。因此我们认为，绩效管理具有重要的战略意义。

（二）绩效管理与绩效考核

与绩效管理非常接近而且容易引起混淆的概念是绩效考核。所谓绩效考核是指考评主体对照工作目标或绩效标准，采用科学的考评方法，评定员工的工作任务完成情况，员工工作职责履行程度和员工发展情况，并且将评定结果反馈给员工的过程，简而言之它是对组织成员日常工作中所表现的能力、态度和业绩，进行以事实为依据的评价过程。其本质在于考核员工对组织的贡献，是管理者与员工之间为提高其员工能力和绩效进而实现组织战略目标的一种管理沟通活动。

通过比较会发现，绩效管理和绩效考核的区别体现在目的和过程两个方面。首先是在目的上，绩效考核的目的主要在对于对员工的工作进行一定的评价，从而形成一定的绩效信息，并在相关决策中使用。而绩效管理则不满足于这个目的，除此之外绩效管理能够帮助员工管理他们的绩效，提高他们的工作能力，改进他们的工作绩效，从而实现组织的战略目标。其次是在过程上，绩效考核是从属于绩效管理过程的，它是由绩效计划、监控、评价和反馈构成的绩效管理全过程中的一个环节。只有把绩效考核置于绩效管理的整个过程中，才能有效地实现绩效管理的目的，也才能更好地实现绩效考核的目的。

当然，绩效考核是绩效管理过程中非常重要和关键的一个环节。一是只有通过绩效考核这个环节，才能将客观的绩效水平转变形成完整的绩效信息，为改进个人和组织绩效提供管理决策依据；二是绩效管理的关键决策都围绕绩效考核展开，包括评价什么内容，多长时间评价一次，谁来评价，怎么进行评价，评价结果如何应用，这些决策贯穿绩效管理过程的不同环节，但都是围绕绩效考核进行的；三是绩效考核环节技术性非常强，需要专门人员进行系统设计，更需要在管理实践中把握。两者之间的区别与联系如表 8－1 所示：

表 8－1　绩效管理与绩效考核的区别与联系

绩效管理	绩效考核
完整的管理过程	管理过程中的一个环节或者手段
结果与过程并重	阶段性总结
组织与个人双赢	排序、确定优劣
规划性、前瞻性	回顾过去
完善的计划、监督和控制手段	只有考核一个手段

（续表）

绩效管理	绩效考核
注重能力的培养	注重成绩的大小
事先的信息沟通和承诺	判断和评估，强调事后考核
联系：绩效考核是绩效管理的一个不可或缺的组成部分。通过绩效考核为组织绩效管理的改善提供依据，帮助组织不断提高绩效管理水平和有效性，使绩效管理真正帮助管理者改善管理水平，帮助员工提高绩效能力，帮助组织获得理想的绩效水平	

综上所述，绩效管理绝不仅仅是绩效考核。绩效考核只是绩效管理这个工具箱里的一件工具。但是绩效管理离不开绩效考核，绩效考核是绩效管理的核心，只有将绩效考核纳入绩效管理制度之中，才能够对绩效进行有效的监控和管理，从而实现绩效管理的目标。。

三、绩效管理系统

（一）绩效管理系统的构成

鉴于绩效管理的突出战略地位，那么通过科学设计保证绩效管理的有效性和科学性就显得特别重要，与企业中管理控制系统、人力资源管理系统一样，绩效管理也应该是一个完整的系统。具体绩效管理系统的组成框架如图 8－1 所示：

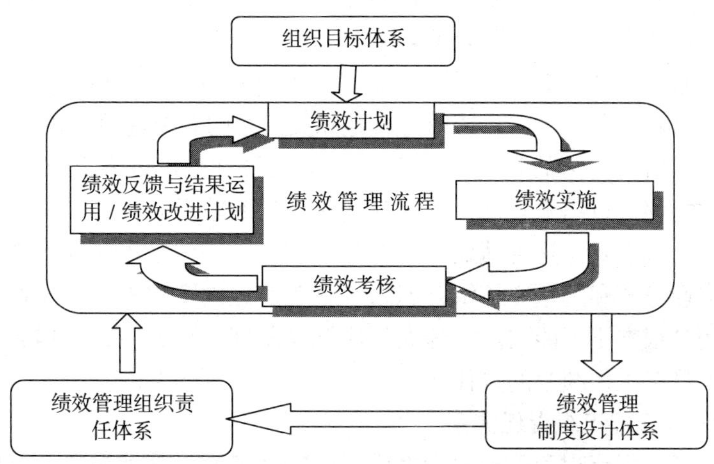

图 8－1　绩效管理系统的组成框架

1. 绩效管理流程体系

绩效管理流程体系，又称为绩效管理程序、绩效管理循环，是由绩效计划、绩效实施、绩效考核、绩效反馈与改进等四大环节组成的。从管理过程的角度来看，绩效计划属于管理中的计划阶段，绩效实施属于具体实施工作，而绩效考核则属于管理控制中评价阶段，绩效反馈与结果的运用则属于管理控制中的“纠偏”阶段，这些共同使得绩效管理流程成为一个首尾相连的封闭循环，形成了一个完成的管理循环。绩效改进计划的制订既是这个管理循环的结束，又是下个管理循环的开始，是不同周期中两个循环的连接点。它使得整个绩效管理循环不是简单地重复，而是呈现出螺旋式上升的状态，从而达到绩效提升的根本目的。

2. 绩效管理制度设计体系

绩效管理流程的落实需要统一而完备的制度保障，通过管理制度引导和约束管理者和员工的行为，使得对员工的评价更加规范、合力，从而确保部门和组织目标的实现。作为绩效管理流程的制度保证，绩效管理制度的设计应该遵循公开与开放、反馈与修改、定期化与制度化、可靠性与正确性、可行性与实用性等各项基本原则。

绩效管理制度的基本内容主要包括：①建立绩效管理制度的原因，绩效管理的地位与作用；②绩效管理的组织机构设置、职责范围、业务分工，以及各级参与绩效管理活动的责任、权限、业务和要求；③绩效管理的目标、程序和步骤以及具体实施工作中应当遵守的基本原则和具体要求；④各类人员的绩效考核方法、指标以及标准系统的说明和解释；⑤绩效考核的类别、层次和周期，绩效管理中使用的报表、量表等的填写方式和相关要求；⑥绩效考核结果误差的控制和处理规定；⑦考核结果的应用原则和基本要求以及与之配套的薪酬奖励、人事调整、晋升培训等规章制度和相关政策；⑧绩效考核过程中员工申述的权利、程序和方法；⑨对绩效管理制度的解释、实施和修改等其他相关问题的必要说明等各个方面。

最后，值得指出的是管理者总是对绩效管理制度有着不切实际的期望，期望能够通过绩效管理过程的制度化来消除管理人员在考核过程中的主观因素，从而真正达到绩效考核的公平和公正。但是现代绩效考核中都提倡将定性考核和定量考核结合起来，企图通过制度化来完全规避管理人员的作用是根本不可能的。管理人员应该在制度的帮助下，承担起公平公正地评价员工工作绩效的责任。

3. 绩效管理组织责任体系

明确了管理流程和管理制度之后，应该确定绩效管理系统中各级人员的权责以及相关组织保障系统。只有各级人员权责明确，才能在绩效管理过程中各司其职，合理分工，才能够保证绩效管理系统发挥其应有职责。

组织绩效管理涉及组织中各级人员。其中，高层管理者主要为绩效管理的实施提供相关的支持，确定管理制度的推行方式、日程、责任落实等重大内容，为组织绩效管理系统运行提供必要的环境。其次，各个部门的直线经理是绩效管理的责任主体，他们扮演着指导者、考评者、反馈者、激励者等多重角色，他们是高层主管意图、组织战略目标实现、绩效管理方案制定与实施的关键，起着承上启下、沟通与衔接的作用。第三，员工在绩效管理中也不是被动的执行者，他们应积极参与绩效目标和标准的讨论和制定，同时他们也是产生绩效的主体，因此在绩效实施过程中，他们应该及时了解自己绩效状况并主动调整绩效行为。最后，人力资源部门是绩效管理系统的设计者和实施者，扮演的是政策的制定者和参谋的角色，主要负责整个绩效管理系统的设计以及在具体实施过程中给予主管人员以协助，从而确保既定的绩效管理政策以及绩效管理程序被认真连续地执行。只有各个层次、各个部门、所有员工都参与到绩效管理过程和系统中，才能真正保证绩效管理作用的发挥和目标的实现。

（二）绩效管理系统的功能

当绩效管理系统有效地运作时，它能够有效地实现以下几个方面的目的：

1. 战略目的

绩效管理系统首要目的在于帮助高层管理者实现战略性的经营目标。通过将组织的目标与个人目标联系起来，绩效管理系统强化了有利于组织目标达成的行为。

2. 管理目的

绩效管理系统的第二个功能是为企业做出员工管理决策提供有效的和有价值的信息，这些管理决策主要包括薪资调整、晋升、留用员工、解除劳务合同、认可个人绩效优秀的员工、辨别绩效较差的员工、解雇以及绩效加薪等人力资源管理决策。

3. 信息传递目的

绩效管理系统同时也是企业沟通系统有效运作的关键因素。首先它可以帮助员工了解自己的表现如何，并且能够为员工提供需要改进的领域信息；其次，由于与战略目的相关，绩效管理系统向员工提供的可以让他们明白：组织以及自己的上级对自己的期望是什么，以及他们的上司认为工作的哪些方面是最重要的。

4. 开发目的

绩效反馈是绩效管理系统中重要的组成部分。在绩效管理系统中绩效反馈在集中员工的行为同时还能够提供一些指导，帮助他们正确理解上司提供的信息，因此绩效反馈一方面可以对员工提供指导，从而使他们能够持续地改进自己的绩效，另一方面员工在获得自己的绩效信息之后，有利于帮助他们设计个人的职业发展路径。从而实现包括长期与短期在内的开发目的。

5. 档案记录目的

绩效管理系统有助于组织收集一套有用的信息，这些信息可以实现不同的档案记录目的：例如绩效数据可以用于验证运用到招聘过程中的员工筛选工具的有效性；帮助企业记录一些重要的管理决策信息，以应付未来可能受到的有关用工的法律诉讼。

尽管通过绩效管理系统实现多种目的是可能的，通过调查发现，大多数组织构建绩效管理系统最常见的目的还是管理目的（如薪资决策）与开发目的（如识别员工）。总的来说，绩效管理系统在现代组织实践中至少实现了这两方面的目的，对于提升员工绩效以及实现组织目的有着不容忽视的作用。

（三）有效的绩效管理系统评价标准

尽管绩效管理系统能够起到以上几大作用，对于完善企业整个管理系统有着不容忽视的作用，但是绩效管理系统的构建是一个系统性工程，对于组织来说，需要花费大量的时间、精力与资金，构建绩效管理系统的成本较高。与此同时，当企业构建的绩效管理系统不能按预想进行有效运转时，将为企业带来增加人员流动率、损害人际关系、影响员工工作积极性等各方面的危害，因此什么样的绩效管理系统才是科学有效的，能够真正实现其目标呢？一般在评价绩效管理系统的有效性时，往往从以下 5 个方面进行评价：

1. 一致性标准

一致性标准主要包括两个方面：首先是战略一致性，即绩效管理系统应该与企业发展战略、企业目标和企业文化具备高度一致性，绩效管理应伴随企业战略、目标与文化的变化而变化。第二方面，绩效管理系统作为企业管理系统的一个构成部分，除了与组织战略具备一致性以外，还应该要求其与企业管理系统的其他构成部分具有一致性，主要表现在与企业人力资源管理系统、企业沟通系统、管理控制系统、决策支持系统等各个分系统之间的一致性。

2. 明确性标准

明确性标准是指绩效管理系统能够多大程度为员工提供一个明确的指导，告诉他们组织对他们的期望是什么，并使他们了解如何才能实现这些期望和要求，并利用明确清晰的绩效标准来明确期望。绩效管理的对象是绩效产生主体——人。为了实现绩效管理的几大目的，员工必须正确理解绩效管理系统所传达的信息，才能够确定自己在具体工作的行动方向。同时才有可能确切了解自己的绩效表现的优劣，从而确定绩效改善的具体措施。

3. 可接受性标准

可接受性主要是运用绩效管理系统的人接受该系统的程度。在具体实践中，无论绩效管理系统设计得多么科学，如果无法为其使用者所接受，就不能发挥其应有的作用。一般来说一套绩效管理系统不为其使用者接受往往出于以下几个方面的原因：首先是运作成本太高，其次可能技术过于复杂使得其使用者难以理解。但是就绩效管理系统来说，使用者不愿意接受更多则来源于心理方面的原因，即该系统是否真正能够为组织中提供一种“谨慎”的公平。这种公平主要通过人际公平、结果公平、程序公平三方面被人类感知。

4. 有效性标准

有效性标准表现在绩效管理系统中绩效考核指标是否有效，即这种考核是否包含了所有与绩效相关的各方面内容，而不包括与绩效无关的其他方面。在绩效管理系统中，如果绩效考核指标系统有效性较低，则无法真实反映员工绩效状况，无法满足绩效管理的基本要求，甚至有可能给予员工错误的导向，做出不利于组织目标的行为。

5. 可靠性标准

可靠性标准主要是指绩效管理系统中绩效考核指标应该是稳定一致且没有偏差的，例如，由两位主管人员根据相同的考核维度同时对同一位员工的工作做出评价，如果这两位得出来的评价结果比较相近，则证明这种评价具备一定的可靠性。可靠性标准直接决定了考核结果的科学性和可应用性，从而影响组织在诸多方面的决策，是绩效管理系统发挥作用的关键因素。

第二节　绩效管理的流程

一、绩效管理的基础

组织实施绩效管理必须建立在一定的基础上，否则将成为无本之木、无源之水。绩效管理有两大基石：工作分析与目标管理。其中工作分析界定了员工职责的内容与范围，目标管理是对工作职责完成程度的要求，两者如同经线与纬线，决定了员工应该如何去开展工作。

（一）工作分析

对员工的工作进行有效的分析，是绩效管理的必需条件，也是绩效管理标准化和科学化的基石。工作分析对绩效管理的基础作用体现在以下两个方面：

第一，绩效目标的设定依据是工作职责，因而工作分析是制定绩效目标的基础，从某种意义上来看，绩效考核就是评价员工对岗位职责的履行程度。而组织只有通过工作分析才能使各个职位的工作职责清晰化，员工的工作范围、可以采取的措施的权利、对自己采取措施所承担的利益与职责更加明确，从而才能建立一致的责权结构，为绩效管理提供适当的评价指标和评价尺度。

第二，工作分析的结果也间接影响了绩效反馈和绩效辅导。绩效反馈是肯定成绩、找出差距、指明方向的过程。而将员工的实际绩效和自身岗位的要求做出比较显然比在员工之间进行比较更具合理性。因此可以说工作分析的结果为寻找绩效差距、制定绩效、改进技术提供了比较基础。

但是如果仅仅以工作分析作为绩效管理的基础，只能考察到员工职责的完成情况，并不能完全体现员工的全部价值。同时工作分析仅仅只给出了处于该岗位的基本职责，为绩效考核提供了一定的框架，对构建绩效考核指标体系有着一定的帮助，但是无法帮助其确定绩效目标以及绩效标准。

（二）目标管理

目标管理体系是组织绩效管理的基础所在，准确地说目标管理是绩效考核的雏形。目标管理对绩效管理的基础作用体现在以下几个方面：

首先，目标管理是绩效管理的思想基础。绩效管理观念在目标管理实施的过程中得到深入，获得组织的认同。因此组织目标管理的实施是组织绩效管理系统是否取得成功的关键。

其次，目标管理是绩效管理的物质基础。组织只有通过目标管理流程确定了组织各个层次的目标，才能够进一步明确绩效管理系统中组织各层次、各员工的绩效目标体系，在此基础上才能够进一步确定绩效考核指标体系。这些是组织进行绩效管理必须的条件。

最后，目标管理是绩效管理的技术基础。在整个绩效管理过程中，目标管理既可用作组织各层次目标的分解，是绩效管理的重要方法；同时又可用作组织成员绩效考核的重要方法，通过将员工的工作结果与目标相互比较从而形成绩效考核结果。

与工作分析相似，仅仅只有目标管理作为绩效管理的基础是不够的，一方面目标管理在现代组织运用中存在各种问题，需要进一步完善和充实；另一方面目标管理中大多数目标都是量化目标，而组织中部分岗位工作却无法量化，只能通过岗位职能来进行考核。因此工作分析与目标管理互为绩效管理的基础，两者之间互为补充，缺一不可。

二、绩效管理的基本流程

绩效管理的基本流程包括以下几个步骤：绩效计划、绩效实施、绩效考核、绩效反馈与绩效改进。这几个环节构成了一个封闭的管理循环，上下承接，紧密联系，只有各个环节有效整合才能保证绩效管理的最终目标实现。

案例评点

小张按照去年的考核方法自己计算了一下，觉得自己应该是整个销售部得分最高的，应该能够评个“优”。结果到了考核时，公司发放新的“销售业绩量化考核表”时却发现，原先表中的某些指标和权重都发生了改变，这导致他可能连“良”都评不上。小张为此很气愤，虽然他能够理解公司更改考核指标的目的是为了更加适应市场变化，可是为什么直到年底才确定考核标准呢?

点评 公司更改量化考核标准是为了公司的良性发展，在没有新标准出台之前，小张按照去年标准努力也没有问题。关键是绩效计划的制订问题。

启示 绩效计划作为绩效管理的第一个环节，应该在新的绩效周期开始时就制定，并获得员工的认可。

（一）绩效计划

1. 绩效计划的内涵与特点

绩效计划是绩效管理的第一个环节，是绩效管理成功的首要一步。从具体的表现形式来看，绩效计划是用于指导员工行为的一份计划书，通过制订这样一份计划，员工可以了解本绩效周期的工作安排和目标，以及将会遇到的障碍及可能的解决方案。但是绩效计划并不仅仅是完成一份工作计划这么简单，作为绩效管理的一个环节，绩效计划的过程更加强调通过互动式的沟通手段使管理者和员工在如何实现预期绩效问题上达成共识。因此绩效计划的内容除了最终的个人绩效目标以外，还包括为了达到计划中的绩效结果，双方应该做出什么样的努力，应采用什么样的方式，应该进行什么样的技能开放等内容，并根据绩效计划的内容来明确评价指标和评价周期两个关键决策，为下一步绩效实施、绩效考核和绩效反馈提供信息。

因此，所谓绩效计划，指的是在新的绩效周期开始时，各级管理者与员工一起，就员工在该绩效周期内要做什么、为什么做、需要做到什么程度、何时应做完、员工的决策权限等问题进行讨论，促进相互了解并达成协议。通过其概念可以看出绩效计划具有以下几个方面的特点：

（1）绩效计划是管理者与员工进行双向沟通的过程。绩效计划强调通过互动式沟通，使管理者与员工在制定评价周期内的绩效目标及如何实现预期绩效问题上达成共识。在这个双向沟通的过程中，管理者和员工双方都负有责任。

（2）绩效计划是关于工作目标和标准的契约。绩效计划过程中，由管理者与员工根据组织目标共同制定并修正绩效目标以及实现目标所需要的步骤。这包括两个方面的内容：做什么和如何做。做什么实际上是员工个人绩效目标，而如何做则是实现目标的手段。

（3）绩效计划是全员参与的过程。绩效计划需要人力资源管理专业人员、员工的直接上司以及员工三方共同参与，是一个在人力资源管理专业人员的指导下开展的双向沟通过程。

2. 绩效计划的关键点

为了提高组织绩效管理的效果，制定绩效计划的过程中有以下几个关键问题需要明确：

（1）绩效计划必须与组织战略相承接。绩效管理的根本目的在于实现组织战略，为了实现这一目的，作为绩效管理核心的绩效考核系统设计要匹配战略。在绩效计划环节则需要将组织战略目标清晰、明确地转化为部门直至每个员工个人的绩效目标，使每个员工的工作行为、方式和结果都能够保证有效促进组织绩效的改进。

（2）绩效计划应当面向评价。绩效计划的实施必须能够得到客观公正的评价，才能形成有效的绩效信息，并推动绩效管理目的的实现。因此评价是绩效管理的核心环节，这也要求绩效计划环节必须面向评价，在绩效计划环节就应该解决好评价什么和多长时间评价一次这两个关键问题。

（3）绩效计划应当注重员工的参与和承诺。大量研究表明，人们坚持或改变某种态度的可能性取决于两个因素：在形成这种态度的卷入程度和是否为此做出了公开表态。因此在绩效计划阶段，员工参与绩效计划的制订并签订正式绩效计划是保证员工在后期履行绩效计划的关键。

（二）绩效实施

1. 绩效实施的内涵与特点

绩效实施是指为贯彻已制定的绩效计划，对产生绩效的整个过程进行的管理活动。它是绩效管理的第二个环节，是连接绩效计划和绩效考核的中间环节，也是耗时最长、消耗资源最多的环节。在这个阶段，管理者采取适当的领导风格，积极指导下属工作，与下属进行持续绩效沟通，预防或解决绩效周期内可能发生的各种问题，以期更好地完成绩效计划的目的。

绩效实施对于绩效计划的实施和绩效的公正评价有着极其重要的作用，它要求管理者与员工进行持续不断的绩效沟通，同时这一阶段也是管理者记录员工关键时间段的主要时刻。因此，在整个绩效实施阶段，管理者主要承担两项任务：一是持续不断地沟通对员工的工作给予支持以修正工作任务和目标之间的偏差；二是记录工作过程中的关键事件或绩效数据，为绩效评价提供信息。从这个层面来看，绩效实施具有以下特点：

（1）绩效实施是管理者监控绩效的过程。管理者在这个过程中通过对绩效信息的收集，诊断绩效，并根据绩效标准判断绩效实施的情况，给予一定的纠正机会，从而帮助员工实现其绩效。因此在整个绩效周期内，管理者必须坚持不断地实施绩效监控。

（2）绩效实施是管理者进行绩效辅导的阶段。在这个阶段管理者通过监控员工工作过程，发现员工存在的问题及时进行指导，确保员工工作不偏离组织战略目标，并提高其绩效周期内的绩效水平以及长期胜任素质，这就是绩效辅导的工作。

（3）绩效实施阶段应为绩效考核做好物资准备。绩效考核能够获得公正合理的结果主要看考核者是否占有了足够的、真实反映员工绩效的相关信息。而这部分信息的获取则主要依靠在绩效实施过程中管理者是否能够持续、客观、真实地收集、积累工作绩效信息。

2. 绩效实施的关键点

绩效实施过程是否有效，员工是否能够按照绩效计划实现其绩效并获得提升，这表面上时依靠员工是否能够努力工作，而实际上管理者在这个阶段的工作才是绩效实施的关键。而管理者在绩效实施过程中是否能够发挥自己应有的作用，从而实现绩效计划，主要取决于以下几个关键点：

（1）管理者的领导风格和绩效辅导水平。管理者应该将绩效辅导与自己的日常工作结合起来，根据不同下属和权变因素选择自身领导方式，与员工建立良好的沟通关系，及时给予员工以反馈，并选择合适时机，积极开展有效的绩效辅导。

（2）绩效信息收集的有效性。绩效实施阶段，管理者和员工能否获取自己需要的信息是实现绩效计划的关键。因此，作为管理者应该制定绩效信息收集计划，通过不同渠道来收集各种信息，同时应该考虑到员工的需要，合理安排帮助员工获取其所需信息。

（3）管理者与下属之间的绩效沟通有效性。绩效辅导以及绩效信息收集都是通过日常沟通进行的。因此管理者应该确定双方之间的具体沟通内容，根据沟通目的以及环境因素选择合适的沟通方式，提高沟通的效率。

（三）绩效考核

1. 绩效考核的内涵

绩效考核作为绩效管理流程中的一个环节，特指在绩效周期结束时，由管理者和员工使用既定的合理考核方法和衡量技术，对员工的工作绩效进行评价的过程。在这个阶段，考核者根据绩效实施阶段收集的相关绩效信息，结合绩效考核指标体系，通过相关的技术和方法，对员工在这个绩效周期的工作表现给予一个评价。

这个阶段大多数是在绩效周期结束时进行，虽然耗时不长，但是却是绩效管理各个环节中最为组织所重视的，员工需要通过绩效考核结果来了解自身在该周期的行为表现，组织需要通过绩效考核结果来为员工制定相关人事决策，这个绩效考核结果对于提升员工满意度、组织绩效都有着明显的作用，是整个绩效管理系统发挥作用的保证。鉴于此，有以下几个问题需要说明：

（1）绩效考核是绩效管理流程中的核心。把绩效考核放在绩效管理过程中考察，会发现绩效管理流程中其他各阶段都是面向绩效考核，而绩效考核也不能和其他环节相脱离。因此绩效考核是整个绩效管理流程中的核心。

（2）绩效考核实际上是信息收集、处理的过程。管理者为了做好绩效考核工作，应在日常工作中注意对员工行为进行观察，主动收集相应信息，并将这些信息整合处理以做出判断。由此看见绩效考核实际上就是信息处理的过程，也是整个绩效管理流程中技术性最强的环节。

2. 绩效考核的关键点

绩效考核作为绩效管理的核心，它的效果直接决定了绩效管理系统作用的发挥，而现实中组织的绩效考核总是会引起争执、纠纷、抱怨，人力资源部在进行绩效考核的过程中也总是感到左右为难。因此要想把绩效结果真正考核出来，主要有以下几个问题需要注意：

（1）绩效考核参与者的态度问题。人们如果抱着积极的态度去参与一件事情，往往可能会获得好结果。但是大多数绩效考核参与者却往往抱着一种消极的态度参与其中，这导致绩效考核效果不好。因此在进行绩效考核时，必须将改善参与者的态度。

（2）绩效考核体系的设计与检验。好的绩效考核体系的才能够实现绩效考核的目的，并降低组织绩效考核成本以及引发的矛盾。因此管理者除了配合人力资源部门设计绩效考核体系，还应该在进行绩效考核之前对绩效考核体系进行检验，保证其科学性。

（3）考核者误差的避免。考核者在考核过程中都将出现或多或少的误差，影响到考核的公平性，即所说的考核者误差。避免这些考核者误差是绩效考核过程的重要内容，也是保证绩效考核效果的重要条件。

点评与启示

每年年底的绩效考核是销售部经理王某最烦的事情，年底恰恰是销售业绩冲刺的时候，可是他和他的下属们不得不耗费大量的宝贵的时间来填写大量枯燥无用的各式各样的表格。好在表格填完之后上交就了事了！只是这种绩效考核除了浪费时间以外，究竟有什么用啊？

点评 考核结果既没有反馈给员工，又没有用作日后人事决策，难怪管理者和员工都觉得绩效考核是浪费时间。

启示 绩效反馈是绩效管理流程中重要环节。

（四）绩效反馈

1. 绩效反馈的内涵

绩效反馈是指绩效周期结束时，管理者与员工就绩效考核进行面谈，使员工充分了解和接受绩效考核结果，并由管理者指导员工在下一周期如何改进绩效的过程。在绩效期间结束时进行的绩效反馈是一个正式的绩效沟通过程，而实际上绩效反馈贯穿于整个绩效管理的周期中，当管理者任何时间在发现员工绩效的缺陷时，就应该有责任立即去纠正它，使员工及时改正。之所以将绩效反馈作为绩效管理循环中的环节之一，是为了突出绩效反馈在绩效管理过程中的重要作用。

研究人类行为的心理学家发现，反馈是使人产生优秀表现的最重要条件之一，如果没有及时、具体的反馈，人们往往表现得越来越差。绩效反馈不但能够帮助个人调整自我知觉、自我评价和行为，还能提高自我管理水平，使员工行为朝向预定的个体和组织目标，最终有助于绩效改善。组织中的绩效反馈是非常重要的，员工通过反馈知道主管对他的评价和期望，从而根据要求不断提高；而主管通过反馈指出员工绩效水平和存在的问题，可以有的放矢地进行激励和指导。关于绩效反馈有以下问题需要强调：

（1）绩效反馈是对针对工作的具体行为进行反馈。在进行绩效反馈尤其是消极反馈的时候，应该是描述性而不是判断性的，即反馈的应该是工作相关的具体行为，而不是个人。例如在反馈某名员工的不恰当行为时，应该明确指出他究竟“错”在哪处，而不能采用“笨”这类判断性语言或者“这种工作方式极其错误”这类模糊性语言，这种反馈往往会激起很大的情绪反应，很容易让员工忽视工作本身的错误，并且带来管理者和员工之间的人际关系紧张。

（2）绩效反馈是绩效管理循环的关键。管理者通过绩效反馈让员工了解自身绩效，通过双方沟通，分析绩效产生的相关因素和原因，并在此基础上制定绩效改进计划和下一周期的绩效计划。因此从整个绩效管理循环来看，绩效反馈作为绩效管理中最后一个环节，它是连接绩效管理前后周期的环节。绩效反馈将绩效管理的两个周期紧密地联系起来。

（3）绩效反馈的目的是使员工了解自身绩效水平。在具体反馈过程中应该综合利用各种手段，主要包括绩效面谈和绩效考核结果的运用。绩效面谈主要是通过管理者与员工就绩效考核结果进行沟通达成共识，使员工认识到在本阶段工作中取得的进步和存在的缺点，并以此为基础制定绩效改进计划。而绩效考核结果的运用则主要用于相关人力资源决策，通过将员工在组织未来的发展与其工作表现结合起来，促进员工主动去了解自身绩效，积极寻找自身不足，寻求未来发展。

2. 绩效反馈的关键点

绩效反馈是绩效管理循环的关键，它是前一个绩效管理周期的结束，又是后一个绩效管理周期的开始，绩效反馈工作做得如何，直接影响到组织整个绩效管理系统的运作效率，也是组织绩效是否能够真正提升的关键。在绩效反馈过程中有以下关键点需要注意：

（1）绩效面谈的实施。绩效面谈是来自上级的口头反馈。管理者作为面谈主持者，应该做好面谈计划，预先熟悉员工的工作内容和表现，选择合适的面谈改进员工绩效时间和地点，在面谈过程中根据不同员工的特点采取不同的绩效面谈策略，从而提高绩效面谈的效果。

（2）绩效改进计划的制订。绩效改进是采取一系列行动提高员工的能力和绩效，是现代绩效管理的主要目的。绩效改进工作成功与否是绩效管理过程能否发挥效用的关键。绩效改进计划作为对员工绩效改进的预先安排，包括做什么、谁来做、何时做等相关内容。

（3）绩效考核结果的运用。组织中绩效考核结果的运用主要分为三个方面：绩效改进计划的制订、相关人力资源管理职能的决策和考核结果的效标作用。这三个方面的综合运用是绩效管理系统在决策支持系统、人力资源管理系统等企业管理系统的重要作用的体现。同时绩效考核结果在组织中是否能够得到真正的运用，将会影响到组织各类人员对绩效考核的信心，从而对组织以后的绩效管理系统运行状况产生影响。

三、绩效管理过程中的重点活动

在绩效管理循环中，绩效信息的收集与绩效沟通在整个流程中各个环节据占有重要地位，它们不是单独在某一个环节中发挥作用，在整个流程中时时刻刻应该进行这些活动，它们实施情况和效果对于绩效管理系统作用的发挥有着非常重要的作用。

案例评点

绩效考核结果可以说事关员工在组织中的“生死”，但作为考核者的韩某不仅没有感觉到这种权力的荣耀，反而在每次考核时都感觉到巨大的压力。作为一个负责的考核者，他觉得考核表中某些内容实在是无法填写：那些反映工作结果的考核还好说，那些工作态度方面的考核就太困难了，年底考核的时候他哪里还记得住员工一年的表现，最多对近一两个月的事情有点印象，可是就凭这一两个月的记忆能够给员工做一个公正合理的考核吗?

点评　在绩效实施阶段不注意收集绩效信息，就无法对员工进行考核。

启示　所有决策都需要信息，绩效管理也不例外。

（一）绩效信息收集

没有充足有效的信息，就无法制订出符合员工要求的绩效计划；没有有据可查的信息，就无法对员工的工作结果进行评价并提供反馈；没有必要准确的信息，就无法使绩效管理循环持续运行实现预期目的。因此绩效信息收集在绩效管理的整个流程中都有着突出的作用。

信息的记录和收集需要耗费大量的时间和精力，因此并非所有的信息都需要记录和收集，也不是收集的信息越多越好。通常应该收集的绩效信息包括以下几个方面：工作目标或任务完成情况的信息、证明工作绩效优秀或不佳的事实证据、来自组织内外部的反馈信息、与员工绩效沟通的记录、员工因工作受表扬或批评的情况等与工作绩效紧密相关的信息。

以岗位的关键绩效指标或绩效目标/计划作为依据进行绩效信息收集是常见的方法。管理者可在组织中广泛地利用观察法、工作记录法、他人反馈法等各种方法来收集相关信息，员工自身的汇报和总结、同事的观察和感受、上级的检查和记录、下属的反映与评价、客户的反馈和建议等都可成为绩效信息收集的来源。组织中各条信息收集渠道畅通、信息来源全面，有利于做出更真实客观的绩效考核结果。

（二）持续绩效沟通

绩效管理循环从计划开始，以评估结果的运用结束，在整个绩效管理过程中都离不开一个重要的环节——持续的沟通。持续绩效沟通是管理者和员工共同工作并分享有关信息的过程，这些信息包括工作进展情况、潜在障碍和问题、可能解决问题的措施及管理者如何帮助员工等，它是连接计划和考核的中间环节。它促使员工与上级之间有效协作、提升员工士气和工作积极性、提高工作效率与满意度，是整个绩效管理的核心和灵魂，是绩效管理过程中耗时最长、最关键、最能促进工作开展、最能产生效果的环节。

案例评点

方宏是某公司销售部经理，在他手下有10名员工，为了了解这些员工的工作情况，方宏要求他们每月月末向他提交一份月报，他在阅读之后就其内容和发现的问题和员工进行10分钟左右的沟通。通过这种沟通，方宏觉得自己和员工更加接近，并且能够及时对员工进行指导，员工也觉得自己的工作成效在慢慢提高。

可是到了业务繁忙阶段时，员工按时提交月报难度就变得困难了，即使按时提交效果也非常差，很多员工都向方宏表示“现在我们忙得根本就没有时间做”，“很多时间和您面对面谈谈就可以了”，“写报告花时间太多了”……

点评 持续的绩效沟通对于管理者和员工都非常重要，但是不适当的沟通形式却会增加工作中的负担。

启示 管理者应该根据沟通目的、环境等因素选择适当的沟通方式。

常见的沟通渠道主要有向下沟通、向上沟通、双向沟通和绩效反馈等各种形式，这些沟通方式各有各自的优缺点，在组织中起到的作用是比较单一。作为管理者应该营造一个良好的沟通环境，保持各种绩效沟通渠道的畅通，让员工主动来找、分享所需要的信息，然后管理者帮助员工解决问题，从而也了解员工工作进展情况。

采用正确的沟通方式对沟通效果非常中重要。按事先是否做好了沟通计划和安排可分为正式沟通与非正式沟通。其中正式沟通可进一步细分为定期书面报告、定期主管—员工面谈、定期召开的有管理者参加的会议。非正式沟通一般都是利用非正式的会议、闲聊、喝咖啡的间歇时间进行简短交谈，常见的有走动式管理、开放式办公、工作间歇时沟通。这两种方式各有优劣，在绩效管理过程中应互为补充。值得指出的是无论采用哪种方式，在沟通过程中都应该塑造一个和谐的氛围，鼓励员工主动交流，作为管理者应该采用协商式的态度和语言进行协商式沟通。

第三节 绩效考核的实施

绩效管理中的绩效计划预先给员工设立了工作期望，而绩效实施则是员工通过工作完成绩效的阶段，绩效考核则是用于检验员工的实际工作是否达到了绩效计划的要求。很多组织即使没有经过绩效计划和绩效实施阶段，也会进入绩效考核阶段，一年一次或半年一次的绩效考核员工都不会陌生。但是尽管大多数组织都在实施绩效考核，然而绩效考核的效果如何却不仅仅产生于绩效考核阶段，未经过计划和持续沟通的考核成为现代组织考核人员与员工之间不和、绩效考核不受欢迎的原因。因此绩效考核的实施并不仅仅只涉及绩效管理流程中的绩效考核阶段，在大多数组织中绩效管理的整个流程都是为绩效考核的良好实施提供基础和保障的。下面就绩效考核的实施相关问题进行介绍。

一、绩效考核的实施原则

所谓绩效考核是评定和评估员工个人工作绩效的过程和方法。上级主管有责任考核并管理下属员工的绩效情况，并据此做出各种人事决策，即以考核的结果作为各种人力资源管理决策的依据。因此绩效考核必须遵循一些基本原则，这些原则是保证绩效考核实施效果的基本条件。

（一）公开与开放原则

绩效考核并不是某一个部门，更不是某一个人的责任，而是组织各级管理者及其下属共同的责任，每个人都扮演着考核者和被考核者的角色，这就要求绩效考核必须遵循公开与开放的原则，只有公开，注重上下级间的直接对话，才能实现上下认同，促进上下级之间的沟通与合作，避免因缺乏沟通而引起对考核的抵触情绪。通过开放性原则，引入自我考核机制，吸引组织中各级别员工积极参与到绩效考核中来，才能够帮助员工发现自身差距，达到提升绩效的目的。

（二）反馈与提升原则

考核后的结果应该及时反馈，好的行为坚持下来，发扬光大，不足之处加以纠正和弥补。在现代人力资源管理系统中，关注员工绩效水平的持续提升时考核的出发点，缺少反馈的绩效考核体系不能发挥能力开发的功能，无法挖掘员工潜能，就不能实现组织的最大增值。因此绩效考核的实施必然要构建反馈系统以对最终结果进行控制。

（三）定期化和制度化原则

绩效考核是一种连续性的管理过程，因此必须将其定期化、制度化。它既是对员工能力、工作结果、工作行为与态度等的考核，也是对他们未来行为表现的一种预测。因此只有程序化、制度化地进行人事考核，才能了解员工的潜能，发现组织中的问题，提升组织绩效。

（四）可靠性与正确性原则

可靠性是指测量的一致性与稳定性，即绩效考核方法应该保证收集到的人员能力、工作结果、工作行为与态度等信息的稳定性和一致性，强调不同考核者之间对同一个人或一组人考核应该是一致的。正确性是指测量内容的有效程度，即考核反映特定工作内容（行为、结果和责任）的程度。可靠性与正确性是保证绩效考核有效性的必要条件，因此在绩效考核实施过程中必须保证其可靠性与正确性。

（五）可行性与实用性原则

可行性是绩效考核方案所需的时间、物力、财力等要为使用者的客观环境条件所允许，它要求在制定考核方案时，应该根据考核目标设计合理方案，并通过限定因素分析、目标效益分析与潜在问题分析等因素进行可行性分析。实用性应该从两个方面考虑，一方面应根据考核目的来设计考核工具，另一方面所设计的考核方案应适应不同行业、部门、岗位人员素质要求和特点。

二、绩效考核体系设计

为了更好地实现绩效考核的导向作用，绩效考核体系设计一般都在绩效计划阶段进行，并应该在绩效实施阶段开始时就广泛地告知被考核者。这样有利于员工在绩效实施阶段就明确组织对自身的期望，从而做出符合组织期望方向的行为。绩效考核体系包括的内容很广泛，主要涉及以下五大方面的决策问题：绩效考核主体（由谁来考核）、绩效考核客体（考核谁）、绩效考核周期（什么时间考核）、绩效考核方法（怎样考核）和绩效考核指标（考核什么）。这里主要介绍关于绩效考核主体、绩效考核周期以及绩效考核指标的设计工作。

思考题

凯达公司是一家集碳酸、果汁饮料生产销售于一体的中型企业。最近销售部一名送货员因为早上交通拥挤的原因送货迟到造成商场销售断货，商场于是打来了投诉电话。人力资源部门经理知道了这件事，坚持从重处理这名送货员，而销售部经理认为这是客观原因造成的，不应处罚。由于这类事情已经发生过很多次，按照公司的考核标准会影响销售部的业绩，销售部门经理很不服气。双方争吵不休，只好去找公司王老板。王老板很苦恼，人力资源部门提倡绩效考核没有错，不应该打击他们的积极性，可是销售部经理所言也很有道理，市场更不能乱。

如果你是王老板，你会怎么做？

（一）绩效考核主体的选择

1. 绩效管理主体的内涵与选择原则

绩效考核主体指的是对被评价者做出评价的人。准确地选择考核主体既可以有效地使用考核工具，收集考核信息，又可以减少绩效考核中出现问题，降低绩效考核成本，提高绩效考核的可行性。在具体绩效考核主体选择的过程中，与考核内容之间的匹配是一项重要原则。具体来说选择绩效考核主体有以下三项基本原则：

（1）绩效考核主体对评价对象及其所在的评价职位应该有所接触，所评价的内容必须依据其可以掌握的情况。如果要求考核者对其不能感知到或观察到的情况做出评价，那么这种评价肯定是不准确的，必将对绩效考核的准确性和公正性产生不良影响。

（2）绩效考核主体必须对所评价的工作内容有一定的理解。绩效考核主体不但应该了解其所评价的对象，而且对于该职位的工作内容也应当有一定的了解。如果考核者缺乏对其职位的全面了解，就很可能做出以偏概全的判断。

（3）绩效考核主体的选择应当有助于实现一定的管理目的。以战略为核心的绩效管理通过设定指标来引导员工关注企业战略强调的方面，引导员工表现出的组织期望的行为，在此过程中，员工的直接上级是绩效管理的实施者，他对组织绩效管理负有不可推卸的责任，因此员工的直接上司往往是最重要的评价主体。

2. 常见的绩效考核主体

绩效考核的参与者是多方面的，作为组织中一员，员工在组织中与各方面的人员都可能发生业务来往，因此这些人都有可能成为员工的绩效考核主体，目前组织中常见的绩效考核主体有以下几种：

（1）上级考核

目前大多数企业都有被考核者的直接上级承担考核任务，这主要是因为上级最熟悉员工工作以及他们的工作状况和工作结果，同时考核本身也是上级人员的一项管理工具，他们可以利用考核直接或间接对员工的行为进行考核，如果上级没有权力去考核下属，他们的权威可能会受到很大的影响。

当然上级考核也存在着一些缺陷，首先，直接上级可能会强调员工业绩的某一方面，而忽视其他方面，使得考核结果以偏概全；第二，在考核过程中上级可能会过多地考虑员工绩效以外的因素（例如其所在部门的平衡关系、员工与自己之间的人际关系）来对员工进行考核，尤其是针对那些未来对员工加薪和提升决策的重要考核。

（2）同事评估

目前也有部分组织采用由被考核者的同事考核的方式来代替上级考核。因为被考核者的同事可以从不同的角度反映被考核者的工作绩效，多数员工在组织中与自己的同事接触更多，因此同事比任何人对彼此的业绩更为了解，因而能更准确地做出评价。另外一个方面由同事来进行考核，对员工是一个有力的促进因素，尤其是对改善日常工作方式以及人际关系方面。

但是同事考核也存在一些很明显的问题，首先员工利益冲突有可能影响到评价的真实性，尤其是涉及未来加薪与晋升等考核，同事可能会考虑到自己的未来而影响到考核结果；其次同事考核的信度会受到双方人际关系的影响，甚至会影响到未来的合作。

（3）自我考核

在目标管理思想的影响下，一些组织也开始使用由员工自我考核来确定其真实绩效。因为员工被认为处于评价自己业绩的最佳位置，它既避免了由于光环效益而产生的误差，而且在评价的同时还能够从自身寻找真正的原因，从而采取更为恰当的方式来实施改进。而且大多数人能够更加坦然地接受对自己的批评意见，自我约束的效果往往比外部约束效果要强，员工也会变得更加积极主动。

但是员工自我考核结果往往要比由其他人进行考核结果要好，遇到问题时也往往会从外界环境来寻找归因，从而忽视了自身根本原因。另外当自我考核结果与上级考核结果出现分歧时，尤其是这种考核结果用于人事决策时，很容易激发上级与员工之间的矛盾。

（4）下属考核

很多组织在对管理人员进行考核时，会充分考虑其下属的意见，采用下属考核的形式。因为下属处于一个较为有利的位置来观察他们的领导的管理效果，下属考核有助于管理者改善自己的工作风格，更深入地认识到组织中的认识问题。这种自下向上的反馈方式对于提高组织管理水平有着突出的作用。

但是下属考核也存在着明显的问题：首先，下属考核赋予下属超越其上级的权力，可能导致管理者过多地关注其下属的满意度而非工作效率，管理工作不好开展；其次，虽然所有的组织在采用这种方式都选择了不署名的形式，但对于某些规模小的部门来说类似于形同虚设，下属有可能因为担心遭到报复而舞弊；最后，管理者某些工作其下属不一定能够准确观察得到，例如计划与组织、元素按、分析创造等方面，而这些恰恰是管理者日常工作中最重要的部分。

（5）客户考核

客户的评价对从事服务业、销售业的人员特别重要。因为唯有客户最清楚员工在客户服务关系、行销技巧等方面的表现与态度如何。所以，在类似的相关行业中，在绩效评估的制度上不妨将客户的评价列入评估系统之中。事实上，目前国内一些服务业（例如：金融业、餐饮业等）就常常使用这种绩效评估方式（如评选最佳服务人员）。因为服务人员的服务品质、服务态度唯有顾客最清楚。据我们所知，国内很多知名公司的客户服务部门，就会定期以抽样的方式，请顾客评估该公司客户服务人员的服务成绩。目前这种客户考核已经成为实现组织市场营销和人力资源活动和政策整合的服务工具。

3. 360 度绩效考核（反馈）

以上各种考核主体都各有各自的优缺点，但是无论采取哪一个考核主体，都很难避免信息收集的单一性，无法对被考核者做出一个全面的考核。许多组织已经将各种考核主体所得到的信息综合运用，产生了 360 度绩效考核。

所谓的 360 度绩效考核法，又称“360 度反馈”或“全方位考核法”，最早由被誉为“美国力量象征”的典范企业英特尔首先提出并加以实施的。360 度绩效反馈是指由员工自己、上司、直接部属、同仁同事甚至顾客等全方位的各个角度来了解个人的绩效：沟通技巧、人际关系、领导能力、行政能力……通过这种理想的绩效评估，被评估者不仅可以从自己、上司、部属、同事甚至顾客处获得多种角度的反馈，也可从这些不同的反馈清楚地知道自己的不足、长处与发展需求，使以后的职业发展更为顺畅。这种方式的绩效信息来源见图 8－2：

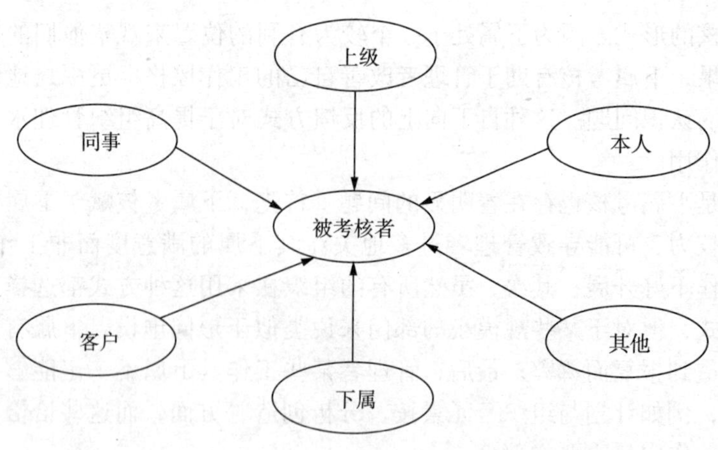

图 8-2　360 度考核

从上图可以看出，360 度绩效考核为了给被考核者一个最正确的绩效考核结果而尽可能地结合所有方面的信息，这些包括上级、同事、自己、下级、客户与供应商等。这种方式改变了原有单一考核主体的方式，多方面地获取相关考核信息，从而获得更全面有效的考核结果，减少考核误差；同时为员工提供了更多的反馈信息，激发他们更深入地了解自己，从而全方位地提高自身的素质和能力，在今后工作中的得以提升。

但是这种方法也存在着很多问题，首先因为整个考核牵涉到的人力资源和其他资源比较多，而且周期也较长，时间成本和工作损失也必然存在，所以总体显性和隐性的成本总和是比较高的；同时，由于不同主体对被考核者关注点不同，必然涉及为各个不同考核主体设计不同的考核指标体系，这部分工作过于复杂，绝大多数组织都没有采用，这使得 360 度绩效考核中大多数侧重于综合性考核，定性成分高，定量成分较低，考核信度不高。这些问题使得 360 度绩效考核在现实运用过程很难将其结果使用到人事决策上，大多数用于对员工信息反馈，从而达到开发的目的，因此 360 度绩效考核又叫 360 度绩效反馈。

思考题

去年 10 月由于操作失误，小王给企业带来了很大的损失，被企业通报批评，小王也确实认识到自己的错误。可是后来去年考核时他的上级不知道为什么没有考虑到这件事情，给小王的考核结果比较好。现在又到了一年一度的考核时间了，小王本年度工作积极，表现非常好，但是他却很担心这次考核，上级会不会把那件事情考虑进去，给他一个不好的考核结果？你认为小王需要担心吗？为什么？

（二）绩效考核周期的选择

绩效考核周期即多长时间考核一次。考核周期从时间上确定了考核范围：即哪段时期是考核范围，而哪段时期不在考核范围呢？考核周期对于组织绩效考核实施的效果有着很大的影响。如果周期过长，评价结果可能会存在着“近因效应”，无法及时反馈，不利于员工绩效改进，使人产生绩效考核“作用不大、可有可无”的误解；如果考核周期过短，一方面造成绩效考核工作量过大，耗用过多的资源，另一方面有些工作的绩效甚至都没有得以完全体现，从而影响到考核结果的准确性。常见的考核周期有月、季度、半年度和年度。目前大多数组织采用的是以会计核算年度（即一年）来作为组织的考核周期，尽管这样做有一定的合理性，但并不是所有人员都适用。事实上绩效考核周期与评价指标、组织所在行业特征、职务职能类型、绩效管理实施程度等因素有关：

1. 考核指标与考核周期

一般来说，对于那些工作数量、质量、效率和成本费用等短期化定量指标，评价周期应当适当放短，从而帮助员工及时了解自身工作成效，及时调节自身行为；而对行为、能力的考核则需要较长时间的观察，其差异和结果才能最终体现，应该评价周期应该适当放长；对于某些工作态度方面的考核，则可以采用定期考核加上不定时抽查的形式。

2. 组织所在行业特征与考核周期

不同行业的生产周期不同，它直接导致组织以及员工绩效随之呈现出周期性变化。一般来说，生产和销售普通最终消费品的组织业务周期较短，一般可采用月作为考核周期，部分业务周期特别短的组织甚至可以采用天作为周期；而其他业务周期较长的组织，例如大型设备生产、大型基建项目建设商，甚至可以突破年度限制采用更长的周期进行考核。

3. 职务职能类型与考核周期

组织中不同职能应该采用不同考核周期：市场、销售、生产和服务等带有业务性质的岗位应该根据岗位尽量缩短考核周期；管理职务由于其工作特殊性，往往可延长其考核周期；行政职能人员的考核则以行为监督为主，周期性考核应该与平时抽查结合起来；研发人员的考核比较特殊，往往可采用项目周期考核加上定期检查结合起来，便于检查工作进度、提高研发工作效率与效果。另外组织不同等级的职务考核周期也应有所区别，一般来说随着层级的提高，考核周期应该适当延长。

4. 绩效管理实施程度与考核周期

绩效管理的实施往往需要一个循序渐进的过程，为保证其管理目的的实现，不同实施阶段应该采用不同的考核周期。刚实施绩效管理时考核周期可适当缩短，从而有助于尽快发现问题，及时修正。随着绩效管理实施时间的推进，绩效管理系统日益完善，考核周期可以适当延长，一方面保持系统稳定，一方面降低考核成本。

思考题

相传尧禅让舜之前，还对其进行了考核。你认为尧会从哪些方面考核舜？

（三）绩效考核内容设计

绩效考核考什么？这涉及绩效考核内容的问题。绩效考核内容往往在绩效计划阶段就已经确立并广而告之，从而保证在整个绩效管理阶段中，员工能够根据绩效考核内容来确定自己努力的方向，管理者则根据绩效考核内容在整个绩效实施阶段确定自己应该收集绩效信息的范围。

1. 常见的绩效考核内容

现代组织在进行绩效考核内容设计时，基本上是依据绩效的综合观，从以下四个方面来确定绩效考核内容：

（1）工作业绩考核

工作业绩即员工职务行为的直接结果。对一个组织来说，工作业绩是员工对组织最突出的贡献，因此对员工的业绩进行考核，有利于掌握员工的价值以及对组织贡献的大小，从而促进员工做出有利于组织目标的行为；而对于员工来说，由于业绩被认为具有客观可比性，对自己的业绩进行考核更易得到一个公平公正的考核，从而真正表现出自己对组织的贡献。

业绩考核即是对员工承担岗位工作的成果或者履行职务的结果所进行的考核，通常我们可以从数量、质量和效率三个方面来员工的工作业绩来进行考核。业绩考核主要是结果考核，它说明了各级员工在该周期内的工作完成情况，但是也可以通过业绩考核指导员工有计划地改进工作，以达到组织发展的要求。值得指出的是，一个人对组织贡献的大小不仅仅取决于所承担的任务完成的状况，还取决于其承担的工作任务本身。某些工作任务本身就是“无足轻重”，那么干得再出色，对组织贡献也有限。因此在进行业绩考核时，一定要把对工作本身的考核和对工作者的工作情况考核进行严格的区分，以避免影响考核结果的准确性。

（2）工作能力考核

绩效管理的目的是为了实现组织更长远的发展目标。但是单纯进行业绩考核不利于对员工行为进行长期有效地引导，因此绩效考核还应该对员工的工作能力进行考核。对于组织来说，对组织绩效的追求不仅仅限于目前，还期盼着能够获得未来的绩效，希望能够将有能力的人提升到更高一级或更重要的岗位上去，以调动全员工作积极性。相对于工作业绩考核来说，工作能力考核具有一定的难度。因为业绩是外在的、可以把握的，而能力却是内在、难以衡量和比较的。但是“能力”也是客观存在的现象，可以感知和察觉，这也就为组织利用一系列的手段去把握能力的存在以及其在不同员工之间的差异提供了基础。

能力包括的范围很广，它主要包括四个方面：一是常识、专业知识和相关的专业知识；二是技能、技术或技巧；三是工作经验；四是体力。而组织绩效管理中的能力考核不同于一般的能力测量，它主要考核的是员工在岗位工作过程中显示和发挥出来的能力，一般来说它是根据工作说明书规定的岗位要求，对应于员工所担任的工作来确定具体考核内容的。例如营销人员的推销技巧和人际交往能力、管理者的计划能力与协调能力、生产人员的相关技术能力等等。

（3）潜力考核

潜力即潜在能力，它是相对于在职务工作中发挥出来的能力而言的，指的是员工那些虽然具有但是并没有在工作中发挥出来的能力。一般来说，一个人在工作中能否将能力充分发挥出来，除了受到自身主观因素的影响以外，还受到环境的客观因素，例如是否获得相对应的工作机会，组织是否提供了科学的能力开发计划等等。因此将潜力列入考核内容中，有助于发现员工是否在现任工作中存在着没有机会发挥出来的潜力，从而为组织的工作轮换、升迁等各种人事决策提供依据。

潜力考核中组织可以综合引用各种专业的测量手段来进行。目前各国学者已经开发出各种各样的量表，也有很多咨询机构提供此类服务。但从组织日常进行的绩效考核手段来说，可以通过能力考核的结果、相关工作年限以及有关的各种证书这三类信息来进行员工潜力考核，大多数组织通过能力考核来对组织员工潜力进行推断是非常常见的做法，但相对于一般的能力考核来说，潜力考核往往要长于日常的绩效考核周期。

（4）工作态度考核

工作态度是对工作所持有的评价与行为倾向，包括工作的认真度、责任度、努力程度等。它作为工作的内在心理动力，影响对工作的知觉与判断、促进学习、提高工作的忍耐力等。在现实中经常可以看到那些工作能力虽然不强，但是兢兢业业，干得很不错的员工，实际上工作态度是工作能力向工作绩效转换的重要干涉变量。而且工作态度不仅仅对态度主体的工作业绩有很大的影响，还会影响组织其他成员工作能力的发挥和工作业绩的实施，也会通过影响组织的效率、风气而最终影响到组织的整体绩效。

工作态度考核主要考核员工在工作中的认真度、责任度、工作的努力程度、是否有干劲、有热情，是否忠于职守，是否服从命令等等。由于这些因素较为抽象，因此考核者一般会通过整个绩效周期对员工的观察后进行主观性评价。因此对工作态度的考核往往采用过程考核的形式，而工作能力考核则既可以是过程考核，也可以是结果考核。

在具体考核过程中，组织可以根据自身需要直接根据员工在整个周期的表现给予一个综合评价，也可以对每项内容进行细分，给予一个考核结果再汇总。目前多数组织都侧重于后者，即设计相关的绩效考核指标来对这些绩效考核内容进行反映，进行绩效考核。考虑到绩效内容的复杂性和综合性，组织中任何具体岗位的绩效考核都需要构建层次分明、结构突出的绩效考核指标体系来进行评价。所谓绩效考核指标体系即一组既相互独立又相互关联，能够充分完整地表达绩效考核目的和绩效考核对象运行目标的绩效指标。在这个指标体系中，每类考核内容包括不同的考核维度，每个维度包括若干个具体考核指标，每个考核指标又包括自己的名称、定义、评价标准和权重。表8－2就是某组织中中层管理人员的绩效考核指标体系的例子：

表8－2　某组织中中层管理考核指标体系

评价尺度及分数：优秀（10分），良好（8分），一般（6分），较差（4分），极差（2分）					
考核要素	权重	考核指标	指标定义	权重	得分
工作业绩	40%	工作达成度	与年度目标或期望值相比较，工作达成与目标或标准之差距	3%	
		工作品质	仅考虑工作的品质，与期望值相比较，工作过程、工作结果的符合程度（准确性、反复率等）	20%	
		工作速度	仅考虑工作的速度，完成工作的迅速性、时效性、有无浪费时间或拖拉现象	20%	
		工作量	仅考虑工作完成的量，职责内工作、上级交办的工作及自主性工作完成的总量	30%	
工作能力	30%	计划性	工作事前激化程度，对工作（内容、时间、数量、程序）安排分配的合理性、有效性	15%	
		协调沟通	与各方面关系协调，化解矛盾、说服他人、以及人际交往能力	15%	
		应变力	应对变化，采取措施或行动的主动性，有效性及工作中对上级的依赖程度	15%	

（续表）

评价尺度及分数：优秀（10分，良好（8分），一般（6分），较差（4分），极差（2分）					
考核要素	权重	考核指标	指标定义	权重	得分
工作能力	30%	领导控制力	对部门下属激励、指导、培训情况，对本部门的管理控制情况	15%	
		周全缜密	工作认真细致及深入程度，考虑问题的全面性、遗漏率	10%	
		人才培养	以对人才的重视程度及对储备人才的培养情况	15%	
		职业技能	对担负职务相关知识掌握、运用、工作熟练程度	15%	
工作态度	30%	协作性	人际关系、团队精神及与他人工作配合情况	20%	
		以身作则	表率作用如何、严格要求自己与否、遵守制度纪律情况	20%	
		工作态度	工作自觉性、积极性；对工作的投入程度，进取精神，勤奋程度，责任心等	20%	
		执行力	对上级指示、决议、计划的执行程度及执行中对下级检查跟进程度	20%	
		品德言行	能否做到廉洁、诚信，是否具有职业道德	20%	
评价分数：			评价等级：		

2. 绩效考核内容设计的基本原则

组织在设计绩效考核内容时，需要将以上四个方面综合考虑：不仅要考虑这四个方面的相对重要性，还需要从每一个方面来思考具体应该包括的内容。组织在确定这些方面的具体内容往往需要从组织战略目标和岗位职责两方面综合考虑确定，例如当组织制定低成本战略时，组织营销人员的业绩考核可能会增加“销售费用节约率”，而组织制定差异化战略时，营销人员的业绩考核可能会增加“销售产品品种数”。只有这样，才能制定出具有引导作用的绩效考核内容，从而引导员工做出有利于组织目标的行为。

除此之外，组织在确定绩效考核内容时还需要遵循以下几个基本原则：

（1）针对性原则。针对性主要是指组织在确定具体绩效考核内容时，除了考虑组织目标以外，还需要考虑组织绩效考核的目标，应该根据组织绩效考核的目标来确定相关考核内容以及相对重要性：当组织绩效考核目标是为了发放薪酬时，业绩考核则占有较大比重；而当绩效考核是为了制定晋升等决策时，能力考核则占有较大比重；当绩效考核是为了改善员工工作行为，提高组织管理规范性，态度考核则占有较大比重；如果绩效考核是为了制定员工职业发展计划，可提高潜力考核的比重。

（2）有效性原则。组织进行绩效考核时，实际上存在着两个转换过程：假设绩效考核内容完整、正确地描述了绩效，从而实现了员工绩效向绩效考核内容的转化；假设选择的绩效考核指标完整、正确地代表了绩效考核内容，从而实现了绩效考核内容向绩效考核指标体系的转变。因此在绩效考核内容的设计过程中，尤其是在以上两个转化过程中保证其有效性，组织绩效考核才有了实施基础。

（3）可靠性原则。绩效考核内容是绩效考核者对被考核者的绩效进行考核的关键因素，因此绩效考核内容必须具有可靠性，即考核者对于其内涵的理解具有稳定性，而被考核者在这些方面的表现具有稳定性，考核者根据这些内容收集的信息具有稳定性，只有保证了这些稳定性，才能够保证考核结果真实地反映了被考核者的绩效。

（4）全面性与重要性相结合。员工的绩效具有多维性，往往需要从多个方面对其进行界定，而绩效考核内容只有完整地描述了员工绩效才能够给予员工一个公平的绩效考核。但是在不同的考核背景下，这些内容具有不同的重要性，而且组织进行绩效考核也必须考虑到活动的经济性，片面地强调考核内容的全面性而忽视重要性也是不切实际且不正确的。因此组织在设计绩效考核内容时，既要保证内容的全面性，又要对内容的重要性进行一定的抉择，从而保证全面性和重要性的有机结合，才能真正实现组织绩效考核目的。

三、考核者误差及其防范

（一）常见的考核者误差

对于被考核者来说，其薪水增加与否、提升与否等无不与绩效考核结果相关，因此他们都希望能够获得一种相对“公平”的考核结果。但在现实中这种公平的绩效考核很难能够达到，无论采用何种考核方式，总会对员工产生相对的不公平，都将存在着或多或少的误差，下面就常见的误差类型进行分析：

1. 晕轮误差

美国心理学家爱德华·桑戴克根据心理实验的结果发现，评定者在对一个人进行评价时往往从局部出发，然后扩散而得出整体现象，从而使评价结果常常都是以偏概全的，这种现象被称为晕轮效应，是一种以偏概全的心理评测。例如某位主管人员对下属的某一绩效要素（如口头表达能力）的考核较高，导致其对此员工其他所有绩效要素评价都高。

2. 逻辑误差

逻辑误差是考核者在对某些有逻辑关系的考核要素进行考核时，使用简单推理而造成的误差。例如，很多人认为“社交能力和谈判能力之间有很密切的逻辑关系”，在进行绩效考核时往往会依据“既然社交能力强，谈判能力也当然强”而对员工做出简单的评价。

3. 宽大化倾向、严厉化倾向、中心化倾向

考核者在进行绩效考核的时候，对考核者进行主观性评价时，很容易不自觉地出现几种不良倾向：过分宽容、过分严厉或过分集中。有的考核者风行“和事佬”原则，对被考核者给出不应有的过高的考核评价，这导致考核者对考核对象做出的考核往往会高于其实际成绩。反之，有些考核者在考核时所采用的标准要比公司制定的标准更为苛刻，导致其考核结果往往低于实际业绩。同时也有一部分考核者对一组考核对象做出的评价结果相差不多，多数集中在考核尺度的中心位置，导致考核成绩拉不开差距，无法对员工的真实绩效进行区分。

4. 近因误差与首因误差

近因误差又称近期行为偏见，是指考核者只凭员工近期（绩效评价考核期间的最后阶段）行为表现进行评价，这意味着员工在绩效考核期间最后绩效表现的好坏决定了他们整个考核期间绩效的好坏。与之对应，首因误差又称第一印象误差，是指员工在绩效考核初期的绩效表现对考核者考核其以后的绩效表现产生延续性影响，这意味着员工在绩效考核期间初期表现决定了其整个考核期间的好坏。

5. 对照效应

对照误差是指把某一被考核者与其前一位被考核者进行对照，从而根据考核这的印象和偏爱做出与被考核者实际工作情况有偏差的结论。例如，如果考核者接待的前一位被考核者，在考核者看来各方面表现都很出色，那么在对比之下，就可能会给后一位被考核者带来不利影响。心理学家认为，对照效应在评价中是一种很广泛存在的心理现象。对员工进行评价是，由于涉及员工的自身利益，所以必须尽量避免这种心理现象。

6. 溢出误差

溢出误差是指因被考核者在考核周期之间的绩效表现而影响本次绩效考核等级。例如某生产线上员工在前一个绩效考核周期出现了生产事故，影响了上一期的绩效考核结果，但是本考核周期他并没有犯过类似错误，

但考核者可能由于对上一周期的事故印象特别深刻，从而给该周期一个较低的绩效考核等级。

7. 个人偏见

个人偏见是指考核者在进行各种考核时，可能在员工的个人特征，如种族、民族、性别、年龄、性格、爱好等方面存在偏见或者偏爱与自己行为或人格相近的人，以至于被考核者的实际绩效与评估出来的绩效存在很大的差异，造成人为的不公平。在绩效考核实践中，个人偏见有很多种表现，例如考核者往往对和自己具有相似特征和专长的被考核者给予较高评价的类似效应，或考核者对某些特殊群体的群体偏见等等。

（二）考核者误差的防范

以上的绩效考核误差除了受到考核者行为的影响以外，还受到绩效考核体系设计、绩效考核实施过程等方面的影响。目前我们在研究考核误差的时候有一个重要的假设前提：绩效考核系统本身是科学的。在此基础上，虽然这些误差难以避免，但是如果考核者在实际工作中有意识地加以防范，就可以使其对绩效考核的结果影响减少到最低程度。

组织主要通过对考核者进行培训来达到减低绩效考核误差。通过对考核者进行培训可以达到以下目的：

第一，帮助考核者充分认识到各种绩效考核误差的存在，从而使他们有意识地避免这些误差的产生。

第二，帮助考核者正确认识绩效考核目的。宽大化倾向和严格化倾向产生的主要原因是由于考核者不希望在本部门产生种种矛盾和摩擦，或影响本部门的利益。只有考核者正确认识到绩效考核的目的才能够避免这种情况的发生。

第三，提高考核者对绩效考核的信心。宽大化倾向和中心化倾向产生的主要原因往往是因为考核者对被考核者缺乏理解或者对绩效考核系统本身缺乏信心，导致其倾向于做出宽大化或者中心化的考核。可通过培训使他们了解考核系统的科学性和重要性，在一定程度上避免这些问题的产生。

第四，帮助考核者学会如何收集资料。首因误差、近因误差主要是由于考核的实施不充分或不准确造成的，通过培训让考核者学会科学地收集考核中所使用的事实依据，有助于减少这类误差的产生。

第五，端正考核者的工作态度。考核者在绩效考核中态度不端正是产生个人偏见等误差的重要原因。组织可以通过培训，让考核者了解绩效考核不是其额外工作，本身就应该是其日常工作的组成部分，绩效考核工作做得如何是判断其工作效果的重要指标。因此考核者应该从组织发展大局出发，进行公正考核。

以上这些仅仅提供了从考核者的角度来降低考核误差的一些思路，具体问题还应结合具体情况分析，人力资源部门应该通过各种手段了解被考核者对于考核结果的看法，及时找到考核中存在的各种问题，并有的放矢地逐一解决问题。

第四节　绩效管理方法体系

一、绩效管理方法体系

从绩效管理基本内涵来看，在现代人力资源管理实践中属于绩效管理方法体系主要有以下两大类：绩效管理方法和绩效考核方法。在很多人力资源管理和绩效管理的教科书中，经常将这两种方法在一个层面，笼统地放在一起介绍。从方法和技术的大范畴上来看，这样也未尝不同，但是两者之间还是存在着实际差别的。因此在把握两者区别和联系的前提下介绍这两类方法是非常有必要的。

首先，绩效管理方法作为组织绩效管理的战略手段，它能够直接管理组织的战略目标，从而保证管理者和员工之间达成关于目标、标准和所需要能力的协议，在双方相互理解的基础上使组织、群体和个人取得良好工作结果。它的使用表现出很强的整合作用，使人力资源管理和组织战略管理实现相互配合。而绩效考核方法则主要作为人力资源管理的一项重要的技术存在，它通过对员工工作绩效的评定和估价从而形成员工绩效信息。这些信息是人力资源管理者做出其他人力资源管理决策（例如培训、薪酬等）的重要参考信息。

其次，绩效管理方法主要是从如何承接组织战略入手，设计从组织到部门和个人的绩效考核内容以及绩效考核指标，其使用的结果表现出各级部门以及各个岗位在未来绩效考核中需要考核的主要内容以及相关指标体系。而绩效考核的方法则是从员工个人绩效考核方面入手，根据前期确定的绩效考核内容以及相关指标体系得出员工绩效考核结果，其使用的结果表现出组织中各位员工在一段时间内的客观绩效表现的主观评价结果。

最后，虽然这两类方法有着很明显的区别，但是值得指出的是在绩效管理实践中，绩效管理方法的实施是离不开具体考核方法的支撑，而绩效考核方法也离不开绩效管理方法使用过程中分解出来的绩效考核内容体系，同时在绩效管理方法使用的过程中也创造积累了许多新的绩效考核方法。两者之间必须有机地结合起来，才能够有效实现绩效管理目的。

二、常见的绩效管理与绩效考核方法

（一）常见的绩效管理方法

现代绩效管理实践中，常见的绩效管理方法有目标管理、标杆管理、关键绩效指标和平衡计分卡四种。值得指出的是虽然这四种方法产生有早晚，本身也有各自的优缺点，但并不存在优劣，其使用具体要看和组织战略的匹配程度。在现代管理实践中，各种方法都有着广泛的运用基础，形成了一套固定的模式、规范的流程、完整的表格，同时也被称为“绩效管理工具”，它们在现代管理中日益呈现出一种综合运用的趋势。下面主要介绍现代企业中运用较多的三种：

1. 目标管理法

目标管理（MBO）是1954年由美国著名的管理学家彼得·德鲁克在《管理的实践》一书中提出的。德鲁克认为，并不是有了工作才有目标，而是有了目标之后才能根据目标来确定每个人的工作。因此企业的目的和任务都必须转化为目标，而企业目标只有通过分解成更小的目标才能够实现。随着目标管理在现代企业中的广泛运用，其具体形式表现出多种多样，但是其基本内容是一致的，所谓目标管理就是一种程序或过程，它使组织中的上下级一起协商，根据组织的使命确定一定时间内的总目标，由此决定上下级的责任或分目标，并把这些目标作为组织经营、评估和奖励的标准。而就目标，人们也取得了普遍一致的看法：目的和目标应该具体；应该根据可衡量的标准来定义目标；应当将个体目标与组织目标相联系。

目标管理的实施主要包括以下四个步骤：

（1）计划目标

这一过程主要通过目标分解来实现的，主要通过管理者及其下属共同制订目标，从而帮助员工明确：如何才能够为部门目标的实现作出贡献，以及为达到这一目标所应该采用的方式、方法及所需要的资源以及时间框架。

（2）实施目标

为了保证计划按照预想的步骤进行，掌握计划进度，及时发现问题。

如果成果不及预期，应及时采取适当的纠正行动。如有必要，还可对计划进行修改。同时通过监控，还能够帮助其下属去适应期无法控制的客观环境。

（3）评价目标

即将实际达到的目标与预先设定的目标相比较。这样做的目的是使评估者能够找到未能达到的目标，或者实际达到的目标远远超出预先设定目标的原因，有助于管理者做出合理的决策。

（4）反馈

即管理者和员工一起回顾整个周期，对预期目标的达成和速度进行讨论，从而思考制订新的目标以及为达到新的目标而可能采取的新的战略做好准备。凡是已经成功实现目标的下属，都可以而且愿意参与下一次目标的设置过程。

目标管理法是目前绩效管理中运用最广的方法之一，原因在于这种做法与人们的价值观和处事方法比较一致，而且它能够更好地把个人目标和组织目标有机结合起来，减少工作中的盲目性，和绩效管理的根本思想如出一辙。与传统的管理方式比较，目标管理重视人的因素，强调“目标管理和自我控制”，通过让下属参与，由上级和下属经过协商共同确定绩效目标，来激发员工的工作兴趣和价值，在工作中实现自我控制，满足其自我实现的需要。同时目标管理通过专门的过程，使组织各级主管及成员都明确了组织目标、组织结构体系、组织分工与合作及各自的任务，自此基础上还能帮助组织对自己的体系正确认识。此外目标管理以目标制订为起点，以目标完成情况的评价为终点，工作结果是评价工作绩效最主要的依据，因此在实施目标管理的过程中，监督的成分较少，但控制目标实现的能力却很强。

但是，目标管理也存在着问题：首先目标管理假定员工愿意接受有挑战性的目标，凭着人们对成就感、能力与自治的需求，允许他们设定各自目标和绩效标准，忽视了组织中本位主义和员工的惰性，对人性的假设过于乐观，使目标管理的效果在实施的过程中大打折扣。同时目标商定需要上下沟通，统一思想，也要耗费大量的时间和成本。另外，目标管理强调量化目标和产出，而现实中企业内部很多目标都是无法量化，这导致目标及绩效标准也难以确定。最后目标管理使得员工在设立目标时，倾向于选择短期目标，即可以保证考核周期内加以衡量的目标，从而导致企业内部员工为了达到短期目标而牺牲长期利益。

2. 关键绩效指标法

进入 20 世纪 80 年代，随着管理实践的发展，管理学界开始关注将绩效管理与企业战略相结合，强调将工作行为和目标达成并重。在这种背景下，关键绩效指标（key performance indicators，KPI）就应运而生。所谓关键绩效指标是指衡量组织战略实施效果的关键指标，它是企业战略目标通过层层分解产生的可操作性的指标体系。其内涵包括以下几个方面：

（1）关键绩效指标是衡量企业战略实施效果的关键指标。这包括两方面的含义：一方面关键绩效指标是战略导向的，它由组织战略目标层层分解产生；另一方面关键绩效指标强调关键，即对组织成功具有重要影响的方面。

（2）关键绩效指标体现的是组织战略目标有增值作用的绩效指标。基于关键绩效进行绩效考核，是连接个人绩效与企业战略目标的桥梁，它可以保证真正对组织有贡献的行为受到鼓励，从而有利于组织业绩的提高。

（3）关键绩效指标反映的是最能有效创造的关键驱动因素。关键绩效指标制定的主要目的是明确引导经营管理者将精力集中在能对绩效产生最大驱动力的经营行为，及时了解、判断组织运行过程中产生的问题，及时才是提高绩效水平的改进措施。

（4）关键绩效指标是用于评价和管理员工绩效的可量化或可行为化的标准体系。关键绩效指标是对工作绩效和工作行为最直接的衡量方式，因此它必须是可量化或可行为化的。

关键绩效指标强调了对企业业绩起关键作用的指标，而不是和企业经营管理相关的所有指标，它实际上提供了一种基本的管理思路：作为绩效管理者，应该抓住关键绩效指标进行管理，通过关键绩效指标将员工的行为引向组织的目标方向。值得注意的是，关键绩效指标法的重点并不仅仅在于设计出关键绩效指标，而是通过关键绩效指标的设计，落实企业的战略目标和业务重点，传递企业价值导向，有效激励员工，促进企业和员工绩效的改进和提升。

关键绩效指标通过对企业战略目标的层层分解，体现了对战略目标的增值作用。关键绩效指标体系作为一种系统化的指标体系，包括三个层面的指标：一是企业级的关键绩效指标，是对企业关键绩效成功领域和关键绩效要素分析得来；二是部门级关键绩效，是根据企业级关键绩效指标进行承接和分解而得出的；三是个人关键绩效指标，是根据部门级关键绩效指标确定的。关键绩效指标法在确定这三级关键绩效指标的同时，不仅完成了从组织战略目标到个人目标的分解，也完成从组织关键绩效指标体系到个人关键绩效指标的分解。

利用关键绩效指标确定绩效考核指标有利于将组织利益和个人利益

达成一致，这种系统性的指标分解使得组织战略目标成了个人绩效目标，员工个人在实现个人绩效目标的同时，也是实现公司总体战略目标，达到两者和谐，使得公司和员工共赢。同时考虑到关键绩效指标是组织战略目标的层层分解，通过KPI指标的整合和控制，使员工绩效行为与组织目标要求的行为相吻合，不至于出现偏差，有力地保证了组织战略目标的实现。

但是关键绩效指标法中的关键绩效指标偏向于客观和可量化的指标，而组织中有许多指标不可量化，部分行为性指标也可以衡量组织绩效。

3. 平衡计分卡

平衡计分卡（balanced score card，BSC）是由哈佛商学院的教授罗伯特·S·卡普兰和复兴全球战略集团的创始人兼总裁戴维·P·诺顿在《平衡计分卡：良好绩效评价体系》一文中提出的一种新的绩效评价体系。平衡计分卡的核心思想是通过财务、客户、内部流程、学习与成长四个方面的指标相互驱动的因果关系，实现从绩效考核到绩效改进以及从战略实施到战略修正的目的。它通过在组织的财务结果和战略目标之间建立联系来支持业务目标的实现，将组织战略置于被关注的中心，通过建立平衡计分卡，上层管理的远景目标被分解成为一些考核指标。

平衡计分卡在传统的财务考核指标的基础上兼顾了其他三个重要方面的绩效反映，即客户角度、内部流程角度、学习与发展角度。通过平衡计分卡，组织中各层管理人员可以从以下四个方面来观察组织：

（1）财务角度

作为市场主体，企业必须以盈利作为生存和发展的基础。企业在各方面的改善只是实现目标的手段，而不是目标本身。企业所有的改善都应该归结到财务目标的达成，因此平衡计分卡将财务目标作为所有目标考核的焦点，即利润最大化。

（2）客户角度

企业为了获得长远的财务业绩，就必须创造出让客户满意的产品和服务。在这个方面，企业应该确定特殊的细分客户，即为企业带来收入增长和盈利的目标客户以及其需要产品/服务特征、关系和形象的组合。企业可以通过确定目标和指标来反映客户的价值主张。

（3）内部流程角度

内部流程主要用于描述如何保障企业财务目标和客户目标的实现，它主要包括两个重要战略要素：为客户创造和传递价值主张，降低并改善成本以改进生产率。内部流程角度的指标多数是客户和财务结果改进的领先指标。

(4) 学习与成长角度

主要用于描述组织的无形资产及其在战略中作用。其中最关键的因素是人才、信息系统和组织程序，这些无形资产的价值主要来自于它们帮助组织实施战略的能力，不可能被个别或者独立地衡量出来。

这四个角度之间的逻辑关系如图 8－3 所示：组织的目标是为股东创造价值（财务角度），而财务收入的增长则取决于客户购买量和满意度（顾客角度），为使客户满意组织必须具备一定的技能和能力（内部流程角度），而这些技能和能力归根到底取决于公司的管理制度和人力资本（学习与发展角度）。

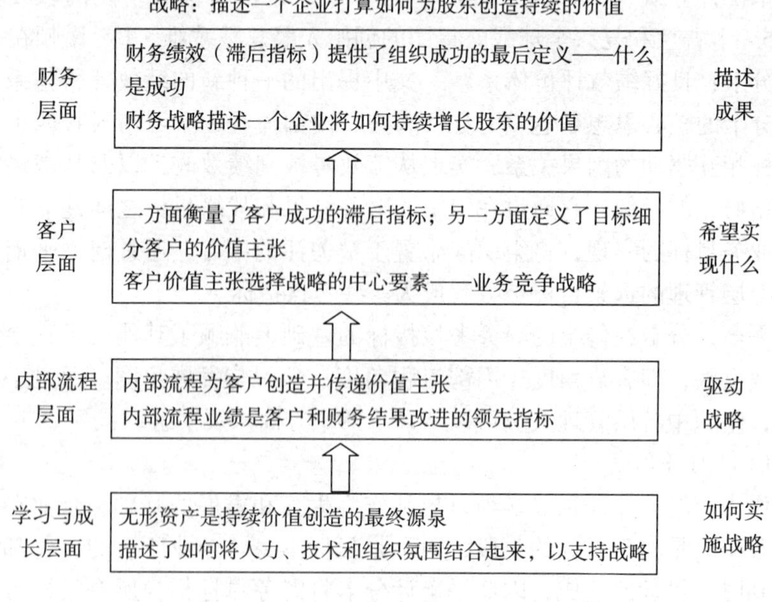

图 8－3　平衡计分卡四维度逻辑关系

平衡计分卡以组织战略和对目标市场的价值定位为出发点，把战略转化为可衡量的目标，并将目标逐层落实到下级部门直至个人，为组织绩效管理提供战略框架。同时平衡计分卡中的学习角度能够激励组织成员学习，而且明晰战略、定义目标、制订指标、并讨论目标之间的战略性关联的整个过程本身就是一个学习过程，两方面共同作用有助于组织中形成一种持久的学习氛围。

但是平衡计分卡强调从四个角度来关注组织绩效，意味着组织要实现长期卓越不仅仅关注其财务指标，还需要从更加广阔的角度来关注组织的发展，这使得组织由于关注点过于宽泛而将资源分散开来。同时尽管平衡计分卡在传统的测评指标基础上，增加了其他三个角度，但是它测评的重心和最终归属仍然是财务指标，只不过明示了财务指标实现的路径而已，从本质上来看依然属于财务驱动型的绩效管理工具，对于某些非盈利组织来说并不适用。

（二）常见的绩效考核方法

绩效考核方法，是指评定和考核员工个人工作绩效的过程和方法。绩效考核所考核的是工作中的人或事，一般包括对工作能力、工作态度和工作业绩三方面的考核。如果仅仅对业绩指标进行考核，问题就相对容易多了。但实际情况是，能力和行为考核在绩效考核中占越来越重要的地位。在考核过程中，考核者不仅要考核一些可以直接感受和把握的因素，而且要考核一些难以把握的内在因素。这样就加大了考核方法选择的难度和复杂程度，因此有必要了解各种绩效考核工具，熟悉各种方法的优缺点。只有这样，才能通过比较，在适当的系统中选择适当的工具。

在绩效管理过程中，考核方法的选择是绩效考核的重点和难点，也是绩效管理中的一个技术性很强的问题。正确地选择绩效考核方法，对于能否得到公正、客观的考核结果有着重要的意义。人力资源管理专业人员和该领域的专家学者创造一系列的绩效考核方法，这些方法各具特点。迄今为止，还没有一种方法可以堪称最优或能够满足实践中的所有要求。在管理实践中，它们往往被综合使用，以适应不同发展阶段对绩效考核的不同需要，满足绩效考核的不同方面。下面介绍一些实践中比较常见的绩效考核方法。

绩效标准是考评者通过测量或通过与被考评者约定所得到的衡量各项考评指标得分的基准，它在绩效考核指标体系的作用是为了表明绩效指标达成状态的描述，即各种指标应该达到的程度，需要设计对应的绩效考核标准。考核标准根据其按标准的属性分类，分为绝对标准和相对标准两大类。与此相对应，我们可以将绩效考核分为绝对考核和相对考核，对应的方法分别为绝对考核方法和相对考核方法。同时考虑到组织中某些活动缺乏比较的基础，往往在具体评价中不设计具体绩效标准，在具体考核过程中考核者用描述性的文字对考核对象的能力、态度、业绩、优缺点、发展的可能性、需要加以指导的事项和关键性事件作出考核，由此得到对配件对象的综合考核，称之为描述法。

在前面内容的基础上，我们可以将绩效考核方法进行分类。

1. 相对考核

（1）比较法

比较法就是对考核对象进行相互比较，从而决定其工作绩效的相对水平。对很多工作而言，绝对考核标准很难制定，这是人们就会倾向于通过对员工进行相互比较和分析，确定一个相对的考核标准，从而进行绩效考核。通俗地讲，相对考核就是将人与人比较并做出考核。由于比较法是最方便的考核方法，考核结果也一目了然，作为各类管理决策的依据时也十分方便，一次得到了广泛的运用。但是采用相对考核法得出的结果无法在不同考核群体之间进行横向的比较，而且很难找出充分的理由说明最终考核结果的合理性，因此往往很难让员工接受考核结果，也很难为奖金分配决策提供令人信服的依据。另外，相对考核法最致命的缺点在于无法找出绩效差距的原因，因而也就很难缩小绩效差距。因此，我们一般不单独使用相对考核法的考核方式，在实践中，比较法往往与后面介绍的描述法和绝对考核法结合使用。由于比较法是对考核对象进行相互比较的综合性评定，因此具有难以避免的主观性。目前常见比较法有排序法、配对比较法、人物比较法和强制分配法。

（2）排序法

排序法（ranking method）亦称排列法、排名法，这种方法有些类似于学校里使用的“学生成绩排名”，即将员工工作绩效从好到坏的顺序进行排列，从而得出考核结论的方法。常见的排序法主要有以下两种类型：直接排序法和交替排序法。

排序法是使用比较早的一种方法，这种方法有几个优点。首先，排序法的设计和应用成本都很低，设计和使用都很简单。而且，排序法能够有效地避免宽大化倾向、中心化倾向以及严格化倾向。但是同时，排序法也有许多缺点：考核过程的主观性和随意性使结果往往容易引发争议，因此得出的考核结果往往不利于各种人事以及管理方面的应用。而且，当几个人的绩效水平相近时，难以进行排列，容易发生晕轮效应。

（3）配对比较法

配对比较法（paired comparison method）亦称平行比较法、一一对比法、成对比较法，是由排序法衍生而来的，它使绩效考核变得更有效。具体的操作程序是：将每一个考核对象按照所有的考核要素与其他考核对象一一进行比较，根据比较结果排出名次；即两两比较，然后排序。这种比较方式比排序法的简单排序方式更为科学、可靠。

一般来说，这种方法在人力资源管理中经常被用于对职位的考核。这时选取几个标准，比如职位的重要性、影响程序、风险等，分别对职位进行配对比较，依次评估出不同的职位对公司的价值，并以此作为确定该职位的薪酬依据。

（4）人物比较法

人物比较法亦称标准人物比较法，是一种特殊的比较法。这种方法的考核标准与前两种比较法不同：前面两种比较法都是人与人相互比较，而这种比较法则是所有的人与某一特定的人即所谓的“标志人物”进行比较，在一定程度上能够使考核是依据更客观。人物比较法的实施方法是：在考核前，先选出一位员工，以他的各方面能力表现为标准，将其他员工与之比较，从而得出考核结果。

人物比较法能够有效地避免宽大化倾向、中心化倾向以及严格化倾向，该方法设计和使用容易，成本很低，比其他方法更能提高员工的工作积极性。同时，它也存在一些难以克服的问题：标准人物的挑选困难，无法与组织的战略目标联系，很难发现问题存在的领域，不便于提供反馈和指导，容易发生晕轮效应和武断考核。

案例评点

杰克·韦尔奇在担任通用电气 CEO 时，十分推崇和极力推行所谓的“区别考评制度”。其基本做法是：要求经理们根据业绩表现把自己的员工分为三个类别：即最好的 20%，中间的 70% 和最差的 10%，进而要求经理们采取切实行动对这三类人员区别对待，最好的员工加大褒奖并树立标杆，中间的员工进行培训教育，最差的员工予以淘汰。杰克·韦尔奇认为这种考评制度无论是对最好的还是最差的员工都是“很好的”，因为他们都因此而明白自己向何处去，而对于中间的员工则鼓励他们积极向上。虽然这种考评制度并非完美无缺，但它使胜利者脱颖而出，使组织更加透明、公平和高效。

但是也有很多人对这种区别考评制度持有厌恶甚至憎恨的态度，说它是拙劣残酷、达尔文主义、刻薄专横、不切实际、政治腐败，认为它挑拨人际关系、削弱团队精神，只有在美国那种个人主义文化氛围才能勉强行得通。

——案例来源：李宝元．绩效管理原理·方法·实践．

点评 所谓“区别考评制度”即强制分配法（forced distribution method）。

启示 任何考核方法都有其使用范围。

（5）强制分配法

强制分配法（forced distribution method）的基础是一个有争议的假设：凡是有人的地方，就有左、中、右之分，人总是可以分成最好、较好、中等、较差、最差这几类。强制分配法就是按事先确定的比例，将考核对象分别分配在各个绩效等级上。强制分配法适用于人数较多时对员工总体绩效状况考核，其过程非常简单方便，可以避免考核者过分宽松、严厉或者趋中的偏差，便于管理控制，有较强的激励和鞭策员工的功能。但是如果被考核群体较小或者不符合正态分布的情景下，其优势不仅发挥不出来，还会影响考核结果的公正性。

在实际应用中，考核者在制定分配比例中应当根据实际情况进行调整，将强制分配法和人性化决策结合起来。所以强制分配法往往不是单独使用，而是与各种各样的绩效考核方法结合使用的。一般都是先使用某种考核方法根据每种考核要素，对每位考核对象进行考核，然后根据考核结果综合计算，按强制分配法确定比例分配到相应的等级上，这样才能使绩效考核结果更加具有实用价值。

2. 绝对评价

绝对考核是根据统一的标准尺度衡量相同职位的员工，即按绝对标准考核它们的绩效。实施绝对考核之前，必须事先确定一个客观的考核标准，通常，这种客观标准的表现形式在各种具体的考核方式中各有不同。绝对考核的标准不以考核对象为转移，是客观存在的、固定的。由于绝对考核法的这个特点，我们可以采用这种方法对每个员工单独进行考核。

这种利用客观尺度进行的绝对考核是绩效考核发展的大趋势。绝对考核法按照使用绝对标准的不同性质，又可以进一步分为两类：将员工的工作情况与客观工作标准相比较的量表法和将员工的工作情况与客观工作目标相比较的目标管理法。

（1）量表法

绩效考核指标有四个构成要素：指标的名称、定义、标志和标度。实际上量表法就是将考核指标的这四个要素设计成表格用于考核的一种方法。量表法首先将一定的分数或比重分配到各个绩效考核指标上，使每项考核指标都有一个权重，然后由考核者根据考核对象在各个考核指标上的表现情况，对照标度的标准对考核对象做出判断打分，最后汇总计算出总分，得出最终的绩效考核结果。作为一种绝对考核法，量表法所采用的考核标准一般都是客观标准，因此，考核结果更客观准确，并且可以在不同员工之间进行横向比较，使用量表法得出的考核结果能够直接有效地运用与各类人力资源管理决策。但量表法中量表的设计要耗费大量的时间和精力，并且由于考核指标的解释不一致，可能会出现主观误差。

量表法是目前组织绩效考核过程中最常用的方法，人们根据不同需要开发出来各种类型的量表。而不同种类的量表法之间的区别就反映在使用的考核指标如何定义其具体的考核尺度上。考核尺度分为非定义式的考核尺度（它包括量词式的考核尺度、等级式的考核尺度、数量式的考核尺度）和定义式的考核尺度。表8-3就是根据量表中所用的评价尺度的不同对常见的量表进行的归类：

表8-3 量表法归类

<table>
<tr><td colspan="2">所使用的评价尺度的类型</td><td>绩效考核方法名称（量表法）</td></tr>
<tr><td colspan="2">非定义式评价尺度
（量词式、等级式、数量式的评价尺度）</td><td>图解式评定量表
（图尺度量表法、等级择一法）</td></tr>
<tr><td rowspan="3">定义式
评价尺度</td><td>行为导向型量表法</td><td>行为锚定量表法、混合标准量表法</td></tr>
<tr><td>结果导向型量表法</td><td>（无单独运用此量表法）</td></tr>
<tr><td>综合运用以上两者</td><td>综合尺度量表法、行为对照表法、
行为观察量表法</td></tr>
<tr><td colspan="2">其他</td><td></td></tr>
</table>

① 图解式评定量表

图解式评定量表包括图尺度量表法和等级择一法。表8-4和表8-5分别是典型的图尺度量表和等级择一法。

表8-4 图尺度量表法

<table>
<tr><td>评价要素</td><td colspan="2">评价尺度</td><td>权重</td><td>得分</td><td>事实依据及评语</td></tr>
<tr><td>专业知识：经验及工作中的信息知识</td><td colspan="2">30 24 18 12 6
s a b c d</td><td>30%</td><td>A</td><td></td></tr>
<tr><td>计划能力：对要完成计划的有效设计</td><td colspan="2">15 12 9 6 3
s a b c d</td><td>15%</td><td>B</td><td></td></tr>
<tr><td>……</td><td colspan="2">……</td><td>……</td><td>……</td><td>……</td></tr>
<tr><td rowspan="2">S：最优
A：优
B：良
C：中
D：差</td><td colspan="2">最终的得分：62分</td><td colspan="2" rowspan="2">档次划分</td><td rowspan="2">S：80分以上
A：65~79分
B：49~64分
C：33~48分
D：16~32分</td></tr>
<tr><td colspan="2">最终档次：S A B C D</td></tr>
</table>

资料来源：方振邦．战略性绩效管理（第二版）[M]．北京：中国人民大学出版社，2008

表8-5　等级择一法

评价指标	评价尺度				
	优秀	良好	满意	尚可	不满意
专业知识	5	4	3	2	1
沟通能力	5	4	3	2	1
判断能力	5	4	3	2	1

资料来源：方振邦．战略性绩效管理（第二版）［M］．北京：中国人民大学出版社，2008

尽管考核的方法目前有数百种，但是像图尺度量表法和等级择一法这类的非定义式的考核尺度方法仍然是许多组织使用的最主要方法，原因是此类方法使用方便、开发容易、成本较低。但是其缺点也很明显：这样的量表不能指导行为，员工也不知道自己该如何做才能得到高分，在绩效面谈时作用也很小。另外这种评价方法有一个潜在的问题：由于使用是抽象的等级概念即模糊的绩效标准，这两种考核方法的信度和效度较差。这种不明确规定标度的考核指标容易导致各种考核误差的发生。

② 行为锚定量表法

行为锚定量表法（behaviorally anchored rating scale method，BARS）是由美国学者帕特里夏·凯恩·史密斯和洛恩·肯德尔于1963年在美国全国护士联合会的资助下研究提出的。它由传统的绩效考核表（图尺度量表法和等级择一法等）演变而来，是图尺度量表法与关键事件法的结合，是行为导向型量表法的典型代表。在这种考核方法中，每一水平的绩效均用某一标准行为来加以界定，这种方法克服了其他考核方法的弱点。

表8-6利用行为锚定量表法对学校宿舍老师是否关心学生做出评价：

表8-6　行为锚定量表法举例

评价指标：关心学生		
指标名称：积极结识住宿学生，发现他们的需要，真诚地对待他们的需要并做出反应		
评价等级	（1）最好	当学生面有难色时，上前询问是否有问题一起商量
	（2）较好	为住宿学生提供一些关系所修课程的学习方法的建议
	（3）一般	当看到住宿学生是上前打招呼
	（4）一般	友好地对待住宿学生，与他们讨论困难，但不能跟踪解决困难
	（5）最差	批评住宿学生不能解决自己遇到的问题
评价结果：		

资料来源：方振邦．战略性绩效管理（第二版）［M］．北京：中国人民大学出版社，2008

行为锚定量表法是量表法与关键事件考核法的综合运用产物。这一方法与一般量表法最大的区别在于，它是用特殊的行为锚定的方式规定考核指标的尺度。行为锚定量表法通过对员工行为的每个维度的典型行为的评分作为“锚”，不仅仅可以给予员工绩效的评定，而且对员工如何改进行为，提高绩效也提供了非常明确的建议，是典型的行为导向型量表法。

但是行为锚定量表法需要花费更多的时间来设计开发量表，其使用工作类型也比较有限。而且评价者在量表中选择一种具有代表性员工绩效水平的行为，往往会有困难。以上表为例，某个宿舍老师有时能够主动帮助有困难的学生，达到了“最好”的等级，但有时也会批评学生不能自行解决困难，就处于“最差”的等级。在实践中，即使用最科学的方法来设计考核尺度，也难免会发生这种情况，因为人的行为往往会受各种内、外因素的干扰，呈现出不稳定的状态。

③ 行为观察量表法

行为观察量表法也被称为行为清单，是 20 世纪 70 年代末期开发出来的。它通过列举出一系列的工作行为——这些工作行为往往是特定工作的成功绩效所要求的，评价者往往根据员工表现出各种行为的频率来评定工作绩效，在评价过程中综合考虑了行为与结果，是综合导向型量表法。表 8－7 是典型的行为观察量表：

表 8－7　行为观察量表法举例：药物顾问

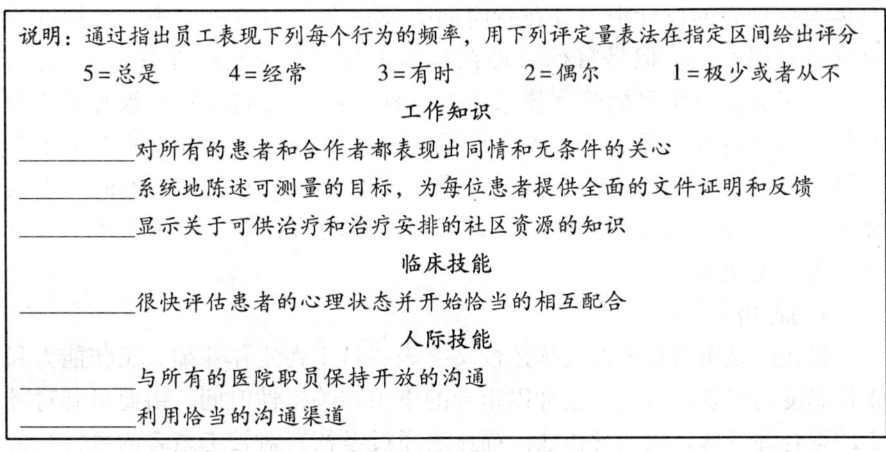

说明：通过指出员工表现下列每个行为的频率，用下列评定量表法在指定区间给出评分

5＝总是　4＝经常　3＝有时　2＝偶尔　1＝极少或者从不

工作知识

__________对所有的患者和合作者都表现出同情和无条件的关心

__________系统地陈述可测量的目标，为每位患者提供全面的文件证明和反馈

__________显示关于可供治疗和治疗安排的社区资源的知识

临床技能

__________很快评估患者的心理状态并开始恰当的相互配合

人际技能

__________与所有的医院职员保持开放的沟通

__________利用恰当的沟通渠道

资料来源：张德．人力资源开发与管理（第三版）［M］．北京：清华大学出版社，2007

行为观察量表作为综合导向量表法，首先它具备行为型导向量表法的优缺点，它在其行为导向、开发成本、适用范围等各方面与行为锚定量表法具有相似点。另外由于行为观察量表还兼顾结果导向型的特点，能有效

地解决了行为锚定量表法的问题，因为有时员工的行为表现可能出现在量表的两端，这导致考核者在尝试从量表中选择一种代表员工绩效水平的行为时往往会有困难，行为观察量表法在评价过程中则通过行为发生频率有效改善这个矛盾，但是这也使得评价者在评价过程中由于对“几乎没有……几乎总是”这类词语的理解有差异，导致其稳定性下降。

(2) 目标管理法

目标管理法（management by objective，MBO）指的是目标管理理论在绩效考核中的运用。目标管理法与前面介绍绝对评价中各种方法的区别在于，目标管理法是人与目标的比较。因此，目标管理是最典型的结果导向型量表法，人们考核员工绩效时的关注点从员工的工作态度转移到工作业绩上，强调工作结果。

利用目标管理法来进行绩效考核主要工作是根据企业目标管理过程中确定的各级组织、各位员工的目标体系来确定员工的绩效考核指标体系，以确定的具体目标值作为绩效考核标准。在绩效考核阶段，考核者根据每一位员工的实际工作业绩与他们事前确定的绩效目标加以比较，以是否完成前期确定的目标作为该员工绩效好坏的评价依据。

目标管理法在实施的过程中，因为绩效标准是相对客观的条件来制定的，对其考核有助于减少偏见的产生，具有一定的公平性；同时由于目前大多数企业在具体管理过程中已经采用了目标管理的基本思想，在具体考核量表的设计中另外花费时间去设计专门的考核量表，实用性非常强且费用不高。但是目标管理在具体执行的时候也存在着一些缺点，目前大多数企业中目标管理体系中的目标倾向于短期目标，忽视了长期目标，其次目标管理法过于关注结果，无法像行为锚定量表法对员工尤其是某些需要更多支持的新员工给予一定的支持。最后由于不同员工具体不同的目标，因此其考核结果缺乏相互比较的基础，而无法用于晋升等相关人士决策。

3. 描述法

描述法是由考核者通过描述性文字表述员工在工作业绩、工作能力和工作态度的表现，以及需要加以指导的事项和关键性时间，由此可到对员工的综合性考核，也叫评语法。描述法通过考核者对被考核者的日常行为观察的记录，在具体使用过程中比较容易，实用性很强，因而适用于对任何人的单独考核。同时由于考核者需要列举员工表现的特殊事迹，一方面可以减少趋中、过宽、过严等误差，另一方面也能够促进考核者在绩效实施过程中注意对员工绩效信息的收集，增加对员工的绩效辅导。但是描述法需要考核者对每位员工写出一篇独立的考核评语，需要花费大量的时间，组织规模过大则无法适用。同时描述法没有统一的标准，难以对多个考核对象进行客观的、公正的比较，因而不适用于考核性考核，而较适用于发展性考核。在具体使用过程中常常与其他绩效考核方法相互补充。

根据记录事实的不同，描述法可以分为能力记录法、态度记录法、工作业绩记录法、指导记录法和关键事件法。其中前三者分别由考核者根据考核对象日常工作情况的观察，将其在工作中表现出工作能力、工作态度以及工作中分阶段的工作业绩记录下来的考核方式。而指导记录法则主要记录了工作过程中上级对员工的日常指导。

描述法中目前运用比较广的是关键事件法。它由美国学者弗拉纳根和巴拉斯创立的。所谓关键事件是对部门的整体工作绩效产生积极或消极的重大影响的事件，一般分为有效行为和无效行为。关键事件法要求考核者通过平时观察，即使记录员工的各种有效行为和无效行为，是一种最为常见的典型描述法。

关键事件法帮助考核者实事求是地进行绩效考核，不容易挫伤员工的积极性，因为对考核对象来说，低考核针对的不是他的人格，而是他的工作行为，而且可以明确指出的特定行为，所以比较容易得到考核对象的认同。更重要的是通过使用关键事件法，考核者在绩效反馈时能够更清晰地告诉考核对象，要想在下一期获得高考核，应该如何去行动。同时关键事件法往往以工作分析为基础，设计成本比较低。相对于其他考核方法来说关键事件法在认定员工的良好表现和不良表现方面十分有效，而且有利于制订改善不良绩效的规划。

但是由于关键事件法需要考核者花费很多时间去观察考核对象，耗费时间很多，而且很容易造成上级对下级的过分监视，造成上下级关系紧张。同时关键事件法要求预先了解考核对象行为中的关键行为，因此往往适用于要求比较稳定、不太复杂的工作。对于那些比较复杂的工作来说，要管理者记录考核期间所有的关键事件基本上是不可能的。最后由于考核报告是非结构化的，因此容易发生考核误差。由于使用过程中存在以上问题，不主张在通常情况下单独使用描述法，但在现实的绩效考核和绩效管理系统中，描述法作为手段之一与其他各类考核法结合使用，起到了非常重要的作用。

（三）绩效考核方法的比较和选择

1. 各种绩效考核方法的比较

前面介绍了各种绩效考核方法的具体内容和优缺点。不同的绩效考核方法具有不同的特点，因而适用于不同的组织以及不同的考核对象。表8-8对几种常见的绩效考核方法进行了简单的比较。

一种方法在一个企业取得良好的应用效果并不意味着这种方法同样适用于另一个企业，比如并不是任何企业、任何员工都适合于进行目标管理。从表中可以看到，不同的绩效考核方法各有长处。在实现管理决策问题上，一些简单的量表法比目标管理法更有效，并能够节约大量的开发成本。一些较为复杂的量表法的开发成本较高，但能够更有效地对员工的实际绩效情况进行考核。这就引发了下一个问题：在选择绩效考核方法时，应该考虑哪些因素？什么才是恰当的绩效考核方法？

表 8－8　几种常见的绩效考核方法的比较

绩效考核方法	考核标准			
	成本最小化	员工开发（提供反馈指导）	分配奖金和发展机会	有效性（避免考核错误）
描述法	一般	好	差	不确定
排序法	好	差	差一般	一般
强制分配法	好	差	差一般	一般
行为锚定量表法	一般	好	好	好
目标管理法	差	非常好	差	非常好

2. 绩效考核方法的选择

不同的考核方法各有特点。影响考核方法选择的因素很多，下面从三个方面来谈谈选择绩效考核方法时需要考虑的因素：

（1）组织状况

没有任何一种绩效考核方法适用于一切组织，组织在选择绩效考核方法时应该结合组织背景情况，选择适合该组织情况的方法。具体在考虑组织背景时主要考虑组织规模、组织发展周期、组织文化、组织所处的行业特征等相关因素。

（2）绩效考核体系状况

绩效考核方法作为整个绩效考核体系的一个构成部分，应该与绩效考核体系中其他构成部分具有一致性，才能保证方法的使用获得良好的成效。具体考虑绩效考核体系时主要包括以下几个因素：

① 考核目的。组织进行绩效考核的目的不同，其选择方法也应该不同：组织进行绩效考核是为了发放薪酬，还是晋升决策，或者为了提升员工绩效进而实现组织目标？是为了用作人力资源管理决策基础还是用作人力资源开发工具？是仅仅想把组织中员工通过绩效分为不同等级，还是获取未来员工提升绩效的方案？等等。不同的绩效考核目的直接影响绩效考

核方法的选择。

② 考核主体。考核者是绩效考核方法的使用者，因此考核者本身的特点直接影响绩效考核方法使用情况，在具体选择过程中，考核者的性格特征、素质、能力以及在组织中所处的层次都将影响考核方法的选择。例如如果考核者观察能力和写作能力都很强，可以考虑采用关键事件法；考核者是组织中基层管理人员，可以考虑采用比较法中的强制分配法或量表法。

③ 被考核者。绩效考核方法的选择还需要考虑被考核者的特点。被考核者的数量、性格特征、素质、技能、其在组织中所处的层次都会影响组织绩效考核方法的选择。例如当同一考核者面临的被考核者数量较多时，可以考虑采用强制分配法；当被考核者是刚刚进入组织中的新员工，缺乏相应的独立工作技能时，可考虑行为锚定法，从而达到考核和指导的双重作用。

④ 考核指标。绩效是一个广义的概念，它包括结果和行为，这导致相应的绩效考核指标中也包含结果指标和行为指标。从以上考核方法的介绍可以看出，绩效考核的方法可以分为三种类型：行为导向型、结果导向型和综合性，我们可以根据每一个考核指标的类型来选择不同的考核方法。如果考核指标是结果导向的，就选择结果导向型方法，这样考核者实际上是采用一系列的考核方法对于考核对象进行考核。

（3）工作特征

组织中不同岗位具有不同特征，没有一种绩效考核方法适用于组织中所有工作岗位，因此应该根据不同特征的工作岗位来选择不同绩效考核方法。在界定一个工作的特征，往往从以下几个方面进行：

① 工作的程序化程度。程序化程度指的是应该在工作过程中遵循某种程序化的工作规范的程度。流水线上工人的工作就是做得程序化程度高的一个典型例子。对于这类工作来说，制定明确的工作规范往往比较容易。

② 工作独立性程度。独立化程度，是指应该在工作中进行独立决策权限的大小。独立性程度较高的工作，往往无法制定出标准的工作规范和工作程序。

③ 工作环境的变动程度。工作环境的变动程度对选择绩效考核方法的影响体现在：针对工作环境变动程度较大的工作，要制定明确的工作标准或绩效目标通常比较困难。

实际上，以上三个方面的工作特征是相互影响的。一般来说，在工作环境的变动程度较高的情况下，由于管理者很难对这类工作进行完全的过程控制，工作的独立性程度很可能会相应提高，而工作的程序化程度不可能很高。而当工作环境变动程度很低的时候，管理者就能够对工作进行完全的过程控制和结果控制。在这种情况下，工作的程序化程度很可能会相应提高，而工作的独立性程度则会相应降低。因此应该综合三种情况来进行绩效考核方法选择。一般来说，处在工作环境的变动程度和工作的独立性很高，而工作的程序化程度很低的极端位置 A 时，由于考核内容的客观性很低，非结构化的各类绩效评级方法更加适用。而另一极端位置 B 时，工作环境的变动程度和工作的独立性很低，而工作的程序化程度很高的时候，由于考核内容的客观性程度很高，使用那些将员工工作情况与客观工作标准相对照的绩效考核方法就变得可行了，结构化考核方法则更实用。在这两种极端情况的中间状态下，目标管理的方法能够更好地适用。究竟如何选择恰当的绩效考核方法，实践者还应考虑其他因素考虑。

本章精要

员工个人绩效被定义为“员工依据其所具备的与工作相关的个人素质所做出来的、对组织目标的实现有直接作用的工作行为和结果”。它受到技能、激励、环境、机会四个因素的综合影响，具有多因性、多维性和动态性的特点。

绩效管理是管理者用来确保员工的工作活动和工作产出与组织目标保持一致的手段和过程。它与绩效考核之间的区别主要体现在目的和过程方面，但是两者之间有着不可分割的联系，绩效考核是绩效管理的核心。

绩效管理系统主要包括绩效管理循环、绩效管理责任体系和绩效管理制度体系。它能够帮助组织实现战略目的、管理目的、信息传递目的、开发目的、档案记录目的等多个目的。目前常常利用一致性、明确性、可接受性、有效性和可靠性五个标准来衡量其有效性。

组织实施绩效管理必须建立在工作分析和目标管理两大基础上。绩效管理流程主要包括绩效计划、绩效实施、绩效考核和绩效反馈四个环节。在整个绩效管理流程中，绩效信息收集和持续绩效沟通是至关重要的，它们在这四个环节中都起到重要作用，贯穿于绩效管理流程的始终。

绩效考核的实施应该遵守公开与开放原则、反馈与提升原则、定期化和制度化原则、可靠性与正确性原则、可行性与实用性原则。绩效考核体系的设计主要包括绩效考核主体设计、绩效考核周期设计以及绩效考核内容设计。在绩效考核过程中可能会造成考核者误差，可通过绩效培训进行防范。

整个绩效管理过程中涉及绩效管理方法和绩效考核方法的使用。其中绩效管理方法主要包括目标管理法、关键绩效指标法和平衡计分卡法。绩效考核方法则比较多，可根据绩效标准分为比较法、量表法、目标管理法和描述法。组织应综合组织因素、考核体系设计因素、考核工作特征来进行选择绩效考核方法。

本章思考与讨论

1. 何谓绩效？绩效具有哪些影响因素？

2. 何谓绩效管理？绩效管理的内容和步骤是什么？绩效考核与绩效管理的区别与联系？

3. 绩效管理体系的构成部分有哪些？各个构成部分分别在其中承担什么作用？

4. 绩效管理流程中有哪些活动是非常重要的？为什么？

5. 如何确定绩效考核主体和绩效考核周期？

6. 你认为360度绩效考核在中国是否适用？

7. 如果你是某公司销售部门经理，你将如何确定下属的绩效考核内容？

8. 绩效考核方法和绩效管理方法有哪些区别和联系？

9. 常见的绩效考核方法和绩效管理方法有哪些？各有哪些优缺点？

10. 如何选择和确定绩效考核方法？

推荐阅读材料

1. 彼得·德鲁克．成果管理［M］．北京：机械工业出版社，2008

2. 彼得·德鲁克．卓有成效的管理者［M］．北京：机械工业出版社，2008

3. 彼得·德鲁克．管理的实践［M］．北京：机械工业出版社，2008

案例分析

A公司的绩效考核

A公司，成立于50年代初。经过近50年的努力，在业内已具有较高的知名度并获得了较大的发展。目前公司有员工1000人左右。总公司本身设有业务部门，只设一些职能部门；总公司下设有若干子公司，分别从事不同的业务。在同行业内的国有企业中，该公司无论在对管理的重视程度上还是在业绩上，都是比较不错的。由于国家政策的变化，该公司面临着众多小企业的挑战。为此公司从前几年开始，一方面参加全国百家现代化企业制度试点；另一方面着手从管理上进行突破。绩效考核工作是公司重点投入的一项工作。公司的高层领导非常重视，人事部具体负责绩效考核制度的制定和实施。人事部是在原有的考核制度基础上制定出了《中层干部考核办法》。在每年年底正式进行考核之前，人事部又出台当年的具体考核方案，以使考核达到可操作化程度。

A公司的做法通常是由公司的高层领导与相关的职能部门人员组成考核小组。考核的方式和程序通常包括被考核者填写述职报告、在自己单位内召开全体职工大会进行述职、民意测评（范围涵盖全体职工）、向科级干部甚至全体职工征求意见（访谈）、考核小组进行汇总写出评价意见并征求主管副总的意见后报公司总经理。

考核的内部主要包含三个方面：被考核单位的经营管理情况，包括该单位的财务情况、经营情况、管理目标的实现等方面；被考核者的德、能、勤、绩及管理工作情况；下一步工作打算，重点努力的方向。具体的考核细目侧重于经营指标的完成、政治思想品德，对于能力的定义则比较抽象。各业务部门（子公司）都在年初与总公司对于自己部门的任务指标进行了讨价还价的过程。

对中层干部的考核完成后，公司领导在年终总结会上进行说明，并将具体情况反馈给个人。尽管考核的方案中明确说考核与人事的升迁、工资的升降等方面挂钩，但最后的结果总是不了了之，没有任何下文。

对于一般的员工的考核则由各部门的领导掌握。子公司的领导对于下属业务人员的考核通常是从经营指标的完成情况（该公司中所有子公司的业务员均有经营指标的任务）来进行的；对于非业务人员的考核，无论是总公司还是子公司均由各部门的领导自由进行。通常的做法，都是到了年度要分奖金了，部门领导才会对自己的下属做一个笼统的排序。

这种考核方法，使得员工的卷入程度较高，颇有点儿声势浩大、轰轰烈烈的感觉。公司在第一年进行操作时，获得了比较大的成功。由于被征求了意见，一般员工觉得受到了重视，感到非常满意。领导则觉得该方案得到了大多数人的支持，也觉得满意。但是，被考核者觉得自己的部门与其他部门相比，由于历史条件和现实条件不同，年初所定的指标不同，觉得相互之间无法平衡，心里还是不服。考核者尽管需访谈300人次左右，忙得团团转，但由于大权在握，体会到考核者的权威，还是乐此不疲。

进行到第二年时，大家已经丧失了第一次时的热情。第三年、第四年进行考核时，员工考虑前两年考核的结果出来后，业绩差或好的领导并没有任何区别，自己还得在他手下干活，领导来找他谈话，他也只能敷衍了事。被考核者认为年年都是那套考核方式，没有新意，失去积极性，只不过是领导布置的事情，不得不应付。

根据上述案例材料思考以下问题：

1. 你认为该企业绩效考核中存在着什么问题？为什么？
2. 这些问题会导致什么样的不良结果？
3. 如果你是该企业领导，你认为应该怎么做？

参考文献

1. 方振邦．战略性绩效管理［M］．北京：中国人民大学出版社，2008

2. 付亚和，许玉林．绩效管理（第二版）［M］．上海：复旦大学出版社，2008

3. 阿吉斯著．刘昕，曹仰锋译．绩效管理（中文版）［M］．北京：中国人民大学出版社，2008

第九章　薪酬管理

引言：真知灼见

人们一般不愿意改变自己的行为模式，除非你奖赏他们这样做。

——杰克·韦尔奇

军无财，士不来；军无赏，士不往。

——曹操

本章学习目标

薪酬管理是企业人力资源管理的重要组成部分，一方面它是一个敏感性的领域，关系到每位员工的切实利益，另外，它与企业人力资源管理的其他职能活动密切相关，对提高员工满意度、激励员工努力工作有着深远的影响。

通过本章的学习，你应该能够：

★掌握薪酬的内涵和组成要素
★了解薪酬的功能
★明确薪酬管理的内容、目标及特征
★了解薪酬管理与其他人力资源管理活动的关系
★掌握企业基本薪酬、激励薪酬和福利薪酬的管理流程和主要设计方案
★了解薪酬管理领域的新的发展方向

第一节　薪酬与薪酬管理

一、薪酬

（一）薪酬的含义

薪酬是员工因向所在的组织提供劳务而获得的各种形式的酬劳。薪酬的含义丰富，从不同的角度，人们有不同的理解。从企业管理者的角度看，薪酬是一项费用，是使用人力资源所支付的成本，同时，薪酬也是管理者影响员工态度、引导其行为从而改善企业经营绩效的重要工具。而从员工的角度看，薪酬是劳动交换的结果，是自己从所从事工作中获得的回报，是收入保障的主要来源。

薪酬包括外在薪酬和内在薪酬（有时也被称作货币性薪酬和非货币性薪酬），外在薪酬主要是指为受聘者提供的可量化的货币性价值。比如：基本工资、奖金等短期激励薪酬，股票期权等长期激励薪酬，退休金、医疗保险等货币性的福利，以及公司支付的其他各种货币性的开支，如住房津贴、俱乐部成员卡、公司配车等等。内在薪酬则是指那些给员工提供的不能以量化的货币形式表现的各种奖励价值。比如，对工作的满意度，为完成工作而提供的各种顺手的工具，培训的机会，提高个人名望的机会，吸引人的公司文化，相互配合的工作环境，以及公司对个人的表彰、谢意等等。

狭义的薪酬是指外在薪酬，这种狭义薪酬又有直接薪酬和间接薪酬之分：直接薪酬与工作直接相关，包括基本工资、奖金、津贴和股权；间接薪酬与工作间接相关，即福利。

阅读材料

薪水：又叫薪俸、薪给、薪金、薪资。在部队里称为薪饷。本指打柴汲水，据《南史·陶潜传》记载：陶潜送给他儿子一个仆人，并写信说："你每日生活开支费用，自己难以供给自己，现在派一个仆人来帮助你打柴汲水。他也是人家的儿子，要好好待他。"在魏晋六朝时，"薪水"一词除了指砍柴汲水外，也逐渐发展为日常开支费用的意思，后来人们就把劳动所得的工资叫做"薪水"。一般而言，薪水（salary）主要指白领阶层的工资，是按月发放的。

工资：工资是指用人单位依据国家有关规定和劳动关系双方的约定，以货币形式支付给员工的劳动报酬。如月薪酬、季度奖、半年奖、年终奖。但依据法律、法规、规章的规定由用人单位承担或者支付给员工的下列费用不属于工资：（1）社会保险费；（2）劳动保护费；(3) 福利费；(4) 用人单位与员工解除劳动关系时支付的一次性补偿费；(5) 计划生育费用；(6) 其他不属于工资的费用。一般而言，工资（wage）主要指体力劳动者的工资。

报酬：员工由于在企业中的工作而获取的一切回报，包括货币性和非货币性的回报。

广义的薪酬又称总薪酬、整体薪酬或360度薪酬，是指员工从工作和劳动中获得的所有报酬形式，既有货币性的回报也有非货币性的回报，既有来自工作本身的回报也有来自工作之外的回报。

（二）薪酬的要素

如前所述，薪酬是一个复杂的概念，它是各种薪酬要素的集合体，各薪酬要素从支付方式和变动程度上存在很大的不同。由于外在薪酬是薪酬管理的重点，因此，一般说来，薪酬可分为基本薪酬、可变薪酬和福利薪酬三部分，如表9－1所示。

表9－1　薪酬的三要素

薪酬要素	支付基础	特点	形式
基本薪酬	工作本身或者员工所具备的完成工作的技能或能力	常规性、固定性、基准性	底薪、工龄工资、职位工资、职能工资等
可变薪酬	员工工作绩效	变动性、激励性	奖金、分红计件工资、绩效加薪、佣金、股票期权等
福利薪酬	法律规定或组织效益	保障性、集体性、均等性	法定保险、法定假期、员工服务等

1. 基本薪酬

是组织根据员工所承担或完成的工作本身或者是员工所具备的完成工作的技能或能力而向员工支付的稳定性经济报酬。它是企业员工薪酬收入的主体部分，也是确定员工其他报酬形式的基础。基本薪酬通常有基础工资（底薪）、工龄工资、职位工资、职能工资中的一种或几种构成。基本薪酬具有常规性、固定性和基准性。基本薪酬是雇员在法定工作时间内和正常工作条件下完成定额劳动的报酬，考虑的是常规情况下员工的工作报酬，而且，由于企业的薪酬等级标准在一定时期内相对稳定，员工的基本薪酬数额也相对固定，是一种稳定性的经济报酬。另外，基本薪酬是其他薪酬要素的计算基准，其他薪酬要素的数额、比例及其变动以基本薪酬为基础，加之基本薪酬要保证员工基本生活需要，应该有一定的基准，故基本薪酬又称标准薪酬。

2. 可变薪酬

是薪酬体系中与绩效有直接关系并浮动的部分。由于可变薪酬在绩效和薪酬之间建立了这种直接的联系，因此，可变薪酬对员工具有很强的激励性，对企业绩效目标的实现起着非常积极的作用。由于可变薪酬将绩效和薪酬挂钩，对员工具有激励作用，故又被称为绩效薪酬、激励薪酬。可变薪酬可以采取多种形式，如奖金、分红、计件工资、绩效加薪、佣金、股票期权等，在现代薪酬管理中，可变薪酬特别是长期可变薪酬越来越成为管理者关注的薪酬要素。

3. 福利薪酬

是企业为员工提供的各种与工作和生活相关的物质补偿和服务形式，它与基本薪酬和可变薪酬存在一个明显的不同点，即福利不是根据员工向企业供给的工作时间或绩效来计算的薪酬，而且支付上多是非货币的形式。福利一般包括带薪非工作时间（例如年休假）、员工个人及其家庭服务（儿童看护、家庭理财咨询、工作期间的餐饮服务等）、健康以及医疗保健、人寿保险以及养老金等等。福利作为货币工资的替代形式，更具灵活性，能够满足员工多种工作和生活需求，有利于吸引和留住员工，同时，由于福利可以享受国家税收优惠，从而有利于企业降低人工成本。

（三）薪酬的功能

薪酬代表了企业和员工之间的一种利益交换关系，薪酬同时实现不同主体的利益需求，具有不同的功能。薪酬对于员工来说，具有经济保障、心理激励以及表明其社会位置的社会信号功能；对于企业而言，薪酬的功能在于控制经营成本、改善经营绩效、塑造和强化企业文化以及支持企业变革。

1. 从员工角度看薪酬的功能

首先，薪酬具有经济保障功能。薪酬是员工家庭收入的主要来源，是对劳动者人力资本投资、劳动消耗的补偿，能够满足员工自身及其家庭的生存和发展的需要，对员工而言，薪酬所提供的经济保障非其他收入手段可以比拟，直接影响员工的生活状态和心理状态。

其次，薪酬具有心理激励功能。薪酬不仅是一种物质的补偿，更是一种心理回报。薪酬在决定工作满意感，激发员工工作动机等方面起着重要的作用。有效的薪酬分配机制使得员工产生公平感和竞争意识，不断改进工作绩效，将企业利益和个人利益统一起来。

最后，薪酬具有社会信号功能。薪酬水平的高低反映出人们在组织内部或社会中的地位和层次的高低，人们通过薪酬传递的信号作为判别个人价值的一个指标。

2. 从企业角度看薪酬的功能

首先，薪酬有助于控制经营成本。薪酬水平的高低直接影响到企业在劳动力市场的地位，并影响企业在产品生产上的竞争力，薪酬成本作为企业经营成本的一个重要组成部分，已成为企业控制经营成本、提升竞争优势的重要手段。

其次，薪酬有助于改善经营绩效。现代企业之间的竞争愈加激烈，要在激烈的竞争中取得优势地位，企业必须不断改善其经营绩效，而薪酬已成为企业改善经营绩效的利器。管理者可以通过薪酬承认员工的工作绩效，保护和激发员工的工作积极性，吸引和留住人才，从而改善绩效。

再次，薪酬有助于塑造和强化企业文化。薪酬可以引导员工的行为和态度，在企业内部形成一定的氛围，有助于企业文化建设；而且，薪酬政策本身就是企业文化的一部分。

最后，薪酬有助于企业变革。在企业变革过程中，实施支持公司变革的薪酬战略已成为保证公司变革成功的关键。

二、薪酬管理

（一）薪酬管理的内涵与特点

所谓薪酬管理，是指一个组织针对所有员工所提供的服务来确定他们应当得到的报酬总额以及报酬结构和报酬形式的过程。薪酬管理是企业人力资源管理工作的重要组成部分，它直接关系到企业与员工双方的利益，对企业经营成本和员工的工作积极性都产生巨大影响，也与人力资源管理其他职能活动密切联系，特别是与绩效管理活动密不可分，一方面，绩效管理是薪酬管理的基础之一，激励薪酬的实施需要对员工的绩效做出准确的评价；另一方面，针对员工的绩效表现及时地给予不同的激励薪酬，也有助于增强激励的效果，确保绩效管理的约束性。

需要注意的是，薪酬管理比起人力资源管理中的其他工作而言，有一定的特殊性，具体表现在三个方面。

1. 敏感性

薪酬管理是人力资源管理中最敏感的部分，说它敏感，是因为它涉及每一个人的利益，决定每个人可获得的劳动报酬，反映出个人在组织中地位和作用，所以薪酬管理在人力资源管理工作中非常敏感，必须特别慎重地开展相关工作。

2. 特权性

正是由于薪酬问题的敏感性，薪酬管理工作中通常员工较少参与，普通员工在薪酬制度设计中几无权力，它几乎是公司高层的一个特权。

3. 特殊性

由于敏感性和特权性，加之薪酬管理本身的复杂性和多样性，不同公司可以采取不同类型的薪酬技术和管理制度，所以每个公司的薪酬管理差别会很大，不同于其他人力资源管理活动多采取通用模式，企业薪酬管理工作通常是异质的。

（二）薪酬管理的内容

企业中的薪酬管理工作通常包含以下内容：

1. 薪酬的目标管理

即薪酬如何支持企业战略，如何满足员工需要。

2. 薪酬体系管理

即决定企业的基本薪酬是以什么为基础。一般而言，在企业薪酬管理工作中，通常会设计出基于职位的薪酬体系和基于任职者的薪酬体系。前者是指企业确定员工基本薪酬的依据是其所从事的工作的价值，后者则是员工自身所具备的能力和掌握的技能。

3. 薪酬水平管理

即决定组织中各职位、各部门以及整体组织的平均薪酬水平，现代企业之间的竞争愈加激烈，企业支付给员工的薪酬水平直接决定企业薪酬的外部竞争性，影响企业在产品市场和劳动力市场的竞争地位。

4. 薪酬结构管理

即设计组织内部不同职位或不同技能间薪酬水平的排列形式。在薪酬问题上，员工不仅关注薪酬的水平，也极为重视企业内部的薪酬结构，因为后者实际上反映了企业对于不同职位或不同技能的价值的判断，这不仅影响员工的薪酬水平，也影响员工的心理公平感，从而对员工的流失率和工作积极性产生影响。

5. 薪酬形式管理

即决定薪酬的组成形式与结构，不同的薪酬形式及其构成对员工的态度和行为的影响不尽相同，给企业的薪酬管理工作带来不同的效果。

6. 特殊群体的薪酬管理

在企业中，存在一部分特殊的工作群体，由于其工作性质、工作方式和工作产生的后果不同于一般的群体，其薪酬设计也应与企业中标准的薪酬体系设计相区别。如主管人员、专业技术人员、销售人员等的薪酬管理工作应该自成体系，在设计和管理时注重其特殊性。

7. 薪酬系统的运行管理

在薪酬系统设计完成之后，还要对其日常远行进行管理，如进行薪酬成本控制、薪酬管理沟通、薪酬诊断和调整等，只有对薪酬系统的运行进行有效管理，才能保证薪酬系统的实施效果。

（三）薪酬管理的目标

薪酬管理的如上内容是围绕一定的目标展开的，这些目标实际上也反映了企业薪酬管理的原则。企业的薪酬管理工作必须达成如下三大目标：

1. 公平性

员工的公平感是企业薪酬系统有效实施的重要保证，实现公平是企业薪酬管理工作的首要目标，薪酬管理工作的公平性是指员工对薪酬管理系统在结果、过程和机会上均有公平的感知。这种公平性体现在三个方面：内部公平、外部公平及个人公平。

内部公平是指企业薪酬系统的内在一致性，即企业内部不同岗位、不同技能之间的薪酬水平应该相互协调。为了实现内部公平的目标，企业必须通过职位评价、技能评价工作建立起合理的薪酬结构。

外部公平是指本企业的薪酬水平与外部其他企业的薪酬水平具有可比性和竞争力。

个人公平是指员工薪酬水平与其对企业的贡献相一致。与内部公平相比，个人公平更加强调个人自身因素如绩效、资历对薪酬水平的影响，而不是考虑工作因素对薪酬的决定。企业一般通过可变薪酬的设计来实现个人公平的目标。

2. 有效性

有效性是指薪酬系统在大多程度上能够帮助组织实现预定的经营目标。具体说来，有效性可以体现在两个方面：一方面，企业设计的薪酬系统能够有效激励员工，改善企业绩效；另一方面，企业薪酬系统运行中能够实现成本控制。因此，薪酬管理的有效性目标实质上是用适当的薪酬成本给组织带来最大的价值。

3. 合法性

合法性是指企业实施的薪酬制度符合国家、省区的法律法规、政策条例要求，如不能违反最低工资制度、法定保险福利、薪酬指导线制度等的要求规定。

（四）战略性薪酬管理

1. 战略性薪酬管理的内涵

战略性薪酬管理是指是指利用薪酬工具来适应内外部环境的变化，同时协助企业战略的确定与实施。战略性薪酬管理最核心的思想就是从企业发展战略的层面来进行薪酬管理模式的设计，使企业的薪酬管理不仅解决员工薪酬分配多少的问题，更成为一项企业战略实现的重要工具。它是一种看待薪酬管理这一管理职能的一套崭新理念。其核心作用是作出一系列的战略性薪酬决策，即那些关于如何帮助组织赢得并保持竞争优势的薪酬决策，战略性薪酬决策主要需要回答以下几个问题。薪酬管理的目标是什么，即薪酬如何支持企业的经营战略？如何达成薪酬的内部一致性，对不同职位和不同的技能或能力支付不同的薪酬？如何实现外部竞争性，企业在劳动力市场上的薪酬水平应该如何定位？如何认可员工的贡献，薪酬支付是基于个人或团队的绩效，还是个人的知识、经验增长以及技能的提高？如何管理薪酬系统？如何提高薪酬成本的有效性？这些决策都是在战略的高度思考薪酬问题，对这些问题的回答，可实现企业薪酬系统与企业战略的对接。

2. 战略性薪酬管理的产生背景

首先，战略人力资源管理的兴起是战略性薪酬管理产生的基础。现代企业之间的竞争异常激烈，而企业竞争的核心是人力资源的竞争，这使得人力资源管理工作在企业的地位和作用出现了很大的变化，人力资源管理工作开始渗透到企业战略的制定和实施过程，成为企业战略实现的重要工具。在此背景下，薪酬管理从传统的交换劳动力和成本控制的工具转为战略人力资源的开发和管理手段。

其次，传统的薪酬管理体系存在的弊端需要战略性薪酬管理来消除。传统的薪酬管理体系不能帮助企业战略的实现，它往往将目标界定在“吸引、激励和保留”员工方面，通过支付市场化薪酬来实现竞争目标，由于它没有考虑到不同企业经营目标和结构的差异性，仅仅使得薪酬能够吸引、保留、激励员工，却无法保证薪酬战略成为企业的经营战略、财务战略以及人力资源管理战略的一种直接延伸。它没有认识到企业的薪酬体系是一种无形力量，不仅要奖励业绩，也要传达了有关企业经营宗旨、经营重心、企业价值观等信息。

最后，企业经营环境的复杂性和不确定性要求实施战略性薪酬。薪酬管理受到外界环境影响最为显著，特别是当今多变的商业环境，对企业薪酬管理工作提出了更高的要求，另外，薪酬管理的利益相关主体众多，薪酬管理工作受到多方制约。多变的环境和复杂的利益关系使得薪酬管理必须更加注重战略性。

3. 战略薪酬管理的特征

第一，战略性。战略薪酬管理强调将薪酬管理与组织战略紧密联系起来，它要根据组织总体战略来确定薪酬的水平与结构、薪酬的文化理念、薪酬的管理与政策，使得薪酬管理与组织总体发展战略形成一种整体协调、相互促进的互动关系。

第二，激励性。战略薪酬管理强调将薪酬与组织绩效结果直接挂钩，它把薪酬作为组织价值观、绩效期望和绩效标准的传播工具，引导员工作出与组织目标一致的行为和结果，与传统的薪酬管理相比，更具激励性。

第三，灵活性。战略薪酬管理要求企业薪酬系统具有更大的灵活性，随着环境变化和企业发展方向的调整，企业薪酬系统应该作出灵活的调整，通过设计不同的薪酬应对方案来帮助企业适应环境变化并实现其战略目标。

第四，创新性。战略薪酬管理需要企业不断进行薪酬系统的创新，薪酬制度的设计必须取决于组织的战略和目标，而不能是机械地照搬原有的一些做法，或者是简单地拷贝其他企业的薪酬计划。

第五，沟通性。战略薪酬管理强调通过薪酬系统将组织的价值观、使命、战略、规划以及组织的未来前景传递给员工，同时，它要求在薪酬管理体系制定和实施过程保持与员工的沟通，做到充分的员工参与。

第二节　基本薪酬设计

在企业薪酬系统中，基本薪酬是基础部分，如前所述，基本薪酬是员工收入的主要来源，基本薪酬的设计结果直接影响员工对企业薪酬系统的满意度。企业在基本薪酬设计时，必须考虑两个因素，一是外部公平性，另一个是内部公平性。要想实现内外部公平的效果，企业基本薪酬设计过程中必须做好薪酬调查和薪酬结构设计工作。另外，企业在基本薪酬设计时，主要遵循两种思路，一是不同职位在企业中的地位和作用的不同，对企业贡献不同，基本薪酬的设计围绕职位进行；另一种是任职者具备不同的技能和能力，对企业贡献不同，基本薪酬的设计围绕任职者进行，因此，基本薪酬设计的结果无外乎是基于职位的薪酬体系或基于任职者的薪酬体系，即职位薪酬体系或技能（能力）薪酬体系。

一、薪酬调查和薪酬结构设计

（一）薪酬调查

企业在进行基本薪酬设计时，为了保证外部公平性，企业首先要考虑的是自身薪酬定位的问题，为了更好地进行薪酬定位，企业必须进行薪酬调查。薪酬调查是了解其他企业薪酬支付和管理信息的过程。薪酬调查是薪酬管理的重要工具，在企业薪酬体系设计特别是基本薪酬设计中具有重要的意义，它为企业薪酬水平的市场定位提供客观依据，在提升企业薪酬外部竞争性和员工薪酬满意度方面具有重要作用。当然，薪酬调查的范围不仅包括薪酬水平的调查，也包括目标企业的薪酬战略、薪酬政策、薪酬水平和结构以及薪酬发展趋势等方面。

1. 薪酬调查的流程

薪酬调查可以按调查主体分为政府的调查、行业的调查、专业协会或企业家协会的调查、咨询公司的调查、公司企业自己组织的调查等多种形式。一般说来，薪酬调查的工作流程如下：

（1）确定调查目的

在薪酬调查时，首先应当明确调查的目的要求和调查结果的用途，然后再开始组织薪酬调查。一般而言，薪酬调查的目的包括调整薪酬水平、调整薪酬结构、评估竞争对手的劳动力成本、调整相关管理制度、了解薪酬管理发展趋势，不同的目的决定了薪酬调查的范围、方法等也存在差别。

（2）确定调查范围

在明确调查的目的后，应该确定薪酬调查的范围（如表9－2所示）。包括调查的目标企业、目标岗位、调查的项目内容及时间范围等。

表9－2　薪酬调查的范围

目标企业	目标岗位	调查的项目内容
同行业中同类其他企业 其他行业中有相似相近工作岗位的企业 与本企业雇用同一类的劳动力，可构成人力资源竞争对象的企业 在本地区同一劳动力市场上招聘员工的企业 经营策略、信誉、报酬水平和工作环境均合乎一般标准的企业	工作内容为众人熟知，具有稳定性的岗位 从事该工作的人员数量较多的岗位 在公司工作评价中具有代表性的岗位 被劳动力市场中广泛用于确定工资水平的岗位	与员工基本工资相关的信息 与支付年度奖金和其他奖金相关的信息 与长期激励计划相关的信息 与福利计划相关的信息 与薪酬政策有关的信息

（3）选择调查的方式和方法并实施调查

企业进行薪酬调查时，可以采取多种方式进行。如企业之间的相互调查，委托专业机构进行调查，通过政府机构或其他组织公开的信息进行调查，通过企业之间流动的人员进行调查。企业薪酬调查的方法也很多，主要采取问卷法和座谈法（也称面谈法）。如果采取问卷法要提前准备好调查表；如果采取座谈法，要提前拟好问题提纲。

（4）撰写调查报告

在进行完调查之后，要对收集到的数据进行整理和分析，形成最终的调查结果，并根据调查的过程撰写调查报告，应用调查结果对公司薪酬提出合理建议。

2. 薪酬调查的原则

（1）自愿合法原则。要在被调查企业自愿或知情的情况下获取薪酬信息。由于薪酬管理政策及数据在许多企业属于企业的商业机密，不愿意让其他企业了解。所以在进行薪资调查时，要由企业人力资源部门与对方对应部门或总经理联系或利用其他方式获取信息。

（2）准确性原则。调查的资料要准确。由于很多企业对本企业的薪酬情况守口如瓶，所以有些信息很可能道听途说得来的，不全面、准确率低。另外，在取得某岗位的薪资水平的同时，要比较其岗位的职责是否与本企业一致，否则参考价值不高。

（3）时效性原则。调查的资料要随时更新。随着市场经济的发展和人力资源市场的完善，企业的薪酬情况经常变化，要调查及时的更新的资料才有参考价值。

（4）代表性原则。薪酬调查过程中，目标企业的选取、调查的岗位及调查项目应该具有代表性，这样才能保证调查资料能为企业所用，有利于企业薪酬系统的实施和改善。

（二）薪酬结构设计

所谓薪酬结构，一般是指在同一组织内部不同职位或不同技能之间的薪酬水平的排列形式或对比关系，它反映了员工薪酬在纵向上的等级关系。而更广泛的薪酬结构还包括不同薪酬形式之间的比例关系，如基本薪酬、可变薪酬及福利薪酬之间的比例关系，这反映了员工薪酬在横向上的构成。为了区别起见，一般把这种不同薪酬形式之间的比例关系称为薪酬组合。薪酬结构主要反映职位或技能与员工基本薪酬之间的对比关系，其他的薪酬形式，如可变薪酬、福利薪酬内部也具有等级结构的形态，但没有基本薪酬那样典型，所以，本书中薪酬结构设计主要指基本薪酬的薪酬结构设计。

薪酬结构构成要素包括：薪酬的等级数量；同一薪酬等级内部的变动范围如最高值、中间值、最低值等；相邻薪酬等级之间的交叉与重叠关系。下图 9-1 是组织薪酬结构构成要素的简化示意图。

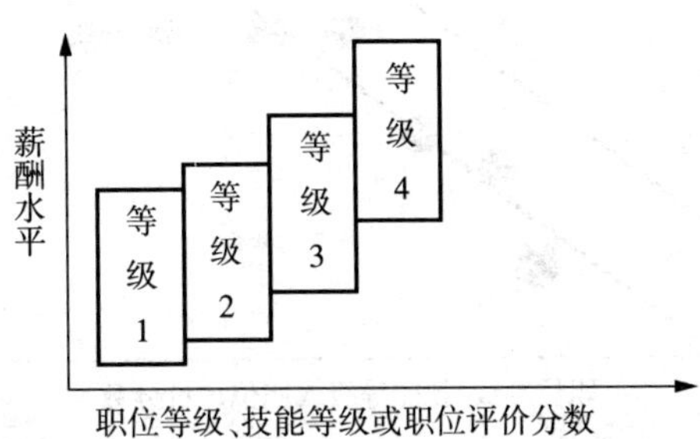

图 9-1　组织薪酬结构的构成要素

上图中，横坐标是企业内部不同职位（技能）的等级或职位评价分数，在企业进行薪酬结构设计时，一般是通过职位评价来获得职位评价分数，等级相近的职位（技能）通常合并在一起形成一个薪酬等级，即象限中的一个方框；纵坐标反映不同等级的职位或技能所对应的薪酬水平，当然每一个薪酬等级内部的薪酬水平有最高值、最低值和中间值，同一薪酬等级内部最高值与最低值之差称为薪酬区间，或称工资全距，同一薪酬等级内部的最高值、最低值之差与最低值之间的比率称为薪酬变动比率，而不同薪酬等级中相邻两个等级薪酬中值之间的比率称为薪酬级差。从图形中，我们还看到最高薪酬等级的区间最高值和最低薪酬等级的区间最低值之外，其余各相邻薪酬等级的最高值和最低值之间有一段交叉和重叠的区域。

1. 薪酬结构设计的步骤

企业在进行薪酬结构设计时，一般遵循如下步骤：

（1）制定企业的薪酬政策线。企业在完成薪酬调查后，将调查分析的结果和职位（技能）评价的结果结合起来，形成一条反映各职位（技能）市场薪酬水平与其评价分数或序列等级之间的关系曲线，这条曲线称为市场薪酬线。由于各个职位（技能）市场薪酬水平与其评价分数或序列等级之间理论上是一种线性关系，故市场薪酬线一般可通过最小二乘法拟合而成。根据市场薪酬线，结合公司的薪酬策略，可以制定薪酬政策线，如公司实行领先型或拖后型薪酬策略，则将市场薪酬线向上或向下平移，以获得公司薪酬政策线。公司薪酬政策线是用于指导公司薪酬设计的重要工具，薪酬政策线反映公司薪酬水平政策和薪酬结构政策两个方面的内容，有利于内部公平性和外部公平性的同时实现。下图 9-2 反映企业中的市场薪酬线和薪酬政策线。

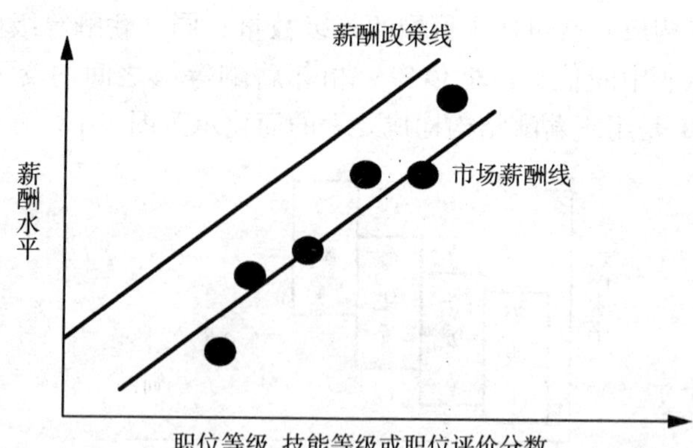

图9-2　市场薪酬线和薪酬政策线

（2）确定薪酬等级。薪酬等级就是将实质上等同的不同职位组合成一个等级，即将职位评价数据分组排列在横轴上。究竟一个公司的薪酬体系需要多少薪酬等级，并没有绝对的标准。在确定薪酬等级数目时，应考虑公司的规模、工作的类似性等因素后，确定一个合理的数目。另外，还要确定最高等级与最低等级之间的薪酬差，相邻薪酬等级的级差等。

（3）确定薪酬等级范围。即确定每个薪酬等级内部的最高值、最低值及不同等级薪酬的交叉和重叠程度。

（4）调整薪酬结构。薪酬结构的调整主要是对工资标准和工资等级的增加或减少。工资标准的调整主要是参考市场工资率的变动，而工资等级的调整主要是根据企业管理的需要。

2. 宽带薪酬结构的设计

宽带薪酬是一种新型的薪酬结构设计方式，根据美国薪酬管理学会的定义，宽带薪酬结构是指对多个薪酬等级以及薪酬变动范围进行重新组合，从而变成只有相对较少的薪酬等级以及相应的较宽薪酬变动范围。在这种薪酬结构设计之下，薪酬等级变少，每个薪酬等级内部薪酬变动范围变宽，一种典型的宽带薪酬结构可能只有不超过4个等级的薪酬级别，但每个级别内部的浮动范围可能高达200%～300%。而在传统的薪酬结构中，薪酬区间的变动通常只有20%～50%。

宽带薪酬的产生是由于在企业管理中出现了一下新的管理模式，如组织的扁平化、流程再造、团队导向和能力导向等。这种薪酬结构设计的主要特点是绩效比岗位更重要，同岗可不同薪，不同岗也可同薪，不升职也可增薪；而且，员工不是沿着公司中唯一的薪酬等级层次垂直往上走，而是在自己职业生涯的大部分或所有时间处于同一个薪酬宽带中。这种对传统薪酬结构的创新可以带来如下好处：

（1）支持扁平型组织结构

20 世纪 90 年代以后，由于企业竞争的日益激烈，为了在激烈的竞争中获得优势竞争地位，企业组织结构往往变得扁平，而宽带薪酬结构设计恰恰支持扁平型组织结构，因为它打破了传统薪酬结构所维护和强化的那种严格的等级制，使得组织扁平化趋势更加顺理成章。

（2）有利于员工技能和绩效的提升

在宽带薪酬结构设计下，企业更加重视员工的工作绩效而非其所在工作岗位的价值，由于宽带薪酬设计提供了较大的薪酬浮动范围，即使在较低等级的薪酬宽带中，员工也能因为出色的表现获取较高的薪酬水平，这样，员工就不需要为薪酬的增长而醉心于职位晋升转而注意发展企业所需要的那些技术和能力，不断改善自身的绩效。

（3）有利于职位的轮换

由于宽带薪酬设计减少了薪酬等级数量，将过去处于不同薪酬等级之中的大量职位纳入到现在的同一薪酬等级当中，薪酬与绩效而非职位挂钩；而且，职位轮换有利于能力提升，这会带来绩效和薪酬的提升。因此，在宽带薪酬设计之下，对员工进行横向甚至向下调动时所遇到的阻力就小多了。

（4）能密切配合劳动力市场上的供求变化

宽带薪酬结构是以市场为导向的，它使员工从注重内部公平转向为更为注重个人发展以及自身在外部劳动力市场上的价值。

当然，宽带薪酬结构会带来员工晋升的困难，无法满足部分员工对晋升的追求；而且它给企业绩效管理工作带来更大的挑战，也会导致人工成本控制难度的增加。

二、职位薪酬体系和技能（能力）薪酬体系

企业在决定基本薪酬时一般有三种可供选择的标准，即职位、技能和能力，由于以技能和能力为标准进行基本薪酬设计具有很大相似性，通常将两者合在一起，所以，基本薪酬体系主要分为职位薪酬体系和技能（能力）薪酬体系。

（一）职位薪酬体系

所谓职位薪酬体系，是指对职位价值做出客观评价，据此来赋予承担这一职位工作的人与职位价值相当的薪酬的一种基本薪酬决定制度。职位薪酬体系是一种传统的确定员工基本薪酬的制度。其主要特点是：薪酬与职位对等，在进行薪酬支付时只考虑职位价值的因素，而不考虑人的因素。员工要想获得更高的薪酬收入，需晋升到更高职位，否则，即使其自

身能力远超过目前职位的要求，并取得了很好的工作绩效，也只能得到与目前职位匹配的薪酬水平。职位薪酬体系实际上包含了这样一个假设：组织中已经实现了人职匹配，因此，只需考虑职位的因素，不要考虑人的因素。

1. 职位薪酬体系的优缺点

正是由于如上所述的特点，职位薪酬体系具有如下优点：

第一，实现了真正意义上的同工同酬，体现了按劳分配原则。在职位薪酬体系之下，薪酬支付只考虑职位的因素，而不管个人的背景、性别、种族等因素，这意味着个人只要具备了某种职位所需的能力，完成了相应的工作内容，就能获取相应的报酬，实现同工同酬，真正做到了按劳分配。

第二，有利于按照职位系列进行薪酬管理，操作比较简单，管理成本低。在职位薪酬体系之下，一旦职位分析和职位评价工作完成，并建立起完善的职位系列结构，薪酬管理工作就可以照章办事，非常简便。因为组织的职位设置、职位工作内容和相对价值在一定时间内都是稳定的，企业无需进行频繁调整。如果薪酬支付考虑的不是职位而是能力和绩效的因素，薪酬管理工作会因为能力和绩效的变动性而复杂得多。

当然，职位薪酬体系的缺陷也很明显：

第一，影响员工的工作积极性。这是因为职位薪酬体系将薪酬与职位直接挂钩，因此当员工晋升无望时，即使能力提升、绩效改善，其薪酬也不会增长，这使得员工工作积极性受挫，甚至出现消极怠工或者离职的现象；

第二，影响组织对外部环境的快速反应。由于职位相对稳定，同时与职位联系在一起的员工薪酬就相对稳定，不利于企业对于多边的外部环境作出迅速反应，也不利于及时激励员工。

2. 职位薪酬体系设计的工作流程

在设计职位薪酬体系时，主要有如下工作（如图 9－3 所示）：

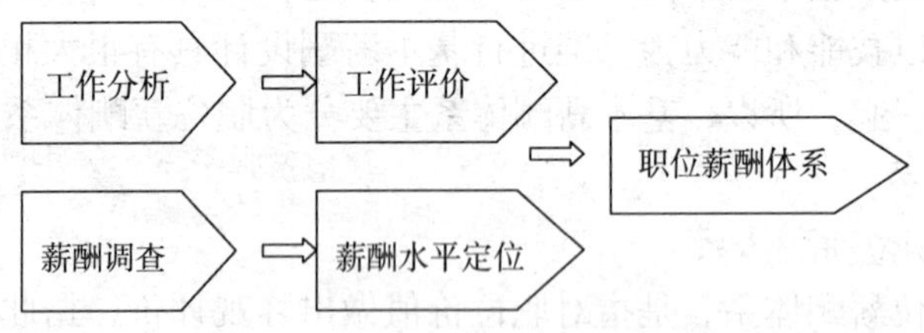

图 9－3　职位薪酬体系的框架图

资料来源：文跃然主编．薪酬管理原理［M］．上海：复旦大学出版社，2004

（1）工作分析。工作分析是搜集关于工作性质、内容职责及任职资格的信息，对某特定的工作作出明确规定，并确定完成这一工作所需要的知识技能等资格条件的过程。工作分析的结果是编写工作说明书，形成岗位描述和岗位规范。

（2）工作评价。即在工作分析的基础上，对各项工作的相对价值进行评价，形成职位等级结构。

（3）薪酬调查与薪酬水平定位。工作分析和工作评价解决内部公平的问题，在职位薪酬设计时还要考虑薪酬的外部公平，这要通过薪酬调查了解市场行情，并结合企业实际情况进行薪酬水平定位。

需要注意的是，职位薪酬体系并不适用于所有的企业，实施职位薪酬体系有如下基本条件：

第一，职位内容明确化、规范化和标准化。职位薪酬体系主要考虑职位因素进行薪酬支付，其建立的基础是企业能够对工作的内容和相对价值进行合理评价，这要求企业职位内容明确化、规范化和标准化，能够在职位分析的基础上进行有效的职位评价。

第二，职位的内容基本稳定，在短期内不会有较大的变动。职位薪酬体系以职位的工作内容为标准形成组织的薪酬等级体系，这要求各职位的内容在一段时间内保持稳定，否则，职位内容的频繁变动会使职位薪酬体系的相对稳定性和连续性受到破坏。

第三，企业具有按个人能力安排职位或工作岗位的机制。企业必须能够保证按照员工个人能力来安排适当职位，即做到人职匹配，只有这样才能实现薪酬支付的公平，否则，职位薪酬体系就会因为员工的反对而难以实施和运行下去。

第四，企业中存在相对较多的职级。职位薪酬体系将员工薪酬与职位联系起来，只有职位等级较多的情况下，员工才能通过晋升提升薪酬水平，如果没有相对较多的职级，员工的薪酬提升通道会被阻塞，加剧员工的内部竞争，影响员工的工作积极性。

第五，企业的薪酬水平足够高。这是为了保证处于最低职级的员工也能获得满足基本生活需要的薪酬。

（二）技能（能力）薪酬薪酬体系

在传统职位薪酬体系中，员工的薪酬取决于他们所在的职位。但这种职位薪酬体系越来越不适应时代的发展，必须有新的薪酬设计来取代它，主要有如下三个理由：

首先，组织扁平化趋势使得职位薪酬体系不合时宜。扁平化组织使得通过职位晋升获得薪酬提升的机会变少，薪酬体系的设计必须给员工成长留出空间，在职位头衔之外激励员工。传统的职位薪酬体系显然不能满足这种需要。

其次，全球竞争的加剧需要企业对职位薪酬体系进行创新。由于竞争的激烈，企业需不断提高核心竞争力，而核心竞争力的本质就是附加在企业人力资源（资本）身上的核心知识和技能以及对这些核心知识和技能的整合，这需要企业的薪酬设计鼓励员工不断提升自身的技能和能力，而职位薪酬体系并不能做到这一点。

最后，人本管理理念的盛行需要设计一种任职者为基础的薪酬体系。人本管理理念要求企业在管理中以人为本，注重调动员工的积极性和主动性，强调员工的发展。而传统的职位薪酬体系却更多考虑职位的因素而非人的因素，在实际管理中无法做到以人为本，不能鼓励员工进行自我提升和发展。

正是在这种背景下，基于任职者的体系开始兴起，这种薪酬设计不再关注职位的因素，而是考虑任职者的技术、知识和能力，形成新的技能（能力）薪酬体系。所谓技能（能力）薪酬体系，是指组织根据一个人所掌握的与工作有关的技能、能力以及知识的深度和广度而支付基本薪酬的一种报酬制度。其主要特点是：薪酬与技能（能力）挂钩，在进行薪酬支付时考虑员工掌握的技能或具备的能力，而不是职位的因素。员工要想获得更高的薪酬收入，需提升自身的技能和能力。这种薪酬体系隐含这样的假设：员工的技能（能力）直接决定其创造的价值。它可以细分为技能薪酬和能力薪酬两种形式。

1. 技能薪酬体系

以员工所掌握的与业务相关的技能数量和水平的不同为依据来确定基本薪酬的制度。要适用技能薪酬体系，企业必须首先建立一套技能水平评估标准，员工薪酬随着技能等级的变化而变化。技能薪酬体系的设计程序如同职位薪酬体系的设计过程，只不过它是以技能为分析、评价对象，结果是得出对应不同薪酬水平的技能等级。这种薪酬设计一般针对蓝领工人。

2. 能力薪酬体系

又称知识薪酬体系，是以员工所掌握的与工作相关的能力以及知识的深度和广度支付基本薪酬的一种报酬制度。此处的能力，是指一种胜任力，即根据岗位的具体要求（岗位工作规范），确保该岗位的人员能够出色完成该岗位工作的个人特征，由知识、技能、自我认知、人格特征和动机五大要素构成，其中后三者才是区分表现优异者和表现平平者的关键。能力薪酬体系与技能薪酬体系本质上非常接近，广义的技能薪酬甚至包括能力薪酬，故能力薪酬体系的操作步骤与技能薪酬体系大致相同，不同的是此处分析和评价的是能力而非技能。

阅读材料

职能工资又称任职资格工资，是按照员工完成职位工作能力的大小支付薪酬的工资制度。与技能工资相比，任职资格工资承认员工内在特质和动机的重要性；与能力工资相比，任职资格工资认为虽然胜任力能够影响绩效，但仍然离不开岗位工作所必备的知识和技能。所以，职能工资制是一种"既看岗又看人"的工资制，员工薪酬不仅跟岗位有关，而且跟员工能力有关。从本质上说，职能工资制是一种能力薪酬，此处对能力进行分类、分级的体系是任职资格体系，避免了因为不知道员工哪些能力可以跟薪酬挂钩，使薪酬制度失去操作性。它的主要特点是职位与工资并不直接挂钩，决定个人工资等级的最主要因素是个人技能和工作能力，而且，它把员工的成长与公司的发展统一起来考虑，而不是把员工当机器，仅仅执行一定的职务和承担一定的职责。职能工资制的重点在于建立职业化任职资格体系和职业化素质与能力评价体系。

总之，现在越来越多的企业在尝试采用技能（能力）薪酬体系，因为它可以加快企业对外界的反应，促进员工的专业化发展也带来了企业绩效的提升。但是它可能带来同工不同酬的不公平现象，加大企业的管理难度和管理成本，也面临技能（能力）的培训、认证、利用等一系列的挑战。

第三节 激励薪酬计划

激励薪酬是与绩效直接挂钩的薪酬形式，激励薪酬计划是指员工的薪酬随着个人、团队或者组织绩效的某些衡量指标发生变化而变化的一种薪酬设计。

一、激励薪酬计划的优缺点

（一）激励薪酬计划的优点

与基本薪酬设计相比，激励薪酬计划具有如下优点：

第一，明确的目标导向。激励薪酬计划将薪酬与绩效直接联系起来，通过建立明确的绩效目标来激励员工，员工在工作过程中有着明确的目标导向，这有效避免了员工工作行为与组织战略目标相脱节的现象。

第二，显著的激励性。与基本薪酬设计相比，激励薪酬计划更具有激励性。基本薪酬是固定的，而激励薪酬则是变动的，与绩效直接相联系，这激励员工必须不断提高工作效率，改善绩效。而且，随着外部环境的变化及竞争的激烈，激励薪酬计划也使得员工更加重视自身技能提高和能力的增长。

第三，很强的灵活性和针对性。基本薪酬具有保障性和稳定性，这使得基本薪酬设计受到诸多因素的制约，实际操作过程中灵活性不强。而激励薪酬计划则灵活得多，而且具有很强的针对性。企业可以针对自身的经营特点、经营状况灵活地进行激励薪酬设计，采取多种形式、多种方案来达到激励的效果。

（二）激励薪酬计划的缺点

当然，激励薪酬计划也有很多弊端。

首先，激励薪酬计划难以保证公平性。由于激励薪酬计划将薪酬与绩效相联系，而绩效的衡量具有很强的主观性，难以保证公平，这使得很多时候绩效薪酬计划最终流于形式，不能真正发挥其激励作用。

其次，激励薪酬计划可能导致内耗严重。激励薪酬计划可能使得员工与员工之间、员工群体之间为了追求更高绩效而相互竞争，形成内耗。

最后，激励薪酬计划加大管理难度。激励薪酬计划需要企业其他管理体系作为支撑，特别是企业的绩效管理体系。激励薪酬计划对企业的绩效管理体系提出了更高的要求，加大了企业管理的难度。

二、激励薪酬计划的形式

正是由于激励薪酬计划具有目标导向性、激励性、灵活性等优点，企业中很早就采用激励薪酬计划进行薪酬设计，传统的激励薪酬只包括奖金、分红等。随着时代的发展，激励薪酬计划的形式也出现了很大的变化，种类也越来越多。总的发展趋势是越来越注重群体激励和长期激励。这里根据激励对象的不同，将激励薪酬计划分为个体激励计划和群体激励计划两种（如图9－4）。

（一）个体激励计划

个体激励计划就是针对员工个人的工作绩效对员工个体提供奖励的一种薪酬计划，个体激励计划可采取计件工资、工时制、绩效工资及一次性奖金等多种形式。

1. 计件工资制

计件工资制是直接以一定质量的产品数量和计件单价计算员工劳动报酬的一种工资制度。根据计算方法的不同可分为直接计件工资制和差别计件工资制。

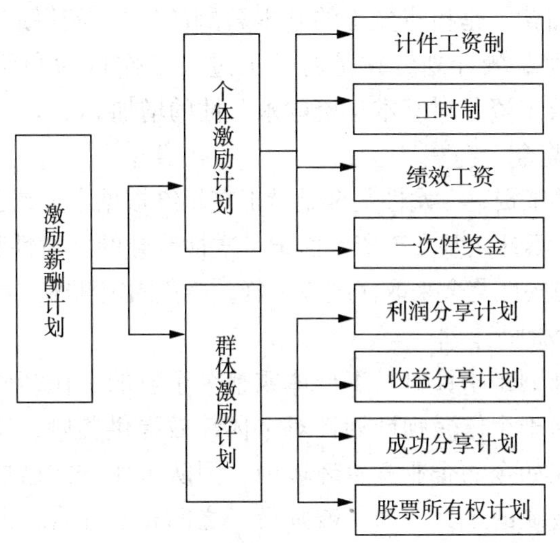

图 9－4 激励薪酬计划的形式

直接无限计件工资是按照员工单位时间内所生产的合格品的数量和统一的计件单价计算劳动报酬的计件工资形式。员工完成的合格产品，不论数量的多少，均用同一个计件单价计算。差别计件工资是员工完成产量定额部分按一般的计件单价计算，超过定额部分按更高的、累计的计件单价计算的工资形式。

2. 工时制

工时制是根据员工完成工作的时间来支付相应的报酬。包括标准工时制和标准工时制的两种变形形式。标准工时制是指首先确定完成某项工作的标准时间，当员工在少于标准时间内完成工作任务时，依然按照标准工作时间付酬。这相当于员工单位时间工资率得到了提高，从而激励员工提高效率。

标准工时制实际上相当于将员工因节约工作时间形成的收益全部给予员工，实际工作中，往往需要将节约的收益在企业和员工之间进行分配，形成标准工时制的两种变形：哈尔西（Halsey）50－50 计划和罗恩制。哈尔西（Halsey）50－50 计划，是指将节约时间带来的收益在员工与企业间平均分享。罗曼（Rowan）制则是随着所节约的时间增加，员工能够分享的收益比例是上升的，员工分享的收益根据其节约时间的比率来确定。如果完成一项任务的标准时间是 10 个小时，某人 7 个小时完成工作，则此人得到 30% 的成本节约奖，若他能在 6 个小时内完成，则可得 40% 的成本节约奖。

3. 绩效工资

如前所述，计件工资与工时制是对员工当期工作绩效提供奖励的激励薪酬计划。而绩效工资则不是对员工当期工作绩效提供奖励。所谓绩效工资，又称绩效加薪，是指将员工的基本薪酬的增加与其绩效评价等级联系起来的一种激励薪酬计划。它是对员工过去工作行为和所取得成绩的认可，而且，绩效工资是对基本工资的永久性的增加。

4. 一次性奖金

不同于绩效工资，一次性奖金是员工在年终根据本人或公司绩效获得的一次性奖励，并不计入基本工资。由于一次性奖金的针对性和灵活性，越来越多的公司用一次性奖金来取代绩效工资，避免固定薪酬成本的不断上升。

（二）群体激励计划

群体激励计划是指针对员工群体或整个企业的工作绩效提供奖励的一种报酬计划。由于个体激励计划针对个体绩效提供奖励，这不利于员工之间的合作。而在如今的企业竞争环境中，团队工作方式已成为企业获取竞争优势的不可或缺的工具，为了鼓励员工之间相互配合，群体激励计划开始盛行，当然群体激励计划也带来“搭便车”等问题，所以，它要与个体激励计划配合使用。实践中，群体激励计划可采取利润分享计划、收益分享计划、成功分享计划及员工持股计划等。

1. 利润分享计划

它是根据组织的利润指标的衡量结果来向员工支付报酬的一种绩效奖励模式。在这种计划下，报酬的支付是建立在对利润这一组织绩效指标的评价的基础上的，利润分享计划是一次性支付的奖励，它不会进入到雇员的基本工资中去，因而不会增加组织的固定工资成本。

利润分享计划可采取两种形式：现金分享，即每隔一定时间，把一定比例的利润（如10%）作为利润分享额直接分配给员工的方式，其短期激励性较强，长期激励性较弱；延期利润分享，是企业委托管理机构将员工实得利润分配额按预定比例将一部分利润存入员工个人账户，并在一定时期后支付给员工的一种方式。与现金分享相反，它有一定的长期激励作用，但短期激励性较弱。

2. 收益分享计划

收益分享计划是按照一个事先设计好的收益分享公式，根据员工所属单位或群体的总体绩效改善状况获得奖金。与利润分享不同，它不是要分享利润的一个固定百分比，它常常是与生产率、质量改善、成本有效性等方面的既定目标达成联系在一起的（通常是因生产率和质量改善所导致的成本节约）。如果这些目标达成，则群体分享货币收益的一部分。收益分享计划可以采取很多种形式，如斯坎伦计划（Scanlon Plan），拉克计划（Rucker Plan）。

斯坎伦计划的核心是斯坎伦比，即人工成本与产品销售价值（销售收益和盘存货品的价值之和）的比率。企业通常规定一定的斯坎伦比，即提供一个收益分配基线，如果员工经过努力使得人工成本与销售价值的比例低于此比例，即员工通过努力以较低的成本实现了同样的销售价值，则可以与企业分享收益。可以看出奖金来源于人工成本的节约。

拉克计划与斯坎伦计划区别在于它鼓励员工提高生产率而不是节约成本，奖金来源于经济附加值的。同斯坎伦计划一样，拉克计划也有一个比率，即拉克比率，是经济附加值与人工成本的比值。不同于斯坎伦计划，拉克计划注重生产率的提高，它规定一定的拉克比率，如果员工经过努力实现了在一定的人工成本之下取得了更高的经济附加值，使得实际的拉克比率高于规定的比率，则高出的经济附加值部分奖励给员工。

3. 成功分享计划

又被称为目标分享计划，它的主要内容是运用平衡记分卡方法来为某个经营单位制定目标，然后对超越目标的情况进行衡量，并根据衡量结果来对经营单位提供绩效奖励这样一种做法。

它不同于收益分享计划，收益分享计划所关注的主要是生产力和质量指标，与直接的利润指标无关，而成功分享计划所涉及的目标则可能包括财务绩效、质量和客户满意度、学习与成长以及流程等经营领域中的各个方面。

它也不同于利润分享计划，利润分享计划所关注的则是组织目标尤其是财务目标是否达成，而成功分享计划所关注的是员工在团队层次上的表现以及一些更为广泛的绩效结果。只要目标达到了，则员工们就会得到货币报酬或非货币报酬。

4. 股票所有权计划

股票所有权计划是指向员工提供股票或股权奖励的计划。这种激励计划是一种长期激励计划，根据一年以上的绩效完成情况，员工将获得不同的收益，这激励员工努力工作，关心公司的总体绩效和长远利益。由于它与公司的整体绩效紧密联系，故此处将它归入群体激励计划。

股票所有权计划有三种形式：现股计划、期股计划和期权计划。现股计划是公司向员工直接赠与公司股票或参照当期市场价格向员工出售股票。这使得员工立即获得现实的股权，而股价的变动会直接影响员工的收益。期股计划是指公司和员工约定在未来一段时间内员工要以一定价格购买公司一定数量的股票，如果未来公司股票价格上扬，超过约定价格，员工获益，否则员工则受损，这也激励员工努力工作以求公司业绩良好，从而股票价格上涨。期权计划与期股计划一样，也是公司与员工的约定，只不过期权计划给予员工一种选择权，员工可以在未来一段时间内以一定价格购买公司一定数量的股票，也可不购买，不像期股计划中必须购买。

第四节　福利管理

一、福利概述

（一）福利的含义和类型

福利又称间接薪酬，是指组织为员工提供的除工资与奖励之外的一切物质待遇（货币、实物及一些服务形式）。它是总报酬的一部分，但它不是根据工作时间进行支付的。美国的薪酬管理专家约瑟夫·J·马尔托奇奥认为员工福利就是非货币奖励，属于边缘薪酬（Fringe compensation）。就类别而言可以分为三类：第一是员工获得的时间报酬（例如假期），第二是为雇员提供的各种服务（例如日托补助），第三是企业的各种保障计划（例如医疗保险）。美国商会对员工福利计划（EBP）采用广义的解释，认为EBP是直接工资以外的任何形态的工资，包括对于员工经济安全所需的法定给付、养老金和其他承诺的给付、上班中非生产时间的给付、未工作时间的给付以及其他福利。

一般而言，按照福利项目性质的不同，员工福利可分为法定福利和企业福利。

法定福利是国家相关法律法规规定的福利内容，具有强制性。包括法定社会保险和法定假日（如图9－5）。

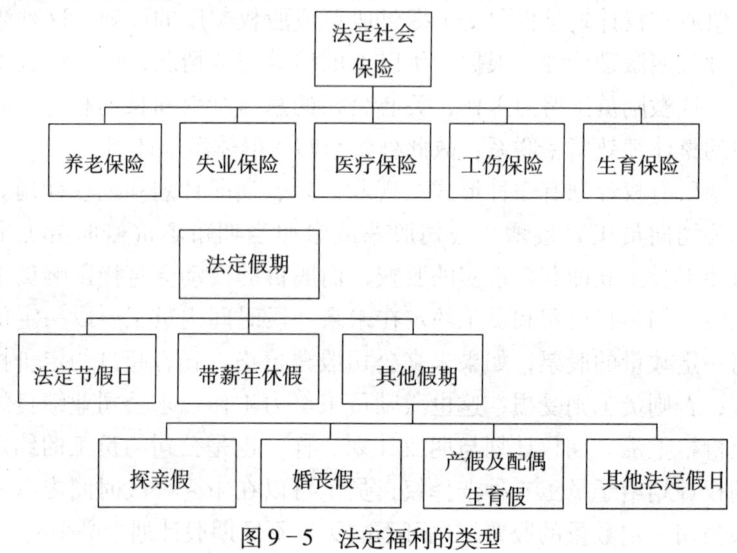

图9－5　法定福利的类型

阅读材料

《职工带薪年休假条例》共计十条，2007 年 12 月 7 日国务院第 198 次常务会议通过，自 2008 年 1 月 1 日起施行。

第三条 职工累计工作已满 1 年不满 10 年的，年休假 5 天；已满 10 年不满 20 年的，年休假 10 天；已满 20 年的，年休假 15 天。国家法定休假日、休息日不计入年休假的假期。

第四条 职工有下列情形之一的，不享受当年的年休假：

（一）职工依法享受寒暑假，其休假天数多于年休假天数的；

（二）职工请事假累计 20 天以上且单位按照规定不扣工资的；

（三）累计工作满 1 年不满 10 年的职工，请病假累计 2 个月以上的；

（四）累计工作满 10 年不满 20 年的职工，请病假累计 3 个月以上的；

（五）累计工作满 20 年以上的职工，请病假累计 4 个月以上的。

企业福利是企业自主向员工提供的福利，不具有强制性。包括企业补充保险计划和员工服务福利（如图 9－6）。

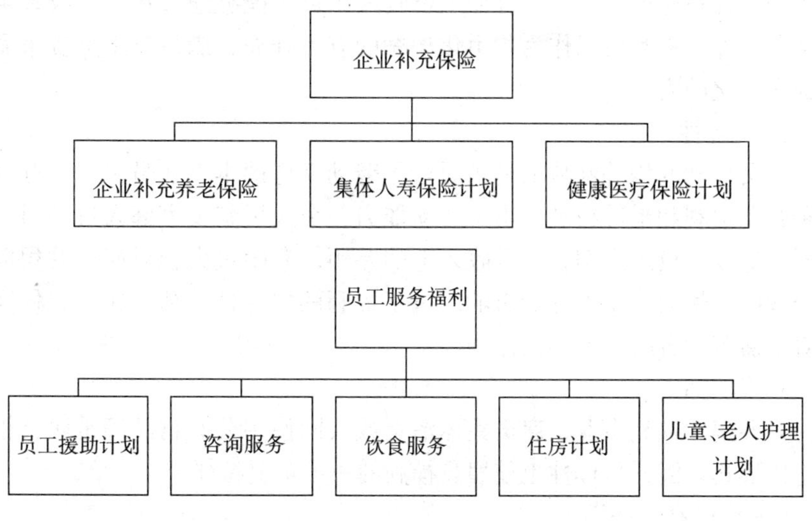

图 9－6 企业福利

员工福利也可分为集体福利和个人福利两种形式。

集体福利是企业举办或者通过社会服务机构举办的、供雇员集体享用的福利性设施和服务，是主要的雇员福利形式，包括两个方面：一是集体生活设施和服务，如雇员食堂、托幼设施、卫生设施及医疗保健、文娱体育设施、集体交通工具等，这些设施都对本企业雇员实施集体免费或低费提供服务；二是带薪休假、免费旅游等。

个人福利主要是指由雇员福利基金开支的，以货币形式直接支付给雇员的个人的福利补贴，是雇员福利的非主要形式，主要包括：①两地分居的雇员享受探亲假期、工资补贴和旅费补贴待遇；②上下班交通费补贴；③冬季宿舍取暖补贴；④生活困难补助；⑤生活消费品价格补贴、婚丧假和年休假工资等。

（二）福利的特点

如前所述，福利是员工总薪酬的一部分，但它不同于直接薪酬即基本薪酬和绩效薪酬，具有自身的特点。它与直接薪酬有如下区别：

首先，作用不同，直接薪酬对员工的生活水平起决定作用，福利起到保障和提高作用。其次，支付依据不同，直接薪酬是根据职位、能力和业绩支付，而福利很大程度上按需支付。最后，支付形式不同，直接薪酬是采取现金支付的方式，福利多采取实物和延期支付方式。

一般说来，员工福利具有如下特点：

1. 补偿性

员工福利是对劳动者为企业提供劳动的一种物质补偿，也是员工工资收入的一种补充形式。一部分低工资收入的员工能够通过福利来改善生活水平，另外，福利可以作为货币化薪酬的有力补充，满足员工除货币需求外的多样化的需求。

2. 均等性

雇员福利的均等性特征是指履行了劳动义务的本企业员工，均有享受各种企业福利和平等权利。由于劳动能力、个人贡献及家庭人口等因素的不同，造成了员工之间在工资收入上的差距，差距过大会对雇员的积极性和企业的凝聚力产生不利的影响。员工福利的均等性特征，在一定程度上起着平衡劳动者收入差距的作用。

3. 集体性

兴办集体福利事业，雇员集体消费或共同使用公共物品等是雇员福利的主体形式，因此集体性也使雇员福利的一个重要特征。

（三）福利的作用

企业提供福利具有如下作用：

1. 提升企业形象，有利于吸引人才

首先，企业通过提供法定福利，使得自己的经营行为合法，建立企业合法规范的形象。另外，通过提供企业福利，彰显企业良好的经营业绩以及对职工的良好待遇，这有利于提高企业的知名度，吸引求职者。

2. 培养员工忠诚度，有利于留住人才

福利不仅能吸引人才，也能留住人才。企业通过提供福利，营造出一种和谐的企业氛围，也使得员工对企业产生归属感，在工作过程中满意感增加，从而对企业更加忠诚，流失的意愿降低。

3. 享受税收和采购的优惠，有利于企业成本降低

企业在提供福利过程中，还能享受税收的优惠。由于企业在提供福利项目时，实质上是替代社会和政府承担了一部分社会保障的功能，政府往往会通过税收优惠的形式鼓励企业提供福利。另一方面，企业通常是通过集中采购的形式来提供福利产品，能够获得规模经济效果，从而有利于企业成本的降低。

4. 满足员工多样化需求，提高管理的灵活性

企业提供的福利项目有很多种类，能够满足员工多样化的需求，另外，福利项目的提供可根据企业的经营状况灵活安排，这使得企业在管理上更加灵活性，而且多样化的福利项目也使得企业的管理更具人性化。

二、福利管理

（一）福利管理的四个步骤

为了充分发挥员工福利的作用，提高福利的实施效果，一般按照如下四个步骤进行福利管理。

1. 福利调查

福利调查分为内部调查和外部调查。内部调查是要了解员工的需求，避免盲目地提供一些不能满足员工需求的福利项目，造成成本的浪费，达不到预期的目的。而外部调查则是为了掌握企业总体的福利水平，实现企业福利在外部市场的竞争性。

2. 福利规划

在完成福利调查之后，接着企业要进行福利的规划。福利规划主要包括福利项目的设计、福利水平和福利保障对象的确定、福利资金来源筹划以及福利实施计划的制订等。通过福利规划，可以充分利用福利调查工作的结果，将福利管理工作细化，保证福利管理的效果。

3. 福利实施

福利实施阶段就是根据已经完成的福利规划具体地加以实施，向员工提供福利。这一阶段，要通过各种手段进行成本控制，同时根据实际情况对计划加以调整。

4. 福利控制

这一阶段主要是进行福利沟通，了解员工的反馈意见，找出福利实施过程中存在的问题，不断改善，提高福利管理的质量。

（二）福利项目设计

福利项目的设计与开发是现代企业福利管理的核心任务。企业传统的

福利项目设计比较单一，不能满足员工多样化的需要，而且传统的福利项目常常与企业战略相脱节，不注重成本效益。为了提高福利管理的效益，企业逐渐开始重视福利项目的设计。现代企业在福利项目设计上呈现出如下特点：

1. 福利项目的多样化、个性化

现代企业设计的福利项目种类越来越多，能够满足员工多层次、多样化的需要。而且，福利项目设计更加人性化，能够考虑不同员工在不同生活阶段的不同需要，满足员工个性化的要求。

2. 福利项目的高端化

传统的福利项目着重满足员工及其家属物质和生活等低层次的需要，较少考虑员工精神、文化等高层次的需要，而现代企业在福利项目设计时，逐渐提供一些高端的福利项目，如带薪休假、跨国旅游、健身服务等，满足员工追求更高生活品质的需要。

3. 福利项目的战略化

以往企业在提供福利时，更多考虑是对员工收入的一个补充，福利项目的设计不具战略性，而现代企业在进行福利管理时，将福利看成是总薪酬一个部分，与组织战略和企业人力资源开发密切相关，福利项目更具战略性，如设计一些教育培训类的福利项目，一方面提升员工自身素质，另一方面也为企业实现其战略目标提供支撑作用，最终实现企业与员工的“双赢”。

（三）福利沟通

福利沟通是福利管理的又一重要工作。企业必须就福利计划与员工进行沟通，只有这样才能提高福利管理的质量，保证福利管理的顺利实施。否则，由于缺乏对福利内容及其价值的理解可能引起员工对福利的不满。

企业可以采取多种方式进行福利沟通，常用的福利沟通方法是员工福利手册，这种手册一般包含对全部福利的描述，包括对福利水平和资格要求的规定，它有利于员工从总体上了解组织提供的福利并去理解它们。当然，也有些企业通过会议或面谈的形式来进行福利沟通，从而获取福利管理的相关信息。

现代科技手段的应用使得企业福利沟通工作更加便捷。局域网和因特网的使用，可以保证福利管理者与员工之间一致而准确的沟通。另外一项新技术是呼叫中心，它是计算机与电话集成（CTI）技术的应用系统，这种技术的应用可提高服务水平并维持与员工密切沟通。

（四）福利成本控制

现代企业中，福利成本在整个人工成本中的比例不断上升，福利成本控制工作在福利管理中的地位逐渐凸显。现代企业往往通过如下途径降低福利成本，提升服务质量，从而提高福利管理的成本有效性。

第一，等待期。即将新员工排除在福利保障之外，新员工必须经过一定的等待期（如三个月的试用期）方能享受企业提供的福利。

第二，由员工承担部分费用。在一些福利项目上由企业和员工联合付费，员工必须支付固定数额或一定比例的费用。

第三，限制福利数额和范围。企业在一些福利项目上规定支付的上限，而且规定享有特定福利项目的条件，不是所有员工均能享有。

第四，规模化、专业化的福利管理。企业可以通过集中采购、竞争性投标或者谈判、协调的方式来获取低成本的福利；另外，企业还可以通过“把福利问题交给福利专家”，采取福利外包的形式实现福利管理的专业化，从而实现福利成本的有效控制。

三、弹性福利计划

（一）弹性福利计划概述

现实中很多企业在进行福利管理时，往往注重福利的普惠性质，提供的福利项目多是一刀切的，这种统一的福利形式已不能满足员工的不同需求，也使得很多企业在福利时投资巨大，却最终难以取得良好的实施效果。员工越来越希望自己能够参与企业的福利方案制定过程，掌握更多的选择权，而不是被动地接受。在这种情况下，弹性福利计划应运而生，逐渐成为企业福利管理新的发展方向。

所谓弹性福利计划，又被称为“自助餐式的福利计划”，即由员工自行选择福利项目的福利管理模式。其基本思想是让员工对自己的福利组合计划进行选择，当然，这种选择会受两个方面的制约，一是企业一般会制定总成本约束，即规定一定的金额限制；另外，每一种福利组合中通常包括一些非选择项目，例如社会保险、工伤保险以及失业保险等法定福利计划。

（二）弹性福利计划实施步骤

在企业中实施弹性福利计划一般有如下步骤：

1. 确定福利限额并了解员工需求

首先，企业要根据自身经济实力和发展策略，确定合理的总福利支出，根据员工的资历、业绩等因素为每位员工规定一定的福利限额。其次，企业还要进行福利调查，了解竞争对手提供的福利项目及不同员工的需要。

2. 福利产品定价

比照现实商品的价格，为每一种福利产品定价。由于有些福利产品难以用价格衡量，故在实际操作中，也可采用虚拟点数对福利产品定价。

3. 员工选择福利项目

在对福利产品定价之后，员工可根据自己需要，结合公司给予的福利限额进行福利项目的选择。如果选择的福利项目超出福利限额，可用现金补足，如果福利限额有富余也可留存下次使用。

4. 沟通、管理与协调

完成以上工作后，企业还要就福利项目及其定价、福利限额等与员工进行沟通，进行管理与协调。

（三）弹性福利计划的优缺点

与传统的固定式福利相比，弹性福利计划最大的特点是灵活性，这使它具有如下优点：

1. 满足员工不同需要，体现管理的人性化

弹性福利计划为员工提供不同种类的福利项目，允许员工自助选择，避免了传统福利政策的僵化，能够满足员工不同的需求，也体现了企业以人为本的宗旨，有利于提高员工的满意度，增强企业的凝聚力，吸引并留住优秀人才。

2. 提高福利开支的资金使用效率，有利于企业成本控制

弹性福利计划由员工自行选择所需要的福利项目，企业不再提供那些员工不需要的福利，而且根据员工的资历、绩效、职位等因素规定不同的福利限额，而不是不加区别地一刀切，这在一定程度上节约了企业的福利成本，提高了资金使用效率。

本章精要

薪酬管理在企业人力资源管理工作中处于非常重要的地位，它与工作分析、职位评价、绩效管理、员工关系管理等都有着密切的联系。在薪酬管理过程中，企业要就薪酬水平、薪酬体系、薪酬结构、薪酬构成以及特殊员工群体的薪酬做出决策。同时，作为一种持续的组织过程，企业还要持续不断地制定薪酬计划，拟定薪酬预算，就薪酬管理问题与员工进行沟通，同时对薪酬系统的有效性做出评价并不断予以完善。本章首先阐述了薪酬的内涵、组成要素与功能，并介绍了薪酬管理的体系及战略薪酬管理的相关内容。接着，本章从薪酬的三大组成要素介绍企业的薪酬管理工作。在基本薪酬设计中，本章介绍了薪酬调查和薪酬结构设计工作，并阐述了职位薪酬体系和技能（能力）薪酬体系；在激励性薪酬计划中，本章着重介绍了个体激励计划和集体激励计划的类型；在福利管理中，本章着重于福利的内涵、特点、类型，福利管理的流程和主要工作，并介绍了弹性福利相关内容。

本章思考与讨论

1. 什么是薪酬？薪酬有什么功能？基本薪酬与可变薪酬各有什么特点？

2. 什么是薪酬管理？薪酬管理与其他人力资源管理工作有什么不同？薪酬管理的目标要哪些？

3. 什么是战略性薪酬管理？战略性薪酬管理有什么特征？

4. 什么是薪酬调查？企业该如何进行薪酬调查？

5. 什么是薪酬结构？企业薪酬结构设计的程序是怎样的？

6. 什么是宽带薪酬？宽带薪酬具有哪些优点？

7. 什么是职位薪酬体系？它有哪些优点、缺点？

8. 什么是技能（能力）薪酬薪酬体系？其产生的背景是什么？

9. 激励薪酬计划有哪些优点、缺点？有哪些激励薪酬计划的形式？

10. 什么是福利？它有什么特点？福利有哪些类型？

11. 如何进行福利管理？福利项目设计的特点有哪些？如何进行福利成本控制？

12. 什么是弹性福利计划？如何实施弹性福利计划？

推荐阅读材料

1. 王长城，姚裕群．薪酬制度与管理［M］．北京：高等教育出版社，2008

2. ［美］兰斯·A·伯杰，多萝西·R·伯杰著．文跃然等译．薪酬手册（第4版）［M］．北京：清华大学出版社，2006

3. 刘军胜．薪酬管理实务手册［M］．北京：机械工业出版社，2002

4. 世界500强企业管理标准研究中心编著．薪酬设计与管理［M］．北京：中国社会科学出版社，2004

5. 解进强，史春祥．薪酬管理实务［M］．北京：机械工业出版社，2008

6. 安林，陈庆．中国企业宽带薪酬实务［M］．北京：机械工业出版社，2006

案例分析

IBM公司的薪酬文化

在IBM有一句拗口的话：加薪非必然！IBM的工资水平在外企中不是最高的，也不是最低的，但IBM有一个让所有员工坚信不疑的游戏规则：干得好加薪是必然的。

IBM 的薪金管理非常独特和有效，能够通过薪金管理达到奖励进步、督促平庸的目的，IBM 将这种管理已经发展成为了高效绩文化（High performance culture），这里，让我们来解读 IBM 高效绩文化的精髓。

1. 个人承诺计划

IBM 的薪金构成很复杂，但里面不会有学历工资和工龄工资，IBM 员工的薪金跟员工的岗位、职务、工作表现和工作业绩有直接关系，工作时间长短和学历高低与薪金没有必然关系。在 IBM，你的学历是一块很好的敲门砖，但绝不会是你获得更好待遇的凭证。

在 IBM，每一个员工工资的涨幅，会有一个关键的参考指标，这就是个人业务承诺计划——PBC。只要你是 IBM 的员工，就会有个人业务承诺计划，制订承诺计划是一个互动的过程，你和你的直属经理坐下来共同商讨这个计划怎么做得切合实际，几经修改，你其实和老板立下了一个一年期的军令状，老板非常清楚你一年的工作及重点，你自己对一年的工作也非常明白，剩下的就是执行。到了年终，直属经理会在你的军令状上打分，直属经理当然也有个人业务承诺计划，上头的经理会给他打分，大家谁也不特殊，都按这个规则走。IBM 的每一个经理掌握了一定范围的打分权力，他可以分配他领导的那个 Team（组）的工资增长额度，他有权力将额度如何分给这些人，具体到每一个人给多少。IBM 在奖励优秀员工时，是在履行自己所称的高效绩文化。

IBM 的个人业绩评估计划从三个方面来考察员工工作的情况。第一是 Win，致胜。胜利是第一位的，首先你必须完成你在 PBC 里面制定的计划，无论过程多艰辛，到达目的地最重要。第二是 Executive，执行。执行是一个过程量，它反映了员工的素质，执行是非常重要的一个过程监控量。最后是 Team，团队精神。在 IBM 埋头做事不行，必须合作。在 IBM 采访时有一个强烈的感觉：IBM 是非常成熟的矩阵结构管理模式，一件事会牵涉到很多部门，有时候会从全球的同事那里获得帮助，所以 Team 意识应该成为第一意识，工作中随时准备与人合作一把。

2. 双向沟通

如果员工自我感觉非常良好，但次年初却并没有在工资卡上看到自己应该得到的奖励，会有不止一条途径给你提出个人看法，包括直接到人力资源部去查自己的奖励情况。IBM 的文化中特别强调 Two way communication——双向沟通，不存在单向的命令和无处申述的情况。IBM 至少有四条制度化的通道给你提供申述的机会。

第一条通道是与高层管理人员面谈（Executive interview）。员工可以借助“与高层管理人员面谈”制度，与高层经理进行正式的谈话。这个高层经理的职位通常会比你的直属经理的职位高，也可能是你的经理的经理或是不同部门管理人员。员工可以选择任何个人感兴趣的事情来讨论。这种面谈是保密的，由员工自由选择。面谈的内容可以包括个人对问题的倾向性意见，自己所关心的问题，你反映的这些情况公司将会交直接有关的部门处理。所面谈的问题将会分类集中处理，不暴露面谈者身份。

第二条通道是员工意见调查（Employee opinion survey）。这条路径不是直接面对你的收入问题，而且这条通道会定期开通。IBM 通过对员工进行征询，可以了解员工对公司管理阶层、福利待遇、工资待遇等方面有价值的意见，使之协助公司营造一个更加完美的工作环境。很少看到 IBM 经理态度恶劣的情况，恐怕跟这条通道关系密切。

第三条通道是直言不讳（Speakup）。在 IBM，一个普通员工的意见完全有可能会送到总裁郭士纳的信箱里。“Speakup”就是一条直通通道，可以使员工在毫不牵涉其直属经理的情况下获得高层领导对你关心的问题的答复。没有经过员工同意，“Speakup”的员工的身份只有一个人知道，那就是负责整个“Speakup”的协调员知道，所以你不必担心畅所欲言过后会带来的风险。

第四条通道是申诉（opendoor），IBM 称其为“门户开放”政策。这是一个非常悠久的 IBM 民主制度，IBM 总裁郭士纳刚上台就一改 IBM 老臣的作风，他经常反向执行 opendoor，直接跑到下属的办公室问某件事干得怎么样了。IBM 用 opendoor 来尊重每一个员工的意见。员工如果有关于工作或公司方面的意见，应该首先与自己的直属经理恳谈。与自己的经理恳谈是解决问题的捷径，如果有解决不了的问题，或者你认为你的工资涨幅问题不便于和直属经理讨论，你可以通过 opendoor 向各事业单位主管，公司的人事经理，总经理或任何总部代表申述，你的申述会得到上级的调查和执行。

3. 让我的烦恼有机会表白

IBM 的薪金是背靠背保密的，薪金没有上下限，工资涨幅也不定，没有降薪的情况。如果你觉得工资实在不能满足你的要求，那只有走人。

如果因为工资问题要辞职，IBM 不会让你的烦恼没有表达的机会，人力资源部会非常惋惜地挽留你，而且跟你谈心。

IBM 会根据情况，看员工的真实的要求是什么，一是看他的薪金要求是否合理，是否有 PBC 执行不力的情况，如果是公司不合理，IBM 会进行改善，公司对待优秀员工非常重视。第二种情况是看员工提出辞职是以增资为目的，还是有别的原因，通过交谈和调查，IBM 会让每一个辞职者有一种好的心态离开 IBM。

为了使自己的薪资有竞争力，IBM 专门委托咨询公司对整个人力市场的待遇进行非常详细的了解，公司员工的工资涨幅会根据市场的情况有一个调整，使自己的工资有良好的竞争力。

4. IBM 的工资与福利项目

基本月薪——是对员工基本价值、工作表现及贡献的认同。

综合补贴——对员工生活方面基本需要的现金支持。

春节奖金——农历新年之前发放，使员工过一个富足的新年。

休假津贴——为员工报销休假期间的费用。

浮动奖金——当公司完成既定的效益目标时发出，以鼓励员工的贡献。

销售奖金——销售及技术支持人员在完成销售任务后的奖励。

奖励计划——员工由于努力工作或有突出贡献时的奖励。

住房资助计划——公司提拔一定数额存入员工个人账户，以资助员工购房，使员工能在尽可能短的时间内用自己的能力解决住房问题。

医疗保险计划——员工医疗及年度体检的费用由公司解决。

退休金计划——积极参加社会养老统筹计划，为员工提供晚年生活保障。

其他保险——包括人寿保险、人身意外保险、出差意外保险等多种项目，关心员工的每时每刻的安全。

休假制度——鼓励员工在工作之余充分休息，在法定假日之外，还有带薪年假，探亲假，婚假，丧假等。

员工俱乐部——公司为员工组织各种集体活动，以加强团队精神，提高士气，营造大家庭气氛，包括各种文娱、体育活动、大型晚会、集体旅游等。

（来源：http：//www. niwota. com/submsg/868386/）

根据上述案例材料思考以下问题：

1. IBM 的薪酬体系有何特点？

2. IBM 的薪酬体系是如何支持高绩效文化的？

参考文献

1. 李新建．企业薪酬管理概论［M］．北京：中国人民大学出版社，2006

2. 张正堂，刘宁．薪酬管理［M］．北京：北京大学出版社，2007

3. 刘昕．薪酬管理［M］．北京：中国人民大学出版社，2007

4. 董克用，叶向峰，李超平．人力资源管理概论［M］．北京：中国人民大学出版社，2007

5. 李中斌，曹大友，章守明．薪酬管理理论与实务［M］长沙：湖南

师范大学出版社，2007

6. 文跃然．薪酬管理原理［M］．上海：复旦大学出版社，2004

7. 王勇，曹彦平．人力资源管理概论［M］．武汉：武汉理工大学出版社，2006

8. 曾湘泉．薪酬：宏观、微观与趋势［M］．北京：中国人民大学出版社，2006

9. 刘洪．薪酬管理［M］．北京：北京师范大学出版社，2007

10. 陶莉，张力．薪酬管理［M］．北京：清华大学出版社，2007

第十章　劳动关系管理

引言：真知灼见

君之视臣为手足，则臣视君如腹心；君之视臣如草芥，则臣视君如路人；君之视臣如犬马，则臣视君如寇仇。

——孟子《孟子·离娄篇下》

管理阶层与工会如同双头蛇，如二蛇相互攻击，则在自杀。

——［美国］彼得·杜拉克（Peter F. Drucker）

本章学习目标

作为人力资源管理的一个重要组成部分，劳动关系管理越来越受到业界的高度关注。劳动关系是否融洽已成为组织人力资源潜力能否有效发挥的重要推动力，如果漠视劳动关系管理，其后果必然是严重挫伤劳动者的积极性，而这也恰恰是当前许多组织所面临的实际困境。要想促进组织内部劳资双方建立和谐的劳动关系，需要正视涉及员工切身利益的一系列问题。本章正是以组织中劳动关系的协调与管理为基本出发点，分为四节分别阐述了劳动关系管理概述、劳动人事合同管理、职业安全与卫生、劳动争议及处理的相关内容。

通过本章的学习，你应该能够：

★明确劳动关系的概念
★理解劳动关系的实质
★掌握劳动关系管理的基本内容
★了解我国劳动关系的历史和现状
★了解我国劳动法对劳动者的地位和权益的相关规定
★掌握劳动合同的内涵
★了解劳动合同的订立、履行、变更、终止与解除过程
★了解健全职业安全与卫生管理的制度举措和最新精神
★掌握劳动争议处理的基本原则和基本程序

第一节 劳动关系管理概述

劳动是人类社会赖以生存和发展的基本条件，劳动关系是人类社会最主要的社会经济关系。自从人类出现合作劳动开始，这种关系就已经存在并且随着生产力的发展而逐渐地演变。这种社会经济关系反映了人类劳动的社会性，即个体劳动者是在生产劳动过程中与其他人或组织结成一定社会关系的，劳动关系的建立并不是单个个体劳动者凭借一己之力就可以完成的。劳动关系的协调，意义十分重大，它不仅影响组织内部的和谐与高效，也关系到整个社会的稳定和发展。构建良性和谐的劳动关系，需要各级政府部门、各级工会、各用人单位和劳动者的相互配合和共同努力。

劳动关系，在西方学术界中有时又被称为“劳资关系”（labor－management relation）、“劳工关系”（labor relations）、“雇员关系”（employee relations）、“产业关系”（industrial relations），尽管这些概念在表述上有着细微的差别，但一般都是指劳动者与用人单位（包括企业、机关、事业单位以及非营利性公共组织）的所有者和经营者之间的关系，即劳方与资方、管理者与被管理者、代表劳动者权益的工会与雇主、雇主与雇员之间的关系。这种关系内部各要素之间既相互联系依存，又充满着对立与矛盾。例如，任何组织的稳定和发展都离不开有一定技术、能力和责任心的员工，而没有组织提供的工作机会，个人也无法施展自己的才华并获得维持生存和发展的收入回报，从这个意义上来说，他们彼此之间是相互依存的。但在现实中，劳动关系则更多地是以冲突形式表现出来的，如劳资双方之间就工资报酬、劳动条件、利润分配等方面发生争执，如果争执不下、谈判破裂，甚至会以联合抵制、请愿、罢工等更为激烈的形式反映出来，造成生产的延缓甚至停滞。出现这种情况，不仅对于单个组织来说是一件头疼的事情，对整个社会的生产和百姓的生活也会产生较大影响。尽管这些年来发达国家建立和完善了相应的法律体系来规范协调劳动关系，使一度紧张的劳动关系局面出现了一定程度的缓和，但新问题依然层出不穷，亟待解决。

我国由于劳动关系领域内法律、法规体系相对不完善，常常会让某些用人单位钻了空子，借此逃避社会责任、回避雇佣风险，再加上近年来劳动力市场上供需矛盾突出，总体上供大于求，劳动者处于弱势地位，一部分劳动者缺乏自我保护意识和维权意识，因而劳动关系上存在着许多严重的问题，劳资纠纷日益增多，已成为引起社会广泛关注的一类较为尖锐的矛盾。理顺劳动者与用人单位之间的关系，化解纠纷，对于正确处理社会矛盾、促进生产力的发展来说都是至关重要的。同时，劳动者自身掌握一定的劳动关系方面的知识，在需要的时候，拿起知识和法律的武器来捍卫自己的合法劳动权益不受侵害，也是十分必要的。

鉴于劳动关系对国民经济发展、社会和谐稳定和劳动者自身权益的保障都有如此重要的意义，学术界对劳动关系的研究正日趋全面而深入，学术研究成果也日益丰富，这对于缓和劳资矛盾、优化劳动关系都发挥了积极的借鉴和指导作用。随着劳动关系理论研究的进一步深化，已经有越来越多的人认识到在组织内建立和维系和谐良好的劳动关系的重要意义。那么，什么是劳动关系？它包括哪些基本要素？怎样协调劳动关系？这一系列的问题就会随之而来。要回答好这些问题，首先必须要全面而又深刻地了解劳动关系的内涵。

一、劳动关系与劳动法律关系

如前所述，劳动关系中所包含的构成要素以及彼此之间的关系相对比较复杂，本节将在总结提炼劳动关系本质特点的基础上，归纳出不同层面的劳动关系内涵，并同劳动法律关系的概念作出比较分析。

（一）劳动关系的概念

我国在1995年开始实施的《劳动法》和2008年开始实施的《劳动合同法》中都强调了法律调整的对象是劳动关系，但在法条中并未对劳动关系做出非常明确的界定。关于劳动关系的概念，主要来自于劳动法律领域内的专家学者。许多学者从不同的角度对劳动关系进行深入剖析，揭示了劳动关系的内涵，虽然在各自的表述中存在一定程度的差异，但基本上可以提炼出其内在的一些本质特点，主要集中反映在以下几点上：

首先，劳动关系是人们在劳动过程中建立起来的经济社会关系，它不同于一般的源自血缘、地缘、感情、爱好等方面的社会关系，它是因为劳动而产生，因此形成劳动关系的根本目的是为了实现特定的社会劳动。在这个劳动过程中，劳动者为用人单位所提供的劳动是有偿的，是以劳动换报酬的交易过程。

其次，劳动关系所涉及的是相互为了自身权益而博弈的多方关系。其主体包括了劳动者本人、用人单位、工会组织和雇主组织以及政府有关部门，它们分别代表了劳动力的提供者、劳动力的使用者、相关利益代表者和组织协调者。

再次，劳动关系的建立需要一定的客观现实条件。作为劳动者，应具备相应的劳动能力，并能通过这种能力的发挥和使用创造出一定的价值收益，这是建立劳动关系的基础之一，如果不具备最起码的基本劳动能力，就无法参与社会劳动，也就无法与相关的组织和人员产生现实的劳动关系。同样，作为用人单位，也应具备相应的客观物质条件，为使用劳动力提供基本的生产资料和劳动报酬，否则就无法吸引到劳动者加盟并为企业创造出应有的价值，也就谈不上建立起现实的和劳动者之间的劳动关系。

最后，劳动关系本质上是一种社会经济关系，体现了劳动过程中不同个人和组织的社会经济地位，实现了生产资料（属于用人单位）和劳动力（属于劳动者）的两个基本要素的结合，并且成为维系这两个要素相结合的纽带。

综上所述，我们可以看到，对于劳动关系的概念无论从哪个角度去阐述，都离不开四个基本特征：劳动过程、多方博弈、客观条件、社会经济关系。深刻理解了上述四个基本特征，就可以对劳动关系的概念做出较为清晰明确的界定。

劳动关系的概念有广义和狭义之分。广义的劳动关系泛指劳动者在一切社会劳动时形成的所有关系，即劳动者与劳动力的使用者及其他相关组织在实现生产过程中所结成的社会经济关系。这个关系网中既包括了劳动者、工作单位、相关利益代表组织（如工会和雇主组织），又包括了行使立法监督职权的政府在内。他们在因为劳动过程所形成的这道复杂的关系网中，为了共同的发展目标而互相合作，又为了各自的利益展开博弈，形成了一种协作与冲突并存且不断变化的多方力量竞合的格局。如果出现多方力量对比均衡的情况，则说明劳动关系是相互协作的，是有利于推动经济发展和组织进步的，如果各方力量在博弈中平衡关系被打破，即一方力量过于强大而压制住另一方，则劳动关系往往表现为相互矛盾和冲突，是不利于组织稳定和发展的。广义劳动关系所涉及的各方关系如下图所示：

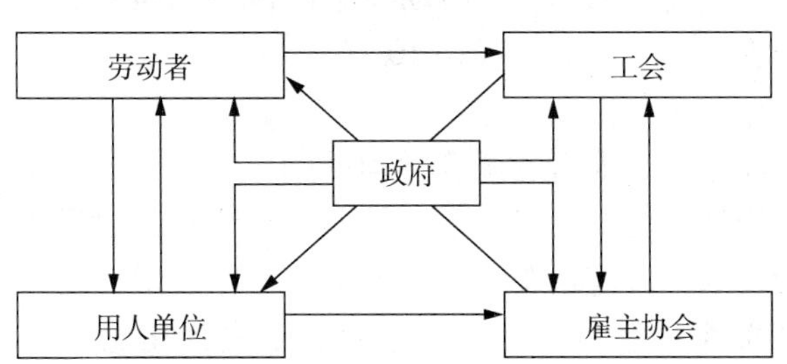

图 10－1　广义劳动关系中涉及的各方关系

狭义的劳动关系特指企业劳动关系，涵盖范围小于广义的劳动关系，仅指劳动者与所在单位之间在劳动过程中发生的关系，即劳动者为用人单位提供劳动，在实现劳动的过程中建立的社会经济关系，是以劳动为实质、发生在劳动过程中的社会关系。具体来说，就是企业所有者、经营者、普通职工及其工会组织之间在企业的生产经营活动中形成的各种责权利关系，主要包括：企业所有者与全体职工（包括经营管理者）的关系、经营管理者与普通员工的关系、经营管理者与工人组织——工会的关系以及工会与员工的关系。其中经营管理者与职工之间的关系是企业劳动关系的基本构成要件。具体如下图所示：

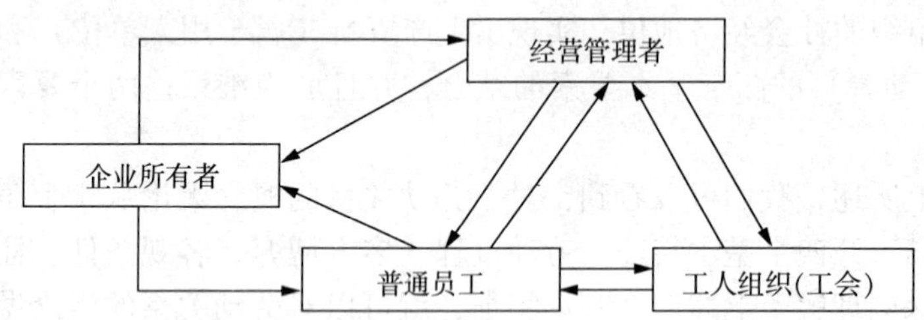

图 10－2　狭义劳动关系中涉及的各方关系

综上所述，虽然广义和狭义的劳动关系概念在涵盖范围上有大有小，但其中最基本的两方都是具备的，一方是劳动者以及代表劳动者权益的工会组织，另一方是用人单位。

（二）劳动关系的实质

劳动关系就其性质而言，主要包括劳动关系中所涉及的各方主体之间的合作和冲突两个方面。一方面，劳动者与劳动力的使用者通过劳动就业结成利益共同体、相互依赖，具有合作和协调基础（如心理契约与职业责任感以及管理方的努力）。另一方面，双方又存在着利益的对立，这集中体现在劳动者工资与企业利润最大化的矛盾关系上，这也就成为劳动争议和冲突的根本原因（见下图）。这两方面既相互联系又相互对立，在一定条件下又会互相转化。因此，对劳动关系的认识和研究必须从这两个方面进行全面的把握。如下图所示（图 10－3）。

（三）劳动法律关系

劳动关系既是一个人力资源管理领域的概念，也是一个法律概念，具有明确的法律内涵。劳动法律关系是依据劳动法律法规形成和调整的劳动关系，是指劳动法律规范在调整劳动关系过程中所形成的法律上的劳动权利和劳动义务关系。它和一般意义上的劳动关系相比，具有法律的强制性，是劳动关系在法律体系上的表现，是法律关系当事人之间发生的符合劳动法律规范、具有权利义务相关内容的关系。在我国，劳动法律关系是指根据1995年实施的《中华人民共和国劳动法》和2008年实施的《中华人民共和国劳动合同法》两部基本法律以及其他涉及劳动关系的有关法律法规（如《中华人民共和国公司法》、《企业劳动争议处理条例》）所调整的劳动过程中各方应享有的劳动权利和应承担的劳动义务为主要内容的劳动关系。劳动法律关系的产生、变更与消灭都必须依据法律的相关规定执行，主要体现在劳动契约（即劳动人事合同，包括劳动合同与集体合同）的变化上，涉及劳动人事合同的订立、履行、变更、终止与解除。其基本原则、主要内容和注意事项等将在本章第二节中进行详细介绍。

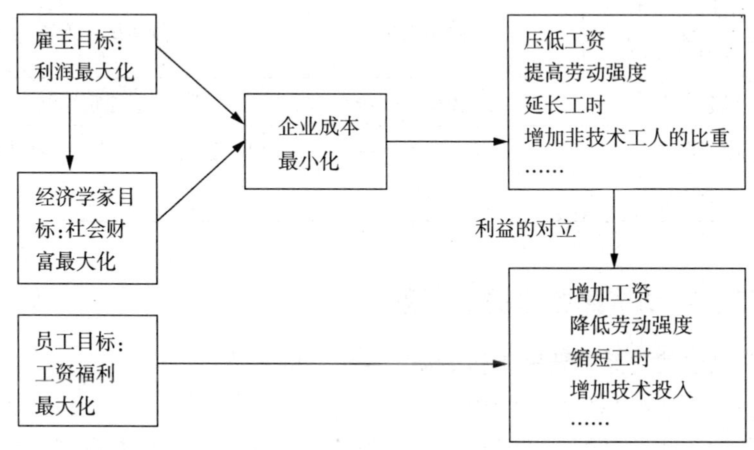

图10-3　劳动冲突的根本原因——利益的对立和矛盾

劳动法律关系的种类很多，按照生产资料所有制的不同，可以分为以下六种形式：全民所有制单位的劳动法律关系、集体所有制单位的劳动法律关系、个体经营单位的劳动法律关系、私营企业的劳动法律关系、中外合资和中外合作经营企业的劳动法律关系、外商独资经营企业的劳动法律关系。

劳动法所规范的劳动关系即劳动法律关系，其法律特征主要表现在三点：首先，劳动关系是在现实劳动的过程中发生的关系，与劳动者有着直接的联系。其次，劳动关系的双方当事人，一方是劳动者，另一方是提供生产资料的劳动者所在单位。最后，劳动关系的一方劳动者要成为另一方所在单位的成员，并遵守该单位的劳动规则。所有的这些，都是通过相关法律来约束、规范与调整的。

（四）劳动关系与劳动法律关系的联系与区别

劳动关系是劳动法律关系产生的基础。劳动关系是伴随着人类劳动过程的开始就已产生，而劳动法律关系却是现代工业文明直接催生的结果。特别是进入了社会化大生产时代以后，资本主义生产力极大发展，产业工人队伍逐渐壮大，在劳资关系问题日渐突出、现代法律体系渐趋完备的大背景下，对劳动法律关系的研究逐渐成为劳动关系研究领域的重点。反过来看，劳动法律关系又是劳动关系在法律上的反映。因此，两者是相互联系，相辅相成的。

虽然两者有十分紧密的联系，但它们之间仍然是有差别的，这些区别主要反映在概念范畴、形成的前提条件和所包含的内容三个方面，如下表所示：

表 10－1　劳动关系与劳动法律关系的区别

比较对象 比较项目	劳动关系	劳动法律关系
概念范畴	经济基础范畴	上层建筑范畴
形成前提	以劳动为前提	以劳动法律规范的存在为前提
包含内容	劳动	劳动过程中的法定义务和权利

二、劳动法律关系的三要素

劳动法律关系三要素是指劳动法律关系的主体、客体和内容。

（一）劳动法律关系的主体

劳动法律关系的主体是指依法参与劳动法律关系，享有权利和承担义务的当事人。从狭义上讲，包括劳动关系中主要的两方，一方是劳动者和代表劳动者利益的工会组织（或职代会），另一方是用人单位以及代表用人单位利益的雇主组织，包括各种具有法人资格的企业、事业单位、国家机关、社会团体和个体经济组织以及雇主协会等。从广义上来讲，除了上述基本构成方以外，还应包括政府在内，政府可以通过立法的手段对劳动法律关系进行干预。

1. 劳动者

劳动者是劳动法律关系主体中最重要的一方。劳动者是企业生产经营活动的主体，是企业财富的创造者，也是社会财富的创造者。劳动者在企业内处于主体地位。尽管国际上对劳动者有 labor（劳工）、worker（工人）、personnel（员工）、employee（雇员）等多种称呼，但其本质含义都是指具有劳动能力、受雇于自然人或法人组织，以出卖自身劳动力来获得劳动报酬的工作人员。可见，劳动者是用人单位依法雇佣的、在用人单位的管理下从事生产劳动、遵守用人单位劳动纪律、以领取报酬收入作为主要生活资料来源的群体。鉴于上述概念，我们可以将从事自由职业或个体劳动的人排除在劳动法律关系意义上的劳动者之外，因为他们并没有受雇于某个用人单位，从而形成实质上的劳动关系。如果按照产业来划分，劳动法律关系中所涉及的劳动者一般是指从事第二产业、第三产业不具有基本经营决策权的从业人员。而从事第一产业的农业劳动力，则一般不属于法律协调的劳动关系范畴。

2. 工会组织（职代会）

工会组织是代表劳动者利益的组织，它一般是由劳动者组成的，主要通过集体谈判的方式与资方进行交涉，以维护劳动者在劳动过程中的各项合法权益，它是与用人单位及其相关利益组织形成力量抗衡的组织。工会有职业工会、行业工会和总工会三种基本形式。职业工会是将具有某种特殊技能、达到某种技术等级或从事某种特殊职业、工作的所有雇员组织起来，不考虑他们所处的具体行业的工会；行业工会与之相反，将处在某一特定行业中从事工作的所有雇员组织起来，而不考虑他们的技术、技能的工会；总工会在募集会员的时候不提出任何限制，既不考虑职业因素，也不考虑行业因素，因而在范畴上来说是涵盖最广的一种。工会自诞生之日起，对于维护劳动者的利益、平衡组织内部关系、发扬民主精神都具有极其重要的意义。例如，工会可以依靠组织的力量，代表劳动者就工资水平、福利待遇、就业条件、安全保护、卫生服务等关系到劳动者切身利益的事情与用人单位进行集体谈判，以改善员工的生产生活条件，为普通员工争取到更多的权益，保护处于弱势一方的劳动者，也有利于促进整个社会的公平与进步，彰显民主代表性。在我国，工会组织成为劳动者与用人单位之间沟通协调的桥梁，通过工会的努力和工作，缩小摩擦、化解矛盾、消除对立、减少争议，成为改善劳资双方之间关系的“黏合剂”，其主要职权和活动内容是依据 2001 年修订的《中华人民共和国工会法》的相关规定去执行的，其基本职责是维护职工合法权益。

在我国，还有一种有中国特色的制度，职工代表大会制度，其法律依据是国务院在 1986 年颁布并沿袭至今的《全民所有制工业企业职工代表大会条例》，按照条例的规定，职代会拥有类似于工会组织的五项职权：其一，定期听取厂长的工作报告，审议企业经营方针、重大技术改造和引进计划、财务预决算、自有资金分配和使用方案等，并就上述方案的实施作出决议。其二，审议通过厂长提出的企业经济责任制方案、工资调整计划、奖金分配方案、劳动保护措施方案、奖惩办法以及其他重要的规章制度。其三，审议决定职工福利基金使用方案和其他有关职工生活福利的重大事项。其四，评议、监督企业各级领导干部，并提出奖惩和任免的建议。其五，主管机关任命或者免除企业行政领导人员的职务时，必须充分考虑职代会的意见，即充分发扬职代会参与民主管理的基础优势。

3. 用人单位

用人单位是劳动法律关系中和劳动者之间形成力量对比的十分重要的另一方。用人单位有时也称为雇主，是指具有用人资格，即拥有用人权利能力和用人行为能力，依法使用劳动力组织生产劳动并能按时向劳动者支付工资报酬的单位，它在劳动法律关系中处于主导地位。我国劳动法律中所规定的用人单位主要包括：各种所有制形式和各种组织形式的企业、个体经济组织即个体工商户、国家机关（包括国家权力机关、行政机关、审判机关、检察机关、执政党机关、政治协商机关等）、事业单位（包括教育、科研、卫生、文化等各种非营利单位）、社会团体（如学会、研究会、基金会、联谊会、商会、行业协会等）、民办非营利性社会组织等。

4. 雇主协会

如同工会是劳动者权益的代表组织一样，雇主协会则是旨在维护雇主（用人单位）权益的组织，它是由雇主组成、规范雇主与雇员之间以及雇主与工会之间关系的组织。它同单纯的行业协会相比，最大的不同是不仅要处理行业事务以外，还要处理劳动关系。雇主协会也可以分为三种具体形式：一是由某个行业的企业组成的单一产业的全国协会；二是同一地区不同行业的企业所组成的地区分会；三是在地区协会的基础上形成的全国性雇主协会。雇主协会吸收单个雇主组织成为会员，其作用主要体现在与工会的集体谈判中为会员组织提供建议和咨询，或者直接代表单个雇主与工会进行集体谈判，协助会员组织处理组织内部的劳动关系等方面。雇主协会作为雇主利益的代表，与工会一样，代表着会员的利益和意见，为单个雇主在处理劳动关系时提供“组织支持”。

5. 政府

在广义的劳动法律关系中，政府也扮演着十分重要的角色。政府通过立法和规制来调整、干预、规范、监督劳动关系，平衡劳资双方的力量格局，以维护社会稳定，促进经济发展。政府在劳动关系中的地位十分微妙，作用无可替代，具体表现在：首先，政府是劳动关系相关法律法规的制定者，并通过立法监督手段直接介入并持续影响着劳动关系的协调发展，例如我国政府制定的劳动法和新劳动合同法对于规范和协调我国企业的劳资关系发挥了十分重要的影响力。其次，政府一方面受到劳资双方合作与冲突的影响，另一方面又是劳资双方关系的裁判者，站在公正的立场上，妥善处理双方的纠纷，努力维护劳资双方的合法权益。最后，政府本身也是一类用人单位，通过雇佣政府工作人员（公务员）来从事公共服务行业的工作，因而其自身也扮演着雇主的角色，它以雇主的身份直接参与到其立法制定的劳动关系中去，对劳动关系产生现实的、导向性的影响。

在任何一个国家，政府都会对劳动关系进行干预，只是干预的程度、领域、手段和目的有所不同。政府需要优化全社会的就业结构，提高各企业的生产积极性，推动国民经济的发展；政府需要解决失业以及由此引发的一系列社会问题，通过国民收入再分配和建立健全社会保障制度，缓和劳资矛盾、调节收入差距，为更多的人民提供生活保障和创造就业机会。政府需要通过立法手段保护在就业劳动者的合法权益不受侵害。因此，政府在平衡与协调劳动法律关系中的重要意义是不言而喻的。

综上所述，劳动法律关系的主体较为复杂，分别涉及劳动者、工会、用人单位、雇主协会、政府五方，他们通过协商与谈判去努力争取各自的权益，而劳动关系就是在这五方主体的博弈中逐渐趋向于平衡的。他们之间的关系如下图所示。

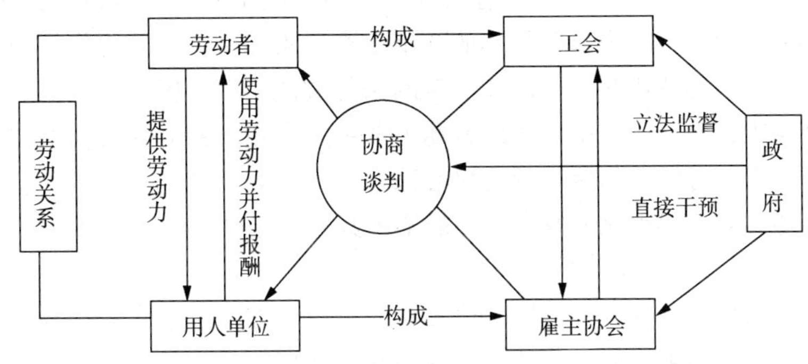

图 10－4　劳动法律关系各主体间的关系图

资料来源：董福荣．劳动关系［M］．大连：东北财经大学出版社，2009

由上图可知，在劳动法律关系各方主体所编织的这道复杂的关系网中，劳动者和用人单位始终是最主要最核心的一对关系，并在此基础上衍生出了工会与雇主协会、政府之间的各种相互依存、相互冲突的博弈关系。它们共同构成了劳动法律关系的主体。

（二）劳动法律关系的客体

劳动法律关系的客体是指主体的劳动权利和劳动义务所共同指向的对象——劳动力。劳动者作为劳动力的所有者通过有偿劳动向用人单位提供劳动力，而用人单位则通过支配、使用劳动力来创造价值收益、带来社会财富，双方在这个过程中共同拥有各自的权利义务。因此，双方权利义务共同指向的对象就是劳动力，它蕴藏在劳动者体内，只有通过劳动过程才能发挥出应有的作用。作为劳动法律关系的客体，劳动力具有以下一些基本特征：

第一，劳动力的存在具有人身依附性。如上所述，劳动力蕴藏在劳动者体内，只有通过劳动过程才能表现出来，劳动力消耗的过程同时也是劳动者生命价值的实现过程。从这个意义上来说，劳动力的存在具有人身性，劳动法律关系表现为一种人身关系。

第二，劳动力的形成具有长期性。按照国家法律的规定，劳动者必须年满16周岁以上，这意味着劳动力的生产和再生产周期是一个漫长的过程，一般至少需要16年的时间，有的劳动能力的形成还需要更长的时间去训练和积累。除了需要时间以外，劳动力的形成还需要大量的、长期的成本投入，称之为"人力资本投资"，而这笔投资主要是劳动者个人负担的。

第三，劳动力的存续具有时效性。劳动能力一旦形成，无法储存，且人的生命周期的不同阶段，体能和智能都不同，因此，劳动能力也会随着时间的推移逐渐地消失。

第四，劳动能力的使用具有条件性。传统的生产三要素包括：土地、资本和劳动力，劳动力只有与其他两个生产要素相结合，才能发挥应有的作用。劳动力的使用必须要通过一定的条件方能实现，因此各国的劳动法律法规当中都有对用人单位使用劳动力的相关规定，并对在劳动法律关系中处于较为弱势地位的劳动者的权益采取了一系列特殊的保障措施，以使得劳动能力既能得到充分发挥，又能维系其生产与再生产。

（三）劳动法律关系的内容

劳动法律关系的内容是指劳动关系的主体双方依法享有的权利和应承担的义务。具体可以分为劳动者的权利义务和用人单位的权利义务。下文将以劳动者的权利为重点展开分析。

1. 劳动者享有的权利和应履行的义务

在我国现行的法律体系中规定，劳动者依法享有如下基本权利：

（1）劳动者有平等就业和选择职业的权利

平等就业权利，就是要求用人单位在招聘员工时对所有的求职者一视同仁，以与工作有关的技能为雇佣标准，除了有特殊要求的工作岗位以外，一般情况下不能因为求职者在性别、年龄、民族、身体状况、宗教信仰等方面的差别而受到不公平对待，产生就业歧视现象。劳动者选择职业的权利是指劳动者可以根据自己的意愿选择适合自己能力、特长、兴趣爱好的职业。允许劳动者自由选择职业、拥有自由支配自身劳动力的权利，打破了传统计划体制下统包统配的就业模式，有利于充分发挥个人特长，实现各类资源的良性配置。

（2）劳动者拥有取得报酬的权利

取得报酬是劳动者的一项重要权利，也是劳动者持续地行使劳动权必不可少的物质保证。我国宪法、劳动法中都有明确规定，实行各尽所能、按劳分配的基本原则，是我国一项基本的经济制度。法律还规定了男女同工同酬，国家在发展生产的基础上，逐渐地提高劳动者的劳动报酬和福利待遇。在实行了全员劳动合同制以后，劳动报酬成为劳动者与用人单位签订劳动合同时的必备条款。劳动者付出劳动力，按照合同的约定和国家有关的法律取得报酬，是应该享有的基本权利，而用人单位使用劳动力，及时足额地向劳动者支付工资，是应该履行的基本义务。用人单位倘若违反义务，劳动者可以依法要求有关部门追究其责任。

（3）劳动者有获得劳动安全卫生保护的权利

劳动安全与卫生保护，是保护劳动者生命安全与身体健康的重要举措，是对享受劳动权利的主体——劳动者切身利益的直接保护。实施劳动安全与卫生保护，主要是做好劳动现场的安全措施和进行长期监管，如用人单位需建立、健全劳动安全卫生制度，严格执行国家安全卫生标准，为劳动者提供必要的劳动防护用品，对从事特种作业的人员进行专门的训练，防止工伤事故和职业病的发生，减少职业危害，尤其是建筑、机械、矿山、锅炉等高危行业更应加强对劳动者的安全卫生保护。我国目前已制定了许多关于劳动安全卫生保护方面的法规，最新的是国务院办公厅于2010年7月23日发布的《国务院关于进一步加强企业安全生产工作的通知》，并在立法的基础上形成了安全技术法律制度、职业安全卫生行政管理制度、劳动保护监督制度。但有些企业在生产过程中片面追求利润、降低劳动条件标准、忽视对劳动者的安全卫生保护，恶性重大工伤事故和职业病时有发生且愈演愈烈。鉴于当前工伤事故频发和职业病影响不断扩大，本章第三节中将就劳动保护的相关内容和国家最新的有关加强企业安全生产的文件精神展开详细的介绍。

（4）劳动者享有休息休假的权利

根据宪法和劳动法的有关规定，劳动者享有休息的权利。早在新中国成立之初，我国的标准工作时间是每天8小时，每周48小时，随着生产力水平的逐渐提高，1994年颁布的《劳动法》将每周劳动时间从48小时缩至44小时，实行单双周不同工作时间制，即每周5天工作日和6天工作日按周轮流交替执行，1995年，国务院又修改了《关于职工工作时间的规定》，将每周工作时间再缩减至40小时，至此，我国最终确立了每周5天工作制并将其长期保留下来至今，劳动者每日工作8小时，每周工作5天，休息2天。除了休息权利之外，劳动者还依法享有法定节假日、年休假、探亲假、婚丧假、事假、病假、生育假等休假权利。休假是劳动者无需履行劳动义务但有工资保障的法定休息时间。根据新的《全国年节及纪念日放假办法》规定，全体劳动者的法定节假日为：新年（1月1日），放假1

天；春节（农历除夕、正月初一、初二），放假3天；清明节（农历清明当日），放假1天；劳动节（5月1日），放假1天；端午节（农历五月初五），放假1天；中秋节（农历八月十五），放假1天；国庆节（10月1、2、3日），放假3天，总计法定节日放假11天。其余各人享有的假期，均按照相关法律法规和文件来执行。用人单位必须严格遵守劳动法规定，不得任意延长劳动时间，当因为生产的需要不得不延长劳动时间的情况下，必须经工人本人、工会的同意，还要支付高于正常工作时间的工资，例如平时加班需要支付不低于工资的150%的报酬；休息日安排工作又不能安排补休的，支付不低于工资200%的报酬；法定节假日安排工作的，不管能否补休，都要支付不低于工资300%的报酬。

（5）劳动者享有社会保险和福利的权利

社会保险是对有工资收入的劳动者在暂时或永久丧失劳动能力时，或虽有劳动能力而无工作亦即丧失生活来源的劳动者以一定程度的收入损失补偿，使之能继续达到基本生活水平，从而保证劳动力再生产和扩大再生产的正常运行，保证社会安定的一种制度。社会保险是国家强制实施的，以保障劳动者在遭遇到年老、疾病、失业、工伤等风险时，可以从国家和社会获得物质帮助，解决困难的一种制度安排。有了社会保险，劳动者就被置于一道“安全网”内，增强了抵御不确定风险的能力，也解除了其他劳动者的后顾之忧。我国的社会保险包括养老、医疗、失业、工伤、生育、残疾、死亡等多个险种，全面涵盖了劳动者一生可能面临的各种风险。长久以来，我国的社会保险存在着覆盖面过窄、水平较低、资金不足、城乡之间和行业之间以及不同所有制之间的分布结构不合理等突出问题。自上世纪90年代后期开始，我国拉开了社会保险的改革大幕，开始实行社保资金由国家、单位和个人三方负担的社会统筹与个人账户相结合的全新筹资模式，逐渐扩大了制度覆盖范围，提高了整体的水平标准，缩小了结构差距，一个适应社会主义市场经济要求的统一社会保险制度正在全面形成。用人单位除了依法参加国家为劳动者提供的基本的社会保险、承担缴费义务以外，也应积极地募集资金，提高本单位职工的福利水平，扩大福利项目，切实保障劳动者福利待遇。

（6）劳动者有接受职业技能培训的权利

劳动者要实现自己的就业权，掌握一定的职业技能是十分必要的，而要获得职业技能，需要专门的职业培训。劳动者没有接受过职业培训，就无法胜任工作，也就无法切实有效地保障自己的就业权。因此，从这个意义上来说，劳动者应享有职业技能培训的权利，这也是宪法和劳动法所赋予劳动者的基本权利之一。用人单位应贯彻“蓄电池”式的用人理念，一边在使用其提供的劳动力创造价值与财富的同时，也应及时投入成本、为劳动者提供职业技能培训，促进其能力的提高，实现人力资本的升值，即一边“放电”（用人）的同时也要一边“充电”（培养人）。当然，对劳动者实施职业技能培训，也不是单个用人单位的事，它需要政府、社会和相关机构的共同努力，这也有助于提高全体劳动者的整体素质。

（7）劳动者有提请劳动争议处理的权利

劳动争议是劳动者和用人单位在处理劳动关系时经常发生的一种情况。它主要是指劳动关系的当事人在执行劳动法或履行劳动合同与集体合同的规定时就某一方面或某几方面的事项没有达成统一理解或意见而引起的争执与分歧。劳动关系当事人，是劳动关系的主体，各自代表着不同的利益，在日常的劳动过程中，不可避免地会因为利益不一致而引发争议。当劳动争议发生后，劳动者可以依法申请调解、仲裁，对仲裁裁决不服的还可以提起法律诉讼。受理劳动争议事项的部门机关主要有：劳动争议调解委员会（由用人单位、工会和职工代表组成）、劳动仲裁委员会（由劳动行政部门的代表、同级工会、用人单位代表组成）和人民法院。当劳动者和用人单位之间针对劳动时间、劳动报酬、安全卫生、劳动纪律、福利保险、工伤鉴定、教育培训和劳动环境等方面的事项发生分歧的时候，向各级各类相关的部门机构提请劳动争议处理，是法律赋予劳动者的一项合法权益。各部门在受理劳动争议案件之后，应贯彻合法、公平、公正、及时处理的原则，为主张劳动者的正当权益而积极努力。有关劳动争议处理的具体政策和事项，本章将在第四节中进行详细的介绍。

当然，劳动者除了享有法律赋予的各项劳动权利以外，也应履行相应的劳动义务。在我国现行的法律体系中，劳动者应依法履行下列劳动义务，具体包括：按质按量地完成生产任务和工作任务；学习政治、文化、科学技术和业务知识；遵守劳动纪律和规章制度；保守国家和企业的机密等。

2. 用人单位享有的权利和应履行的义务

用人单位依法享有的权利主要包括：依法录用、调动和辞退员工；决定企业机构的设置；任免企业的行政管理人员；制定工资、报酬和福利方案；依法奖惩员工等。

用人单位应履行的义务主要包括：依法录用、分配、安排员工工作；保障工会和职代会行使其职权；按照员工的劳动质量、数量支付劳动报酬；加强员工思想、文化和业务的教育与培训；改善劳动条件；搞好劳动保护和环境保护。①

① 陈国海．人力资源管理概论［M］．北京：高等教育出版社，2009

三、劳动关系管理的内容及意义

如前所述，劳动法律关系所涉及的主体、客体和内容等基本要素之间的关系较为复杂，因而针对劳动关系的管理所涉及的内容自然也十分丰富。对劳动关系进行有效的管理，对于保障劳资双方的合法权益，实现生产要素的优化组合，开发人力资源潜力，改善企业内部劳动关系，创造良好和谐的工作环境与氛围，促进组织和员工共同的发展都是有积极意义的。

（一）劳动关系管理的内容

劳动关系管理是指通过规范化、制度化的管理，规范劳动关系双方的行为，保障各自的权益，协调彼此之间的关系，避免或解决劳动关系中的劳动争议，维护和谐稳定的劳动关系，同时促进企业经营的稳定发展。劳动关系管理应以法律为准绳，兼顾各方利益，对劳动争议坚持以预防为主的原则，尽量采取协商解决的手段，以切实保障良性和谐的劳动关系。

劳动关系管理的内容主要包括劳动人事合同管理（涉及劳动合同管理和集体合同管理的订立、履行、变更、终止与解除等）、劳动者基本保障管理（涉及劳动安全卫生保护管理和社会保险等）、劳动争议管理（涉及其基本原则、处理程序、预防措施、相关组织或机构的角色等）等三大类。具体来说，主要是指管理劳动者与用人单位之间在工作时间、休息时间、劳动报酬、劳动安全卫生、劳动纪律与奖惩、劳动保险、职业培训等方面形成的关系。此外，还包括劳动行政部门与用人单位、劳动者在劳动就业、劳动争议、社会保险等方面的关系，工会与用人单位、职工之间履行工会职责和职权，代表和维护职工合法权益而发生的关系等事务。具体内容如下图 10－5 所示。

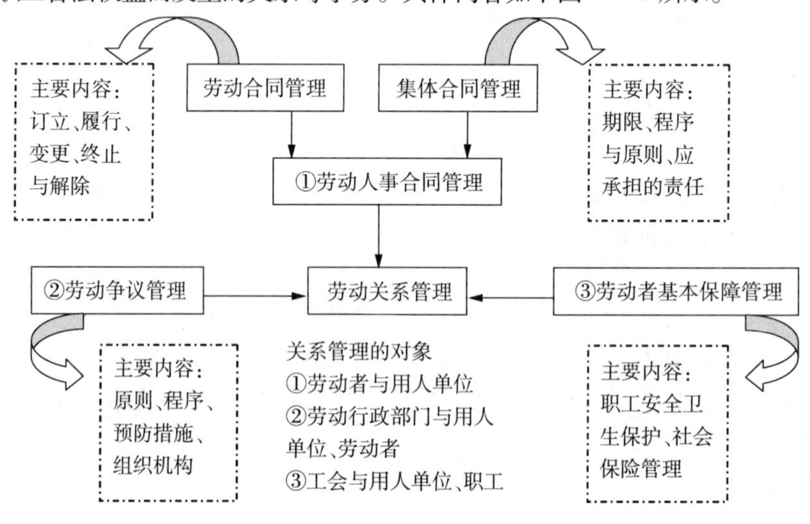

图 10－5　劳动法律管理的内容

（二）劳动关系管理的意义

劳动关系管理是人力资源管理的一项重要职能，管理者只有深刻认识到劳动关系管理的重要性并能正确处理这方面的问题，才能在保障劳资双方合法权利的基础上充分地调动起员工的工作积极性，促进企业走上良性循环的发展轨道。劳动关系管理的重要意义主要反映在以下几个方面：

第一，劳动关系管理是企业完成自身使命、实现社会责任的基础和不可推卸的义务。现代企业存在的重要使命和理由就是要尽可能多地为社会提供就业岗位，为更多的员工提供施展才华和能力、获得报酬收入、满足个人成长、实现自我价值提升的机会，而这些重要使命建立的基础是和谐的劳动关系，试想一个企业如果连最基本的劳动关系都无法处理好，劳资矛盾尖锐、关系紧张、员工的安全与健康无法得到有效保障，员工的正当合法权益无法主张，又何谈培养员工的忠诚感，提升他们的价值与能力，为推动企业的发展而努力贡献自己的才华呢？这样，企业也就如同无根之木、无源之水，失去了存在的价值和理由。

第二，劳动关系管理有助于减少企业员工的不良行为，创造一个和谐的工作环境，从而促进企业赢利能力的提高。在一个缺乏有效的劳动关系管理的企业中，劳资纠纷频发，员工消极怠工、破坏、离职甚至组织起来罢工的情况都屡见不鲜，这对于维持企业正常的生产秩序会产生严重不良的后果，直接影响企业的赢利能力。要想避免上述问题的产生，化解紧张的劳动关系所引发的各种矛盾，离不开劳动关系管理。企业只有依据相关法律的规定，改善不良行为，真正本着互惠互利的基本思想，切实保障员工在组织中的各项正当权益能得到合理的满足，才能让员工感觉到受重视和被公平地对待而专心投入工作。换句话说，只有进行有效的劳动关系管理，才能创造一个尊重、信任、合作、创新、心情舒畅的工作氛围，让身处其中的员工心甘情愿地为企业的发展贡献自己的聪明才智，从而充分调动企业内劳动者的工作积极性，开发人力资源潜力、提高人力资源价值。

第三，劳动关系管理有利于人力资源管理者个人职业生涯的发展和提升人力资源管理的战略地位。劳动关系管理是人力资源管理的一个重要方面，其管理成效的好坏将直接反映出人力资源管理者的绩效水平。如果某个管理者所管辖的范围内经常出现劳资纠纷，甚至影响到企业正常的生产秩序，那这个管理者的绩效显然也受到了不良的影响，这也从一个侧面反映了该管理者缺乏人力资源管理方面的技巧，他的职业生涯发展道路必然也会因此受到影响而出现阻滞。因此，在人力资源管理越来越受到社会广泛重视的今天，其重要的战略地位也日益凸显的大环境下，学习如何更好地处理劳动关系纠纷，建立和谐的劳动关系，对于一个管理者的个人职业生涯发展也是至关重要的。

第四，劳动关系的有效管理对提高整个企业的专业化管理水平有着积极的推动作用。进入知识经济时代以来，知识型员工在企业中占据了主导地位，赢得员工的理解认同与合作，是企业获得成功的关键所在，这对企业的劳动关系管理提出了更高的要求。如果管理者对劳动关系有着恰当的理解并能具备解决相应问题的技能，在处理协调劳动关系的问题时能泰然处之、得心应手，那么不仅可以创造一个和谐的劳动关系，而且可以提高整个企业的专业化管理水平。在很多发达国家的劳动法律中都有规定，企业对员工的工作成绩和表现应做详细记录避免产生劳资纠纷时企业一定处于不利地位，因此在工作中养成记录员工细节、客观标准等习惯，不仅可以促进劳动关系的管理，也有助于改善企业的绩效考核与反馈工作。

四、我国劳动关系的历史和现状

我国企业的劳动关系随着国家民主政治的发展、经济体制的改革也在不断地发生着变化。从总体上来说，劳动关系伴随着时代的发展呈现出浓厚的时代特征。理顺不同阶段劳动关系的变迁，对于调节现阶段我国社会主义市场经济体制下的企业劳动关系具有重要的借鉴意义。劳动者和企业（雇主）两方主体尽管是构成企业劳动关系的基本要件，但是政府作为第三方同时存在，通过立法监督等手段发挥了重要的调节作用。因此，从三方力量对比的视角来看，我国企业的劳动关系变迁可以分为以下三个阶段。

（一）新中国成立前的劳动关系

新中国成立前的中国，是半殖民地半封建社会，帝国主义、封建主义、官僚资本主义三座大山压迫着中国人民。在当时国民党统治区的企业中，资本家为了获取更多的经济利益，对工人进行了残酷的超经济剥削，工人在极其艰苦和危险的劳动环境中进行着超负荷、高强度的工作，资本家能够提供给工人的劳动保障少得可怜，工伤事故频发，职业病高发。由于法制建设相对落后，法律意识淡薄，再加之时局纷乱、军阀割据、政令不畅，因此尽管当时国民党政府颁布了旨在创办劳工保险的《工厂法》却形同虚设，无法切实地改变工人的艰难处境。这时的劳资双方关系并非是依法建立起来的契约关系，而是一种人身依附关系，如工人帮会。工人的人身、财产等权利得不到任何有效的保障，甚至作为交易主体地位也丧失殆尽。

与国统区的企业劳动关系形成鲜明对比的是中国共产党统治区的企业劳动关系。中华苏维埃共和国于 1931 年 11 月在江西瑞金正式成立，并于 1932 年元旦颁布实施了《中华苏维埃共和国劳动法》。中共苏区的这部劳动法阐明了以改善工人阶级生活状况为目的的根本宗旨，宣布实行八小时工作制，规定最低限度的工资标准，创立了社会保险制度与国家失业津贴，并宣布工人有监督企业生产的权利。为了更好地适应抗战的需要，中共苏区的企业统一实行供给制，企业不独立核算，一切按照中共中央的部署安排，统收统支。中共苏区的企业劳动关系彰显了工人的主体地位，切实有效地改善了工人的生产生活条件。为建国后计划经济体制下的企业劳动关系的建立奠定了扎实的基础。

（二）计划经济体制下的劳动关系

从 1949 年新中国成立到改革开放之前，我国一直实行着高度集中的计划经济管理体制。与之相适应的劳动关系也打上了鲜明的时代烙印，劳动关系受到经济体制和社会制度的严格制约，表现出了典型的计划经济色彩，概括其基本特征就是采用统包统配的方式促使劳动力和用人单位建立起固定工制的劳动关系。这种劳动关系对保障劳动者权益有积极进步的一面，但也存在着一定的局限性。其基本特征主要反映在以下几个方面：

第一，国家在经济上实行单一的公有制经济劳动关系。在国家经济所有制只包括全民所有制和集体所有制两种基本形式之下，劳动者是全民所有制固定工或集体所有制身份的职工，只有少量临时工用于短期性、季节性工作，形成临时性的劳动关系。除此之外，其他非公有制经济劳动关系一般不存在。

第二，政治上强调工人阶级的领导地位，工人作为企业的主人，是生产资料的所有者，因而劳动关系呈现出泛政治化的特点。劳动者就业实行统包统配的固定工终身制度，俗称“铁饭碗”；在工资分配上，实行国家统一的等级工资制度，这种工资制度收入差距小且增长缓慢，对劳动者缺乏激励机制，干多干少一个样，搞平均主义；在劳动保障上，实行国家和企业包起来的具有“低工资、高福利”特征的各项劳动保险和集体福利制度。

第三，在劳动关系的建立上，企业和劳动者无法作为劳动关系的主体双方进行自由选择。劳动力的招收和使用均由国家政府按计划通过行政指令的方式予以决定，企业没有用人和裁员的自主权，劳动者也没有选择职业和工作单位的自主权，即企业用工要由国家下达用工指标，在指标内招工，劳动者也无权自由择业，要由国家统一分配安置就业。企业的生产也要按照政府的指令进行，再加上受到“低工资、广就业”指导思想的影响，企业运行的目标是雇佣规模最大化而非利润最大化。在劳动关系建立后，工资分配、福利待遇等都根据国家统一的政策标准来执行。从这一点来看，在劳动关系的三方主体间，劳动者形式上是与企业建立了劳动关系，实质上是与国家建立了劳动关系。

第四，在劳动关系的维系上完全依靠政府行政指令。在计划经济体制下的公有制企业，企业是国家的企业，工人是国家的工人，拥有劳动力的劳动者和使用劳动力的企业都不是以独立的主体身份参与劳动关系，没有形成独立的利益主体，双方处于一个统一的利益体中，劳动关系的主体不明确。职工利益是由国家和单位来代表的，虽然企业内也存在工会，但企业的发展计划和分配政策已经充分考虑了职工的利益，劳动关系的协调也主要依靠劳动法制和劳动人事政策加以调整，因此工会在协调劳动关系方面不占主导地位，它不是作为职工利益的代表存在，无需进行集体谈判，而是作为国家和单位的行政助手发挥其作用。另外，劳动关系一旦建立，没有政府的行政指令，将终身维系下去，直至退休，人员流动受到严格限制，需要国家通过行政方式进行调配。

总之，计划经济体制下的劳动关系，主体双方的自主权被政府取代，企业不是真正的雇主，职工也不是真正的雇员，其劳动关系的意义同现在是不一样的。

（三）改革开放后的劳动关系

1978 年改革开放以后，我国劳动体制进行了深刻的改革，劳动关系也随之发生了重大变化。我国逐渐进入了一个由计划经济向社会主义市场经济过渡的经济转型期。经济所有制结构的调整、劳动用工制度的改革、企业分配制度的改革对劳动关系的变革产生了重要的影响。在社会转轨和经济转型过程中，我国劳动关系也经历了由计划经济时代的行政化劳动关系向市场经济时代的市场化劳动关系的转变，变革后的劳动关系具有如下两个基本特征：

第一，随着劳动关系市场化的进程，劳动者的交易主体权力得到逐步确认。和计划经济下的劳动关系是通过政府的计划建立起来不同，市场化的劳动关系是通过劳动力市场建立起来的。劳动关系的主体双方，即劳动者和雇主是两个相互独立的利益群体，有各自明确的利益诉求，还在一定程度上存在着利益矛盾。市场化的劳动关系是一种契约关系，是建立在企业拥有用工自主权和劳动者拥有完全支配自己劳动力权的基础之上的，随着劳动力市场的建立和逐渐规范，劳动者就业打破了国家行政计划统包统配的格局，从过去的就业分配向企业和劳动者双向选择转变，从固定终身制向劳动力自由流动转变。工会职能也随之发生深刻变化，由国家、单位的利益共同体转变成员工利益的代表，成为为工人方利益服务的机构。劳动关系市场化，使劳动关系转变为一种以雇佣为基本形态的经济关系，运行机制转变为以企业为主体的市场机制的调节。

第二，随着劳动关系法制化的进程，劳动立法日趋完善，一系列劳动领域内的法律法规相继出台，对于约束和规范市场化的劳动关系发挥了重要的作用。1994 年 7 月《中华人民共和国劳动法》（以下简称《劳动法》）在八届全国人大常委会第八次会议上通过，并于 1995 年 1 月 1 日起正式实施。《劳动法》的出台，标志着中国劳动关系的调整，开始从人治走向法治，从行政指令向法律调节，是中国劳动法制建设的重大突破。《劳动法》的颁布和实施也成为中国劳动关系发展进程中的里程碑。在劳动法出台后，国家或地方在劳动关系相关的就业、工资分配、休息休假、社会保险、劳动争议处理和劳动监察等方面进行了更大规模和更深程度的立法进程，特别是 2007 年 6 月全国十届人大常委会第二十八次会议通过并于 2008 年 1 月 1 日起正式实施的《中华人民共和国劳动合同法》（以下简称《劳动合同法》）更是进一步规范了劳动关系的形成和调节方式，主要是通过劳动契约的形式来实现的，其具体表现形式为劳动合同和集体合同。即劳动关系主要通过劳动合同和集体合同所确定和规范双方的权利义务来进行调节。一旦发生劳动争议，可以依据《劳动法》、《劳动合同法》以及《企业劳动争议处理条例》等相关法律法规的处理制度和处理程序加以合理解决。劳动关系法制化使企业的劳动关系管理具有更完备的法律依据，也使得劳资双方的正当权益能得到更为全面有效的保护。

近年来，在经济高速发展和社会逐渐转型的大背景下，随着私有经济成分的快速成长，职工的收益水平和生活水平的增长速度远远落后脱节于企业的发展速度，工人权益的保护问题正变得日益突出，涌现出了一些新的问题，主要表现在：劳动者合法权益受损严重；劳资争议案件多、劳资矛盾突出；城乡劳动关系不平等；劳动分配率下降、国民收入分配格局失衡等。这些问题倘若不能得到有效解决，就会成为和谐社会的一大隐患。

第二节　劳动人事合同管理

劳动人事合同主要包括劳动合同与集体合同，它是建立劳动关系的起点，也是协调劳动关系、处理劳动争议的法律依据。在现代企业的劳动关系管理中，劳动人事合同管理是其中最重要的一项基础性工作。本节主要就劳动合同与集体合同的管理分别展开介绍。

一、劳动合同的含义及特征

（一）劳动合同的内涵

合同的本质是一种契约，用于约束当事人双方的权利与义务。劳动合同是合同的一种具体表现形式，又称劳动契约、劳动协议，是维护劳动者和用人单位合法权益的法律保障。从本质上说，劳动合同是指劳动者同企业、个体经济组织、民办非企业单位等组织（即用人单位）建立劳动关系，明确双方责任、权利和义务的协议。根据契约协议，劳动者加入某一个用人单位，承担一项工作任务，就必须遵守单位内部的劳动规则和规章制度，用人单位有义务按照劳动者的劳动数量和质量支付劳动报酬，并提供各种劳动条件，以保证本单位成员应享受的各种权利和福利待遇。

劳动合同的含义及其适用范围，在相关法律条款中也能找到依据。《劳动法》第 16 条规定："劳动合同是劳动者与用人单位确立劳动关系、明确双方权利和义务的协议。建立劳动关系应当订立劳动合同。"第 17 条规定："劳动合同依法订立即具有法律约束力，当事人必须履行劳动合同规定的义务。"劳动合同的适用范围很广，《劳动合同法》第 2 条规定："中华人民共和国境内的企业、个体经济组织、民办非企业单位等组织（以下称用人单位）与劳动者建立劳动关系，订立、履行、变更、解除或者终止劳动合同，适用本法。国家机关、事业单位、社会团体和与其建立劳动关系的劳动者，订立、履行、变更、解除或者终止劳动合同，依照本法执行。"

（二）劳动合同的特征

劳动合同是合同的一种，它具有一般合同的基本特征，即合同是一种契约，是本着平等自愿、协商一致的原则达成的双方法律行为而非单方法律行为；合同是合法行为而不是违法行为；合同一经签订，就具有法律约束力。劳动合同是劳动者和用人单位双方依据法律的相关规定平等自愿、协商一致达成的合同，作为契约的一种基本形式，除了具有普通合同的特征以外，还具有其自身的基本法律特征：

1. 劳动合同双方主体的特定性

劳动法明确规定劳动合同的主体一方必须是能够提供劳动力的自然人，即具有劳动权利能力和劳动行为能力的劳动者，而另一方则必须是具备法人资格的用人单位。而一般的合同中并没有规定合同的主体双方，可以是两个具有完全民事行为主体资格的自然人，也可以是两个具有民事主体资格的法人单位，也可以是自然人和法人之间，而劳动合同的主体双方却有明确的限定。其中，劳动者包括：与在中国境内的企业、个体经济组织、民办非企业单位等组织建立劳动关系的职工和与国家机关、事业组织、社会团体等组织建立劳动合同关系的职工。用人单位则包括《劳动合同法》中所规定的各类企业、机关、事业单位、社会团体、个体工商户和民办非企业单位等类型的组织。

2. 劳动合同客体具有唯一性

一般合同的客体所指向的对象是多样化的，包括货币、财物、行为等，而劳动合同作为一种特殊的体现特定主体劳动法律关系的合同，所指向的客体却是单一的，它是双方当事人在劳动合同中确定的权利义务指向的对象，就是劳动力和由此产生的劳动行为，否则也就不能称之为劳动合同。

3. 劳动合同中劳动者身份上的从属性

劳动者与用人单位在签订劳动合同的时候具有平等的法律地位。一旦依法签订了劳动合同、建立起具有法律效力的劳动关系之后，劳动者就要按照合同中事先约定的条款内容在用人单位内部从事一定岗位的工作，承担相应的工作责任，遵守用人单位的各项管理规章制度，服从用人单位的安排与管理。用人单位在使用了劳动者付出的劳动力之后，也需要兑现合同约定中相应的义务条款，为了更好地向劳动者提供全面的收入保障和安全保障，需要加强企业的有序管理。因此，在劳动合同履行过程中，双方当事人，即用人单位与劳动者之间形成了一种管理者与被管理者的隶属关系，用人单位有权指派劳动者完成劳动合同规定的属于劳动者劳动职能范围内的任何工作任务。这种身份上的从属性，是劳动合同区别于其他一般形式的合同的显著特征之一。

4. 劳动合同的不自由性

劳动合同是主体双方以劳动法律、法规为依据确立的，其中规定了双方各自的权利与义务关系，确定了最低的劳动标准和劳动条件，要求劳动者个人和用人单位都必须严格遵守相关的协定。一旦签订了形式与内容都合法的劳动合同，就具有法律强制性，因此从这个意义上来说，劳动合同一经签订就具有不自由性。这主要反映在：劳动者必须亲自完成合同约定的各项工作任务，不能委托他人代理自己去履行合同规定的义务；用人单位也只能在法律规定的范围内，按照劳动条件和劳动标准的最低限度以上使用劳动者，而不能由劳动关系双方当事人自由协商降低国家规定的劳动条件和劳动标准，即不能随意与劳动者约定超过法律之外的条款和单方面决定或者迫使及诱使劳动者答应降低法律规定的相关用工标准。

5. 劳动合同可能涉及第三人的物质利益

和一般的合同在内容上只规定合同主体双方能享受的权益不同，劳动合同在特定条件下还可以惠及第三人的物质利益，即劳动合同的内容往往不仅局限于劳动者当事人的权利和义务，有时还需要涉及劳动者的直系亲属在一定条件下能享受到的物质帮助权，如直系亲属的入托、入学、疾病保险、死后遗属待遇等问题。

二、劳动合同的作用

劳动合同是在社会主义市场经济体制下确立劳动关系的基本形式，是市场配置劳动力资源的有效方式，是国家对劳动力总量实施宏观调控的重要方法，是企业劳动力管理的必要手段，是引导和规范劳动力合理流动的重要途径，是实现劳动者劳动权利和合法利益的有力保障。劳动合同对于建立和完善更适应社会主义市场经济要求的规范化劳动力市场和用工制度起到了不可替代的重要作用。具体看来表现在以下几个方面。

首先，劳动合同是建立劳动关系的基本形式。作为劳动关系的主要内容，需要明确当事人双方的权利义务关系，这些内容必须通过一定的形式表现出来才能成立和实现，而劳动合同正是以符合法律规范的文本形式将主体双方的权利义务界定明确，根据《劳动法》与《劳动合同法》的相关规定，建立劳动关系应当订立劳动合同，这表明了劳动合同是建立劳动关系的非常重要、非常普遍的一种基本法律形式。

其次，劳动合同是促进劳动力资源合理配置的重要手段。劳动合同制的确立，使得用人单位和劳动者在劳动力的安置、使用、流动上具有双向的自主选择权。用人单位可以根据实际的经营状况或工作需要确定录用劳动者的条件和方式、数量，并且通过签订不同类型、不同期限的劳动合同，发挥劳动者的特长，合理地使用劳动力。而劳动者也可以根据自身特质，选择适合自己的用人单位和工作岗位签订劳动合同，有利于自己的兴趣得到满足、特长得以发挥。由此可见，劳动合同制的用工制度和统包统配的用工制度相比，在促进劳动力资源合理配置方面，有着不可比拟的优越性。

最后，劳动合同有利于避免或减少劳动争议。劳动合同是确立劳动关系的法律凭证。在市场经济体制下，劳动关系逐渐市场化，企业成为用人的主体，劳动者也拥有了自主择业权，用人单位和劳动者之间建立劳动关系也不再是计划经济条件下单纯依靠行政指令的手段进行了，必须通过有效的劳动法律、法规来确定，因此劳动合同成为规范双方当事人劳动权利和义务的法律依据。劳动合同的签订，将双方在建立劳动关系之后可能会发生的一系列问题提前通过自愿协商的方式加以明确并通过法律文本的形式确定下来，避免了主体双方因利益矛盾所引发的劳资纠纷和劳动争议，有利于理顺组织内部的劳动关系，减少因处理劳动争议所带来的额外管理成本的增加。

总之，劳动合同对于规范劳动力市场、保护劳动关系主体双方特别是劳动者的权益、构建和谐的劳资关系都发挥了重要的作用。在现实情况下，劳动合同的实施需要一定的条件。从内部实施条件来看，企业要拥有人事、工资的自主决定权，企业要完成科学的岗位分析、岗位评价和岗位分类。从外部实施条件来看，社会要有健康有序的劳动力市场、健全的社会保障制度、健全的法律制度和仲裁机构作为强大的支撑。只有这两方面都做到位，劳动合同制才能真正发挥其在劳动关系管理领域的巨大作用。

三、劳动合同的管理

劳动合同的管理涉及劳动合同的订立、履行、变更、终止与解除等环节。早在1994年出台的《劳动法》中就已经明确地单独开辟出一章来阐述用人单位的劳动合同管理与集体合同管理，涉及《劳动法》的第16条至第35条的相关法律条款，可见其在劳动关系管理领域的重要性。随着社会主义市场经济体制改革和国有企业改革的不断深化，现行的劳动合同制度已逐渐不能适应新形势的发展要求，涌现出了诸如劳动合同短期化、滥用试用期、违约金不规范、企业采用各种手段规避法定义务等新问题，致使劳动者的合法权益受到侵害的事件时有发生。为了规范劳动力市场的健康有序发展，完善劳动合同制度，进一步明确劳动合同当事人双方的权利义务关系，保护处于相对弱势地位的劳动者的合法权益，建立和谐稳定的劳动关系，国家在1994年《劳动法》的基础上又出台了最新的2007年《劳动合同法》。这部法律专门以劳动合同管理为调整对象，细化了《劳动法》中有关劳动合同与集体合同的相关内容，对于强化企业劳动合同的有效管理起到了有力的约束与规范作用。下文中所阐述相关规定主要就是以最新的《劳动合同法》为基础展开的。

（一）劳动合同的订立

订立劳动合同，是指劳动者和用人单位通过相互选择和平等协商之后，就劳动合同中的各项条款（包括法定必备条款、协商条款、合同附件）达成一致协议，并以书面文本形式明确规定双方的权利、义务以及违约责任，以此契约来确立劳动关系的法律行为。

1. 劳动合同订立的基本原则

按照《劳动合同法》的相关规定，劳动合同的订立应遵循以下基本原则：

（1）合法的原则

合法原则是指订立劳动合同时要做到劳动合同的目的、主体、内容、程序、形式等方面必须合法。具体分析如下：

第一，劳动合同的目的必须合法。订立劳动合同是为了在劳动力的拥有者和使用者双方之间建立起合法的劳动关系，从而为其从事合法的组织经营活动提供法律依据。当事人不得以订立劳动合同这一合法形式为幌子企图达到不法目的，例如有的犯罪分子借口订立劳动合同收取劳动者的押金而后卷款潜逃、人去楼空，这样披着订立劳动合同的合法外衣诈骗钱财的行为是犯罪行为，应受到严肃惩处。

第二，劳动合同的主体必须合法。即劳动合同的当事人双方必须都具有法律、法规所规定的民事权利主体资格。具体来说，就是劳动者必须达到法定劳动年龄，具有完全劳动权利能力和劳动行为能力，用人单位必须具备法人资格或公民资格，同时具备承担劳动合同义务的能力，如兑现劳动合同中所约定提供的各项劳动条件、劳动报酬等内容。

第三，劳动合同的内容必须合法。当事人双方在劳动合同中所约定的各项条款内容，必须符合我国宪法、劳动法、劳动合同法的基本精神，符合中央、地方各级政府和国务院及有关部委的劳动管理、人事管理的相关法规、政策的基本规定。

第四，劳动合同的程序和形式必须合法。劳动合同的订立，需要经过劳资双方的协商认可，并以书面形式确定，最终形成合同文本，具体规定可参考《劳动合同法》的第 10 条。劳动合同采取书面形式订立，有利于双方当事人更好地履行各自的义务，也有利于政府部门进行有效监督，一旦发生劳动争议，处理起来也有据可查。劳动合同应一式两份或一式多份，保证劳动者和用人单位主体双方各持一份。另外，第 9 条规定："用人单位招用劳动者，不得扣押劳动者的居民身份证和其他证件，不得要求劳动者提供担保或者以其他名义向劳动者收取财物。"这些规定都对劳动合同的订立程序做出了相关的明确规定。

（2）平等自愿、协商一致的原则

平等自愿、协商一致是劳动合同订立的核心原则。平等是指当事人双方的法律地位是平等的、权利义务是对等的。自愿是指劳动合同所约定的内容完全出自于双方当事人自己的意志，表达的是当事人的真实意愿，任何一方不能将自己的意志强加给对方，也不能由第三方进行非法的干预。协商一致是指劳动者个人和用人单位双方互相协商确定合同的各项条款内容。其具体规定参见《劳动合同法》第 3 条："订立劳动合同，应当遵循合法、公平、平等自愿、协商一致、诚实信用的原则"来执行。

（3）诚实信用的原则

诚信原则是指劳动者和用人单位在签订劳动合同时，应如实告知对方与工作有关的信息，不得有故意隐瞒和欺诈的行为，从而保障当事人双方的知情权。在现阶段处于买方市场的劳动力市场中，用人单位的知情权往往行使得非常充分，处于弱势地位的劳动者为了谋求工作岗位，对用人单位提及的各类问题往往知无不言，甚至被问及应聘者个人隐私的时候也不得不如实相告。反观劳动者的知情权，行使起来有较大的障碍，一般处于强势地位的招聘者往往不耐烦或不愿意告知应聘者与工作相关的情况。为了改善这种局面，《劳动合同法》第 8 条中作出了明确的规定：“用人单位招用劳动者时，应当如实告知劳动者工作内容、工作条件、工作地点、职业危害、安全生产状况、劳动报酬，以及劳动者要求了解的其他情况；用人单位有权了解劳动者与劳动合同直接相关的基本情况，劳动者应当如实说明。”

2. 劳动合同订立的基本程序

劳动合同的订立应遵循如下的基本程序，如图所示：

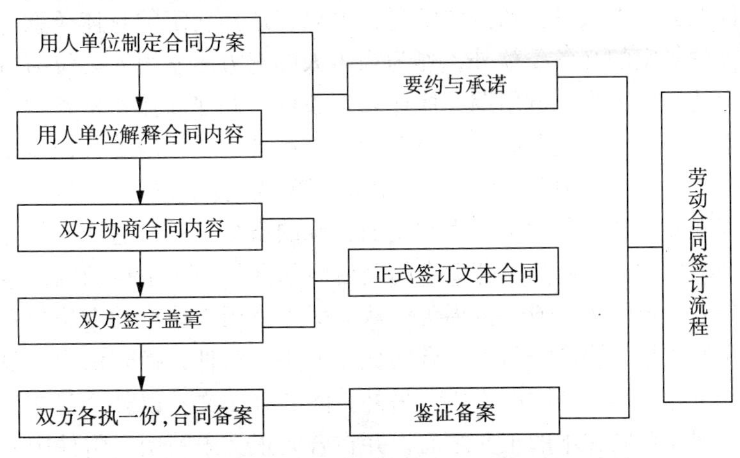

图 10－6　劳动合同订立的程序

如上所述，劳动合同的签订一般要经历三个主要阶段：

（1）要约与承诺。要约是指一方向另一方提出订立合同的要求。在劳动合同签订时，一般情况下是用人单位向劳动者提出订立劳动合同的要约，用人单位将事先准备好的合同方案交给劳动者参看，并对其解释其中的各项内容条款，接受劳动者的询问。承诺是指另一方接受要约并完全同意。在签订劳动合同时，劳动者一般情况下是处于承诺方，对于用人单位提出的要约做出回应，并就自己的疑问向用人单位咨询。

（2）正式签订文本合同。当劳动合同的主体双方对合同中所约定的条款内容经过协商，在理解上达成一致后，就可以签订正式的文本合同了。在合同文本上，需要主体双方签字、盖章，填写签订日期（年、月、日）。

（3）报送相关部门鉴证、备案。双方还应在劳动合同签订后，到当地的劳动行政机关申请鉴证，并向其主管部门和当地劳动部门备案。劳动合同文本用人单位和劳动者各执一份。

3. 劳动合同的内容

劳动合同应以书面形式订立，约定的条款分为法定条款和协商条款。法定条款是指法律、法规规定劳动者和用人单位必须协商约定的条款，根据《劳动合同法》第17条规定，主要包括以下内容：①用人单位的名称、住所和法定代表人或者主要负责人；②劳动者的姓名、住址和居民身份证或者其他有效身份证件号码；③劳动合同期限；④工作内容和工作地点；⑤工作时间和休息休假；⑥劳动报酬；⑦社会保险；⑧劳动保护、劳动条件和职业危害防护；⑨法律、法规规定应当纳入劳动合同的其他事项。没有上述法定条款的合同是不能成立的无效合同。

协商条款是在法律、法规、政策的指导下，根据工作岗位的不同特点以及合同双方当事人各自的具体情况，由双方选择约定的具体条款，主要是指除前款规定的必备条款外，作为当事人的双方——用人单位与劳动者协商约定的其他内容，试用期、职业培训条件、保守商业秘密条款、竞业限制条款、第二职业或兼职、补充保险和福利待遇、住房等其他事项。具体可参见《劳动合同法》第23、24条的相关规定。在双方协商约定的条款中，保守商业秘密条款是较为常见而特殊的条款，通过这样的约定，可以防止劳动者一方在解除了劳动合同之后因掌握了用人单位的内部信息而给单位带来一定的风险或经济损失，从而保护了用人单位的合法权益。需要特别说明的是，协商条款不是合同成立的必要条件，换句话说，没有协商条款，也并不影响合同的成立。另外，除了合同文本以外，双方还可以制定附件列在合同文本的正文之后，并在合同正文中写明。附件中主要是明确双方的权利、义务的具体内容，如通过岗位职责协议、规章制度、劳动纪律等附件条款来明确具体的岗位责任，明确职工应遵守的各项劳动纪律。

4. 劳动合同的期限

在以上各项法定条款中，需要特别引起重视的是劳动合同的期限。这也是新《劳动合同法》出台后引起强烈社会反响的焦点问题。《劳动合同法》中对劳动合同期限的规定，涉及的相关条款就多达4条，根据《劳动合同法》第12条规定“劳动合同期限分为固定期限、无固定期限和以完成一定工作任务为期限三种。”这三种劳动合同期限的具体规定如下：

法条原文

第十三条 固定期限劳动合同，是指用人单位与劳动者约定合同终止时间的劳动合同。

用人单位与劳动者协商一致，可以订立固定期限劳动合同。

第十四条 无固定期限劳动合同，是指用人单位与劳动者约定无确定终止时间的劳动合同。

用人单位与劳动者协商一致，可以订立无固定期限劳动合同。有下列情形之一，劳动者提出或者同意续订、订立劳动合同的，除劳动者提出订立固定期限劳动合同外，应当订立无固定期限劳动合同：

（一）劳动者在该用人单位连续工作满十年的；

（二）用人单位初次实行劳动合同制度或者国有企业改制重新订立劳动合同时，劳动者在该用人单位连续工作满十年且距法定退休年龄不足十年的；

（三）连续订立二次固定期限劳动合同，且劳动者没有本法第三十九条和第四十条第一项、第二项规定的情形，续订劳动合同的。

用人单位自用工之日起满一年不与劳动者订立书面劳动合同的，视为用人单位与劳动者已订立无固定期限劳动合同。

第十五条 以完成一定工作任务为期限的劳动合同，是指用人单位与劳动者约定以某项工作的完成为合同期限的劳动合同。

用人单位与劳动者协商一致，可以订立以完成一定工作任务为期限的劳动合同。

《劳动合同法》承袭了《劳动法》中关于劳动合同期限分类的相关规定，并规定了用人单位和劳动者双方只要协商一致，就可以订立以上三种期限类型中任意一种的劳动合同。对于《劳动法》实施后出现的劳动合同短期化愈演愈烈、劳动者权益常受侵害等问题，《劳动合同法》作出了一些更为细致深入的规定，其中最吸引人眼球的就是“无固定期限劳动合同”的最新规定。这对于更好地引导用人单位与劳动者之间建立起长期、稳定、规范、和谐的劳动关系大有裨益。

值得注意的是，在新法出台后，由于缺乏对无固定期限劳动合同的正确认识，有许多人认为这又是重新捡拾起了过去的“铁饭碗”，再搞“终身制”，认为无固定期限劳动合同一经签订就不能解除，劳动者将无固定期限劳动合同视为“护身符”，而用人单位却视无固定期限劳动合同为“洪水猛兽”，是“终身的包袱”。其实这样的理解都是有失偏颇的。无固定期限劳动合同是指没有确切的终止时间，并不是指永远没有终止时间，因为在某些特定的情形下，无固定期限劳动合同同样也可以解除：①用人单位与劳动者协商一致的；②劳动者在试用期间被证明不符合录用条件的；③劳动者严重违反用人单位的规章制度的；④劳动者严重失职，营私舞弊，给用人单位造成重大损害的；⑤劳动者同时与其他用人单位建立劳动关系，对完成本单位的工作任务造成严重影响，或者经用人单位提出，拒不改正的；⑥劳动者以欺诈、胁迫的手段或者乘人之危，使用人单位在违背真实意思的情况下订立或者变更劳动合同的；⑦劳动者被依法追究刑事责任的；⑧劳动者患病或者非因工负伤，在规定的医疗期满后不能从事原工作，也不能从事由用人单位另行安排的工作的；⑨劳动者不能胜任工作，经过培训或者调整工作岗位，仍不能胜任工作的；⑩劳动合同订立时所依据的客观情况发生重大变化，致使劳动合同无法履行，经用人单位与劳动者协商，未能就变更劳动合同内容达成协议的。

除了上述有关用人单位与劳动者个人解除劳动合同的 10 种特殊情形以外，对于裁减 20 人以上或者占企业职工总数 10% 以上的集体解除劳动合同的有关事项，《劳动合同法》第 41 条也作出了明确规定："用人单位提前三十日向工会或者全体职工说明情况，听取工会或者职工的意见后，裁减人员方案经向劳动行政部门报告，可以裁减人员"，主要是指以下几种情况：①依照企业破产法规定进行重整的；②生产经营发生严重困难的；③企业转产、重大技术革新或者经营方式调整，经变更劳动合同后，仍需裁减人员的；④其他因劳动合同订立时所依据的客观经济情况发生重大变化，致使劳动合同无法履行的。

总之，无固定期限劳动合同与固定期限劳动合同的显著区别在于：不约定合同的存续期限，该劳动合同可以在劳动者的法定劳动年龄内和企业的存在期限内长期存在，除非双方协商约定解除或者存在上述法定情形，否则该合同直至劳动者退休才终止。因此无固定期限劳动合同具有很强的稳定性。但是无固定期限劳动合同主要是针对企业提出"不符合合同解除条件的情况下不得随意解除与员工的劳动合同"，但并未对员工解除劳动合同作出强制规定，员工可以提前 30 天以书面形式提出解约，不管企业同意与否。另外，无固定期限劳动合同虽然对企业的约束力增强了，但不意味着就成为一味袒护员工的"铁饭碗"，如果经过培训后仍然不能胜任岗位要求的员工是可能被解除的。所以，在确定劳动合同期限的时候，当事人双方应处理好眼前利益与长远利益的关系，科学合理地确定劳动合同的期限。企业应该根据生产经营的战略目标和任务，做好劳动力使用的长期规划，建立健全岗位胜任资格体系，使劳动合同期限能够长短并用，实现各类人才的阶梯层次匹配，而劳动者也可以根据自身的基本情况和专业技术水平、职业生涯发展规划等因素，选择适合自己的劳动合同期限并与用人单位通过协商取得一致意见，这对于双方来说都是有益的。

5. 关于试用期的规定

在劳动合同签订中，还有一个关系到劳动者切身利益，需要引起重视的是有关试用期的规定。因为试用期不属于法定条款而是主体双方的协商约定条款，即可以约定试用期也可以不约定，因此存在了较大的自由度，这难免会让一些用人单位钻了空子，从而出现一些诸如用人单位规定的试用期过长、过分压低劳动者在试用期内的工资、在试用期内随意解雇劳动者等问题，这对于劳动者的权益是一种损害，为此国家出台的相关劳动法律中都对此作了明确规定，例如：试用期本身包含在劳动合同中，因此没有专门的所谓试用期合同；签订劳动合同时，如果约定了试用期，那么最长不得超过六个月，这是《劳动法》第21条的明确规定，《劳动合同法》对此规定又作了进一步的细化要求，“劳动合同期限三个月以上不满一年的，试用期不得超过一个月；劳动合同期限一年以上不满三年的，试用期不得超过二个月；三年以上固定期限和无固定期限的劳动合同，试用期不得超过六个月；以完成一定工作任务为期限的劳动合同或者劳动合同期限不满三个月的，不得约定试用期”；同一用人单位与同一劳动者只能约定一次试用期；劳动者在试用期的工资不得低于本单位相同岗位最低档工资或者劳动合同约定工资的80%，并不得低于用人单位所在地的最低工资标准等。通过上述明文规定，可以有效地杜绝用人单位利用试用期这一协商条款对劳动者权益进行侵害。

（二）劳动合同的履行

履行劳动合同，是指劳动合同在依法订立生效之后，用人单位与劳动者按照劳动合同的约定条款，各自全面完成劳动合同规定的各项义务，实现劳动合同规定的各项权利的活动。在实际履行劳动合同的过程中，需要遵循以下几个基本原则。

1. 亲自履行原则

亲自履行是指劳动合同双方当事人必须自己履行劳动合同规定的义务，而不能由第三人代替履行，双方当事人所享有的权利也必须亲自享受而不得转让。这是由劳动力本身的特点所决定的，劳动者和用人单位分别作为劳动力的拥有者和使用者，劳动合同是对这两者之间关系的相关事宜作出明确界定，是两个特定主体之间的合同，因此也只能由他们亲自来承担合同中所规定的各项责任并享受应有的权利。

2. 全面履行原则

全面履行是指在劳动合同生效后，双方当事人必须按照劳动合同约定的条件、时间、地点和方式，按质、按量地履行劳动合同规定的全部义务，不得有遗漏。即双方当事人中的任何一方不得分割某些条款规定的义务而只履行部分条款或不按劳动合同的约定履行，不能用完成别的义务来代替劳动合同约定的义务。

3. 协作履行原则

协作履行是指双方当事人在全面履行劳动合同的过程中，当事人一方履行其义务，另一方当事人应予以相互配合，相互协作，只有这样才能共同完成劳动合同规定的义务。任何一方在履行的过程中遇到困难时，另一方都应在法律允许的范围内，尽力提供帮助，使得双方能够尽可能地全面履行合同中所约定的各项义务。

4. 合法履行原则

合法履行是指用人单位在履行合同义务时，要遵守相关劳动法律的规定，对劳动者的劳动报酬、劳动保护、休息休假等权利进行有效的保护。在劳动报酬方面，用人单位应该向劳动者及时足额地支付劳动报酬。用人单位拖欠或者未足额支付劳动报酬的，劳动者可以依法向当地人民法院申请支付令，人民法院应当依法发出支付令（参见《劳动合同法》第 30 条的规定）。在劳动保护方面，劳动者拒绝用人单位管理人员违章指挥、强令冒险作业的，不视为违反劳动合同。劳动者对危害生命安全和身体健康的劳动条件，有权对用人单位提出批评、检举和控告（参见《劳动合同法》第 32 条的规定）。在休息休假方面，用人单位应当严格执行劳动定额标准，不得强迫或者变相强迫劳动者加班。用人单位安排加班的，应当按照国家有关规定向劳动者支付加班费（参见《劳动合同法》第 31 条的规定）。

《劳动合同法》中还规定了劳动合同继续有效和继续履行的相关情形，主要包括：用人单位变更名称、法定代表人、主要负责人或者投资人等事项，不影响劳动合同的履行；用人单位发生合并或者分立等情况，原劳动合同继续有效，劳动合同由承继其权利和义务的用人单位继续履行（参见《劳动合同法》第 33、34 条的规定）。即在单位个别事项发生变化或单位主体发生变化时，劳动合同继续履行，不影响其法律效果。这一规定较好地满足了当下用人单位为了适应市场需要而进行改革变动这一新形势的基本要求，对于在不断变动的市场环境下维系劳动合同的稳定性提供了法律依据。

（三）劳动合同的变更

一般情况下，已签订的劳动合同具有法律效力，一经订立就应该严格遵守，不得随意变更，但是在面对未来各种纷繁复杂的变动局势时，只是一纸静态的书面合同难以适应新形势，因此，劳动合同变更成为实际需要。

劳动合同变更是指在订立劳动合同的主客观条件发生变化的情况下，当事人双方对尚未履行或已开始履行但尚未完全履行的劳动合同，依照法律规定的条件和程序，对原劳动合同中的某些条款进行调整或增删，以达成修改、补充协议的法律行为。变更劳动合同是双方共同认可的法律行为，任何一方不得擅自变更，否则就要承担相应的法律责任。劳动合同变更应遵循平等自愿、协商一致的原则，在不违反相关法律政策规定的前提下依法变更，并且只限在既定的劳动法律关系范围之内就劳动合同的部分条款进行变更，不涉及全部内容的变更，更不涉及劳动合同主体的变更。劳动合同变更，应采取书面形式进行，变更后的劳动合同文本应由用人单位和劳动者各执一份，以备留用。劳动合同变更后，变更合同的效力只涉及经过变更的合同条款，未变更的合同内容仍然有效，应该继续全部履行。此外，变更还必须在合同有效期内进行。

劳动合同变更应符合几个基本条件：第一，劳动合同订立时所依据的法律、法规、规章制度发生变化，已经修改或被废止，例如原先计划经济体制下企业与员工签订的无固定期限劳动合同因为国家经济体制改革、产业政策调整而转变为下岗合同。第二，订立劳动合同时所依据的客观条件发生变化，导致原先签订的劳动合同无法履行，需要依法变更，例如自然灾害、企业事故、生产任务的调整、组织形式的变化、企业分立合并迁移、劳动者个人情况变化等原因都会导致原合同无法再继续履行，这时变更合同就是必要的了。

（四）劳动合同的终止与解除

1. 劳动合同的终止

劳动合同的终止，是指由劳动合同确定的权利义务关系的消亡，即劳动法律关系的结束。《劳动法》第 23 条规定：“劳动合同期满或者当事人约定的劳动合同终止条件出现，劳动合同即行终止”，也就是说，劳动合同期限届满，劳动合同即宣告终止，这主要是针对有固定期限的劳动合同和以完成一定的工作为期限的劳动合同而言的。由于法条规定的终止条件相对简单且其中有关于“约定终止劳动合同”的规定，一些用人单位便以此为借口随意与劳动者约定劳动合同终止条件，使无固定期限劳动合同提前终止，使劳动者稳定就业的权益得不到切实的保障。当劳动者退休或者劳动者死亡以及用人单位破产等突发情况出现时，劳动合同如何处理，没有相应明确的规定。

鉴于《劳动法》的规定过于粗略，《劳动合同法》在劳动合同终止的规定上有了一些新的变化：首先，取消了劳动合同可由当事人约定而终止的规定，明确了劳动合同的终止只能在法定情况下出现，即劳动合同的终止不得由当事人双方约定协商确定，即使作出了约定，该约定也是无效的。其次，除了劳动合同期满以外，《劳动合同法》还增添了有关劳动合同终止的法定条件，主要包括：①劳动者开始依法享受基本养老保险待遇的；②劳动者死亡，或者被人民法院宣告死亡或者宣告失踪的；③用人单位被依法宣告破产的；④用人单位被吊销营业执照，责令关闭、撤销或者用人单位决定提前解散的；⑤法律、行政法规规定的其他情形。最后，增加了终止劳动合同的限制情形，《劳动合同法》第 45 条对此作了具体规定，即当遭遇到下列情况时，劳动者提出延缓终止劳动合同的，用人单位不得与劳动者终止劳动合同：从事接触职业病危害作业的劳动者未进行离岗前职业健康检查，或者疑似职业病病人在诊断或者医学观察期间的；在本单位患职业病或者因工负伤并被确认丧失或者部分丧失劳动能力的；患病或者非因工负伤，在规定的医疗期内的；女职工在孕期、产期、哺乳期的；在本单位连续工作满 15 年，且距法定退休年龄不足 5 年的；法律、行政法规规定的其他情形。

2. 劳动合同的解除

劳动合同解除，是指劳动合同订立后尚未全部履行之前，由于某种原因导致劳动合同一方或双方当事人提前终止劳动关系的法律行为。劳动合同的解除分为两种类型：双方解除和单方解除。即劳动合同的解除既可以是当事人单方的行为，也可以是当事人双方的行为。

（1）当事人双方协商解除劳动合同

协商解除劳动合同，是指劳动合同订立后，经双方当事人协商一致解除劳动合同，结束劳动法律关系。劳动合同依法自由订立，也可以依法自由解除，因此这种解除类型又称为合意解除。《劳动法》中就有合意解除劳动合同的相关规定，即双方当事人在合意的情况下，只要协商一致，并签订书面解除劳动合同的协议，劳动合同就可以解除，双方劳动合同关系的完结就具备了法律效力。经双方协商解除劳动合同的，双方当事人之间便不会发生劳动争议，但用人单位应注意按照法律法规的规定，给劳动者办理劳动合同解除的手续，社会保险的手续以及给予经济补偿。当然，如果劳动者先提出解除劳动合同的，用人单位可以不支付经济补偿，如果是用人单位先提出的，则必须支付。

（2）当事人单方解除劳动合同

单方解除劳动合同又可以按照提出解除劳动合同关系的单方主体分为劳动者单方解除和用人单位单方解除两种情况。

《劳动法》赋予了劳动者辞职的权利，即劳动者有权单方面提出要求解除劳动合同。劳动者单方解除劳动合同又可以分为事先告知解除和随时通知解除两类。事先告知解除是由于劳动者自身的主观原因，想提前解除劳动合同，这种情况下，劳动者解除劳动合同，需要提前30日以书面形式通知用人单位，劳动者在试用期内提前三日通知用人单位，可以解除劳动合同（参见《劳动合同法》第37条的规定）。随时通知解除是指用人单位违反劳动合同约定以及法律法规，劳动者可以随时单方面解除劳动合同，即单位过错引起劳动者不得不与之解除劳动合同，此种情况下劳动者无需提前30日通知用人单位。《劳动合同法》第38条规定了在遇到用人单位有下列行为之一的时候，劳动者可以随时通知解除劳动合同：①未按照劳动合同约定提供劳动保护或者劳动条件的；②未及时足额支付劳动报酬的；③未依法为劳动者缴纳社会保险费的；④用人单位的规章制度违反法律、法规的规定，损害劳动者权益的；⑤用人单位以欺诈、胁迫的手段或者乘人之危，使对方在违背真实意思的情况下订立或者变更劳动合同而致使劳动合同无效的；⑥用人单位以暴力、威胁或者非法限制人身自由的手段强迫劳动者劳动的，或者用人单位违章指挥、强令冒险作业危及劳动者人身安全的。上述行为一旦出现，劳动者可以立即解除劳动合同，不需事先告知用人单位。

用人单位单方面解除劳动合同的情况可以分为三类：一是即时解除劳动合同，二是预告解除劳动合同，三是裁减人员。

即时解除劳动合同是因为劳动者在劳动过程中存在某些重大过失情形而引起用人单位即时解除劳动合同，也称为过失性辞退。用人单位即时解除劳动合同时无需以任何形式提前通知劳动者，也无需征求他人意见。劳动者满足过失性辞退的基本条件主要涉及下列情况：①在试用期间被证明不符合录用条件的；②严重违反用人单位的规章制度的；③严重失职，营私舞弊，给用人单位造成重大损害的；④劳动者同时与其他用人单位建立劳动关系，对完成本单位的工作任务造成严重影响，或者经用人单位提出，拒不改正的；⑤劳动者以欺诈、胁迫的手段或者乘人之危，使对方在违背真实意思的情况下订立或者变更劳动合同而致使劳动合同无效的；⑥被依法追究刑事责任的。

预告解除劳动合同是指劳动者在无过错的情况下，由于主客观情况发生了变化而导致原先的劳动合同无法履行时，用人单位可以提前通知劳动者后单方面解除劳动合同的行为，也称为非过失性辞退。《劳动合同法》第40条规定："用人单位提前30日以书面形式通知劳动者本人或者额外支付劳动者一个月工资后，可以解除劳动合同"，同时规定了预告解除劳动合同所需满足的基本条件：①劳动者患病或者非因工负伤，在规定的医疗期满后不能从事原工作，也不能从事由用人单位另行安排的工作的；②劳动者不能胜任工作，经过培训或者调整工作岗位，仍不能胜任工作的；③劳动合同订立时所依据的客观情况发生重大变化，致使劳动合同无法履行，经用人单位与劳动者协商，未能就变更劳动合同内容达成协议的。

裁减人员是用人单位按照法律的规定一次性辞退部分劳动者，缩减员工人数和规模，以改善生产经营状况的行为。根据劳动法的规定，用人单位只有在濒临破产、进行法定整顿期间或者是生产经营状况发生严重困难确实需要裁减人员的，才可以裁减人员，劳动合同法中又加上了“企业转产、重大技术革新或者经营方式调整，经变更劳动合同后，仍需裁减人员”和“其他因劳动合同订立时所依据的客观经济情况发生重大变化，致使劳动合同无法履行的”两种新情况。劳动法规定了用人单位进行裁员时应当提前30日向工会或全体职工说明情况、听取意见，并向当地的劳动部门报告。《劳动合同法》则放宽了对裁员的限制，第41条规定：“需要裁减人员20人以上或者裁减不足20人但占企业职工总数10%以上的，用人单位提前30日向工会或者全体职工说明情况，听取工会或者职工的意见后，裁减人员方案经向劳动行政部门报告，可以裁减人员”，这样实际上就是将裁员处理分成了两种情况，满足前一种情况的需要按照法定的程序执行，而裁员人数不足20人或者占职工总数10%以下的，则无须按照上述规定程序来执行。《劳动法》、《劳动合同法》、《企业经济性裁减人员规定》等法律政策中还对用人单位在裁减人员时的一些禁止性条件作出了明确的规定，主要包括：①从事接触职业病危害作业的劳动者未进行离岗前职业健康检查，或者疑似职业病病人在诊断或者医学观察期间的；②在本单位患职业病或者因工负伤并被确认丧失或者部分丧失劳动能力的；③患病或者非因工负伤，在规定的医疗期内的；④女职工在孕期、产期、哺乳期的；⑤在本单位连续工作满15年，且距法定退休年龄不足5年的；⑥法律、行政法规规定的其他情形。凡是具备上述任何条件之一的，用人单位均不能解除与其订立的劳动合同。

此外，用人单位解除劳动合同还需遵循法定程序，如果程序违法，则解除合同属无效法律行为。解除劳动合同的一般程序如图10－7所示。

3. 解除和终止劳动合同的经济补偿金

《劳动合同法》对用人单位在解除和终止劳动合同的时候支付给劳动者一定的经济补偿金也作出了一些新的明确规定，其根本思想是当解除和终止劳动合同的责任主要在用人单位一方时，需要支付经济补偿金，当解除和终止劳动合同主要责任在劳动者一方（如过失性辞退）时，则不需要支付经济补偿金。支付补偿金的标准主要是按照劳动者在本单位的工作年限确定的，每满1年就按照其1个月的工资标准（月工资以劳动者在劳动合同解除或终止前12个月的平均工资为计算基数）向劳动者支付补偿金，6个月以上不满1年的按1年计算，6个月以下的则支付给半个月工资的补偿金。劳动者的月工资如果高于所在地区政府公布的上年度职工月平均工资3倍及以上的，按职工月均工资的3倍数额支付，最长补偿年限的计算不超过12年（参见《劳动合同法》第47条）。表10－2是用人单位是否需要支付给劳动者补偿金的相关情形。

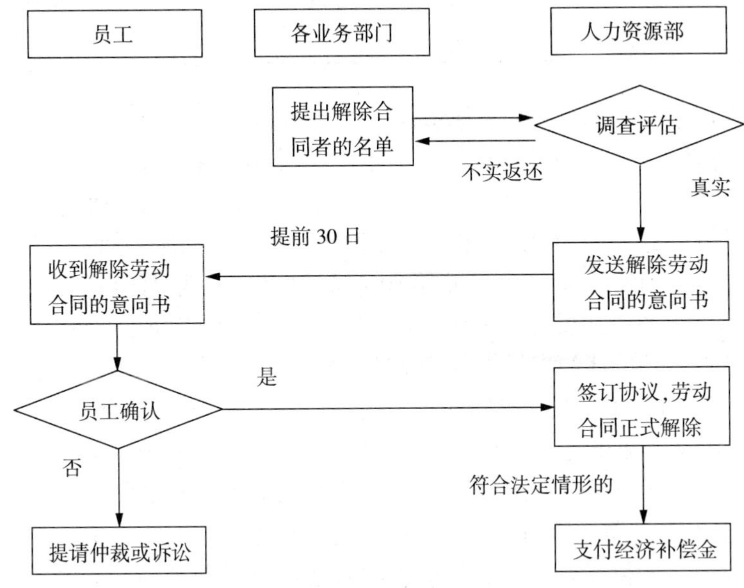

图10－7　劳动合同解除的程序

表10－2　解除或终止劳动合同时支付补偿金的具体情形

类别＼情形	支付补偿金	不支付补偿金
劳动合同解除	合意解除（企业提议，双方协商，即时解除）	
		过失性辞退（即时解除）
	非过失性辞退（提前30日通知并额外支付1个月工资）	
	裁员（提前30日通知）	

（续表）

类别　　　情形	支付补偿金	不支付补偿金
劳动合同终止	劳动合同期满企业不续订或因低于原标准续订导致员工不续订	劳动合同期满，员工不续订
	企业依法宣告破产	劳动者退休并享受养老保险待遇
	企业解散、吊销营业执照、责令整顿或关闭	劳动者死亡或被法院宣告死亡

（五）违反劳动合同的法律责任

根据相关法律的规定，无论是劳动者一方还是用人单位一方还是由此连带的第三方，只要违反了劳动合同，就要承担起相应的法律责任。

用人单位违反劳动合同的相关法律责任，在《劳动法》第12章第89条至101条、《劳动合同法》第7章第80条至94条中有明确的规定，此外还有劳动部门下发的《违反劳动法有关劳动合同规定的赔偿办法》等相关行政法规都对用人单位的违约责任作出了说明。限于篇幅在此不再一一赘述。

针对劳动者违反劳动合同的相关法律责任，《劳动法》第102条规定："劳动者违反本法规定的条件解除劳动合同或者违反劳动合同中约定的保密事项，对用人单位造成经济损失的，应当依法承担赔偿责任。"《劳动合同法》中也对劳动者违约需要承担违约金的情形作了规定：第一，劳动者违反本法规定解除劳动合同，例如劳动者违反培训服务期约定，需要向用人单位支付违约金，数额不得超过用人单位提供的培训费用；第二，违反劳动合同中约定的保密义务或者竞业限制，即用人单位与劳动者在劳动合同中约定符合法律规定的保密事项和竞业限制条款，劳动者违反竞业限制约定给用人单位造成损失的，应当按照约定向用人单位支付违约金（参见《劳动合同法》第90条）。

第三方违反劳动合同的责任，是指劳动者在尚未与原用人单位解除劳动合同，又与第三方签订劳动合同，而对原用人单位造成经济损失的，除劳动者承担直接赔偿责任外，第三方应当向原用人单位依法承担连带赔偿责任的一种法律形式（参见《劳动合同法》第91条）。

四、集体合同

集体合同是以改进劳动组织、改善劳动者的劳动条件和生活条件为主要内容的书面协议，它是维护用人单位和职工双方合法权益、促进经济发展和社会稳定的重要法律制度，是劳动法律体系的重要组成部分，它与劳动者个人与用人单位签订的劳动合同相比，有共同的特点，也有其自身的特征。

（一）集体合同的含义

集体合同又称为“集体协议”、“团体契约”、“集体契约”等，是指用人单位与企业职工一方（工会或职工推举的职工代表）根据法律、法规、规章的规定，就劳动报酬、工作条件、工作时间、休息休假、劳动安全卫生、职业培训、保险福利等事项，在平等协商的基础上，进行集体谈判所缔结、签订的书面协议。集体合同必须由工会组织代表全体职工同企业经过充分协商并提交职工代表大会或全体职工讨论通过后方能确定，集体合同的订立对于一定范围内的劳动关系具有法律效力。

（二）集体合同的特征

集体合同作为一种特殊形式的合同，对于调节劳动关系领域的劳资关系发挥了重要作用，它与劳动者个人与用人单位签订的劳动合同相比，具有特殊性。

首先，集体合同的当事人是特定的。集体合同的当事人一方是用人单位或用人单位联合团体（如企业联合会），另一方必须是代表职工利益的工会组织或职工推举的代表，而不能是任意的劳动法律关系主体。

其次，集体合同是一项集体性质的劳动协议、契约。这不仅表现在集体合同属于劳动法调整范围，还表现在集体合同的签订目的、内容和作用等方面。集体合同从全体职工利益出发，以集体劳动关系中全体劳动者的共同权利和义务为内容，可能涉及劳动关系各个方面，也可能只涉及劳动关系的某个方面（如工资集体合同）。集体合同是劳动者组织代表劳动者与用人单位签订的书面协议，一般没有劳动合同那样确立和终止具体劳动关系的作用，换句话说，集体合同的作用是调节整体劳动关系而劳动合同的作用是建立个人劳动关系。

再次，集体合同当事人双方的义务具有不对等性。虽然订立集体合同的当事人双方在合同关系中都有履行合同规定义务的责任，但承担的义务性质不同。集体合同对企业来说是法定的义务，而对职工的来说是道义上的义务，履行义务是靠职工的觉悟力量来约束的。如果个别职工不按照合同规定履行义务的时候，工会组织或职工代表无法承担法律责任，只能承担道义和政治责任。

最后，集体合同的效力高于劳动合同。集体合同对于签订合同的单个用人单位或用人单位联合团体，以及工会所代表的全体劳动者来说都具有法律效力。集体合同的效力高于劳动合同效力，个人与用人单位签订的劳动合同的条款不能与集体合同条款相抵触，当两者发生冲突时，以集体合同条款为准。

（三）集体合同的内容

集体合同的内容，是指集体合同所包括的具体条款，凡是在企业劳动关系中所涉及的问题，都可以纳入集体合同的内容。具体包括以下一些基本内容。

第一，劳动条件标准部分：包括劳动报酬、工作时间和休息休假、保险福利、劳动安全卫生等项条款。劳动条件标准条款在集体合同内容的构成中处于核心地位。

第二，一般性规定：规定劳动合同和集体合同履行的有关规则。包括员工录用规则，劳动合同的变更、续订规则，辞职、辞退规则，集体合同的有效期限，集体合同条款的解释、变更、解除和终止等项。

第三，过渡性规定：指集体合同的监督、检查、争议处理、违约责任等项规定。

第四，其他规定：集体合同为法定要式合同，应当以书面形式订立，口头形式的集体合同不具有法律效力。集体合同为定期合同，期限为1～3年。集体合同由工会代表职工与企业签订，没有成立工会组织的，由企业职工民主推荐、并须得到半数职工的同意的代表为集体合同的签约人，用人单位的签约人是法定代表人。各方为3～10名。

在集体合同签订后的7日内报送县级以上政府劳动行政部门审查，劳动行政部门在收到集体合同的15日内将《审核意见书》送达；集体合同的生效日期以《审核意见书》确认的日期为生效日期。若劳动行政部门在收到集体合同的15日内未提出疑义的，自第16日起，集体合同自行生效。若集体合同经劳动行政部门审核认定存在无效条款或部分无效条款，签约双方应在15日内对其进行修改，并在15日内重新报送审核。

（四）集体合同订立的程序

集体合同的订立程序包括以下四个步骤：首先，集体协商。企业工会或者员工代表与相应的企业代表，为签订集体协议进行谈判，这是签订集体合同的基础。其次，双方达成协商一致后在协议文本上签字。集体协商双方就集体合同的草案经商谈达成一致后，交由本单位职工大会或职工代表大会讨论通过后，由双方首席代表在正式的协议文本上签字。第三，报送劳动行政部门审查。集体合同必须经过劳动行政部门审查后方能生效，一般来说，劳动行政部门主要就集体合同的主体双方资格、协商的原则、程序以及协议文本中的各项劳动标准是否符合法律法规的规定。最后，公布生效。劳动行政部门自收到集体合同文本15日内并未提出异议的，集体合同即行宣布生效。

第三节 职业安全与卫生

生产事故是伴随着生产活动特别是工业化文明的进程产生的。随着生产的发展以及石油、化工、电力、核能等新兴工业和新能源的应用，工人在生产中接触到越来越多的危险因素，恶性工伤事故层出不穷，同时各种危害进程缓慢而又涉及面广的有害环境因素对工人的身体健康构成严重威胁，死于各类劳动灾害的人数和受到职业伤害而身体健康受损的人数都在持续上升。面对这种局面，“职业危险”、“职业卫生”问题越来越受到各国的普遍重视，国际劳动组织（ILO）、世界卫生组织（WHO）都提出要对职业危险因素和职业卫生进行有效的管理并采取积极的预防措施，保护职业工人免受职业有害因素的影响而危及生命安全和身体健康，使工作条件、职业环境能够更好地适应工人的生理和心理特征。

我国一直以来沿用苏联提出的“劳动保护”概念，主要是指保护劳动者在劳动过程中的安全与健康。随着中国国际化程度的不断加深，依照安全科学的发展趋势和国际通行惯例，中国也采用了“职业安全与卫生”的概念，《劳动法》中将其称为“劳动安全与卫生”，主要是指保护从业人员在职业活动中的安全与健康。

职业安全与卫生管理是劳动关系管理中最为基础、重要、关键的一个领域，因为它是保护作为劳动力所有者的劳动者最切身利益的重要举措，它是构建和谐、有序劳动关系的基础条件，它是影响经济发展、社会稳定的关键因素之一。如果在生产过程中疏忽对员工安全与健康的管理，造成工伤事故和职业病不断频发，就会危及劳动者的基本人权，危害其与家人的合法权益，影响企业的声誉和未来发展，动摇社会安定团结的根本。因此，企业要严格依照国家各项相关法律的基本要求，加强职业安全与卫生管理，改善生产设施和劳动条件，贯彻安全第一的生产原则，积极预防，杜绝危险隐患，将工伤事故和职业病的发生概率尽可能地控制在较低水平上。

一、职业安全与卫生的内涵

职业安全与卫生直接关系到企业职工的生命安全与身体健康，是承载和实现劳动者合法劳动权益的根本所在。因职业安全与卫生管理不善对劳动者所造成的种种伤害都与劳动者所从事的职业有关，因此可以统称为职业伤害。它从内容上来看可以分为两大类：一类是和生产过程中的危险因素相关的意外伤害、伤亡事故，它的发生具有突然性，在短期内直接威胁到职工的生命安全，又被称为工伤事故；另一类是和生产过程中的有毒有害因素相关的慢性伤害，它的发生是一个长期的过程，劳动者在劳动过程中长期暴露在对身体健康不利的工作环境中，久而久之对身体产生了潜移默化的不良影响，引起了各种与职业相关的慢性中毒和慢性疾病，从而威胁到职工的身体健康，造成劳动能力的衰退甚至丧失，又被称为职业病。因此从这个意义上来说，职业安全与卫生问题对劳动者造成的伤害实质上是包括在职业伤害范围内的两个方面，它们共同成为现代工业文明社会对劳动者生命安全与身体健康威胁最大的两大“杀手”，引起了国际社会和劳工组织的广泛关注。

加强对职业伤害的有效监管，减少工伤事故与职业病的发生，是职业安全与卫生工作的重中之重。职业安全管理主要是指在生产过程中广泛采用安全生产技术，做好预防伤害事故发生的各项防护措施，即在生产过程中，为了预防伤亡事故发生，保障职工人身安全和改善劳动条件所采取的各项技术措施的总称，主要包括：改进生产工艺，设置安全装置，做好预防性试验和检验，有计划地对机械设备进行维护、保养和检修，工作场所的合理布局和整洁，发放劳动保护用具，采取有效的个人防护措施等。职业安全管理正是通过各项安全生产技术的实施以达到减少工伤事故发生、切实保障职工人身安全的根本目的。职业卫生管理主要是指在生产过程中为了改善劳动条件，保护劳动者健康，避免有毒、有害物质的危害，防止发生职业病和职业中毒而采取的各项措施的总称。它主要是从组织措施、技术措施、医疗措施等方面出发，通过各种手段的综合应用，改善劳动者所处的工作场所环境，减少其与有害物质的过多接触，并对其身体健康实施定期检查，及时发现问题及早进行治疗，从而达到维护劳动者身体健康的根本目的。

二、职业伤害的涵盖范围和成因

职业伤害的种类繁多、成因复杂、危害巨大、影响深远，因此历来都是劳资矛盾与纠纷的焦点问题之一。要对职业安全与卫生问题实施有效的管理，首先就要对职业安全与职业卫生问题所涵盖的种类、造成伤害的原因进行深入分析，这样才能对症下药、有的放矢地做好预防与管理工作。

（一）职业安全事故的种类

近年来，职业安全事故呈现出直线上升的趋势。在世界范围内，工伤事故和职业病每年造成200万人死亡。在中国，1998～2005年，工矿企业发生的一次死亡10人以上的特大安全事故和30人以上的特别重大事故共602起，平均每年发生75起，死亡人数达13040人，平均每年1630人。[①]工伤事故的种类可以按照不同的分类标准进行如下的分类：

第一，按照工伤事故后劳动者的休息时间长度分为轻伤事故、重伤事故和死亡事故三种。其中轻伤事故是指劳动者受伤后休息1～104天，重伤事故是指休息105天以上的。

第二，按照工伤事故的具体发生类别，可以分为20类，根据《企业职工伤亡事故分类标准》（GB6441－1968）中的规定，企业工伤事故可以分为物体打击、车辆伤害、机械伤害、起重伤害、触电、淹溺、灼烫、火灾、高处坠落、坍塌、冒顶片帮、透水、放炮、瓦斯爆炸、火药爆炸、锅炉爆炸、容器爆炸、其他爆炸、中毒和窒息及其他伤害等。

（二）职业病的种类

职业病是指劳动者长期从事有职业危害因素的工作而引起的疾病。我国法定职业病包括尘肺、职业中毒、职业性放射病、物理因素所致疾病、生物因素所致疾病、职业性皮肤病、职业性眼病、职业性耳鼻喉口腔病、职业性肿瘤及其他职业病（包括灼伤、金属烟热、职业性哮喘、职业性变态反应性肺泡炎、棉尘病、煤矿井下工人滑囊炎、牙酸蚀病等）10大类115种。如矿山开采、金属冶炼、宝石切削工等长期与粉尘接触者是尘肺病高发人群；酿造、胶水、油化工、天然气开采、污水池清淤人员容易导致硫化氢中毒；家具制造及制鞋行业中，容易导致急慢性苯中毒等职业中毒。根据常凯博士组织编写的《中国劳动关系报告》的调查显示，在2001至2006年期间，全国各类职业病统计中排名前三的分别是尘肺病、慢性中毒、职业性眼病，其中尘肺病所占的比重最大，达到了80%左右的比重。

（三）职业安全事故与职业病的成因

一旦发生职业安全事故或各类急慢性职业病，就会危及到单个或部分职工的生命安全，威胁到劳动者的基本人权，造成的后果是十分严重的。其实，只要采取良好的保护措施，实施有效地监管，80%的工伤事故是可以避免的，各类职业病也能得到有效地防控和治疗。那么，如何更好地避免职业安全事故的发生和职业病的流行？首先需要深入了解职业安全事故与职业病发生的起因，一般来说，包括直接原因和间接原因两大类：

从直接原因的角度来看，职业安全事故主要是工矿企业在组织生产运作的过程中，职业安全成本投入不足、设施老化陈旧、工艺技术落后、对生产中的危险因素的监管力度不够，以至于让工人暴露在一些充斥着危险

① 常凯．中国劳动关系报告［M］．北京：中国劳动社会保障出版社，2009

因素的工作环境中，受到机械性作用、电的作用、爆炸作用、化学物质作用、温度作用、与地面位置差的作用以及照明不足、噪声、震动、作业场所条件不良等因素的直接侵害，引发工伤事故，危及生命安全。职业病主要是工人长期暴露在与生产过程有关的毒害因素、与劳动组织过程有关的危害因素、与作业场所和工艺设备有关的伤害因素的不利环境下，长期从事简单枯燥的大强度、重复性劳动引起身体局部过度紧张疲劳或直接接触到很多对人体健康造成直接伤害的有毒有害物质，日积月累从而引起身体的不良反应，引发各种与所从事的职业密切相关的急慢性疾病，严重威胁到劳动者的行动能力、生活自理能力和职业能力。

从间接的角度来看，则主要是职业安全监管机构和制度存在重大缺陷以及企业对工人生命价值的漠视。在矿难频发的今天，我们以煤矿安全监管为例：一方面是煤矿安全监管机构在全国各地形成了条块分割、职责不清的混乱局面，在1999年国家煤炭部撤销后，煤矿安全检察工作涉及国土资源、行业管理、煤矿监察、安全监管、工商、公安等多个部门，各部门在监督执法方面统筹协调不够，国家安监局成立后负责综合安全工作，梳理了与煤矿安监局的关系，但最终建立清晰合理的煤矿安全监管机制仍需时日。另一方面是煤矿开采经营中，存在着企业为了追求近期的经济收益而忽视工人的生命价值，草菅人命、“官（员）煤（商）勾结”腐败等问题层出不穷，例如2004年11月28日发生在陕西铜川矿务局的陈家湾煤矿的瓦斯爆炸特别重大伤亡事故就是煤矿矿方在井下着火的情况下强迫职工下井作业酿成的悲剧，共造成166名矿工遇难。对于职业病的监管同样也存在着企业忽视职工的身体健康、卫生管理投入不足、力度不够等根本问题。尤其是从上世纪90年代以来，迅速发展起来的中小规模的私营企业普遍存在着投资规模小、职业防护措施投入不足、加工工艺落后、生产厂房和职工宿舍破旧且卫生条件差、生产中为了降低产品成本而大量使用价值低廉但毒害物质含量较高的生产原料等严峻的问题，这些问题是导致职业病危害上升的重要原因。

三、健全职业安全与卫生管理的制度举措

由于企业重生产轻安全，安全管理意识薄弱，主体责任不落实，一些地方和部门安全监管不到位等重要原因，近年来，全国生产安全事故总量很大，非法违法生产现象严重，重特大事故多发频发，职业病高发，给人民群众生命财产安全和身体健康造成了重大损失。鉴于以上问题，国家政府一直以来就高度关注着职业安全与卫生的监管工作，并在长期的立法实践中继续完善建立健全职业安全与卫生管理的相关制度举措。《劳动法》

中就劳动安全与卫生管理单独开辟出一章进行约束与规范，具体规定如下所示：

法条原文

第五十二条 用人单位必须建立、健全劳动安全卫生制度，严格执行国家劳动安全卫生规程和标准，对劳动者进行劳动安全卫生教育，防止劳动过程中的事故，减少职业危害。

第五十三条 劳动安全卫生设施必须符合国家规定的标准。

新建、改建、扩建工程的劳动安全卫生设施必须与主体工程同时设计、同时施工、同时投入生产和使用。

第五十四条 用人单位必须为劳动者提供符合国家规定的劳动安全卫生条件和必要的劳动防护用品，对从事有职业危害作业的劳动者应当定期进行健康检查。

第五十五条 从事特种作业的劳动者必须经过专门培训并取得特种作业资格。

第五十六条 劳动者在劳动过程中必须严格遵守安全操作规程。

劳动者对用人单位管理人员违章指挥、强令冒险作业，有权拒绝执行；对危害生命安全和身体健康的行为，有权提出批评、检举和控告。

第五十七条 国家建立伤亡事故和职业病统计报告和处理制度。县级以上各级人民政府劳动行政部门、有关部门和用人单位应当依法对劳动者在劳动过程中发生的伤亡事故和劳动者的职业病状况，进行统计、报告和处理。除了对企业安全生产与卫生管理提出一般性的法律要求以外，为了保护女职工和下一代劳动者的切身利益，《劳动法》中还有针对女职工和未成年工实施的特殊劳动保护。除了《劳动法》以外，涉及企业安全卫生管理的法律法规主要还有《安全生产法》、《国务院关于进一步加强企业安全生产工作的通知》等，上述法律条文反映了政府对于职业安全与卫生的重视并给出了具体的举措，概括起来包括以下九项基本制度。

（一）安全生产责任制度

安全生产责任制度是从组织体系上规定企业各类人员在生产过程中应当承担的劳动安全卫生责任，使组织各个层次上的安全卫生责任与管理责任、生产责任统一起来。安全生产责任，不单单是哪一个部门、哪一个人的责任，它需要各层次、各部门、各人的通力合作，企业应将安全生产责任目标层层分解，在生产过程的各个环节上都落实安全责任制度，每个人对自己职责范围内的安全生产负责，每个部门对本部门内的安全生产负责，那么整个企业的安全生产工作就有了坚实的保障。具体来说，企业法定代表人应对本单位安全卫生负全面责任，分管安全卫生的负责人和专职人员对安全卫生负直接责任，总工程师负安全卫生技术领导责任，各职能部门、各级生产组织负责人在各自分管的工作范围内对安全卫生负责，工人在各自的岗位上承担严格遵守劳动安全技术规程的义务。在2002年颁布的《安全生产法》中，确定了“安全第一、预防为主”的安全生产管理方针，并据此规定了有关生产经营单位在安全保障中的义务和生产经营单位的负责人与管理人员的责任条款，多达28项。

在国务院2010年7月19日最新发布的《国务院关于进一步加强企业安全生产工作的通知》（以下简称《通知》）中，对强化生产过程安全管理的领导责任作出了明确规定：企业主要负责人和领导班子成员要轮流现场带班。煤矿、非煤矿山要有矿领导带班并与工人同时下井、同时升井，对无企业负责人带班下井或该带班而未带班的，对有关责任人按擅离职守处理，同时给予规定上限的经济处罚。发生事故而没有领导现场带班的，对企业给予规定上限的经济处罚，并依法从重追究企业主要负责人的责任。2010年10月9日，国家安全生产监督管理总局又发布了《金属非金属地下矿山企业领导带班下井及监督检查暂行规定》，进一步强化了领导带班与工人同时下井升井的强制性规定，并将“领导带班下井”这一制度由煤矿扩大到所有的矿山企业，要求地下矿山企业必须确保每个班次至少有1名领导带班下井，领导带班下井情况与其经济收入挂钩，对未按照规定带班下井、临时提拔矿长助理代替下井或者冒名顶替、弄虚作假的，按照有关规定予以处理。《通知》和《规定》还对矿山企业安全生产责任落实不到位应承担的后果作出了详细的规定：对于矿山领导未按规定带班下井的，对矿山企业给予警告，处3万元罚款；对于发生生产安全事故而没有领导带班下井的矿山企业，依法责令停产整顿，情节严重的，提请有关政府部门予以关闭；对于发生生产安全事故而没有领导带班下井的矿山企业，对其主要负责人依法暂扣或者吊销其安全资格证；发生特大事故，处上一年年收入80%的罚款；对于重大、特大事故负有主要责任的矿山企业，其主要负责人终身不得担任任何矿山企业矿长。

（二）安全技术措施计划管理制度

企业在编制年度生产、技术、财务计划的同时，必须编制以改善劳动条件、防止和消除伤亡事故和职业病为目的的技术措施计划的管理制度。主要包括内容：安全技术规程、劳动卫生规程、辅助性设施建设、改善设施以及劳动安全卫生宣传教育措施等。其中，安全技术规程主要涉及三个方面：工厂安全技术规程，主要包括厂房、场所、设备、电器、动力、压力；矿山安全规程，主要包括设计与开采、作业安全；建筑安装工程安全技术规程，主要包括法律规范和技术标准。劳动卫生规程主要涉及八个方面：防止有毒有害物质危害；防止粉尘危害；防止噪音和强光危害；防止电磁辐射危害；防暑降温和防冻保暖；通风和照明；个人防护用品和生产辅助设施；职业病防治。

根据最新的《通知》精神，各生产企业应做好以下三项安全技术保障工作：第一，加强企业生产技术管理，强化企业技术管理机构的安全职能，按规定配备安全技术人员并强化企业主要技术负责人的技术决策和指挥权；第二，强制推行先进适用的技术装备（如煤矿、非煤矿山要制定和实施生产技术装备标准等）并积极推进企业信息化建设，努力提高企业安全防护水平；第三，加快安全生产技术研发，鼓励企业开展安全科技研发，加快安全生产关键技术装备的换代升级，并规定企业在年度财务预算中必须确定必要的安全投入。

（三）安全生产教育制度

安全生产教育制度是企业对劳动者进行安全技术知识、安全技术法制观念的教育、培训和考核制度，是防止发生工伤事故的重要措施。《劳动法》第 52、55 条对此都作出了明确规定，在新《通知》中也指出要进一步强化职工安全培训，具体规定如下：企业主要负责人和安全生产管理人员、特殊工种人员一律严格考核，按国家有关规定持职业资格证书上岗；职工必须全部经过培训合格后上岗。企业用工要严格依照劳动合同法与职工签订劳动合同。凡存在不经培训上岗、无证上岗的企业，依法停产整顿。没有对井下作业人员进行安全培训教育，或存在特种作业人员无证上岗的企业，情节严重的要依法予以关闭。

（四）安全生产检查制度

安全生产检查制度是劳动部门、产业主管部门、用人单位、工会组织对劳动安全与卫生的法律、法规、制度的实施依法进行监督检查的制度。安全生产检查制度应结合安全生产考核（控制）指标体系建设工作进行，以法定的安全生产考核（控制）指标体系为标准，对企业的安全生产形成长期有效的制约机制，同时，负责安全生产的主管部门也可以通过对各地、各企业考核（控制）指标的进展情况进行定期公布的方式，使企业的安全生产工作实效接受职工、群众和社会的监督。根据 2005 年 3 月国务院安全生产委员会下达的安全生产控制指标体系标准，安全生产检查应重点关注以下指标：各类事故死亡人数、工矿商贸企业死亡人数、道路交通死亡人数、火灾死亡人数、水上交通死亡人数、铁路交通死亡人数、农业机械死亡人数、渔业船舶死亡人数、10人以上特大事故起数、亿元GDP死亡率、10万人死亡率，这一指标体系在2006年又进一步作了增删调整。增加了房屋建筑及市政工程死亡人数、特种设备万台死亡率、煤矿企业一次死亡10人以上特大事故起数、工矿商贸企业从业人员10万人生产安全事故死亡率，同时取消了全国10万人死亡率这一指标。

除了建立安全生产考核指标体系来进行有效检查以外，新《通知》还提出了全面开展安全达标的工作要求。即深入开展以岗位达标、专业达标和企业达标为内容的安全生产标准化建设，凡在规定时间内未实现达标的企业要依法暂扣其生产许可证、安全生产许可证，责令停产整顿；对整改逾期未达标的，地方政府要依法予以关闭。

（五）重大事故隐患管理制度

重大事故隐患管理是对企业可能导致重大人身伤亡或重大经济损失，潜伏于作业场所、设备设施以及生产、管理行为中的安全缺陷进行预防、报告和整改的规定。重大事故隐患管理主要应做好以下几方面工作：①重大事故隐患分类；②重大事故隐患报告；③重大事故隐患预防与整改措施；④劳动行政部门、企业主管部门对重大事故隐患整改的完成情况的检查验收。对于及时排查治理安全隐患，新《通知》第4条规定：企业要经常性开展安全隐患排查，并切实做到整改措施、责任、资金、时限和预案“五到位”。建立以安全生产专业人员为主导的隐患整改效果评价制度，确保整改到位。对隐患整改不力造成事故的，要依法追究企业和企业相关负责人的责任。对停产整改逾期未完成的不得复产。

（六）安全卫生认证制度

安全卫生认证制度是指企业在生产经营过程进行之前，依法对参与生产经营活动的主体能力、资格以及其他安全卫生因素进行审查、评价并确认资格或条件的制度。安全卫生认证实质上是为进入某一生产领域的企业在安全卫生管理方面设置的一道“门槛”，只有符合这个基本要求，才有从事该领域生产经营活动的资格。安全卫生认证主要包括以下三项基本认证：第一，有关从业人员资格的认证，如特种作业人员资格认证；第二，有关单位、机构的劳动安全卫生资格认证；第三，与劳动安全卫生联系特别密切的物质技术产品的质量认证等。凡是被国家纳入认证范围的对象，都必须实行强制认证。

（七）伤亡事故报告和处理制度

伤亡事故报告和处理制度是指对劳动者在劳动过程中发生的伤亡事故和劳动者的职业病状况，应当按照国家法律、法规的规定统计报告和处理，即根据国家法律、法规的规定进行的报告、事故的统计，事故的调查和事故的处理，具体包括：①企业职工伤亡事故分类；②伤亡事故报告；③伤亡事故调查；④伤亡事故处理。伤亡事故的报告和处理制度是我国职业安全与卫生管理的一项基本制度。实施这一制度的根本目的是在及时掌握职工于生产过程中的伤亡事故情况的基础上，研究事故发生的规律，总结经验教训，采取积极的措施，防止事故的重复发生，并对事故发生后已造成的人员财产损失做好善后处理工作。伤亡事故的报告、统计、调查和处理必须坚持实事求是、尊重科学的基本原则。对于在伤亡事故中遭受到伤害的劳动者，新《通知》也作出了关于工伤赔偿的具体规定：提高工伤事故死亡职工一次性赔偿标准；从2011年1月1日起，依照《工伤保险条例》的规定，对因生产安全事故造成的职工死亡，其一次性工亡补助金标准调整为按全国上一年度城镇居民人均可支配收入的20倍计算，发放给工亡职工近亲属。同时，依法确保工亡职工一次性丧葬补助金、供养亲属抚恤金的发放（见于《通知》第23条）。

（八）个人劳动安全卫生防护用品管理制度

个人劳动安全卫生防护用品管理制度分为两类：其一是关于个人劳动安全卫生防护用品的国家标准和行业标准的制定，例如生产个人特种劳动安全卫生防护用品（简称劳保用品）的企业需具备有关部门颁发的生产许可证，并符合质量检验检测的规定；其二是企业内部有关个人劳动安全卫生防护用品的购置、发放、检查、修理、保存、使用的规定，包括个人劳动安全卫生防护用品发放制度、检查修理制度、相关教育培训制度等，其目的是保证防护用品的使用真正落到实处，能够充分发挥对操作人员及其他相关劳动人员的保护作用。

（九）劳动者健康检查制度

劳动者健康检查制度是切实保障劳动者身体健康的重要举措，对于职业病的及早发现和治疗意义重大。健康检查制度主要涉及两方面内容：一是员工招聘时的健康检查，包括针对一般岗位的常规体检和针对特定岗位的特定体检，以此作为是否招聘其从事某项特定工作岗位的依据；二是企业员工的定期体检，有助于企业实现员工疾病或职业病的“预防、发现、治疗”三及时的基本目标。

总之，2010年7月出台的《国务院关于进一步加强企业安全生产工作的通知》对全面规范和约束企业的职业安全与卫生管理工作意义重大，尤其是其中的“领导干部轮流现场带班制度”、“提高工伤事故死亡职工一次性赔偿制度”、“先进适用技术装备强制推行制度”、“企业负责人职业资格否决制度”等制度创新对于减少企业工伤事故和职业病的发生、保障劳动者的切身权益起到了有效地推动作用。

第四节 劳动争议及处理

正如人与人之间相处时难免存在着磕磕碰碰而导致争议的发生一样，劳动者与用人单位之间有时也会因为对各项劳动权利和义务的理解无法达成一致而产生分歧，进而造成争议。发生在劳动者与用人单位这两个特定对象之间的争议，在学术上和实践中被称为劳动争议。既然劳动争议的产生是经常的，那么了解劳动争议的内涵、种类以及处理原则和处理程序，对政府相关劳动部门、用人单位和劳动者来说，都是十分必要的。

一、劳动争议的内涵

劳动争议也叫劳动纠纷、劳资争议或劳资纠纷。广义的劳动争议是指劳动关系的当事人双方在执行劳动法律、法规或履行劳动合同、集体合同的过程中因劳动的权利、义务发生分歧而引起的争议。即用人单位与劳动者发生的一切纠纷，包括因执行劳动法律或履行劳动合同、集体合同的规定而引起的争议。狭义的劳动争议则是特指用人单位与劳动者因实现劳动权利或履行劳动义务发生分歧而引起的争议。

根据《中华人民共和国劳动争议调节仲裁法》和《中华人民共和国企业劳动争议处理条例》的规定，劳动争议的范围主要包括以下几种形式：①因确认劳动关系而发生的争议；②因订立、履行、变更、解除和终止劳动合同发生的争议；③因企业开除、除名、辞退职工和职工辞职、自动离职发生的争议；④因执行国家有关工作时间、休息休假、社会保险、福利、培训、劳动保护的规定发生争议；⑤因劳动报酬、工伤认定及医疗费用、经济补偿或赔偿金等发生的争议；⑥法律、法规规定的其他劳动争议。

二、劳动争议的特征

劳动争议一般是劳动者与用人单位在劳动立法的范围内，因为法律规范所调整的主体双方各项权利义务关系以及劳动合同的订立、履行、变更、解除、终止等问题而引起的纠纷。它与一般的民事纠纷和经济纠纷所不同的是具有特殊的当事人主体及其权利和行为能力、争议的内容是特定的，适用的相关法律也具有特殊性。因此，劳动争议纠纷与一般民事纠纷、经济纠纷的区别具体表现在以下三点：

其一，劳动争议的主体和客体不同。劳动争议的主体是争议的双方当事人即劳动者和用人单位，是劳动法律关系中权利的享有者和义务的承担者，客体则是争议主体的权利、义务所指向的对象，如上所述的劳动时间、劳动报酬、劳动合同、安全卫生、劳动纪律、福利保险、教育培训和劳动环境等。而民事纠纷则是发生在公民之间、法人之间以及公民与法人之间的财产权益、人身权益的分歧，客体内容大多涉及财产关系问题。

其二，解决劳动争议适用的法律不同。劳动争议的解决处理是由劳动法调整的，而一般的民事纠纷由民法来调整，经济纠纷则由经济法调整，三者所适用的法律依据是不同的。

其三，劳动争议当事人主体的权利和行为能力不同。根据劳动法律的相关规定，公民的劳动权利和劳动行为能力从 16 周岁开始，并且两者之间是统一的，即同时产生、同时终止，而一般的民事法律关系主体的民事权力能力和民事行为能力在时间上却不一定是完全一致的，民事行为能力一般从 18 周岁开始。

此外，解决不同内容的劳动争议纠纷适用于不同的法律程序，一般来说包括协商、调解、仲裁、诉讼等基本手段，根据争议的内容、性质、时间、程度的不同进入不同的法律处理程序。总之，劳动争议作为一种特殊形式的争议，有其自身的基本特征，认清这些基本特征，对于认定劳动争议是否存在以及寻求合理解决之道来说都是至关重要的。

三、劳动争议的种类

实际工作中，劳动法律关系主体双方之间发生的劳动争议种类繁多，根据不同的分类标准，可以分成不同类型的劳动争议。了解劳动争议的分类，对于更深入地把握劳动争议的本质、更好地处理劳动争议都是有益的。

（一）按照劳动争议主体人数的多少划分

按照劳动争议职工一方当事人所涉及的人数多少来划分，劳动争议可以分为个别争议、集体争议和团体争议三类。

个别争议，又称为个人劳动争议，是指单个或两个劳动者与用人单位之间发生的劳动争议。在个别争议中，职工一方当事人人数为 2 人及以下，且有共同争议理由。需要特别强调的一点是，当职工当事人一方为 2 人时，其中任何一人在没有另一人委托授权的情况下，是无权代表另一个人参加劳动争议的。

集体争议，也称为多人劳动争议，是指多个劳动者基于共同的争议理由与用人单位之间发生的争议。根据劳动法律的规定，集体争议中，职工一方当事人人数为3人以上，且有共同争议理由。参与争议的职工当事人应推举代表与用人单位处理纠纷，其代表的也只是卷入劳动争议的部分职工的利益，并不代表其他尚未涉入劳动争议的员工的意志。另外，根据有关法律的规定，对于职工一方人数超过30人以上的集体争议，适用于特别的争议处理程序。

团体争议，又称为集体合同争议，是指工会与用人单位或其协会之间因签订或履行集体合同时所发生的争议。这类争议的主体双方一方为代表全体职工利益的工会，另一方为用人单位或其协会。在团体争议中，通常是由工会主席代表全体职工的整体利益与用人单位或其协会处理纠纷，因此工会主席在团体争议中的行为对本单位全体职工都具有法律约束力。

（二）按照劳动争议的性质划分

按照劳动争议的性质，可以将用人单位与劳动者之间的争议分为权利争议与利益争议。

权利争议是劳动关系当事人因为执行劳动法律、法规的规定，或按照集体合同、劳动合同的约定行使权利与履行义务时所发生的争议，是用人单位与劳动者之间就实现既定权利而产生的争议。在这类争议中，用人单位和劳动者之间的权利义务是既定的，是通过劳动法律、法规所规定的或者通过劳动合同、集体合同所确认的，只要用人单位和劳动者都能够按照法律规定或事先约定来行使权利、承担义务，权利争议就不会发生。当一方当事人不按规定行使权利和履行义务的时候，就会侵犯另一方当事人的合法权益，打破双方利益关系的平衡状态，从而导致劳动争议的发生。权利争议由于是执行法律法规和合同约定时产生的，因而双方的权利义务非常明确，处理起来有章可循，适用调解、仲裁和诉讼的程序予以解决。

利益争议是指劳动关系当事人因主张有待确定的权利和义务所发生的争议，是用人单位与劳动者利益团体之间就增设新的权利而产生的争议，通常表现为因签订、续订或变更集体合同条款所发生的争议。在这类争议中，用人单位和劳动者利益团体双方所主张的权利义务并不是事先确定好的，因此在新的规范和权利义务的创设上难免会因为意见不一致产生纠纷，争议的目的在于使一方或双方的某项权利得到合同确认从而上升为既定权利，如一方在集体协商中要求增加工资、缩短工时、改善劳动条件、提高福利待遇等，它是一种集体合同争议。利益争议双方由于没有明确的权利义务规定和适用的判断标准，因此由第三方处理起来困难较多，主要是通过双方协商来解决的，当协商不成时呈报上级行政机关共同处理。

（三）按照劳动争议的标的划分

按照劳动争议的标的物，即劳动争议所涉及的权利义务具体内容来划分，劳动争议分为：其一，劳动合同争议，即因解除、终止劳动合同而发生的争议，多是因为用人单位对员工作出开除、除名、辞退的决定或员工辞职、自动离职等行为而引起的争议；其二，关于劳动安全卫生、工作时间、休息休假、保险福利而发生的争议；其三，关于劳动报酬、培训、奖惩等因适用条件的不同理解与实施而发生的争议等。

四、劳动争议的处理

劳动争议是劳动关系不协调的产物，它的存在不利于建设稳定和谐的劳资关系、不利于切实维护劳动关系主体双方的合法权益、不利于经济的发展和社会的安定。因此，当劳动争议出现时，应引起主体各方的高度重视，并设法通过合理的程序和途径予以有效地解决。

（一）劳动争议处理的基本原则

《劳动法》第78条指出：解决劳动争议，应当根据合法、公正、及时处理的原则，依法维护劳动争议当事人的合法权益。具体来看，劳动争议处理的基本原则主要包括以下几点：

第一，及时处理的原则。当劳动争议发生时，往往直接损害了其中一方特别是处于相对弱势地位的劳动者的合法权益，如果得不到及时处理，就会进一步激化矛盾，造成更严重的后果，因此处理劳动争议必须及时，做到及时协商、及时调解、及时仲裁、及时判决，避免当事人丧失机会的同时也可保证解决效率，将不良影响控制在一个较小的范围内。这意味着劳动争议的相关处理机构在接到受理案件时，应当在法定结案期内，尽快处理完毕，避免出现久拖不决的情况发生。

第二，着重调解的原则。调解是处理劳动争议的基本手段，应贯穿于劳动争议处理全过程。调解既是处理劳动争议的一道必经程序，又是仲裁与诉讼程序中的重要工作方法。调解有利于增强当事人双方的互相理解，也有利于简化处理程序，尽早解决问题。但调解的时候要注意几点：首先是调解必须是当事人双方自愿的行为，不得采取强迫或变相强迫的方式对劳动争议案件进行强行调解；其次是调解必须立足实际、实事求是，在查明真相的基础上进行，以说服教育为主；最后是如若当事人不愿调解或调解无效的时候就应及时仲裁与判决，避免久调不决、拖延时间，这样会进一步损害当事人的合法权利。

第三，依法处理的原则。劳动争议处理机构在进行劳动争议的处理时，要严格依法办事，所从事的各项活动无论是在内容上还是程序上都要符合法律、法规的相关规定，即处理劳动争议时既要依实体法，又要依程序法，做到明辨是非，合法处理。

第四，法律面前一律平等原则。劳动争议双方当事人虽然在劳动关系上有行政上的隶属关系，但他们的法律地位是平等的，任何一方当事人不得有超越法律规定的特权，相关机构在处理争议时，不能偏袒一方而歧视另一方，特别是对弱势群体的利益，则更应注意保护。

（二）劳动争议处理的基本程序

《劳动法》第79条指出：劳动争议发生后，当事人可以向本单位劳动争议调解委员会申请调解；调解不成，当事人一方要求仲裁的，可以向劳动争议仲裁委员会申请仲裁。当事人一方也可以直接向劳动争议仲裁委员会申请仲裁。对仲裁裁决不服的，可以向人民法院提出诉讼。由此可知，劳动争议的处理遵循协商—调解—仲裁—诉讼这样的基本过程。

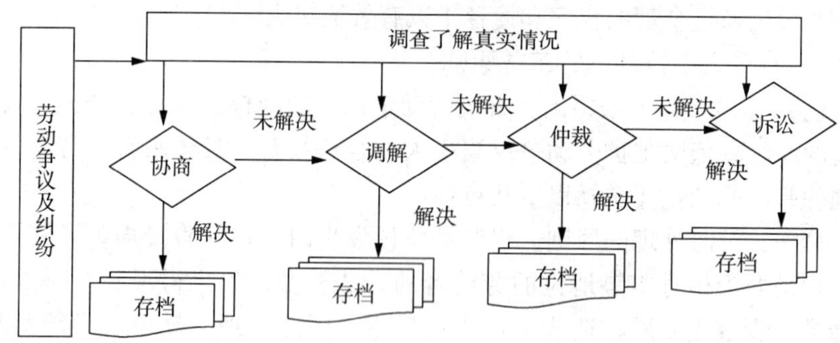

图10－8 劳动争议处理的基本程序

1. 劳动争议的协商

劳动争议发生后，双方当事人可以自行协商解决，也可以在第三方的参与下，通过协商，取得相互的谅解。这是一种自愿达成和解协议、解决劳动争议的方式。劳动法提倡在劳动争议发生后先进行协商解决，使劳动争议所引发的矛盾消弭于萌芽状态。当然，协商解决劳动争议必须本着双方自愿的原则进行，当双方不愿协商或协商未果时，当事人即可选择进入调解程序或仲裁程序。

2. 劳动争议的调解

劳动争议的调解程序是通过劳动争议调解委员会来执行的。劳动争议调解委员会作为第三方接受争议某一方或双方的依法申请之后，就进入了调解程序阶段。这个阶段，劳动争议调解委员会在调查了解真实情况的基础上，通过对双方当事人的劝导说服，促进双方就争议事项达成互相谅解的协议，以使劳动争议纠纷得以顺利解决。根据《劳动法》第80条的规定，在用人单位内，可以设立劳动争议调解委员会；劳动争议调解委员会由职工代表（由职代会推荐产生）、用人单位代表（由厂长、经理指定，人数不得超过委员会总人数的1/3）和工会代表组成；劳动争议调解委员会主任由工会代表担任。劳动争议委员会在职工代表大会的领导下独立开展工作，其职责主要包括：调解本单位内部发生的各类劳动争议案件、检查和督促争议双方当事人履行调解协议、做好劳动争议预防工作等。

劳动争议调解遵循一定的基本步骤：首先，劳动争议当事人以口头或书面形式向本单位的劳动争议调解委员会提出调解申请；其次，劳动争议调解委员会在接到当事人申请后，经过审查、询问，决定是否受理案件；再次，受理后需要对事实真相展开深入细致地调查，掌握相关证据、弄清纠纷原委、了解法律依据；第四，进行正式调解，找双方当事人谈话，拿出调解意见，召开调解会议；最后，制作调解协议书，经过努力调解，如果双方达成了调解协议，即由劳动争议调解委员会制作调解协议书并宣布协议生效。上述5个基本步骤概括起来就是：申请—受理—调查—调解—制作调解协议书。在时间规定上，调解委员会调解争议的期限为30天，即调解委员会应当自当事人申请调解之日起的30日内结束，到期未结束的视为调解不成，随即进入下面的仲裁程序环节。

3. 劳动争议的仲裁

劳动争议仲裁是由劳动争议仲裁委员会针对法律规定受理范围内调解不成的劳动争议案件按照法定的仲裁程序，依照调查取证和事实判断，对争议双方的劳动权利和义务作出仲裁决定。仲裁是劳动争议处理中的重要程序。劳动争议仲裁委员会由劳动行政部门代表、同级工会代表、用人单位代表方面的代表组成。劳动争议仲裁委员会主任由劳动行政部门代表担任（参见《劳动法》第81条）。在劳动争议仲裁过程中要遵循先行调解、及时迅速、一次裁决（是指一次裁决即为终局裁决，当事人不服仲裁裁决，只能向法院提起诉讼，不能向上一级仲裁委员会申请复议或要求重新处理）的原则，具体操作时分为5个步骤进行：受理案件阶段—调查取证阶段—调解阶段—裁决阶段—执行阶段。在时间规定上，提出仲裁要求的一方应当自劳动争议发生之日起60日内向劳动争议仲裁委员会提出书面申请。仲裁裁决一般应在收到仲裁申请的60日内作出。对仲裁裁决无异议的，当事人必须履行。而新实施的《中华人民共和国劳动争议调节仲裁法》则对仲裁申请和裁决的时间作出了新的规定，即申请劳动争议仲裁的时效期为1年，劳动仲裁应当自申请受理之日起45日内结束，从而缩短了处理周期，提高了处理效率。

4. 劳动争议的审判

当劳动争议当事人对仲裁裁决不服的，可以自收到仲裁裁决书之日起

15 日内向人民法院提起诉讼，随即就进入了劳动争议的诉讼和审判程序阶段。劳动争议的审判是指人民法院在针对法律规定受理范围内当事人对仲裁结果不服并提起诉讼的劳动争议案件时，按照司法程序进行审理和判决。此外，还包括一方当事人在法定期限内不起诉又不履行仲裁裁决的，另一方当事人可以申请强制执行的情况。人民法院受理的劳动争议案件有一定的范围，具体包括：①劳动者与用人单位在履行劳动合同过程中发生的劳动争议；②劳动者与用人单位虽未签订劳动合同但已形成事实劳动关系后发生的劳动争议；③因用人单位未执行国家有关的工资、保险、福利、培训、劳动保护等规定而引发的劳动争议。因此，人民法院只受理法律规定由人民法院处理的劳动争议，其余的劳动争议则不在人民法院的案件受理范围之内。

人民法院受理劳动争议案件的条件有二：一是劳动关系当事人之间的劳动争议，必须先经过劳动争议仲裁委员会仲裁程序，即当事人一方或双方向人民法院提起诉讼时，必须持有劳动争议仲裁委员会的仲裁裁决书；二是在接到仲裁决定书之日起 15 日内向有管辖权的人民法院提起诉讼，超过 15 日，人民法院不予受理。向人民法院提起诉讼的劳动争议案件必须同时满足上述两个条件才能被法院立案受理。劳动争议的审判是劳动争议处理的最后一个程序，即人民法院对劳动争议行使最终的判决权。

最后需要说明的是，因签订集体合同发生争议，当事人协商解决不成的，当地人民政府劳动行政部门可以组织有关各方协调处理。因履行集体合同发生争议，当事人协商解决不成的，可以向劳动争议仲裁委员会申请仲裁；对仲裁裁决不服的，可以自收到仲裁裁决书之日起 15 日内向人民法院提出诉讼（参见《劳动法》第 84 条）。

本章精要

劳动关系是人类社会最主要的社会经济关系。广义的劳动关系泛指劳动者在一切社会劳动时形成的所有关系，狭义的劳动关系特指企业劳动关系，是劳动者与用人单位之间在劳动过程中发生的关系。劳动关系是由主体、客体和内容三个基本要素构成的。

劳动关系管理作为人力资源管理的重要组成部分，越来越彰显出其重要意义。它对于保障劳资双方的合法权益，改善企业内部劳动关系，创造良好和谐的工作环境与氛围，促进组织和员工共同的发展都是有积极意义的。劳动关系管理的内容主要包括劳动人事合同管理、劳动者基本保障管理、劳动争议管理三大类。本章就这三类管理展开了详细介绍：劳动人事管理涉及劳动合同管理和集体合同管理的订立、履行、变更、终止与解除；劳动者基本保障管理主要涉及职业安全与卫生管理等；劳动争议管理则涉及争议处理的原则和程序等内容。

本章思考与讨论

1. 劳动关系的实质是什么？
2. 劳动关系的基本内容。
3. 劳动合同的内容及特征。
4. 集体合同的内容。
5. 劳动合同的订立、履行、变更、终止和解除的相关规定。
6. 劳动保护管理应健全哪些制度？
7. 什么是劳动争议？简述它的特征、种类和范围。
8. 阐述劳动争议的处理原则和现实途径。

推荐阅读材料

1. 彭光华，陆占奇．和弈——劳动关系纵与横［M］．北京：中国法制出版社，2010

2. ［英］海曼著．黑启明主译．劳资关系：一种马克思主义的分析框架［M］．北京：中国劳动社会保障出版社，2008

3. ［英］塞尔编．易定红等译．欧洲劳动关系：共性卷［M］．北京：中国劳动社会保障出版社，2009

4. 赵小仕．转轨期中国劳动关系调节机制研究［M］．北京：经济科学出版社，2009

5. 北京市劳动和社会保障法学会编．新法下劳动关系与争议处理前沿问题解析［M］．北京：法律出版社，2009

案例分析

李强辞职引发的劳动争议

李强打开公司发给他的《劳动合同续订意向书》，见上面写道："公司与你之间的劳动合同将于下月底期限届满。公司希望与你再续订为期 3 年的劳动合同，不知你意下如何？请慎重考虑后，告知人事部。"

李强作为某中外合资企业的华东区销售经理，年轻有为，工作能力极强，其个人的销售额占华东区销售收入的 50%，因此，公司领导对他十分赏识，很希望与李强续订劳动合同。可是，李强由于另一公司已经向他发出正式邀请，因此不想继续续约。于是李强拨通了公司人事经理的电话："非常感谢公司对我的好意，但我已决定不与公司再续劳动合同了，请在我合同到期之前，为我办理离职手续。"人事经理一听，李强的口气很坚决，也就没说挽留的话，立即安排有关人员，开始为李强办理工作交接。

总经理要求李强在走之前的最后一个月，将他的销售客户中对公司尚有欠款的厂家列出清单，并尽可能再去催要，争取收回这些欠款。根据总经理这一要求，李强经过30多天的努力，收回了大部分欠款，只有一笔2.5万元的欠款没有收回，原因是：这笔欠款来自是山东省济宁市的一个企业，该企业的营业场所已经搬迁，李强在济宁反复寻找，也没找到这个企业的新地址。无奈之下李强只好回来，将该企业的欠款情况及相关证据交给了公司总经理，同时建议，以后可以派人再去寻找并催要欠款。总经理听完李强的汇报，说道："因为是你向这家企业销售了产品，但最终却没把货款收回来，公司准备扣发你最后一个月的工资。"

李强解释说："可我是因为劳动合同到期终止，不在公司继续工作了，才无法继续做这个收款工作，而且，我已经将详细的资料提供给公司，公司完全可以让其他人接替我的工作。""但是从现在的情况看，将来找到这家企业并收回2.5万元欠款是将来的事情。收不回这笔欠款，就是公司的损失，而这个损失，就应该由你来赔偿。所以公司决定扣发你这月的工资。你不要觉得委屈，其实，只扣你一个月工资，没让你赔款，已经是便宜你了。"李强离开公司那天，公司果然扣发了他的当月工资。

（案例来源：http：//www.kaoyee.com 考易网助理人力资源师考试案例汇总）

根据上述案例材料思考以下问题：

1. 你认为该公司扣发李强工资的做法妥当吗？为什么？

2. 如果你是该公司的总经理，你认为应当如何化解当前问题？

参考文献

1. 董福荣．劳动关系［M］．大连：东北财经大学出版社，2009

2. 左祥琦．劳动关系管理［M］．北京：中国发展出版社，2007

3. 常凯．中国劳动关系报告［M］．北京：中国劳动社会保障出版社，2009

4. 林忠，金延平．人力资源管理［M］．大连：东北财经大学出版社，2009

5. 张德．人力资源开发与管理［M］．北京：清华大学出版社，2007

6. 孙健敏．人力资源管理［M］．北京：科学出版社，2009

7. 姚裕群，文跃然．人力资源管理教学案例精选［M］．上海：复旦大学出版社，2009

8. 彭剑锋．人力资源管理概论［M］．上海：复旦大学出版社，2003

9. ［美］加里·德斯勒．人力资源管理［M］．北京：中国人民大学出版社，1999

10. 张立富．人力资源管理［M］．北京：首都经济贸易大学出版社，2006

11. 陈国海．人力资源管理概论［M］．北京：高等教育出版社，2009

12. 夏志强，杨红．劳动关系与劳动法［M］．四川：四川大学出版社，2007

13. 张晓彤．员工关系管理［M］．北京：北京大学出版社，2003

14. 程延园．劳动关系［M］．北京：中国人民大学出版社，2002

第十一章　跨国人力资源管理

📖 引言：真知灼见

惠普在亚洲市场的成功不仅仅源于“惠普”品牌在全球的影响力，更得益于惠普亚洲区的管理层和员工团队都是熟知当地市场的精英。我们执行层所要做的，就是最大程度地去激励这些精英，充分授权，开发他们的潜能。

——美国惠普公司前首席执行官卡莉·费奥瑞娜

国际并购的成功，首先是文化整合的成功，其次才是对资本的整合。

——美国科罗拉多大学教授韦恩·西斯科

✎ 本章学习目标

跨国人力资源管理的实践不仅仅需要关注招聘、培训、薪酬、劳工关系等人力资源管理的传统职能领域，还需要关注外派员工对新环境是否适应、多文化背景构成的团队是否能和谐相处并发挥最大绩效等实际问题。本章从经济全球化背景下组织发展的特点入手，分析了影响跨国公司人力资源管理实践的因素，简要地介绍了跨国人力资源管理的主要职能，并展望了跨国人力资源管理发展的新趋势。

通过本章的学习，你应该能够：

★ 了解经济全球化的特点及其对组织发展的影响
★ 掌握基于人力资源管理视角的全球化组织发展模型
★ 了解影响跨国人力资源管理的主要因素
★ 了解跨国公司人力资源规划的特点
★ 掌握跨国公司员工甄选的方法和标准
★ 了解跨国公司人力资源管理发展的新趋势

第一节 经济全球化背景下的组织

经济全球化是近年来频繁出现在人们视野中的一个概念。一般来说，经济的全球化主要是指世界范围内的经济活动以超越国界的方式延续，通过国与国之间的贸易往来、资本的国际流动、技术的国际转移、产品与服务的国际推广等方式发展，从而在全球范围内形成一个复杂的经济循环体。任何一个想在经济全球化背景下生存下去的组织，都必须清晰地了解它们在全球化舞台上可能面临的挑战，必须了解经济全球化给商业竞争带来的改变。

一、经济全球化的特点

自从20世纪80年代以来，企业经营所依赖的环境正在快速地朝全球化的趋势发展。越来越多的本土化公司通过产品及服务的出口、核心或边缘技术的转移、生产资料的延伸等途径，通过在全球其他国家或地区建立分支公司或派驻机构、与外国公司共同投资组建子公司或成立公司之间的商业联盟等方式，进入了全球市场。传统的商业经营观念中，对于商业市场界线的划分正在趋于模糊。许多享誉世界的跨国集团在全球经济发展中都扮演着重要的角色，其产品和服务往往涉足多个产业和领域，成为名副其实的商业帝国。

进入20世纪90年代后，经济全球化的进程大大加快了。经济全球化，有利于资源和生产要素在全球的合理配置，有利于资本和产品在全球性流动，有利于科技在全球性的扩张，有利于促进不发达地区经济的发展，是人类发展进步的表现，是世界经济发展的必然结果。但它对每个国家来说，都是一柄双刃剑，既是机遇，也是挑战。特别是对经济实力薄弱和科学技术比较落后的发展中国家来说，面对全球性的激烈竞争，他们所遇到的风险和挑战更加严峻。也正是因为这些挑战和风险的存在，越来越多的学者认为，目前经济全球化中急需解决的问题是建立公平合理的新经济秩序，从而来保证跨国竞争的公平性和有效性。

简单来说，经济全球化具有如下五个方面的特点。首先是生产全球化。举例而言，美国波音公司生产的波音客机，所需的450万个零部件，来自6个国家的1500家大企业和1.5万家中小企业。波音公司所完成的不过是科技的设计、关键零部件的生产和产品的最终组装而已。这样的发展形态并不是波音公司所独有的，据统计，目前全世界有40%的产品是由跨国公司生产的，生产资料多样化很普遍，生产力多国化更是常见。

其次是贸易全球化。世界市场的形成使各国市场逐渐融为一体，这极大地促进了全球贸易的发展。现在，国际贸易的范围不断地扩展，世界市场的整体容量也越来越大，世界各国对世界市场这个复杂机体的依赖程度也日益增大。在当今的世界经济发展格局下，任何一个主要贸易国家的经济波动，都可能会影响到与之密切相关的若干个经济伙伴的国际贸易和经济平衡。这种动态的影响是贸易全球化最生动的体现，也是摆在世界各国政府、学者和企业界人士面前的一个深层次课题。

再次是金融全球化。各国金融命脉更加紧密地与国际市场联系在一起。迅速扩展的跨国银行，遍布全球的电脑网络，使全世界巨额资本和庞大的金融衍生品在全球范围内流动。金融全球化也带来了严峻的问题，例如，2008年源于美国房地产崩盘的全球金融危机迅速蔓延至各个领域和行业，其破坏性之大让世人认识到了金融全球化背后的隐性杀伤力。

第四是投资全球化。国际投资中资本流动规模持续扩大。1995年发达国家对外投资总额达到了2.66万亿美元，是1945年的130多倍。资本流向从单向发展为双向，过去只有发达国家输出资本，现在发展中国家也对外输出资本，包括向发达国家输出。

最后是区域性经济合作日益加强。区域经济组织遍及全世界，如欧洲联盟、北美自由贸易区等。许多区域集团内部，都实现了商品、资本、人员和劳务的自由流通，使得区域内能够合理配置资源，优化资源组合，实现规模经济，提高经济效益。

二、全球化组织的特征

一个组织的建立，最关键的因素是具有创新的合作精神的人力资源。而一个组织的全球化，是超越地理和种族限制的社会过程，其组织成员必然要经历交叉文化作用的认知过程。可操作的并且可具体测量的组织目标和上述组织使命是制定全球化组织策略的基础。成功的组织策略必须是柔性的，能持续地识别和利用具有竞争效益的资本，迅速抓住并适应变化的机遇。1993年Moran等人提出，成功的全球化组织的发展策略应该立足于发现并赢得新的市场，这其中包括识别未来的全球顾客的需求，未来全球市场的经济分析和培养称职的员工。这样的发展策略要求组织必须与顾客保持紧密的联系，建立全球范围的信息和智能系统，以保证组织能满足顾客的要求。发展策略决定组织结构及内部运作之间的联系。为了完成全球化的使命和目标，组织结构也必须是柔性的。

综上所述，成功的全球化组织一般都具有一些共同的基本特征。这些基本特征使得他们成为各个领域中卓越的行业领导者，并且能持续性的保持自身的竞争优势。下面我们以世界知名的跨国公司——美国通用电气公司（G. E. ）为例来具体谈谈全球化组织的三个基本特征。

（一）组织范围是地理位置的延展

美国通用电气公司是世界上最大的多元化服务性公司之一，同时也是高质量、高科技工业和消费产品的提供者。从飞机发动机、发电设备到金融服务，从医疗造影、电视节目到塑料，GE 致力于通过多项技术和服务创造更美好的生活。GE 在全世界 100 多个国家开展业务，在全球拥有员工近 30 万人。它最早是由老摩根在 1892 年出资把爱迪生通用电气公司、汤姆逊及豪斯登国际电气公司等三家公司合并组成。在两次世界大战中，通用电气在全球范围内获得了迅速发展。第一次世界大战后，该公司在新兴的电工技术部门——无线电方面居于统治地位，1919 年成立了一个子公司，即美国无线电公司，几乎独占了美国的无线电工业。第二次世界大战又使通用电气公司的产量和利润额急剧增长。在创立后的 80 多年中，以各种方式吞并了国内外许多企业，攫取了许多企业的股份，1939 年国内所辖工厂只有三十几家，到 1947 年就增加到 125 家，1976 年底在国内 35 个州共拥有 224 家制造厂。在国外，它逐步合并了意大利、法国、德国、比利时、瑞士、英国、西班牙等国的电工企业。1972 年该公司在国外的子公司计有：欧洲 33 家、加拿大 10 家、拉丁美洲 24 家、亚洲 11 家、澳大利亚 3 家、非洲 1 家。到 1976 年底，它在 24 个国家共拥有 113 家制造厂，成为一个庞大的跨国公司。至 20 世纪末，GE 下辖 6 个产业部，即商务金融服务、消费者金融、工业、基础设施、医疗和 NBC 环球。其中，GE 消费者金融服务向世界各地的消费者、零售商和汽车经销商提供信用服务和金融产品，如私人信用卡、个人贷款、银行卡、汽车贷款和租赁、抵押贷款、团体旅行和购物卡、账务合并、家庭财产贷款和信用保险。到了 2009 年，GE 将旗下的 6 个业务集团合并为 4 个，分别为：Technology Infrastructure（包含医疗、飞机、交通运输、企业安防），Energy Infrastructure（能源、水处理、油气），GE Capital（商业金融、GE 消费者金融、企业融资），以及 NBC Universal（NBC 广播电视传媒）。

（二）组织文化是全球性的认知定位

在通用电气前首席执行官杰克韦尔奇的理念中，企业成功最重要的源泉的就是企业文化。韦尔奇认为，企业运营的根本是成功地运用战略，而战略的本质则是以组织文化驾驭企业。在杰克韦尔奇的领导下，通用电气推崇三个传统，即：坚持诚信，注重业绩，渴望变革。诚信是人之本，也是企业立身之本，作为世界上首屈一指的大公司，通用不因为规模而害怕变革。相反，通用主动寻求变革，利用企业的规模优势，勇于冒险并尝试新事物。对不断变革的承诺使得通用电气在近几十年来一直不断地尝试新事物、新方法，在变革方面做出了巨大的努力。而且，通用并不满足于自己已经取得的成功，总是从新、从头做起，不断地给自己施压。这就是通用电气对变革的承诺。通用大力对人才进行投入，而且有着良好的、以业绩为主的文化。大胆抓住每个机会，应对每个挑战，不懈追求更快、更好。这些就是通用电气的文化精髓。通用电气企业文化的另一个重要内涵，就是在全球各分部都任用本地化的人才，而本地的人才都有足够的才能胜任在全球的工作，为通用电气服务，最终实现“全球本土化和本土全球化”的用人文化。

一般来说，从全球化经营的角度出发，经济全球化背景下的组织文化主要集中在以下三个方面：第一，充分信任自己的员工，依托个人价值观与企业价值观一致的员工队伍，利用全球化人才的良好视野和出色能力，迅速拓展企业的经营规模，提高企业运营能力；第二，坚持企业社会责任重于企业经济效益的思想，在发展企业经营的同时，充分考虑到企业经营对环境的影响，充分利用企业资源为社区和企业经营所在国家或地区创造社会价值；第三，为社会积累丰富的人力资本财富，企业需要认识到人力资本投资不仅仅会为企业带来巨大收益，同时还会为提高社会人力资本整体水平作出贡献，人力资本的整体性提高会在不久的将来改善社会劳动力资源的整体效能，而这反过来又会帮助企业获取更高的劳动生产力。

（三）管理体制为适应全球化竞争而调整

首先，通用电气不断改革自身的管理体制。由于通用电气公司经营多样化，品种规格繁杂，市场竞争激烈，它在企业组织管理方面也积极从事改革。20 世纪 50 年代初，该公司就完全采用了“分权的事业部制”。当时，整个公司一共分为 20 个事业部。每个事业部各自独立经营，单独核算。以后随着时间的推移，企业经营的需要，GE 对组织机构不断进行调整。1963 年，当波契（Boych）接任董事长时，公司的组织机构共计分为 5 个集团组、25 个分部和 110 个部门。当时公司销售正处于停滞时期，五年内销售额大约只有 50 亿美元。到 1967 年以后，公司的经营业务增长迅速，几乎每一个集团组的销售额都达 16 亿美元。波契认为，业务扩大之后，原有的组织机构已不能适应。于是把 5 个集团组扩充到 10 个，把 25 个分部扩充到 50 个，110 个部门扩充到 170 个。他还改组了领导机构的成员，指派了8个新的集团总经理、33个分部经理和100个新的部门领导。同时还成立了由5人组成的董事会，他们的职责是监督整个公司，并为公司制定比较长期的基本战略。

其次，通用电气因时制宜，采取了新措施，即建立了战略事业单位。在20世纪60年代末，通用电气公司在市场上遇到威斯汀豪斯电气公司的激烈竞争，公司财政一直在赤字上摇摆。公司的最高领导为力挽危机，于1971年在企业管理体制上采取了一种新的战略性措施，即在事业部内设立"战略事业单位"（Strategic Business Unit，简称SBU）。这种SBU是独立的组织部门，可以在事业部内有选择地对某些产品进行单独管理，以便事业部将人力物力能够机动有效地集中分配使用，对各种产品、销售、设备和组织编制出严密的有预见性的战略计划。这种SBU在组织层级上可以和集团组相平，也可以相当于分部的水平，例如医疗系统、装置组成部分和化学与冶金等；还有些是相当于部门的水平如碳化钨工具和工程用塑料事业单位。从该公司20世纪60年代到70年代迅速发展的情况看，这项结构改革措施的确起了不少作用。从1966年到1976年的11年中，通用电气公司的销售额增长了一倍，由71.77亿美元增加到156.97亿美元；纯利润由3.39亿美元增加到9.31亿美元。同时期内的固定资产总额由27.57亿美元上升到69.55亿美元。

第三，通用电气公司重新集权化，采用执行部制。20世纪70年代中期，美国经济又出现停滞，通用电气公司于1972年接任为董事长的琼斯（Jones），担心到80年代可能会出现比较长期的经济不景气，到1977年底他又进一步改组公司的管理体制，从1978年1月实行"执行部制"，也就是"超事业部制"。这种体制就是在各个事业部上再建立一些"超事业部"，来统辖和协调各事业部的活动，也就是在事业部的上面又多了一级管理。这样，一方面使最高领导机构可以减轻日常事务工作，便于集中力量掌握有关企业发展的决策性战略计划；另一方面也增强了企业的灵活性。在改组后的体制中，董事长琼斯和两名副董事长组成最高领导机构执行局，专管长期战略计划，负责和政府打交道，以及研究税制等问题。执行局下面设5个"执行部"（即"超事业部"，包括消费类产品服务执行部、工业产品零件执行部、电力设备执行部、国际执行部、技术设备材料执行部），每个执行部由一名副总经理负责。执行部下共设有9个总部/集团，50个事业部，49个战略事业单位。各事业部的日常事务，以至于有关市场、产品、技术、顾客等方面的战略决策，以前都必须向公司最高领导机构报告，而在改制之后则分别向各执行部报告就行了。这5个执行部加上其他国际公司，分别由两位副董事长领导。此外，财务、人事和法律3个参谋部门直接由董事长领导。这种高效的、集权与分权相结合的组织结构模式一直沿用至今，成为 GE 称雄新世纪的重要法宝。

三、全球化组织的发展模型：基于人力资源管理的视角

对于全球化组织而言，一个复杂而繁重的任务是如何有效地管理、激励和开发来自不同文化背景、具有差异化需求的员工。在全球化组织中，人力资源管理的策略制订者需要注重从组织和个体的不同层面来挖掘潜在的人力资本，整合现有的智力资源，并深入研究工作环境和工作氛围对员工个体行为的影响。研究表明，全球化组织的组织发展模型由五种子模型结构构成，分别是学习系统模型、任务模型、能力模型、柔性环模型以及行为工程模型。这五种模型从不同的角度构建了员工个体与组织之间的关系，比较全面地反映了全球化组织中人力资源管理行为的侧重点。下面我们将对这五种模型结构的特征进行简单的分析。

(一) 学习系统模型

学习系统模型（Learning System Model，LSM）认定三个因素与企业的成功密切相关。一是组织的学习能力。学习能力强的组织不仅能有效地将知识和技能在组织中通过个体层面的能力发展和组织层面的跨团队合作进行转化，同时也擅于捕捉外部环境可能给组织带来的发展机遇。管理学者和业界的专家都认为，学习能力强的组织更易于接受创新和改革的理念，并且愿意将这样的理念付诸行动。二是基于创新和终身学习的组织文化。员工个体学习能力的高低，在一定程度上只能影响到个体层面的绩效结果和工作行为，对团队内部其他员工和组织的影响有限。而基于创新和终身学习的组织文化则是将创新和学习的理念贯穿在组织的行为和理念中，通过潜在的氛围和价值观来影响员工个体的行为，对组织的整体绩效和发展有积极的推动作用。三是基于学习的组织应变能力。在企业的经营过程中，经营环境的转变需要组织时刻调整自己来应对外部的机遇和挑战。应

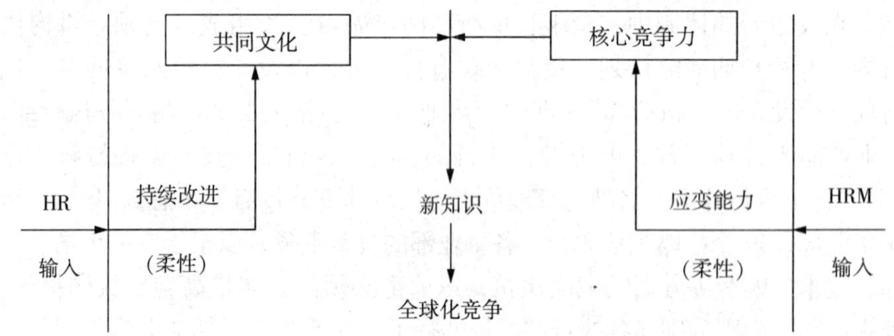

图 11-1　全球化组织的学习系统模型

变能力主要体现在对资源的重新分配、对规划的重新调整、对市场的重新判断以及领导者的决策等方面。

当全球化组织摆脱低成本劳动，寻求与具有高教育程度和高技能的国家建立联系时，学习系统模型将成为组织走向成功的转折点。

（二）任务模型

任务模型（Task Model）将组织任务划分成运作和策略两部分，即全球化组织需要充足的人力资源来满足其运作和策略发展的需要。成功的人力资源输送基于良好的组织内外部适应（见图11－2），内部适应是指个体技能的强弱与任务要求是否匹配，外部适应是指个体的文化敏感度与地理位置的要求是否匹配。全球化组织的人力资源输送已跨越了地理、文化、政治和语言的界限，因此交叉文化培训和事业发展策略的设计要避免潜在的误区。

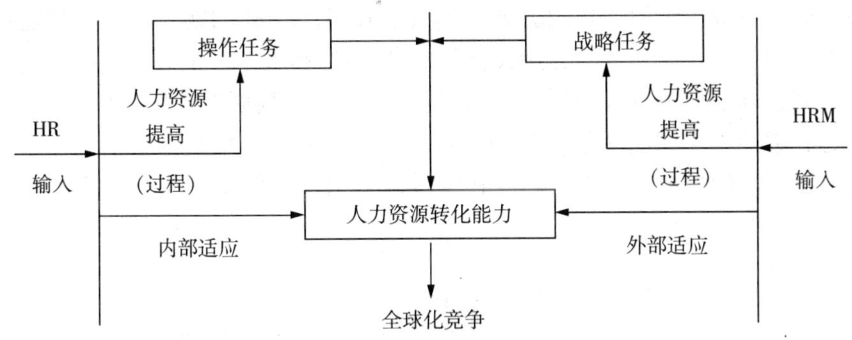

图11－2　全球化组织的任务模型

（三）能力模型

能力模型（Capabilities Model）涉及组织的核心能力。能力定义为通过唯一的途径将组织价值传递给顾客的复杂经营过程。核心能力使公司非常成功地将经营过程转移到新的地理位置，而核心能力的输送却是需要集中协调的逐步趋近。在核心能力的输送过程中，雇员应得到适当的培训，使组织内部适应与全球化需求匹配得更好。能力模型具有一个系统的评价链，因此在国外工作的组织成员也能够接受审查。HRM则作为这个审查过程的控制机制，传播信息和鼓励员工间的密切合作。

（四）柔性环模型

柔性环模型（Flexible Ring Model，FRM）用于处理在非确定性经营环境中分别派遣的员工。柔性环经常由有限的个体组成，在全球化组织中核心雇员经常是专家或管理者，柔性环则由那些身在异国因为短期需要而接受培训的个体组成。因为不同队伍的雇佣目的和条件都是不同的，所以分

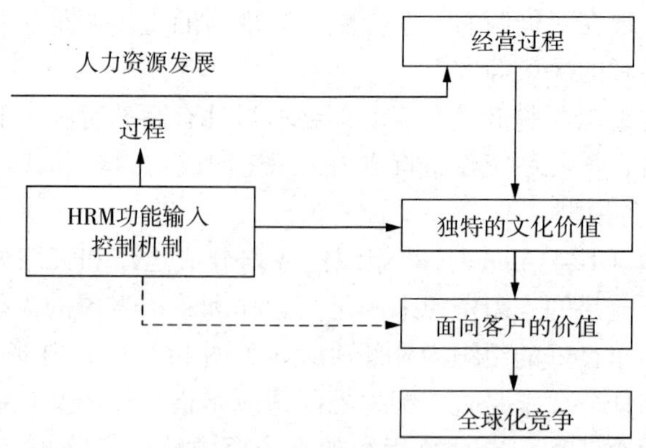

图 11－3　全球化组织的能力模型

别派遣的员工和核心员工队伍的建立非常重要。同时，认同组织目标和使命是建立有效的组织文化的关键。类似于 LSM，FRM 的初级和后续功能也是不同的（见图 11－4）。初级过程对产品输出和服务是至关重要的，后续过程则强调了初级过程的功效。确定初级和后续过程的属性，选拔和建立核心和柔性操作者的队伍，是 HRM 的主要责任。人力资源专业人士必须能掌握所需的技能、知识、态度和物质，并用这些信息来设计核心和分别派遣员工的培训程序。

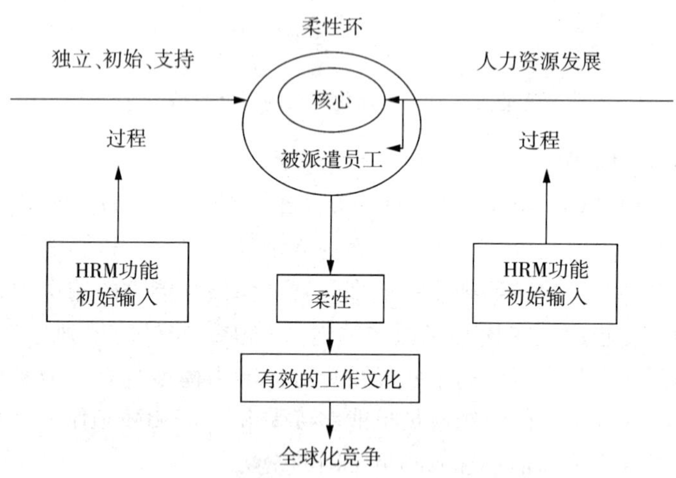

图 11－4　全球化组织的柔性环模型

（五）行为工程模型

Gilberts 于 1978 年提出经典的行为工程模型（Behavior Engineering Model，BEM），使人力资源专业人士能够组织和监督全球化组织的人力资源。该模型有3个部分与工作环境（信息、资源和激励）相对应，也有3个部分与雇员的操作因素（知识、能力和动机）相对应。研究表明当提供给雇员适当的信息、资源和激励时，他们的运作就能达到示范性的水平。管理更好的运作时，发现大部分变化产生于环境而不是人（见图11－5）。实质上，BEM可归纳为达到最佳的工作效果需要改变的因素。

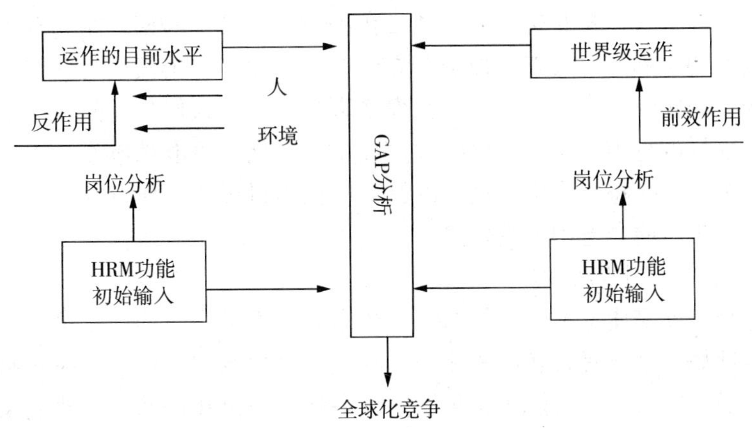

图11－5 全球化组织的行为工程模型

第二节 影响跨国人力资源管理的主要因素

一、文化的影响

文化是一个社会对事物共有看法的集合，它的影响力可以通过风俗、语言、宗教等形式表现出来。文化对跨国人力资源管理的影响主要体现在以下五个维度：

（一）个人主义和集体主义

这个维度描述了在一个社会中某个个体与其他个体之间关系的强度。在高度个人主义的文化中，比如在英国和荷兰等国家，人们倾向于作为个人而不是某个团体的成员来思考和行动。而在高度集体主义的文化中，比如在日本、中国台湾、新加坡等国家和地区，人们主要把自己当作团体的成员来看待。这些员工往往更能顾全团体的利益，并且在团体利益受到损害时能够挺身而出去维护团体利益。

（二）权力距离

这是指文化如何对待权力的不平等分配，如何定义可接受的不平等尺度。在有较大权力距离的国家，比如印度和菲律宾，文化确定了保持较大的权力差异是正常的。而在权力距离较小的国家，比如丹麦和以色列，人们一直努力设法消除权力的不平等分配。一个直观地判断权力距离有多大的方法是观察人们相互交谈的方式。在墨西哥和日本等权力距离较大的国家，人们相互称呼时会着重强调对方的头衔。而另一个极端是在诸如美国这一类权力距离比较小的国家，在大多数情况下，人们相互间交流都直呼名字，这样的行为在某些文化中（例如中国文化）可能被看作是不尊敬对方的行为。需要特别指出的是，以员工授权为目标的工作设计在权力距离大的文化中可能会遇到重重阻力。

（三）不确定性规避

这个维度描述了不同文化如何对待未来是不可预测的这一事实。高度不确定性规避是指喜欢确定情况的一种强烈文化倾向。例如，在希腊和葡萄牙这样的国家中，人们往往非常依赖宗教、法律和技术等给他们某种程度的安全感和关于如何做事的明确规则。而在低度不确定性规避的国家，比如巴西和瑞士，人们看起来每天都随遇而安。

（四）男性化和女性化

这是指文化的重点放在什么样的做法或品质上，这些做法或品质传统上是被认为是男性化还是女性化的。男性化文化通常是指重视成就、自信和竞争的文化，例如，德国和日本是典型的推崇高强度竞争的国家。而女性化文化通常是指高度重视关系、服务和低强度竞争的文化，例如，瑞典和挪威是典型的推崇低强度竞争的国家。

（五）长期导向和短期导向

这是显示文化的核心是放在未来（长期）还是过去和现在（短期）。在长期导向型的文化中，对资源的节约、对行为习惯的坚持和对创新的追求是最大的特点，而这些特点往往在长期层面上会带来意想不到的回报，美国和日本是典型的遵循长期导向型文化的例子。而短期导向型文化推崇对过去传统的尊重，中国和韩国就是典型的遵循短期导向型文化的例子。

上述这些文化特性影响着组织成员相互对待的方式，以及他们对不同人力资源管理做法的态度。例如，关于管理者如何领导一个团队、如何做出决策以及如何激励员工，在不同文化中的人们一般会有不同的认识。在德国，管理者通过展示他们的技术技能而赢得他们在一个团队中的权威地位，更多地做出独立决策，而员工通常指望管理者来安排团队任务和个人分工。而在美国，越来越多的管理者把管理重心转移到激发团队成员观点的碰撞、引导辩论、平衡决策并最终达到共同决策上来，这些管理者会努力协调团队内部的利益矛盾，充分尊重每一个员工的设想。上述两种文化差异所体现出的不同的管理行为模式在一定程度上影响着组织绩效、团队绩效、团队合作以及个体创新。

文化对人力资源管理实践的适宜性也有着很大的影响。例如，文化在多大程度上是个人主义或者集体主义的，将影响一个薪酬计划能否取得成功。对于个人主义文化偏重的员工来说，与个人绩效挂钩的薪酬可能被看作是更公平和更有激励作用，这些员工可能更容易接受组织内部收入存在较大级差的状况；而对于偏重集体主义文化的员工来说，他们往往更倾向于扁平化的薪资等级，追求收入的相对平等。因此，发生在其他团队成员身上过高的个人物质激励可能会使得这些偏重集体主义文化的员工感到公平缺失，并最终导致集体主义文化的变质。此外，文化差异可以影响人们沟通和协调行动的方式。在集体主义的文化中，人们倾向于重视群体决策。当一个在个体主义文化中成长起来的人生存在集体主义文化的环境中时，沟通不畅和冲突可能就会频繁发生，因为来自集体主义文化的人倾向于更多的合作和群体决策，他们可能会认为个体主义文化的推崇者缺乏合作意愿，缺乏信息共享的行为，缺乏共同决策的习惯。

另外，文化的地域性特征要求跨国公司在处理具体事务的过程中充分考虑到地区文化差异。举例来说，某些在美国很通用的人力资源管理方法，在其他地方实际上是非法的。与美国相比，欧洲的工人有资格享受更多的社会福利，并且生活在一个经济更加平等的环境中，此外还有各种立法保护工人免遭解雇。与美国相比，集权化的工资确定机制使得工资的差距减小，而教育和学徒制普遍地确保了高水平的技能。许多这方面的差异或许最终降低了对竞争压力的反应，而竞争压力或许也最终削弱了欧洲公司当前所具有的那种高标准的社会责任感。尽管欧洲内部在不断变化，在可预见的将来，欧洲和美国之间的巨大差异仍将继续保持下去。当一家美国公司将它那些人力资源管理方法应用到非欧洲国家中去的时候，这种方法上的差异甚至会更大。

为了处理好出现在全球化经营中的文化多样化，许多大公司寻求创造一种强大的跨国公司文化，以便将那些相距遥远的经营活动粘合在一起。对于那些在国界之外缺乏工作经验的公司来说，文化冲突的破坏作用往往比预期要大，即使是有经验的经理也对文化差异的巨大影响感到惊讶。有些跨国公司的经理认为，不是国家的文化差异而是不同的管理理念和组织文化导致了问题的产生。这样的看法其实没有切中要害，将组织文化与国家文化相分离，即使是可能的，也是很困难的。组织文化几乎总是首先在国家文化的基础上孕育和发展出来的，它们反映了当地普遍遵循的价值观和最共通的行为模式。以美国公司为例，强调创新、团队决策/合作以及战略事业部单位结构是新世纪美国企业继续在全球市场称霸的重要基础，而这些特点的产生首先是得益于以强调创新和团队合作的国家文化。

二、教育和技能水平的影响

任何一个跨国公司在全球市场上获得成功都必须依赖于海外公司所在国劳动力市场的整体教育和技能水平状况。对于具有不同教育和技能水平的员工来说，人力资源管理实践中所侧重的方面也可能有所不同。

以广受关注的知识型员工群体为例，跨国公司在人力资源管理实践方面需要特别关注哪些问题呢？首先，我们来分析一下知识型员工这个群体具有哪些特点。

第一，知识型员工普遍具有较好的教育背景和较高的个人素养。他们拥有较高的学历（通常是本科学历及以上）和其他方面的专业能力素养（例如，注册会计师，注册评估师），而不是仅仅出卖劳动力的普通工人，他们不仅对于专业知识有较深的理解，而且对于经济、管理常识都有较多的认识，往往追求高成就感。

第二，知识型员工普遍具有很强的自主性。他们是一个富有活力的群体，与流水线上的操作工人被动地适应设备运转相反，知识型员工更倾向于拥有一个自主的工作环境，不仅不愿意受制于物或者强制的命令，而更强调工作中的自我引导、团队决策和工作参与。当然，这样的工作自主性其实也是来源于他们较好的专业技能背景和素养。

第三，知识型员工往往倾向于从事具有创造性的活动和过程。知识型员工从事的不是简单的重复性工作，而是在易变和不完全确定的系统中充分发挥个人的才干和灵感，应对各种可能发生的情况，推动着技术的进步。尤其是拥有一技之长的专业技能型员工，他们对工作创新往往有着更深的倾向。

第四，知识型员工的劳动过程往往难以监控。知识型员工的工作主要是创造性活动，依靠大脑而非肌肉，劳动过程往往是无形的，而且可能发生在每时每刻和任何场所。加之工作并没有固定的流程和步骤，其他人很难知道应该怎样做，固定的劳动规则并不存在。因此，对劳动过程的监控很难做到，也没有实际意义。

第五，知识型员工的劳动成果难以量化的方式衡量。由于知识型员工的劳动过程难以监控，而且也往往因为知识型员工的劳动成果依赖很多因素，包括同事、团队的协作完成，因此劳动的成果一般难以量化的方式来衡量。

第六，知识性员工普遍具有强烈的自我价值实现愿望。知识型员工的需求一般在比较高的层次上，他们往往更在意自身价值的实现，并强烈期望得到单位或社会的认可。他们并不满足于被动地完成一般性事务，而是尽力追求完美的结果。因此，他们更热衷于具有挑战性的工作，渴望展现自我价值。针对跨国公司大量雇佣的知识型员工的上述特点，人力资源管理部门应在实践中考虑到可能出现的实际问题，并寻求解决方法。

首先，人力资源管理部门需要关注和记录跨国公司知识型员工的行为模式和工作流程。对知识型员工而言，个人的目标应是融入组织的目标之中的，个人为组织目标奋斗的过程也就是个人追求自我实现的过程，短期目标的不断实现与不断地向共同愿景靠拢也引导了员工们持续地努力和奉献。从马斯洛的需要层次理论可知，个人的发展和自我实现是最高层次的需要，帮助和引导员工实现自己最高层次的需要，就会让员工在组织中获得自我实现的动力，最大地激发其创造力，从而推动组织的发展。员工的个人奋斗目标与组织奋斗目标一致，有利于促使企业在其发展过程中形成被员工所认同的价值观、经营理论、行为准则和制度文化等。但是在跨国公司里，往往出现这样的问题，即有些知识型员工对公司在所在国当地的发展抱有怀疑态度，或者他们只把公司作为“跳板”，在积累了一定的工作经验后，期望跳槽到更好的跨国企业。这样的心理状态导致这些员工只重视培养和发展一般性工作能力（general skills）而不注重培养与公司职位职责密切匹配的能力的发展（firm - specific skills）。一般性工作能力（例如，思维水平，团队合作能力，人际交往能力，心理抗压能力）的提高虽然也会改善员工的工作效能，但是对于雇佣该员工的公司来说，员工的智力资本和工作经验可能不会长期留存在组织中。

其次，从公平感入手，设计具有个性化特点的考核指标。主张“个性化指标”而不设置统一的考核指标，因人制宜在研究每一位员工能力结构与能力水准的基础上，以岗位任职资格为标准，为每一位员工指定能力培养计划，追求能力考核指标设计的个性化。尤其是知识型员工所从事的工作主要是以创造性、思维性为主，不能用单一考核指标一概而论，所以应对知识型员工有针对性地设计考核指标，并且能够在考核结果的同时，将考核行为过程和考核态度结合到一起。西方学者的研究表明，某些国家和地区的知识型员工在绩效考核制度下所感受到的分配公平、程序公平作为重要的调节变量，直接影响他们员工组织公民行为的表现维度。也就是说，这部分跨国公司知识型员工对公平感的感知其实很大一部分受到公司绩效考核制度的影响。另外，针对不同国家和地域的文化特点，人力资源管理部门应该着重考虑考核指标的地域性特色。例如，在墨西哥和巴西这两个国家的文化中，守时和职业化精神是相对比较弱化的。因此，在这两个国家的跨国公司中，迟到早退和“便衣”上班现象非常普遍。如果人力资源管理部门严格按照考勤和公司员工着装要求来考核本土的员工，那么可能会导致本土员工的不满甚至是抗议。在某些阿联酋国家，虽然女性可以参加工作，但是他们的传统文化对女性参与最终的经营管理决策却十分禁忌。因此，人力资源管理部门如果以员工参与团队决策程度作为考核指标之一来评价当地女性员工的绩效的话，就会显得不太合适。

最后，跨国公司的人力资源管理部门应该通过全方位的沟通建立起公司所在地的本土员工与整个组织之间的信任关系。跨国公司希望外籍员工能够在工作中体现出更多的组织公民行为，首先必须获得员工对公司的信任，对公司价值观的认可以及对公司社会责任感的认可。组织公民行为作为一种角色外行为，是不能被绩效考核制度考核和控制的。但是，跨国公司可以运用其他的方式对其进行奖励，以达到引导和鼓励的目的。例如，跨国公司可以通过营造一种鼓励员工表现组织公民行为的组织文化等软环境因素（诸如设立“优秀外籍员工”奖等方式）来提高员工的组织公民行为表现度，通过对员工表现出的非经济动机的、有利于提高组织绩效的组织公民行为给予承认和赞扬，以期产生鼓励和示范作用。此外，在工作分析和任务设计时，注意其外延化及一定程度的模糊化，为员工组织公民行为提供表现机会和创新工作的空间。此外，西方学者的研究表明，员工的组织公平感与对组织的信任感之间具有显著的相关关系。在牵扯到员工晋升、奖金分配、福利性活动安排等方面，人力资源部门需要充分考虑到外籍员工的感受。例如，某跨国公司派驻的业务经理因为个人原因需要返回母国，这位经理离任后留出的空缺由谁来接任，这是十分敏感的问题。如果继续由公司总部直接派驻一位母国人员接任，那么派驻国公司的本土员工可能会感觉到公司高层职位的人事安排缺乏公平，长此以往，可能会造成劳资双方关系上的紧张甚至是对立，或者造成员工组织承诺感的普遍降低。

三、政治及法律体系的影响

加强对跨国公司的管制是建立国际新秩序的一个重要内容。尽管目前还未形成统一的强制性公司社会责任标准，但联合国及其下属各组织团体一直致力于制订跨国公司社会责任准则、跨国公司行为守则等。其中最为权威的包括三条。第一，《联合国全球契约》（UN Global Compact）。这是世界最大的自愿性质的公司社会责任行动准则。包括对人权、雇佣、劳资关系、环境、贿赂、消费者利益、科学技术、竞争和税收的规范，由前联合国秘书长安南发起，号召企业领袖在实践中自愿地接受和颁布九个全球契约原则。第二，经济合作发展组织的《跨国公司指引》。该指引内容广泛，是目前各种有关跨国公司责任准则中最为详细的一个。由经合组织 30 个成员国及另外 7 个非成员国政府签署达成，加入国政府希望通过该指引鼓励跨国公司对经济发展、环境和社会进步作出积极贡献，并尽可能减少跨国公司各种业务可能遇到的困难。其对跨国公司的概念和活动原则、一般政策、信息披露、劳资关系、环境、打击行贿、消费者利益、科学技术、竞争、税收等进行了详细的规定。第三，国际劳工组织《关于多国企业和社会政策的三方原则宣言》。1977 年国际劳工局理事会通过此宣言，内容主要涉及劳工保护。对于指导政府、工人组织以及跨国公司自身的活动方面，发挥了积极的作用。此外，国际社会责任体系 SA8000、公司社会责任的社会风险网络标准、联合国人权宣言、交易道德基础守则等都对跨国公司在社会责任的承担方面做出了相应要求。

一个国家的政治和法律体系对跨国公司人力资源管理实践有着重要的影响，比如在招聘、解雇、裁员等人力资源管理活动过程中，国家性或者地区性的法律法规可能会有具体的要求。正如本书在文化对跨国公司人力资源管理实践所产生的影响中提到的那样，国家的政治和法律体系在一定程度上产生并依赖于这个国家的文化，也就是说，政治和法律体系可能体现出这个国家的文化和价值观。

例如，美国在消除雇佣歧视方面做了大量的立法工作，禁止雇主以性别、年龄、出生地、种族等因素作为衡量一个应聘者是否合格的前提条件。美国在消除雇佣歧视方面走在世界的前列并不让人感到惊讶，因为美国的国家文化和价值观中首先强调的一点就是人人平等，每个人都有自由的权利选择生活、工作、发言和从事社会活动等。这一点在美国文化中的地位是非常重要的，所以国家在立法上着重提供了相应的立法界定和保护，通过《公平就业机会法案》（Equal Employment Opportunity Act）等法律条文明确规定了本国企业和在美国经营的跨国企业的人员招聘和解雇过程。此外，美国在联邦和各州层级都立法设定有实际意义的最低工资标准（即能保证从业人员具备基本生活保障能力），立法规定了企业和行业工会与公司管理层进行谈判（Collective Bargaining）时必须要遵循的程序。1935 年，美国国会颁布了 NLRA（National Labor Relations Act），即《国家劳动关系法案》，授予工人有组织地参加、帮助工会组织的权利，可以与雇主集体谈判，可以采取一致行动去改善、促进自己的权利。这个法案要求雇主必须以积极、诚实的态度与工会谈判。在美国境内的跨国公司当然也属于这个雇主的范畴，因此这部法案至今仍然是在美国的跨国公司中美籍员工维护自身权益所依赖的重要法律条款。

美国的劳动立法充分地反映了劳动者、工会、企业、政府之间相互运作、互相制约的关系。在19世纪80年代，美国保护工人利益的法律还很不完善，法院也习惯于站在雇主的立场去考虑问题。面对雇主的欺压，工人只能团结起来，组织工会依靠集体的力量去和雇主斗争。但是，当雇佣双方发生纠纷诉讼到法院时，往往是工人败诉。1886年，美国劳工联合会（American Federation of Labor，AFL）成立。当初AFL只允许技术工人和手艺工匠参加，由于它的局限性，1935年，美国产业工业联合会（Congress of Industrial Organizations，CIO）成立，这个组织允许非技术工人参加。1955年，两会合并，成立了AFL－CIO，即我们通常所说的美国劳联产联，这是美国最大的工会组织，但并不是全国统一的工会领导组织。一些独立的工会组织可以根据自己的利益，归属劳联产联的名下，也可以依法独立的存在。AFL－CIO作为一个重要的独立主体与众多跨国公司之间都存在着联系，时刻维护美国公民在这些跨国公司中的利益不受损害。

在德国，员工享有在公司和个人层次上“共同决定”的法律权利。在公司层次，一个组织的员工对于影响他们的重要决策，如重大投资或新战略有直接的影响力。这种影响力来自每个公司监管委员会的员工代表在工作委员会中发挥的作用。虽然这些监管委员会在公司的经济管理中没有实际权力，但是可以在工作实践、薪资支付、员工福利性休假、人员招聘和人员内部调动等问题上影响人力资源管理部门的决策。在个人层次，员工具有契约型权利，比如阅读自己人事档案的权利、了解工资计算方法的权利等。

几乎所有的东道国，尤其是发展中国家，都十分重视外国公司雇佣自己本国的公民，以尽可能地为本国公民创造就业机会。即使像美国这样的发达国家，对外来移民就业问题也有详细的法律规定，除非被雇佣者具有特殊的才能和素质，否则美国公司想雇佣外国公民也是有难度的。此外，东道国政府往往还对跨国公司中非本国国民员工的数量（或比例）进行一定的限制，这种限制不仅是为迫使跨国公司雇佣东道国的国民，而且也是为了促使跨国公司增加对当地本土化员工的培训，早日训练并培养出一批具有较高专业技能和管理素养的本土化员工。因此，跨国公司的人力资源管理部门在人员招聘和培训等环节上必须参考东道国法律的要求。

第三节 跨国人力资源管理的主要职能

一、全球化背景下的人力资源规划

人力资源规划是指在企业发展战略和经营规划的指导下进行人员的供需平衡，以满足企业在不同发展时期对人员的需求，为企业的发展提供符合质量和数量要求的人力资源保证。也就是说，人力资源规划就是对企业在某个时期内的人员供给和人员需求进行预测，并根据预测的结果采取相应的措施来平衡人力资源的供需。人力资源规划是一项系统的战略工程，它以企业发展战略为指导，以全面核查现有人力资源，分析企业内外部条件为基础，以预测组织对人员的未来供需为切入点。其内容基本涵盖了人力资源的各项管理工作，人力资源规划还通过人事政策的制定对人力资源管理活动产生持续和重要的影响。

2008 年，源于美国房地产崩盘的金融危机在世界范围内掀起了猛烈的经济调整浪潮。不可避免的，世界范围的经济危机对跨国公司造成了巨大的冲击。有的跨国公司坚定地挺住了重重经营上的困难，成功度过了危机；有的则黯然地退出了世界经济的舞台。公司的动荡在给身在其中的无数员工造成极大心理压力的同时，也给跨国公司的人力资源管理部门带来了巨大的挑战。如何在动荡的环境中准确地预测企业的人员需求和供给状况？如何在动荡的环境中为企业储备必要的人才以备将来经济转好时能迅速为己所用？如何为后经济危机时代企业可能出现的变革做出合适的人力资源规划方案？这些都是摆在跨国公司人力资源管理部门面前棘手的任务。

这种影响全球商业运作的经济事件给人力资源规划的准确性带来极大的困难。经济危机条件下，顾客需求增加或者减少的绝对值和频率紊乱，产品的需求和供给变化更加复杂，而劳动力市场上因为经济危机而导致待业的人群逐渐增多，因此，人力资源供给和需求的动态平衡很难把握。除了对外部环境的了解之外，组织还需要对内部现有劳动力的优势、劣势和潜能有清楚的认识。

人力资源规划正是旨在通过对组织现有的状况和未来的目标进行比较和不断地再判断，从而确定组织必须在人力资本的储备和释放上做出什么改变来实现未来的组织目标。这些改变可能包括裁员、培训在职员工、鼓励员工继续攻读学位、雇佣新员工等措施。因此，最重要的一步就是做出预测（forecasting）。预测供需可以运用统计方法或经验判断。一般来说，统计方法比较科学，也更能抓住数据背后的趋势。但是当类似全球经济危机这样的大事件发生时，很多趋势性的预测可能会变得毫无准确性可言，因为经济危机本身的持续时间、发生方式和结果都是不可预测的。所以，在这样的条件下，经验式的判断可能更为有效。

二、跨国公司外派员工的甄选

随着全球经济一体化进程的不断深化，跨国公司的生存与发展将面临着越来越严峻的考验。著名管理学家德鲁克比较全面地揭示了人力资源在经济发展战略中的决定作用，他认为，从竞争的角度来看，未来竞争的优势取决于人力资源的数量、质量与产出。因此，招募最优秀、最适合企业的人才是跨国公司人力资源管理的核心内容。任何跨国公司都希望拥有一支高水平的管理人员队伍，这些人不仅具备雄厚的专业技能、丰富的经营管理经验、勇于创新的开拓精神，又能在国际市场上权衡大局，把握机会。但理想人选与现实应聘者之间总是有一定的差距，如何评价申请加入国际企业的应聘者是企业人力资源管理活动的一项重要内容。通过对所需人员岗位任务、责任、权力和专业要求作出分析，结合企业现有人力资源情况，制定一套较完善的考核标准，并以此来判断应聘者是否具备跨国公司管理人员的素质。所以进行人才素质的评价是必要的。但评价是否全面、客观、准确，取决于评价方法的科学性、全面性、合理性。

目前国内外在人才甄选方面的研究较多，从甄选标准上看，韦恩·肖在《管理人力资源》一书中指出，跨国企业的人才选择标准涉及五个方面，即个性、技能、态度、动机和行为；约翰·伊凡瑟维奇在《人力资源管理》一书中指出，跨国企业的人才选择应当考虑候选人的个性特征；希克森的调查表明，甄选员工是根据专业水平和对国外居住的意愿进行的；门登霍尔、邓巴和奥都认为美国公司只注重唯一的选择标准，即专业能力；默里认为，尽管管理或专业能力是甄选人员的基本要求，但是仍需考虑实践能力和应变能力。由于国际企业人才甄选是一个系统工程，而且不同企业和岗位对人员素质有不同要求，因此在进行人员素质测评时，需根据测评的需要、目的，灵活地选择测评指标，以保证甄选过程的合理性、可信度。从甄选方法上看，由于人才的使用目的不同，甄选的方法也有所不同，如心理测验法（具体包括智力测验、特殊能力倾向测验、人格测验、态度兴趣测验等）、访谈法、情境模拟法、个人履历表法、评价中心法等，每一种方法都反映出总部高层管理者国际经营的管理理念。西欧的抽样调查显示，选择行政人员的重要标准是“管理才能”，而选择职能部门经理、解决难题能手和一般职工类型时，重要标准是“业务的技术知识”，“适应性和灵活性”也被认为是除一般职工以外所有类型工作的重要标准。

（一）跨国公司员工甄选的几种模式

在跨国公司不同的国际化经营阶段，跨国公司人员配备通常有以下几种模式：

第一，母国化模式。这一模式的特点是把跨国公司母国人员安置在海外各分支机构中的主要职务上。现实中许多企业选择这一模式以显示其国外分公司中母公司的“存在”。

第二，本土化模式。这一模式的特点是任用东道国人员管理当地的公司，以当地利益为前提，开发当地人才资源，总公司则由母国人员管理。

第三，全球化模式。人才资源开发与管理的决策主要从公司的全球利益出发，一般不分人员国籍，只要能胜任工作，符合公司的用人标准就可以了，目的是组建具有国际化思路和经历的管理班子。这一模式的指导思想是，既然跨国公司有能力在全球范围内合理地利用自然资源、财政资源和技术，就没有理由怀疑它能在国际市场上合理地利用人力资源。随着经营的国际化，人力资源开发管理全球化成为必然趋势，同时相应地造就和涌现出大批世界级的跨国管理人才。

（二）跨国公司外派员工甄选的专业与技术标准

对跨国公司外派员工的甄选需要制定与其职位相匹配的标准。与国内人员甄选标准不同的是，各种外派职位对外派人员的要求具有一定的共性，均要求员工掌握专业或技术方面的技能，具备国际化沟通交际的能力，符合国际化发展的需求，掌握必要的语言技能，同时还需得到家庭的支持。以上五项要素缺一不可。

不同的外派环境对外派人员的要求各不相同，外派人员的甄选环节应当结合各种环境因素进行员工甄选。外派环境主要包括任职时间的长短、文化相似性、与东道国雇员沟通的能力、工作的复杂性和责任等方面的因素。不同条件下，进行外派人员甄选的决定性要素各不相同（参见表11－1）。

表 11-1 不同外派环境下员工甄选标准的优先程度

外派成功因素	外派时间长	文化差异大	与当地公民交流需求高	工作责任大
职业技术能力	高	不确定	中	高
交际能力	中	高	高	中
国际动力	高	高	高	高
家庭状况	高	高	不确定	中
语言技巧	中	高	高	不确定

首先是任职时间的长短。外派人员预计在东道国停留的时间从一个月到若干年不等，短期任职的选择标准通常强调职业技术能力，如果外派时间比较长，对于员工的职业技术能力、国际环境的适应能力、家庭状况的要求比较高，交际能力和语言技巧要求则相对较弱。

其次是文化差距。东道国与母国存在一定程度的文化差异。例如，相对于中国与美国的文化差异，中国与韩国之间的文化相似性更高。当文化差异越大时，越应当注意在人员甄选过程中考察其交际能力、国际动力、家庭状况和语言技巧。

再次是必要的沟通与交流。外派工作需要与东道国的员工共同工作，在工作的过程中需要必要的沟通和交流。人员甄选时，若职位对交流和沟通的必要性要求越高，就越应当注重考察外派久人员的交际能力、国际动力和语言技巧。

最后是工作的复杂性和责任。外派人员承担工作的复杂性越高，责任越重大，对于员工专业技术能力的要求就越高。在甄选过程中，要注意考察外派候选人员的技能和以往的任职经历，尤其是成功的实际操作案例。

以上四种外派环境应当综合考虑，多角度分析外派职位自身的特点和东道国环境的影响等因素，严格按照外派候选人员的专业与技术标准进行甄选。

（三）跨国公司外派员工甄选的方法

为了尽量避免外派任务失效，跨国企业在考虑采用人员海外派遣的初期，就应该建立一套完整科学的甄选外派人员的制度。在选拔的过程中应当注重外派人员的专业技能、交际能力、国际动力、社交及语言能力、家庭状况等因素，并选取对应的方法进行筛选（参见表 11-2）。最常见的选拔方法是面谈、标准化的智力测验或技术知识测验、评估中心、个人资料、关键事件和内部推荐。以往跨国企业在人员甄选中采用的主要方法基本以主观判断的面试为主，凭借外派人员的技术知识和人生阅历作出判断。而如今在面试的基础上，应当增加评价中心、关键事件、标准测试和内部推荐等多种方法。即在掌握外派候选人个人资料的基础上，了解各位候选人的技术能力、交际能力、语言能力和家庭环境；通过标准测试筛选出技术技能、语言技能和交际技能等符合标准的候选人；进一步通过面试和关键事件法确定最终候选人的可选范围；利用评价中心的方法有效地甄选出最适合的外派人员。内部推荐也是一种非常有效的甄选方法，通过领导、下属、同事的推荐，帮助人力资源部门扩大可选择的外派候选人的范围，提高甄选的有效性。此外，在人员甄选中还可以使用先进的心理测评工具、职业生涯测评工具等以进一步增强甄选工作的科学性和准确性，帮助跨国公司选择真正适合的人员。

表 11－2　外派成功因素和选拔方法

关键性成功因素		选拔方法					
		面试	标准测试	评估中心	个人资料	关键事件	推荐
职业技术技能	技术技能	√	√		√	√	√
	行政技能	√		√	√	√	√
	领导技能	√		√	√		√
	沟通能力	√		√			√
交际能力	文化容忍力和接受力	√	√	√			
	对模棱两可的容忍度	√		√			
	灵活适应新的行为和态度	√		√			√
	强调适应能力	√		√			
国际动力	愿意接受外派职位的程度	√			√		
	对派遣区位文化的兴趣	√					
	对国际任务的责任感	√					
	与职业发展阶段吻合	√			√		√
家庭状况	配偶愿意到国外生活的程度	√					
	配偶的交际能力	√	√	√			
	配偶的职业目标	√					
	子女的教育要求	√					
语言技能	用当地语言沟通的能力	√	√	√	√		√

三、跨国公司人力资源开发与培训

（一）多样化及跨文化培训

对于越来越多的雇主来说，学会管理多样化的员工队伍的重要性日益突出，管理者们担心员工构成的多样化可能会影响组织内部或者团队内部员工之间彼此合作的节拍，并有可能产生因文化差异而导致的各种各样的冲突。因此，自从20世纪90年代开始，很多国际咨询公司开始将普通的员工培训业务拓展到为跨国公司提供多样化培训的业务上来。那么，多样化培训究竟包括哪些内容呢？这些多样化培训的目的和效果如何呢？让我们一一来看。

首先是文化意识培训。许多多样化培训大纲致力于提高参加培训者的文化意识，这些大纲旨在教导参加培训的人了解文化在个体或者团体之间都是有差异性的。在这种情况下，“文化”对于一个人所从属的那个社会团体来说是非常广义的。种族背景是文化的一个方面，但是年龄、社会经济地位、宗教等也都代表了文化的一个方面。文化意识培训还要教导人们了解他们的日常举止会影响他们对待别人的方式，而且常常是以一种非常微妙的、他们自己察觉不到的方式来对待别人。这类多样化培训的目的就是要增加人们对这些行为细微之处的认识和观察，从而能站在别人的角度来考虑特定文化下的特定行为到底具有怎样的特点以及这样的特点适用于怎样的情境。一个典型的文化意识培训大概需要耗费一周的时间，培训内容包括信息分享、教育员工了解工作场所存在的文化种群、人际交流等等。在正规的培训课程之外，有时还会有一些非正式的学习机会，比如遇到特殊的节日或者纪念日，这些都会是生动的学习多族文化的机会。培训本身的目的也就是让员工了解不同群体的历史和文化传统，提高对差异性的认识，从而自身产生态度和行为上的变化。虽然意识培训本身很难改变一个人自身的行为方式，但却能在一定程度上改变一个人对多样文化的认知，能促使员工学会尊重不同的意见，学会倾听和理解不同的声音。

其次是角色扮演培训。多样化培训的另一个重要目的是促使跨国公司的员工培养具有多样化特征的行为能力。这些行为能力是员工在一个具有多元文化背景下的组织中生存下去所必须具备的。这类培训多以角色扮演和情境模拟为主要内容，通过让员工切身换位感受不同的行为方式对不同文化背景的人会有怎样的影响，最终使得员工懂得主动尊重和平等对待组织内部来自不同文化背景的其他员工。有时，培训中也会穿插无领导小组讨论，让大家各抒己见，在畅谈中让员工自己去感受多元文化的魅力。此外，无领导小组的录像带也会在事后被用来帮助指出人们潜意识里做出的、但自己并没有意识到的那些与某种环境或者特定氛围不契合的行为。这种培训方式不仅能帮助员工改善自身的行为举止和多元文化下的人际交往能力，还会在一定程度上改善全球化组织中多元文化背景下工作场所的气氛。

在跨国公司里，跨文化培训针对的不仅仅是准备外派的工作人员和那些来自不同文化背景的项目团队工作人员，还面向跨国公司总部的工作人员、全球各事业部的经理及高级别主管以及外派人员的家属。由此可见，这是一个动态的、系统化的培训过程，强调的是尽可能多的全员参与，毕竟任何一个跨国公司的员工在理论上都是有可能接触到跨文化交流机会的。所以，跨文化培训自从20世纪70年代以来一直风靡全球培训界就可以理解了，它是培训领域增长最快的项目之一。

对于外派人员及其家属的跨文化培训，通常采用3~4天的时间，培训内容包括讲解所去国家的文化、价值观、习俗、传统、日常生活注意事项、妇女在文化中的地位、和母国的重要文化差异等问题。这些培训能够在一定程度上减轻目的地国家文化与外派人员的文化之间差异性给家庭带来的震动。对于究竟是在出发前还是在到达目的地国之后再进行跨文化培训，目前业界仍存在着争论，但大多数公司实践中采用的还是出发前培训的方式。

（二）全球化经理的培训和开发

对于外派人员来说，他们面对的挑战一般是学会在一个完全陌生的、有着不同文化背景的环境中尽快融入工作并跟同事形成良好的合作默契，从而达到个人绩效和团队绩效的有效发挥。而对于职位层级高一些的全球化经理来说，他们面临的挑战要更严峻一些。他们往往被要求在多个国家或地区进行管理和经营活动，可能上午身在韩国的分公司开产品发布会，下午就已经坐在新加坡的办公室里和亚洲大区的总裁协商新产品研发的财务经费问题。对于他们来说，如何快速地转变角色来适应不同的环境显得更为复杂。对于这些围绕着产品或服务而不是根据地理区域来进行管理活动的全球化经理来说，极强的环境适应能力和多样化的领导能力显得尤为重要。许多公司把外派工作当作是帮助经理人培养自身领导能力和成长为全球化领导者所必须经历的过程，但事实上一个成功的外派工作人员并不一定最终就能成为一名出色的全球化领导人。这种蜕变不仅仅要看员工个体的素质和能力，还要依赖于人力资源管理部门设计的领导力培训与开发项目的效能发挥。

以美国著名的英特尔（Intel）公司为例，该公司的全球化经理Intel的经理一般要经过三个阶段的培训，才能获得“全球化经理人”的资质认证。

第一个阶段是一般性管理培训（Managing at Intel）。该项培训主要让经理们重复性地回顾并反思在Intel内部做事的流程和相关制度，让经理们对自己日常行为模式是否契合组织的整体战略有一个更清醒、更明晰的认识。

第二个阶段是管理任务周期培训（Managing Task Circle）。这个最为核心的培训过程是告诉管理者如何去进行有效的管理，是对管理业务技能的训练。在这个阶段，经理人需要从一个更广的角度、更高的高度、更深的深度去认识公司高层管理者的战略意图，以及自身为了配合这些战略意图所需要达到的绩效水平和领导能力，从而帮助他们找出自身的差距，并认真考虑如何去改进今后的领导力行为。经理人还需要理解公司的全球战略意图在现阶段如何进行，以及在将来可能会如何演变，全球政策的走向对管理一个跨国公司具有怎样的影响，以及如何恰当地与政府进行公关活动等等。

第三个阶段是针对如何管理员工的培训（Managing the People）。这是Intel培训中非常重视的一点，Intel认为出色的经理人必须要有很好的沟通技能和开发下属员工的能力。此阶段的培训周期有五个环节，包括制订工作目标、完成计划、协助下属解决问题、如何实施柔性管理以及如何激励下属。

除了上述培训之外，Intel针对最具有领导潜质的全球化经理人还开设了高级经理的培训课程，主要是针对他们如何成为公司未来的领导者，称之为经理加速项目（Manager Accelerate Program，MAP）。参加培训的经理不需要抽出专门的时间参加培训项目，人力资源部会对每个人的发展情况进行跟踪，找出他们的实际绩效与管理层对他们的期望之间的差距，并综合评价每一位经理人的发展潜力。

第四节　跨国公司人力资源管理发展的新趋势

一、人力资源部成为战略性部门

传统的人力资源管理部门被看成是一个辅助性的部门，主要履行工作分析、招聘、考核、薪资与福利、培训及员工服务等传统职能。此时人力资源部门的工作具有三个特点。第一，短期性。人力资源部门的主要精力投放在为完成企业的年度任务或临时性的任务提供支持，较少考虑企业长远发展的需要。第二，被动性。人力资源部门被动地为员工服务，通常是员工要求什么就做什么，甚至是员工要求什么才做什么。第三，事务性。人力资源部门主要从事程序化的日常工作，主要扮演执行者的角色，基本上不能作重大决策，基本不具有战略职能。

但是，外部环境的变化促使许多企业正逐渐改变对人力资源部门的看法。越来越多的企业认识到现代商业环境下的竞争归根结底是人才的竞争，人力资源的开发与利用和企业的生死存亡密切相关。于是，不少企业尤其是跨国公司，开始对人力资源部门进行改组，转变人力资源部门的职能，提升其地位，使其逐渐演变成具有战略意义的部门。

例如，从2000年秋季开始，总部设在加拿大的北方电讯开始对人力资源部门进行改组。改组后的HR由三个部门组成，即人力资源战略事业单位、人力资源核心功能单位及人力资源服务中心。人力资源战略事业单位的主要职能是作为公司各事业部管理人员的伙伴，为其提供战略咨询和建议。人力资源核心功能单位的主要职能是制定工资政策、培训与开发、招聘以及优秀人才管理。人力资源服务中心的主要职能是为员工提供相关的支持与服务、保证跨地区的服务、对人力资源开发的项目进行管理等等。这项改组的重要意义在于北方电讯在HR内部设立了一个具有战略功能的部门。它使得人力资源部门不再仅仅是为各事业部提供辅助性的支持与服务，而是成为各事业部的战略伙伴，人力资源部门利用其对公司内部人事业务和外部的劳动力市场比较熟悉的长处，为各事业部乃至公司的高层计划和决策提供咨询和建议，并在人才储备、人力资源开发等方面开展创造性的、前瞻性的活动。当纳斯达克股市暴跌的时候，思科、IBM等许多高科技公司纷纷裁员，北方电讯中国分部的人力资源部门则认为这是个为各事业部补充新鲜血液的好机会，人力资源战略事业主管主动搜集各事业部的意见，招聘了一批人才。

由此可见，跨国公司对人力资源部门的改组表明了HR正在逐渐加强其战略功能，并日益成为具有战略意义的部门。这种变化可以归纳为如下几个方面：首先，HR的工作重心正逐渐移向塑造企业的核心竞争能力，公司的长远利益和发展战略开始主导HR的核心业务；其次，HR正从被动地提供服务、忙于应付员工提出的问题和要求，逐渐转向主动开展具有前瞻性和创造性的工作，把员工的个人发展需要引导到与企业的发展需要相一致的方向；最后，HR正从主要面向雇员逐渐转向面向企业的各层管理者，从各直线部门的辅助者逐渐转变为战略伙伴，从处理员工日常人力资源问题逐渐转向充当管理者的顾问和参谋，参与决策与制订重大计划。

二、人力资源管理趋向柔性管理

传统的HR就像一部精密的机器，这部机器以精细的工作分析为核心，通过工作描述、工作说明书把招聘、配置、考核、报酬、培训等人力资源管理的各项职能联结成一个整体。这部机器在金字塔的组织结构和稳定的环境下十分有效。但是在技术迅速进步、环境高度不稳定、企业组织趋向扁平化的今天，这种以工作分析、工作描述、工作说明书为核心的人力资源管理模式开始暴露出一些问题，促使一些大公司进行变革。

例如，在20世纪80年代末，Pratt&Whitney公司的绩效管理体系建立在3000多个工作描述的基础上，公司的管理者感到这一管理模式存在许多问题。例如，过细的工作描述导致管理层次过多，影响纵向沟通的效果；建立在精细的工作描述基础上的原有绩效评估体系不利于鼓励团队精神；原有的管理模式缺乏弹性，不利于鼓励创新，难以解决日趋复杂的技术问题和经营问题。为了改变这一状况，Pratt&Whitney公司决定将“关键工作要求”导入绩效管理体系。“关键工作要求”的目的是定义和写出下一年的主要工作职责。它包括可以衡量的绩效标准（工作数量、质量、时限等），以及员工所必须具备的相应知识与技能。以“关键工作要求”为基础，Pratt&Whitney公司将类似的工作予以合并，将原有3000多个工作描述减少到几百个，将原有的11个管理层级减少到6个，大大提高了管理效率。同时，公司提高了薪资的级差，更换了15000名员工的职位名称和代码，同时修订了原有绩效评估体系，使之更适于评估工作团队的绩教。Pratt&Whitney公司对绩效管理体系所作的变革提高了该公司HR系统对外部环境的适应性。其中，管理层次的减少有利于改善沟通和决策过程；工作合并与工作描述的减少使人员在公司内部的流动和重新配置更为灵活；工作团队的绩效评估被纳入评估体系，其意义更加重大，这是因为日趋复杂的技术问题和经营问题往往要依靠工作团队解决。

再来看另一个例子。英国石油公司勘探部意识到工作描述把工作限定为一套静态的、由人力资源部门预先规定和管理考核的职责，使其难以适应不断创新和迅速决策的要求，因此公司决定代之以一种动态的人力资源管理模式。这种模式应用了一种叫做技能矩阵的管理工具。每一个技能矩阵的纵轴描述了事业阶梯（从最低一级到最高一级），横轴描述了每一个阶梯所需要的技术和能力。英国石油公司勘探部把员工分为两类：一类是管理型的，另一类是个人贡献型，并为不同类型的员工设计了不同的技能矩阵。技能矩阵使员工了解在公司有可能成为什么样的角色，以及在每一个事业阶梯需要有什么样的业绩，从而使员工能够自己管理他们的事业发展。这种新的人力资源管理模式十分灵活，员工并没有被局限于某一事业途径，他们可以在管理者途径和个人贡献者途径之间自由转移。公司甚至还特意让员工在个人贡献者角色和管理角色之间进行暂时轮换，以便激发新的观念和开放型的思维，促进信息的自由流动。英国石油公司勘探部人力资源管理模式的创新把员工从机械的工作描述和高度分工的工作岗位中解放出来，使之能在组织中自主地寻找和调整自己的角色，不断提高技能和改善行为。

跨国公司的这些创新与变革表明，21 世纪的人力资源管理正在走向柔性管理。其主要特点体现在如下几个方面：第一，工作被重新整合，把相似的工作合并起来，减少工作的数目，对工作作出更宽泛的定义和描述；第二，减少管理层次，改善纵向沟通，将权力和责任下放；第三，强调人的技能和行为而不是工作本身，不是用工作描述去限定员工的技能和行为，而是通过不断改善技能和行为把工作做得更好；第四，员工不再被工作岗位所束缚，而是在职业生涯中自主地寻找和调整自己的角色；第五，员工不断面临挑战，在提高个人技术和能力、改善行为方面承担更大的责任以及享有更多的自主权。

三、人力资源管理趋向敏捷作业

时至今日，人力资源系统的僵化与行动迟缓仍是许多企业深感困扰的问题，这一问题表现在许多方面。例如，HR 的组织结构、规章制度、工作程序一成不变，不能顺应环境的变化而及时调整。缺乏一个有效的人力资源管理信息系统，在信息技术的应用上行动迟缓，难以进行有效的沟通。决策与执行过程缓慢，员工得不到及时的服务。企业人力资源系统面临的这些问题与生产系统中出现的问题是十分相似的，但是在过去二三十年里，许多先进企业倡导精益生产方式，采用 MRP、MRPII、ERP 及 CIMS 系统，大大增强了企业生产系统的敏捷性。企业人力资源系统是否也会出现同样的变化呢？事实上，企业人力资源系统已经开始出现同样的变化趋势。

例如，Cisco 在加州的一家分公司的人力资源部自 1993 年开始分别建立了面向内部员工和面向公司外部人员的主页。内部的主页帮助 Cisco 成为一个无纸化的公司，也使员工可以接触更多的信息。外部的主页为上网者提供关于公司的信息及工作机会。Cisco 还在大学的主页上提供了在某些特定大学举行招聘会的具体日期和时间。网络上还能找到关于 Cisco 给大学生进行指导和培训的项目。公司在数据库里存储了超过两万份有效的个人简历，并且每天在互联网上还能收到数十份简历。同它的内部网址相似，公司外部的网址给人力资源部节省了很多时间：简历被自动扫描输入，经理们可以通过输入关键字来搜索要找的信息，而不用在浩如烟海的纸堆中翻来翻去。另外，采用互联网也节省了招聘高能力、高素质的人员所需的时间。Cisco公司的副总裁芭芭拉贝克曾说道："互联网给我们提供了一种很好的自我筛选。我们寻找的是高技术的人才，而这些人在互联网上很容易找到。这个方法很省钱。而如果你在报纸上登招聘广告，来应聘的人会很多，可是其中很多人并不是我们需要的那种有这方面经验的人。"

一些别的跨国公司也在利用IT技术改善HR的业务流程和服务，使之更加快捷和有效。例如，Nortel公司利用互联网在公司内部实现了全球范围人力资源信息的共享，其中国公司北京总部的一个人力资源管理人员可以在任何时间获得世界其他地区任何一个员工的相关信息。员工请假及审批等许多HR业务都可以在网上进行。其HR服务中心由于利用网络提供24小时服务，使得目前员工的满意度达到84%。该公司的最终目标是利用网络将HR服务变成员工的自助服务，并且为各个部门的管理者提供桌面支持。

上述Cisco与Nortel的实践从一个侧面反映了HR向敏捷作业发展的趋势。事实上，这一趋势已经在许多方面呈现出来。第一，HR业务流程重组。就像90年代愈演愈烈的企业再造一样，许多跨国公司的HR部门正在经历业务流程重组。HR部门根据其所支持与服务对象的需要，调整其内部结构和工作程序，重新配置资源，以便为其客户提供快捷、优质的支持与服务。按照一些跨国公司在中国的HR管理人员的说法，人力资源管理正在从活动导向转向流程导向。第二，E-HR与即时服务。众多跨国公司正开发与应用人力资源管理信息系统，IT技术被应用于招聘、考核、培训等人力资源管理的各项职能。随着E-HR的发展，人力资源管理部门可以为员工、管理人员、公司内部各部门以及公司外部的服务对象提供即时服务。第三，业务外包。为了使人力资源部门把更多的精力集中在HR的核心职能和战略合作者角色上，一些跨国公司正在将一部分HR事务委托给外部组织。例如，Nortel已将具体的员工培训事务委托给某一国际咨询机构，公司的人力资源部门则负责设计和审批培训项目。Nortel还计划将其服务中心的部分事务外包。人力资源部门的业务外包可以称之为HR的虚拟化，它就像企业的虚拟化一样，使人力资源部门可以在有限的资源与预算下更好地履行其核心职能，从而更敏捷地应对外部环境的变化。

四、人力资源管理趋向人性化管理

布莱克和莫顿在其管理方格理论中提到，在企业管理中存在各种不同的领导方式，或者以生产（或工作）为中心，或者以人为中心，或者是两者不同程度地互相结合衍生出其他的方式。这一经验同样适用于人力资源管理。

传统的人力资源管理．基本上是以生产（或工作）为中心的，它表现在如下几个方面：首先，传统的 HR 以工作描述为核心，各项职能都是围绕工作描述而展开，员工能否被录用或提拔主要看其在多大程度上符合工作描述的要求；其次，传统的 HR 在绩效评估时更多的是考虑最终结果，目的是在工作结束后对员工进行奖惩，而较少考虑在工作过程中对员工的表现进行诊断、帮助员工改善技能和行为；再次，在处理企业发展需要与员工个人职业发展需要的关系方面，传统的 HR 强调企业发展的需要，而忽视员工个人职业发展的需要。随着人力资源在企业资源系统中的重要性不断提升，人力与智力资本化对企业竞争能力的影响日益增大。一些跨国公司开始反省传统 HR 的问题，对人给予更多的关心，使人力资源管理趋向人性化。

例如，朗讯和北方电讯在绩效评估中使用了如下的评估表（见表 11－3），利用这个评估表，HR 部门可以区分出员工的不同表现，进一步把员工分成三类，即优秀员工、高贡献员工和低贡献员工。令人感兴趣的是，北方电讯并非是在年终工作结束的时候才用这个工具对员工绩效盖棺论定。在年度中间的时候，公司就用这个表对员工进行评估，目的是让员工发现在哪些方面做得不好，帮助员工找出下半年努力的方向，促使员工改善自己的行为和表现。这种做法体现了公司对员工成长持续性的关注和指导。

表 11－3 绩效评估表

行为与领导特点（Behavior）		工作结果（Result）：差	工作结果（Result）：中	工作结果（Result）：好
	好	3（B3,R1）	2（B3,R2）	1（B3,R3）
	中	4（B2,R1）	3（B2,R2）	2（B2,R3）
	差	5（B1,R1）	4（B1,R2）	3（B1,R3）

IBM、Motorola 等许多著名的跨国公司都在帮助员工选择自己的职业生涯计划，为员工提供两条职业发展的途径。一条是管理途径，具有管理能

力的员工可以沿着这一途径在组织中寻求更高的位置；另一条是专业途径，具有技术专长或潜力的员工可以沿着这一途径不断提高和完善自己的专业技术技能。为了使员工的奋斗目标更为明确，这些跨国公司列出了两条职业发展途径的各个台阶，以及达到每一个台阶所需要的技术、能力与表现，同时还制定了相应的薪酬制度。例如，一个沿专业途径发展的员工，如果证明其技术、能力和表现已经上了一个新台阶，那么无须等到职位提升，他就可以得到相应的回报。这些做法有很多好处，它使员工得以充分发挥自己的特长，兼顾了公司发展的需要和员工个人职业发展的需要，有利于开发员工的潜能以及留住各类优秀人才。

这些发生在跨国公司身上的人力资源管理模式的变化并不是简单地从以生产（或工作）为中心转移到以人为中心，而是在坚持企业的目标、明确对员工的要求的前提下给予员工更多的关心，是一种把对生产（或工作）的关心和对人的关心有机结合起来的人性化的管理。这种人性化的管理有几个特点。第一，让员工了解组织对他们的期望。公司通过共同商定组织和个人的目标，利用“关键工作要求”、“技能矩阵”，以及不断完善的工作描述，让员工了解组织对他们的技术、能力、行为、绩效的期望。第二，给员工以诚恳的帮助。在工作中发现自己虽然尽了很大的努力，但仍然不能达到预期的目标，甚至不知道问题出在哪里，这是许多企业的员工经常会碰到的问题。对于一个以生产（或工作）为中心的企业来说，这样的问题往往留给员工自己去解决，公司只管进行惩罚。人性化的跨国公司人力资源管理则在工作过程中给员工以诚恳的帮助，公司会利用评估系统对问题进行诊断，给予员工所需的指导与培训，帮助员工解决问题。第三，倾听员工尤其是外派员工的声音。在以生产（或工作）为中心的企业里，下情不能上达是极为普遍的现象。而人性化的管理则设立了许多渠道让管理层倾听员工的意见并解决问题，例如人力资源管理部门设立服务中心、建立热线电话、利用互联网平台等等。第四，注重开发员工的潜能。实行人性化管理的企业通常拥有比较完善的培训体系（内设或外聘），他们不仅重视对员工现有职位所需的技能的培训，而且重视对一般能力（如分析问题、解决问题、决策及沟通能力、语言表达能力、心理抗压能力等）的培训与开发，以使员工更有能力担任和适应不同的角色。第五，为员工提供更多的发展空间。实行人性化的 HR 的企业通常为员工提供双轨制的职业发展途径，以便使员工能在企业内部找到适合自己的发展空间。这使企业相信，只有为员工提供足够的发展空间，才能最大限度地激励员工及开发他们的潜能，充分利用他们的聪明才智去实现组织的目标。

五、人力资源管理趋向全员参与管理

传统的人力资源管理使 HR 成为一个高度专业化的部门。工作分析、招聘、配置、考核、薪资、培训等 HR 的各项职能完全由人力资源管理部门独立履行。这种状况在一定程度上可以说符合管理分工的原则，但也存在许多弊端：首先，人力资源管理部门与员工之间缺乏交流与沟通，人力资源管理部门设定的目标、所制定的政策、所做的工作描述、所做的考核等难以得到员工的充分理解与配合；其次，人力资源管理部门难以充分了解员工在需求、观念、能力等方面的个体差异，没有员工的参与，很容易导致 HR 的工作计划与安排脱离实际；最后，员工处于被管理者的地位，其主动性、积极性、创造性受到压抑，员工的潜能难以发挥。全球化组织在人力资源管理方面的创新正在使情况发生变化，这种变化可以用过去几十年里在质量管理领域发生的变化相比。在过去几十年里，全面质量管理取代了传统的质量管理，在现在，全员 HR 则正在取代传统的人力资源管理。

例如，美国强生公司在科罗拉多州的一个分支机构 JJABT 公司建立了一个新的 360 度绩效评估系统。按照传统的人力资源管理模式，对员工的绩效评估通常是由每个员工的上司和 HR 人员负责的，但 JJABT 公司要求员工列出与其交往的、关键的内部和外部客户，并从中推选出 5 ~ 10 名组成评估小组，利用 360 度评估表进行评估，评估的内容包括：员工在解决问题、做出决定和满足客户需求时是否具有时间观念；是否清晰表达自己的需求和期望；是否与其他员工共享信息或帮助他人；是否倾听其他员工的建议；是否为满足未来需求而制订计划；是否按计划执行任务。员工的上司负责对资料进行整理并做出最终的绩效评定。JJABT 公司期望 360 度绩效评估不仅是一个评估工具，更是一个促进交流、提高员工自身发展和改进工作的综合体系。事实上，许多大公司像强生一样，力图改变单纯由 HR 人员和上级主管对员工进行绩效评估的状况，让更多的人（包括同事、下属、客户等）参与绩效评估。最近的一项调查显示，入选《财富》的 1000 家企业中，超过 90% 的企业已经将 360 度反馈系统的某些部分运用于职业发展和绩效评估中。

综上所述，21 世纪的 HR 领域全员参与管理的趋势有如下几个重要特征：第一，员工参与人力资源管理的创新与变革。在过去，人力资源管理的创新与变革通常是由管理阶层推行的，员工是这一过程的旁观者。近年来跨国公司的实践则表明．员工正从这一过程的旁观者变为参与者。无论是北方电讯的 HR 业务流程重组还是英国石油公司用技能矩阵和双轨制将人力资源管理改造为一个动态系统，都在创新的各个环节（问题诊断、方案设计、决策与实施）吸收各方面的员工参与。以英国石油公司为例，当它决心要对人力资源管理系统进行改造的时候，公司成立了一个多边小组，这个小组由来自不同地区的高层主管、HR 人员以及不同职业发展途径的员工代表组成，负责改革方案的设计与实施；第二，员工参与人力资源管理的决策。以前，在履行招聘、配置、考核、薪资、培训等人力资源管理的各项核心职能的时候，员工的角色通常是被管理者、被监督者。近年来跨国公司的实践则表明。员工已经开始扮演决策者，员工在这些事务上有了更多的发言、提议和表决的权力。例如，通用汽车公司的子公司土星公司在最基层建立了员工参与小组，这是一个由 5 ~ 15 名员工组成的团队。这个团队可以在许多问题上作决策，其中一个决策问题是雇用。只要有 70% 的同意率，团队的决定就可以执行，而一旦实行，就要求有 100% 的支持率。类似的，施乐公司的客户服务部门建立了“家庭团队”，每个团队成员都是工作的主人，都有进行决策和对日常工作进行安排的责任，对比较重大的决策（如对其他人的业绩进行评估）也有权过问；第三，员工自我管理。在许多跨国公司，人力资源管理过程正在逐渐演变为员工自我管理的过程。在人力资源系统和管理人员的支持下，员工自己设定工作目标和任务，自我完善工作所需的技能与行为，自己进行绩效评估与控制，自我设计职业发展道路。

本章精要

在当前经济全球化的大背景下，国际间的交流与合作越来越频繁，全球范围内已然形成了一个复杂的经济循环体。任何一个想要在经济全球化背景下维持生存并取得长远发展的组织，都必须清醒地认识到经济全球化的新特点并且主动地从组织管理上去适应它。跨国人力资源管理的理论与实践正是为了顺应这样日益多元化的大环境而产生和发展起来的。

要进行有效地跨国人力资源管理，首先就要了解影响跨国人力资源管理的主要因素，它主要来自于文化、教育和技能水平、政治及法律体系等几个方面。在当前全球化背景下，跨国人力资源管理的主要职能也在发生着许多深远的变化。主要体现在以下几点：首先，人力资源规划的供需预测将更为困难；其次，跨国公司外派员工的甄选将从多角度分析职位特点并兼顾东道国环境的影响因素；最后，跨国公司人力资源开发将更体现出多样化的特色，以跨文化培训为新重点，并注重全球化经理的培训与开发以提高企业的竞争实力。

未来，跨国人力资源管理将面临更多的机遇和挑战。人力资源部门日益成为企业战略性部门，跨国公司的人力资源管理也逐渐地向柔性化、敏捷化、人性化方向发展，鼓励全员参与企业的共同管理。

本章思考与讨论

1. 在经济全球化背景下，人力资源管理战略及职能对于跨国公司经营的贡献主要体现在哪些方面？

2. 从跨国公司人力资源管理可能面临的问题和挑战出发，请谈谈如何从人力资源管理的角度提升组织的人力资本竞争力？

3. 影响跨国公司人力资源管理的主要因素有哪些？如果你是一名跨国公司人力资源部的总监，你怎样看待公司全球范围内员工队伍的文化和价值观的多元化给全球业务团队带来的正面和负面影响？

4. 简要谈谈跨国公司应如何选派合适的员工去派驻国？怎样才能有效地避免文化差异给派驻任务带来的影响？

5. 跨国公司全球业务经理应具备怎样的素质？依据这样的标准，培训部门应怎样开发后备经理人才的潜质？

6. 如何理解人力资源管理部门日益成为对跨国公司经营具有战略意义的核心部门？

7. 全球化背景下，传统意义上的人力资源管理职能或许已经不能满足跨国公司全球化业务的需要，那么，跨国人力资源管理的管理重心应该怎样调整？

推荐阅读材料

1. 陈艳敏．与跨国公司人力资源总监面对面［M］．哈尔滨：哈尔滨出版社，2004

2. 胡豪．跨国公司的人力资源管理［M］．北京：清华大学出版社，2007

3. 理查德·霍尔茨，弗雷曼·卢森斯．国际惯例：文化与战略行为［M］．北京：中国人民大学出版社，2009

4. 李好好，孔令锋．在华跨国公司人力资源政策研究［M］．北京：经济管理出版社，2007

5. 赵曙明．跨国公司人力资源管理［M］．北京：中国人民大学出版社，2001

案例分析

中兴通讯的人力资源管理国际化进程

在中兴通讯公司国际化的过程中，经历了一次重大的管理架构调整，取消了海外14个区域平台的行政职能，管理责权收归由集团管控的四大海外事业部。相应地，人力资源管理架构也随之变革，将原来分散在各层级的 HR 人员全部收编总部，由总部垂直管理到国家。

任何组织内部的架构变革都是一个利益博弈的过程。为何要进行从“放权”到“收权”的大幅度格局调整？这其中是机构扁平化与中央集权管控的微妙平衡。

中兴的国际化始于上世纪 90 年代初，当时开始有员工在国际市场上奔走拓荒。1999 年 9700 万美元第一个海外大单的突破之后，1999 年到 2003 年设立了专门的国际营销事业部；2004 年，一个事业部分成了两个；2005 年，两个分成了三个，同时在海外搭建起 14 个区域平台。2009 年，三个事业部重组成“4+1”（四个海外事业部和一个国内事业部）的模式，取消了平台的行政部门和职能。这种组织架构的演变某种程度上反映着管理成熟度的提升：过去需要多层的机构去把控海外管理，而在机构扁平化后，事业部的总部有能力直接指导每一个国家的精细化管理。

伴随着在中兴国际化的进程，人力资源管理也在不断演进。最重要的变革是，2008 年底，公司提出了人力资源战略转型，即人力资源的重心向更高层面、更高附加值的工作转移，加强与业务部门的融合；而所有简单、重复性的事务处理工作被逐步集中在人力资源共享服务中心，利用电话热线和网络平台支持，统一服务分布在全球的员工。目前中兴 HR 队伍一共 500 多人，分为三大群体：专业 HR（25%）、业务 HR（60%）、服务 HR（15%）。

举一个最直观的变化的例子，原来的人事服务是零散的，比如社保、公积金、劳动合同等等都独立分布在各单位，每个单位的 HR 都有义务和责任为他们的直线经理和同事提供类似服务，这样做一是浪费人力资源，二来服务质量也难以保证。架构变革之后，公司支付高成本的、具备人力资源专业能力的 HR 经理（特别是派到海外常驻的），就不需要再去操心这些日常性、事务性的工作了，他们有更多的时间和精力去协助直线经理获取关键高端人才、设计绩效薪酬方案、提升员工队伍能力、应对劳动法规等专业性很强的工作。把管理和服务分开，改变“忙于救火”的恶性循环状态，HR 才有可能真正成为战略伙伴。调整以后，HR 队伍的总规模没有增长，但中兴可以把专业力量集中起来，对于复杂的问题和需求，可以集结一股力量迅速解决。比如校园招聘、重大战略项目等，可以很从容地拉起一支队伍。坚持对海外 HR 队伍采用中央管控，也是这个思路，一旦发现问题，小问题自己解决，解决不了的立即反馈回总部集中处理。

与整个公司组织架构的变化同步，区域平台的 HR 经理也全部撤掉了，事业部 HR 部门直接管理到国家。为什么要进行如此大的调整？原来的分级管理架构是难以实现快速响应的，一个人事决策从基层到总部花费的时间太长。而更加扁平的、中央集权管控的架构，消除原有的行政壁垒，用流程驱动取代权威驱动，效率更高。

刚开始调整时有一些不理解和反弹，比如有直线经理说："你们把人都收上去了，那你们就全管吧。"实际上这并不是公司希望达成的效果，最终的用人权和第一责任人还是直线经理，改变是为了向业务单位提供更加强有力的支撑。现在直线经理们慢慢也有了切身感受。原来这些人（指派驻国 HR 人员）归你（指派驻国直线经理）考核，你让他干嘛他就得干嘛，哪怕是超出 HR 范畴的杂事；但现在不同了，HR 可以说"不"。你的"指令"必须转化成"需求"，比如急需一名高端人才，需要什么资质和背景，你告诉他，他按需求给你找来。这才体现出人力资源的专业价值，人力资源不是文秘！如果光谈服务就没边了，现在更愿意用"支撑"来形容。

此外，本地化的员工队伍一直是中兴通讯 HR 战略的管理重心之一。本地化率是不是越高越好？更高的本地化率是需要相应的企业管理能力给予支撑的。中兴的本地化率曾因为公司各方的大力推进而一度攀高，但随之出现了一系列的管理问题，公司各方有争议和反思，本地化率亦有波动—冲高回落、再稳步提升。本地化率要视不同地区、不同发展阶段而定，在坚定长远目标之下，不一味追求高本地化率，最适合的才是最好的。

中兴在海外的员工总数近万人。如果统计全部市场人员的话，海外员工占一半以上。2008 年销售收入中有 60.6% 来源于海外市场。一般来讲，收入 20% 以上来自海外即可定义为跨国公司，中兴显然是很具代表性的跨国公司。海外员工中，常驻员工约为 6000 多人（其余为短期支持人员），本地化率约 63%，也就是说海外常驻的 6000 多名员工当中，37% 是中国派遣的，其余 63% 是外籍员工。

本地化率最能代表一个公司的国际化水平，基础管理和国际化环境能不能支撑更高的本地化率是关键所在。目前，中兴的中高层管理岗位仍是中方占绝对多数，外籍员工的最高任职是区域总经理。尽管成本问题要区分不同地域来看，每个国家、每个层次员工的成本差异很大，不过总体来看，本地化的成本要低于中方外派。因为除了衣食住行以外，还有很多机会成本是难以用钱衡量的，比如本地员工可以长期在职工作，中方员工每年需要回国探亲，要办理签证事宜，而且常驻期满后基本都要回国工作，这会带来很大的损失，比如资深的人回国，派出去代替的人肯定不如前者了解本地市场。如果把这些都考虑进来，本地化的成本要低得多。因此中兴一直非常重视海外员工本地化，人才的国际化就是本地化，本地化就是国际化。

公司内部对于本地化率到底应该定多高是存在争议和反复的。早期，在考核导向下，本地化的推动力度很大，各分支机构大批招聘本地员工，实际上当时公司的管理能力是难以支撑那么高的本地化率的，比如公司的工作语言环境，对本地员工的招聘、培养和薪酬设计，跨文化融合的配套制度等问题，尤其在本地员工数量超过中方时，对于系统管理能力的要求是非常高的。2004 年，本地化率一度达到 65%，但随即在 2005 年和 2006 年就出现了一系列管理问题，本地员工大批离职给经营带来很大负面影响。此后公司不断进行调整，稳定本地员工队伍，2006、2007、2008 年的本地化率分别为 59%、61% 到 63%，是一个缓慢但稳定的上升趋势。长远来看，当然希望本地化率能够更高、高到没有目标；但目前比较现实地看，本地化率的中期目标锁定在 70% 左右。

此外必须强调的是，本地化率也要视情况而有所区别，而不是一味简单追求高比例的本地化。比如部分欠发达国家，教育水平落后，没有充足的人才储备，员工队伍想迅速实现本地化是不现实的。所以，最近中兴在研究第三国员工（TCN）外派的问题，将语言、文化背景接近，且教育资源丰富国家的外籍员工，派到欠发达国家去。

在发达国家，中兴也完全可以实现像其他电信跨国企业在中国的本地化率，中国优秀的人才资源在某种程度上完全可以与发达国家媲美；但在欠发达国家，跨国巨头们也是无法实现那么高的本地化率的。我们谈 70% 的目标，是全公司在 100 多个国家的总体比例，这个目标在全球各个国家和地区都是差异化的。举个例子，在印度这种人力资源丰富的国家，70% 甚至更高的本地化率，是完全有可能实现的。

同时，本地化率与管理理念和文化都有重要的关联，比如欧美企业来到中国，输入的是强势文化，公司管理机制和企业文化基本上都是移植的，就好像中国企业到一部分欠发达国家一样，当地员工很容易接受，也就比较容易实现本地化。两种情况表面看起来有些类似，但实际上差异很大，中国企业去欠发达地区没有合格的人才供给，而去发达地区是相对弱势文化，又很难让本地员工去接受自己的理念和政策。其实，这也是中国企业“走出去”所普遍面临的困境之一。发达国家企业有明显的文化优越感，比如外企在中国，可以要求在高本地化率的情况下和母公司保持政策的高度一致；但如果中兴在发达国家的分支机构都换成本地员工，恐怕这种一致是保持不了的。

根据上述案例材料思考以下问题：

1. 请简要地谈谈中兴通讯人力资源管理部门的结构改革是如何为该公

司跨国业务的发展服务的？

2. 结合案例，试分析跨国公司员工队伍本地化的必要性。如何确保本地化的员工队伍能够胜任跨国公司全球化业务的需要？

3. 假设你负责制定中兴通讯公司海外项目的人力资源规划，你会如何做出公司海外业务未来5年的人力资源规划？需要考虑哪些因素？

参考文献

1. 卢岚，秦嵩，秦立栓，袁丽红．全球化组织的人力资源模型分析［J］．工业工程与管理，2002（2）

2. 苏方国，赵曙明．组织承诺、组织公民行为与离职倾向关系研究［J］．科学学与科学技术管理，2005（8）

3. 雷巧玲，赵更申，段兴民．企业文化对知识型员工组织承诺影响的研究［J］．当代经济科学，2006（9）

4. 臧振春，吴国蔚．国际企业人才甄选方法的研究［J］．管理科学，2004（6）

5. 刘桂素．跨国经营企业外派管理人员甄选方法探析［J］．现代财经，2009（28）

6. 王宝荣．21世纪人力资源管理的新趋势［J］．改革与战略，2003（2）

7. 黄义志，潘莉敏，杉山拓．跨国公司人力资源管理新趋势及其启示［J］．科学学与科学技术管理，2000（21）

8. 理查德·霍尔茨，弗雷曼·卢森斯．国际惯例：文化与战略行为［M］．中国人民大学出版社，2009

第十二章　人力资源管理发展新趋势

引言：真知灼见

高绩效团队将成为企业在全球化竞争中取得成功的核心要素，跨国公司不再以臃肿的身躯去对抗众多灵活的本土化小公司，而是通过本土化的业务团队去与之竞争。

——美国俄亥俄州立大学教授杰·巴尼

在成为领导前，你的成功同自己的成长有关；在成为领导以后，你的成功都同别人的成长有关。

——美国通用电气前董事长兼首席执行官杰克·韦尔奇

本章学习目标

全球化的竞争环境带来的不仅仅是信息、资源和人才在世界范围内的快速流动，同时也悄然改变着企业从事经济及商务活动的方式，给众多企业和学术界人士带来了新的课题。如何在新的竞争环境下保持企业的竞争优势？如何改善组织的结构和经营模式以应对新的挑战和机遇？企业想要对外部环境的变化作出及时的反应，就必须改变传统的管理模式，充分调动、合理分配并灵活运用企业内部的人力资源。针对企业业务的性质，确立团队的工作方式，打造高绩效团队。本章旨在揭示人力资源管理的管理重心在未来二十年中新的发展方向，探讨了高绩效团队的形成和发展，分析了人力资源审计在企业发展过程中的重要作用，并针对新生代员工逐步成为企业员工队伍主体这一现实，讨论了如何管理好新生代员工。

通过本章的学习，你应该能够：

★ 了解高绩效团队的特征和构成
★ 了解人力资源管理职能在促进团队内部和团队之间知识共享过程中的作用
★ 了解高绩效团队内部领导和成员之间的社会交换对团队绩效和个人绩效的影响
★ 了解人力资源审计的功能、操作规范和实际应用
★ 了解如何管理新生代员工队伍

第一节 高绩效团队

一、高绩效团队的内涵

在全球化的竞争环境中，企业间的竞争日趋白热化。企业之间的资源战、信息战、人才战愈演愈烈，面临的挑战复杂多变。企业想要对外部环境的变化作出及时的反应，就必须改变传统的管理模式，充分调动、合理分配并灵活运用企业内部的人力资源。针对企业业务的性质，确立团队工作方式，打造高绩效团队。

（一）高绩效团队的特征

盖兹贝克和史密斯认为，团队是由少数具有“技能互补”的人所组成，他们认同于一个共同目标和一个能使他们彼此担负责任的程序。这一定义目前已被广泛认同。综合以往的研究和大量的文献来看，高绩效的团队包括以下几个特征：

首先，团队成员具有普遍较高的团队精神，各成员技能优势互补。团队精神是构建高绩效团队的基础和关键，团队精神讲求协同合作，是团队成员由内而外，自觉形成的相互协作、规避恶性竞争、兑现承诺、承担责任的全新工作理念，是向心力、凝聚力的体现。成员技能优势互补是高绩效团队的重要特征，成员之间相互交流经验，在团队的工作过程中，他们不但能完全发挥出自己的能力，而且在他人遇到问题时，彼此愿意贡献出自己的时间和精力，来共同完成团队的任务，这不仅有利于成员自己获得更广阔的知识和更高超的能力，更有利于加强团队精神，提高团队士气，让团队成员全身心地融入到团队中。对待棘手的问题，团队成员能毫无保

留地奉献出自己的技能，发挥自己的特长，能在最短的时间里找到最合理、最优化的方法解决问题。

其次，团队氛围融洽，工作环境轻松，团队成员互信互爱。融洽的团队氛围是高绩效团队能够存在并得到延续的最核心的因素之一，团队成员都是企业里的核心人才，都有较为鲜明的个性和出色的才干，他们希望能在轻松的工作环境下工作，不是由团队领导主导一切，而是每个人都能够得到充分的尊重，觉得自身与团队中的其他成员地位平等。团队成员互相信任，互相关爱，相处融洽。这样的团队氛围能增强团队内部的人际效能，团队成员间可以共享知识和经验，使团队成为高效能的学习型团队，知识更新快，从而更能顺应环境的变化，应对外界的挑战。

再次，团队拥有团队成员认同的能最终实现的目标。团队只有一个成员共同追求的目标，每一成员对目标认同并达成共识，使团队的远景和各成员的愿景相切合，共同的目标是人们凝聚在一起的重要基础，它能够为团队成员指引方向，提供推动力，使企业的每个人在做事的时候都能感到有动力，让团队成员愿意为它贡献力量。

第四，团队以团队领导为核心，以便捷、高效的沟通机制作保障。团队是精英的组合，是各个领域高手的搭配，但群龙不能无首，只要是组织、是团队，无论成员有多么优秀，能力多么强，都必须由团队自己的领导作为团队的核心。然而，在高绩效的团队里，"领导"这一职位又不等同于传统意义上的"领导"。高绩效团队的领导不是一个授权的职位，而是一个信息汇总和消息发布中转站，是团队成员感情的纽带。团队领导是团队成员为实现团队目标，完成团队任务的一个便利提供者。团队的领导者应能营造一个发挥个人优势的环境，让具备不同技术和能力的队员一展所长，营造一个集体决策、协同合作的氛围，让每个队员都参与，借以提高团队成员间的聚合性。团队成员间能有效、愉悦地沟通，以合理化的最优方式处理突发事件。

最后，团队有奖惩分明的激励制度。奖惩分明的激励制度是确保团队成员继续努力，为团队的发展献策献技的有力保障。激励制度不仅能有效地激励团队成员，而且可以提高团队的凝聚力和向心力。高绩效团队应该采用团队业绩和个人绩效相结合的考评制度，做到奖惩分明，赏罚有度。这样既能充分肯定团队成员对团队的贡献，也能摈除个人英雄主义，还能为团队成员持续地为团队挥汗出力做好铺垫。

（二）高绩效团队的构建和评估

构建高绩效团队模型应以高绩效团队精神为基础，以团队领导为核心，以有效沟通机制、团队成员角色优势互补为保障，以具有挑战性的团队目标为指引，以团队业绩与个人绩效相结合的考评体系为反馈。为了做好这几方面的良性互动，可构建如图 12－1 所示的高绩效团队模型。

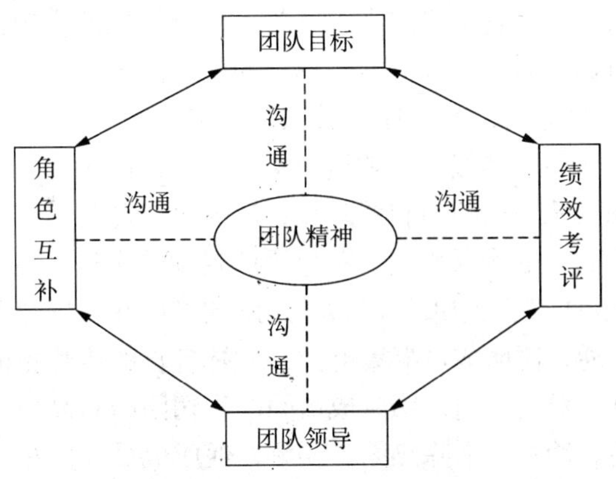

图 12－1 高绩效团队模型

第一，增强团队成员情绪智能，夯实团队精神基础。情绪智能是指人控制情绪的能力及接人待物时所表现的智力水平。团队精神的建立及不断的强化和巩固需要团队成员共同来完成和实现。团队成员情绪智能的平均水平加上团队领导的情绪智能及团队各成员间关系协调水平构成了团队总的情绪智能，而团队总的情绪智能是高绩效团队建设中的一个重要环节，是团队精神的一个重要组成部分。因此，增强团队成员情绪智能是夯实团队精神的重要手段。V. U. Druskat 和 S. B. Wol 认为可以通过以下几种方式来增强团队成员情绪智能，从而提高整个团队的情绪智能：首先，在增进情绪认识能力方面，包括人际理解、观点采择、团队的自我评价、寻求反馈和组织理解等方法；其次，在提高情绪调节能力方面，包括关爱、对质、创设肯定性环境、构建社会支持系统和积极的问题解决方法等。

第二，培养团队领导的各方面能力，塑造团队优秀领导。任何团队、任何组织都有领导，高绩效团队也不例外，领导作为组织中的指挥一般在组织中都有较高的地位和较大的权力，然而在高绩效团队中却并不如此，团队领导不再是发号施令的位高权重者，高效团队的领导往往担任的是教练或后盾的作用，他们对团队提供指导和支持，而不是试图去控制下属，他们需要花心思去营造轻松的工作氛围，互相尊重、相互友爱、融洽的人际交往环境，轻松、愉快的沟通方式等，这就需要高绩效团队的领导较之传统领导具有较突出的情绪控制能力、协调能力、包容力、应变能力、亲和力、表达能力和决断能力。构建高绩效团队，选拔优秀的团队领导，培养团队领导，以上各方面的能力是必不可少的环节。

第三，确定团队目标，引领团队向前迈进。团队因为团队成员所认同的目标而存在，即每个团队的建立或存在都有一个特别的任务，团队队员以完成这个任务为主要目标。目标的确立对于团队而言是一件非常重要的事情，团队目标是组织目标和个人目标相契合而形成的，是由团队成员认同，建筑在各人对团队其他成员的承诺之上，并为了这个目标的实现而毫无保留地付出。确立团队目标之后，就该分解目标，向各团队成员分派任务。这一步骤能确保团队目标的落实，发挥团队成员的优势技能，起到各成员间合理分工，优势互补的作用，类似于日常组织中的分工，使团队成员对自己的工作清楚明晰，确保团队工作的顺利展开和目标的顺利实现。

第四，建立高效的沟通机制，确保团队目标的实现。高速、有效的沟通机制是确保团队目标实现的重要保障。团队的形成和发展离不开团队成员间彼此的协作和沟通，团队成员群策群力，发挥各自的优势技能必须有赖于大家保持一种真诚的双向沟通，团队成员间的密切团结和高效沟通可减少团队个体之间的矛盾、冲突，消除隔阂、误解，促成成员间的相互了解和协同合作。团队成员通过畅通的渠道交换信息，实现团队成员间资源共享，促进知识创新。高效的沟通机制能确保信息渠道的顺畅，这有利于加强团队应对外界环境变化的能力，提高团队应对风险的预警能力，增强团队把握机会、迎接挑战的能力。团队领导与团队成员之间健康的信息反馈也是良好沟通的重要特征，有助于管理者指导团队成员的行动，消除误解。

第五，建立团队业绩与个人绩效相结合的考评体系，最大限度地调动团队成员的积极性。绩效考评体系是对团队业绩、个人业绩进行考核、评估的系统，是对团队及其成员在一段时间内所做的工作结果的反馈。高绩效团队的考评体系，必须建立在团队业绩和个人业绩的基础上。个人业绩又分为个人绩效和个人素质表现。不同于传统组织的考评体系的是，高绩效团队的考评体系将团队各个成员的个人素质表现纳入考评，这是由高绩效团队的特征所决定的。个人素质表现评估是对团队成员的职业道德、个人品德、沟通能力、团队协作精神、合作意识等素质方面的评价。业绩考核引导团队成员重实效、重业绩；个人素质表现评估则引导团队成员注重个人的全面发展和团体协作。对团队业绩和个人层面上的绩效考评可以参照传统组织中的绩效考评系统：通过分析，找出可供考评的角度，然后分配一定的权重比例，进行客观公正地考评。再根据团队成员的分工不同，结合团队目标的分解，对各个成员所做工作在实现团队目标中的重要程度进行岗位价值评估，然后按照考评结果进行奖惩，最大限度地调动各个成员的工作积极性，表扬先进，鼓励后进，将成功之处发扬光大，找出有待改进之处共同完善，为顺利实现下一个团队目标做好准备。

二、高绩效团队内部的知识共享

知识共享是知识管理的关键，它是指组织的员工或内外部团队在组织内部或跨组织之间，彼此通过各种渠道进行知识交换和讨论，其目的在于通过知识的交流，扩大知识的利用价值并产生知识的效应。组织知识管理的核心是知识共享，通过知识共享可构造组织知识优势。随着对知识共享问题的深入研究，知识共享对于高水平的知识创新所起到的关键作用已经得到广泛承认。所以，知识共享被认为是知识管理的一个重点。

（一）知识及知识共享的内涵

在知识经济条件下，知识已取代资本、劳动和土地这些传统资源成为企业的关键资源。与一般的经济资源相比，知识有其特殊性。首先，知识可以重复使用，不会因为使用而被消耗，所以知识比土地、资本和一般劳动力等有形经济资源具有更高的生产率。其次，知识具有边际收益递增的独特优势，它会因为不断地被使用而得到累积、提炼并增值，所以，某一方使用的某种知识资源如果被其他的使用者掌握，也可以完成类似的工作或任务，这是知识的非竞争性。同时，某一方对某一知识的使用并不会影响同样掌握该知识资源的其他使用者的使用，这是知识的非排斥性。正是由于知识的这种经济特性，引发了两个矛盾：一是知识获取与知识创新的高成本、高风险以及知识共享的外部性的矛盾。所谓知识共享的外部性是指知识可以低成本共享，并且共享程度越高，越能更多地展现知识的网络效应。二是知识创新的高风险、高成本与知识更新速度的加快使得知识的使用寿命缩短的矛盾，所以，经过艰苦积累才获得知识的拥有者不愿意轻易与他人共享知识，以免这些知识很快被淘汰。一般情况下，知识被看作是私有物品被某些组织或组织的某些成员所拥有，当然在有些情况下，知识也具有公共物品的特性。比如说在研发项目中，为了知识合作与交流的需要，有些知识将成为公共物品以促进研发项目的成功。

为了解决上述矛盾，可以通过两种方式来生产知识：一是知识产权，二是知识共享。知识产权是用一种市场化的生产方式生产知识，明确了产权边界，因而知识生产与知识消费分离。知识生产与消费之间的交换，是以市场为中介。而知识共享则相反，它用非市场化的生产方式生产知识，突破主客体的产权边界，实现生产与消费的直接合一，不一定以市场为中介进行交换。知识以共享方式扩散的过程，既是知识的生产过程，又是知识的消费过程。这样，利用知识产权可以保障知识产权人的利益，而利用知识共享则可以充分发挥其外部性，以支持知识创新。组织可以针对具体的情况，权衡经济利益来选择合适的知识生产方式。类似的，知识具有“波粒二相性”，也就是说，知识是过程与实体的矛盾统一体。作为过程的知识共享要求加大和完善知识交流，以支持知识创新；作为实体的知识共享要求知识产权制度的建立，应注意在知识共享者和知识权利人的经济利益之间保持均衡。

另外，随着知识经济的到来，知识员工的出现及市场不确定性的增加，使得组织的决策权开始下沉。知识和权力相匹配的内在要求使得要么将知识传递给权力，要么将权力传递给知识。显然，知识转移特别是形成企业竞争优势基础的隐性知识的转移是极其困难的（失去相关背景后失真）、低效的、甚至是代价高昂的（转移过程中显化而易被竞争对手模仿），所以，权力传递给知识更合理一些，而且，知识员工自我管理、自主决策的要求也使决策权下沉，以应对不确定性增加的市场，但员工的个体知识对于做出正确的决策而言，显然是不够的，这就需要知识共享来提供足够的知识以支持其自主决策。另一方面，员工的自主决策可能会偏离组织的目标，这也需要通过知识共享来规范员工的决策遵从组织的目标。

总而言之，知识共享作为知识管理的一个方面，也并非新生事物。人们之所以愈来愈重视知识共享并对其经济性做出分析，原因在于这几个方面：一是知识经济的到来，生产要素结构的调整；二是知识资源的经济特性；三是知识共享生产知识的非市场化；四是权力变革、组织结构调整的需要及知识共享对组织运作的支持。知识共享有诸多好处，并且现在许多各种类型组织都提倡和鼓励知识共享，但是，不论是个人还是组织都有相对独立的利益诉求，知识共享不可能无条件的发生，所以，完善的知识产权制度将是知识共享的制度保障与前提条件。

（二）促进高绩效团队内部知识共享的人力资源管理对策

知识经济时代，现代企业的盈利能力主要在于知识和服务，而不是如以往那样依赖于土地和设备等因素，因此，伴随着知识工作者在组织资源中地位的提升，知识管理逐渐成为组织管理工作的核心职能之一。知识工作者是构成组织核心竞争力的重要部分，如何将他们的知识系统进行整合加以利用，正是现代组织知识管理的重要任务之一，管理组织内的智慧资源是现代管理者不可推卸的责任。知识管理是指通过合理的管理流程来发掘、传递、吸收、存储和利用知识以满足当前和未来需求。其中知识的共享是完成知识传递、内化及应用的核心环节，同时也是衡量组织学习绩效的重要指标，然而由于组织内员工间竞争关系的普遍存在，知识共享的实现通常非常困难，这个问题不解决将成为制约组织进行知识管理的瓶颈。人是知识最直接的载体，发挥知识管理的最大效能、促进组织内知识分享的关键还是在于人力资源管理策略。

1. 员工知识共享行为的内涵

知识共享可能发生在员工个人之间，也可能发生在项目团队或不同组织之间。因此，知识共享的主体分为：个体、项目团队、组织三个层次。

员工的知识分享就是知识传递和内化吸收的过程，即知识分享=传递+吸收，从中可以看到，组织员工的知识分享行为实际包括两个主体（知识的拥有者和知识的需求者）和两个过程（传递和内化）。至于所分享的知识则可能是不同类型，可以是外显的也可以是内隐的，最终的指向都是组织内智力资本的增加。在组织内，知识这种特殊形式的资产并不会因为使用和分享而产生衰减，相反，它的价值还因为交流、传递和分享而呈增加态势，导致组织内人力资本的增殖和结构资本的优化。其实，知识本身并不是一个静态的概念，而有相对延展性和流动性，对于一个组织来说，在某一个时点，既有总的知识存量，也有知识流量，因此，知识经济社会中，组织内知识的“存量”增加只是组织知识管理绩效提高的一部分，促进组织内知识“流量”的增加也是非常重要的课题。有两个非常重要的原因：其一，存量状态的知识多是已经过处理的并基于信息技术加以整合的显性知识，在激烈竞争的环境中，这些知识容易为竞争对手所学习和模仿，很难形成企业核心竞争力；第二，现代社会中知识型员工的流动性比较高，他们头脑中的知识如果能传递给企业中其他的员工，将降低知识型员工流动给企业带来的风险和损失。组织员工的知识分享行为与组织内知识流量的变化有直接的关系，员工的知识分享行为和其他行为一样，也需要激励和强化，此时，组织内的人力资源策略就应该发挥其固有的指向和协调作用，增加组织内员工知识分享的意愿和行为。然而，当前管理实践中存在一个明显问题：人力资源管理策略注重组织知识存量的增加，却相对忽略了知识流量的增加，比如只注重招聘和提升那些知识、能力和技能比较高的员工，却相对忽视他们在组织中的知识传递作用，以至于某些员工有过于保守和投机的倾向，对组织的可持续发展非常不利。

表 12－1　高绩效团队内部知识共享的过程

知识共享的类型	知识共享的层次	知识共享的难易度	对发送方能力的要求	对接受方能力的要求	主要的共享方式
隐性-隐性	个体	难	高	高	行为学习、观察、模仿
隐性-显性	个体、团队	难	高	低	研讨会、内部交流会、闲聊
显性-显性	团队、组织	易	低	低	IT 技术平台
显性-隐性	个体、团队、组织	较易	低	高	实践、行动

2. 影响员工知识分享的主要因素

阻碍员工知识分享的因素有三个主要来源：员工本身固有的特征造成的分享意愿不够；组织气氛和组织文化中缺乏信任和协助精神；组织管理机制中鼓励沟通共享的渠道不畅或举措不够。

员工本身固有的特征对知识分享的影响因素包括他们个性中的合作精神、开放性以及风险偏好。通常组织中如果很少有员工具有团队合作精神、个性的开放性以及有过低的风险偏好倾向，则知识分享就非常有限。从心理学的角度看，个性特征的影响具有持久性和弥散性，在工作场合中，这些稳定的因素会经常发生影响，那些个性保守的、自我中心的员工比较不容易信任别人，不容易和同事进行良好沟通，更不愿意分享自己的知识和经验。而从社会交换理论来看，主体之间的互动基于相互信任与长期交换的基础上，一方的不信任和不作为，将限制组织成员之间的互动和沟通，在组织中，这种负面行为具有非常强的传递性，不利于组织知识的共享，更不利于广泛的组织成员良好关系的建立。组织气氛和组织文化中限制知识分享的因素主要有组织内信任度和公平度不高，组织气氛不够开放和民主，鼓励个人成功的竞争文化占主导地位等等。Ruggles（1998）对实业界的主管进行调查，发现知识传递的最大障碍来自于组织文化。当员工，尤其是新进员工的组织社会化过程中，组织文化和气氛是第一位的影响因素，非常多的研究表明：社会化初始阶段是员工的重要组织特性，如组织承诺、组织公平感、组织信任感形成的关键期，这些正面组织特性会激发员工分享知识的意愿。从交易成本理论来看，在开放互助的组织文化中，个人机会主义行为倾向降低，环境的不确定性也降低，从而进行知识分享的交易成本也降低，知识分享行为自然会增加。影响知识分享的组织与管理机制主要有组织结构刚性、部门条块分割、非团队导向、专制的管理风格等。组织结构对于知识分享有直接的作用，团队导向的组织机制有利于员工之间进行沟通和交流，建立自我管理团队、跨功能团队和问题解决团队等工作团队能解决因组织内部门分隔引起的知识分享困难。专制的领导风格使员工和管理者之间缺乏信任而影响知识分享，因此组织领导人尤其是高层应该以身作则，乐于与他人分享知识和观念，增加决策的透明度，让员工能感受到管理者的信任，这对于员工主动的知识分享行为非常有效。这三个方面的因素相互交织，对组织内知识分享发生影响，知识最基本的载体是组织内的员工，知识最直接的发送端和接收端也是个人，因此可以将三方面因素融入人力资源管理实践中，利用组织人力资源管理的调控和指向功能促进员工的知识分享行为。

3. 促进高绩效团队内部知识共享的人力资源策略

Ulrich，Brockbank 和 Yeung（1995）提出人力资源管理模型，他们认为人力资源管理主要在于六个方面的工作：招聘、发展、评估、薪酬、组织设计和沟通。招聘和发展是人力资源的生成能力（generation competencies），评估和薪酬是人力资源的强化能力（reinforcing competencies），组织设计和沟通是人力资源的持续能力（sustaining competencies）。从这六个方面出发，加强成员之间知识分享的人力资源管理策略主要有这样几个方面：

（1）招聘中的选择性雇佣策略

组织应该根据实际情况注重招聘过程中非显性指标的选择，但选择标准不是主观臆断的结果，而是由专家根据组织发展战略进行人力资源规划的产物，通过科学的工作分析，确定新进人员应该具备的能力、技能、知识和人格特征。注重知识分享的组织内知识型员工通常比较多，组织的增值途径多依赖知识创新，就更应该注重所招募员工的价值观和组织文化及发展目标之间的匹配程度、员工人格中的开放性，以及他们的自信程度和创新意识，而不是简单地把学历、经验及性别等显性指标作为唯一的招聘标准。因为价值观相近的人之间比较容易沟通合作以及分享信息和知识，而比较自信的人往往不怕别人超越，而乐于分享个人经验，更有团队精神。正如 Wah（1999）认为的那样，组织应该适当招聘那些有团队合作精神、乐于求知和好为人师性格特征的员工。

（2）充分利用员工的发展培训

在员工进入组织的组织社会化初期就要注重开展相关训练，例如利用师徒制，通过资深员工和新进员工之间的人际互动，不仅使他们了解相关工作技能和知识，而且，资深员工所熟悉的组织价值观、组织发展目标、组织规范和惯例能很快为新进员工所了解，通过这种组织文化的自然导入，新进员工自身的组织社会化过程和别人对他的知识分享过程紧密相连，他们在将来的工作中就倾向于看到组织文化开放、互助的一面，更愿意对其他员工分享自己的信息、知识和经验。工作轮换的意义在于使员工自身的经验和能力不为组织结构和特定工作所限制，使之能从事内容、要求不同的工作，避免单调重复和枯燥，这不仅有利于员工自身职业生涯发展，还因为工作轮换过程中彼此的经验能力存在互补性，而利于知识分享及相互合作，从而提升整个组织内知识的流量。此外，在员工进入组织后对其进行相关技能训练也是非常有效的促进知识分享的措施，通过对员工的沟通技巧和人际技能进行训练，并使这些技能得到广泛迁移，将有助于培养他们良好的合作习惯和共享技能。

（3）绩效考核中采用系统评估策略，薪酬制度则采用相应的激励措施

考核和激励过程中不能单纯考虑个人的工作绩效，还要考虑个人所在团队或部门的绩效，个人绩效最后的评价结果与这两个指标都相关，即个人绩效评估结果要受到团队绩效高低的调控，以此来引导员工在团队或部门内部要有充分的信任和互助，这样更容易发生知识分享。例如，可以采用部门或团队成员互评的方式，不仅评价彼此对团队的贡献，还要评价协调程度、参与程度、分享程度和角色外行为等软性指标，并将薪酬制度与考核结果挂钩，这种方式在一定程度上削弱了“个人成就决定一切”的负面影响，从提倡“经济人”转变到提倡“社会人”，促进并强化了相互间的知识分享行为。

（4）组织设计的多元化团队导向

团队化设计显然不仅能降低组织内知识市场的交易成本，还能有效地激发员工合作的积极性，所以安排团队工作机会是激励员工分享知识的重要途径之一。工作团队成员的甄选应该围绕知识分享流程的顺畅为前提，否则团队的功能目标就难以实现、团队的优势也难以发挥。团队的负责人应该首先有相当的信息开放性，团队的成员应该具有与组织战略发展基本一致的价值观，而知识背景、优势能力和人口特征则可以有一定的离散性，这样的团队结构有利于知识的分享及分享成效的提高。

（5）创造广泛的沟通渠道

知识分享是建立在知识的交流和沟通的基础上的，沟通成效的提高将直接带来知识分享程度的提高。人力资源管理部门可以通过创造并鼓励广泛的沟通渠道来促进员工间的知识分享。比如提供会谈场所和机会，定期开经验交流会议，并将会议记录整理公开，将个人内隐的知识转化为外显的知识。还要充分利用组织内的非正式群体，Tsai（2000）认为非正式关系网络机制对知识市场是非常适用的，因为通过非正式关系网络进行的交流使隐性知识更容易转移，所以我们要改变非正式群体（小团体）的作用是负面的这一传统观念，重视对非正式群体的引导。拓展沟通渠道还可以采用组建组织内员工的技能资料库或组织内部知识地图的方法，把所有员工的技能和知识特长记录下来，并加以组织、整理和发布，方便员工知识求助时选择合适路径，并要求员工评价知识输出者的共享合作程度，将之纳入绩效考核的内容之中。安盛咨询顾问公司（Arthur Anderson Consulting）曾提出一个关于知识管理的著名公式：K=（P+I）S，K代表知识，P代表人，I代表信息或信息技术，S代表分享，也就是说组织知识在于三个重要因素：人、科技和知识的分享，而分享成效对组织知识的积累有乘数效应，这告诉我们知识分享对于知识管理的重要性，而使用合适

的人力资源管理策略作用于人这个最主动、最关键的环节，增进员工间的知识分享和合作行为，对组织知识的积累和创新、对学习型组织的形成发展将起到至关重要的推动作用。

三、高绩效团队内部的领导—成员交换

（一）领导—成员交换的理论基础

历史上，人们从不同的角度去探讨如何造就一个有效的领导者及如何有效地提高领导者的领导效能与组织绩效。第一种尝试是了解领导者和非领导者相比更需要具备哪些人格特质，由此而形成了领导特质理论；第二种尝试是试图根据个体所采取的行为来解释领导过程，人们称之为领导行为理论或风格理论。特质论在解释领导行为方面并不成功，而行为风格论最大的欠缺是缺乏对影响成功与失败的情景因素的考虑。于是出现的第三种尝试便是运用权变思路来弥补先前理论的不足。领导权变理论描述了为达到有效的领导，在不同的情景中领导者所需采取的不同的行为模式。其中最具影响力的当属菲德勒（F. Fiedler）提出的领导权变模型，它不仅解决了领导者与情景因素的结合问题，而且在此模型中上下级关系首次被作为一个重要的情景因素来加以考察。但事实上人们在理论应用中发现要对上下级关系作精确的观察和分类是困难的，特别是我们不能对这种关系的质量进行事先设定，而且，随着时间的推移，上下级关系的稳定性也不可能得到保证。究其原因在于对上下级关系这一组织变量的真正内涵没有得到正确的认识。

人们通常将上下级关系简单地理解为上下级之间在情感上的亲性，是以一种静态的思路去观察思考它与领导效能与组织绩效的关系，因此，它的有效性在实证方面没有得到很好的支持。随着上下级关系问题研究的深入，人们在理论上逐渐地认识到组织情景中的领导过程是领导者和下属之间的一种物质、社会利益和心理交换的动态过程，并且这种交换过程从上下级关系建立开始（甚至于在招聘面试时）就已开始逐步形成与发展。在此基础上研究者提出了领导—成员交换（Leader Member Exchange，简称LMX）理论，并由此而引发了大量的关于领导成员交换的理论和实证研究，进一步完善和丰富了这一理论。LMX 理论是基于社会交换的思路提出的描述型模型，其发展一直致力于建立较为清晰的因果关系，强调理论思维与经验结果的交互穿插、互相促进。因此，领导成员交换作为一种研究领导行为的过程与结果理论，经过多年的发展目前已成为领导研究中一个热点与重点领域而颇受人们关注。

前期研究表明，领导与下属之间的社会交换过程在交换质量上是存在

着差异性的。与领导之间的交换质量比较高的组织成员，通常被形容为“圈内成员”（in-group）；与之相反，与领导之间的交换质量比较低的组织成员，通常会被认为是“圈外成员”（out-group）。相比较于“圈外成员”，“圈内成员”更有可能接触到领导的社交网络，从而为自己创造潜在的提升人脉和拓展社会关系网的机会。另外“圈内成员”更容易得到领导的信任，获得更多提升自我价值和竞争力的机会（例如，职务晋升，内部及外部培训，加薪等）。鉴于领导—成员交换在本质上是一种基于互惠的社会交换，作为“回报”，从高质量的领导—成员交换中受益的“圈内成员”可能表现出诸多对组织有益的个人行为，比如体现出较高的组织承诺感，主动承担更多的工作责任，更加热情地参与工作，在工作中融入更多的创造性等。反之，与领导之间社会交换质量较低的下属可能会通过负面的行为或者方式来回应，比如工作绩效较低，对组织的忠诚度较低，积极寻求跳槽的机会，工作中缺乏责任感，从心理上抵制与领导进行沟通等。需要指出的是，并不是所有处于高质量领导—成员交换关系的下属都会表现出利于组织的行为。Cogliser 等的近期研究表明，当领导与下属在对其之间的交换关系的质量水平判断一致时，下属更有可能表现出利于组织的行为；而当领导对双方交换过程的评分低于下属自己的预期判断时，下属有可能会出于心理上的失望而表现出消极的工作态度，并体现出较低的个人绩效。

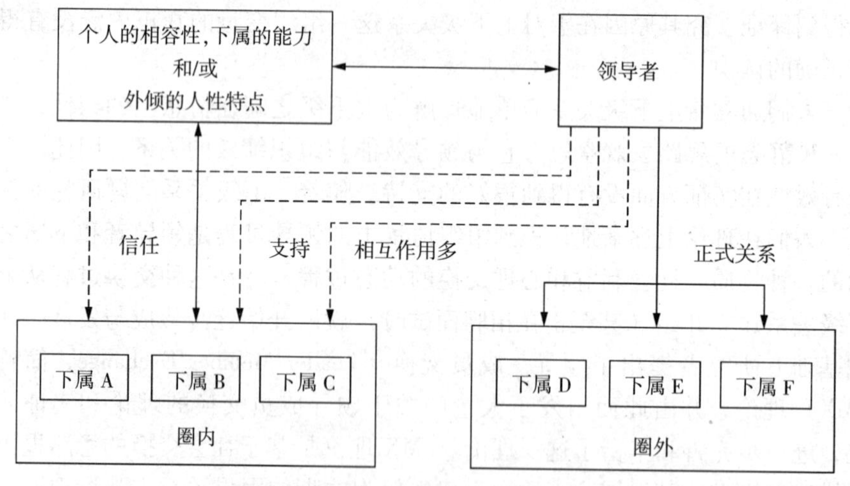

图 12－2　领导—成员交换关系模型

可以看出领导成员交换理论有别于传统的领导理论。传统的领导理论几乎都基于这样一个假设：领导者以同样方式对待所有下属。而事实上，人们能体会到在现实的组织情境中，领导者对待不同下属的领导方式的确是非常不同的。另外，尽管一些领导风格理论和领导权变理论也涉及上下级关系，但对关系的概念阐述都比较模糊，最多也就把关系作为一个影响领导成效的情景因素来处理，而领导成员交换理论则比较系统地来研究上下级关系，而且独特地采用了上下级之间的成对关系作为分析的焦点，并且强调领导者与下属之间动态关系的重要性，以及这种关系对工作绩效和态度的影响。领导成员交换不仅对传统意义上的上下级关系做了更明确的理论界定，更重要的是在研究中找到了上下级关系影响领导效能和组织绩效的实证依据。

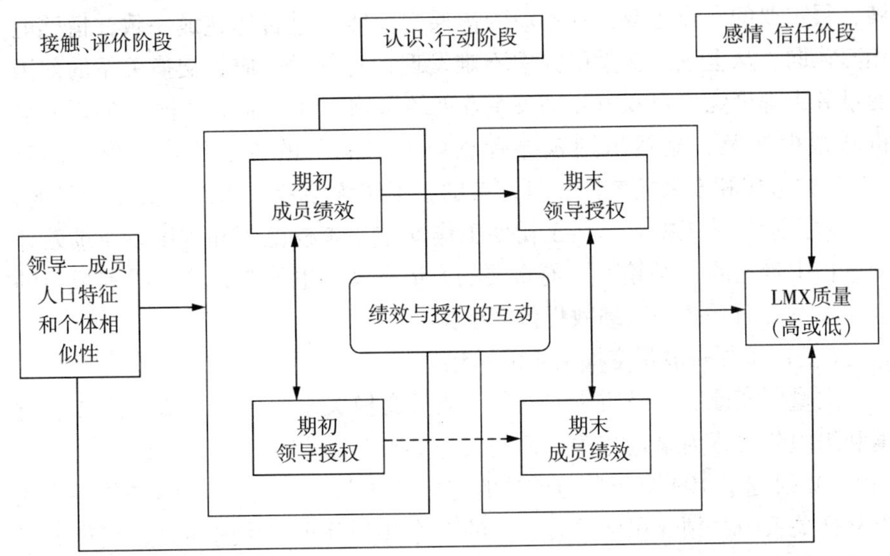

图 12－3　领导成员交换的形成与发展过程模型

（二）领导—成员交换的前因变量

诸多研究表明，人口特征、忠诚、感情认同和领导—成员间的接触行为将影响双方交换关系的发展。Larwood & Blackmore 以 60 名男女学生为研究对象，发现性别因素对个体能否融入“圈内”产生影响。Tsui & O'Reilly 的研究则较为全面，发现年龄、性别、教育程度、公司类型、工龄和种族等 6 个人口特征变量对领导者取得下级的支持，下级自身角色的明晰都将产生显著影响。Basu & Green（1997）也发现，领导与成员之间教育程度、观念越相近，他们之间的交换关系的质量就越高。领导与成员之间的态度和个性的相似性对其交换关系的质量也将产生积极的影响。还有学者也试图通过界定领导—成员交换的结构维度来发现双方关系的发展如何受到影响。如 Dienesch & Liden 界定了领导—成员交换的三个维度，包括可觉察的对交换关系的贡献、相互忠诚以及主要基于人际间依赖的而非是来自任务本身所生成的感情。Graen & Uhi－Bien 从尊重、信任和共同的责任三个维度来分析领导与成员交换关系质量的高低。Liden & Maslyn 的研究则认为情感、忠诚度和贡献的认同程度等3个维度将影响领导—成员交换关系。对于领导与成员接触行为的研究，西方学者认为，成员的讨好行动有助于促进领导—成员交换关系质量的提高。Fairhurst，Rogers & Sarr 的研究发现领导与成员之间的说话语气、沟通方式（如幽默程度、感情表露和外向程度等）会对交换关系的质量产生影响。"圈内"的成员总是以开放的方式与领导交流，而领导与"圈外"成员的沟通方式往往是正式的或会议式的。Waldron 通过以518个成人男性员工作为研究对象，也发现对于领导—成员交换关系的发展，很重要的一点是双方在不断的沟通中应能促进目标达成一致，情感能相互认同。从上述的文献研究中不难发现，对领导—成员交换关系的前因变量分析都聚焦于对双方互动关系发展的影响方面，而对"圈"的影响分析却很少涉及。显然识别领导者意识中"圈"的界定维度、分析影响"圈"的形成和发展的前因变量，有助于了解领导者初期评价员工的尺度，从而对揭示新员工招聘、员工初期工作安排、授权范围和程度以及绩效评价过程中晕轮的"暗箱性"有重要的实证意义，也能为改进领导和成员的合作关系既而提高团队绩效提供理论指导。

（三）领导—成员交换关系的结果变量

大量研究证实，高质量的领导—成员交换关系与工作绩效、工作满意度和组织公民行为呈正相关，而与员工离职呈负相关。Graen & Schiemann（1978）研究了109个领导与成员的"二元体"，发现在高质量的领导—成员交换关系中，领导积极关心下级的工作并为其提供多种帮助，成员的工作绩效较高。Liden & Graen（1980）的研究也证明高质量领导—成员交换关系会促进员工产生强烈的工作责任感，从而愿意为他们的领导付出更多的努力，由此导致了较高的成员个人绩效、领导绩效和团队绩效。Basu & Green（1997）的研究表明，在制造类型企业中，高质量的领导—成员交换关系还有利于激发成员的创新行为。他们认为，"圈内"成员得到了领导更多的支持和信任，使其形成较高的组织承诺，由此在日常工作中积极主动为企业着想。Major，Kozlomski，Chao & Gardner（1995）、Lee（2001）等学者的研究还证明高质量的领导—成员交换关系与工作满意度、组织承诺呈正相关，与离职呈显著负相关。在高质量的领导—成员交换关系中，领导赋予成员某种角色，并提供有形或无形的补偿，以使后者得到满意。随之，成员也承担着领导赋予的角色，按领导的期望做出绩效，依此成为好的"组织公民"。Hackett，Farh，Song & Lapierrie（2003）借助元分析发现，领导—成员交换关系与组织公民行为正相关。事实上，工作绩效、满意度和组织公民行为取决于多种因素，领导者的领导效能可能只是其中一个较为重要的因素，成员自身的组织承诺也能促进上述结果的提高。但目前国外研究者对领导—成员交换关系与绩效、满意度、组织公民行为之间的影响路径的研究并不深入，甚至是不清晰的（Burns & Otte，1999）。诸多研究表明，人力资源实践、组织文化、组织支持、组织公平、组织承诺等也与绩效、满意度、组织公民行为相关联，并建立了相应的影响模型。而领导—成员交换关系是否能影响这些变量或受这些变量的影响，并在此基础上探询领导—成员交换关系对绩效、满意度和组织公民行为的影响路径，对进一步提高该理论的应用价值将有极大的意义。

（四）领导—成员交换对高绩效团队的负面影响

大量的前期研究提出，高质量的领导—成员交换会使员工表现出更高的绩效水平，在组织中愿意承担更多的责任、愿意表现出更多的角色内和角色外行为，并且能够使得员工有机会接触到其领导的社交网络从而为自身带来潜在的发展机会。在此基础上，西方学者明确提出，领导—成员交换质量越高，员工的离职倾向水平就越低。然而，基于 Maertz 和 Griffeth 研究中提出的情感、计算和可择他性三类激励性因素，结合马斯洛的需要层次理论，高质量的领导—成员交换可能会产生较高的员工离职倾向。

首先，尽管受益于高质量的领导—成员交换关系的组织成员可能会获得更多的晋升和培训机会，然而组织成员在组织中无止境地获得晋升机会的可能性是很低的。能晋升到中层和高层管理岗位的员工，毕竟在员工总量中只占很小的一部分比例。因此，当员工晋升到某一层级后，可能就会遇到“晋升瓶颈”，即在相当长的一段时间内无法再获得继续晋升的机会。而组织成员在遇到这种情况后，一方面，他们可能在计算和可择他性因素的激励下选择去组织外部寻找更好的升迁机会，从而获得更好的物质待遇或者更加满足其受尊重的需要；另一方面，随着组织资历不断地增加，长期未获晋升机会却一直与其领导保持高质量的领导—成员交换关系的组织成员可能会对组织产生负面情感回应，对工作的满意度可能会降低，他们可能会将无法获得进一步晋升机会的原因归结为组织未能给其提供发展的空间，而不是其领导不愿意推荐他们担任更高级别的职务。这种对组织的负面情感回应可能会促使这部分组织成员表达出比以往强烈的离职倾向，从而促使他们在其他因素（例如自我实现的迫切需要）的共同作用下更有可能选择离开组织。

其次，尽管受益于高质量的领导—成员交换关系的组织成员可能更容易接触到其领导的社交网络从而为自己创造潜在的机会，然而这也意味着组织成员可能会获得更多的其他选择。在可择他性因素的激励作用下，这部分员工可能会表现出较高的流动意愿。而当外部环境因素体现出比现有组织因素更高的吸引力时（例如，更高的加薪承诺，潜在的晋升机会，更有名气的企业等），他们的流动意愿可能会转化成较高的离职倾向。需要指出的是，上述理论推导的限制性因素是外部环境、员工自身需要层次等变量是否会共同作用于组织成员离职倾向的过程中。从整体来看，领导—成员交换和员工的离职倾向两者之间仍然是负显著相关的，即领导—成员交换的质量与员工的离职倾向在总体上呈反比趋势。然而，在特定的环境等其他因素的共同作用下，极高质量的领导—成员交换关系可能会导致较高的员工离职倾向。

（五）领导—成员交换关系的测量

领导成员交换的结构及应如何被测量，可以说到目前为止尚没有形成比较公认权威的方法。对领导成员交换关系的评价直接取决于如何对它进行有效的测量，因此遴选出更有效的测量工具对今后的研究起着重要的作用。

领导成员交换测量方面的混乱很大程度上是由于对领导成员交换核心结构的认识差异造成的。领导成员交换的结构问题实际上反映了该怎么来描述或定义领导成员交换关系。一般认为领导成员交换的结构维度是多维的，如 Dienesch 提出领导成员交换由四个维度构成：被知觉到的贡献、忠诚、情感和尊重；Graen 和 Uhl - Bien 等则采用了尊重、信任和共同的责任三个维度来描述领导成员交换；除此以外，也有的研究中将开放性、诚实性等指标作为领导成员交换的核心维度加以分析。Liden 和 Maslyn 则提出领导成员交换的结构维度分析不一定需要得到一个确定的模式，而是需要与不同的考察目的和结果变量挂钩，如要考察领导成员交换与满意度关系，采用情感、忠诚度和贡献知觉是合适的，而如果仅仅用领导成员交换来预测组织承诺水平，则只要用成员的贡献知觉一个指标就可以了。对领导成员交换核心结构认识的进一步深化，较好地体现出领导成员交换理论的权变性特征。

对于测量量表的选择，Gerstner 等提出了“领导成员交换各维度内部一致性系数应在 80 以上，而且，各维度之间既要有高相关又能充分地作为单个维度进行测量”的选择标准。Schriesheim 等运用元分析（meta-analysis）技术，检验了各种多维结构的内部一致性，结果表明 Graen 和 Uhl - Bien 提出的领导成员交换 7 个项目的测量量表具有最高的信度和效度。这 7 个项目分别是（以下级回答他们与直接上司之间关系为例）：上司了解下属在工作上的问题及个人需要的程度；上司对下属的潜能了解的程度；上司运用他的职权帮助下属解决问题的可能性；上司牺牲自己的利益来帮助下属的机会有多大；上下级之间工作关系的有效性；下属愿意为上司所做出的决策辩护和解释的可能性多大；下属是否知道上司对他工作的满意度。领导成员交换既然是成对的关系，因此对领导成员交换关系的测量不仅要测量下级对领导成员交换的看法（简称 M－LMX），同时还要测量上级对领导成员交换的看法（简称 L－LMX）。从理论上分析，如果 L－LMX 与 M－LMX 的一致性程度较高，说明上下级之间的交换比较充分，双方对相关问题的认识以及解决问题的方法等方面有较高的相似性，因而就具有高质量领导成员交换关系。但实证研究发现 L－LMX 与 M－LMX 之间的关系是不明确的，也就是说即使上下级之间的关系很密切，但他们对领导成员交换的评价出现较大的不一致性。对这一现象的解释存在两种主张，一种认为上下级之间由于背景、地位等的不一致，因此上下级评价时不应采用相同结构的测量量表。Gerster 和 Day 经过研究发现，领导成员交换从下属角度测量时，信度系数会提高。因此，他们建议上级的领导成员交换可能是较复杂的多维结构，需要用多维量表进行测量，而下级领导成员交换可能是单维的，测量相对而言可以简化一些；另一种观点认为不一致是客观存在的，可采用样本权重（sample weighted）相关聚合进行综合评价。一般认为后一种聚合评价方法更具有可操作性。

国内学者对于领导—成员关系的测量还处在初级阶段，即基本上是采用西方学者已经构建好的测量体系，在中国的企业里进行实证数据分析。比较有代表性的是王辉等人于 2004 年做出的领导—成员交换的多维分析（见表 12－2）。除了该中文版量表中的情感、忠诚、贡献、专业和尊敬五个维度之外，还有学者提出信任维度，公平维度等。由于构念上的差异，导致了测量方法上的多样化和不断发展。早期有基于单维度构念的 2 个题目、4 个题目、5 个题目、7 个题目的测量，以及基于多维构念的 10 个题目、12 个题目的测量等，甚至有学者使用“领导行为描述问卷”（LBDQ，Leader Behavior Descriptive Questionnaire）来测量领导—部属交换。但是，这些早期的测量都缺乏系统的心理测量学支持，直到 Liden 和 Maslyn（1998）开始在领导—部属交换四维构念的基础上，依据心理测量学的原理，较系统地开发了 12 题目的量表。本研究在保持其原量表构念不变的情况下，考虑文化因素，每一维度增加了一个题目，最终形成了共有 16 个题目的领导—部属交换四个维度的测量工具。在中国文化背景下，领导与部属良好的关系是建立在相互的喜欢、忠诚、不断努力地工作和互相尊重基础上的。领导—部属交换的结构及对工作结果的影响仍需进行深入的探讨，尤其是可以结合其他相关的概念一起研究。例如，近年来出现了很多有关中国文化背景下关系的研究。领导—部属交换作为一种特殊的关系，中国文化中的社会取向（social orientation）等特点必定会对领导与部属的互动产生影响。

表12－2　领导—部属交换多维量表

项目	情感	忠诚	贡献	专业	尊敬
我非常喜欢我主管的为人					
和我主管在一起工作非常有意思					
我乐意与我的主管交往					
我喜欢与我主管一起工作					
即使我的主管对事情并没有充分的了解，他/她也会在上级面前为我的工作行为辩护					
如果我被人攻击，我的主管会为我辩护					
如果我犯了无心之失，我的主管会在公司其他人面前为我辩护					
当我与他人发生冲突时，我的主管会站在我这一边					
我愿意为我主管的利益而付出超额的努力					
为了我的主管，即使是要完成很多额外工作，我也不介意					
我愿意为我主管做超出我的职责范畴之外的工作					
为了我的主管，我会尽自己最大的努力去做自己分内乃至分外的工作					
我的主管所拥有的工作方面的知识是有目共睹的					
我主管的专业技能令人羡慕					
我主管工作方面的知识以及他/她的工作能力是众所周知的					
我主管的技术和能力给我留下了深刻印象					

资料来源：王辉等，2004

第二节　人力资源审计

人力资源审计是知识经济时代呈现的又一大特征。人力资源是一个企业、一个国家的重要资源。人力资源的开发和利用，直接影响着国家的强弱和企业的成败。人力资源是可再生资源，对它的投入最为合算。据西方有关机构研究表明，员工教育投资1元所获得的效益高于投资2元新设备。西方学者认为，人力资源审计的目标主要包括以下三点：一是对人力资源流程有个全面的理解；二是评价人力资源流程和相关内部控制的效果和效率；三是对支持人力资源流程的信息系统的可靠性和质量进行评价。

知识经济的内涵，就是人力资源的经济。知识经济时代，在人力资源的开发和利用中出现了许多新问题，如：企业家资源如何计价，人力资源如何参与利润分配等，都是摆在人力资源管理、人力资源会计、人力资源审计面前的新课题，特别是对审计监督提出了新的挑战。作为经济监督骨干力量的审计，加强对人力资源管理和使用的审计监督，加强对人力资源的计价、参与分配等方面的审计监督，以保证人力资源核算与管理的真实性、正确性和公允性，是其义不容辞的职责，也是审计在知识经济时代呈现的又一新特征。

一、人力资源审计的涵义及发展历程

（一）人力资源审计的涵义

关于人力资源审计的名称，目前主要有三种叫法：人力资源审计、人力资本审计和智力资本审计，与此相对应的形成了不同的解释。

1. 西方学者对人力资源审计的定义

西方学者对人力资源审计做出了很多不同的定义，最具代表性的界定来自于米尔科维奇和布德罗，德斯勒、多伦和舒尔乐，柯伊、欧拉拉和卡斯蒂罗等人，而SDW模型则是对人力资源审计结构的典型概括。

米尔科维奇和布德罗认为：人力资源审计像财务和税收审计一样，考察人力资源政策与业务是否实行并得到了遵守；是否在规定的日期内完成了对每个员工的业绩鉴定；是否进行了对即将离开的员工的退出访谈；当新员工加入时，健康保险是否运行正常；每一项活动或程序是否按计划进行，是否按步骤实施，是否由适当的个人参与等等。许多人力资源部门把人力资源审计看作是质量管理过程中的另一个步骤。审计可以揭示事情是否按计划进行，但它们不能揭示业务是否得当，这些业务之间是否互补，是否与实现公司目标有关。

与米尔科维奇和布德罗更关心人力资源审计“事务”不同，德斯勒更看重人力资源审计“标准”。他在《人力资源管理》一书中写到：对于任何一家企业来说，人力资源管理审计都是一项最基本的工作，这项工作的目的是使企业的高层管理者认识到人力资源管理工作的效果如何。人力资源管理审计通常包括两部分内容，即考察企业的人力资源管理应当是什么样的以及它们实际上做得如何。“应当是什么样的”是指人力资源管理部门在广义上的使命和目标，它表明了人力资源管理是从一种什么样的哲学或基本观点出发的，确定了人力资源管理的基调。“它们实际上做得如何”是指对实际人力资源管理状况的认识。

多伦和舒尔乐的界定试图兼顾“事务”与“标准”，更重要的是，他们提出了一个“一般化”的定义。多伦和舒尔乐把人力资源审计界定为对一个企业的所有人力资源政策与规划的系统的、规范的评价。它的重点包括：人力资源部门如何提高运行能力；人力资源部门目前的目标及战略如何支持企业的目标与战略；人力资源部门如何实施各种人力资源功能，诸如配置、绩效评价、处理不满情绪等。类似于财务审计，人力资源管理审计依赖于现存的记录，诸如人力资源预算和分配、培训与发展项目的类型与数量以及绩效评价记录。因此，审计可以全面地包括一切项目，也可以选择性地针对某些项目。

或许是由于柯伊的职业背景使然，他对人力资源审计的定义更具有“操作性”。人力资源审计是检查有关一个组织人力资源功能的政策、程序、文件、系统和实践的过程。人力资源审计的目的是为揭示组织非营利的人力资源系统的优势与劣势以及需要解决的任何问题。人力资源审计自身是一个诊断性工具，而不是一个处方性工具。它能帮助明确组织所缺失的或需要改进的功能，而不能指出组织应该如何做才能解决这些问题。它最大的用处在于支持组织根据诊断结果来采取行动，并推动人力资源功能最大限度地支撑组织的使命与目标。

2. 中国学者对人力资源审计的定义

基于西方学者提出的人力资源审计的定义，结合中国企业的运作环境和发展背景，中国学者对人力资源审计的定义也提出了自己的看法。下面就列举一下中国学者对于人力资源审计的几种常见定义：

（1）所谓人力资源审计，是指国家、社会或企业内部审计人员，对企业组织人力资源的使用及其会计核算进行监督、评价，以促进企业提高人力资源管理水平的一种经济监督活动（刘智勇，2002）。

（2）所谓人力资源审计是指审计机构运用专门的方法，对被审计单位人力资源的开发、利用和管理以及企业人力资源信息的公允性、真实性进行监督、评价，以促进企业人力资源运营向着低成本、高效率方向发展的一种活动（魏顺泽，2002）。

（3）所谓人力资源审计，是指审计单位运用专门的方法，对被审计单位的人力资本的配置、投资效益以及人力资本会计核算进行监督、评价，以促进企事业单位的人力资本运营向着低成本、高效率方向发展的一种经济活动（左仁淑等，1999）。

(4) 智力资本就是使企业得以运行的所有无形资产的总称。由此可见，智力资本审计包括人力资源审计。上述不同的说法及解释，一方面反映了人力资源审计的研究正处于探索阶段，另一方面也说明了学者们对人力资源审计的关注和重视。笔者赞同采用人力资源审计的说法，因为该种说法的涵盖面比其他说法更广，而人力资源管理审计则是人力资源审计的一个组成部分（郭群，2000）。

（二）人力资源审计的发展历程

人力资源审计是管理审计的组成部分，它的起源可以追溯到20世纪30年代。1932年，管理专家、工业顾问罗斯撰写的《管理审计》在英国伦敦出版，这本书是探讨管理审计科学的第一部著作。在《管理审计》一书中，罗斯首次倡导以职能部门评价和业绩评价为核心的管理审计，即审查评价每一个职能部门的效率和业绩，这自然也包括对人事部门及其活动的审计与评价。

另一位对管理审计包括对人力资源管理审计做出开创性贡献的是曾任美国管理协会（Academy of Management）主席的詹姆斯·麦金西（James Mckinsey）。他创造性地主张应对企业定期实行管理审计，其内容包括审核企业的总体目标和政策、未来或持续进行的规划、人事、管理以及财务状况，实现从总体到个体、从各个分部到所有业务活动的全面分析与评价。应该说，到了麦金西时代，人事管理审计已经在管理审计中被明确提出。

20世纪50年代，杰克逊·马丁德尔（Jackson Martindell）出任美国管理协会会长之后，对美国数百家大公司实施了管理审计，从而推动了管理审计实务的发展。在其1950年出版的《对管理的科学评价》一书中，马丁德尔系统地阐述了对组织中管理能力的评价问题，并明确提出10项评价标准，其中，对公司组织结构、董事会业绩分析以及对经理人的评价等领域都属于人事管理的范畴。特别重要的是，人事管理审计已经被明确表明属于美国注册会计师管理咨询服务的九大领域之一，即综合管理、财务、生产、销售、行政管理、采购、交通和运输、人事、研究与发展。这一时期，许多国际性会计公司纷纷设立管理咨询部门，提供人事管理审计服务。例如，厄恩斯特扬兄弟合伙公司将战前设立的专事税务和管理咨询的服务部改组为管理服务部，管理服务部的职责就是为会计公司本身和客户提供有关数据处理、作业研究、组织与人事、会计与预算、市场营销的专业知识。

在管理审计与咨询发展的进程中，人事管理审计也开始呈现出相对独立的特征。1955年，纽约麦格劳希尔（McGrow - Hill）公司出版了托马斯·J·卢克（Thomas J·Luck）的《人事管理审计与评估》一书，这应是第一部人事管理审计著作。20世纪60年代中期，美国产业会议委员会出版了《致高级管理层的人事管理审计与报告》。这份报告是美国产业会议委员会出版的“人事管理政策研究”系列中的第三份研究成果。其目的是向公司提供了解人事管理政策与程序是否得以执行的方法。在这里，人事管理审计被定义为对决定公司人事管理效果的人事政策、程序和实践的分析与评估。

到了20世纪七八十年代，随着美国对公用事业管理审计的加强，人力资源审计也随之得到强化与发展。1974年6月至1975年11月，纽约州公共服务委员会（PSC）对全部九大私营电力公司和煤气公用事业公司进行了一次管理审计，其中每家公司都接受了人力资源管理审计。进入20世纪80年代，纽约州的公用事业管理审计经验引起了广泛关注。美国霍夫施特拉大学的管理学教授霍华德·戈林鲍姆发起并组织对纽约州公用事业管理审计实践进行了一次系统的调查研究，并出版了一份报告《作为管理工具的管理审计》。该报告由8章组成，其中第5章专门讨论和分析了人力资源管理审计。根据普赖斯·沃特豪斯会计公司在1979年所进行的调查，管理审计范围主要有12个职能领域，包括执行管理、系统计划与设计、组织结构、燃料管理、财务管理、人力资源管理、生产效率、公司供给服务等。

随着程序、制度等作用的下降、管理文化的兴起以及企业对绩效目标的重视，人事管理开始向人力资源管理转变。在人事审计强调人事活动和程序合法合规性的基础上，人力资源审计开始着重审查人力资源活动的经济性、效率性、效果性及其对实现绩效目标的影响。美国国防部审计处（the Defense Control Audit Agency，DCAA）1997年进行的人力资源质量评估，实质上是人事审计向人力资源审计转变的典型案例。人力资源质量评估在关注具体的人事活动和数据的同时，开始寻求对企业目标的实现程度进行分析。

20世纪90年代之后，无论从实践上，还是从理论上，人力资源审计开始成为一个相对独立的管理领域。除了管理咨询公司（含会计师事务所、审计师事务所）提供越来越多的人力资源审计咨询服务之外，政府、企业乃至非营利组织内部也都对人力资源审计日益关注，这种实践发展也体现在理论研究和专业教材之中。人力资源审计逐渐成为人力资源管理教材中独立的一章，并有专门的人力资源审计专著问世，为组织内部实施人力资源审计和专业咨询公司提供审计咨询服务准备了完整的指南。

随着战略人力资源管理和人力资本理论的发展，人力资源审计开始朝着促进企业战略的实施和人力资本投资等方面拓展。这一阶段人力资源审计的一个重要特征，就是更加强调人力资源管理的目的性，而具体审计形式则趋向于多样化，诸如战略人力资源审计、能力审计、生产技术准备审计、顾客满意度审计和人力资源管理合法性审计之类的多种审计形式在实践中得到广泛应用，大量的问卷调查表、平衡计分卡工具、定量和定性绩效指标、数据包分析技术等也得到开发和应用。

虽然人力资源审计已经历了70多年的发展，但无论从学科的历史还是从审计咨询实践的历史来看，人力资源审计都还不成熟，深度的发展才刚刚开始，这从关于人力资源审计界定和结构的经典文献中可以清楚地体现出来。

二、人力资源审计的构成及功能

(一) 人力资源审计的构成

直到职能审计出现后，审计才变得越来越具体。职能审计的目的是在公司的各职能领域内部进行诊断、分析、控制并提出建议。人力资源审计是职能审计的一种。人力资源审计是公司管理的一种基本工具，其目的不仅包括控制和量化结果，而且包括为确定公司未来人力资源管理活动而进行的广泛审核。因此，人力资源审计必须履行两个基本职能：第一，为了促进管理过程或人力资源的发展，人力资源审计必须是一个管理信息系统，该信息系统反馈提供了有关环境的信息；第二，人力资源审计必须是一种对现行政策和程序进行控制和评价的方法。

基于对这些定义的理解以及概念界定简约与一般化需要，特别是考虑到实践中人力资源管理对组织战略发展的价值，并由此考虑到人力资源审计作为一种管理工具所具有的战略性，杨伟国（2005）对人力资源审计的构成做出了明确界定：按照特定的标准，采用综合性的研究分析方法，对组织的人力资源管理系统进行全面检查、分析与评估，为改进人力资源管理功能与提供解决问题的方向与思路，从而为组织战略目标的实现提供科学支撑。

SDW模型是人力资源审计构成的常见模型，它将人力资源审计从一般化的界定细化为战略人力资源审计结构（见图12－4）。这个模型将人力资源审计分成四个方面：公司战略审计、人力资源系统审计、管理规范审计、员工满意度审计。公司战略审计的核心是审计人力资源战略、政策、实践与组织战略计划的切合性，审计组织战略与环境及使命的切合性。人力资源系统审计重在评估人力资源功能、系统、活动以及对组织、社会和员工目标的贡献度；确定责任人，决定每项活动的目标，评估这些活动如何支持并体现了组织战略；评估政策与程序；采样记录并分析数据；准备并在报告中提出改进建议。管理规范审计的内容是评估经理人在多大程度上遵循了人力资源政策与程序，以发现错误，保证及时纠正并满足未达到的要求。员工满意度审计是评估员工对工作相关事务的满意度以及对人力资源管理实践与系统的影响，如工资、福利、监督、绩效反馈、职业机会等，在预算及其他限制内解决资源供给。

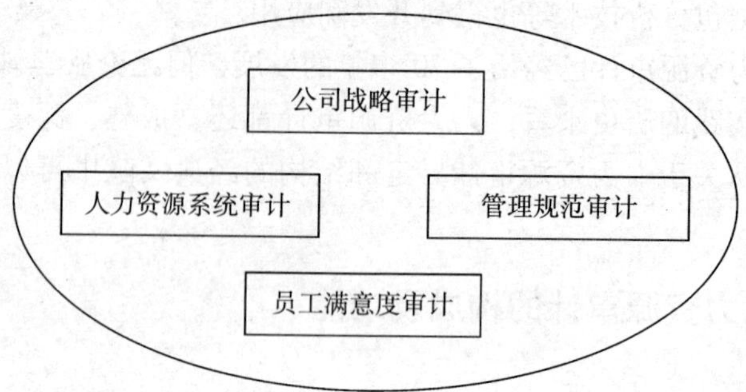

图 12－4　人力资源审计的 SDW 模型

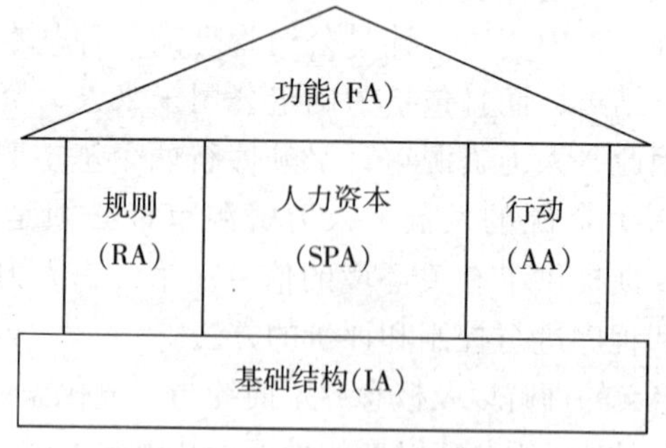

图 12－5　人力资源审计的 FRAIP 模型

但是，从战略人力资源管理的角度看，一个显而易见的问题是，SDW 模型并不具有结构的完整性和逻辑的严密性。因此，基于对以 SDW 模型为代表的既有研究成果的分析以及对管理实践与管理咨询经验的抽象化，杨伟国（2005）提出了 FRAIP 模型，试图完整地反映战略人力资源审计的逻辑结构（见图 12－5）。FRAIP 模型也可以称之为战略人力资源审计大厦，它的完整结构由五个部分构成：审计大厦的屋顶为战略人力资源功能审计（FA）；大厦的两个支柱分别为战略人力资源规则审计（RA）与战略人力资源行动审计（AA）；战略人力资源基础结构审计（IA）是审计大厦的屋基；而战略人力资本审计（SPA）构成大厦的核心部分，因为人是能动的战略性资源。战略人力资源审计的 FRAIP 模型突破了目前这个学科的散点式结构而迈向了系统阶段。

战略人力资源功能审计的核心使命是确定人力资源管理功能能否在战

略上支撑组织战略，或与行业的“最佳实践”相比，组织的人力资源功能的差距在哪里。它所包含的内容有：人力资源功能战略审计、人力资源功能兼容审计、人力资源功能整合审计与人力资源管理技术审计。战略人力资源功能审计特别关注人力资源管理技术审计，因为技术是功能的最基础单位。战略人力资源规则是为了实现组织的人力资源功能而为具体的人力资源管理活动确定的行动准则，具有相对的稳定性，所有的人力资源管理活动必须在规则的框架下进行。

战略人力资源规则分为外部规则（法律）与内部规则（制度与流程）。内部规则中，制度是实体性规则，而流程是程序性规则。人力资源规则审计的核心内容是人力资源法律审计、人力资源管理制度审计与人力资源流程审计。战略人力资源行动是实现人力资源功能价值的全部过程，即所有的功能最终都必须通过具体的管理行动才能得以实现。整个战略人力资源行动包括三个方面：行动的开始（人力资源管理计划）、行动的过程（人力资源项目）和行动的结果（人力资源绩效），因此，战略人力资源行动审计就自然包括人力资源管理计划审计、人力资源项目审计与人力资源绩效审计。人力资源基础结构是人力资源管理运行的平台。战略人力资源基础结构审计包括治理结构审计、组织结构审计、职位结构审计与人力资源信息系统审计等。人力资本是组织人力资源功能价值实现的最终决定因素。战略人力资本审计的内容为人力资本结构审计、人力资本流动审计、人力资本价值与收益审计、人力资本倾向审计。

（二）人力资源审计的功能

人力资源审计的功能是人力资源审计结构的天然结果，如果我们能进一步明晰人力资源审计的性质，我们就能更深入地理解人力资源审计对于组织战略的功能和价值。人力资源审计有四个显著性质：即关注问题、关注方法、关注基准、关注机理。

1. 关注问题

我们现在的人力资源管理乃至管理咨询更多关注的是“结果导向”，即提供人力资源解决方案，而不太关注或没有意识到方案的前提，甚至有时根本就不理会这个前提。因此，在人力资源管理实践中，很多方案作为“药方”，要么根本不能解决任何问题，要么根本就不能执行，要么可能产生更大的副作用，严重损害了组织的功能。战略人力资源审计关注的重点是把分析人力资源管理问题放在首位，从而为提升解决方案的针对性准备基础，有效降低了解决方案产生副作用的风险。因此，它的核心是“防疫”。

2. 关注方法

我们现在的人力资源管理实践或咨询方案更多地使用判断的方法来设

计解决方案，而人力资源审计更强调以数据、事实、基准分析为基础的研究分析方法，强调研究方法的科学性、针对性与综合性，从而为提高解决方案的科学性与精确性准备基础。

3. 关注基准

问题的存在或目标的实现总是以基准为前提的。由于人力资源管理的法律限制，人力资源审计首先以法律为基准，确定管理实践与法律规定之间的缺口。而由于整个组织的目标性，人力资源审计特别要关注目标基准，确定目标计划与实际完成状况之间的缺口。同时，由于市场竞争的淘汰机制，人力资源审计还必须关注行业乃至竞争对手的“最佳实践”基准，确定现行管理模式与最佳实践之间的缺口。

4. 关注机理

管理解决方案是以解决问题、消除缺口为目标的，但仅仅知道问题和缺口是不够的，还必须把握问题和缺口产生的机理。此外，任何解决方案都必须在实施之前进行机理分析，以确定方案能否真正解决我们想要解决的问题以及发生意外的概率与补救措施选择，人力资源审计关注对问题机理与方案机理的审计分析。

基于对人力资源审计性质的理解，我们便能够深刻地把握人力资源审计的功能。西方学者指出，大多数组织都例行地进行财务审计，以确保其财务系统的合规性。不幸的是，大多数组织从来不对人力资源政策、实践与结果进行审计，以确定是否需要进行效果改进或更具有合规性。但实际上，实施人力资源审计可以发展一个分析框架，以至于能够确定缺失的或在法律上难以抗诉的就业实践与政策；评估与测量实际的与要求的绩效，以及消除绩效缺口的必要行动；评估人力资源管理的效果与效率是否与企业的规划战略相一致。施温德、达斯与瓦格尔对人力资源审计的价值进行了详细的归纳：保持人力资源与组织的战略目标的一致；为人力资源的贡献提供特定的、可证实的数据；改进人力资源的专业形象；鼓励更大的专业化；澄清人力资源部门与直线部门的职责权限；激励政策与实践的一致性；发现关键性的人力资源问题；及时遵从法律要求；帮助评估与改进人力资源信息系统等。

实际上，我们可以将人力资源审计的功能归结为战略功能和管理功能两个层面。人力资源审计的战略功能是为寻求更加支持组织战略的人力资源战略提供前提与基础。通过审计，确定人力资源战略能否有效地支持组织战略，确定现行的人力资源功能是否与人力资源战略一致，确定人力资源规则、行动、基础结构以及人力资本能否支持人力资源功能。人力资源审计的管理功能在于为改进组织的人力资源管理提供前提与基础。它的管理价值可以形象地概括为四种精密仪器：显微镜、测量计、分析仪与导航器。显微镜的功能在于根据法律基准、目标基准与实践基准发现组织人力资源管理功能、规则、行动、基础结构与人力资本方面的缺口；测量计的功能在于测定缺口的性质与衡量缺口的大小；分析仪的功能是分析研究缺口产生的机理与解决方案发挥作用的机理；导航器的功能是确定解决问题的方向与基本思路。人力资源审计的价值还可以从另一个角度来考虑，即如果组织不能发现人力资源管理中的问题，那么组织的代价是难以估量的。最典型的例子是人力资源法律审计。国家对人力资源管理施加了越来越多的法律限制，而且这些法律也不断地在变化，这使得组织如果不能及时切实地遵从法律规范，那么它的代价是面临法律诉讼，甚至高额罚款；它还会使组织蒙受声誉上的损失，影响组织在市场和社区的形象。

三、人力资源审计的应用模式

按照人力资源审计的概念框架所界定的受托责任主体和审计评判标准来划分，国外现有的人力资源审计大致可以分为合法性审计、制度审计、价值导向审计和绩效审计四种。

（一）合法性审计

合法性审计关注的焦点是企业是否遵循了相关的劳动法律法规。合法性审计产生的直接动因在于雇佣关系中的法律风险。日益复杂的法律条文和不断变化的环境，使得企业经营者在人力资源管理实践中，不得不考虑如何最大限度地避免因人力资源管理不当而产生高昂的法律诉讼成本和由此可能导致的诉讼损失等问题。由于这种审计总会或多或少地涉及企业的商业秘密，包括可能已经存在的违法事实，因此这种审计往往由具备胜任能力的外部审计人员承担。合法性审计的一般程序是将人力资源管理划分为若干方面，如人力资源政策、人力资源档案文件管理、人力资源管理的具体程序和活动等；采用文件查阅、现场观测、调查访谈等审计技术和方法，对照现行法律法规的要求进行对比分析，评价企业人力资源管理活动的合法性，识别可能引起法律诉讼的风险因素；针对违反有关法律法规或可能引起法律诉讼的制度和程序，提出改进意见和建议，最终形成企业人力资源管理实践的合法性评价报告。

在审计内容上，合法性审计涵盖法律法规对企业雇佣关系的所有规定。Higgins 认为，审计人员应当审查公司的政策、实践以及相关的雇员招聘、使用、培训、辞退和后续管理等活动是否公平、合法。再如 Spognardi 指出，合法性审计应当关注的问题包括雇员操作手册、雇佣和惩罚政策、招聘和选拔程序、薪酬政策和实践、工作说明、绩效评价、规章和雇佣关系的解除等。

（二）制度审计

这种人力资源审计首先按照一定的程序确定需要评价的人力资源管理问题。在服务复杂性、企业内外部劳动力市场发展变化等因素一定的情况下，企业的人力资源管理实践可以细分为不同方面来进行审计，既可以着眼于整个服务，也可以从其中的任何子集来考虑人力资源问题；对人力资源的利用，可以从雇主也可以从雇员的角度考虑。一般按照人力资源职能理论将人力资源管理划分为人力资源计划、招募与配置、培训、绩效管理、薪酬与激励、人力资源信息系统等方面。

在审计领域划定以后，人力资源制度审计主要关注以下问题：企业是否有根据目标设定的内部控制制度？对这些制度遵循得如何？是否制定了适当的人力资源政策？这些政策的实施结果是否达到了目标？典型的制度审计程序为：识别内部控制制度参数和管理目标；检查现行制度，并确定相关控制目标；确定能够实现控制目标的期望控制制度；将现行制度与期望制度进行比较；对控制制度进行测试；在对审计证据进行综合分析的基础上，就控制制度是否为有效控制提供了制度保障以及在实际中是否得到了遵守等做出评价。

制度审计的目标是确定企业是否建立了能够确保人力资源得到经济、有效利用的内部控制制度，检查这类制度的实施状况，并针对不足之处提出改进意见和建议。人力资源管理制度审计的隐含假设是存在最佳管理实践，如果依照最佳管理实践确定的制度或公认管理原则能够有效地付诸实施，人力资源管理职能就有可能经济、高效地发挥作用。因此，Collins 认为，有助于实现绩效目标的管理原则包括公平对待雇员，经济、有效地管理雇员，掌握全面、可靠的雇员绩效信息，识别未能实现预期绩效的雇员和根据绩效进行适当的激励。

（三）绩效审计

绩效审计是指通过定量或定性分析，审查和评价企业人力资源管理活动的绩效，并提出改进意见或建议，以促进人力资源管理和企业绩效改善的审计过程。绩效审计关注的焦点，就是人力资源管理在企业运营中的地位和作用。人力资源管理在企业内部（为其他部门提供服务）和企业整体两个层面上发挥作用。前一层面上的绩效评价将人力资源管理部门作为一个生产服务单位，考察其为服务对象（顾客）提供人力资源管理服务的经济性、效率性和效果性，相关审计评价方式是顾客满意度审计。后一个层面则是考察人力资源管理对企业总体绩效的作用和影响，往往进行人力资源管理功能审计。

人力资源管理功能审计主要关注相关程序是否得到充分运用，是否正确地发挥了作用，也就是检查目标和程序之间的关系是否合理，是否呈现最佳的成本效益关系。其审计步骤为：首先，对人力资源管理领域进行划分，并设定适当的绩效指标；其次，获取被审计单位的绩效数据，通过将绩效数据与同类企业、历史或行业的平均水平等基准进行比较，来判断企业绩效管理的薄弱环节，并提出改进意见和建议。

由于很难全面获得有关企业人力资源管理绩效的量化信息，而且很难定量分析人力资源管理活动对企业绩效的贡献程度，因此通常采用一种依赖定性分析、将顾客的主观评价与定量分析相结合的顾客满意度审计方法。这种审计方法强调人力资源管理部门对企业其他部门的服务作用，从投入、产出和满足顾客需要等角度评价企业人力资源管理的绩效。其基本理念是，所有人力资源管理活动都能够被理解为投入、产出和顾客三者相互作用的过程，强调顾客对人力资源管理绩效评价的参与。

（四）价值导向审计

价值导向审计的基本指导思想是，人力资源管理是为企业的特定价值目标服务的，通过将人力资源管理的期望结果与实际情况进行比较，可以得出企业人力资源管理的薄弱环节，从而有针对性地制定改进计划。这种审计的一般程序为：首先，识别并确定企业的目标价值及其期望状态，可以同时或顺次确定企业人力资源管理各专项内容的期望状态；其次，通过一定的技术方法，如生产技术准备审计中的技能和知识应用矩阵，对比分析企业现状与未来期望的差距；最后，根据差距分析，制订未来行动计划。这种审计的具体形式有生产技术准备审计、企业能力审计、战略贡献审计等。

四、人力资源审计的分类和范围

（一）人力资源审计的分类

人力资源审计，一般从审计者的不同，分为内部审计和外部审计两类。相应的，人力资源审计的要素也因为内部审计与外部审计的不同而各有侧重点。

人力资源的内部审计，其主要关注点在执行的结果与执行的过程，目的是要保证公司政策制度的规定与员工的获得一致，审计的侧重点是在于做得怎么样。因此，内部审计的要素可以包括人力资源管理的全部职能，一般有人力资源政策与环境的适合度、人员任用、薪酬激励、绩效考核、员工培训与发展、管理者继承计划、人力资源信息运用、人力资源部门的专业程度等重点要素。当然也可就某一项职能做特别审计，内部审计，既可由人力资源部门完成，也可采用管理者/事业部自我检查的方式，因而，工作量比较小，对涉及的范围、深度要求相对较低，可以定期举行。

人力资源的外部审计，往往关注整个人力资源体系对公司发展的支持程度，目的是保证人力资源体系始终能为公司达成战略目标作出贡献，能够真正在帮助为公司赢得竞争优势方面发挥作用。因此，外部审计的要素一般会从管理审计角度出发，选择合适的审计的要素。首先要考虑的外部竞争情况，在行业内选择一个竞争对手公司作为审计标杆，在条件允许的情况下，可以考虑以行业内优秀企业综合选择形成标杆，通过各项指标对比，比较人力资源体系在公司竞争中的贡献程度。其次审核公司的人力资源政策在行业内或是在同等环境中的竞争力程度。最后才是检查整个人力资源设计上的有效性和执行的情况。

（二）人力资源审计的范围

人力资源审计主要涉及以下几个方面：

第一，行政管理审计，包括检查人事记录保存的完整情况，包括个人人事档案存放地点的安全性和保密性、一般人事文件的分类保管（如工作申请材料、薪资情况、绩效评估等）以及机密文件的保存；此类审计同时也检查常规的人事职责，包括：工资支付处理、薪资福利管理及出勤记录。

第二，员工记录审计，包括招聘和雇佣员工的实际操作。这一领域的审计将对人员的流动趋势进行量化，揭示在满足员工需求方面存在的差距，以及帮助预测未来的人才需求。

第三，员工关系审计，可以通过问卷调查的方式来检查员工对人事部门处理问题的满意程度和他们的培训需求是否得到满足（培训现在已被认为是一项主要的福利）。同时也可以了解员工对有效激励机制的看法。此项审计也应对流动性和工作满意程度的面谈结果进行审核。

第四，福利细项审计，如对保险公司进行索赔审计，有两种类型：一是对公司存在问题的方面进行集中审计；二是对保险公司的整体索赔管理程序进行全面审计。

第五，组织多样性审计，即对组织的人员构成是否做到多样性进行审计。除对员工人数按不同的种族、宗教及性别进行分类以外，它还会测试员工对公司多样性方案的理解程度。

第六，人事信息系统审计。在公司合并时人事信息的整合是不可缺少的，相应的审计就会很有帮助。该审计将审核所有软件、硬设以及数据集成问题。通过结果可分析出你的公司是可以降低信息技术支出的预算还是需要进行新技术的采购。

五、人力资源审计的程序

（一）准备阶段

首先，和内部审计经理召开计划会议，对范围、方法和时间进行讨论，确定被审单位的期望，确定恰当的联络人。

其次，对审计的领域有充分的了解，获得任何和人力资源有关的材料，考虑在计划和执行审计阶段和人力资源专家讨论的必要，和审计组其他成员讨论他们在这个领域已经完成的工作，了解人力资源最佳实务，另外查阅以前有关人力资源方面的审计报告，查阅永久的政策和程序，例如书面的规定，以获得全面的了解。

再次，发送包括审计范围、途径和时间的通知书以及具体的文件需求清单给恰当的联络人，清单应包括以下方面：现存的人力资源政策和程序的拷贝；组织结构图和流程图（如有）；新雇员的名单；离职员工名单；进入人力资源系统的用户名和密码；查阅人事档案的权限（在要求下）。

最后，计划和召开和人力资源经理的见面会，重新说明审计范围和时间安排，确保上述事项的恰当，并且达到了人力资源职能和内部审计职能的要求，确定交流会议的时间表以及沟通方式。

（二）现场阶段

第一，记录对招募流程的理解。

第二，对以下内容进行确定/询问：是否使用了新雇员文件清单来保证所有必需的文件都已取得并保存在员工档案中；新员工的档案是否被复核以保证所有文件均已保存在档案中；员工档案是否放置在上锁的文件柜抽屉中；是否设立签名权限系统来保证招募活动得到批准。

第三，查阅人事招募报告，并且随机选择 15～20 个新雇员样本进行测试。追踪新员工信息到员工档案的支持文件和在线系统，确保信息的一致；确保恰当的管理层批准了新招募的员工；确保人力资源部门及时地将新雇员的附加信息输入到系统；确保新雇员的档案有恰当的授权并且应包括以下内容：录用信、任职申请、个人资料、保密协议、员工登记表、期权要求表（假如有）、迁移协议（假如需要）、奖金计划（假如有）、背景审查批准书、薪酬分析、面试评价表、证明材料、职业道德和价值观申明；查阅公司的有关政策与程序，修改有关资料要求以确保所有附加的文件均包含在档案中。

（三）现场阶段

第一，记录对离职处理流程的理解。

第二，对以下内容进行确定/询问：人力资源部门如何知晓员工的离职/辞职？离职信息如何传递到工资部门？当前的人员流动率是多少（20%～25%或者更高的流动率意味着员工较高的不满意，甚至有潜在的诉讼可能）。人力资源部门开展离职面谈吗，或者离职后的面谈？是否有程序保证所有大额的借出的资产（例如笔记本电脑，公司信用卡）在员工离开之前全部收回？迁移计划或奖金计划是否被复核以保证在员工离开之前这些成本均已被收回？

第三节　新生代员工的管理

新生代员工主要是指20世纪80至90年代初出生的从业人群。这一代人，由于其成长环境与前几辈人有明显的不同，他们的价值观及思想理念与其父辈们有着巨大的差异。在企业管理实践中，这种价值观的冲突日益明显。用旧的管理方法来管理新型员工势必会对企业造成不良影响，针对新生代员工的特点如何进行有效的管理是管理层不可忽视的问题。

一、新生代员工的成长背景

相对来说，新生代员工特殊职业性格的养成与其特殊的成长环境有关。首先是家庭结构的变化。80～90年代出生的大多数是独生子女，从小被宠爱，并被家庭给予很高的期望，有些是由祖父母、外祖父母带大的，不免被溺爱。其次，80～90年代是我国人口生育的一个高峰，加上大学“扩招”和就业的压力，他们在中学和大学期间就面临着同龄人之间激烈的竞争，因此他们对于竞争有着比前一代人更加强烈的意识，社会的变革使得工作单位难以给他们相应的稳定感和成就感。再次，成长于改革开放的时代，80年代出生的人在成长过程中能够接触到更多的外来文化和新生文化，尤其是在网络、手机等技术冲击下，他们的人生观、价值观也越发多元化。最后，随着社会更加开放、自由，80～90年代出生的人与前辈相比，更注重个性和自我，倾向于将个人生活与工作分开，不愿私人生活受到工作单位或同事的影响，以保持自己的私人空间。

二、新生代员工的特点

（一）对成功有独到的界定

新生代员工渴望有所成就，强烈期望得到社会的认可，更热衷于具有挑战性的工作，把攻克难关看作一种乐趣、一种体现自我价值的方式。他们期望得到更好的发展机会、更高的待遇、弹性化的工作岗位、持续的学习机会，重视企业是否公平地对待自己，而且希望自己对时间和精力的投入马上见到成效。也许新生代员工与年长员工在某些需求上是相似的，但不同的是，他们更主动更直接地向组织提出自己的要求。

（二）通常不喜欢循规蹈矩的工作

新生代员工讨厌重复性的工作，希望从事有挑战性、有趣味的工作。如果管理人员希望年轻员工严格按照工作说明书履行职责，那通常是不太切合实际的，因为这些年轻员工可能每隔一段时间就希望改写自己的工作说明书。在很大程度上，他们是任务导向的，但前提是他们认同企业所分配的任务，并认为这些任务是重要的、有价值的。

（三）多变的职业观念

传统的职业观念认为员工应对企业忠诚，企业应为员工提供工作保障。而新生代员工持有多变的职业观念，他们渴望尝试不同的职业领域，同时认为企业的责任是为员工提供职业发展机会，他们更看重企业是否能培育员工具有“可转移”的竞争力。他们通常具有较高的计算机水平和专业技术能力，他们乐意在工作中利用高科技设施带来的便利，而且通常对自己的表现和技能比较自信。但是，他们在工作中通常缺乏耐心，缺乏与不同背景员工打交道的能力，缺乏沟通、倾听、时间管理等方面的技巧。

（四）兼有积极与消极的工作态度

调查研究发现，不同时代员工的工作态度有很大差异。与30岁及以上的员工相比较，在18岁至27岁年龄段的员工中，多数人更乐意投身于创新活动，同时相信自己的领导能清晰地描绘出组织的发展前景。但是，与年长员工相比，新生代员工无论对工作的满意感，还是对企业的忠诚度都显著降低。在全球著名的美世人力资源咨询公司的调查中，超过半数的新生代员工表示，只要其他公司提供更好的福利待遇和发展机会，他们就会选择跳槽。

（五）心理承受能力偏弱

研究表明，新生代员工与老员工相比相比，心理健康问题更为严重。多种因素使得“80后”面临更严重的心理问题，更容易遭受挫折。其实，对于新入职场的新人来说，除了对工作不适应或者是不能胜任工作的压力外，更重要的是来自于人际关系的压力。毕竟“80后”员工大多是刚走出校园，工作中的人际关系和校园中单纯的人际关系有很大区别，所以“80后”在面对纷繁复杂的人际关系的时候，往往会变得手足无措。由于其承受压力的能力差，因而在工作中面对压力，他们很少会去考虑如何战胜困难，往往习惯于选择逃避。这样会给工作带来消极作用，令管理者感到不满。

三、新生代员工的多元化激励措施

（一）给予充分的信任与认可

新生代员工虽初入职场，处于职业生涯初级阶段，但仍向往个人理想的实现，期盼着个人才华的彰显。管理者对于员工的期望以及对待下属员工的方式在很大程度上影响着下属员工的工作绩效和职业生涯。如果管理者对于员工具有适度的、发自内心的、较高的信任与期望，那么，员工在成就动机的影响下必然会朝着管理者期望的目标全力迈进，以期得到肯定；反之，员工就会觉得自己未被重视，出现更差的绩效表现，管理者则更加失望，如此循环往复，就有可能造成那些未被重视与信任但实际上却具备高素质、高潜力的员工流失。因此，给予员工发自内心的信任与适度的期望对于激发员工内在工作热情与工作潜力，真心诚意为公司贡献自己的才智具有重要意义。例如，某公司几乎80%的员工都是“80后”新生代员工，该公司部门经理们一项最重要的日常工作就是发现每个员工的闪光点。只要有闪光点就表扬，而且是从公司层面发出的表扬，给予员工充分的信任与认可。比如，公司评选的公司之星，虽然只是颁发一个小奖牌，但是每次都会邀请公司的副总裁甚至是CEO来颁奖，对于这些“80后”的员工是非常大的荣誉和认可。

（二）增强工作本身的吸引力

新生代员工一般都受过高等教育，他们的人生观、价值观、事业观具有多元化的特征，他们对于工作本身的价值和意义具有较高的期望和追求。因此，管理者必须思考如何增强工作本身的吸引力，增强其丰富性，设计出一套能够满足员工内在需求的工作体系。一个良好的工作体系最重要的是具备丰富内涵与特征的工作内容，典型的、具有吸引力的工作特征因素包括：趣味性、重要性、挑战性、可学习性、自主性、责任感、成就感、发展机会、晋升机会等。设计具有激励性的工作体系，可以从三个方面入手。首先，增加工作的多样性。可以通过任务合并等方式对工作内容予以扩展，不断对员工提出学习新技能的要求，可以增加一些与现任工作前后相关联的新任务，也可以设定绩效目标让员工用适合自己的方式去实现。其次，与客户建立直接的联系。员工有机会与用户直接接触，能得到明确的第一手反馈，锻炼他们的人际关系技巧，增强他们处理这种关系的自主性，有利于员工成就动机的实现。最后，给员工一定的自主权。包括：责任、决策与反馈。这些内容能够提供员工自我学习的机会，给员工一个自己发挥的舞台，发挥员工的主观能动性和创新能力，极大地调动员工的积极性。

（三）建立多样化的再学习培训体系

社会发展速度越来越快，科技发展也越来越高速化、多元化，工作中所需能力和知识更新的速度也随之加快。新生代员工未来的职业生涯还很长，他们对于学习的要求异常强烈。他们非常看重企业是否提供知识增长和能力提高的机会。现代培训理念表明，工作同时也是继续学习的过程，是个人提高自己的市场价值而进行的人力资本的投资。员工不仅重视工作的完成，而且更加注重在工作过程中提高自己的素质和技能，为职业生涯的进一步发展奠定坚实的基础。因此，公司的再学习培训机制对于新生代员工具有重要的意义和吸引力。这就要求公司制定和实施优质的培训计划以适应公司发展需要和员工的内在需求，通过培训实现良好的激励功能。培训的方式多种多样，例如：给员工一个参加带有旅游性质的培训班的机会；组织业绩突出的员工去外地参观著名企业；鼓励员工利用业余时间进修学习，对成绩突出的员工给予奖励；让一些有培养潜力的员工参加专门为经理组织的管理培训班；定期选拔优秀员工出国考察等。

（四）实施激励性的薪酬体系

刚刚踏入职场的新生代员工面临或轻或重的经济压力，他们有着用金钱来证明自己能力与社会地位的强烈心理愿景。因此，一个良好的、与绩效挂钩的具有吸引力的合理薪酬体系对于他们无疑具有很强的鞭策作用。薪酬的激励性首先取决于薪酬体系的公平性。如果薪酬体系缺乏公平性，公司贡献大的员工所得到的报酬低于绩效差、贡献小的员工，长此以往，必然影响员工的积极性，从而影响公司的整体业绩与长远发展。因此，公平、合理、与绩效挂钩是薪酬体系设计与实施过程中所必不可少的因素。同时，还要解决好以下两个问题。

第一，适度设置奖金比例。研究表明，奖金占基本工资的10%～15%可能会对员工产生明显的激励作用。有关专家建议绩效显著的员工应获得奖金的比例至少占基本工资的10%以上，绩效良好的员工则应为8%～10%，那些绩效一般的员工应为5%～7%，绩效较差但有进步的员工应为3%～5%；同时研究认为，如果奖金占基本工资的比例低于3%，几乎不会起任何作用。专家还认为在企业薪酬中，固定成分的比重占薪酬总额60%时，薪酬体系具有一定的激励作用；如果固定成分降到薪酬总额40%时，薪酬体系会产生强大的激励效果，但固定成分比例再降低的话，可能适得其反。因此，对新生代员工的员工来说，薪酬体系中奖金比重的适当设置，不仅关系到对其工作成绩的肯定程度，而且影响其才华能力的体现与人生价值的实现。

第二，正确对待个人绩效与团队绩效。虽然绩效不是衡量员工素质与能力、潜力与实力的唯一标准，但是由于绩效往往与晋升与否直接相连，因此，对于目前处于公司中下职级的新生代员工来说，绩效的评价具有重要意义。个人能力才华的发挥离不开团队集体的力量。针对新生代员工在自我意识不断加强的同时逐渐形成的崇尚自我、过分以“我”为中心、缺乏良好的团结互助精神的特征，管理者必须认识到绩效的评价与薪酬既有实质意义也具有象征意义。因此，薪酬体系的制定既应该根据个人绩效来确定，也不能忽视团队绩效的影响，要使员工明确团队合作的重要性，促进公司的长期发展。同时，在一定程度上可以引导缺乏团队意识的新生代员工的思想价值观，实现企业可持续发展。

（五）合理安排职业生涯规划

新生代员工大多是走入职场不久，还没有培养出对企业的忠诚度。在他们看来，“敬业”指的是“要敬重职业技能”，和老一代人讲究的“以厂为家”并不是一个概念。身有一技走天下，新生代员工很多是独生子女，他们更期望实现的不是国家利益、集体利益，而是自我价值的实现。研究显示，新生代员工将金钱作为成功和幸福标志的比例，明显高于先前各个代际的人群。相应地，他们选择公司的逻辑，也主要是看这家公司对于自身职业技能提高的帮助。因此，企业在管理这些员工时应注意结合员工职业兴趣做好职业生涯的规划。在与员工充分沟通的情况下，结合员工的职业兴趣，与员工共同做好其职业生涯规划，只有当企业设立的职业通道与员工的职业生涯规划一致时，员工才可能真正的稳定和忠诚，在职业发展过程中，也要适时与他们进行沟通，以及时修正对他们的职业设计。在岗位和工作安排上，做好工作命令的下达与征求意见相结合。这样，不仅能够调动他们的积极性，更能够发挥他们的特长，他们也都在自己的岗位上看到了前景与希望，也给企业发展带来勃勃生机。

在制订好职业生涯规划的基础上，企业应该允许员工在企业内部轮岗。一方面能够增强其对企业的了解，也能使其在轮岗中发现自己更适合的工作，从而完善自己的职业生涯规划；另一方面，多方面的工作经历，有利于培养全面的人才，从而为新生代员工成为企业未来的领导者做好准备。

此外，企业需要给新生代员工充分的信任，给他们一些独立锻炼的机会。曾先后在爱立信、亚信科技担任要职的盛禹铭集团董事长张醒生认为，对新生代员工最好的管理方式似乎是大胆委以重任。根据美国行为科学家弗雷德里克·赫茨伯格提出的激励因素—保健因素理论，能满足个人自我实现需要的因素如挑战性的工作、个人成长和发展的机会等，是使得人们更好的工作的主要因素。而新生代员工刚刚踏入社会，急需在工作中检验自己、证明自己，独当一面的机会对其有更好的激励效果。

当然，这也要求企业的人力资源管理部门在安排新生代员工的工作岗位时应充分考虑到员工的个人特点与岗位的匹配，考虑到个人的潜力与岗位任职实际要求之间可能存在的距离，充分做好工作分析和员工个人能力评定。这样才能促使更多真正合格的新生代员工接手更具挑战性的工作，从而培养他们解决复杂问题的能力。

本章精要

瞬息万变的全球化经济背景下，信息、资源和人才在世界范围内快速地流动，也给人力资源管理带来了新的发展机遇和困难挑战。现代企业只有改变传统的人力资源管理模式，充分调动、合理分配并灵活运用企业内部的人力资源，积极采用新的理念与手段，打造高绩效团队、重视人力资源审计工作，并对正在成为企业员工队伍主体的新生代员工实施有效地管理，才能在新的竞争环境下更好地塑造自身的竞争优势。这些是未来20年中人力资源管理领域新的发展趋势与方向。

高绩效团队建设应以知识共享为主导，创造一个广泛的沟通渠道，在员工招聘、培训、绩效考核、薪酬激励等人力资源管理的传统环节中坚持知识共享的基本原则，在组织内打造一个建立在领导—成员交换理论基础之上的和谐的上下级关系。人力资源审计主要涉及合法性审计、制度审计、价值导向审计和绩效审计四个方面，强化对人力资源管理和使用的审计监督，对于保证人力资源核算与管理的真实性、正确性和公允性发挥了重要作用。新生代员工有其鲜明的时代特征，他们的价值观与其父辈有着巨大的差异，并且这种价值观的冲突在随着他们逐渐成为社会主流和中坚力量的过程中日益明显。针对新生代员工的人力资源管理应注意把握以下几点：其一，给予他们充分的信任；其二，增强工作本身的吸引力；其三，建立多样化的再学习培训体系；其四，实施激励性的薪酬体系；其五，合理安排他们的职业生涯。通过这些符合他们自身特征的、有针对性的人力资源管理手段，实现新生代员工的有效管理，已成为管理层不可忽视的一个重要问题。

本章思考与讨论

1. 请简要叙述人力资源管理部门在促进高绩效团队内部知识共享过程中应该扮演怎样的角色？

2. 领导与成员之间的社会交换关系质量对团队绩效有怎样的影响？

3. 如何理解人力资源审计的重要性？人力资源审计的主要内容包括哪些？

4. 新生代员工具有哪些特点？如何有效激励新生代员工？

推荐阅读材料

1. 宋宝香，彭纪生．组织内知识共享机制与人力资源管理策略［J］．中国人力资源开发，2009（2）

2. 杨伟国．战略人力资源审计：历史、结构与功能［J］．经济理论与经济管理，2005（7）

3. 姚月娟．新生代员工的多元化激励［J］．生产力研究，2008（10）

案例分析

如何管理新生代员工

一阵急促的电话铃声将胡敏从睡梦中惊醒，他就着夜灯散发出的微弱光线，拿起床边小柜上古色古香的电话听筒，刚问一声你好，电话里就传来他的老部下富安集团总裁盛理焦急而抱歉的声音："老板您好，非常遗憾这么晚打扰您。但是，事情确实非常紧急，必须立即向您汇报。"

"没关系，请讲。"胡敏好像已经感觉到发生了什么事情。

"半小时前又有一名21岁的青工坠楼，现在警方已封锁现场，法医确认这名青工已经死亡。"富安集团总裁盛理在电话中报告着。

这已是鹏海市富安工业园今年发生的第10起、本月第2起员工跳楼自杀事件。数月来持续困扰着胡敏的员工跳楼事件，让他感到身心疲惫。

"不知新闻媒体这次又要如何表达他们的热心了。"稍停片刻，胡敏说道，"看来我们必须采取上次你的管理提案。你安排一下，我明天乘坐早班航班到鹏海。"胡敏向电话里的盛理指示道。

"好的，明天我亲自到机场接您。"电话里的盛理已不那么紧张了。

"90后"危机

次日早上，坐在飞机中的胡敏面带倦意，两眼布满血丝。昨晚放下电话后，他一直无法入眠，思考着如何处理他人生中遇到的最大挑战。

20多年前，他在鹏海开设了富安集团在中国内地的第一家生产工厂，开始为一些电子企业代工各种零部件产品。通过整体猎捕竞争对手研发技术团队、准军事化管理和低薪加班制度三大经营秘诀，使富安集团在鹏海的制造业务高速发展，由一个百十人的初级小厂发展成为40万人的超级代工基地，为那些著名的跨国企业提供贴牌生产服务。

望着窗外几朵时聚时散的白云，胡敏想到与此相似的富安集团利润水平，内心感到一丝丝无奈的苦涩。

由于代工业处于产业链的最低端，近年富安集团的利润率一直呈现出下降趋势，去年受世界金融危机影响更是创出历史最低。以往通过制度设计最大化利用中国人力成本资源建立的世界代工生产优势，已经难以持续。特别是目前在生产一线的广大员工，“90后”员工已超过60%。对于富安集团20年一贯制的准军事化管理制度、连续高强度单调乏味的生产方式，多数人从内心无法接受。

“他们为什么要选择自杀?”胡敏自言自语道。以他60多岁高龄的既定思维模式，他不仅无法预想这些“90后”员工的思想动态，更无法理解他们为什么会在花样年华选择死亡。

为了安抚死亡员工的家属，富安集团对每一位死亡员工的家庭提供了10万~60万元不等的“捐款”。但是，出乎管理层预料，这不仅没有刹住问题员工们跳楼的轻生行为，反而刺激了极个别员工厌世情绪，产生了仿效连锁效应。

回到鹏海富安集团后，盛理开始向老板详细汇报公司面临的情况。

“胡董，目前公司多数员工的情绪还比较稳定，少部分员工情绪有些波动。我们已经通过心理咨询服务中心向员工们提供心理辅导。”

看胡敏没有讲话的意思，盛理继续介绍道：“新闻媒体方面反应比较强烈，各种媒体记者云集公司，希望与我们领导人对话了解情况。根据计划安排今天下午召开记者招待会。”

“地方政府方面有动作吗?”胡敏问道。

“市长助理安泰先生来过电话，说请你明天到市政府参加由社保局组织的专题会议。”

“专题会议?看来此事已惊动了政府，这需要引起我们高度重视，妥善处理好。”胡敏指示道。

盛理答道：“好的，我们已根据应急方案，谨慎地组织展开各项工作。”

生与死

看着部下小兰和公司人力资源部的人员在那里整理着昨晚去世的刘军的遗物，乐红还沉浸在失去下属的悲痛中。

来自湖南山区的刘军，大专毕业进入富安集团后被分配在乐红管理的生产线工作，一年来工作表现比较突出，已成为乐红手下的生产骨干。但昨天夜里年仅21岁的他，下班结束后从7楼的过道上翻身坠地而亡，结束了自己年轻的生命。

近3个月来，乐红发现刘军精神有些萎靡，通过沟通了解到刘军宿舍的9位室友陆续辞职，新进驻的员工都是18岁左右的农民工。由于缺乏共同语言，相互之间很少交流。再加上每天连续工作10～12小时，这些新员工慢慢也产生出厌烦情绪，彼此之间不时会发生一些不愉快的冲突，使居住12个人本已拥挤的空间弥漫着一种令人窒息的气氛。

成为富安集团正式员工后，刘军每月完成规定工作可以得到900元工资，如果希望获得更多的收入，只有加班或升职。

富安集团内部职位系统极其复杂，其中普通员工分为员级和师级，员级分为员一、员二、员三，师级分为十几级。每个级别的薪资不同，而管理职位则从组长、课长、专理、经理、协理、副总经理、总经理、副总裁和总裁等。一般员工需要2～3年才有升职的机会，这对员一级的刘军显得极其渺茫。

每天工作近13小时，每周连续工作7天，使本应朝气蓬勃对生活与未来充满梦想的刘军，被工作慢慢吞噬掉青春与活力。乐红曾多次劝刘军下班后到公司大门外参加员工自己组织的舞蹈活动，希望以此减轻刘军的压力。性格内向的刘军却对喧闹的群众舞蹈活动没有兴趣，他将自己少有的业余时间投向网上，将自己以前的梦想寄托在网络的虚拟世界中。

"师傅，这是刘军的遗物。"小兰将刘军遗留的所有衣服和物品集中在一起，包成两个包裹，一包是衣服，一包是生活用具。

看着眼睛红肿的小兰，乐红知道，刘军在世时，无论是工作还是生活方面，对小兰都格外照顾，虽然小兰刚到富安集团工作不到两个月，乐红发现小兰对刘军的感情已经超出同事之间的普通感情。

"3天前他为我的事被保安殴打后，曾对我说，与其这样受人压迫地活着，还不如跳楼给家里换60万元的赔偿金。当时我以为他是在说气话，谁想到他昨天真就跳楼了！"小兰悲痛地说。3天前小兰下班在路过厂区大门时，一个保安看她长得楚楚动人，就以检查为名拦住小兰对她动手动脚。同行的刘军上前制止时，反被那个保安指责妨碍检查，然后纠集几名当班保安将刘军一阵殴打，等乐红得知消息赶到现场阻拦时他们才罢手。

在富安集团，像这种保安借工作之便殴打员工之事已有多起，严重伤害了广大员工对企业的信任与尊敬。想到这里乐红自责地说道："都怨我平时没有照顾好他。"

乐红安慰小兰下楼后，望着小兰的身影，殷切地希望小兰能够从悲痛中走出来，令乐红没有想到的是，这一别竟成为他与小兰的永别。

生命挑战

乐红并不是"普工"，8年前他大学毕业后进入富安，通过"新干班"

的培训后，成为“师级”的员工，管理新产品的生产导入工作。在这8年里，他几乎每天都要加班到夜里零点以后，除管理生产线外，他还要经常穿上特制的工作服在无尘工作室里工作4个小时以上，目前每月带上加班可以拿到5000多元工资。但是，由于长期加班和缺水，不久前他刚刚做了肾结石手术，身体尚处于康复期。刚过30岁的他憔悴得看上去像40多岁。

一阵喧闹声打断了乐红的思绪，他看到董事长胡敏在数位集团领导的陪同下来到会议厅，一群记者蜂拥其后，闪光灯发出阵阵刺目的光芒。总裁盛理主持这次具有特殊意义的新闻发布会。简要的开场后，记者都迫不及待地开始提问。

“尊敬的胡董，今年贵公司已连续发生了10次员工跳楼事件。请问这种不幸事件以后还会再发生吗?”一位南海都市报记者抢先提问道。

“我们将采取一切必要措施，例如设立员工心理辅导咨询服务中心、加强对个别情绪不稳定人员的管理、增加与员工沟通的工会工作人员以及计划封闭园区内所有宿舍走廊等，以保证不再发生此类事件。”胡敏态度坚决的回答。

“你好胡董，富安集团非正常死亡的员工数量为什么这么多？你们对死者家属做了哪些方面的安抚工作?”一位电视台记者提问道。

胡敏激动地答道：“我可以负责任地讲，富安集团的员工死亡率仅为十万分之一左右，是控制在政府规定范围内的。对于那些不幸去世的员工，我深感悲伤。为了向死者表示哀悼、向其家属表示问候，我们富安集团向那些遭遇不幸的家庭提供了一部分捐款，希望能够给这些家庭微薄的帮助。”

一位网络媒体记者问道：“请问胡董，社会上反映个别员工自杀是由于贵公司提供高额赔偿金造成的，你怎么看待这一意见。”“我们没有向死者家属提供过死亡赔偿，因为他们并不是因公殉职。富安集团仅是出于人道主义而向他们的家庭提供一部分捐款。另外，我相信绝不会有员工为了获得公司捐款而选择自杀。”

乐红站起身提问道：“胡董，公司连续发生员工跳楼事件，是否暴露出我们在对待‘80后’、‘90后’员工管理制度方面存在缺陷？有许多员工特别是那些已经辞职离开的员工普遍反映，富安集团没有给他们未来的希望，在这里工作更无法实现他们的梦想。对这些问题你怎样看待？公司将如何杜绝此类事件进一步恶化?”

胡敏意识到这位提问者是自己企业的员工，他思考片刻后说：“公司领导层已经认识到管理制度的不足，近半年我们采取了许多措施，做了许多工作。我们同时认识到，作为企业，我们没有办法担负起全部的社会责任。公司已经再考虑将工业园内部的宿舍移交给政府来管理，同时以后将终止高额捐款行为。”

会场上发出一丝波动。“另外，公司决定在近期为全体员工加薪30%，保障广大员工每周得到一天的休息。作为管理措施计划的一部分，企业希望与员工共同担负起责任，集团决定与全体员工签订《不跳楼协议》，以维护企业环境。”胡敏继续讲道。

对于公司加薪决定，乐红感到有些意外。而老板提出的《不跳楼协议》更使他产生恐慌，这意味着在富安集团承受着工作生活双重压力的广大员工，连选择死亡的权力也将被剥夺。想到这里，他起身离开了会场，在他走出会场的同时，他做出一个重要决定：辞职，离开富安集团。他希望能够到一个新的环境中去创造实现美好的人生。

胡敏在结束了记者招待会后，又赶到鹏海市社会劳动保障局，参加该局为富安集团的“跳楼门”事件而召开的专题人力工作会议。21：30专题会议结束，胡敏稍微吃些食物后就回到小会议室，与富安集团的几位主要领导开会讨论下一步的工作。

1：50，胡敏回到五星级的富安酒店总统套房，他脱下外套，用冷水洗一下脸，疲惫地在沙发上坐下，虽然是深夜，他却没有一丝睡意。

通过给员工加薪30%能够从根本上杜绝跳楼事件的发生吗？在目前竞争激烈的全球市场环境中，如何消化因加薪所产生的成本？是通过提高生产线自动化程度减少要工数量，还是向人力成本低的地区转移？刚才的高级管理会议上，人力资源部报告说，记者招待会结束后，一下收到数十名中基层管理人员的辞职报告。一阵急促的门铃声打断胡敏的思绪，他看了一表，3：10，已经是深夜了，会是谁来打扰他？

胡敏起身打开房门，盛理站在门外激动地说：“董事长，刚刚一位名叫小兰的女工坠楼了。”身体开始倾斜的胡敏被盛理及时扶住，并被搀扶着在沙发上坐下。

（案例来源：网易财经频道 http：//money.163.com/10/0919/10/6GUGAJ0B00253G87.html，转载自销售与市场）

根据上述案例材料思考以下问题：

1. 假如你是胡敏，你如何解决富安集团面临的战略性危机？

2. 产生上述问题的根本原因是什么？面对新生代员工的特点，如何从根源上优化和改善对新生代员工的管理？

参考文献

1. 张雪松．高绩效团队的模型构建［J］．人才资源开发，2005（7）

2. 谭亚莉．促进组织内知识分享的人力资源管理对策［J］．科学管

理研究，2003（5）

3. 樊治平，孙永洪．知识共享研究综述［J］．管理学报，2006（3）

4. 宋宝香，彭纪生．组织内知识共享机制与人力资源管理策略［J］．中国人力资源开发，2009（2）

5. 杜红，王重鸣．领导—成员交换理论的研究与应用展望［J］．浙江大学学报（人文社会科学版），2002（6）

6. 黄磊，周小兰．领导—成员交换与员工离职倾向的U型关系研究［J］．安徽工业大学学报（社会科学版），2009（3）

7. 陈同扬．领导—成员交换理论研究探析［J］．江海学刊，2006（2）

8. 王辉，牛雄鹰．Kenneth S. Law，领导—部属交换的多维结构及对工作绩效和情境绩效的影响［J］．心理学报，2004（2）

9. 刘智勇．人力资源审计初探［J］．审计理论与实践，2002（4）

10. 魏顺泽．试论人力资源的审计［J］．绵阳经济技术高等专科学校学报，2002（2）

11. 左仁淑，唐志红，何承金．关于人力资本审计的思考［J］．四川大学学报（哲学社会科学版），1999（5）

12. 郭群．试论智力资本审计［J］．审计文摘，2002（12）

13. 吴隆平，曹界国．人力资源审计初探［J］．审计理论与实践，2003（2）

14. 刘芳．人力资本审计初探［J］．中国内部审计，2003（3）

15. 谢安山．人力资源审计初探［J］．财会月刊，2001（6）

16. 张惠忠．试论人力资源管理审计［J］．审计与经济研究，1998（3）

17. 蔡立辉．人力资源管理审计新论［J］．审计与经济研究，2002（1）

18. 张爱民．浅议人力资源管理审计［J］．当代财经，2003（4）

19. 杨伟国．战略人力资源审计：历史、结构与功能［J］．经济理论与经济管理，2005（7）

20. 姚月娟．新生代员工的多元化激励［J］．生产力研究，2008（10）

21. 韩振燕，方焕廷．对80后员工的多元化激励［J］．中国人力资源开发，2007（2）

22. 伍晓奕．新生代员工的特点与管理对策［J］．中国人力资源开发，2007（2）

23. 李芝山．“新新人类”的工作特性及管理策略［J］．中国人力资源开发，2007（2）

24. 黄雷．如何有效管理“80”后员工［J］．人才开发，2009（1）

25. Holtshouse，D. （1998）．Knowledge research issues. California Management Review，Vol. 40（3）：277-280.

26. Ruggles，R.（1998）．The state of notion：Knowledge management in practice. California Management Review，Vol. 40（3）：80-89.

27. Ulrich，D.，Brockbank，W.，Yeung，A. K.，& Lake，D. G.（1995）：Human resource competence：An empirical assessment．Human resource management，34（4）：473-495.

28. Wah，L.（1999）Making knowledge stick：No knowledge management program can succeed without a shift in corporate culture. Management Review，Vol. 88（5）：24-29.

29. Tsai，W.（2000）．Social capital，strategic relatedness and the formation of intra-organizational linkages. Strategic management journal，Vol. 21：925-939.

30. Graen，G. A.，& Cashman，N. J.．A Role-making Model of Leadership in Formal Organizations：A Developmental Approach［M］. in J. Hunt and L. Larson（Eds.）. Leadership Frontiers，Kent，OH：Kent State University Press，1975：143-165.

31. Dansereau，F.，Graen，G. A.，& Haga，W. J.．A Vertical Dyad Linkage Approach to Leadership Within Formal Organizations ———A Longitudinal Investigation of the Role Making Process［J］．Organizational Behavior and Human Performance，1975（13）：46-78.

32. Liden，R. C.，& Graen，G. A.．Generalizability of the Vertical Dyad Linkage Model of Leadership［J］．Academy of Management J ournal，1980（23）：451-465.

33. Sparrowe，R. T.，& Liden，R. C.．Process and Structure in Leader-member Exchange［J］．Academy of Management Journal，1997（22）：522-552.

34. Cogliser，C. C.，Schriesheim，C. A.，Scandura，T. A.，& Gardner，W. L.. Balance in Leader and Follower Perceptions of leader-member Exchange：Relationships with Performanceand Work Attitudes［J］. Leadership Quarterly，2009（20）：452-465.

35. Graen，G. & Uhi-Bien，M. Relationship-based approach to

leadership : development of leader-member exchange (LMX) theory of leadership over years : applying a ulti-level multi-domain perspective. Leadership Quarterly , 1995 , 6 (2) : pp . 219-247.

36. Bauer , T. N. & Green , S. G. , Development of leader-member exchange : a longitudinal test . Academy of Management Journal , 1996 , 39 (6) : pp . 1538-1567.

37. Tsui , A. S. & O' Reilly , C. A. Beyond simple demographic effects: the importance of relational demography in superior-subordinate dyads. Academy of Management Journal. 1989 , 32 (2) : pp. 402-423.

38. Liden, R. C. , & Maslyn, J. M. . Multidimensionality of Leader-member Exchange : An Empirical Assessment Through scale Development [J] . Journal of Management, 1998 (24) : 43-72.

39. Maretz , C. P. , & Griffeth , R. W. . Eight Motivational Forces and Voluntary Turnover : A Theoretical Synthesis with Implications for Research [J]. Journal of Management, 2004 (30): 667-683.

附录:人力资源管理员职业资格认证考试大纲

职业功能	工作内容	技能要求	相关知识
一人力资源规划	(一)描述组织机构设置和调整	1. 能对组织信息进行汇总	1. 组织机构常识
		2. 能制作组织机构图	2. 统计数据搜集知识
	(二)描述岗位计划及人员需求预测	1. 能描述岗位设置情况、增减趋势和原因	1. 工作分析知识
		2. 能准确描述人员需求预测结果	2. 劳动力供求知识
二招聘与配置	(一)招聘配置	1. 在工作分析过程中能够收集岗位的信息	工作信息及信息源知识
		2. 能够对招聘需求信息进行收集、分类、记录、保存、打印、报送	

（续表）

<table>
<tr><th>职业功能</th><th>工作内容</th><th>技能要求</th><th>相关知识</th></tr>
<tr><td rowspan="12">二招聘与配置</td><td rowspan="7">（二）招聘实施</td><td>1. 能够进行报名登记及初试准备</td><td>1. 识别文凭和材料的基本知识</td></tr>
<tr><td>2. 能够选择正确方法，对候选人相关资料进行复核</td><td>2. 工作礼仪</td></tr>
<tr><td>3. 能够解释劳动合同的相关条款</td><td>3. 面试场所布置知识</td></tr>
<tr><td>4. 能够办理接纳新员工的相关适宜</td><td>4. 签定劳动合同程序知识</td></tr>
<tr><td>5. 能够读懂体检表</td><td>5. 录用程序</td></tr>
<tr><td></td><td>6. 档案管理知识</td></tr>
<tr><td></td><td>7. 生理卫生基本知识</td></tr>
<tr><td rowspan="2">（三）内部竞聘</td><td>1. 能够按照内部竞聘工作规范，搜集、整理空缺岗位信息</td><td rowspan="2">招聘广告发布知识</td></tr>
<tr><td>2. 能够对内部新人员的信息进行收集、分类</td></tr>
<tr><td rowspan="3">（四）管理员工信息</td><td>1. 能够收集汇总新招聘人员的试用信息</td><td rowspan="3">统计报表知识</td></tr>
<tr><td>2. 能够进行人员信息的记录维护编制员工花名册及各类人员统计报表</td></tr>
<tr><td>3. 能够建立人才资源数据库</td></tr>
</table>

（续表）

职业功能	工作内容	技能要求	相关知识
三 培训与开发	（一）入职教育	1. 能够承担员工入职教育的资料准备工作	培训程序知识
		2. 能够进行入职教育的资料准备工作	
	（二）培训管理	1. 能够采集和处理培训所需的费用数据，提出培训经费草案	1. 培训经费基本知识
		2. 能够根据培训需要，建立维护保管教学设施	2. 培训后勤管理知识
		3. 能够妥善做好后勤服务工作	3. 培训效果评价的数据类型与选择
		4. 能够跟踪搜集反馈受训者培训效果信息	
		5. 能够独立办理自学成材手续	
四 考核与评价	（一）考核的实施	1. 能够印制发放各种考核材料	考核程序知识
	（二）考核数据处理	2. 能够安排布置有关会议场所，为考核工作的顺利进行提供服务	

（续表）

职业功能	工作内容	技能要求	相关知识
五 薪酬福利管理	（一）执行薪酬福利管理	1. 能够为设计各项薪酬福利项目收集相关资料	1. 相关法规
		2. 落实执行相关薪酬福利制度，进行薪酬福利统计，建立相关台帐	2. 工资统计分析基本知识
	（二）采集薪酬福利管理的基础信息	1. 能够按照岗位评价的要求，收集岗位评价所需的原始信息，并能够进行信息记录、保存	1. 岗位评价基础知识
		2. 能够搜集提供薪酬福利调整所需要的信息	2. 薪酬福利测算基础知识
	（三）薪酬福利计算	1. 能够收集、整理、记录、分析计算考勤和工时数据	1. 工作时间和休息休假的法律制度
		2. 能够在规定条件下，准确及时进行工资、奖金、津贴和个人所得税的计算，编制工资表	2. 考勤和工时统计知识
		3. 能够计算有关有关福利项目	3. 个人所得税的相关法规
		4. 能够操作相关软件	4. 相关应用软件操作知识
	（四）办理各种保险和住房公积金的手续	1. 能够办理社会保险和住房公积金缴费手续	1. 社会保险的有关法律
		2. 能够正确核算记录转移企业个人交纳的各类保险费和住房公积金，建立帐台	2. 住房公积金的有关法律
		3. 制作相关统计报表	3. 保险福利统计知识

（续表）

职业功能	工作内容	技能要求	相关知识
六劳动关系管理	（一）劳动管理合同	1. 按规定的程序办理劳动合同和各种专项协议的签订、变更、续订、终止、解除以及报送签证手续，能够进行劳动合同文档的管理	1. 劳动合同和集体合同法规
		2. 检查核实特殊岗位的资格证书	2. 劳动关系常识
		3. 能够准确记录合同期间各类帐台，并妥善分类保管	3. 核实特殊岗位资格证书的知识
		4. 使用计算机进行劳动合同管理	4. 劳动合同台帐知识
		5. 能够送达各类文书	5. 劳动合同档案管理知识
			6. 送达文书的方法、程序
	（二）职业安全卫生	能够独立落实职业安全卫生的各项具体工作	1. 职业安全卫生法规 2. 职业安全卫生常识